U0116614

西洋通史

王德昭 著

商務印書館

西洋通史

作　　者：王德昭
責任編輯：李倖儀
封面設計：張　毅
出　　版：商務印書館（香港）有限公司
香港筲箕灣耀興道 3 號東滙廣場 8 樓
http://www.commercialpress.com.hk
發　　行：香港聯合書刊物流有限公司
香港新界大埔汀麗路 36 號中華商務印刷大廈 3 字樓
印　　刷：中華商務彩色印刷有限公司
香港新界大埔汀麗路 36 號中華商務印刷大廈 14 字樓
版　　次：2017 年 5 月第 1 版第 1 次印刷

ISBN 978 962 07 5704 4
Printed in Hong Kong

編輯說明

《西洋通史》雖然早於上世紀 80 年代出版，但時至今日，此書仍是學習西方歷史的入門經典之作。王德昭先生的文筆精煉，寫史時有條不紊，讀畢此書，將對遠古時代至 17 世紀中葉的歐洲歷史有一定了解。而且王德昭先生早有匯通中西歷史的意圖，在論及西方歷史時，往往會旁引中國歷史作比較，縱觀全局。

本書根據 1987 年出版的《西洋通史》加以修訂。由於時代的變化，將書中一些英文名詞的譯名修改為現今較常見的譯名，例如將谷騰堡（Gutenberg）改為古騰堡，維金人（The Vikings）改為維京人等。

本修訂版特意收錄作者的學生陳萬雄博士所寫的一篇代序，內文提及先師的教學及治史方法，俾能讓讀者對王德昭先生有更深入、全面的認識。

德昭師的為學與做人

陳萬雄

前　言

1969年，初進香港中文大學新亞書院歷史系，我就選修了德昭師（1914年至1982年）的"西洋現代史"。該課程原是高年班課程，我們一年班初唸歷史的，唸得相當吃力。不過，修讀了這門課，不僅加深了我對歷史科的認識，增加了唸歷史的興趣，也開始傾慕德昭師的學問。

其後三年本科和二年的研究生，每年都選修德昭師的一門課。德昭師是我在大學期間選課最多的一位老師。唸碩士班，德昭師更是我的指導教授。畢業後，無論身在香港或在外國，也一直與德昭師保持聯絡，繼續在學問上得以請益問難。我個人的學問，受益於德昭最多，而從事學術研究，也以德昭師的影響為最深。這是要對德昭師終身感激的。

十二年來的受業和追隨，深感德昭師的為學與做人，多可稱述。今倉猝草成此文，聊申對德昭師敬仰和感謝之情；文中如能發德昭師潛德之幽光，得沾溉後來者，誠喜出望外了！

認真而富啟發性的教學

德昭師自大學畢業後，除短暫時間從事文化工作外，在國內外大學任教凡四十多年，畢生貢獻於教育和學術研究。

德昭師自1969年任教於香港中文大學，以迄於退休，達十多年。退休後依然孜孜不倦，從事學術研究、著述，在報刊撰寫文章，宏揚文化，並積極參與學術會議和社會文化活動，活躍得很，不知老之將至。

德昭師的教學，素為學子所稱頌。他在歷史系任教期間，開設課程之多，當時歷史系諸老師中，無出其右者。就個人所知，他開設過的課程有：“中國近代史”、“中國近代思想史”、“中國近代中外關係史”、“西洋通史”、“西洋現代史”、“宗教改革與文藝復興”、“法國大革命”、“中西交通史”、“史學方法”等等。可謂中西兼備，專通兼顧了。德昭師開設這麼多門功課，不僅説明他學貫中西。更重要的，表現了他對教育，具有高度的責任感。對教學，有深刻的認識和理念。他開設的科目，就自己學問所及，完全為了滿足學生的學習需要，完備系內基礎課程，充實學生學習根基。開設一門新課，準備一門新課，對大學老師來説，是相當吃力的，也會犧牲個人大量學術研究和撰述的精力和時間。如非對教育有高度的責任感，何能如此。平日言談間，德昭師時常強調，唸歷史的，知識面要廣，基本訓練要扎實。為了學生，他身體力行，為教學付出了大量的心力。這種教育理念和負責精神，比對一些專就自己研究之便，不理會歷史學習的知識結構和基本訓練需要，課程偏狹；或年復一年，重複開設着同一、二門課程的執教者，真不可同日而語。

德昭師開設課程雖多，但內容質素極高，充實而富啟發性，此乃受業者所共知。其講授筆記向為學生珍視，可見一斑。

德昭師每在學期初，必印發一課程大綱。大綱詳細而具體。難得的是，這課程大綱並不是虛應故事，學年終，準能按原訂大綱完成課程。德昭師授課，從不跑野馬，甚少講題外話，一字一句，都本自己精心準備的講義去講授。不過其講授形式與照唸講義如儀者迥異。講授時，德昭師的講義攤在面前，大部分時間卻是望着學生，聲調鏗鏘，附以輕輕的手勢，別具風采。講授時談吐接近文體化，分析評論史事時，遣詞用字尤見講究。從黑板的兩邊向中間，依着講授進程，整整齊齊寫上難聽得懂的中、英文字句。一切都是那麼認真，那麼有條理。這種完全沒有插科打諢而又緊湊的講授形式，兩個鐘點的課，對我們來説也相當疲累，但不會沉悶，課後卻感到異常的充實。

德昭師這種充實而認真的講授形式，是要付出驚人的心力的。他的博覽羣書和精心的準備，從講授內容，我們還可以感受到，但他授課前備課的認真，學生知的不多。在研究院，我兼任德昭師助教，對他授課情況有進一步的了解。原來在課前的一晚和上課前，德昭師都要花一兩個小時，細心閱讀自己已精心備好的講義。有了這兩次準備，德昭師上課時便能出口成誦。這也令我想起有次德昭師忘了帶講義到課堂，依然能如往常般，從容不迫地完成那兩節課，而且講授依舊那麼有條理，吐詞遣句仍然那樣富於文采的事來。德昭師這種授課形式，用意在於有限的授課時間內，使學生得到最大的受益。

德昭師極注重課程的完整和有系統。講義內容雖非全是他的創獲，但他能善用中外學者的研究成果，整理綜合，再貫穿自己的才識，自成系統，極富啟發性。這樣的講義，作為知識的接受或日後研究的準備，基礎是穩固的，訓練是扎實的。另外，德昭師每重開某門功課，必定大幅度增加新材料。這種嚴肅負責的教育態度，真是難能可貴。

博大而有光輝的中學研究

德昭師生前曾撰文壽其師鄭天挺先生。文中道及自己的治學，説自己是“雜家”。這樣説固然一部分屬實，主要還是出於自謙。德昭師治史別具氣魄，另有規模。壽鄭天挺先生文中，即透露心聲，説：“我的治學之雜，其原先也有一種奢望在乎其間，只是力不從心，事與願違，以至垂老無所成。”文內雖未透露“奢望”所在，不過，德昭師的治史，顯然自始則大有規模，以求畢生以竟全力。

個人受業德昭師多年，初期對他的治學規模，不甚了解，僅從德昭師的治史中西兼備，古今兼顧，而認識到他的學識淵博，不以皓首窮一經為能事，如此而已。其後才領悟德昭師的治史規模和氣魄遠過於此。1977 年德昭師退休，始從教學與行政兩忙中脱身，專心致志於學術研究和著作。從他晚年的著述中，不難窺睹德昭師的學問有“百川歸流”的姿勢。為學生者正額手稱慶，願早睹其大成之際，奈何中道棄世，未竟全功，天意如此，嗟可嘆息。要不然以德昭師浸淫中西史學數十年的功力，俾以時間，必能完成其生平治史夙願。

不過，德昭師生前豐碩的研究成果，已為中國學術界作出了大貢獻，從中也不難見到其治史“奢望”所在。

關於德昭師治史的規模和氣魄，郭少棠兄在〈王德昭師治史的規模〉一文中，有相當概括的説明。他説德昭師實在是一個感受到中國近代面臨千年未有的巨變的知識分子的代表，持開放和冷靜的態度，全面而客觀地去了解中西文化，使國人真正體會近代世界歷史的發展，以及認識中華民族所處的新局面。所以表現在治學上，其途徑是試圖比較中西史和以世界歷史的演變大勢去觀照國史的發展。關於德昭師在著作上所表現的這方面成就，郭文已有論述，茲不再贅。

根據不完全的統計，德昭師生前學術著作，單行本有七本；論文五十六篇，數量固然不少，而內容所涉，遍及古今中外的史學。要作歸納，德昭師的著述主要在三個方面：一、明清和近代史；二、史學思想和理論；三、西方近代思想史。其間貫穿一條比較和匯通中西歷史的大脈絡。從《伏爾泰的中國孤兒》、《戰國時代與文藝復興》、《馬基雅弗里與韓非思想的異同》，以至晚年力作《從世界史看本國史》等著述，充分顯現了他的比較和匯通中西史的治史氣魄和規模。

即使從德昭師的一些關於中國史的論述，也充分顯現他深厚的中西學養和匯通中西史學的用心。德昭師 1962 年出版的《國父革命思想研究》（台北：中國文化研究所）是一本博大精深之作。此書取精用宏，不僅系統而深入地論述了孫中山的革命活動及其思想發展的歷程，更值得注意的，是書內剖析了孫中山革命思想中繼承於傳統，吸收自西方和出乎自己創造的三個思想來源，追本溯源，深切著明。從這方面考察孫中山先生的思想，至今尚無人能及。其成就也備受中外學界所重視。又如德昭師未得見其出版的遺著《清代科舉制度研究》（香港：中文大學出版社，1982 年）一書中，處處可見其要匯通中西歷史的意圖。茲引一段作證：

> 此外尚有一事甚至可注意者，即當中國因西潮迫來與新時勢的需要而不得不改變傳統的學校與科舉制度之時，西方以法國與英國為首，卻為公開政府職位與鼓勵人才自己競爭起見，而開始施行文官考試制度。公元第十七、十八世紀入華耶穌會士有關中國科舉考試制度的報導，與十八世紀法國啟蒙思想家（The philosophes）及重農學派思想家（The physiocrates）對於中國科舉考試制度的頌揚，使學者大體相信，法國初行於 1791 年，十年後停罷，其後於 1840 年

代恢復的文官考試制度，乃取法於中國的先例。英國則因東印度公司在廣州的公司人員的建議，先在英國設立學校（1806 年），訓練行政人員，經考試後派往英領印度任職。英國有識人士如亞當・斯密（Adam Smith）與邊沁（Jeremy Bentham），與法國啟蒙思想家及重農派思想家也時有往來，而邊沁則為首倡在英國建立公開考試制度的一人。十九世紀前來華的一位英國譯員梅篤士（Thomas Taylor Meadows）更著書立說，明白以中國的科舉考制度為範例，主張在英國實行公開競爭考試，以改善英國的行政組織。所以英國從 1855 年開始建立的文官考試制度，其曾受中國科舉考試制度的影響，尤其顯見。中國於民國二十年（1931 年）起實行公務人員高、普考與高、普考檢考試制度，就其以考試取士而言，也可謂科舉制度的重演。惟在舊科舉制度下學校所肄習者為科舉之學，而新公務人員考試所考試者為學校之學。即此也可見教育與考試制度之隨時勢的變化而改革興廢之故了。

德昭師治史的一個重要特點是從大處着眼，由要處入手。就以他的中國近代史方面的著述為例。如《同治新政考》、《國父革命思想研究》、《知識分子與辛亥革命》、《論甲午援韓》、《黃遵憲與梁啟超》、《譚嗣同與晚清政治活動》，以至晚年關於五四和國共合作的論述，都是中國歷史上關鍵性的問題。德昭師著作固不喜誇誇其談，也無心於餖飣考證，全以綜合和分析見長。德昭師這治史態度和觀點，早在 1942 年出版的《明季之政治與社會》一書的前言中他已宣示明白。他認為：

有一個時候，人們曾經非議過史學界專注考證的風氣，認為這種風氣每會使史學者對史事的認識襞積破碎，因而違返史學本身所應具的經世致用的價值。不過接而來的卻是一陣無力的空潮，若干取巧的、大言的、公式主義的著作，風行了一時，接着又消沉下去。……

本來歷史的發展既然是一個歷程，我們對史事就也應該用一

> 種對於歷程的看法，來加以觀察。我們觀察一條道路的延伸，如果我們需要得到關於這條道路的全部知識，第一我們就必須要知其"然"，方向的遵循，地勢的崇卑，景物的取捨，基面的構築，乃至沿路的設施等等，都是應該知道的條件。然後我們再進而求其"所以然"，就是從各種相重的關係中，探索出所以如此的理由。不知前者而想追尋後者，其結果只能出諸憑空的虛構；僅知前者而不知探索後者，則其勢將永不能透悟其中的道理，而其所得也只能限於路工的片斷知識，不能往觀全局。這兩種看法，前者是考證的，記錄的，敍述的；而後者則是哲學的，原理的，或所謂史觀的。

這段話寫在六十年前，用之以審視當前史學研究，仍能切中時弊，擲地有聲，足可令史學界反省。

另外，讀德昭師的學術著作，不難感覺到有一種強烈的愛國思想與為中國前途探索的致用之意。在德昭師逝世十周年，時我主持香港商務印書館，我們委托同班同學周佳榮教授，收集他的散篇論著，以《歷史哲學與中西文化》（香港，1992 年 12 月）為題，結集出版。既作紀念，亦不無要彰顯他匯通中西歷史，以探索中國前景的用心。即使他講西方的《史學方法》，內中也常引用中國的材料互證和說明。少所許人的牟師潤孫先生，就不止一次在我面前讚賞德昭師的為學之勤和學問之廣博，並說，他想不到專治中國近代史和西洋史的德昭師，對卷帙浩繁的《四庫全書提要》也能下過如此功夫。他不少論文則旨在糾正一些中外史家對中國歷史所持的偏執觀點，對別有用心的觀點，他揭之挑之，不稍假借。不過其愛國思想卻不遮掩其論述史事的客觀和平實，全以理服人。

平心而論，德昭師的學術著作不太容易唸，有三方面造成的：其行文謹慎，用字講究，極慳筆墨，言簡而意賅；另外，他喜歡通過史事本身的排比去說明問題，但主要還在他的文章包攝廣而用意深。他的《國父革命思想研究》不啻是一本近代思想史；他的《清代科舉制度研究》也不啻是一本清代思想史。德昭師的著作所涉，雖遍及古今中外，但其研究方向主要仍在思想史，尤以思潮史為最擅長。

嚴以律己，寬以待人

十二年間的親炙，德昭師的勤奮、謙虛、認真和待人誠懇的態度，都給我留下了深刻的印象。

德昭師一生所受教育，路途相當曲折，終歸學有所成。到其任教於大學，教學而外，由於他富有幹才，一直以來都擔當繁重的行政工作。但一生依然能撰寫出大量有分量的學術論著，全有賴他過人的勤奮和精力。據師母說，德昭師病發的頭一句話也是最後的一句遺言，是“康復後我真要好好休息一下”。德昭師一生是過勞的，少所娛樂。德昭師曾告訴過我，有一位在香港挺有名的報人以喜收藏見稱，到他家做客，環顧四壁，不見多掛名人書畫，遂現輕視之容，並以此為詢。德昭師對我說，他一生奔波勞碌，少所閒遐，何況家累深重，生計不遑，何敢沾手名家書畫。其實德昭師編譯過美術著作，不難窺其在這方面的興趣與認識。逝世前的德昭師，雖云退休，但仍孜孜不倦，以研究和撰述為事。既要為他的中國近代史論文集的幾篇英文稿翻譯成中文；又要校對《清代科舉制度研究》；更要為香港著名英文報刊撰寫連載的世界史講座，等等。甚至忙得一邊吃飯一邊改稿子。德昭師即曾告訴我，說他習慣晚上睡下床後，思量和推敲日間所寫作文章上的遣詞造句。他說日間太忙了，干擾又多，心神不那麼平靜，寫東西時總覺用字難得愜意。晚上睡前的寧靜，最好利用，云云。牟潤孫師對我說過，在沙田中大宿舍，他跟德昭師是同一棟，比他高一層。每每他清晨一、二時小醒，往露台下望，見德昭師書房仍亮着燈。由此可見德昭師勤奮的程度。“要好好休息一下”這句遺言，是從不肯一息懈怠，辛勞一生的德昭師的心底語。這句話也概括了德昭師為教育、為學術、為探索中國前途而鞠躬盡瘁的一生。可惜德昭師此生無法再過些優遊林下的晚年生活了。終其生為國家、為教育、為學術而竭盡心力，或許這是求仁得仁吧。日後的幾十年，德昭師的勤奮，一直是我的榜樣。

德昭師為人極謙遜，向來樂道人之善，卻甚少貶損他人。說話做事，很能從人家的立場去設想。讀書人尤其學術界，易犯自以為是，好同惡異，妄肆褒貶的毛病。德昭師卻無此種毛病，從他身上，就體現了傳統理想讀書人“嚴以律己，寬以待人”的德性。況且，德昭師不尚空談，注重實幹，自己也是默默地工作。內地一位學者即曾對我說，謂德昭師是他交接海外中國學者中，最具有溫厚風範的一位讀書人。不過德昭師做人其實是外圓內方，每遇原則性問題，卻很有稜角的。

舉兩樁事可概括其餘：香港中文大學欲購下香港友聯研究所關於中國內地的各種剪報，聽廣播摘錄及相關各種材料的檔案。時哈佛（或哈佛燕京學社）願出資香港中文大學。此事由德昭師主其事，但資金提供方的條件要求中大以後繼續收聽收集中國內地資料情報，德昭師因此而斷然拒絕，至事不成。其次，中國內地開放初期，德昭師回北京訪問，主辦單位舉辦藝術欣賞會，德昭師邀請的親友，因是右派分子，被拒絕乘專車前往。德昭師遂與親友一同步行到會場。

德昭師樂於助人，愛護學生。就個人經驗，無論向他請教，找他談天或求他幫忙，從未拒絕過。他真沒空時，也用徵求意見的語氣，商量改改時間而已。要他幫忙的，準能按所允做得妥妥當當的，時常做得超出你要求之外。學生稍有所表現，鼓勵有加；犯了過失，從不見他疾言厲色，仍是和藹可親地、平心靜氣地指點幾句。唸研究院時，兼任德昭師的助教。其間，德昭師不僅不給你幹份外事，反而凡事親力親為、盡量減少你的工作。有時過意不去，我主動要求多為他做點工作，德昭師總是說："好好做你的論文。"所以在研究院的兩年間，能完成一篇像樣的論文，德昭師的照拂很是重要。後來論文獲校方通過出版，序中我寫了兩句簡單道謝他的話，看後他對我說："多謝您的稱讚，其實你的論文是我最不用費心的。"實際上，我的論文，德昭師一字一句的看，甚至一個個標點的給我細心修改過。德昭師這種謙虛而獎掖他人的態度，相信很多同學都感受過，不獨我而然。

原載《王德昭教授史學論集》

2015 年補充修改

目　錄

第一編

西方文明的濫觴

歷史從草昧進於文明。沿波討源，西方文明漸始於近東（Near East）——地中海東部的近海諸地。在尼羅河（The Nile）流域和兩河流域（Mesopotamia）、在愛琴海（The Aegean Sea）沿岸和島嶼、在小亞細亞（Asia Minor）和敘利亞（Syria），最早見文明的肇造，而有近東古文明興起。近東古文明乃西方文明的濫觴所自。

第一章
遠古人類

在遠古，人類有一段寫遠的沒有文字的時代。原始人的遺物，乃至他們自己的遺骸，因為年深代遠，大部分已湮滅無蹤。唯有他們所手製的堅實耐久的石器，在地層中比較完整的保存下來，幫助我們窺見這時代的人類生活的梗概，並供我們作這時代的歷史分期的標準。

第一節　人類的原始

時間・空間・人類

在開始敘述人類歷史的這原始的一頁之前，對於人類歷史所由以發生的時間和空間，我們先需提示一點概念。

我們無從確知宇宙時空的極限。在這不知其涯涘的時空之中，人類自有生以來所佔的部分，渺小之極。不說茫茫的宇宙，僅就太陽系本身言，我們所處的地球不過是繞太陽運行的若干星球之一；地球離太陽約九千三百萬哩，太陽的直徑約八十六萬四千哩，而地球的直徑才將近八千哩；就是在地球之上，百分之七十一的表面還為海洋所覆蔽，所餘的陸地又有一大部分是沙漠、沼澤、叢山和極地等不適於人類生活的區域。空間如此，時間亦然。且不論太陽系存在至今的年代。單是地球，從它循現在的軌道繞日運行以來，估計也已有二十萬萬年之久。在距今約十萬萬年之前，地球上開始有原始的生命出現，於是一個綿長的生命進化的歷程肇始。我們無從確知從何時起，人

（Homo）在靈長目動物中開始自成一屬（Genus）。我們所確知的是至今日止我們所發現的原始人的遺骸，他們生存的年代距今約不過一百萬年上下。歷史學者習慣以文字記載的有無，分人類歷史為有文字記載的（Recorded）或有史的（Historic），和有文字記載以前的（Pre-recorded）或先史的（Prehistoric）兩部分。有史時期以古大河文明肇其端，則至今尚不過五千年上下。如我們以一天二十四小時象徵地球上生命原始以來的年代，則我們今日所見的最古原始人的遺骸，不過生存於這二十四小時的最後一、二分鐘裏面；而有史時期，不過最後一秒鐘的一個極小的部分。

因此，從人類歷史我們首先見及的，是今日世界所有的文明，乃人類在極其有限的時間和空間之內所創造。就對自然的關係而言，人類今日已能上窮天體的神奇，下探地層的秘藏，使宇宙萬有——乃至物質組織最基本的原子——為他所用。超越自然的限制而使自然為其所用，這是人類之異於其他動物的最根本的一面。人類之所以為萬物之靈，發展出如此卓越的能力，其由來，我們至今尚不能完全解釋。但就後世所見的遠古原始人的遺骸言，在生理結構上至少有三部分已甚不同於一般的動物，乃至不同於人的近親類人猿（Anthropoid）。第一是他有直立的軀體，這使他的雙手無需用來行走，而可以用來工作和製造工具。第二是他有比較寬廣的音幅，使他能產生複雜的語言。第三是他有一個比較發達的腦部，使他得以積累記憶，增長智慧。工具、語言、智力三者的交互為用，不特增加遠古原始人應付自然的能力，同時也使他和他的同類彼此間溝通思想，發展羣體的生活。語言和思想在原始人死後便隨而消逝，我們只能就他們的少數遺骸和遺跡，以試作猜度。但他們生前所親手製作的工具，卻有大量遺存於世間。其中的極大部分是石器。

石器與石器時代

原始人用燧石（Flint）等石英類礦石製作工具和武器，在世界各地的地層中有大量遺存下來，為後世所發現。所以石器是已知的人類最古的工具，人類綿長的遠古時代因此也被稱為石器時代。考古學家根據石器製作的方法，分石器時代為舊石器（Paleolithic）和新石器（Neolithic）兩期；舊石器時期又再分出下舊石器（Lower Paleolithic）或早舊石器和上舊石器（Upper Paleolithic）

或晚舊石器兩期。最早的石器製作，是把一塊大小形狀大致適合用手把握的燧石，用碰擊的方法打去一些碎片，使它的邊緣銳利而成。這樣製成的石器稱曰手斧（Hand-Axe）或拳槌（Fist-hatchet）。另一種石器製作的方法不再從石塊擊去碎片，而從較大的石身擊下或鑿下石片，使它略略改變形狀，以製成刀、尖頭器或刮削的工具，稱曰石片器（Flake tools）。石片器出現較晚，在下舊石器時期之末是主要的石器。到上舊石器時期，而石瓣器（Balade tools）的製作大盛。石瓣器的特徵是先從石身製成長條的石瓣，再從石瓣製作種種器具。至於新石器時期石器的製作，則其特徵是易碰擊斫鑿而為磨礱，於是有所謂磨光石器（Polished tools）。除了以上的分期外，考古學家有時還在舊石器時期以前加曙石器（Eolithic）一期，而在上舊石器和新石器時期之間加中石器（Mesolithic）一期。曙石器是指地層中在年代上比標準的拳槌更早、而其是否為曾經人加工的石器難以確定的礫石。中石器時期則指最後的冰河退去後，舊石器文化衰替，而新石器文化未興前的一段以細石器（Microlithic）為標準石器的時期。這樣劃分的不同石器時期所代表的年代，在世界各地互有遲早，標準也非完全一致。大抵歐洲和非洲、近東、貝加爾湖（Lake Baikal）以西的西伯利亞地方，以及印度的大部分區域連為一系。但在歐洲，下舊石器前期的遺物多只見於冰河和河川的沖積層或砂磧地，無從考定年代，要到最早的穴居人尼安德人（Neanderthal Man）時代——約距今十萬年至五萬年以前，才有比較確實的年代可考。

人類的原始

石器的一個基本條件，便是它曾經被人加工，而為人所使用的工具。然則人類究竟起源於何時？何地？對於這問題，學者至今不能確說。多年來，我們只知距今約五十萬年前，當下舊石器時期，有兩種原始人生存於地球之上。他們是爪哇原人（Pithe canthropus）和中國原人北京種（Sinanthropus Pekinensis），簡稱爪哇人和北京人。爪哇人的遺骸最先在公元 1891 年發現於爪哇，北京人的遺骸最先在 1927—1929 年間發現於今北京西南，以後都續有發現。但近十年中在意大利和在東非坦干伊喀（Tanganyika）的考古發現，使有關人類原始的可能年代的估計，節節上推，從五十萬年前上推至百數十萬年前。至於後世稱為"初期穴居人"(Early Cave Men)的尼安德人的出現於世，則已遲至下舊石器末期。

尼安德人的遺骸最先在1856年發現於日耳曼西北部杜塞爾多夫(Düsseldorf)附近的尼安德谷地，其後在比利時、西班牙、南斯拉夫、俄羅斯和巴勒斯坦等地，都有發現。爪哇人和北京人雖都已直立，都已有一個人的腦和語言的能力，但在體質構造上還留着不少與猿顯著相似的特徵。就是尼安德人，也還下顎後縮，眉稜厚突，額部傾斜。要待至上舊石器時期的克羅馬郎人(Crômagnon Men)，這些特徵才最後消失，而西方乃開始有了智人(Homo Sapiens)。

克羅馬郎人的遺骸在1868年首先發現於法國西南部鐸多尼州(Dordogne)內一個被稱為克羅馬郎的洞穴。相似的遺骸以後也在法國中南部、意大利、西班牙、日耳曼、捷克斯洛伐克和波蘭諸地發現。克羅馬郎人身高，肩闊，前額豐隆，下顎完滿，腦量與近代人相若，厚突的眉稜也已不見。他是一種發達完全的智人，是今世人。尼安德人的時代，在歐洲，距今約五萬年至十萬年；而最早的今世人——包括克羅馬郎人——的出現，距今尚不過一萬年至五萬年。從我們所知的最古的原始人，至我們所知的最早的今世人，其間相去之久約百萬年。

自然，關於遠古人類，我們所有的知識極其有限。我們的知識的來源幾乎全賴地下的發掘，而迄今大部分地面都還未經考古人類學家鍬鋤的翻動。而且當我們提到爪哇人和北京人、尼安德人和克羅馬郎人時，其他屬於這五十萬年乃至百萬年中的原人的遺骸業已為後世發現的，我們也都略而未提。事實上學者也尚未能充分解釋從原始人至今世人的進化的由來。但人類學者大體相信，當克羅馬郎時代，後世的若干主要的人種已經開始化成。除了在北京附近和北京人同一區域發現的稱為"山頂洞人"(Upper-Cave Man)的遺骸具蒙古種人的特徵外，克羅馬郎人具北歐種人(Nordics)的特徵，在法國多鐸尼州發現的孔勃—卡伯勒人(Combe-Capelle Man)的遺骸具地中海種人(Mediterraneans)的特徵，而在南歐意大利屬里維耶拉(Riviera)發現的格立馬爾地人(Grimaldi Men)的遺骸具尼格羅種人(Negroids)的特徵。但在當時，格立馬爾地人和克羅馬郎人及孔勃—卡伯勒人所過的是一般同樣的文化生活。到新石器時期，不同的人種先後移入他們在有史時期的位置。

第二節　遠古人類的生活

下舊石器時期

關於下舊石器前期人的生活情形，我們也所知甚微。我們可以相信他們自始便已有語言和推理的能力。他們是石器的製作者和使用者；對於他們，簡單的石器兼具武器和刀鋸刮削之用。以北京人為例，他們是獵者，穴居，已經知道用火，雖還不一定熟食。但在西方，下舊石器前期的遺物多只見於冰河和河川的沖積層和砂磧地。要到這時期之末，尼安德人才普遍穴居，有洞穴的堆積物遺存到後代，關於他們的生活情形也才有比較確實的知識。

尼安德人的普遍穴居，可能與他們的生當最後冰河期（Glacial period）有關。洪積統世（Pleistocene）或冰河時代開始於距今約五十萬年至一百萬年間，而最後一次大冰河的融化北去，距今尚不過一萬年。當冰河時代，在北半球，大冰河曾四次南侵，覆蔽於歐、亞、美三洲的北半部和高山區域。在兩次大冰河期間為間冰期（Interglacial period）。尼安德人出現於歐洲當尚在第三間冰期，最後一次大冰河的南來使他們不得不託庇於洞穴，以禦嚴寒，從而在洞穴中留下了他們的遺骸和遺物。

尼安德人似乎已不再製作拳槌或手斧，而以石片大量製作尖頭器和刀、斧、刮、削等器；尖頭器當已經安有柄欄。他們的洞穴中有各種獸骨的堆積，下層多屬溫帶的獸類，其上是馴鹿和披毛犀等適於寒冷氣候的獸類。若干粗製的骨器也開始出現。在他們的洞穴的入口，常見有燧石作場和石砌的火坑，足見集體羣居的生活已經開始，因此也使我們想見當時應已有雛形的社會組織產生。此外，我們尚見尼安德人對於死者屍體的注意，他們被埋在墓穴之中，有工具和其他的物品殉葬。這可能表示他們也已有一種宗教信仰，或至少已有一種死後生命的觀念。

上舊石器時期

距今約五萬年前後，石器工藝又進入一新的階段，石瓣器的製作繼石片器而興盛。石器時代也由此進入上舊石器時期。克羅馬郎人便在這時期出現於世。這是石器工藝的一個登峰造極的時代。在後世所發現的石瓣器中有製作極精的刀、鑿、鉋、鑽、箭鏃、矛頭和匕首等物。骨角器的製作也大盛，遺物中有骨製的刀、叉、矛頭、魚鈎、縫針、衣扣和飾物、各種柄欛；有角製的投矛器和其他用具。我們當可想像當時應尚有更多用其他材料製作的工具和用品，因為容易毀壞，長時期來已經湮滅不見。工具種類的繁多顯見這時期人生活能力的增進和生活情形的進步。魚鈎、魚叉、投矛器，乃至這時期之末弓箭的發明，使漁獵的收穫更加可觀。事實是，這時期是史前人類的一個大狩獵時代。從今日法國至俄國的一帶地方，到處都有成阜的獸骨堆積發現。一種顯然為燒烤肉類之用的巨大爐坑的發現，則可見當時已經通行熟食。在今日法國南部索呂特來（Solutré）地方發現的一處爐坑附近，棄置有大堆曾經烤炙的獸骨，估計約相當於十萬頭巨獸的遺體。當時的狩獵量實在驚人。從骨針和骨角鈕釦的發現，也可見當時人已有衣着蔽體。因為他們還不知紡織，所以想必用獸皮等縫製。大量穿孔獸齒和貝殼的發現，則可見他們已經知道製作飾物，供自己穿戴。

在非物質生活方面，上舊石器時期人也表現了顯著的進步。索呂特來地方的獸骨堆積，使我們想見當時人的狩獵已經是有組織的團體行動，而由團體中人共享所得的收穫。這時期工具武器製作的精美和當時人在美術上所表現的技巧的驚人，則使我們想見當時人羣內部應已有相當程度的分工存在，使一部分人接受某種長期的專業的訓練。上舊石器時期人的美術才能表現於骨角雕刻和巖穴壁畫。題材多屬動物，如披毛犀、馴鹿、長毛象等等，而其敷色、畫面配置和動作的表現，莫不自然生動，栩栩如真。因此上舊石器時期也是我們所知道的史前人類最偉大的美術時代。但就可見的遺物看來，則這時期的美術除了為審美的目的外，可能尚含有原始魔術的意義，通過模寫動物的形象來祈求豐富的狩獲。因為他們的美術題材不僅常是動物，而且還常是被狩獵中的動物。再者，他們的美術製作中最特著的是巖穴壁畫，而這種連綿的巨作卻多繪在巖穴暗處，不少且在已成的畫幅之上再作新畫。如此美術巨製的完成，也可能表示當時人羣中已有專掌宗教和魔術的人物存在。在上舊石器時期人對於死者屍體的處理，使我們想見當時人對於死後生命的重視，比前更甚。他們用各種飾物和有豐富雕刻的武器和工具殉葬；他們為死者屍體塗上赭石顏料，放成一定的姿勢，交臂當胸。

中石器和新石器時期

距今約一萬年前後，最後一次大冰河融化北去。世界的氣候和地形發生了極大的變化。適於寒冷氣候的馴鹿和其他獸類相率北遷，有的終於絕了種；行動敏捷而較小的動物出現於新覆蔽大地的森林。上舊石器文化迅速衰替。偉大的巖穴壁畫和優美的骨角雕刻不再製作；一切屬於這階段的發現物都顯見比以前簡陋拙劣。人如要繼續生存和進步，顯然必須設法適應新的環境。

逐漸的，一種小型的被稱為細石器的製作，開始在歐洲、非洲和亞洲的廣大地區出現。這是一種自南往北傳播的工藝，足見氣候的變化使北地不得不改變原有的"傳統"，接受新的生活方式。迨公元前六千年前後，這一改變似乎已經成功。在歐洲，這時期的遺物，如在不列顛、比利時、荷蘭、丹麥、德國北境，以及挪威和瑞典南境等地發現所得，包括石瓣器、細石瓣器（Microlithic blade tools）和磨光石器、骨角製器和木器。有柄的斧成了首要的工具，用以砍伐樹木。漁具的種類繁多，除骨角製的魚鈎魚叉而外，還有木製的魚浮和以植物纖維編成的魚網。犬已經馴養。因為有木製的槳發現，某種形式的舟船當已開始製造行駛。雖然，工具和謀生方法的改變，只是對於自然環境的一種新的適應。公元前六千年前後的歐洲人仍只是獵人、漁夫和食物採集者，與一、二萬年前相若。人類對於自然的基本關係的改變要到農牧業肇始，約當新石器時期盛時。

從新石器時期起，歷數千年，近東為西方文明的先導。新石器文化，在包括埃及和西部亞洲的近東一帶，盛於公元前五、六千年。歐洲相形之下要晚二、三千年。如前所述，新石器之異於舊石器，在製作方法上主要是以磨礱代替碰擊斫鑿。磨光石器因而是新石器時期的標準石器。新石器時期人也開始從事紡織，模造陶器，並用木材和日炙泥磚建築屋宇。陶器使用的普遍，甚且使陶器的形制和文樣，成為後世區別新石器時期文化類型的標準。但這時期表示人類生活的根本的改變，乃在牧畜和農業的肇始，使人從食物的採集者和獵取者進而為食物的生產者。這是人類自有生以來物質生活的最基本的變化。在過去的數十萬年乃至上百萬年中，人類的生活資源全賴自然供給，因此一次氣候的變化或一種自然物的短缺 —— 如馴鹿和披毛犀、象隨最後一次冰河的退走而遷移或消滅，都會威脅到他們的生存。至農牧肇始，人乃開始有可恃的生活資源，能夠靠自己的力量來開闢和保持。

農牧業的肇始

新石器文化先盛於近東，人類的開始種植作物和豢養牲畜，也首在近東。因為除了稻米首先出現於東南亞洲外，舊世界最先種植和馴養的作物和牲畜，在近東都曾在野生的狀態中生長。有一種假定解釋農牧的肇始，說：當冰河時代，在冰河以南有一條寬廣的雨風帶，使北非、近東和中東雨量充沛，動植物繁滋。迨冰河融化北去，雨風帶也隨而北移。地中海以南和以東的原住民發現他們的水源日見枯竭，他們所能狩獵的動物日益稀少，沙漠日長夜大，佔據了原來草木茂盛之地。只有河谷、沙漠中的少數綠洲和因季候風而繼續有相當雨量的地區，還有水供給。人和動植物自然向這些狹小的地帶集中。為了生存，他們不得不相互接近，他們間的關係 —— 人和人、人和動植物 —— 從而也日增密切。經過不知多少次的試驗和失敗，人終於發現某幾種動物可以馴養，而某幾種植物可以種植，以供人食用。於是乃有牧畜和農業發生，也由是而有古大河文明的肇始。雖然這不過是一項假定，但是一項十分合理的假定。

第三節　文明的初曙

新石器時期人的村落

但迄今在近東所發現的最古村落的遺址 —— 農牧業肇始的具體證據，在埃及、巴勒斯坦、敘利亞、伊拉克和伊朗北部一帶，都分佈在山麓高地，而不在河流沿岸。這些最古村落遺址的年代約當公元前五千年前後。它們的遺物中有房屋、穀倉、陶器；有鐮、鋤、磨、臼等石器；有大麥、小麥等穀物；有亞麻和線物；有編織的筐籃和席簟；有縫紉用針、飾物和其他衣着零件的骨器；有牛、羊、犬、豕的骸骨；有魚骨和貝殼。他們有不同的埋葬死者的習慣，但都比過去更見隆重；有的遺址中並有人或動物的土偶發現。至少在一處遺址中已有金屬製器。從近東，農牧的知識、工具和作物家畜的品種傳入歐洲，或經小亞細亞至希臘和南歐，再傳於多瑙河流域；或沿北非海岸與海道，經地中海島嶼，至今意大利、西班牙和法國一帶，再傳於不列顛和北歐。瑞士的湖上居民並在湖水中樹立大叢的木樁，架設居屋，形成湖水村落。但如以城市的產生，形式的政府、法律和宗教的建立，道路、海港和水渠的開闢，軍隊或治安武力的維持，以及文字的發明和使用為文明構成的條件，則這些最古村落的居民都尚未進於文明。在近東，最古的文明乃肇始於大河流域——尼羅河流域和兩河流域。

大河的征服

試以公元前三千年前後的埃及或兩河流域，和公元前五千年前後的最古村落相比，我們當見這兩千年中人類生活的變化如何巨大。村落擴展而為市鎮，市鎮擴展而為城邑和商業中心；建築由茅茨土階而有宮室廟宇的構築；土田廣闢，道路四達；器具的種類日繁，製作日精，陶器和金屬器皿代替石器而為平常日用之具。公元前三千年前後的埃及和兩河流域都已有了文字，而且已形成了有固定領土和共同政府的國家組織。

農牧肇始於山麓村落的居民，而文明肇始於大河流域，可見文明的肇始尚待進一步對於自然的征服。上述最古村落分佈的地區，有坡阜，有溪流，還有若干雨水，氣候宜人。山麓較平坦之地，稍施刀鋤，便可以栽植作物，幾乎生來是宜於原始農業的土地；而高處豐草滋長的坡阜，則宜於放牧。反之，埃及和兩河流域在原始狀態中極不宜於人類生存。兩地都經年不雨。兩地的河流，每年都因上游山地積雪的融化而有泛濫，到時河水漲溢，而使泛濫過後河的兩岸盡是沼澤莽叢；但未幾何時，河水下落，沼澤乾涸，莽叢萎死，泥土龜裂。這兩處河流之為人用，在埃及需要建築堤防和水庫，以留貯河水；而兩河流域需要開鑿溝渠，以引水灌溉。沿河的土壤本來便已肥沃，一旦人對河水的控制成功，加以每年泛濫後河水帶下的上流肥土，結果使兩岸盡是膏腴之地。因此，埃及和兩河流域的征服，使為人利用，本身便是一樁偉大的事業，需要十分艱巨的人力。這不是個人或少數個人的力量所能奏功，而需要集體的力量，需要多數人在共同遵守的約束下分工合作。這樣，隨着人征服大河的成功，一個有緊密組織的社會同時產生，有政府，有法律，有社會階級，有共同宗教。這也是人控制人自己的成功。而文明便在人控制大河和控制人自己的成功中產生。

社會組織的演進

農業和牧畜促成定居生活，定居生活和社會分工的進步，則使社會組織積漸發展。人類社會的原始組織是家族（Family）。大抵一種多少固定的婚姻制度，是人類與生俱來，由固定的婚姻制度而有家族。在家族制度的發展中，有的家族，其夫婦親子的關係可以與其他家族不同，從而有父系家族和母系家族、一夫一妻制和一夫（妻）多妻（夫）制等名目之分。但就現存的原始部落以視遠古，則家族之由夫婦親子的關係結成，而其作用在共同生活、延續後代、保持和繼承"財產"、傳衍知識和習慣，大抵皆同；而父權似乎甚早便已建立。由家族而有氏族（Clan 或 Gens），合氏族而為部落（Tribe）。所以氏族和部落都可視為家族組織的擴大。大抵至新石器時期，部落的組織已經產生，但具有確定的領土、統一的權力和共同的法律的國家（State），要待有史時期之初才開始形成。

法律和宗教

新石器部落一般也都未有專設的行政、治安、和司法的權力。習慣便是法律，而血族私鬥是最後的裁判。原始社會的犯罪大抵多只視為私權侵害（Torts），因此懲罰也便是賠償。例如人身傷害，一種賠償的方式是所謂"以眼還眼，以牙還牙"的血的報復，而另一種是"血錢"（Blood Money），由犯罪者的一方償付一定數量的財物給被害者的一方。在原始社會，被害者的身體或生命的損失被視為血族共同的損失，因此要求賠償或實行報復乃闔族之事。在談判或調停失敗後，解決問題之道通常是血族私鬥。原始社會中被視為危害公共利益的罪行，幾乎只有違犯“禁忌”(Taboos) 一事。

今日我們在現存的原始部落中所見的圖騰制度 (Totemism)，便是一種禁忌制度。一個團體或氏族，有一種動物或別的自然物、自然現象，乃至製作物，以為圖騰。圖騰成為一族的符號和神聖之物。族中人相信或承認他們的祖先便是圖騰所代表之物，或至少與它有特殊密切的關係。他們對它不得加以殺戮、啖食或褻瀆。這同族中的男女且不得互通婚媾。但在古時，圖騰的制度似乎未普遍通行，而禁忌則幾乎行於所有的原始社會。在一個原始社會中，禁忌的範圍可以十分廣泛。它可以施於某種行為、某種物體的接觸、或乃至某種言語的使用。關於禁忌的由來，説者不一，要之，原始社會中人相信觸犯禁忌將使個人或團體受到鬼神的懲罰，從而招來噩運。與自然環境鬥爭的艱苦，加以對於自然現象了解的幼稚，使當時人相信盈天地間萬物莫不有靈，而萬事莫不有鬼神左右其間。這種思想稱為萬物有靈論 (Animism)，而其外現為一種崇拜或儀式稱拜物教 (Fetishism)。原始人最先所設想的鬼神大都是對世人懷有敵意的惡靈，禁忌只是一種消極的避免，因此也被稱為“消極的魔術”。比禁忌進一步的是祓除，包括祈禱、符咒，或某種特殊的儀式，希望由此產生神秘的力量，以欺騙、賄賂，或驅除為害的惡靈。在上舊石器時期的巖穴壁畫中所見的模仿魔術，到新石器時期仍繼續通行。由於農業的肇始，祈雨成為新石器時期人的一種重要的宗教儀式。他們用灑水和舞蹈象徵行雨，以期招來甘霖。類似的祓除和模仿的儀式也用於治療疾病，迎送季節、舉行種族慶典、婚禮或葬儀。因為新石器時期此類儀式的繁複，我們相信巫師或祭司當早已是社會的特殊階級的人物。一種人格化的善良公正的神祇觀念的產生，一種對於宇宙的合理的哲學的解釋的形成，是社會從原始進向文明的又一重要的標識。

第二章

古代大河文明
—— 古埃及文明

文明肇始於大河流域。為最古文明發生之地的大河流域，除了中國的黃河流域外，有非洲的尼羅河流域（即埃及）、西亞底格里斯河（the Tigris）和幼發拉底河流域（the Euphrates，即美索不達米亞或兩河流域），以及印度的印度河（the Indus）流域。其中尼羅河流域和兩河流域在近東。（圖一）

約公元前五千年後不久，近東新石器時期的村落居民開始走下到尼羅河和兩河流域的谷地，從事河流兩岸土地開發和河水疏導的事業。人口的集中和分工的需要首先形成城市或都會。城市成為大河文明發生的具體的表徵，大河文明即以城市為中心而興。

第一節　尼羅河流域的埃及王國

尼羅河流域

埃及位非洲東北部，無數世紀來，尼羅河（the Nile）從南曲折北流，在埃及境內劃出一條狹長的谷地。這條谷地底部是肥沃的沖積土，可耕地面積總計約不過一萬三千方哩，但在古代它已經同時供養數百萬人口。谷地的東西兩側是峭立的山崖；山崖之外是沙漠，西側是里比亞沙漠（Lbyan Desert）、東側是阿拉伯沙漠（Arabian Desert）。河的上游是難以穿越的崇山峻嶺，而河口入地中海處是一個大三角洲。就地理條件言，埃及幾乎是一處天生的宜於文明肇始的區域。一旦人對河流的控制成功，這區域豐饒而安全。除了河流下

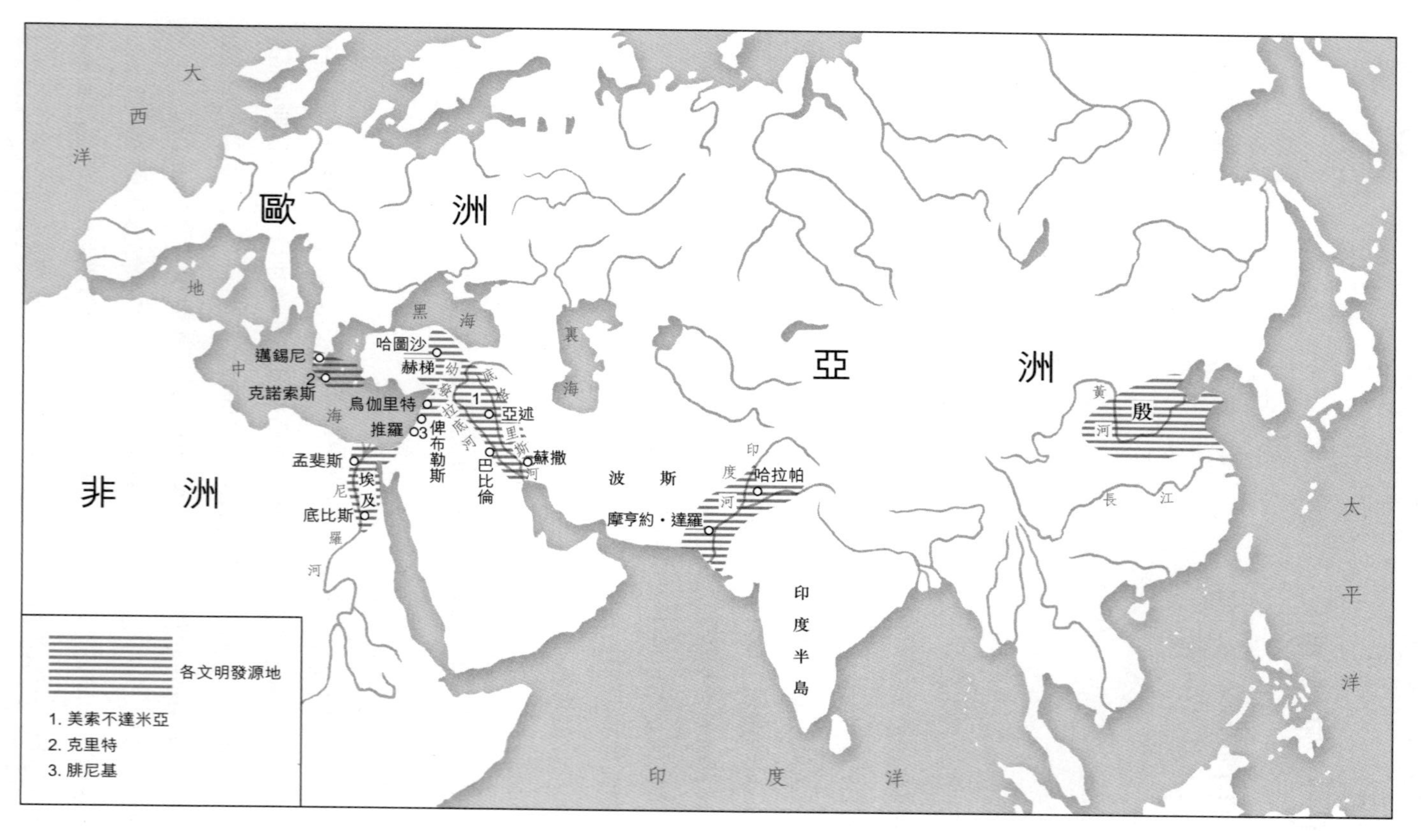

圖一　亞、非、歐古代各大文明發源地（約公元前 1600 年）

游的三角洲部分外，埃及幾乎全境終年無雨。農業用水的供給全賴尼羅河每年 7—10 月的泛濫。尼羅河每年的泛濫，河水漲溢，挾上流的沃土俱來。防汛，貯水灌溉因而是尼羅河利用的先決條件，而尼羅河的征服遂同時為文明的肇建。天文和數學知識、工程技術，以及社會的分工合作，因河水利用的需要而並興。

古埃及王國的興廢

古埃及歷史，於公元前 3200 年前後第一王朝建立前，稱王朝前時期（Pre-dynastic Period），其後稱王朝時期（Dyanstic Period）。當王朝前期時，埃及從城邑初建形成城邦，由城邦併合而為南北兩王國 —— 上埃及王國（Kingdom of Upper Egypt）和下埃及王國（Kingdom of Lower Egypt）。公元前 3200 年前後，南北兩王國統一，建第一王朝，是為埃及古王國。因為第一和第二王朝統系無徵，年紀莫考，迨公元前 2700 年前後第三王朝建都孟斐斯（Memphis），史事才大致可稽，所以也有史家寧取第三王朝為古王國時期的肇始，古王國時期包括最初的六朝，其中第四王朝約當公元前 2650—前 2500 年，為金字塔（Pyramids）建築的全盛時期。第六王朝於公元前 2200 年前後告終，繼之的一個世紀中王朝興廢靡常，王權失墜，城邑分立，是一段混亂的時期。迨公元前 2100 年前後第十一王朝建都底比斯（Thebes），王權重振，是為埃及中王國。公元前 1800 年後，中王國衰替，一支遊牧民族喜克索人（Hyksos）從西亞入據埃及。迨公元前 1580 年前後，第十八王朝興起，逐喜克索人，建新王國。新王國時期也是埃及的帝國時期。第十八王朝約公元前 1580—前 1350 年的君主，如圖特摩斯三世（Thuetmosis III，約公元前 1501—前 1447 年），擴張疆土，一時腓尼基（Phoenicia）、巴勒斯坦和敍利亞等地都被收入版圖。公元前第十二世紀中葉後，埃及帝國衰替，迨下世紀初而帝國時期告終。其後埃及政治混亂；來自西側的利比亞人（Libyans），來自尼羅河上游的努比亞人（Nubians）和衣索比亞人（Ethiopians），並曾先後在埃及建蠻族王朝。亞述人（Assyrians）也於公元前第七世紀中數度入侵。公元前 525 年，埃及為波斯人（Persians）所征服。迨公元前 332 年，它又為馬其頓王亞歷山大（Alexander of Macedonia）所征服。這使埃及在其後的長時期中成為希臘羅馬世界的一部分。

埃及從第一王朝初建至為馬其頓所滅，前後共三十王朝，歷時約三千年。

古埃及文明的初建

前述新石器時期埃及和西亞的村落居民，據人類學家的鑒定，在體質構造上屬地中海種。古埃及人軀幹短小，膚色微黑，面骨長，髮黑而直，深目，鈎鼻，屬地中海種。因此就埃及言，新石器時期的村落居民和最早在尼羅河谷締造古大河文明的埃及人，當是前後的親屬。

早在王朝前時期，尼羅河流域的埃及人已經有不少製作，為古埃及文明奠立基礎。工藝製造，包括金、銅器、石器和陶器，表現了高度的專門技能；而且他們已經開始織造一種質地精美的麻布。平治沼澤和水利灌溉的工程已經發達。一種本於習俗的法律制度開始形成；而且也已有了文字和曆法。埃及曆法分全年為十二個月，每月三十日，年終另加五日為節日。這是我們所已知的世界最古的陽曆。它的正確的發明年代雖不可考，然開始通用應當早在公元前 3000 年前後。而且在王朝前時期，埃及也已經有了王國的組織。

第二節　古埃及的政治、宗教與社會

古埃及王政

論古埃及王政，以古埃及歷史的悠久，前後數千年，自然變化滋多。但在基本性質上，古埃及王政是一種神權政治。在古埃及，王 —— 法老（Pharaoh）—— 不僅是神在此世的代表，而且他本人便被奉為神明，是太陽神雷拉（Ré，又作 Ra）之子。他必須在直系家族以內婚配，因為不許他的神聖血統被玷污。在古埃及社會，貧富分化的現象已十分顯著，土地也已大部分為私人所有，但在理論上，則如中國古時所謂的“普天之下，莫非王土，率土之濱，莫非王臣”，全國的土地人民，皆屬於法老。古埃及法老的權力的性質和範圍，在金字塔建築中最能夠明白看出。

金字塔是法老生前為自己構築的陵寢，多位於尼羅河和西側沙漠之間的崖上。在今開羅（Cairo）附近基左（Gireh）地方的金字塔建於第四王朝。其中最大的一座為法老胡夫（Khufu 或希臘語中稱之為基俄普斯，Cheops）所構築，據古希臘史家希羅多德（Herodotus）的估計，當需動員十萬人工，歷二十年，始克告成。完成的大金字塔佔地十三畝，高 482 呎，底部四邊每邊寬 768 呎，使用巨石約 230 萬方，平均每方重二噸半。法老的墓穴在地下，有複雜的通道和穹窿從塔外通達墓穴。而如此艱巨的工程就只為了覆蔽一個法老死後的遺體！金字塔建築表示了古埃及的法老如何在土地和人民之上集中了巨大的權力和財富；而其建築的目的，則顯然在使他的存在和權力具有永恆的意義——亦即神的意義。

但權力同時也負有責任。法老同樣是神的公正和恩惠的象徵。他必須遵守習俗，維持社會秩序，保障公共福利。法老之位是世襲的，而當古王國時期，他的儲君在繼位前先須習練公共工程和其他國務的管理，使明瞭國君的責任和國家庶政。喜克索人的入侵在埃及傳入了馬和戰車。迨喜克索人被逐退，新王國復國，埃及歷史曾進入一段軍國主義時期。法老的儲君這時又須習練軍務。一種司法制度也早在古王國時期建立。在法老的朝廷有主管司法的大臣，有時法老自己也受理上訴，主持審判。除司法外，法老的朝廷尚有主管建築、公共工程和財務等大臣；而地方則有邑宰。但在國家組織中，主管宗教事務的祭司顯然仍居首要的地位。事實是，在古埃及，祭司一直自成一個階級，而法老本人，是最高祭司。

古埃及宗教

如上所述，古埃及政府是一種神權政治，則宗教在古埃及人生活的重要，可以想見。考察古埃及人的宗教信仰，原始宗教的魔術和拜物的性質依然具在，但在兩個方面有了顯著的變化。第一是宗教信仰現在顯然具有理想的、道德的，乃至哲學的意義；第二是部落或城邑的保護神和繁殊的物神被化合為若干普遍崇拜的大神。當古王國時期，居諸神之首的是太陽神雷拉。迨新王國時期，雷拉與底比斯的保護神亞孟（Amen，又作 Amun）化合，稱亞孟—雷拉（AmenRé）。另一位最受崇拜的大神奧西烈斯（Osiris），是農神，尼羅河之神。在尼羅河流域，太陽不僅使農作物成熟，而且也是永生不滅的象徵，所以雷拉或亞孟——自然被舉為最高的保護神，他的崇拜實際已成為古埃及的國教。同時雷拉也被舉為公平、正義和真理之神，宇宙的和道德秩序的維持者。法老是雷拉在世間的化身，通過他的統治，神的統治行於人間。

奧西烈斯崇拜同樣本於自然崇拜——尼羅河和其他自然勢力予大地及農作物以生命的力量，同時則表現一種生命於死後復活的觀念。據古埃及傳説，奧西烈斯曾統治人間，有厚惠於世人。他被他邪惡的兄弟塞特（Set）所謀殺；他的身體被支解，被投於四方。他的妻子埃西斯（Isis）埋葬了他，使他的靈魂復活，並為他生育一子霍留斯（Horus）。以後奧西烈斯的靈魂去了西方，為冥國之王；而霍留斯則在長大成人後與賽特交戰，為他被謀殺的父親復仇。這是一種典型的農神傳説。在古代的近東，如敍利亞和兩河流域，都有類似的傳説流行。一個傳説的英雄被殺，被支解，被埋葬和復活，象徵每年周而復始的農作物生長和收成的週期。但在奧西烈斯傳説中，也可見為以後基督教信仰的根本——靈魂復活的信仰，實在是近東流行已久的古老的信仰。霍留斯和塞特鬥爭時，他們曾分治下埃及和上埃及，但最後兩部終於為霍留斯所統一。所以法老也被認作霍留斯的繼承者。

太陽神崇拜為國家的宗教。而奧西烈斯崇拜為民間的宗教。靈魂復活和一個死後世界的承認，予一般人以一種靈魂不滅的慰藉。古埃及人結果養成一種十分執着的死後生命的觀念。死者被信為在墳墓中繼續他們的生命，因此不僅他的屍體需要薰製成木乃伊（Mummy），使之不朽，而且還需要供給以食物和其他生活必需品，備他取用。但奧西烈斯崇拜其後也產生一種死後審判的觀念，相信死者的靈魂必須到冥國之王奧西烈斯的座前，為他生前的行為受審。通過審判的靈魂進入美妙愉悦的天堂，與奧西烈斯同生，不能通過的墮入陰暗的地獄，受無窮盡的飢渴之苦。

當人們繼續相信死後生命為生前行為報答時，宗教信仰便產生道德的和法神的效力；但一旦人民相信死後生命可藉某種特殊的神秘形式以達到所期望的目的時，則宗教信仰又成了迷信和魔術。迨新王國初期，古埃及的奧西烈斯崇拜墮敗成了低級的粗俗迷信。祭司造出種種魔術方式出賣，包括靈物、符咒，以至在陰世應對的語言，供死者去冥世欺騙、威脅或利誘鬼神之用，以達到所希望的目的。符咒和應對文字多寫在紙草紙上，人們買去葬在死者的墓穴之中，在後世稱之曰《亡人經》（*The Book of the Dead*）。迷信之風的猖獗、祭司階級的跋扈，還可能由於個人的原因，使第十八王朝的一位法老亞孟諾菲斯四世（Amenophis IV，公元前 1375—前 1358 年）決心徹底改革宗教。他把祭司逐出神廟；他命令臣民崇拜一位象徵日輪的神亞騰（Aten）；他並改稱己名為伊克那騰（Ekhnaton），其義是"亞騰所喜"。他宣告亞騰為唯一的神，不僅是埃及，而且也是舉世唯一的神。他是世界的創造者，宇宙和道德秩序的護持；他關心世人，造福世人，古埃及的宗教信仰，由於諸神化合的結果，無論太陽神崇拜或奧西烈斯崇拜，都已經現出一種一神崇拜的傾向。伊克那騰的改革更明顯是一種崇拜的試驗，但由於因祭司階級的阻撓和破壞，這次改革結果歸於失敗。繼伊克那騰之位的法老立即恢復了傳統的崇拜。宗教又繼續成為迷信、魔術和因襲的儀式舉行；而祭司階級繼續跋扈恣睢。在古代埃及，因為政府的神權性質，宗教的墮敗必然也招致政治的墮敗。造成新王國的衰替和文化創造的停滯，宗教的墮敗當是一個十分重要的原因。

社會和經濟生活

古埃及社會，在法老政府的神權的統治之下，形成一種高度集體（Collectivistic）的組織。從古王國時期始，埃及社會便已從王族和平民，分出多種高下不同的階級。除王族外，有祭司和世襲貴族，有王家官吏，有包括書記、商人、手工藝者和自由農民的中等階級，有農奴。當新王國時期，因為對外用兵頻仍，職業武人開始自成一個階級，位於世襲貴族之下；而戰時所得的俘虜則形成一個新的最卑賤的階級 —— 奴隸，被驅去石礦或田地勞動。中等階級在中王國時期曾興盛一時。但新王國時期，法老的集權益甚，自由的中等階級終於又歸沒落。反之，祭司則自成一個特權階級，迨新王國時期而其勢尤張。神廟擁有大量的土地、奴隸、牲畜和船舶，分享國家的巨額財富，卻不需向法老的政府納稅。他們並且僱用大批手藝工人，製造符咒和喪葬用品，以發賣贏利。

古埃及社會組織的基礎是家庭。古埃及家庭中婦女地位之高，為近東古國中所僅見。在近東古國中，埃及幾乎是唯一容許婦女繼承王位的國家。埃及男子固然仍可就財力所及，廣納姬妾，但法律上他的家庭是一夫一妻制；便是貴為法老，只能有一位合法的配偶。古埃及家庭的另一特色，是近親通婚。法老之必須與其姊妹或近親婦女婚配，已如上述。在古王國時期後，相似的風氣多少也行於貴族階級。

古埃及社會經濟的基礎是農業。理論上土地全部為法老所有，但以種種方式如賞賜或放領，分歸私家，公元前 3000 年後，手工製造在古埃及也頗見興盛。其後為古埃及主要工業的有採石、造船，以及紙、陶器、玻璃器、金屬器和織物製造。公元前 2000 年後，埃及的對外商業迅速發達，與克里特、腓尼基、巴勒斯坦、敍利亞，以及紅海沿岸等地，有興盛的貿易往還。埃及向外輸出的主要有小麥、麻織物、紙草紙和精製的陶器，而輸入的乃金、銀、象牙和木材等原料。工業和商業都有部分由民間經營。後世所行的商業和經濟習慣，有不少先見於埃及。民間簡單的賣買雖仍通行物物交換，但大宗的貿易已開始使用貨幣，以定量的金、銀、銅鑄圜，作為交換媒介，雖然，法老仍是人民勞力的最大役使者。王家政府驅使奴隸或徵用民工，以開採銅、石等礦，建築金字塔和神廟，和耕種王家用地。當新王國時期，國家壟斷經濟事業的範圍益廣；對外貿易，除神廟所經營者外，幾乎完全為國家所獨佔。

第三節　古埃及的藝術、文學與科學

工藝與美術

文化史家有謂愈是集體主義化的社會，其藝術的表現愈趨重建築。此就古埃及言，確實如是。古埃及的建築，在古王國時期最特著的是金字塔，在中王國和新王國時期是神廟。兩者都是社會的一種集體心理的表現，一種宗教信仰和權力崇拜的表現。

金字塔建築的宏偉，上節曾經略道及。除宏偉外，金字塔另一令後世驚異之處，是它的度數精確。如於胡夫的大塔所見，塔基四邊的平均誤差不及一吋，而四角直角的平均誤差不過半分；塔面和內壁的精細石工，使有的地方石塊的接縫處至於不能容薄刃；而如此龐大厚重的石塊結構，在內部還要造出複雜的甬道、穹窿和通風孔。至於當時所能利用的設備和工具，則除斜面、滾軸和槓桿外，連滑輪都尚未知道，由此更見，當時此龐大建築的完成，其所需要的人力和技巧之巨，真是無法想像。

古埃及神廟的建築，以新王國時期興建於底比斯近處卡納克（Karnak）和盧克索（Luxor）兩地的部分，最著稱於後世。埃及神廟的特色是宏偉。卡納克的亞孟—雷拉廟於第十八王朝時開始興建，以後經歷代增修，有的部分晚至希臘化和羅馬時代。該廟的前殿為第十九王朝（公元前 1350—前 1200 年）的法老所修，廣 329 呎，深 170 呎，主體由列柱構成。全殿計有巨柱 134 根，中間兩行的 12 巨柱，每柱高 70 呎，直徑逾 20 呎。無論金字塔或神廟，皆於單純的結構中不失其配稱之美。再者，後世於古埃及神廟建築中，希臘建築的若干重要成分，如凹槽柱、柱頭、列柱、楣柱式結構，以至聯窗假樓等，也早已廣泛應用。但要之，古埃及建築無論曾如何表現高度的技巧和匠心，總似乎有意為之，以示人以厚重、堅實和宏偉之感，以象徵植基於廣土眾民之上的偉大統治的力量。

在古埃及，雕刻和繪畫之於建築，不過如附庸之視大國。古埃及的雕刻藝術，主要見於巨石雕像，如獅身人面像（Sphinx）和法老造像；見於建築物壁面或柱面的浮雕和石刻畫；見於建築物部分的裝飾；或見於小型的玉、石和金屬雕刻物。此外也尚有少數木雕刻物遺存於後代。獅身人面像多作蹲伏狀，肢體的表現簡單，首部有時作法老面像。當新王國時期，神廟前方每有長列的獅身人面像，導向神廟的入口，其風流播於近東各地，遠傳至東亞。古埃及的小型雕刻常精美絕倫，具見匠心；建築物局部的裝飾作花木鳥獸之狀，也多自然生動，饒有情趣。但法老造像，以至浮雕和石刻畫中的人物，卻多作因襲和定型的表現，肢體強直，比例失當，各部的配合不稱。人像比較顯示個性的部分為首部，但一般也只凝眸前視，了無表情。埃及藝術家造像，當有意作抒情的或寫實的表現時，同樣可產生極其美妙的作品，如於後世著名的伊克那騰后胸像和書記像可見。因此古埃及雕像——尤其法老造像——之所以但作簡單古拙的表現，頗似建築的厚重，乃多少有意為之，藉以傳達一種常住的、超人的，以至超現實的感覺。古埃及繪畫表現較多的自由精神，可能因為繪畫之為藝術，比之建築和雕刻都不重要之故，在古埃及，繪畫主要見於壁畫，而最佳的壁畫產生於新王國伊克那騰時代。此一力圖打破習俗，而身為宗教改革者的法老，讚頌他的新神亞騰所創造的自然，可能由於他的倡導，埃及藝術在他的時代輸入了一種清新的生命之趣，如在上述他的王后的胸像所見。

在王朝前時期之前，埃及已開始有了文字。埃及古文後世稱 Hieroglyphics，源自希臘語，意為聖刻。古文最初不過若干象形符號，代表具體有形之物。其後部分符號的形狀漸趨固定，並開始用以代表抽象的觀念；有的符號則代表一定的音節，可以相互結合藉聲音表達語言。迨公元前二千年前後，埃及古文中已經有二十四個符號，分別代表語音的子音，從而使埃及文字中有了字母。這樣，從很早時期起，埃及文字便已具備象形（包括指事）、表音和字母等三種成分。於古文書法外，埃及以後是產生兩種書法，一種為祭司所用的行書（hieratic），一種為民間所用此行書更簡單的俗體字（demotic）。埃及文字始終未放棄他的象形和表音符號，因此也始終未演進為字母文字。但埃及人仍是世界字母文字的最早發明者。腓尼人抄襲了埃及人的原理，以之傳播於鄰近諸民族，遂成為後世重要字母文字如希伯來文（Hebrew）、拉丁文（Latin）、希臘文（Greek）、印度文（Indic）、阿拉伯文（Arabic），以及從他們衍生的近代字母文字的共同淵源。

於古代埃及，除紀念性文字多鐫刻於石面外，主要用紙草紙作書寫材料。紙草（papyrus）是生長於尼羅河沼澤地的一種植物，取其莖部的纖維浸水，加以搥壓，便成為紙。於古代，紙草紙從埃及輸出至地中海各地，為埃及的主要輸出商品之一。於中世前半阿拉伯人以中國的造紙術傳往西方之前，紙草紙繼續通行於西方。事實是，後世西方語言中的"紙"的稱謂，即源自希臘語的紙草之名——ppapyros。

文學與哲學

有文字，然後有文學著作。遺存於後世的古埃及的文學著作，有詩歌、小說、記事等繁殊形式；其中大部分為宗教文學，歌頌亞孟—雷拉或亞騰的神明。於古代埃及，俗文學——非宗教文學——只盛於中王國時期。從古埃及的文學著作之中，可見古埃及人的一種樂天知命和俯仰自得的精神。大抵於古今所有的宗教中，古埃及人的宗教為比較傾向樂觀的一種。古埃及人對於死後生命的期待過於對於地獄的恐懼；而彼世，古埃及人的想像中陽光遍地，鳥語花香，不過是此世的美化和延長。古埃及的俗文學並使後世窺見當時埃及民間一般的生活和思想意識。此外，古埃及文學也是近東古代諸民族文學共同取汲的泉源，影響於其他民族的文學傳統者至巨。在希伯來人的《聖經》（基督教《舊約》）中如於基督教《聖經》的《舊約》中所見，和《箴言》便傳自埃及。

在一個如古埃及的社會中，自難希望抽象的思維或純粹哲學有長足發展。從古埃及人的宗教信仰中，可見古埃及人相信宇宙受一種精神或智慧的支配，相信有一個永恆的宇宙，相信宇宙萬有有其週期的運動；當中王國時期，對於傳統信仰的動搖曾產生一種懷疑的虛無思想。"誰曾去黃泉而復返，告訴我們彼處的情形？"但凡此思想的表現，其宗教的或道德的意義，都過於推理思維的意義。

科學

在科學方面，古埃及人成就最著的為天文學和數學。於古代埃及，天文學和數學之所以發達，乃是由於實用的目的 —— 為求計算尼羅河泛濫的時間、計劃金字塔和神廟的建築，以至解決水流灌溉和土田經界的問題等等。在天文學方面，如上所述，古埃及人很早便已制定一種陽曆；他們記錄天象，辨認主要的恆星，預測行星的位置。在數學方面，他們早已知道應用四則中的加、減和除的法則；他們最先發明算盤；並發明一種十進制的計數方法。幾何術的有效應用，則使古埃及人於測量上表現了高度的技能。他們能正確計算三角形、長方形和六邊形的面積；他們計算圓周率至 3.16；他們也已知道計算三角錐體、圓柱體和半球體的體積。木乃伊薰製的習慣則使古埃及人很早便獲得了不少有關人體生理的知識，這使醫學成為古埃及人最多成就的第三門科學。一種從公元前 1600 年前後傳下的記載，表示當時的埃及人已經具有頗為正確的有關疾病診斷和治療的觀念；他們知道心臟的重要，而且也已多少了解脈搏的意義。古埃及的醫生似乎很早便已分科，有眼科、牙科、外科和腸胃病科等等。他們也編製了後世所知道的最早藥典。但古埃及的醫學也還是科學和魔術雜糅，有的丹方經希臘人傳入歐洲，至今尚在歐洲偏僻的鄉間應用。

此外，在古代近東，科學和發明方面應歸功於埃及人的，尚有冶金術；最遲至公元前 1500 年前後，埃及人已知道合成青銅。其次為日晷和刻漏的發明；第三為造紙和製革。古埃及的金、銀、玉石和琺瑯細工、木細工、陶器，以及玻璃器皿，也都精美絕倫，可以比諸近代精工製造而無愧色。

古埃及文明和遺產

以上所述，為古埃及歷史和文明的一個簡單輪廓。於尼羅河流域先後受亞述人的入侵，以及波斯人和馬其頓人的征服後，埃及文明的光輝仍未消歇。埃及的農業繼續繁榮；它的工業製造品繼續銷行於境外，為近東及地中海各地所取法。經腓尼基人的中介，它的字母原理傳播遐邇，為繁殊的民族和語言所接受；它也給予了世界一種一年 365 日的曆法。早在希臘人之先，埃及人已經利用列柱從事建築。他們開鑿了第一條接通了尼羅河三角洲和紅海的運河，時在公元前第十三世紀中葉；而遲至公元前 600 年前後，一位法老還曾派出一支船隊，完成了一次環繞非洲大陸的航行。此外，則如上所述，古埃及人也最先從事一種一神崇拜的試驗；而埃及的科學家們，為天文學、數學和醫學建立了基本的知識和原理。

第三章

古代大河文明
—— 古兩河流域文明

第一節　兩河流域王國的興廢

兩河流域

兩河流域原名美索不達米亞（Mesopotamia），希臘語義為“河間之地”。兩河為底格里斯河（the Tigris）和幼發拉底河（the Euphrates）。兩河流域的自然條件，在甚多方面與尼羅河流域相似。有如尼羅河之於東北部，兩河也在亞洲西南部構成一條狹長谷地，這谷地同樣有利於人口的集中；其農業用水也同樣全賴兩河每年的泛濫和居民的水利灌溉。但在若干方面，兩河流域也頗不同於尼羅河流域。兩河每年泛濫的時節不如尼羅河規則；而每年泛濫開始，尤其底格里斯河，水勢猛急，到處潰溢，西方遠古傳說中的洪水故事，便淵源於兩河流域。再者，兩河流域的氣溫也不如尼羅河平均。在今日的伊拉克（Iraq），中部平原的氣溫，夏季高達華氏120度，印度洋的熱風使棗椰子（dates）成熟，但也使人困倦乏力；而冬季低至冰點以下。由此可見，兩河流域的征服及其保持高度的農業生產，當比在尼羅河流域困難。在歷史中，無論埃及的政治命運如何飽經滄桑的變化，尼羅河仍繼續為人所利用，繼續維持大量的人口，也繼續為地中海區域供應糧食的穀倉。反之，兩河流域在中世回教阿拉伯人的阿拔斯朝（the Abbassid Caliphate）盛世過後，一乏經營，隨即又淪為沼澤莽叢與疾病猖獗之區。其次，兩河流域也缺乏如尼羅河流域所有的自然屏障。兩河流域的兩側沒有峭立的山崖，無論從上游或東側山地，或從西南方的沙漠地區，都容易進入谷地。谷地的富庶遂成為對於四側遊牧部落的強烈引誘，而為兩河流域不時招來侵掠和征服。這使古兩河流域的歷史中，先後繼代的不單是王朝，而有不同的民族進出，和他們所建立的王國的興廢。

蘇美爾人

最先在兩河流域肇建文明的是蘇美爾人（Sumerians）。早在公元前 4000 年前，蘇美爾人已開始出現於兩河流域。他們說一種不屬於任何後世已知語系的語言。在體質構造上，他們主要屬地中海種，但有顯著的阿爾卑斯種（Alpane）的成分加入。公元前 3500 年前後，兩河流域曾有一次大洪水發生。洪水過後，蘇美爾人已完全佔有兩河流域下游的蘇美爾（Sumer）地方。他們政治組織的形式為城邦；但間亦互結聯盟共抗強敵，或一邦稱霸，他邦接受其約束。

閃族人與古巴比倫王國

公元前 2350 年前後，一支閃族人（Semites）征服蘇美爾城邦，在兩河流域建立了第一個統一王國。他們原先是定居於蘇美爾以北阿卡底亞（Akkad）地方的阿卡底亞人（Akkadians）。當阿卡底亞王國初盛時，勢力東南達蘇美爾以東的伊蘭（Elam）地方，西北達敍利亞北部，通地中海。阿卡底亞王國歷時百餘年而衰，蘇美爾人的勢力再盛。另一支閃族人，亦稱阿摩利人（Amorites），從西側進入兩河流域，在舊阿卡底亞地方建立巴比倫城（Babylon）。迨公元前 1760 年前後，兩河流域再為巴比倫王漢模拉比（Hammurabi）所統一，建第二個統一的閃族王國，史稱古巴比倫王國。經古巴比倫王國時期，蘇美爾人和蘇美爾文化完全為閃族人所吸收融化，蘇美爾人從此只成了歷史名詞。但古巴比倫王國於漢模拉比後不久也中衰。公元前 1600 年前後，從東北山地入侵的開賽人（Kassites）滅古巴比倫王國，據有兩河流域歷四、五百年之久。開賽人以馬傳入兩河流域，因此迨公元前十七、八世紀後，在埃及和西亞，馬的使用日廣，尤其用於軍事，迨開賽人被逐，而兩河流域北部山地的一支閃族人，即亞述人（Assyrians），又勢力日張。公元前 729 年，亞述人征服巴比倫；其後以迄於公元前 625 年，兩河流域為亞述帝國的領土。

亞述帝國

亞述人於歷史中曾迭受來自小亞細亞的赫梯人（Hittites）的侵略，但同時，他們也從赫梯人獲得了使用鐵的知識。鐵的開始冶煉使用，於赫梯中早見於公元前 1700 年前後，這使赫梯人成為歷史中已知的最早用鐵的民族。亞述人的開始用鐵比赫梯人約晚四、五百年。但亞述人以馬和鐵兵器作戰，從公元前第十世紀始，終於發展出一個兇猛的軍國主義帝國。它的全盛時期為公元前第八、第七世紀，當塞拏克立伯（Sennacherib）厄瑟亥登（Essarhaddon）和亞述拔尼巴耳（Ashurbanipal）諸王相繼在位時。當時於兩河流域外，敍利亞、腓尼基和以色列也都收入亞述帝國的版圖；連埃及也數度遭亞述人的入侵。這是一個完全恃征戰、破壞、暴虐和壓迫造成的帝國。亞述拔尼巴耳去世於公元前 625 年，十三年後，亞述帝國自身也在武力的攻擊下潰滅。公元前 612 年，定居於兩河流域西南方的又一支閃族人——迦勒底人（Cnuldeans）——和米太人（Medes）合力，攻陷亞述帝國的國都尼尼微（Nineveh），亞述帝國亡。

新巴比倫王國

迦勒底人繼亞述人而為一個西亞帝國的主人。當尼布甲芮撒（Nebuchadressar，公元前 605—前 561 年）在位時，猶太（Judah）王國，一個亞述人所未能征服的希伯來王國，也被收入帝國的版圖。迦勒底帝國定都於巴比倫，所以也史稱新巴比倫王國。但迦勒底人所繼承的為亞述人的帝國和軍國主義的傳統，他們也繼承了亞述人的命運。不滿一世紀，迦勒底帝國便為波斯王居魯士（Cyrus）所滅，時在公元前 539 年。繼承的波斯帝國雖也奄有兩河流域的土地，但波斯人（Persians）和米太人都屬印歐人（Indo-European people）；波斯帝國的疆域也尚含有大量從未為兩河流域的國家所領有的地域。所以迦勒底帝國的滅亡，結束了古兩河流域的閃族人王國的歷史。

第二節　蘇美爾人的文明

為古兩河流域文明奠立基礎的，是蘇美爾人。兩河流域的文字傳自蘇美爾人；其他如宗教、法律、大部分科學發明和商業習慣亦然。唯有在政治組織、軍事技術和藝術等方面，後繼的閃族人才有重要的創造和表現。

宗教與政治社會

蘇美爾城邦的君主稱巴魋齊（Patesi），與埃及的法老相若，兼領主教。因此蘇美爾城邦所行的固屬神權政治。但蘇美爾人的宗教意識的發達，比之古埃及人遠遜。蘇美爾人信奉多神；他們崇拜物神，而城邦又各有保護神。城邦聯合的進行也使有的神祇開始受普遍的尊奉，並被高置於諸神之首。如天神安努（Anu）、地與天氣之神恩列爾（Enlil）和河水之伊阿（Ea）等都是。但蘇美爾人的神祇仍都與人同形同性（Anlhropomorphic）；祂們具有人所有的屬性，包括人的弱點和情慾。祂們也尚未區別為善神或惡神，每個神祇可以為善，亦可為惡。大抵言之，宗教信仰之於蘇美爾人尚未具精神或道德的意義。蘇美爾人所有求於宗教者不在心靈的慰藉、道德的提高或與神同在的信仰，而唯在物質的利益——農業的豐收和商業的繁榮。他們的祀神也只是形式的禮拜的舉行，但求完成對神的禮數和責任。蘇美爾人對於死後生命的觀念，極其薄弱，也無所希冀。 在他們的概念中，死後生命不過是鬼靈在一處淒涼朦朧的地方暫時停留，過後便消逝無蹤。沒有人能希望在另一世界復活，或以彼世幸福的求生，補償此世生活的痛苦。墓穴便是一切。因為對死後的觀念如此，所以蘇美爾人對死者的屍體缺乏特殊的照料；他們沒有木乃伊薰製的制度，也不傾全力修造墳墓。死者通常雖埋葬於居宅地下，沒有棺木，也沒有豐富的殉葬物供鬼靈取用。

在蘇美爾社會，神權的專制不如在古埃及社會之甚。土地無論理論或實際上，皆非盡屬王土；工商業也從不為政府所獨佔。但君主、神廟祭司和良吏仍據有各邦的大部分土地，他們構成社會大地主階級。人民絕大多數仍空乏所有。他們必須負擔沉重的租賦，必須為公共工程服役；他們中一大部分是農奴，被驅使在大產業上勞動。農業為蘇美爾人的主要生活來源，而蘇美爾人是優良的農人。他們因耕地土壤的得天之厚，加以成功的灌溉技術的經營，生產了數量豐富的穀物和棗椰子等亞熱帶果物。在蘇美爾社會，商業的重要性僅次於農業。蘇美爾人和鄰近地區有興盛的商業往返；重要貿易為以兩河流域下游所產的農作物和製造品，交換從西北方輸入的金屬和木材。後世沿用的重要的商業習慣，在蘇美爾社會多已通行；習慣並要求交易須有文字契約為據，由證人簽字作證。巨額的交易也已使用貨幣，以金銀按一定的重量單位，作交換媒介。

文字與科學

兩河流域的文字創自蘇美爾人。因為缺乏其他可用的書寫材料，所以蘇美爾人以泥版作紙，而用方頭的蘆稈捺壓作字。如此作成的字，筆畫都作楔形，所以稱楔形文字（Cuneiform）。楔形文字原先也不過是圖畫符號，但逐漸演變為約 350 個表音符號，成為一種表音文字；其中若干符號顯然也曾作字母使用。楔形文字其後也曾在兩河流域以外的地域行用，曾傳入依蘭、小亞細亞和敍利亞北部，該地的赫梯人便曾借以書寫自己的語言。它在西亞的繼續行用下至古波斯帝國時期。

蘇美爾人在科學上也有若干的基本成就。他們發明乘法和除法，並已知道平方根和立方根的解法。他們用一種十二進制為計數和度量衡的基礎，以六十為通用的大計算單位，他們也發明刻漏，和一種依月的盈虛而定的曆法。因為求使曆年和太陽年的季節符合，一種閏月的制度也已採用。但此外，則如天文學，在蘇美爾人還不過一種粗鄙的占星術；而醫學，不過一些丹方和魔術。

工藝與建築

在手工藝方面，蘇美爾人長於金屬品製造和玉石雕刻，蘇美爾人的建築由於缺乏良好的建築材料之故，要比見於古埃及的氣象遠遜。兩河流域不產木材，所以蘇美爾人多用日炙泥磚從事建造，其結果自然使建築物的規模和裝飾受到限制。但也因此，蘇美爾人在建築方法上發展出一種獨特的結構，對於後世建築藝術的發展影響至巨。此即拱（arch）以及由拱化生的半圓屋頂的結構系統。蘇美爾人的建築同樣予人以厚重之感。他們的神廟建築以後為閃族人取法，後世稱曰塔廟（Tower Temple），以層級的平台和建立於最高平台之上的神龕構成。

法律

蘇美爾人為古兩河流域文明奠立基礎，其另一卓越的表現在法律。蘇美爾人的法律原始也不過是地方習慣。然至公元前第二十一世紀，由於繼阿卡底亞王國的陵替，蘇美爾人勢力復興，政治統一，一部統一的成文法典隨而產生。該法典的原文遺存至今的不過是斷編殘簡，但學者業已證明它確是著名的《漢模拉比法典》（*The Code of Hammurabi*）的前身，因而幾乎是所有復繼的閃族人——阿摩利人、亞述人、迦勒底人、希伯來人——的法律的濫觴。蘇美爾人的法律還存有不少原始的成分，例如它還保留了原始社會的報復性（Retaliation）的傳統，後世所習知的"以眼還眼，以牙還牙"一語便源於蘇美爾人，經《漢模拉比法典》和摩西十誡傳下。它也還保持階級的差別待遇，也還不知區別過失犯罪和蓄意犯罪。法庭對於原告和被告雙方，也仍只居於裁判者的地位，而非執行法律和維持公共安全的國家機構；法律的執行仍由受審者的一方自行完成。但蘇美爾人的法律在歷史中的重要，不在其內容所含有的法理的可貴，而是在它產生了後世所知最早的一部成文法典，並為歷史中一個悠久的法律系統導其先路。

第三節　古巴比倫王國的文明

《漢模拉比法典》與王政

古兩河流域文明的第二個重要階段為古巴比倫王國時期。著名的《漢模拉比法典》便從這時期傳下，為人類現存保持完整的最古一部成文法典。古巴比倫統一王國的肇建，首先便使政治組織和法律制度發生新的變化。君主的權力成了絕對的至高無上的權力。一種王家賦課和強迫軍役的制度建立了起來。在漢模拉比王的法典中，危害國家的罪行增加了，王家官吏開始執行積極的司法任務，逮捕罪犯和懲治罪犯。法律對於罪行的懲罰也顯見加嚴，尤其對於被認為叛亂或足以引起叛亂的行為有的在今日看來不過輕微的行為失檢，在古巴比倫可能招致死刑。

社會經濟

在《漢模拉比法典》中，也可見社會經濟有了新的發展。商業的重要性顯見增加，從事商業者在社會中居於近似特權者的地位。但同時，則國家對於經濟事業和管制也更加廣泛嚴格。新法對於合夥、保管、代理、契據、遺囑、利息等事，都有嚴格規定；交易而不議定文字契約，或不經證人見證，都須受重罰。農業仍是大多數人民的本業。對於廢土田而不耕，或聽任隄防溝渠失修等事，新法也都定有懲罰。土地仍許私有。佃農的租稅負擔仍沉重，他必須繳納農田收穫物三分之二給地主，或給王家政府（如他耕種王田）。

宗教與文學

在宗教方面，蘇美爾人的神祇現在多數被代以新的神祇，巴比倫城的太陽神馬爾杜克（Mardak）更被奉為諸神之首。以地母女神伊許坦（Jshtar）及其情人埃摩茲（Jammuz）為中心，一種神死而復生的傳說開始形成；但人死後靈魂復活或永生的觀念仍然缺如。迷信之風在古兩河流域繼續熾盛。占星術、占卜和各種各樣的魔術盛行；原始社會用犧牲和魔術儀式奉祀鬼神的習慣，也繼續保持。這可能由於對自然條件的控制，在兩河流域不如在尼羅河流域可恃的緣故。

古巴比倫王國時期，對於科學和工藝技術無甚貢獻。在文學方面，這時期因有著名的《吉爾格曼評敍事詩》（*Gilgamesh Epic*）在後世發現，這發現十分重要。甚多古蘇美爾人和巴比倫人的神話傳說，包括洪水故事，因這敍事詩而重被發現。由此並見，從蘇美爾人以下在兩河流域形成的一個大神話傳說系統，在古代曾傳播於西亞和地中海各地，為希伯來人，腓尼基人、敍利亞人、希臘人、羅馬人和小亞細亞諸民族所廣泛接受。

第四節　亞述和新巴比倫王國的文明

亞述的軍國主義

亞述為歷史中所見的一個最古老的軍國主義國家，亞述人發祥地在底格里斯河上游高地；生活的艱難，加以不時遭遇來自敍利亞和小亞細亞的侵略威脅，使亞述人從早便養成了好戰的傳統。一旦對外的勢力平衡的關係變化，四周的國家或民族的勢力逆退，亞述人便轉而向外侵略。侵略的所得更加提高侵略的慾望，也使亞述人更加加強自身的安全保障。亞述人由此發展成一個兇猛、貪婪和殘暴好殺的軍國主義帝國。國家成了一個龐大的作戰機器；軍隊首領成了國中最有勢力也最富足的階級；而新的戰術和軍備——鐵劍、勁弓、長矛、雲梯、撞牆車，使亞述軍隊一時成為所向無敵的可怕武力。但亞述帝國其興也暴而其亡也忽。仇恨和恐懼使帝國的內部和四鄰不時有顛覆帝國的運動進行。不過一個世紀，強梁雄桀的帝國便覆亡。它的敵人——迦勒底人和米太人也如蘇美爾人一般，從此只成了歷史名詞。

對於一個極端的軍國主義國家如亞述，自難期望在文化上有豐富成就或創造。當亞述帝國時期，兩河流域的商業和工藝創造未見新的發展。亞述人視工商業如末業，禁止本族人民經營，而以農業為本業。但亞述雖多自耕農，國家大部分的耕地卻仍為王家、神廟和軍隊首領所有，而農民的生活也仍貧苦，亞述的大部分農業人口，是農奴和奴隸。農奴主要為被征服地籍沒的土田農民；而奴隸的主要來源是戰俘，他們在鐐銬和鞭笞的楚毒下，被驅去農田、公共工程和手工作場勞動。

科學與技術

在文化上亞述人多少有獨特貢獻的，一為實用科學和技術，一為建築和雕刻。兩者皆與軍事有關：實用科學和技術為用兵所必需，而建築和雕刻為誇揚武功的煊赫。在科學和技術方面，亞述人可能最先分圓周為 360 度，也可能最先應用一種近似經緯度的方法，以表示地理位置。他們已經認出了木、金、土、水、火五個行星；在預言日月蝕的工作上，他們也有相當成功。因為健康對於軍隊的重要，所以醫藥的知識備受重視。他們記載了五百多種，包括植物和礦物的藥物，分別說明各自的功用。他們雖仍相信符咒和丹方的效力，但同時也記錄疾病的症狀，並歸之於自然的原因。

建築與雕刻

在建築方面，亞述人因為居地多山，所以主要的貢獻就在用石材代替日炙泥磚，以從事傳自於蘇美爾人的傳統建築法式的發展。其結果，兩河流域以拱為基本結構的建築，經亞述人的發展，同樣也成就了宏偉氣象，足以與尼羅河流域建築比擬。但亞述人在美術方面，最有卓越的成就為雕刻，主要見於建築石面的淺浮雕。這類淺浮雕以多數連續的畫面，刻繪亞述各代君主在位時的戰爭、遊獵和宮廷生活的故事。其表現的生動翔實，非埃及任何一代的雕刻藝術可及。亞述人樂於表現獵者行獵時的冷峻果敢、雄獅被困時的兇猛和受傷的巨獸的臨死掙扎；攻城殺伐的慘酷同屬亞述人樂於表現的題材。其動機或為誇耀，或為示威，但皆可見人有時會以自身的兇惡殘暴為榮，而不憚其反覆表襮。

亞述拔尼巴耳的圖書館

距今約一百年前，考古學者在尼尼微的王宮遺址，發現了亞述拔尼巴耳的圖書館，藏有楔形文字的泥版約二萬二千餘片。這是一個名副其實的圖書館。其中一部分仍是形形色色的魔術文字，如符咒、占卜文和魔術儀式的記載；但也有一部分屬於醫學、哲學、天文學、數學和語文的著作，以及王朝世系表、歷史記事、朝廷詔令、官吏章奏書札、商業契約和敍述神話傳統的故事與詩歌。《吉爾格曼許敍事詩》為現存人類最古的史詩，便是在其中發現。亞述拔尼巴耳的圖書館，使後世對於亞述帝國及其前的兩河流域的歷史，從惝恍迷離的傳聞進而獲得確切的知識。但亞述拔尼巴耳幾乎是亞述帝國唯一有志於文治的君主，而且距他死後才十餘年，亞述帝國便城毀國亡。他的圖書館也從此長埋於地下，到二千餘年後才重見天日。

新巴比倫文明宗教

繼代亞述帝國的迦勒底帝國定都巴比倫城，有意復興古巴比倫王國的文明。迦勒底人恢復古巴比倫的法律和政府形式，並重建古巴比倫的經濟制度，提高工商業的地位。但在立國精神上，新帝國所繼承的毋寧是它所顛覆的敵

人 —— 亞述帝國 —— 的傳說，它的黷武主義和軍事組織，及其暴興暴亡的命運。

迦勒底人在文化上最有獨特貢獻的，乃在宗教和天文學方面。迦勒底人所奉的宗教為一種星辰教（Astral religion）。有如太陽教的崇拜太陽，迦勒底人崇拜星辰。古迦勒底人的宗教信仰中，神不再具有似人的屬性，而成了超凡的、為人智所不及的、全能的存在。祂們不再受魔術的威脅、利誘或欺騙，而是按照近乎機械的法則，統治宇宙。神被相信與星辰同體，如古巴比倫王國的神馬爾杜克成了木星，而伊許坦成了金星。從蘇美爾人以下流行於兩河流域的人神同形同性的宗教，至是一變而為極端的機械主義的宗教。其所以然，今日已無從完全明瞭。但大抵宗教而缺乏道德的精神力量的鼓舞，在一個世人感覺自身失望無助的時代，常易流於定命的信仰。迦勒底人的宗教便是一種定命信仰。從古巴比倫王國時期以下王權專制的強化，亞述人的冷酷暴虐，以至國家民族的興亡不定，都予人以一種末世無助的感覺。同時天文知識的增加，尤其如星行週期的認識，則使人感覺宇宙受有一定的法則支配。法則的本體為星辰，為神，而其表現為星行的週期。迦勒底人的定命信仰，於是以星辰的崇拜，發而為一種機械主義的思想。人的命運既為神所掌握，而神的意志不可撼動，則人自然唯有委身於命運，委身於神的意志。這是見於西方歷史的最早以服從為敬神的思想。與定命信仰相關聯的為一種犯罪意識的產生。人沉淪於罪惡之中，不能自拔，而他是在繼續犯罪，繼續向下沉淪。定命信仰和犯罪意識同屬末世思想的表現。此種思想以後將以不同的形式和意義，再見於近東的其他宗教 —— 希伯來宗教和基督教，從而傳之於西方。

在天文學方面，迦勒底人表現了卓越的科學天才。迦勒底人制定了一種最精密的計時系統；他們定七日為一週，分一日為十二時辰，每時辰為三十分。他們正確記載對於日月食和其他天象的觀察結果。他們的一個天文學家計算一歲的歲長，誤差不滿後世的半小時。但迦勒底人的尋究天文的知識，動機仍不在科學，而在宗教。他們記載天象，收集天文資料，目的在求窺見神的意旨和法則，以指示將來。天文學於是淪為占星術。在古兩河流域，占卜星相之風最盛於迦勒底帝國時期。

古兩河流域文明的遺產

關於兩河流域和尼羅河流域的文明孰先孰後的問題，學者的意見不一。但無可懷疑的是它們間曾相互影響。它們也曾廣泛影響了古代的近東和地中海世界，經過希臘的羅馬，它們的文明的一部分並且傳衍於後世的西方文明。

古代近東諸民族，如赫梯人、腓尼基人、迦南人（Cananites）和波斯人，都曾深受兩河流域的文明之賜。他們從兩河流域接受文字和法律、宗教和神治傳統。希伯來人所受自兩河流域文明者尤多。當猶太王國時期，他們可能已從兩河流域接受了創世和洪水的傳統，接受其法律系統。其後迦勒底人滅猶太王國，一部分猶太人被俘擄至巴比倫。當所謂"巴比倫俘囚"（Babylonian Captivity）時期，猶太人既與巴比倫的文明社會直接接觸，他們的思想和生活方式自然更多蒙受濡染和影響。後世猶太人對於商業經營的重視，他們宗教中的悲觀主義、定命思想和一種超越的神的觀念，可能都淵源於兩河流域。

古兩河流域文明之曾特別影響於希臘、羅馬的，在兩方面至為顯見：其一見於斯多噶派哲學（Stoicism），表現於其悲觀主義和定命思想；其二見於羅馬人的相信占卜，禮拜星辰，和在建築中的應用拱、半圓屋頂和穹窿。

此外，古兩河流域文明之影響於近東諸民族和希臘、羅馬，從而傳之於後世者尚多。如後世之以七日為一週，分一日為十二時辰，分黃道為十二宮，圓周為 360 度，算術上乘法的應用，以至相信命相之學和擇吉占卜的習慣等皆是。

第四章

最古海上文明

—— 愛琴文明

以金屬器的使用、文字的創造、城邑的興起和具體的政治組織——邦國——的建立而興的文明，肇始於大河流域。在西方，文明從大河進向內海。古代西方的希臘和羅馬文明——皆屬內海文明——地中海文明；而為希臘文明的先驅的，有愛琴文明。文明之從大河進向內海，表示了人類活動範圍的進一步擴展。

第一節　古愛琴文明的發現

愛琴文明遺址的發掘

愛琴海（Aegean Sea）位於希臘半島和小亞細亞之間，北端由今日的達達尼爾海峽（Dardaelles），古時稱海利斯滂海峽（Hellespont），過馬摩拉海（Sea of Marmora），出博斯普羅斯海峽（the Bosporus），入黑海（Black Sea）；南端是一個橫列的多山的長島——克里特島（Crete）。古愛琴文明分佈的區域，大體包括克里特島、希臘半島、小亞細亞西岸一帶，以及愛琴海中諸島。去距今約百年前，關於愛琴區域於希臘人移入前已有更古的文明存在的事實，尚未受人重視。凡讀過荷馬（Homer）的史詩《伊列亞特》（*Iliad*）者，知道有一種人，居特洛伊城（Troy），曾引誘斯巴達王曼尼累斯（Menelaus of Sparta）的后海倫（Helen）私奔，因而引起希臘人的興師問罪，結果城陷國亡。但過去對於荷馬史詩，無論信與不信，讀者但知發思古之幽情，或讚歎詩人想像的美富，沒有人去嚴肅追問他所吟詠的事件之有無。公元第十九世紀中，日耳曼人施里曼（Heinrich Schliemann）為求實現他自愛慕荷馬故事而生的願望，於經商致富後去小亞細亞尋找消失了的特洛伊城。果然給他找到了特洛伊城的遺址，並自公元 1870 年起從事發掘。他的工作，加以歷史考古學者的研究，使地中海區域一部分久被埋藏的歷史，一派久被遺忘的興盛的文明，重見天日，其後施里曼更到希臘本土，發掘了泰林斯（Tiryns）和邁錫尼（Mycenae）兩處的遺址，後者為特洛伊戰爭中希臘聯軍首領阿格曼農（Agamennon）的故土。其他學者繼他之後致力於考古發掘的工作。其中貢獻最大的一人為英國考古學家伊文斯（Sir-Arthur Evans），他發掘克諾索斯（Knossos）的遺址，希臘傳說中克里特王米諾斯（Minos）的都城。經過眾多學者近一世紀的努力。加以 1950 年代以來對於愛琴文字了解的增進，關於距今三千餘年前的愛琴文明的狀況，我們才有今日的知識。

克里特島

愛琴文明可能發源於克里特島，而傳佈於愛琴海島嶼，而又全境多山，所以可耕地的面積不廣。這使克里特一旦文明肇始，人口增加，居民便須於農業之外，另行開發別的謀生之道。因此有的克里地島民從事漁業，有的航海經商或向外移殖；而留居本土的，也在農業之外發展手工製造，以供輸出。於是在克里特人間自然產生一個重工商的社會，城市生活興盛，而與外地的民族和文明有廣泛的商業往來。自然景色的優美、工業和建築材料的豐富，加以社會生活的自由，則使克里特的工藝美術有卓異的發展。克里特以外，凡愛琴文明傳播的區域，以後希臘世界的中心地帶，地理條件也都與克里特類似。

論種族成分，克里特島民和多數愛琴人皆屬地中海種，頭骨長，膚色暗，身量短小，與埃及人相近。他們用泥版書寫。因為他們的文字至今未能完全通讀，所以他們的語言究屬何種語系，也尚不能確說。愛琴文明的原始淵源同是近東的新石器文化。但在愛琴文明的演進過程中，克里特島所受自埃及文明的影響最為顯著，尤以在工藝製作方面為然。這自然因為克里特島在地中海上位於埃及和愛琴世界的中介地位的緣故。但經小亞細亞和塞浦路斯島（Cyprus）的一線，兩河流域文明同樣也曾有影響於愛琴世界。這從愛琴人的以泥版作書一事，可以想見。

古愛琴文明的興廢

在愛琴區域，克里特島自新石器時期進入銅器時期，約當公元前 3000 年前後。青銅冶煉和工藝製作的技術，尤其陶器燒造，至公元前 2400 年前後，已頗為發達。一種象形文字可能不久也已發明。迨公元前 1800 年前後，以克諾索斯和費托斯（Phaistos）二城為中心，克里特文明第一次全盛時期。這次盛況歷時約一百年至二百年，於是一樁突然發生的災禍摧毀了克諾索斯和其他若干城邑的建築。可能是一次地震和火山爆發，繼之以內亂和外力入侵，造成了這次破壞，但被毀的城邑不久重建。在克里特，一個新王朝建立了起來了；一種新的線形文字代替了原有的象形字；生活的其他方面也發生了明顯的變化。克里特文明至是進入第二次全盛時期。它的文化和商業優勢為愛琴世界的大部分區域所接受。在希臘本土，邁錫尼和泰林斯於這時期建立，成為新的愛琴文明的中心。小亞細亞的特洛伊也盛極一時。

克里特盛時海權的強大，可以從一項事實見之：所謂克諾索斯城實際並無城堡，因為它的防衛不在陸地，而在海上；在海上，它不畏外來的威脅。反之特洛伊則因地當愛琴海與黑海以及歐洲與亞洲的交通的要衝，邁錫尼和泰林斯也因地當希臘南北兩部以及克里特島與科林斯灣（Gulf of Corinth）的交通要衝，皆屬四戰之地，所以都有堅固的城砦。施里曼的發掘特洛伊城，發現在同一地點，有九層遺址上下疊置，代表從新石器時期下至羅馬時期先後興廢的九座城鎮。

不幸這次盛景也歷時無多。公元前第十六世紀中，一支希臘人——亞豈安人（the Achaeans）——從北而南，侵入伯羅奔尼撒半島（Peloponnesus），最後佔領了邁錫尼。公元前 1500 年前後，克里特又連續遭遇兩次地震和火山爆發的浩劫，克諾索斯城再度被毀。亞豈安人繼而也渡海至克里特島。就是這次，希臘人於公元前第十二世紀中發動了著名的對特洛伊的戰爭。與愛琴人相比，亞豈安人當入侵之初尚屬蠻族。在其後的征服和佔領期間，他們逐漸接受了愛琴人的一部分生活方式。迨特洛伊戰爭發生時，因為亞豈安英雄們係集體渡海出征，足見他們也已開始從事航海。但當亞豈安人南向征服愛琴世界時，另一支希臘人，即多利安人（the Dorians），也已進入希臘半島北部。公元前 1200 年前後他們大事南侵，再從亞豈安人手下奪佔舊愛琴城邑。多利安人比之亞豈安人更加蠻武不文。經多利安人的征服，愛琴文明在歷史中從此消歇。其後希臘人在愛琴文明的廢墟上再造文明，愛琴區域遂進入希臘時期。

第二節　最古海上文明的盛況

克里特的米諾斯王

以克里特為中心的愛琴文明，與近東古大河文明最不相似之點，為它所表現的極其自然而自由的風格和喜悅現世的精神。就政治組織言，建都於克諾索斯的克里特君主米諾斯，與埃及的法老相若為一神權君主。但在克里特本土，米諾斯未曾建立強大的軍隊以制馭人民；他的人民也未曾以傾國之力為他興建陵墓或其他紀念性建築物，未曾以文字或美術頌揚他的功烈。易言之，他不是一個絕對專制君主。他在克諾索斯的宮室，因希臘神話的傳說而著稱於後世。但就近代的考古發掘所見，克諾索斯宮室雖千門萬戶，結構複雜，但其外表則平淡無奇，其中的大部分屋宇，也係分作政府衙署和手工作場之用。易言之，這建築主要的目的在乎實用，而不在誇揚米諾斯的尊威與權力。

社會經濟

就社會經濟言，克里特的工商業也受國家廣泛的管制，而國君為國中最大的企業家和地主。在克諾索斯宮中的手工作場出產精美的陶器、織物和金屬製品；陶器供輸出，也用以作外銷的橄欖油的盛器。橄欖樹的栽培和橄欖油的壓製，經愛琴人的經營成為重要的生產事業，以後繼續是地中海世界的一項重要生產。但民間的工商業同樣繁榮，尤其在克諾索斯以外的克里特城邑為然。再者，無論王家或民間的經營，手工業生產在古愛琴社會中產生一種頗具近代形式的工場制度。工人集中工作，大量生產；他們以分工各盡所長，而受統一的管理和監督。

社會生活大體繁榮而愉悅。愛琴社會的組織至今不甚明瞭。但就克里特言，它的社會雖也是階級社會，且有奴隸存在，然其中階級地位以至物質生活的差別，則決不如在近東古文明社會的懸殊之甚。便是在工業城邑最貧苦區域的居屋，也都建築堅固而房舍軒敞。一般住宅中常有書寫的泥版發現，可見社會識字程度的普遍。在克里特社會，婦女參加公共生活的普遍，也為近東古文明社會所少見。婦女享有與男子完全平等的社會地位。她們參加各類社會活動，從事各種職業，乃至鬥牛和角力。上流社會的婦女喜事裝飾，有的袒胸、緊身、束腰、寬裙，宛似歐洲第十九世紀的婦女的服飾。社會遊樂的風氣彌盛。博弈、舞蹈、賽跑、角力、鬥牛，應有盡有。克里特的鬥牛戲無疑也是一項危險的遊戲，但頗似後世馬戲班的戲弄猛獸，不像西班牙鬥牛之以殺戮為樂。

宗教與美術

在宗教方面，古愛琴人崇拜大海女神，其義也象徵繁殖，為生命之源，宇宙的統治者，在愛琴人的藝術表現中，大海女神常作服裝入時的美麗少女相，以蛇、鴿與嬰兒為其主要的標識。愛琴人顯然具有死後生命的觀念，此可從他們對於死者屍體埋葬的慎重和殉葬物品的豐富見之。但他們似尚缺乏死後得救或受罰的觀念，亦即缺乏明確的天堂和地獄的觀念。除大海女神外，古愛琴人還崇拜若干動植物，如牛；和若干特殊的符號，如柱、雙斧和十字。古愛琴人宗教生活中的首一要事為獻祭，在宗教節日，禮拜者以犧牲、穀物和果品奉獻給大海女神及其嬰兒。但愛琴的獻祭，其目的唯在供神享用，使獻祭者取悅於神，為神和解。易言之，他們也尚缺乏一種類似贖罪的觀念。要之，古愛琴人的宗教信仰尚多自然崇拜的成分，而比較缺乏道德的意義。

在克里特島上所發現的大量泥版文字，學者久久未能通讀。自公元1952年以降，這難解之謎開始明朗。學者發現，愛琴文字先後曾有三種系統產生，其中一種為象形字，此外兩種為線形字。其中較晚的一種顯然已包含會意和表音的符號，並開始攙入印歐語的成分。不幸的是在克里特所發現的泥版文字盡是簡短的紀錄，多數屬於賬冊目錄或商品標識之類。學者既不能據以判斷古愛琴人曾否有文學或哲學一類的著作產生，而且即令學者能加以完全通讀，也難以之作為了解古愛琴人的高級的精神生活之助。

結果在愛琴文明的遺物中，古愛琴人的高級的精神生活方面的部分，是美術。愛琴美術的優雅自然，在古希臘人之前的近東和地中海世界，堪稱獨步。愛琴美術所表達的不是君主的赫赫功烈或神聖的宗教理想，而是人們——普通人民——對於自然和日常生活的欣賞和體會。甚至大海女神的造像，其所予人的感覺也不是一位令人敬畏的神祇，而是一位體態豐美和服飾入時的動人的女性。大體言之，在愛琴美術的遺物中，比較少見宗教性或紀念性的巨大產品，而多日常用具的美好製作以及與日常生活有關的題材之表達。就建築言，克諾索斯宮的特色不在宏偉，而在其結構的複雜與內部裝飾及設備的精美，已如上述。克諾索斯宮配有良好的引水和排水的設備；凡見於後世建築的如迴廊，庭院、廳堂、居室、露台、列柱、階梯，以至各式門窗等結構，也已具備。全部建築的目的顯然不在外表的炫示誇耀。此與埃及新王國時期卡納克神廟的建築相比，其間差別的巨大可以想見。事實是，在所有愛琴文明的遺址中幾乎不見有可稱為神廟的獨立建築，所見的無非戶外的小神龕和附設於王宮或私宅的神堂。此外，克諾索斯宮因係依山而築，所以許多部分作樓台的形式，有的高至四重。在克里特城市，便是私家住宅也多兩層或三層的樓房，窗戶整齊成列，與近代的多數建築的式樣相若。

愛琴雕刻主要見於小型雕像、器皿和刀劍裝飾。見於金屬或玉石器皿的小幅浮雕，題材多賞心樂事，或作活潑壯健的少年列隊高歌。或作人獸相戲；裝飾多用海陸的花草魚蟲，而表現莫不自然而氣韻生動。便是女神雕像，也如上述所表現的主要為人體和服飾之美。但愛琴美術中尤堪重視的為繪畫，主要見於宮室壁畫。因為古希臘繪畫除見於文字記載和陶器文樣者外，後世幾乎一無知，所以這些早於希臘的壁畫的遺跡，更彌足珍貴。愛琴壁畫中最佳的部分仍見於克諾索斯宮。一般題材仍與雕刻相若，同屬日常的賞心樂事，如慶會、角力和鬥牛表演，而配以各色的自然景物。繪畫因得色彩之助，更多表達了克里特藝術家的精神和作風：他們對於自然的親切的感覺、對於生命的喜悅，以及技巧和手法的流暢自如。在克里特，便是民間住宅也不乏五彩繽紛的壁畫，極視覺之娛。此外，愛琴繪畫也見於陶器文樣。愛琴陶器一般造型優美，文樣多用鮮明彩色，作曲線或螺旋條紋，而配以螺、魚、海藻等海洋生物，也都生動流暢，無呆滯之感。

愛琴文明的遺產

學者對於愛琴文明在後世所生的影響，頗難論定。繼愛琴文明的傾覆，愛琴世界曾進入一段黑暗時期。破壞愛琴文明的希臘人——尤其多利安人——還是野蠻人，他們一時未能繼承愛琴文明的遺業，使之保持不墜。再者，愛琴文明經最後的破壞後，除了迷離惝怳的神話傳說而外，又曾長時期為世人所遺忘。但至少在三方面，愛琴文明當曾有影響於當時和後世的文明。第一，希伯來人移居巴勒斯坦之初，曾不斷與佔據沿海地方的非利士丁人（The Philistines）爭地。非利士丁人來自愛琴區域，而傳世的希伯來人的神話傳說，一部分係受自非利士丁人。第二，腓尼基人為愛琴之後和希臘人之前地中海上航海經商的民族，而就考古發掘所見，愛琴文明的邁錫尼的一系，曾傳播於腓尼基北境。腓尼基人的航海事業和工藝製造，多少受到愛琴人的影響。第三，尤其重要的，希臘人破壞了愛琴文明，但愛琴文明的遺風，如其特有的社會生活方式、美術風格，及其自由與現世的精神，對於入侵的希臘蠻族必曾多少發生潛移默化的作用，而為繼起的希臘文明導其先路。

第五章

腓尼基文明與希伯來文明

歷史學者有以西亞遠古文明的發祥之地，從兩河流域西北向、繞過阿拉伯沙漠的北端、折而向西南、至地中海東岸的一帶地方，稱曰“新月沃土”(Fertile Crescent)。所以地中海東岸便成了這“新月沃土”的西端。在古代歷史中，地中海東岸分為三個區域：南部為巴勒斯坦（Palestine），是希伯來文明的發祥之地；北部沿海一帶為腓尼基（Phoenicia），腓尼基以東為敍利亞（Syria），分別為腓尼基、亞拉米人（Arameans）的地方。但“敍利亞”一名，從古希臘史家希羅多德（Herodotus）以下，也常用以泛稱地中海東岸的全部區域。

第一節　腓尼基文明

腓尼基城邦

腓尼基含有黎巴嫩（Lebanon）山脈以西的一條狹長的海岸地帶。良好的港灣和它介乎埃及和兩河流域兩大文明之間的地位，使它在古代近東成為一處特別有利於商業發達的區域。腓尼基人在言語上屬閃語系，與巴勒斯坦的原保尼迦南人（Canaanites）相近。在腓尼基，他們分建了若干城邦，其中太爾（Tyre）、西頓（Sidon）、貝魯特（Beirut）、俾布勒斯（Byblos）和阿凡特（Arwad）為最重要的畿邦。腓尼基人在歷史中從未為自己造成強大的政治勢力和地位。他們連續受埃及人、蘇美爾人、阿卡底亞人和阿摩利人的征服，先後為這些強鄰的附庸。公元前第十一世紀至前第八世紀中葉的二、三百年間，是腓尼基城邦的黃金時期。當時埃及的帝國勢力已衰，愛琴文明遭入侵的希臘人破壞，而亞述帝國的勢力未張。太爾在這時期中勢力尤盛。它的王希蘭一世（Hiram Ⅰ）於公元前第十世紀曾以工匠和木材供給希伯來王所羅門（Solomon），為他建設耶路撒冷（Jerusalem）之用；他也為所羅門在紅海（Red Sea）裝備了一支船隊。腓尼基人地中海西部的著名的殖民地迦太基（Carthage）也建立於公元前第九世紀晚年。當亞述帝國全盛時，腓尼基為亞述的附庸。公元前 586 年，迦勒底人征服腓尼基，唯有太爾城未下。其後腓尼基又為波斯帝國的附庸。在波斯帝國時期，腓尼基城邦商業繁榮，為波斯的海上勢力所寄。公元前 332 年，馬其頓的亞歷山大王征服腓尼基，太爾城經七閱月的圍攻，被墮毀。亞歷山大後，腓尼基繼續馬其頓和希臘化國家的統治。公元前 64 年，腓尼基被併入羅馬的敍利亞行省。

腓尼基人的航海經商

腓尼基人是古代地中海世界繼愛琴人之後，而在希臘人之前的大航海經商者。他們的航海活動遍及於地中海各地，並在北非、西班牙半島南部、塞浦路斯和其他地中海島嶼廣建殖民地。他們的航海知識和技術的進步，使他們已能藉星斗的指示，在海中夜航。北極星是古代時便曾有“腓尼基人之星”之稱。有一隊腓尼基人可能通航過非洲。腓尼基人也精於工藝。他們的玻璃和金屬的製器，以及一種從海產動物提製的紫色染料，馳名於古代世界。他們向外輸出他們的工藝製品，但更重要的是他們為古代近東和地中海各地貿遷有無。在基督教《舊約》的《以西結書》中，對於公元前第七世紀末年太爾城的富庶，它的海舶，受它僱用的形形色色的異鄉異族之人，以及匯集於它的市場的各地客商或貨物，曾有詳盡動人的描述。以他們貿遷有無，腓尼基人對於文明的首一重大的貢獻，便是他們為古代世界盡了傳播和交換文化之助。希臘人的霑受古近東文明的影響，腓尼基人曾是重要的媒介。

字母文字的創造和傳播

但腓尼基人對於文明的不朽的貢獻，是在字母文字的創造和傳播如前所述，字母符號早見於古埃及和兩河流域的文字，但兩地的文字都未曾進於字母文字。腓尼基人可能由於廣大的商業活動而需要與種種異鄉殊語的人接觸，所以特別需要用一種簡單確定的聲音符號，以表達和記錄語言。他們從埃及人接受了字母的原理；早在公元前第十四世紀前，他們便已使用二十二個字音符號，創造了後世所知道的最早的字母文字。經腓尼基人的傳播，和古代近東暨地中海世界的廣泛的接受，他們成為古希臘人和阿拉伯人的字母文字的共同淵源，從而也是近代所有歐洲的、希伯來的、阿拉伯的乃至可能印度的字母文字的共同遠祖。

亞拉米人

亞拉米人同屬閃族人，居地在黎巴嫩以東的敍利亞沙漠。亞拉米人與腓尼基人一樣，古歷史中屢遭尼羅河流域、小亞細亞和兩河流域的強大鄰邦的征服。但他們曾數度入侵兩河流域。公元前第十世紀的一次入侵中，他們深入兩河流域，有的部族其後據地不返，成了兩河流域人口的主要成分之一。公元前第七世紀末年傾覆亞述帝國的迦勒底人，便是他們的後裔。有如腓尼基人之為海上的國際商人，亞拉米人是近東陸上的國際商人，從公元前第十世紀起，歷數百年其時不衰。他們的語言成了西亞的國際語言，早期猶太和基督教的經典文獻，多數係用亞拉米語寫定。腓尼基人在海上傳播他們的字母，而亞拉米人在陸上傳播腓尼基人的字母。腓尼基字母的得以傳播廣大，亞拉米人同樣功不可沒。從亞述帝國時期始，亞拉米人政治命運的變化，也與腓尼基人同出一轍。

第二節　希伯來文明

希伯來人也是閃族人的一支。他們原住阿拉伯半島，但幾乎一開始出現於歷史，便在近東四處流徙。他們從阿拉伯沙漠，經兩河流域，一部分入巴勒斯坦；並由巴勒斯坦入居埃及。其後在埃及的希伯來人因為法老政府的虐待，於公元前 1400 年前後，由摩西領導移出埃及。途中經西奈半島（Sinai），摩西要求他的族人一心信奉耶和華（Jehovah），從而肇建一種以信仰耶和華為中心的宗教，成為日後團結希伯來人的精神力量。主要也便是這部分一心信奉耶和華希伯來人——以色列人（Israelites），最後從迦南人之手征服了巴勒斯坦。

巴勒斯坦乾旱，而崎嶇少平地，大部分區域不適於農耕。在來自阿拉伯沙漠而輾轉流徙的希伯來人看來，它仍是“美好寬闊，流奶與蜜”的人間樂土。希伯來人從迦南人之手征服巴勒斯坦，是一段緩慢而歷經困難的過程。在征服完成前，他們還曾遭遇一支新來的敵人的威脅，便是從愛琴世界入據巴勒斯坦沿海地帶的非利士丁人。非利士丁人為當地留下“巴勒斯坦”的名稱——“巴勒斯坦”一名源自“非利士丁”，他們也促成了希伯來人的政治的統一。在這時期前治理希伯來人的是士師（Judges），以宗教領袖兼掌軍政。非利士丁人的威脅使希伯來人痛感有加強政治組織的需要。他們要求“像列國一樣”，有王治理他們，統領他們，為他們爭戰。公元前 1025 年前後，他們立掃羅（Saul）為王，於是希伯來王國誕生。

希伯來王國

希伯來王國先後有三位國王，相繼在位。當掃羅時，王權和士師的權力尚相持不下。其後是大衛（David，公元前 1013—973 年）。大衛在位四十年，為希伯來王國的極盛時期。他擊敗非利士丁人，把他們逐退到西南海邊一隅；他加強以色列十二族團結，使在他的統治下形成一個集權王國；他並且開始在耶路撒冷興建一個宏偉的國都。繼大衛為希伯來王的是其子所羅門，希伯來傳說中一位無比的明智和賢德的君主。所羅門是一位精明的外交家，一位知道鼓勵商業的君主，但好大喜功。希伯來不過是一個貧瘠小國，他的貧兒學富，使國家財政無力負擔。他增加賦稅，徵用民工，乃至出賣領土，以彌補國家財用的不足。例如，他大量徵發人民遣往太爾的森林和礦場作工，從太爾換回金、銀、香柏木等建築材料，以建設耶路撒冷。

以色列王國與猶太王國

繼所羅門的逝世，而希伯來王國分裂。所羅門逝世於公元前 925 年，北部的十族立即起而背叛他的嗣君，自建王國，史稱以色列王國。南部的王國以後也改稱猶太王國。公元前 722 年，以色列王國為亞述人所滅，它的人民被驅散至四方，不再見於歷史，史稱“失蹤的以色列十族”。猶太王國幸免於亞述人的征服，多延祚了一百餘年，於公元前 586 年為迦勒底人所滅。當時耶路撒冷城被墮毀，一部分猶太人被俘擄到巴比倫，至公元前 539 年波斯王居魯士滅迦勒底帝國，始獲釋歸。其後有兩個世紀，巴勒斯坦是波斯帝國的屬地。公元前 332 年，巴勒斯坦又為馬其頓王亞歷山大所征服；在亞歷山大後的希臘化時期，它受埃及托勒密王朝（the Ptolemies）的統治。公元前 63 年，當時羅馬的勢力已經東來，巴勒斯坦成為羅馬的保護國。公元 70 年，在一次反抗羅馬的運動失敗後，耶路撒冷城再被墮毀，巴勒斯坦被併為羅馬帝國的行省。經這次失國，猶太人又流散至四方，在以後的一千八、九百年中，成為無土無國之民。唯有他們的宗教信仰使他們繼續保持民族的團結，歷久不渝。

希伯來人的宗教

希伯來文明在世界歷史中的重要，主要也因為它的宗教。在古代世界，希伯來人的宗教有着十分獨特的地位。在一個到處流行多神信仰的時代，而希伯來人堅守一神信仰。再者，希伯來人的宗教還是後世兩大宗教——基督教和回教——的共同淵源。就基督教言，如它的“十誡”（The Ten Commandments），它的創世和洪水的故事，它的視神為立法者和審判者的觀念，它的《聖經》的三分之二以上的篇幅，乃至它的創立者耶穌基督（Jesus Christ），都受自希伯來人。而因基督教，希伯來宗教也為後世西方文明的形成供給了重要的精神和背景。自然，希伯來人的宗教思想和信仰也有一大部分受自近東和愛琴世界的其他更古的文明的影響，但使繁殊的成分結合形成一個堅強而崇高的信仰體系，也已是一種創造。

希伯來人的宗教，從原始粗野的迷信至猶太教（Judaism）的最後形成，其間曾經歷若干階段。當摩西前（Pre Mosaic）時期，希伯來人方從原始的物神崇拜，進於多神的人神同形同性的信仰。從摩西的時代始，耶和華成希伯來人以色列人的民族神祇。祂也開始被相信為最高的立法者和世間道德的維持者，祂在西奈山頂把“十誡”吩咐摩西。但祂是不是唯一的神；對祂的崇拜也尚缺乏道德的和精神的意義。這位摩西的神重視犧牲的獻祭和禮拜儀式的遵行，不下於祂的重視世人良好的品行和虔誠的信心；祂所願意降福於世人的，也尚重在此世的物質利益。公元前第七、八世紀是古希伯來人的宗教革命時期。

在這時期中希伯來大先知輩出，他們抨擊社會的不道德和宗教的泛濫。經他們的呼號説教，一種新信仰終於在希伯來人中建立了起來。這新信仰包含三個十分昭著的中心觀念：第一是一神的觀念——耶和華是唯一的神，沒有別的神；第二是神的至善觀念——耶和華是正義和善良之神；世間的罪惡來自人，不是來自神；第三是道德目的的觀念——耶和華所重視的不在禮拜的儀式和犧牲，而在人的德行。此如《舊約・彌迦書》所説：

> 我朝見耶和華，在至高神面前跪拜，當獻上甚麼呢？豈可獻一歲的牛犢為燔祭麼？耶和華豈喜悦千千的公羊，或是萬萬的油河麼？我豈可為自己的罪過，獻我的長子麼？為心中的罪惡，獻我身所生的麼？世人哪！耶和華已指示你何為善，他向所要的是甚麼呢？只要你行公義，好憐憫，有謙卑的心，與你的神同行。
>
> （第六章第六—八節）

這次宗教革命同時也具有社會的和政治的意義。在希伯來社會中，貧富的分化日甚，多數小自耕農喪失土地和自由，受富有的大地主的奴役。法庭則賄賂公行，可以為一雙鞋賣了窮人。但希伯來人方面臨亞述人的征服的威脅。為使希伯來人能渡過危難，這些先知們相信社會的弊習必須革除，而人民必須在一種宗教信仰下團結起來。但直到這時，希伯來人的宗教也尚是一種專注於此世的宗教。它的目的是社會的和道德的，藉社會弊習的革除以建立一個公平和諧的社會，而不是求世人的靈魂在後世得救。它也是沒有天堂和地獄的信念，沒有撒旦（Satan）——上帝之敵——的觀念，對於死後生命的期望也尚模糊不清。

巴比倫俘囚時期是希伯來人宗教信仰演進的第四個階段。在這階段，希伯來人（或猶太人）一方面接受了迦勒底宗教的悲觀主義、定命思想和一種超越的神的觀念。神現在完全被奉為一個全能的、高不可及的、神聖的存在；祂的思想行為都非凡人所能理解，人的主要責任須絕對服從神。另一方面，在這階段，猶太人因需要在患難中保持團結，所以凡傳統的習慣和儀式在大先知時期未受重視的，現在重新加以強調，要求嚴格遵守。其結果是祭司的權力日增，而使猶太教興起為一種有嚴格的教會組織的宗教。

到波斯統治時期，而猶太教達於最後形成的階段。猶太人所受自波斯祆教（Zoroastrianism）的是一種善惡二元的觀念，一種救世主（Messiah）和他世的信仰。猶太教現在有了它的撒旦，上帝之敵，罪惡的製造者。它也發展了一套終局的思想（Eschatology），包括救世主，靈魂復活和最後審判的信念。它現在要世人相信來世的得救較此世的享受重要，因為來世是永恆的，而此世是短暫的。它也採取了一種天啟的或神示的宗教（Revealed religion）的形式。我們將見，以上所述的猶太教的思想和信仰的成分，很多日後都見於基督教和回教的信仰。

法律

古希伯來人在科學和美術工藝方面，了無貢獻。沒有一項重要的科學發明淵源於古希伯來人；他們也缺乏任何建築、雕刻或繪畫的製作，特別值得後世稱道。著名的耶路撒冷聖殿，也不完全是希伯來人的建築，因為所羅門王為了興造聖殿，除了從太爾輸入建築材料外，同時也輸入匠人。古希伯來人對於文明的貢獻，除宗教外，主要在法律、文學和哲學方面，但也都與宗教有關。

古希伯來法律的大成見於《舊約・申命記》（*Deuteronom*），託始於摩西，但可能產生於上述的大先知時代。申命法律耶神約（Covenaut）的形式，神以祂的允諾和誡命，與人文約，要人遵行。此如《舊約・創世記》所說，耶和華向亞伯拉罕（Abraham）顯現，對他說，“我是全能的神，你當在我面前作完全人，我就與你立約，使你的後裔極其繁多。”（第十七章第一、二節）或如《申命記》所說，摩西告訴他的族人，“你要謹守遵行我今日所吩咐你的誡命、法例、典章。你們果然聽從這些典章，謹守遵行，耶和華你神就必照他向你列祖所起的誓，守約施慈愛。”（第七章第十一、十二節）申命法律的內容大部分淵源於更早的希伯來人的神約和兩河流域的法律。但與《漢模拉比法典》乃至早期的希伯來人的神約相比較，申命法律的精神顯然人道和開明得多。它要求對窮人和異邦人博善好施，要求規定作奴隸希伯來人服役的期限；它規定法官必須由人民選立，“他們必按公義的審判，判斷百姓。”它禁止為子的替父受罪，禁止希伯來人相互向借債取息。這是一套具有社會和政治目的的法律，要求在希伯來人間造成更多的社會和政治的平等。便是王也不能免於法律的約束，他必須“謹守遵行這律法書上的一切言語和這些律例。”

文學和哲學

近東古代文學流傳於後世的，論量和質，希伯來文學都可以首屈一指。傳世的古希伯來文學幾乎全部保存在《舊約全書》之中。《舊約》雖託始古遠，然實際乃是從公元前第九世紀中葉始，經數世紀的結集編纂而成。其中的一部分只是枯燥乏味的族譜世表，但大部分是上好的文學，以繁殊變化的形式，表達希伯來人的思想和感情、他們經驗的和教訓、他們對於現世的觀察和對於未來的希望。大抵《舊約》中最善妙的部分是《雅歌》，而最高的部分是《約伯記》。前者為熱烈動人的情詩，寫一個女性對於她的愛人的感情；而後者為意義深遠的哲學故事。《約伯記》淵源於古巴比倫文學，主題為人對命運的無望掙扎。但在《約伯記》中，命運表現為神對於人心的試驗，借約伯及其友人和神自己的語言，討論罪惡、良知的掙扎，以至宇宙的神秘等問題。其辭彙的繁言、比喻的雋永和說理的高深，在古今文學中都少有其匹。但在《舊約》中最富有純粹哲理意味的部分，是《傳道書》。《傳道書》顯然曾受迦勒底思想的影響，而其罪惡的虛無和語言的簡潔雋永，則極似中國的《道德經》。《傳道書》闡揚一種機械主義和定命觀念，一種懷疑的、悲觀的思想。它要人敬畏神，謹守祂的誡命，因為“這是人所當盡的本分。”

第六章
古波斯文明

第一節　古波斯帝國

古波斯帝國歷史是古代近東文明的最後一幕。古波斯帝國興起於西亞，但古波斯人不是閃族人，他們屬印歐人（Indo-Europeans）。

印歐人

公元第十九世紀初年，學者發現印度的古梵語（Sanskrit）與歐洲的主要語言屬同一語系。於是稱這一龐大的語言系統為“印歐語系”，而稱所有其語言屬於這語系的民族為印歐人。古歷史中，亞洲古代的梵語、伊朗語（Iranian）和亞美尼亞語（Armenian）、歐洲的希臘語、拉丁語和拉丁變語（Romance languages，包括法語、意大利語、葡萄牙語和西班牙語等）、日耳曼語和斯干的納維亞語、英語、開爾特語（Celtic languages，包括古高盧語、愛爾蘭語等）和斯拉夫語（包括俄羅斯語、波蘭語等），都同屬印歐語系。印歐語究竟始於何地，如何散播於如此廣大的地面，後世已無從確知。就古代近東和地中海世界言，大抵說印歐語民族乃來自北方。他們在文化的傳播上與馬及鐵器最有關係。可能印歐語的發祥之地乃在今匈牙利中原，以及奧地利與捷克接壤的一帶地方；也可能印歐語的四向傳佈乃在公元前二千年前後。一羣說印歐語的人——雅利安人（Aryans）從歐洲東南向，入亞洲；經伊朗高原，遠徙入印度。在歐洲，一部分印歐人跨越巴爾幹山脈（Balkan Mountains），南行入今希臘半島的，為希臘人；一部分人跨越阿爾卑斯山脈（The Alps）入今意大利半島的，為意大利人。有的印歐人——西進至高盧（Gaul），即今法國地方；一部分並再從高盧渡海，至不列顛羣島。日耳曼人首先出現於波羅的海（Baltic Sea）區域；在日耳曼人以東的為斯拉夫人。公元前二千年後不久，在小亞細亞、兩河流域上游和伊朗高原一帶，已有不少操印歐語或語言中夾印歐語成分的民族，出沒其間。上述的赫梯人和開賽人的語言，便都夾有印歐語的成分。也便是這些民族，他們把馬、二輪馬車和鐵器的使用傳入古大河文明的區域。

波斯帝國的勃興：居魯士

印歐人於公元前二千年後不久，已經出現在伊朗高原，與迦勒底人合力顛覆亞述帝國的米太人和其後滅迦勒底帝國的波斯人，都是印歐人，但他們的開始出現於歷史已晚至公元前第十世紀以後，在伊朗高原，米太人，分佈於迤北一帶；波斯人，在米太人之南，分佈於波斯灣東岸一帶地方。當米太人勢力強盛時，波斯人曾是米太人的附庸，公元前第七世紀末年的米太帝國奄有底格里斯河以東的亞美尼亞和伊朗高原，並從亞美尼亞西張入小亞細亞。但波斯人在他們的王居魯士（公元前 529 年卒）的領導下，勢力崛起。公元前 550 年，居魯士滅米太帝國，開始一個大波斯帝國的創建。在小亞細亞西部，與舊米太帝國接壤，有呂底亞（Lydia）王國。呂底亞王克里薔斯（Croesus）與埃及暨希臘的斯巴達（Sparta）聯盟，與居魯士戰，大敗。公元前 546 年，呂底亞被併為波斯的行省，居魯士然後移師南向，公元前 539 年，得巴比倫城中的猶太人以及不滿於迦勒底君主的巴比倫祭司為內應，攻陷巴比倫城，滅迦勒底帝國。迨公元前 529 年居魯士逝世時，一個東起印度河、西達地中海濱、北起高加索（Caucasus）山地、南抵印度洋的大波斯帝國，已經混成。繼居魯士為波斯王的是其子康拜西茲（Cambyses）。公元前 525 年，康拜西茲征服埃及，使尼羅河流域的古文明之地也併入波斯帝國的版圖。當康拜西茲用兵埃及時，波斯有內亂發生，康拜西茲於回師討亂的途中身故。當時帝國分裂，有解體之勢。平定這次內亂而使帝國免於危難的是大流士一世（Darius Ⅰ），他也由此取得帝國的寶位。

大流士一世

大流士為波斯王（公元前 521—486 年）的初年，主要工作在平定內亂和確立帝國的體制。在這兩方面他都獲得成功。但一個地跨亞非兩洲的帝國猶未令他饜足。公元前 512 年前後，他率軍經小亞細亞渡海峽入歐洲，征服了色雷斯（Thrace）的大部分海岸北帶。小亞細亞的愛琴海岸自希臘人入據愛琴世界後為希臘人的殖民地，在呂底亞王國時期屬呂底亞，其後屬波斯。公元前 499 年，該地的希臘城市起事，背叛波斯。亂事至公元前 494 年始平定。因為這次希臘人的叛亂曾得希臘本土城邦雅典的援助，大流士在亂定後出兵膺懲雅典，於是有希臘歷史中著名的波斯戰爭（The Persian Wars）發生。

波斯帝國的衰替

波斯戰爭結果證明是歷史的一個大轉捩點。希臘人的勝利和波斯人的失敗，在古代世界象徵地中海文明的繼代近東大河文明而興，亦即歐洲希臘羅馬文明的繼代近東古文明而興。自居魯士以來，波斯帝國步近東古帝國的後塵，國家的基礎全在軍事。軍事的失敗使它喪失了主要的統一力量。在最後一個半世紀中，出現於波斯帝國的歷史的是不斷的篡弒、內亂和蠻族入侵。迨公元前 330 年，波斯帝國終於被馬其頓王亞歷山大所滅。

第二節　古波斯文明

帝國行政

大流士一世的波斯帝國是一個專制的神權帝國。帝國組織的特徵，為一種強有力的中央集權的行政制度的建立。帝國全境劃分為二十一行省（Satrapies），省設省長（Satrap）一人，主管民政；地方駐軍有直接受命於王的將領統率。為防範省長的專擅，行省另設其他官吏，以為牽制。其中最重要的為採訪使（Inspectors），每年由王廷派出，巡視地方。採訪使者有“王之耳目”之稱，通常是王族貴胄，或王所特別親信之人。他們巡視地方時有武力隨從，備必要時強制執行王命。帝國組織的另一重要部分是馳道和驛站的制度。波斯帝國的道路系統，為古代地中海及近東世界僅次於羅馬帝國的最好的道路系統。王家馳道從鄰近波斯灣頭的蘇撒（Susa）通過小亞細亞端的撒狄斯（Sardis），全長約 1500 哩。自然，在道路之上，也往來客商，但就帝國行政言，則它們的用途乃在行軍和傳遞王命與官吏的章奏。輔以驛站的制度，王家使者日夜奔馳，不需一週的日數便可完成王家馳道的行程。軍隊、官吏和道路構成結合波斯帝國的主要力量和脈絡。大流士並命令訓練波斯青年，使養成軍事生活的習慣，以維持帝國的武力基礎。波斯帝國奄有近東的古文明開化區域，混為一統，王家政府的所有制度設施都旨在加強王權的統治和保障帝國的統一。但無論王家政府的防範如何周密，這帝國在最後滅亡之前仍不能先免於解體。權力和財富使統治階級驕奢腐化，而地方的省長抗命作亂，使帝國的行政癱瘓。在大流士死後不過半個世紀，波斯帝國已經是篡弒叛亂相尋。

古波斯文明的多元性

古波斯文明繼承近東古文明，糅雜摶和，是一種多元的混合的文明。就語言文字言，波斯人操印歐語，但他們的文字，先用兩河流域的楔形符號，其後又從亞拉米人傳入字母，另造一種用三十九個符號的字母文字。古波斯人在科學技術方面無甚新創，但因為帝國疆城遼闊，旅行和地理勘察的事業興盛。大流士一世便曾派遣屬下出印度河，從河道而歸，沿途勘察地理。他並曾效法埃及的法老，從尼羅三角洲開濬運河，連通紅海。在古代近東，呂底亞人最早範鑄金屬貨幣。波斯人征服呂底亞，也因之在西亞各地傳播呂底亞人的貨幣知識。波斯人的建築最能見波斯文明的多元的混合的風格。波斯人從巴比倫和亞述接受了以層級的平台為基礎的建築式樣，但未嘗充分應用拱和穹窿的結構，而代之以埃及式的楣柱和列柱。波斯人在建築物外部佈置成列的有翼石牛，應用凹槽柱式，兩者原始的意匠也都淵源於埃及，但波斯人卻分別自兩河流域和自小亞細亞的希臘城邑。傳入波斯建築的另一明顯的特色是他的強著的俗世性質。古波斯的首要建築不是神廟，而是宮殿。其中最著稱於後世的為大流士和他的嗣君薛西斯（Xerxes）在都城波斯波利斯（Persepolis，或譯帕賽波里斯）所興建的宮殿，建築全體取法埃及的卡納克神廟，中央大殿以成列的巨柱構成，四周屋宇櫛比，為政府衙署和王的後宮所在。

瑣羅亞斯德與祆教

學者有謂，印歐人之初見於歷史，到處散播他們的語言，然於文化則破壞多而成功寡。就波斯人言，但至少在一個方面他們有單具創造性的貢獻，此即宗教。古波斯人原始的宗教固是多神的自然崇拜，與其他印歐人社會的原始宗教相若。公元前第七世紀，在伊朗高原的印歐人中有改革宗教的運動發生，領導者為瑣羅亞斯德（Zoroaster）。改革的宗旨在求清除原始宗教的迷信和魔術成分，而賦予宗教信仰完全的道德的精神的意義。由瑣羅亞斯德的改革而興的新宗教信仰，稱瑣羅亞斯德教（Zoroastrianism），以後傳來東方，在中國稱祆教或拜火教。祆教的興起和傳播，對於後世西方的宗教思想，在甚多方面，有率先啟迪之功。

第一是它強調善惡二元的觀念。宇宙受善惡二神的支配，善神為阿胡拉—馬茲達（Ahura-Mazda），為光明、真理和正義所由來，為善而不能為惡。惡神為阿列蠻（Ahrimen），為黑暗和罪惡所由來，為惡而不能為善。善惡兩神在宇宙間進行無休已的殊死鬥爭，世人也各以其所行的善惡參加這場鬥爭。但最後光明之神終將勝利，使宇宙解脫黑暗勢力的支配。

第二是它強調世界終局的信仰。世界將有一個終局。據瑣羅亞斯德的預言，他將於死後九千年再臨世間，告知世人得救之日之將至。於是救世主誕生，為世界的終局和善人的得救完成準備。最後善神勝利，把惡神阿列蠻投入無底的深淵。死者於是從墓地復活，起來受最後的審判。正直的將入天堂享福，而邪惡的下地獄受難。不過所有的靈魂最後均將獲救，因為祆教的地獄不是永劫，不是如基督的一入即不能復出。

第三是它強調道德的目的。善有善報，惡有惡報。人有自由意志可以為善，亦可以為惡，而於最後審判時各為自己生前的善惡得其所應得的報應。祆教有一套完備的善惡的準備。大抵祆教原來所重的多在積極的現世的道德；在消極的方面，它的理想也只要人知所節制，並不要人禁慾苦行。在禁止之列，迨祆教再變而為摩尼教（Manicheism），凡強調禁慾苦行，要人極端否定自我。

第四是它強調宗教的天啟的或神示的性質。宗教的真理不能以思維獲致，也不能由觀察發現，而完全來自神示。神的啟示見於《聖經》“阿梵斯地”（Avesta），由神阿胡拉—馬茲達啟示瑣羅亞斯德，而由後者傳之於他的信徒。在起源於近東和歐洲的古代宗教中，埃及和兩河流域的宗教沒有聖經；希臘和羅馬的宗教也缺乏以神的語言所啟示的真理為之憑藉。祆教、猶太教和基督教三者都是神示的宗教（Revealed religions）。基督教產生的時期較晚，並且主要淵源於猶太教；而猶太教便是因祆教的影響，才成為完全神示的宗教。

在猶太教最後演進的階段，祆教是它的主要的影響勢力；通過猶太教它自然也影響到基督教。不僅如此，祆教的影響力是世界性的。經過西域諸國，祆教於南北朝時（公元420—589年）傳入中國，自漢至唐流行不絕。敦煌、涼川、長安、洛陽等地都並有祆祠，供奉火祆；唐至於為之設官——薩寶府——以統之。在西方，當羅馬帝國時期，祆教的流派——密特拉教（Mithraism）和摩尼教——盛行於地中海區域，直接影響基督教，同時也是基督教的最有勢力的競爭者。大抵除猶太教外，祆教及其流派是影響基督教的最重要的宗教勢力。

此外，至少在一個方面，古波斯文明也曾有大影響於後世的西方文明。它的帝國制度利用神權形式，為亞歷山大和後繼的希臘化王國（Hellenist Monarchies）的君主所取法，並由此傳衍於羅馬帝國。但西方世界最先與大流士的帝國接觸的，乃其勢力興的希臘城邦。

第二編

希臘文明

從愛琴文明極盛至希臘人進佔愛琴區域，在年代上約與埃及帝國時期相當。在兩河流域，則古巴比倫王國時期方終，而亞述人的勢力未興。在當時的近東和地中海世界，文明中心顯然仍在大河流域。希臘人的進佔愛琴區域，一時曾使愛琴區域進入黑暗時期。其後希臘人在愛琴文明的廢墟之上培育自己的文明，歷時數百年，至公元前第六世紀，而希臘文明蔚興。地中海遂繼代尼羅河流域和兩河流域，而為新時代文明的中心。

第七章
希臘人與希臘城邦

第一節　荷馬時期的希臘人

希臘人與希臘世界

希臘人的由來，他們進佔愛琴區域的經過，及其南下後初期的歷史，後世所知有限。他們南下前的居地可能在多瑙河（the Danube）流域。他們操一種印歐語。在種族成分上，當公元前 2000 年前後他們開始南移時，主要屬一種阿爾卑斯種（Alpine）和北歐種（Nordic）的混合血統，而以阿爾卑斯種的成分為多；其後他們又與愛琴人的地中海種血統混合，這在南部地方和愛琴海島嶼為尤著。

愛琴區域的地理背景，於上述愛琴文明部分已經道及。至於希臘半島本部，則其位置東面隔愛琴海與小亞細亞相望，西南隔亞得里亞海（Adriatic Sea）與意大利半島及西西里島（Sicily）相望。其本土分南北兩部，中間以科林斯地峽（Isthmus Corinth）相連接；其南部也稱伯羅奔尼撒半島（Peloponnesus）。科林斯地峽以西為科林斯灣（Gulf of Corinth），半島的南北兩部便以此區分。希臘半島的全境多山，地形錯雜，而海岸線曲折綿長，多良港。因為可耕地有限，所以希臘人一旦定居，人口增加，他們也如過去克里特島上的愛琴人一般，需要於農業之外，另求謀生之道。除少數例外如斯巴達人（the Spartans），希臘人熱心從事於航海、殖民、經商和工藝製造。同時，由於半島境內交通的不便，所以政治的統一困難。其結果在希臘半島未有統一王國建成，而卻興起了數以百計的獨立自主的小邦，希臘人稱之曰波里（Polis）。波里義即城邦，包括一個城及其附屬區域。城邦的面積一般都甚狹小，斯巴達（Sparta）約三千方哩，雅典約一千方哩，都已屬少有的大邦。因半島的良港多在東岸，同時也因愛琴海島嶼星羅棋布，便於幼稚階段的航行，所以希臘人初期的移殖趨向小亞細亞海岸。該地的地理條件與希臘本土相近，而土壤較為肥沃。稍晚他們更北向移殖黑海區域，西向移殖意大利半島南境和西西里島，建立與本土相似的城邦。歷史中稱古代希臘世界，係指凡有希臘人移殖建邦的全部區域而言，其中心為希臘本土。

希臘人的南移

大抵至公元前1200年前後，希臘半島的大部分地域和克里特島，已為希臘人所據有。他們最初只是徐徐移入，攜牛馬畜羣俱來，留處於居民稀少的地域。最初一支進入半島北部，向東南移居阿提喀半島（Attica）一帶的為愛奧尼亞人（Ionians）。另一支亞豈安人則繼續南進，入伯羅奔尼撒半島，奪佔邁錫尼，並渡海征服克里特島。亞豈安人其後並發動特洛伊戰爭，為荷馬詩史供給背景和題材。

迨公元前1200年前後，又一支希臘人——多利安人——的大入侵開始。多利安人的入侵，比之亞豈安人更可稱為蠻族的入侵。一部分多利安人停留於科林斯灣以北的地區，但大部分則繼續南進，征服伯羅奔尼撒東部和一部分愛琴海南方的島嶼，包括克里特島。經過亞豈安人的入侵和征服，愛琴文明在克里特雖已消歇，但在希臘半島本土晚起的愛琴城市如邁錫尼，卻爝火猶存。經過多利亞人的破壞，而愛琴區域遂一時入於黑暗時期。

荷馬史詩

希臘人入居希臘半島初期的生活情形和事跡，因荷馬史詩，而有一鱗片爪傳誦於後世。所以在希臘歷史中，從公元前1200年前後四個世紀，通常也稱“荷馬時期”（the Homeric Age）。荷馬史詩包含《伊列亞特》和《奧德賽》（*Odyssey*）二敍事長詩。它們的原始可能只是一些最先流傳於小亞細亞希臘人殖民地的民歌風謠。有流浪歌人四處傳誦。在傳誦的過程中，其文辭益加修整，內容益加豐富，並逐漸以一中心主題，組織成完整而連貫的篇章。迨希臘從腓尼基人傳入字母，它們遂在公元前 800 年前後以文字寫定。荷馬可能就是一個出生小亞細亞的希臘流浪歌人，但為同業中最偉大的一人，而且兩詩可能就是經他的手寫定。

荷馬時期的社會

當荷馬時期，希臘人在甚多方面尚停留於原始階段。當時希臘人社會組織的基礎為部落和父系氏族。但由於入侵過程中人口的移動，一部分部落人口分出北去，有的部落以外的人口，包括先希臘人的愛琴土著，加入了團體，所以部落不再是一個有統一世系和共同血統的團體。父系世族的關係接着也開始弛解。為氏族分子的家族現在分別佔地墾殖，自營生活。君王是最有勢力的部落的首領。其他的部落首領、氏族和大家族首長，構成一個貴族階級，供王諮詢庶政。但國之大事和王的主要責任，只在祀與戎。有時若干小王國可以擁戴一位共主，如阿格曼農之於亞豈安諸國。平民而為一個家族或部落的成員，也有權參決國事。當有關團體全體之事，和戰爭或和平需要決定時，王將召開一次全民會議，訴諸全民的意向。在會議中發言的經常雖只是貴族，但平民對於貴族的意見，可以用沉默表示反對，或用歡呼表示贊同。荷馬時期的希臘人顯然還沒有政府的觀念。伊大卡（Ithaca）的王奧迪休斯（Otysseus）因為特洛伊戰爭離國二十年，在他的國中不聞有任何個人或團體，代行他的職權。

家族的大小不等，通常是一個親屬團體，包括家長、他的妻室、子女、未曾獨立的次房家人，以及願意附屬於己家族的遠近戚屬。家族是一個經濟自足的單位，它的分子都需工作。男子司放牧、耕作、伐木、營造；婦女司烹飪，及其他家事紡織。伊大卡的王奧迪休斯不僅是戰場上智勇雙全的英雄，他也以他的木工和農田的技能自傲；他的妻子白妮洛泌（Penelope）則以善織聞名於時。除了親屬，一個家族可能還有傭工和奴隸。傭工是自由人，以勞力依附於家族為生。奴隸由戰爭或擄掠得來，但在初期為數不多；他們也尚與家人共同起居作息。大家族之外，這一個原始的希臘社會還有為數不多的手藝工人，有職業的流浪歌人，有卜祝巫覡。手藝工人四出受僱，為不同的家族工作。只有鐵匠有他自己的作場——爐房，是傭工們冬夜棲息取暖之所。

荷馬時期的經濟狀況

荷馬時期的希臘社會雖變化遲緩，但變化仍在發生。農業經濟擴張；強有力的家族佔有了較好的土地。耕種的方法還不見顯著的改進，但葡萄和橄欖樹的種植更加推廣。希臘人從事商業者漸眾。近東商人——尤其腓尼基商人——在希臘本土和小亞細亞的希臘城邑，販賣近東各文明區域出產的精美製造品。為了償付貨價，希臘人增加葡萄酒和橄欖油的生產，以供輸出。而且也隨即發展工藝製造。所有的變化在小亞細亞的希臘城邑最先顯著可見。移殖小亞細亞的希臘人主要屬愛奧尼亞人，所以小亞細亞的希臘殖民地也常泛稱愛奧尼亞。愛奧尼亞人是最先進入希臘半島的希臘人中的一支。當他們一部分由於種種原因——尤其因受後繼的希臘人的壓迫——而移住愛琴海島嶼和小亞細亞海岸時，他們可能曾挈所受自愛琴文明的航海通商與農業工藝的技術和知識俱往。在小亞細亞，他們因所處地理位置的便利，自更容易受腓尼基人和其他近東文明的影響。他們以優越的憑藉從事工商業。羊毛織造、製陶和木、革等工藝首先發達。早在公元前第八世紀，他們也已開始使用鑄幣。

荷馬時期的宗教信仰

荷馬時期希臘人的宗教信仰，主要淵源於印歐人的原始宗教，而雜有部分愛琴宗教的成分。這是一種多神的，神人同形同性的、自然崇拜的信仰。宙斯（Zeus）是天神，雷霆的發射者，祂也是萬神之神，是神人之祖。阿波羅（Apollo）是光之神，是太陽神，農牧的保護者，祂也能預知未來。女神雅典娜（Athena）和阿波羅同是宙斯所生，祂具有祂的父兄的甚多稟賦，祂是戰神，也是智慧和發明之神，手工藝的保護神。波賽冬（Poseidon）是海神。阿芙洛狄蒂（Aphrodite）是愛神，生育和繁殖之神，航海的保護神。德米特（Demeter）是農業女神。戴奧奈塞斯（Dionysus）是大地繁殖之神和酒神，教人以葡萄釀酒。其他形形色色的神尚多，不勝枚舉。希臘人的諸神中沒有撒旦，所有的神都可以為善，也可以為惡。祂們有時施惠於人，祝福人，教導人，但有時祂們也可以施暴於人，詛咒人，欺騙人。祂們具有人的形體和所有可能想像的人

的性格 —— 他的高貴的部分和他的弱點。因為希臘人的神的世界和人的世界如是密邇，不僅神行為如世人，時常參與人世的事務，而且神的世系和人的世系也時相交錯，一個君王或英雄可能有一個神的祖先 —— 通常是宙斯，而他死後也可能加入以宙斯為首的神的社會。所以希臘人殆無需企望一個遙遠的與今世截然殊異的來世。他們死後的生命觀念十分淡薄。他們相信除了加入神的社會的少數英靈而外，大多數鬼魂都去到同一個所在 —— 黑地茲（Hades）的黯淡無光的冥府。冥府不是天堂，但也不是基督教意義中的地獄；在那裏，所有的鬼魂都過着與他們在世時相似的生活，沒有人將因他生前的行為在那裏獲得報償，也沒有人將因他的罪惡而在那裏受罰。

至於這時期希臘人的宗教行為，主要也在獻祭。獻祭的目的不在贖罪，而在供神享用，令神喜悅，以與神和解。獻祭者之於神，他的禮拜如儀，乃在完成以許願等形式，構成契約的責任；而他們對方，受享者的神，相信也將完成祂的責任。這樣的宗教不需要精密的禮拜儀式，乃至不需要一個祭司階級。人人都可以為自己舉行簡單的禮拜儀式。事實是，希臘人家族的首長為他的一族執行宗教的職務，而王為他的一邦執行宗教職務。希臘社會中有卜祝巫覡。他們被相信直接與神交通，能窺見神的意志和未來，所以常被諮詢。在德爾斐（Delphi）的阿波羅神廟最被奉為神聖之所，希臘乃至外國的重要大事，常取決於他的神示。但希臘社會中的卜祝巫覡並不構成一個祭司階級，並不在精神上或社會上居支配的地位。

從一方面言，荷馬時期希臘人的宗教信仰顯然缺乏精神的道德的意義，因為它缺乏對於超自然的企望和歸之於神命的道德的規範。但從另一方面視之，則它自有其寶貴的精神和道德意義。希臘人的神乃是希臘人本於自己而塑造的理想人格，比人更強、更美、更多智慧，但不是全能，也非至善。他們的神超乎自然而仍一本於自然，超乎人而仍和人聲氣相通。所以當希臘人取他們的神以為人格的典型時，他們所求的乃是他們自己所理想的人格的完成，而不是對於一種完全不同於現實人生的神秘理想的追求。就荷馬時期的希臘人而言。他們所心儀的典型乃是一個戰士的典型 —— 勇敢、機智、忠誠、自律、友愛和憎恨敵人，事實上，其後為希臘理想的主要成分的思想觀念，多數在荷馬時期已見其端倪。這時期的希臘人已經表現為一個樂觀的現世主義者，相信現世值得生活，而不必以全心企望一個遙遠的渺茫難期的彼世。他是一個個人主義者，他所求的是完成自己，而不是刻苦或謙卑從順，以期從神獲得憐憫或拯救。他是一個人文主義者，他愛慕感官所及的自然世界，而不一心神往於空靈的、超世間的天國。因此他沒有賦予他的眾神以高不可及的神聖威嚴的性質，也沒有把人想像為墮落可悲的罪惡的生物。自然，與同時期的政治社會一般，荷馬時期希臘人的宗教信仰也仍多原始的性質。但一種偉大的力量已孕育生長，經公元前第八、第七世紀，至第六、第五世紀而遂發揚光大。

第二節　希臘城邦的演進

從公元前 800 年前後至前 500 年前後的三個世紀，在希臘史中是一個城邦政治演進的時期，也是一個希臘人向愛琴區域以外的地方大舉殖民的時期。

城邦的形成

當黑暗時期過去，希臘的歷史之幕揭開時，希臘世界大部分地區已是城邦林立。在希臘半島本部，科林斯灣以北的雅典和底比斯（Thebes），伯羅奔尼撒半島的科林斯和斯巴達；在半島以外，小亞細亞海岸的米利都（Miletus），愛琴島嶼上的米替利尼（Mitylene）和卡爾哥斯（Chalcos），為其中著名的城邦。希臘人的政治組織，如何從荷馬史詩所見的部落王國，演化而為數以百計的獨立自主的城邦，史家尚不能完全解釋。希臘半島錯雜的地形自然是一個原因。但此外可能尚有歷史的、經濟的、以至思想感情的原因，同樣曾發生決定的影響。

先說歷史的原因，多利安人的入侵使希臘半島以至全愛琴區域一時陷於混亂的狀態。希臘人的舊部落王國解體。為了守住一道河谷，一處海口，或一個小島，無論是當地原有的居民或是新來的征服者，都必須自作防衛。於是到處都有衛城建築，希臘人稱之曰阜城（Accopolis），因為通常都在高地。衛城是地方首領 —— 王 —— 的居處，是他的武裝據點。因為是地方權力的中心，所以他也自然成為當地居民會聚之所和宗教的中心。這是城邦的由來，也是城邦的形成之始。等到混亂的時期過去，而以地方為中心的權力的形勢已經形成。經濟生活的進步和社會分工的開始，則使荷馬時期家族自足的經濟不復維持。一個地方性的交易市集漸漸形成，通常是在衛城之下。同時人口日益集中，希臘內部交通的困難和各地出產的互相類似，則使市集也都成為地方自我中心的市集。他們都各謀發展對外的商業關係，而卻互不依賴。所以城邦一旦形成，沒有一種強大的經濟力量 —— 如像埃及尼羅河的利用 —— 能促使他們趨向聯合和統一。地域的狹小、人口的寡少、長時期守望相助的共同生活，則在城邦的人民中自然造成一種濃厚的團體意識。而城邦以它的防衛工事，共同建築、神廟、紀念物、市集、店舖，成為團體全部生活的中心，為安全、光榮、文化、道德、宗教信仰和經濟繁榮的象徵。希臘語的"波里"，原義是"城"，我們譯為"城邦"，但它在古代希臘文學中的應用，則除了表示邦國的意義而外，本來就兼且社會全體，人民全體，乃至全部公共生活的意義。

城邦政治的演進

公元前 800 年後的三個世紀中，希臘城邦在政治社會各方面都曾經過巨大變化，而在不同的城邦間演進的情形也不相一致。但大體言之，在政治方面，當城邦形成初期，一般城邦承部落王國之舊，通行王政（Monarchy）。王的主要職務也仍"在祀與戎" —— 在宗教和軍事。其後貴族的勢力日張，而造成貴族政治（Aristocracy）或乃至寡頭政治（Oligarchy）。寡頭政治的原義是少數統治，在當時指少數地主貴族的統治。早在公元前第八世紀，在大部分城邦，王的職務也只在宗教；有的城邦甚至於並王的名義而去之。至公元前第七、第六世紀，寡頭政治又多為僭主所顛覆，從而造成僭主政治（Tyranny）。僭主為希臘語 tyrannos 的意譯，原意是"君主"，而通常指其權力的由來不合法的、不對任何方面負責的，專制的君主。它可以如以後字義的演變所為一個 tyrant —— 一個暴君，但通常不是。迨公元前第六、第五世紀之交，民主政治（Democracy）興起。在古代希臘城邦，民主政治是人民全體 —— 婦女、僑居人、奴隸不計 —— 直接管理政治之謂。各人參與政治的權利不必十分平等。在有的情形，人民依所有財產的多寡分若干等級，而依不同的等級對城邦盡不同的責任，享不同參政的權利。此在古代希臘也稱 timocratia（timorracy），我們或依柏拉圖的定義譯"榮譽政治"，或依亞里士多德的譯"財力政治"。但在任何情形中，所有各等級的人民都不欲被完全排斥於政治之外。希臘城邦民主政治極盛的時期，也是希臘文明極盛的時期。

社會的變化

希臘城邦政治的變化，在各城邦有一個大致類似的社會變化的背景。因舊社會組織的解體和土地兼併的進行，荷馬時期由部族長老組成的貴族階級，演變而為一個地主貴族階級。地主貴族以他們的經濟勢力進而控制政權，造成貴族政治和寡頭政治。土地的缺乏和社會生活的困苦，是城邦政治初期希臘人大舉向外移殖的主要原因，同時也造成城邦內部政治社會的不寧。在同時期中，希臘世界也正開始另一種重大的經濟變革。在甚多城邦，商業和手工業迅速發展，城市人口增加，一種不同於土地的新財富形式和一個新中等階級日臻重要。新興的中等階級現在和小自耕農以及失去土地的貧苦農民聯合，攻擊地主寡頭政府的專擅。政治野心家乘之，以煽動贏得羣眾的支持，奪取政權，造成僭主政治。最後則對於僭主專制的不滿，加以人民政治意識的進步和經濟力量的增強，又使僭主政治被顛覆，而民主政治代興。

古希臘城邦的僭主，無論他們取得政權的方式如何非法，也無論他們的統治如何只圖自利，但因為他們的政權的由來憑藉人民的支持，所以他們必須繼續取悅人民，以維繫民心。他們改善人民生活，解除寡頭政治下人民所受的不平等待遇，他們保護工商業，向外擴張權益，他們獎勵文教，興公共建築。一個典型的僭主是雅典的派西斯特拉妥（Peisistratus）。公元前第六世紀前半，在梭倫變法（公元前 594 年）後不久，雅典開始一次激烈的政爭。平地富有的地主貴族和沿海的中等階級，各立黨派，爭權奪利。派西斯特拉妥出身雅典貴族，但他都領導小手工匠人、牧人和一般平民，結黨煽動。他於公元前 541 年最後以武力在雅典奪得政權，為雅典僭主。當他專政時期，對外，與鄰邦維持和平，擴張雅典對外的商業，他在馬其頓經營銀礦，提高雅典的幣值；在愛琴海北端建立保護勢力，控制來自黑海區域的糧食運輸孔道。對內，他繼續維持梭倫的改革，並且以沒收自他的政敵的土地，分配貧民；他修治道路，並在衛城廣興建築；他獎掖文藝，古代雅典戲劇便濫觴於他統治時期。有一種傳說甚至說他首先搜輯荷馬遺詩，加以編定。要之，他使雅典和平繁榮，財政穩定，民生樂利。但一般希臘城邦的僭主政治都為期短促。在希臘城邦政治的演進中，僭主政治不過是從寡頭政治至民主政治的一個過渡階段。就雅典言，派西斯特拉妥於公元前 527 年去世。其子喜庇阿斯（Hippias）和喜帕喀斯（Hipparchus）繼他為僭主。公主前 514 年，喜帕喀斯被謀殺。於是喜庇阿斯真的成了一個善怒好疑的暴君。他在公元前 510 年在雅典被逐。其後雅典又經過公元前 508 年克來斯提尼（Cleisthenes）的變法，而民主政治確立。

第三節　希臘城邦的向外殖民

公元前第八、第七世紀是希臘城邦向外殖民的一個重要時期，如上所述，這次殖民運動之所由起，希臘城邦人口的增加和土地的缺乏，關係至大。大抵至公元前第八世紀，其大部分希臘城邦，人口的自然增加已使土地資源不勝負擔，而又加以土地兼併的進行，土地問題十分嚴重。本來小農每經一代，家口繁殖，則相形之下，耕地益狹，生計益艱。一次歉收，或一次其他意外事故，都可以迫使他們負債。再者富有的地主可以栽植葡萄或橄欖樹，以增加土地的收益。小農缺乏資本，難以謀土地利用的改良，而稍有設施，便需負債。他們以僅存的土地，乃至他們自己和家人的身體，用為債務的擔保。如果債務不能清償，便會喪失土地，或喪失身體的自由。社會上無地貧農和債務的奴隸人數日眾。由此造成的政治社會的危機，不僅使小民視向外移殖為一條可望的求生之道，在新土地開闢新的安身立命之所，而且也使城邦政府視向外移殖為緩和內部危機的有效方法。自然，此外如希臘人的好冒險遠行，或是因政爭或戰事而被迫離去故土，可能都曾共同促成這次向外移殖的運動。

殖民運動的進行

在希臘城邦中，大抵小亞細亞的米利都最先發軔向外移殖的運動。早在公元前第八世紀前半，它已經開始在黑海沿岸建立殖民地。其他的小亞細亞和希臘本土的城邦，不久也繼起踵行。它們移殖的範圍，大抵從北至黑海沿岸，包括從愛琴海入黑海的海峽地帶；在海峽地帶所建的殖民地中有拜占庭（Byzantium）。在地中海口，它們的殖民地遠及今日法國和西班牙海岸；在法國海岸有馬賽里亞（Massilia），是今日法國海港馬賽（Marseilles）的前身。西西里島的東半部和意大利半島的南部，則因為希臘殖民地星羅棋布，以至後來有"大希臘"（Magna Graecia）之稱。意大利半島南部的都會那不勒斯（Naples），在希臘殖民時期稱"尼亞波里"（Neapalis），意思是"新城"；至於歷史上一直為西西里首邑的敍拉古（Syracuse），則是科林斯所建的殖民地。在西西里西半部和北非，希臘人的殖民運動為腓尼基人的殖民地迦太基所阻。

希臘人移殖所至，攜他們制度、宗教、風俗習慣和生活方式俱往。他們大都各自比照自己的母邦，建立獨立自主的城邦。隨即在殖民城邦中也開始發展與母邦相似的經濟生活，開始發生與母邦相似的政治社會紛爭，並開始與母邦共同從事希臘文明的締造。易言之，它們成為希臘世界一部分。希臘人的向外移殖，不僅有助於緩和希臘本土的人口的壓力，同時也大有利於希臘工商業的發達。有的殖民地建立時的動機便在用作轉運的商站。殖民城邦銷納希臘的工藝製造品，而償以糧食和原料；其後它們有的發展了自己的手工製造，有的成了希臘商品轉運和交易的中心。工商業的發達在希臘城邦造成了一個繁榮的中等階級；如上所述，希臘城邦政治的演進——寡頭政治的顛覆，僭主政治的產生，以至最後民主政治的建立，都與這項社會變化的事實有關。由此更見殖民地之於希臘歷史，其影響的廣大。而凡見於希臘本土的社會政治的變化，也都或多或少見於各地的殖民城邦。

第四節　波斯戰爭與希臘城邦政治的變遷

希臘城邦與波斯勢力的崛起

希臘城邦的歷史，為人類歷史中最可寶貴的經驗的一部分。它使後世看到人類在多數獨立自主的小社會中所能從事的文明的試驗，和所能成就的文明的締造。希臘人沒有締造一個極權的全能的帝國，也沒有締造一種極權的全能的宗教，以統一和規範社會的心智和行為。在獨立自主的希臘城邦社會中，無論不同的城邦如何情形各異，它的公民總或多或少懷有一種主宰的意識。希臘人對於他們的政治、社會和文明各方面之勇於作創造的試驗，這是一個根本的原因。但同時對希臘城邦各自為政，不相統屬；而邦之大者如斯巴達和雅典，最盛時人口也各不過四十萬。因此在現實世界中，如以後的歷史所見，他們可能自作鬩牆之爭，也可能為外事的強大勢力所逐一征服或宰制。這些於文化有卓越創造、獨立自主的小社會，如何仍能在現實世界中維持其存在，可能是歷史留給後人的最值得思考的問題之一。

從公元前第八至第六世紀中葉的一段期間，地中海和近東的國際形勢有利於希臘城邦的發展。當時所有在歷史上曾與愛琴區域密邇或發生直接接觸的邦國中，赫梯人的勢力已解體，呂底亞王國雖曾領有愛奧尼亞，但不是一個好侵略兼併的國家；馬其頓尚未登上歷史的舞台，羅馬也只是台伯河（The Tiber）畔一個不知名的小邦；埃及的勢力早衰，而波斯的勢力未興。但入公元前第六世紀後中，波斯承亞述和迦勒底帝國的餘緒，崛起於近東，拓境至愛琴區域。於是希臘城邦的處境一變。

波斯戰爭的經過

公元前 546 年波斯王居魯士滅呂底亞。原屬呂底亞的愛奧尼亞希臘諸城，從而也成了波斯的屬邦。當時有數城曾起而反抗，但被居魯士平服。公元前 499 年，在米利都城的領導下，又一次反抗波斯的叛變發生。這次叛變的諸城曾向希臘本土諸邦求援，但只從雅典厄利特里亞（Eretrea）——一個在尤卑亞島（Euboea）上的小邦，得到少量援助。外援的不至和內部的失和，使這次叛變終於公元前 494 年被平定，米利都城被墮毀。當時的波斯王大流士一世雄才大略，有志於歐洲，先已從小亞細亞渡海峽掠有了色雷斯的大部分海岸地帶。愛奧尼亞的叛變既定，公元前 492 年，他又派軍入色雷斯和馬其頓，意欲用兵希臘，結果因海運失事而罷。又二年，公元前 490 年，大流士再度發兵，渡愛琴海，一支取厄利特里亞，一支取雅典，以懲治它們曾赴援愛奧尼亞。結果數量優越的波斯軍隊墮毀了厄利特里亞城，但在阿提喀半島東岸的馬拉松（Marathon）平原的一役，卻被雅典軍隊大敗，鎩羽而歸。迨馬拉松戰役後十年，公元前 480 年，而波斯有第三次遠征希臘之舉。

大流士於公元前 486 年逝世，其子薛西斯（Xerxes）繼其位。薛西斯積多年的準備，幾乎傾全帝國之力，發動公元前 480 年的遠征。在希臘人方面，這次也因為所面臨的威脅的嚴重，而決心採取聯合行動。公元前 481 年，一個大希臘聯盟已經結成，奉斯巴達為首。軍力的分配，陸軍以斯巴達為主，海軍以雅典為主。這次戰爭，在陸上，波斯大軍深入希臘半島，兩度入據阿提咯，墮毀雅典城。但在海上，則薩拉米（Salamis）海峽之戰的結果，希臘海軍大勝，實際贏得了這次戰爭的勝利。又一年，公元前 479 年，波斯陸軍也在布拉提亞（Plataea）戰役敗績。經公元前 480 年和前 479 年的海陸的勝利，希臘受自波斯的軍事的威脅，從此解除。小亞細亞的愛奧尼亞諸城，也隨即加入希臘方面，起而獨立。

當希臘人正在地中海東部和波斯軍隊作戰之際，在西方，以敍拉古為首的希臘殖民城邦也擊退了迦太基的侵略。迦太基位於北非海岸，為腓尼基人所建的殖民地，長時期來控制地中海西部的海權。迦太基人對於西西里島上希臘人勢力的擴張，十分嫉視。他們在薛西斯遠征希臘的當年——公元前 480 年，發動對西西里島上的希臘城邦的戰爭。但結果他們也兵敗，賠款求和。當波斯帝國時期，腓尼基人實際為波斯的海上權力所依恃；再者，這次迦太基的侵略行動，也可能曾受薛西斯的指使。所以這次希臘殖民地在地中海西部的勝利，與愛奧尼亞諸城再起獨立相若，表示了全希臘世界對波斯帝國的勝利。

波斯帝國奄有古近東諸帝國的疆域，而繼承其立國傳統。它的軍隊竟為若干小國寡民的希臘城邦所敗，實屬歷史的奇跡。波斯的失敗主要乃在海上，失敗在海軍的交綏和海上運輸的困難。因此希臘世界的勝利，也正見在西方歷史中心從近東的大河流域向地中海推移。這次戰爭的結果，影響之大，十分顯見。就當時言，它保障了希臘城邦的獨立和安全，而就繼起的時代言，它使方興的希臘文明免於被古老的近東文明所淹覆，得以發揚光大，而為後世的西方文明導其先路。

希臘城邦政治的變化

但波斯戰爭的結果在希臘世界曾引起重大的反響，有關乎其後希臘城邦政治的陵夷。波斯戰爭的一個直接的結果，是雅典地位的崛起，執希臘世界的牛耳。這不僅因雅典在波斯戰爭中功勳最大，同樣也因戰後實際的形勢使然。第一，這次戰爭破壞了小亞細亞愛奧尼亞諸城的經濟繁榮，希臘世界的商業領導地位，移向希臘本土和愛琴島嶼。第二，為使愛奧尼亞諸城恢復獨立，不再為波斯所據有，同時為抵制波斯帝國，不使再向愛琴海上擴張，希臘諸邦都必須繼續保持合作，以與波斯的勢力對抗。而無論為繼承愛奧尼亞希臘城邑的商業優勢，或為領導一個對抗波斯勢力的希臘邦國聯盟，唯有雅典的海權地位足以當之。公元前 478 年，小亞細亞和愛琴海島嶼的希臘諸邦同意組織一個海上聯盟，奉雅典為盟主。因為聯盟的總部設在第洛斯島（Delos），所以歷史上稱之曰第洛斯聯盟（The Delian League）。這是一個自由結合的聯盟。按照聯盟的規程，與盟諸邦派遣代表出席聯盟會議，而依各邦財力的多寡，貢獻船隻或金錢，供聯盟使用。但聯盟一旦結成，雅典以與盟諸邦中最富最強的一邦，實際支配了聯盟，而使聯盟逐漸變化成為一個"雅典帝國"。公元前 454 年，聯盟的財庫從第洛斯島被移往雅典，更使聯盟的財務完全受雅典政府操縱，予取予求。凡不喜雅典的支配而圖脱離聯盟的各邦，雅典以武力強迫其繼續與盟。雅典並進而干涉與盟諸邦的內政，支持民主黨派，操縱選舉，使樂於與雅典合作的人去各邦執政。於是一個以維護希臘城邦的獨立自主為目的的聯盟，結果卻走上了破壞希臘城邦政治的一途。

伯羅奔尼撒戰爭

雅典勢力的強盛也改變了希臘世界的勢力平衡。這是伯羅奔尼撒戰爭（The Peloponnesian Wars）所以發生的根本原因。早在公元前第六世紀中葉，以斯巴達為盟主，已有一個伯羅奔尼撒聯盟（Peloponnesian League）組成。科林斯是與盟的一邦。斯巴達行寡頭政治，長時期來為希臘諸邦中軍力最強的一邦；而科林斯因地處衝要，是希臘諸邦中商業最先發達的一邦，幾乎獨佔對"大希臘"的貿易。雅典的稱霸愛琴海，在軍事優勢和所代表的政府形式方面，與斯巴達的地位衝突，而在商業擴張方面與科林斯的利益衝突。公元前 460 年，科林斯與雅典首先發生戰爭。公元前 457 年，科林斯的與邦埃伊納（Aegina）為雅典所敗，城陷投降，斯巴達也加入對雅典作戰。這是第一次伯羅奔尼撒戰爭。交戰的雙方除了科林斯、斯巴達和雅典外，尚有各與邦參戰。戰事繼續到公元前 446 年，無結果而罷。

當第一次伯羅奔尼撒戰爭結束時，交戰雙方曾成立三十年和約，弭兵息爭。但休戰才十餘年，而大伯羅奔尼撒戰爭（公元前 431—前 404 年）發生。

大伯羅奔尼撒戰爭仍因科林斯和雅典的戰爭引起。交戰的雙方以伯羅奔尼撒和第洛斯兩大聯盟的與邦為主，但大多數希臘城邦也都先後參加了戰爭。戰事並且蔓延到全希臘世界。在西方，雅典援助一部分"大希臘"城邦，對敘拉古作戰。但公元前415—前413年雅典的遠征敘拉古，卻幾乎全軍覆沒。這次戰爭，斯巴達的主要憑藉仍在陸上，而雅典在海上。阿提喀半島飽受伯羅奔尼撒聯軍的蹂躪，但雅典因控制海權，所以它仍能堅持不屈。遠征西西里的失敗，對於雅典實力是一大打擊。斯巴達於當年（公元前413年）再度發兵，入據阿提喀半島，困逼雅典。同時，伯羅奔尼撒聯盟得波斯的援助，還建立了自己的海軍。於是雅典在海上的絕對優勢也開始喪失。幾乎又綿延多年，迨公元前405年年雅典海軍在海利斯滂海峽潰敗，而雅典本土終在海陸兩面都遭圍困。次年（公元前404年），雅典投降。經這次城下之盟，"雅典帝國"解散，雅典本土的防禦工事墮毀，戰艦銷毀。一個經斯巴達同意的寡頭政府建立起來，統治雅典。在戰爭期間，雅典田園荒蕪，工商業停頓，疫癘橫行，人口鋭減。經過這次戰爭，雅典的盛暴從此不再。便是在勝利的一方，如斯巴達，也是財盡力竭，困疲不堪。（圖二）

尤其可怕的是長期內戰所造成的希臘民族道德和城邦政治的陵替。戰時交戰雙方的互相擄掠殺戮，其殘酷之甚，比之異民族間的戰爭絕不稍遜。波斯是希臘民族傳統的大敵，而戰時希臘人卻至於引以為奧援，結果使它得以恢復小亞細亞海岸的優勢，並再度干涉希臘世界的事務。交戰雙方的競相交結與邦和控制與邦，則使城邦獨立自主的精神，掃地以盡。此外，戰爭的勝敗無常，也使城邦內部動盪不安，政治社會喪失常度。

底比斯的興衰

這次斯巴達的勝利也未能保持長久。公元前395年，一個包括雅典、底比斯、科林斯和阿果斯（Argos）的聯盟結成，反抗斯巴達在希臘半島的霸權。公元前371年，底比斯擊敗斯巴達，繼起稱霸。又十年，公元前362年，一個包括斯巴達、雅典和其他希臘邦國的聯盟又顛覆了底比斯的霸權。其後希臘世界即不復有一個中心勢力，城邦聚散離合，變化靡定。公元前259年，馬其頓王腓力（Philip of Macedon）已在他的王國執政。他乘希臘城邦久戰力竭的

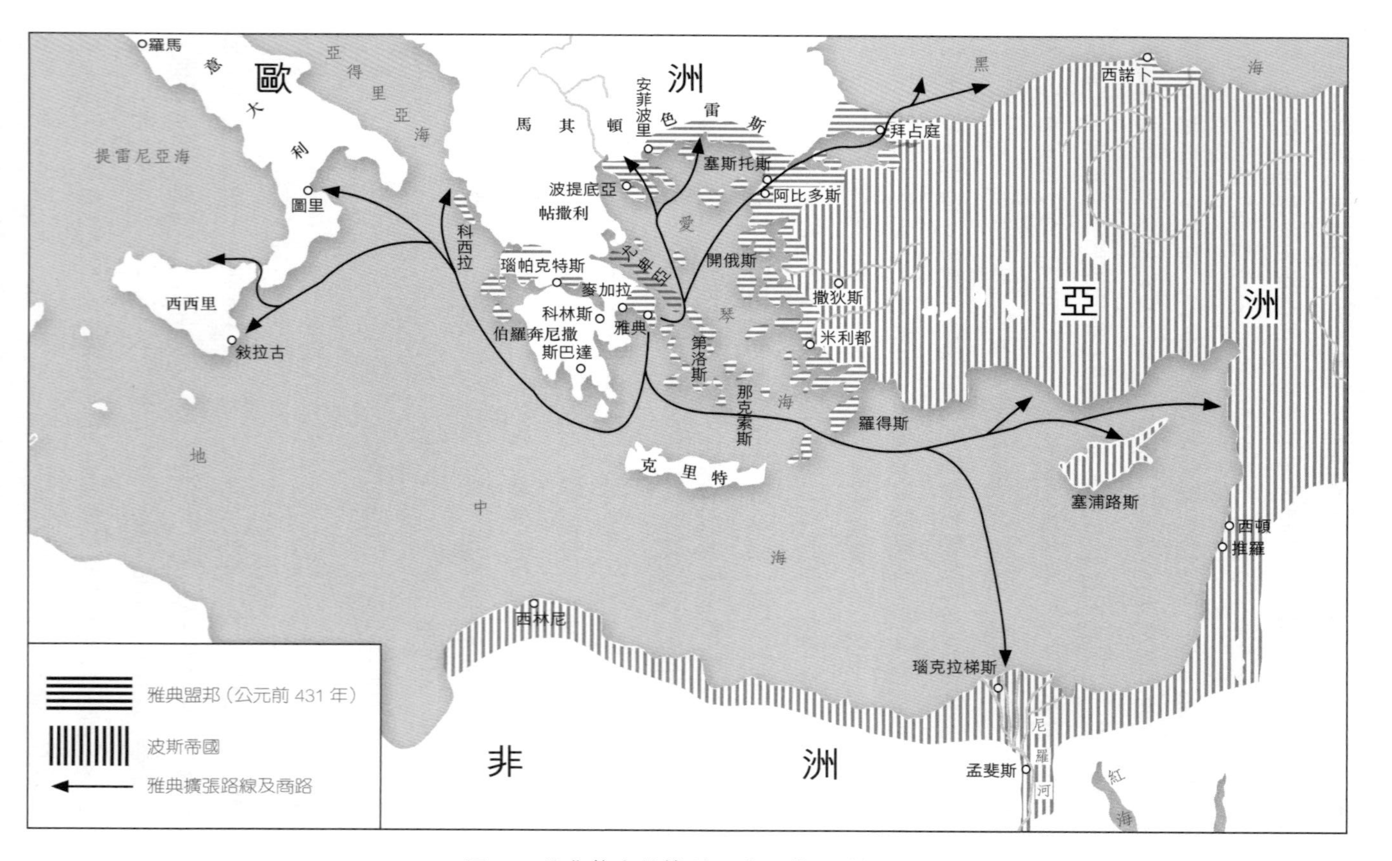

圖二　雅典勢力的擴張（公元前五世紀）

機會，南下干涉希臘世界的事務。經十多年的經營，他在公元前 338 年的喀羅尼亞一役（Battle of Chaeronea）擊敗了一支希臘聯軍，克服了希臘世界對於他的最後的抵抗。在喀羅尼亞戰役後，腓力成立了一個希臘聯盟，包括斯巴達以外的全體希臘邦國。聯盟各邦在名義上繼續保持自主，保持他們原有的政治組織，但軍權則歸諸馬其頓王腓力。希臘以城邑的獨立自主為根本的城邦政治，至是已名存實亡。公元前 336 年腓力遇刺殞命，其子亞歷山大嗣位，便是歷史上著名的亞歷山大大帝（Alexander the Great）。當時底比斯和雅典諸邦曾再起抗拒馬其頓的統治，但被迅速蕩平（公元前 335 年）。希臘城邦政治的時代結束，馬其頓和希臘化（Hellenistic）諸王國的時代代興。

第八章

希臘文明的蔚盛

第一節　政治制度

希臘城邦政治的兩種主要形式，一為寡頭政治，一為民主政治；寡頭政治的典型是斯巴達，而民主政治的典型是雅典。

斯巴達的寡頭政治

希臘城邦政治的演進，多數係從王政至貴族政治或寡頭政治，然後經僭主政治而進抵民主政治。但亦頗多例外，斯巴達便是最顯著的例外之一。斯巴達從王政變而寡頭政治後，未曾產生僭主政治，也未再進向民主政治，一種嚴格的政治社會制度的形成，在斯巴達造成了一種滯固的寡頭社會組織，一個滯固的寡頭政府。

斯巴達位於伯羅奔尼撒半島南端拉哥尼亞平原（Laconia）的北側。其由來可以上溯至愛琴文明晚期，亦即邁錫尼繼克諾索斯而為愛琴文明魯殿靈光的時期。在亞豈安人入據時期，它曾是曼尼累斯王所居，特洛伊王子派立斯（Piris）便是從那裏誘走了海倫。當多利安人在入侵時期，一支多利安人南下，征服拉哥尼亞，建斯巴達的首府。這是歷史上的斯巴達的由來。公元前第八、第七世紀，當一般希臘城邦正積極從事向外移殖，以解決人口和土地問題之際，斯巴達卻傾全力於征服他的西鄰——希臘全境土地最肥沃的麥西尼亞（Messenia）。第一次麥西尼亞戰爭（Messenian War）是在公元前 736—前 716

年間，麥西尼亞被降服。以後它必須每年繳付它的土地生產的一半給斯巴達，以為貢賦。因為麥西尼亞人圖擺脱斯巴達的壓迫，發生叛變，所以又有公元前650—前630年間第二次麥西尼亞戰爭。經第二次征服，而麥西尼亞被直接併入斯巴達的領土。麥西尼亞人被貶為農奴。據傳説所述，也就在第二次麥西尼亞戰爭後，為防再有類似的叛變發生，來革古士（Lycurgus）才為斯巴達立法，把斯巴達造成一個嚴格的寡頭政治的國家。在寡頭政治之下，斯巴達人民分為三個主要階級：斯巴達人（Spartiates），他們屬於公民階級；鄙民（Perioeci）；和農奴（helots）。唯獨斯巴達人有參政之權，他們統治着人數約二十倍於他們的鄙民和農奴。名義上，斯巴達政府的元首是兩位世襲的王，但實際的權力是在於任期一年的執行官（Ephors）和一個包括兩位王以及二十八位元老的元老院之手。元老院從年滿六十歲的斯巴達人中選出，任期終身。享有完全公民權的斯巴達人則有選舉執行官和元老，以及出席全民會議共同參加國事之權。這是一個寡頭政府，斯巴達人之於全體斯巴達人口，王、執行官和元老之於全體斯巴達人，都是一種寡頭統治。

這一個寡頭政府有一種特殊社會的組織為其基礎。斯巴達國家配給每一斯巴達人一定數量的土地和農奴。這是國家的配給，他不能轉讓他人，也不能傳之後人。一個斯巴達男子，從七歲起由國家授以軍事訓練；二十歲入軍籍；三十歲以前他必須住在軍營；六十歲以前他必須和他同樣的戰士在共餐會進餐，而以他的土地所得的一部分繳付共餐會。出生斯巴達人，年滿二十歲，他受國家規定的訓練，加入一個共餐會，這是一個完全斯巴達公民，得享完全的公民權利。農奴耕種土地，他們是國家配給斯巴達人的農奴。斯巴達人就從他們的耕種所得收取一部分，以供生活所需。農奴的由來不甚清楚，可能是多利安人入侵時曾把一部分土著人民貶為農奴，也可能就是以後斯巴達人征服鄰近希臘——如麥西尼亞人——的結果。要之，農奴處於被迫農役的地位。因為斯巴達人怕他們叛變，所以對他們管束甚嚴。他們受嚴密監視，受秘密偵查，乃至受非刑暗殺。鄙民的原義便是邊鄙之民，為自由人。他們原先可能是斯巴達與邦的人民，也可能是自願從屬於斯巴達而為其附庸的人民。鄙民在邊鄙市鎮有自治權，也參與軍事，但無權參加斯巴達的政府，不能與聞國事，因為法律禁止斯巴達人從事商業或工藝製造，所以鄙民等於獨擅工商業之利，他們有的十分富裕。

斯巴達寡頭政治的敗壞

當斯巴達強盛時，也曾挾其威勢，在其他希臘城邦扶植寡頭政府。伯羅奔尼撒戰爭後，斯巴達一時稱霸。但希臘世界戰爭未已，波斯又不時介入干預，不到半個世紀，斯巴達先為底比斯所敗（公元前 371 年），而一個包括斯巴達一部分的希臘城邦聯盟又顛覆了底比斯的霸權（公元前 362 年）。底比斯的霸權既倒，但斯巴達自己也已困弊不堪，無力恢復舊業。同時斯巴達社會內部也迅速解體。如在古印度社會所見，一種嚴格的職業階級制度的維持，其結果必使社會趨於滯固。斯巴達的寡頭政治維持一種嚴格的職業階級制度，而藉嚴格的訓練和紀律，以平等、規則和樸實無華的生活，維持統治集團——也就是一個武士集團——內部的統一團結，並使統治寄生於廣大的生產人民之上。這樣的一個統治集團懼怕一切變化，它的不能有裨於文明的創造和社會的進步，殆可想見。一個滯固社會的末路是腐化或革命。事實是，斯巴達的統治集團在伯羅奔尼撒戰爭後便迅速腐化。權力和財富培育了驕縱淫佚的風氣；土地的配給不復維持，社會財富集中。連綿的戰爭，生育率的低下，加以因公田制度破壞，許多人無力去共餐會繳納糧項，使斯巴達有完全公民權的人數銳減。大抵當公元前第五世紀初年，斯巴達人有完全公民權的約八千人；至亞里士多德在生時，約公元前第四世紀後半，減少到約一千人；而到公元前 244 年時，不過七百人。迨公元前第三、第二世紀，斯巴達社會革命迭起，最後在馬其頓和羅馬的勢力的憑陵下，結束了它的獨立自主的歷史。

雅典的民主政治

雅典位於希臘半島中部、科林斯灣以東的阿提喀半島。斯巴達藉征服和奴役鄰邦的土地人民以滿足自身的經濟需要，雅典則以發展工商業為解決它的經濟問題之道。在波斯戰爭前，雅典的工藝製品已經行銷境外，它的港口派里厄斯（Peiraeus）亦已興盛繁榮。在希臘本土諸邦中，科林斯和埃伊納本來商業最盛，但在波斯戰爭前後，雅典的商業地位超過了它們。雅典也曾經過王政和寡頭政治的階段，但它不像斯巴達的停滯於寡頭政治。經過了派西斯特拉妥和他的二子的僭主政治，雅典進向民主政治，成為希臘城邦民主政治的前衛。

當公元前 700 年前後，時在王政時期，雅典已經統一了阿提喀半島。阿提喀原有的其他獨立城邦的人民，放棄各自的公民權，成為雅典公民。至公元前第七世紀中葉。雅典王政式微。王成為由選舉產生，任期一年的九執政官（Archons）之一。在地主寡頭政治之下，雅典發生了在一般希臘城邦所見的政治和社會危機，因而有梭倫的改革。梭倫於公元前 594—前 593 年在雅典被舉為獨裁執政官，以全權從事改革。他的政治包括（一）按人民歲入穀物、酒、油量的多寡，重新區別公民等級暨公民的權利與義務；（二）予最低級的公民 —— The tes，工資生活者 —— 以參加全民會議（ecclesia）和充任民眾法庭（heliaea）的陪審員之權；和（三）廢除現有的債務，解放債務奴隸，禁止嗣後以債務沒人為奴。但梭倫的改革，除了藉廢除現有債務以和緩當時社會的危機外，只在政治和法律方面求維持城邦公民的團體，未曾顧及日後社會的生活。無地的農民和新解放的債務奴隸依然無以為生；而商人和手工藝者也仍受歧視。在繼起的政爭中，產生了派西斯特拉妥的僭主政治，而有以土地分配貧民之舉。迨公元前第六世紀末年，僭主政治被推翻，斯巴達援助雅典的貴族勢力重建寡頭政府失敗，於是雅典再經克來斯提尼的改革，而進於民主政治。

經克來斯提尼改革後，雅典政治組織大略於下：

第一，克來斯提尼廢止梭倫按貧富區分公民等級的制度，而依地域分雅典公民為十部（tribes）；每部含三區（trittyes），一區在雅典城及其附郭，一區在沿海，一區在鄉鄙，以消弭傳統的家族組織和新立的貧富階級的分野。

第二，克來斯提尼擴大梭倫所創立的一個討論和動議立法的四百人會議為五百人會議（Council of 500）。凡雅典公民，年滿三十歲，得當選為該會議議員。為保障當選機會的平等普遍，選舉係以拈鬮舉行；議員任期一年，同一公民至多任議員兩屆，過此不得當選。會議以十部為基礎，分為十委員會，於在任一年中依次當值。會議有權動議立法，草擬政策，提全民會議表決；有權推進和監督行政的進行。

第三，克來斯提尼提議擴張全民會議的權力。凡雅典公民年滿十八歲者，皆得出席全民會議。會議有討論、修正和表決五百人會議的提議之權；有選舉和監察官吏之權；有審查任滿官吏的政績之權；有決定國庫收支之權。此外全民會議也有司法權力，審判有關危害國家利益的重大案件。

第四，全民會議尚有流放公民之權，稱“陶片流放法”（Ostracism）。雅典公民，對於任何有危害邦國及其民主制度之嫌的政治領袖，得舉行會議，表決流放。因為表決的各人以陶器碎片上書所欲加以流放者的姓名，舉行投票，所以有陶片流放法之稱。凡經陶片流放者，必須自動離邦十年。他仍是雅典公民，仍保有自己的財產和名譽，但他必須離開雅典，以防可能危害雅典的民主制度。陶片流放法可能也創自克來斯提尼，也可能產生較晚。

培里克里斯時代

這是雅典的民主政治，著名的希臘直接民主政治的典型，雅典民主政治極盛於公元前第五世紀中葉前後；當時大政治家培里克里斯（Pericles）當政，史稱“培里克里斯時代”。經克來斯提尼的改革後，雅典的民主制度繼續擴張。在培里克里斯當政前，除了十位將軍（Strategi）外，所有的國家官吏都已用拈鬮選舉。貴族勢力最後的壁壘大理院（Areopagus），除繼續審理有關殺人的案件外，被奪去了所有傳統的權力；民眾法庭成為審理人民訴訟的主要司法機構。將軍繼續由全民大會選舉，任期一年，連選得連任。因為執政官也已以拈鬮選舉，所以將軍的地位成為十分重要。他們事實上成了雅典政府的首要官吏。培里克里斯便是以一民黨領袖，連續當選為將軍，而在公元前第五世紀中葉前後雅典的極盛時期，領導雅典。到培里克里斯時期，雅典公民無間貧富，都有當選為國家的各種官吏之權。民眾法庭為梭倫所創，是一個大陪審團。當公元前第五世紀中，民眾法庭的司法權力擴張，陪審員多達六千人之眾，從全體公民中以拈鬮選出。陪審員平時分若干組，當開庭審判之日，再臨時拈鬮決定出庭的組別，以防賄賂和威脅，保陪審判的公平。當培里克里斯時代，陪審員並由國家付給少量出席費，使最貧苦的公民也能暫停工作，出席聽審。古代雅典沒有國家檢察官，也無律師，原告的一方必須親身出席申訴，而被告的一方親身出庭辯護。裁判由出席陪審員以無記名投票行之，以決定被告有罪或開釋。培里克里斯並使參加公共慶會的貧民也由國家發給津貼，所以平民的從公和娛樂，都得到國家的鼓勵。

雅典民主政治的限制

自然，雅典的民主政治也仍有其不足之處。首先雅典社會就是一個階級的社會。在雅典人口中，有兩種人被擯於政府之外：一種是定居的非雅典人，稱“僑居人”，但他們大部分也仍是希臘人，另一種是奴隸。僑居人不能享有公民權；他必須在雅典公民中認一蔭主（patron），代表他對雅典政府辦理公私事務。便是在雅典民主政治全盛時期，培里克里斯建議（公元前451年）雅典公民必須父母同屬雅典人，這使僑居人除非有特殊情形——例如對國家有特殊功勳——將世代不能為雅典公民。僑居人也不能持有土地，因此在雅典，他們多專務工商。當雅典公民日益投身於政治軍事的活動時，他們幾乎實際掌握了雅典的工商利益。奴隸多數被使用於工藝勞動，因雅典工藝製造的發達而人數積增。奴隸中來自近東的，多技術工人；來自野蠻區域的，因為不嫻技藝，則多用於粗重的勞動。在法律上，奴隸是物，是財產，但在雅典，他也受到若干法律的保護。在雅典，殺死一個奴隸是殺人罪；而一個被虐待的奴隸，他可以逃入一處聖堂，要求轉賣，以更換主人。奴隸可以由主人予以釋放。因為得主人同意，奴隸可以經營商業，可以出賣勞力或工藝製品，而以收益的一部分歸諸私有，所以他也可以用積蓄所得，為自己贖身。自然主人可以不許奴隸贖身，但一旦贖身，則奴隸便恢復為自由人，得享與僑居人相等的地位。

便是雅典公民，當每次全民大會舉行時，真正與會的也不過其中的一小部分，主要是雅典或雅典近郊的居民。其餘的或因工作繁忙，或因路程過遠，不能蒞臨參加。當大會進行時，發言的也往往只是黨派的首領，一般公民除了贊否而外，經常不表示意見。而且，所謂雅典公民還只限於男子。“戰爭、政治與公開演講是男人的事；婦女的本分是管家，好好接待她的丈夫。”但雖有上述的限制，至少在雅典公民團體內部，雅典民主政治確實實行了全民政治和直接民權兩大原則。而且雅典的階級社會也還不是一個職業的階級社會。雅典公民貧富不等。他們除了從事政治軍事活動外，同樣也從事種種職業勞動，與僑居人乃至奴隸共同操作，接受相同的工資，以為生計。反之，則奴隸可以贖身為自由人；僑居人和奴隸並可以因對於雅典國家的特殊功勳，而得到公民權的授予。要之，在階級制度之下，雅典社會也還沒有完全否認個人的尊嚴和價值。這樣的一種民主政治，其有裨於文化的創造，我們只須從雅典之為"希臘的世界學校"和希臘文明的光榮的象徵一事，便可以見之。雅典文明的極盛當希臘文明的古典時期，在時間的程序上也正是雅典經克來斯提尼的改革而民主政治臻於極盛的時期。至於其後如何因雅典的帝國主義傾向與希臘世界的內戰，希臘城邦政治自趨沒落，上文曾約略述及。培里克里斯就在公元前 429 年，在伯羅奔尼撒戰爭的初年，在雅典圍城中染疫身故，這樣結束了雅典 —— 和希臘 —— 歷史中一個偉大的時代。

凡在雅典所見的民主制度，也或多或少見於別的希臘城邦。但此外，也有部分城邦未曾完成相同的政治演進。科林斯和其他若干商業城邦行富人政治；在西部，"大希臘"的城邦曾長時期行僭主政治；而有的農業邦國，如斯巴達，始終停滯於地主寡頭政治的階段。

希臘城邦盛時的經濟狀況

迨公元前第五、第四世紀，工商業在希臘盛極一時。但工商業邦國如雅典，大部分人口也仍繼續務農為業。公民貧富不等，有大富，也有極貧。務農而外，他們也從事種種職業，乃至於與外邦人和奴隸在類似的工作條件下勞動。一般工藝作場尚多陋小。有的作場如軍用品業，僱用工人可達百餘，已是少有的例外。採礦的規模也大，礦藏全屬國有，由人民向國家承領開採，繳納礦稅。採礦一般常都用奴隸，工作勞苦，當時勞動的分工已在有的生產部門通行，主要為輸出品生產部門，如陶器和金屬器製造。公共建築多包括營造，但有時國家也使用奴工。

城市人口的集中和從事工商業人數的加多，使糧食供應的需要日增。公元前第四世紀中，雅典所消費的穀物，估計有百分之七十五仰給於輸入。雅典主要從色雷斯和黑海區域輸入穀物和牲畜；科林斯則從西西里等西部地方輸入。糧食供應的重要至於使城邦政府制定法律，限制入口的穀物再輸出，禁止囤積居奇，而在糧食供應困難時實行限價。伯羅奔尼撒戰爭所以發生的一個主要原因，是雅典和科林斯兩邦間的商業競爭，而在科林斯方面，目的便在阻止雅典的勢力進入科林斯灣，以免防礙它的西方糧道。雅典從境外輸入的食物，穀物和牲畜而外，尚有魚、醃肉、果物與酒。工業原料也是它的入口的一大宗，包括金屬、木材、瀝青、羊毛和麻。此外，從近東也有一大部分奢侈物品輸入。至於雅典所輸出的，則有橄欖油、白銀、黑鉛、大理石，而主要是工藝製品和美術品。穀物之外，一般貨物的出入口都不受限制，國家只徵取少量關稅。大部分商業的運輸都在海上，因為內地道路崎嶇，運費昂貴，而又多危險。希臘商業的一種重要的發展是投資；投資於遠道貿易、工藝製造、營建，乃至購買奴隸以供僱用。到公元前第五世紀末年，一種幼稚的銀行業也已萌芽。

到公元前第四世紀，一般希臘城邦經濟發達的結果，貧富、城鄉的分化日形嚴重。貧農又如在寡頭政治時期一般，典賣田地，度日為艱。城市工人則因奴隸勞動的競爭，工資受壓抑，而工作機會日益難得，於是而各邦社會革命迭起。雅典雖幸免於社會革命，但它又因與科林斯和斯巴達的連綿的戰爭而元氣折損。結果希臘城邦遂在內亂和自相殘殺中，為外力陵鑠以亡。

第二節　文學、美術與哲學思想

詩歌與戲劇

在古希臘的文學和美術史中，荷馬時期以後的三個世紀，經古風時期，古希臘文明臻於極盛，是為“古典時期”（The Classical period）或稱“古風時期”（The Aschaic period）。

古風時期不再產生足以與荷馬史詩相比的偉大的敘事詩篇（Epics）。但別的文學形式，如輓歌（Elegiacs）、抑揚格謠（Iambics）和抒情詩（Iyrics），也已發達。其中輓歌和抑揚格謠是從史詩至抒情詩的過渡形式，代表的詩人有公元前第七世紀的帕羅斯人阿基落喀（Archilochus of Paros）。公元前第六世紀，列斯卜（Lesbos）人阿爾修斯（Alcaeus）和賽福（Sappho）作抒情詩。阿爾修斯長於慷慨悲歌；而女詩人賽福創作優美的情詩。希臘的神話傳説，則以繁殊的情節和豐富的想像，供給文學創作以無窮盡的靈感和題材。

古希臘抒情詩的發展，至品得（Pindar）而登峰造極。品得生於公元前第六世紀晚期，但他的主要創作期間已入次世紀晚期，他是開希臘文學的古典的時代，而為荷馬史詩與雅典戲劇兩大傳説的承接的巨匠。品得創作繁富，但傳世的大部分詩篇皆屬詠讚希臘民族節會中競賽得勝的健兒之作。各篇先之以運動健兒的詠讚，然後是神話的鋪陳，而以哲理的討論終篇。品得描寫生動而遣辭簡潔，表現了卓越的文學技巧，而又情意深摯，氣度華貴，以一詩人為希臘民族歌頌。他一生以留居底比斯的年數為多，但享盛名於全希臘世界。當馬其頓王亞歷山大於公元前第四世紀後半墮毀底比斯城時，他唯獨保全品得的舊宅和他的後人。

希臘戲劇產生於雅典，淵源於派西斯特拉妥所熱心提倡的戴奧奈塞節會(Dionysia)。在戴奧奈塞節中，習慣有歌詠隊誦唱詩篇，讚頌諸神和英雄的事跡。在誦唱時，歌詠隊和它的領隊時相對唱，公元前第五世紀初年，厄斯啟拉(Aeschylus，公元前 525—456 年)在詠隊領隊之外，另加入一個第二演員，而以對話展開故事的情節。於是希臘戲劇產生。厄斯啟拉的作品，其主題的偉大，情感的崇高和詩篇的優美，在希臘劇中無與倫比。他的九十本作品傳之後世的只有七本。其中最為人傳誦的是他的《阿列斯提亞》(*Orestia*)，這是以三本悲劇組成的一套三部劇(trilogy)，鋪陳阿格曼農在特洛伊戰爭歸來被謀殺，其子阿別斯提(Orestes)弒母為父復仇，以及阿別斯提被復仇女神追逐和他獲得大理院赦免的故事。與厄斯啟拉同時而年少於他的薩福克里斯(Sophocles，約公元前 496—前 406 年)是一位最得人愛好的戲劇作家，曾為厄斯啟拉的主要競爭者。他以厄斯啟拉所創造的形式為基礎，而加以改進。在他的戲劇之中，演員的人數增加，劇中人的表現更加強著，情節的結構更為複雜，而主題也更統一集中。他的全部作品有一二三事，現存完整也只七本。其中僭主《厄狄普斯》(*Oedipus Tyraunus*)一本不只是戲劇文學的偉大之作，而且因他所鋪陳的情節，而使"厄狄普斯"一語成為後世心理學和社會學研究的一大用語。厄狄普斯為殘酷的命運所簸弄，殺死了其親父，而與親母成婚。當他發現了事實，他驚怖萬狀，挖出了自己的雙目。薩福克里斯的戲劇重客觀的敍述，不使自己個人的情緒和觀點影響故事情節的展開。反之，幼里披底(Euripides，公元前 480—前 406 年)，一個更年少於薩福克里斯的戲劇作家，則經常用他的劇中人以表達自己對於現實的思想和見解。幼里披底的劇中人要比厄斯啟拉和薩福克里斯的思想化的英雄更多人性，他們的表現也更多深刻的心理和情慾的分析。所以厄斯啟拉和薩福克里斯在他們的劇中要把人提高到神的境界，而幼里披底卻要把神牽下到人世。幼里披底作品的全部數量不詳，現存完整的有十八本。在他的作品中他尤好抒寫婦女的心理和情慾。他的好表現婦女的弱點，至於使他有"仇女性者"之稱。幼里披底儘量減少歌隊在劇中的作用，因而更增加了舞台的表演。當他在生時，至少在雅典，他不堪投合時好。但在他以後的時代，他的作品卻為戲劇作家奉為圭臬，奉為模仿的典型。

厄斯啟拉、薩福克里斯和幼里披底是古典時期雅典的三大悲劇作家。大抵古代希臘悲劇不重動作，強烈的行動多以對話表達，而不在舞台上表演。悲劇的語言是韻文，所以悲劇作家是詩人，而劇中人的對話也便是一章一章的詩。歌詠隊常以劇中故事的發生地的人組成，以增強戲劇的感應成分。

喜劇同樣淵源於雅典的戴奧奈塞節會的表演，主要是歡樂遊行中的歌唱和戲謔，但其發達為具體的戲劇，則在時間上比悲劇為晚。喜劇的題材取自世間實事，或諷刺時事，或嘲謔時人。古典時期的喜劇作家，作品傳世的，只有亞里斯多芬（Arstophanes，公元前 444—前 388 年）一人。便是亞里斯多芬的全部四十四本作品中，也只有十一本保存完整。入公元前第四世紀，喜劇的風行蒸蒸日上，有勝過悲劇之勢。同時形式和內容也都發生變化，故事情節多捨邦國世務而取人生瑣事，如粗俗不軌的戀情，劇中人也不再為現實人物，而易以虛構的人格造型。希臘喜劇由此而入於"新喜劇"（New Comedy）時代。希臘的喜劇以語言的雋永、構思的巧妙和命意的深劇見長。亞里斯多芬生當大伯羅奔尼撒戰爭前後，正是雅典由極盛而衰的期間。見於他劇中的諷刺有喜謔一面，同時也有它嚴肅的一面。一旦希臘喜劇但知以喜謔為能事，而逃避社會和人生嚴肅的一面時，希臘的城邦政治也已是日薄崦嵫，喪失了它的積極獨立自主的精神。

散文與歷史著作

在古代希臘，散文之成為一種文學著作的形式，遠比詩歌為晚，而其原始，則也如詩歌，有見於小亞細亞的希臘城邑。公元前第六世紀的米利都亞拿芝曼德（Anaeimunder），可能是最早以散文從事著作的一人。他的鄉人赫喀太斯（Hecataeus）繼之，以散文作歷史和風土的記載。入公元前第五世紀，古希臘散文著作的風氣大盛。哲學、科學和歷史著作一時多用散文撰述。歷史著作至希羅多德（Herodotus，約公元前 484—前 425 年），而自立門戶，因此希羅多德有西方"史學之祖"之稱。希羅多德出生於小亞細亞，中年後移居大希臘，也時常往來於雅典。他的巨著《歷史》（*The History*）以述"波斯戰爭"為中心，但其涉及的範圍之廣，則在他當時是一部博綜古今、會通天下之作。為了準備這項著作，希羅多德除了搜集遺文古事，甚至曾周遊各地，觀風望俗，訪問耆舊，以網羅天下放失舊聞。他的著作規模和蒐集史料精神，都足以與中國史學之祖司馬遷比擬。希羅多德觀察精細，敍事清楚生動，行文簡潔明淨，但他的《歷史》中得之於傳說舊聞的部分，也尚不能完全摒棄怪力亂神之談。希臘著作家中最早堪當科學的歷史學家之稱的是修昔底德（Thucydides，約公元前 471—前 399 年）。修昔底德是雅典人，曾身預伯羅奔尼撒戰爭之役。他的《伯羅奔尼撒戰記》（*History of the Peloponnesian War*）對於他所親身見聞的和他所轉手得來的材料，分別綦嚴，而於轉手得來的部分予以嚴格的批評和考訂。在他的歷史著作之中，一切趣聞軼事和不能證實的傳聞，概予摒棄。關於史事解釋，他也不復如希羅多德的時時求助於超自然的勢力，而注重從史事發生的環境尋找史事發生的原因。色諾芬（Xenophon，約公元前 431—前 355 年）也是雅典人，曾從一支希臘人組成的傭兵，參加公元前 401 年波斯王位之爭。在他們的任務失敗後，這支希臘軍隊在他的領導之下，上溯底格里斯河，經亞美尼高地，抵達黑海海濱。他的《長征記》（*Anabasis*）記載這一次出征和失敗復撤退所經歷的艱辛，為公元前第四世紀希臘傳世的著名史乘之一。

建築藝術

希臘神廟大都是一座長方形建築。它的主要結構包括一個神廟，殿前有廊，廊前一行列柱，屋頂從中央向西側緩傾；有時神殿的一端另分隔一間小室，殿前後皆置廊和列柱，殿的兩側也各翼以列柱。因為建築的結構大體相似，所以柱的式樣成為區別建築式樣的主要標準。多利安柱式（Doric order）產生於希臘本土，簡單高貴。愛奧尼亞柱式（Ionic order）淵源於小亞細亞，比較優美，亦較多裝飾的成分。最為縟麗的科林斯柱式（Corinthian order）則是一種較晚的式樣。神殿外壁的飾帶（frieze）和建築兩端屋頂間三角牆（pediment），多飾以浮雕，通常是表現神話故事的人物羣像。戰爭的破壞和時間的侵蝕已經墮毀了古希臘人所營建的大部分神廟和公共建築，但從它們的遺址，後世還能重畫出它們的美妙和諧的線圖，而從殘存的雕刻，也還能大略窺見裝飾這些神廟建築的圖像的優美和氣勢。與神廟以及公共建築相比，希臘人的私家住宅大體無足稱道。它們構造簡單，沿着狹仄曲折的街巷修築。間或一個富有的公民在鄉間或城區興建一座堂皇的第宅，但為數不多。

希臘建築的最美妙的部分是雅典衛城的建築。雅典衛城的建築在“波斯戰爭”時曾遭敵軍墮毀，其後大部分經培里克里斯重建，因此在年代上主要屬古典時期。在這羣建築中有以巴特農（the Parthenon）著稱的堂皇的雅典娜女神廟；有優美的勝利女神廟（the Athena Nike）；有厄列克提神廟（Erechtheum）及其著名的少女柱廊（the Caryafides），有為衛城入口的門廊（the propylaea）。巴特農係建築師伊克泰納（Ictinus）所設計，為一座多利安式的大理石建築。它的兩側和前後廊各有多利安式列柱。前（東）後（西）廊三角牆上的浮雕，前者表現雅典娜女誕生的神話，後者表現雅典娜與波賽冬爭奪衛城統治權的神話；神殿外壁四周飾帶的浮雕則表現雅典娜慶會的盛景。神殿本身隔為兩間，較大的一間為前殿，供雅典保護女神雅典娜雕像；較小的一間為後殿，為神廟的財庫，收藏慶會時應用的聖器和禮拜者獻神的財物。與尼羅河流域乃至兩河流域的建築物相比，巴特農不算巨構，但它的全體有一種難以言傳的簡雅、高貴與和諧勻稱之美，為世界古今建築的神品。

雕刻與繪畫

古風時期的希臘雕刻物，以裸體男像和有披衫蔽體的女像，在後世發現最多。兩種雕像多作直立狀，肢體強直，面部表情少變化，帶笨拙的“古風笑容”（Archaic Smile）。見於神廟壁部的浮雕，人物較多變化，也較為生動自然。至古典時期，希臘大雕刻家輩出，蔚成西方美術史中雕刻藝術的一個偉大時代。上舉巴特農的女神雅典娜像，以大理石和黃金雕成，為大雕刻家菲狄亞斯（Phidias，約公元前 490—前 417 年）的作品；它的壁面飾帶和三角牆的浮雕，也曾經菲狄亞斯的設計。此外菲狄亞斯的著名作品尚有奧林比亞（Olympia）的宙斯雕像，曾被譽為希臘雕刻藝術的最偉大之作，以黃金和象牙雕成。菲狄亞斯以他的雕像所表現和崇高尊嚴，為諸神造型，後世西方的雕刻家大抵不出他的矩矱。當公元前第五世紀前半，另一類雕刻也表現了巨大的進步，此即運動員雕像。前一時期所見的因襲強直的姿勢，現在化為繁殊的動作表現，舉止自然，而重心位置適度。雕像面部的"古風笑容"現在也代以一種嚴肅沉靜的表情。同世紀後半的大雕刻家波力克里塔（Polyolitus）便以最善於作運動員雕像馳名。入公元前第四世紀，雕像和製作更加精美，技巧益進，而精神和力量則不如以前，戲劇文學的變化相若。著名的雕刻家有普拉克西特列斯（Praxiteles）和留西波斯（Lysippos）。

關於古風時期希臘繪畫，後世所知甚微。因為如果繪畫在當時已經成為獨立的美術，所有的作品也已經蕩然無存。但在這時期，陶器表面的文樣則有了顯著的進步。表現神話故事或日常生活的人物羣像，以精堪的技巧，在陶器表面巧妙繪出。雅典先後盛產黑花和絰花陶器，表現了寶貴的美術成就。至於古典時期希臘的繪畫，後世也只能從文字記載，以窺見其崖略。我們知道當時的大畫家有波力諾塔（Polygnotus），他生當公元前第五世紀前後，從事大壁畫的繪製，和阿波羅多拉（Apollodorus），他生當同世紀後半，最先用明暗作畫，產生卓著的效果。

自然哲學家與辯智學者

公元前第六世紀中，小亞細亞的愛奧尼亞城邑有思想家，他們對於宇宙萬有的原始和性質不滿傳統的神話的解釋，而欲自然的和物理的以解釋宇宙。在這一輩最早的希臘哲學家中，有米利都的泰利斯（Thales，約公元前636—前546年）。他與比他年代略晚的米利都哲學家亞拿芝曼德和亞拿芝麥尼（Anaximenes）都主張萬物同生於一——一種原始的要素。泰利斯主張水為萬物所自來，因為萬物同生於水，而同化於水。代替泰利斯的水，亞拿芝曼德主張"無限"（Infinite），這是一種混沌，混沌生萬有，萬有復歸於混沌；而亞拿芝麥尼主張空氣。泰利斯和亞拿芝曼德也都研究天文和數學，泰利斯據説且曾預言過公元前585年一次日蝕。另一位哲學家而兼為數學家的是薩摩斯的畢達哥拉斯（Pythagoras），他主張萬物成於數；據説他也曾首先發現地球為一球體。色諾法尼（Xenophanes）也是公元前第六世紀的愛奧尼亞哲學家。他主張神話為人的想像所創造，支配宇宙的只是一位唯一的神，無所不在和無所不至。

迨公元前第五世紀，有的希臘哲學家承上一時代的途轍，繼續討論宇宙的究竟；有的則轉而以人——個體的人和社會的人——為思辨的目的，開始討論人生的究竟。前一類哲學家也稱自然哲學家，有留基伯（Leucippus）和德謨克利特（Democritus，約公元前460—前370年），他們提出了一種物質原子的理論。德謨克利特認為宇宙萬有，包括人的靈魂，都是由同質然而異量異形的原子組成；宇宙萬有的運動，包括人的思想，都是由原子的不同組織和組織變化所造成。所以人一旦死去，組成人體的原子四散，則靈魂自然也須歸於烏有。在西方，自然哲學曾長時期兼具自然科學的意義，所以醫學自然也是自然哲學的一體，而希波克拉底（Hippocrates）為古代希臘早期醫學家中最著名的一人。希波克拉底和他的追隨者主張疾病各有所以致之的自然原因；他們反對以疾病歸之於超自然的勢力的解釋和求助於超自然的勢力的療法。他們開始就觀察所及，為不同的疾病從事症狀的記錄。

後一類的希臘哲學家——討論人生究竟的希臘哲學家——稱辯智學者（Sophists）。他們是西方世界最早出現的職業教師，往來於希臘各城邑，授徒為生。以今日的用語言之，他們當時所傳授的是"通才教育"，包括語言、文法、宗教、美術、詩歌、倫理、政治，以至一部分自然科學如數學和天文學。他們的職業的責任是要以知識、德行、言語、舉止、文學、政事，培養一個完善的公民。因為他們也是"自行束修以上"，"有教無類"，他們使本來只限於貴族子弟的訓練陶冶，普及於民間。辯智學者弱點是在下一事實：因為他們職業的關係，他們要給受教者一種成功的公共生活的訓練，這使他們終至專重成功的藝術的傳授，而不復追究人生的目的。他們發達了修辭學和演説術，但修辭和演説只在説服公眾，或駁倒對方，而不在明辯是非。流弊所至，他們至於唯以口舌説勝教人，而在世人心目中，辯智學者就成了詭辯學者。

蘇格拉底

就一種意義言，蘇格拉底（Socrates，公元前469—前398年）是一個辯智學者，而且他創造"對話"（Dialogue）為一種論辯的形式，以後在柏拉圖的筆下成為表達思想的主要文學形式，為以後的希臘哲學家所取法。但蘇格拉底不是一個完全的辯智學者。因為第一，他不是一個職業教師，不以授徒為生；

第二，尤其重要的，他所用心的是德行，他要追究現實人生的意義和目的，追究真偽、善惡、美醜，而不徒以辯論取勝。蘇格拉底自己沒有建立一個完整的哲學體系，但從他的對於德行和知識的討論，產生了柏拉圖和亞里士多德的偉大的倫理和知識學説，從而使古代希臘哲學因他而開創一個無比的輝煌時代。蘇格拉底因他最後所信仰的真理而殉身。蘇格拉底是雅典人。當他在生時，雅典經過了兩次伯羅奔尼撒戰爭。大伯羅奔尼撒戰爭結果，雅典敗北，斯巴達以它的戰勝餘威，在雅典扶植寡頭貴族的勢力，但結果失敗。蘇格拉底的交遊中原多雅典貴族。公元前 399 年，雅典的民主政府以他宣傳無神思想，敗壞青年公民的道德為由，捕他下獄，判以死刑。在獄中，蘇格拉底拒絕一切足以幫助他逃生的方法，而以一個哲學家的寧靜豁達，在獄中從容仰藥自盡。

柏拉圖

蘇格拉底的弟子中有色諾芬，但他的大弟子是柏拉圖（約公元前 428—前 347 年）。柏拉圖紹述師説，而博大精深過之，為西方觀念論哲學之祖。他認為真實世界乃“存在”（Being）的世界。這是一個觀念的或永恆的理想形式世界，物質世界的一切事物和現象不過是它的不完全的、暫時的模仿。靈魂在寄寓於世人的軀體以前也存在於形式之中，而重新把握這些形式，遂為人類心智的最高任務。柏拉圖的政治學説也影響後世綦巨。柏拉圖反對他的時代對於工商業的熱衷；對於民主政治他也缺乏信任。在他著名的《理想國》（*Republic*）一書中，他心目中的理想國是一個哲學家的國度。這個邦國的人口分成一個武士階級，以捍衛邦國，和一個生產階級，以生養社會。土地是社會所得的主要來源；物質財富為社會所公有；一夫一妻的制度不再維持；而兒童由國家負責教養。這是西方烏托邦（Utopia）思想最早的完整的表達。柏拉圖的“理想國”，在甚多方面與稍晚的中國孟子（公元前 372—前 289 年）的學説以及儒家的大同思想符合。不過他的主張廢棄家庭制度，而由國家負責教養兒童，則顯然曾受斯巴達傳統的影響。

亞里士多德

亞里士多德（公元前 384—前 322 年）為柏拉圖弟子，但他重視當前的“生成”（Becoming）的世界更過於柏拉圖遙遠的“存在”的世界。在他的著作《政治學》（*Politics*）中，亞里士多德考察現實政府組織，詳細分析它們各自不同的作用。他指出，君主政治、貴族政治和公民政治（Polity）是三種良好的政體。但君主政治會墮敗而為專制政治，貴族政治會墮敗而為寡頭政治，而公民政治會墮敗而為多數政治（即民主政治 Democracy）。在他當時的現實情形下，他的理想政體是公民政治。這是一種寡頭政治與多數政治的混合政體，一種中道政治，使社會地位、財富、以及個人才德，與單純的人數保持平衡。在他的著作《倫理學》（*Ethics*）中，亞里士多德主張行為本身無善惡可分，行為之有善惡，完全視它的是否有裨於完滿的個人和社會幸福而定。亞里士多德也從事自然科學的研究，特別在天文學、物理學和生物學方面；他是西方生物科學的開山之祖。更重要的是他首先有系統的以經驗、觀察和歸納推理的方法，應用於學問的研究。他所建立的邏輯體系成為後世西方倫理科學的基礎，為求知和思維提供範則。

蘇格拉底和柏拉圖同是雅典人，亞里士多德雖出生於色雷斯，但他的思想形成的時期和他晚年講學的時期，也都在雅典。事實是，亞里士多德自公元前 367 年至雅典從柏拉圖受業，至公元前 322 年他逝世，其間只有十二、三年他不在雅典。這十二、三年中包括他在馬其頓王廷為未來亞歷山大大帝的師傅的數年和他逝世的一年。柏拉圖和亞里士多德在雅典講學的時期，雅典在政治上已屬衰敗之世。但在文化上它尚保持希臘世界的領導地位，繼續為“希臘世界的學校”。柏拉圖講學是在一處稱作 Academia 的競技場附近，亞里士多德是在一處稱 Lyceum 的競技場，所以 Academia 和 Lyceum 在後世也都成了學院的通稱。因為亞里士多德常清晨和他的及門弟子在競技場中漫要講學，所以他所創的學派也稱逍遙分派（The Peripatetics）。但從蘇格拉底、柏拉圖和亞里士多德的思想，也可看出他們的時代先後的反映。蘇格拉底欲從他所生存的現實世界追究它的終極意義，追究在這個現實世界之中人生的究竟的目的。柏拉圖否認現象世界的價值，而嚮往於他的理想的完美的形式。亞里士多德則面對一種不可抗的秩序的形成，他承認現象世界的真實，而以客觀的態度求認識這個現象世界。

第九章

亞歷山大的武功與希臘化諸國

第一節　馬其頓的興起與亞歷山大東征

馬其頓與希臘世界

馬其頓位於希臘半島之北，色雷斯的西南方，包括哈爾基季基半島（Chalcidice）以北的近海平原及其西北的高地。它的平原地帶土地肥沃，而東境有儲量豐富的銀礦。從後世所知道的最早的時代起，馬其頓的居民有希臘人，以在近海平原為多，有伊利里亞人（Illyrians）和色雷斯人，以在西北高原為多，也都說印歐語。馬其頓王國始建於公元前第七世紀，它的王室自稱希臘人，王國組織也與荷馬時期的希臘部落王國相似。但在古代希臘，它不是希臘世界的一部分。在希臘人看來，馬其頓是一片遼闊落後的區域，而馬其頓人是野蠻人，或至少是非希臘人（Barbarians）。事實是，希臘城邦雖早在公元前第八世紀便已在馬其頓沿海建殖民城邑，但就大體言，馬其頓的濡染希臘文化確甚遲緩。當波斯戰爭發生時，馬其頓還是波斯的附庸，但它沒有積極參加這次戰爭。波斯即敗，馬其頓與希臘世界的關係漸形密切，經一個半世紀，至腓力在馬其頓當政而遂入於一新的階段。

腓力於公元前 359 年為馬其頓攝政，又三年即位為王。腓力少時曾為質於底比斯，這使他得以親炙希臘的文化生活，並習知底比斯的軍事組織和戰術。所以他一旦當國，在國內他效法底比斯，建立一支由他親自統率的軍隊，以代替舊的部落武力；向外，他兼併色雷斯和鄰近的希臘城邑，以統一北方，同時則開始南向干涉希臘世界的事務。

回顧希臘世界。希臘城邦因近一世紀的相互殺伐，這時已疲憊不堪。公元前 387 年，斯巴達與波斯成和，以全力從事希臘本土的控制。兩個分別以雅典和底比斯為首的城邦聯盟，都被強迫解散。公元前 377 年，一個新的雅典聯盟又告結成；底比斯先與雅典結盟，隨即也恢復了自己的聯盟以共抗斯巴達。公元前 371 年，斯巴達和底比斯交戰，在留克特拉（Leuctra）一役大敗，從此結束了它的霸業。留克特拉戰役的底比斯英雄是伊巴密農達（Epaminondas）。馬其頓的腓力便是從伊巴密農達肄習底比斯的戰術，主要是方陣（Phalanx）的使用。斯巴達在留克特拉的失敗，使長久受它支配的伯羅奔尼撒聯盟的陣容，無法繼續維持。在底比斯的扶植下，伯羅奔尼撒城邑組織了一個新的阿加狄亞聯盟（The Arcadian League），以阻遏斯巴達勢力的再起。伊巴密農達並進而解放麥西尼亞，建麥西尼城（Messene），使成為獨立的一邦。在希臘城邦聯盟的聚散興替之中，阿加狄亞聯盟的值得注意之處，是它具備一種近乎聯邦的組織，一個全民大會，一個比例制的議會，一個共同的行政和軍事機構，和一支常備軍。但不及十年，阿加狄亞聯盟分裂，它的大部分城邦或與雅典結盟，或與斯巴達結盟，以共抗底比斯的霸權。公元前 362 年，在曼丁尼亞（Mantinea）一役，伊巴密農達陣亡。底比斯的勢力也隨即衰替。

腓力的經營希臘

腓力便在曼丁尼亞戰役後三年，在馬其頓當政。在其後的二十年中，腓力利用希臘城邦政治所有的弱點和一切可乘的機會，以干預希臘世界的事務，造成對希臘城邦的控制。在希臘人中自然也不乏有識之士，為希臘世界所面臨的內外危機作痛切的呼籲。狄摩西尼（Demosthenes）—— 雅典所曾產生的最偉大的演説家 —— 便曾大聲疾呼，要雅典人堅拒腓力，防衛他們的基本權利。伊索格拉底（Isocrates），公元前第四世紀雅典最大的辯智學者之一，同樣為希臘內外的危機憂心忡忡。但他所憂懼的外力不是馬其頓，而是希臘傳統的敵人波斯。波斯助長希臘內爭，或以利賄，或以勢脅，使希臘世界自相殺伐，以便它最後的征服。伊索格拉底要求腓力用他的力量平希臘內部的怨惡，以共抗波斯。雅典最後聽從了狄摩西尼的主張，於公元前 339 年聯合底比斯和若干伯羅奔尼撒小邦，對馬其頓作戰。但結果卻應了伊索格拉底的預期。因為在次年的喀羅尼亞（Chaeronea）一役，希臘聯軍大敗，喪失了抵禦腓力的能力。當年（公元前 338 年），腓力在科林斯地峽召集希臘邦國會議，除斯巴達外，全體希臘邦國現在組織了一個希臘聯盟（Hellenic League），奉腓力為盟主。大聯盟之中，與盟各邦仍為自主之邦，但它們必須供給軍隊組織一支希臘聯軍，歸腓力統率。希臘城邦現在終於有了一個強有力的主子，它們名義上雖繼續保持自主的地位，但在重大事務上必須聽命於這主子。在次年（公元前 337 年）的聯盟會議中，腓力便宣佈他決定出征波斯。逾年（公元前 336 年）而先遣部隊已開赴小亞細亞。

亞歷山大的東征

但腓力未曾實現他的計劃。因為就在公元前 336 年，他在馬其頓遇刺殞命。其子亞歷山大以一二十歲少年繼位，便是歷史上武功彪炳的亞歷山大大帝，他繼承了腓力的事業。腓力既死，底比斯、雅典和一部分伯羅奔尼撒邦國曾乘機起事，企圖恢復它們的獨立自主的地位。但亞歷山大迅即佔領底比斯城，把它墮為廢墟，居民掠賣為奴。至次年（公元前 335 年），其他的希臘諸邦也都先後降服。希臘世界既經平服，公元前 334 年春，亞歷山大遂率領大軍東征。這次大軍，約計步兵 3 萬 2 千人，騎兵 5 千人，戰艘 160 艘。在軍隊的成分、組織和戰術各方面，這都是一支由馬其頓和希臘合成的軍隊。希臘世界曾在海上挫敗波斯的侵略，現在這支大軍要在陸上摧毀大流士所傳諸他的後人的大波斯帝國。

亞歷山大於公元前 334 年春渡海利斯滂海峽，在格拉尼庫斯河（The Granicus）畔擊走波斯的駐軍，小亞細亞的希臘城邑歸附。次年，亞歷山大進軍至伊索斯（Issus），與波斯王大流士三世（Darius III）親率的大軍相遇，大敗之。當亞歷山大出發東征之時，由於長時期來希臘城邦勢力的式微，愛琴海和地中海上的海權，又已為波斯所掌握。所以亞歷山大在伊索斯戰後，沿敘利亞海岸南下，目的在佔領波斯在地中海岸所有的港口，以截斷波斯海軍與陸上的聯繫。腓尼基城邑先後投降，唯獨太爾經閱月的圍攻始下（公元前 332 年）。經敘利亞和巴勒斯坦，亞歷山大至埃及。因為埃及人久苦波斯的統治，所以亞歷山大的征服未遭任何有力的抵抗。波斯與地中海的交通既經截斷，公元前 331 年春，亞歷山大回師亞洲，進攻波斯。他在當年九月終渡底格里斯河上游，於十月一日在阿俾拉（Arbela）附近的高加米拉（Gaugamela）地方再度大敗大流士三世的大軍。經此一戰，波斯的勢力崩潰，帝國解體。亞歷山大先南下佔領兩河流域。從兩河流域南方登伊朗高原，於公元前 330 年春揮師北上，追擊大流士三世。當年夏，大流士在裏海（Caspian Sea）南側為他的從者所殺，波斯帝國亡。

但亞歷山大雄志未已。經伊朗高原北側，他東進入中央亞細亞，北向征服以後中國史上所稱的大夏（Bactria）和粟特（Sogdiana）等地方（公元前 328 年），南向於公元前 327 年渡印度河上游入旁遮普邦（Punjab），中國史上五河地方。次年，他在旁遮普邦經過了這次東征途中的第四個 —— 也是最後一個 —— 大戰役，得勝。但當他進抵五河南道薩特勒日河（The Sutlej）河源，並圖由此東向入恆河流域時，他的兵士拒絕繼續前進。他在公元前 325 年離印度而歸，公元前 323 年返抵兩河流域。當年六月，這位曠古未有的大帝國的建立者在巴比倫城罹熱病去世，時年三十三歲。

亞歷山大帝國與希臘文化的傳播

亞歷山大熱切愛慕希臘文明，他身受希臘文明的教育，亞里士多德曾為他的保傅。在他東征途中，行軍所至，到處建立城邑。可能他的原始目的只為軍事，但希臘商人和移民接踵而至，使新城邑立即成為希臘式的城邑和希臘文明傳播的中心。建立於埃及尼羅河口的亞歷山大港（Alexandria），其文化和商業的興盛，在後繼的希臘化時期；至於凌駕希臘本土的城邑 —— 包括雅典 —— 而過之。因此，亞歷山大的東征不僅是軍事的偉大勝利，同時也使世界文化為之改觀。在東方，近東和中亞的廣大地域一時為希臘文明的流風所被，餘勢至於波及遠東。對於西方，則當希臘文明比踵亞歷山大的軍事征服而流播東方之日，希臘文明本身也濡受了東方文化的廣泛深刻的影響。其結果是一種新文明的形成，歷史上稱之曰希臘化文明（Hellenistic Civilization）。亞歷山大本人顯然也曾有意推行一種文化及至民族融合的政策。他自己娶了一位波斯公主羅珊娜（Roxana）為后；他也鼓勵他的將士與仕女成婚。他的採用波斯服飾和宮廷禮節，以及他的自尊為神權君主，雖使他與馬其頓的宿將勳臣發生勃谿，乃至於手刃故人，但同樣的政策也仍為後繼的希臘化君主所踵行。

亞歷山大所征服的帝國，西起亞得里亞海和利比亞沙漠，東抵印度河流域，北起黑海和裏海，南瀕印度洋。對於一個如此疆域遼闊的帝國，亞歷山大究將如何治理？因為亞歷山大在從印度返抵巴比倫城的當年便逝世，歷史上無從見其抱負。但他似乎對於開疆拓土尚未厭足。當他從印度西返時，他取道印度河，從下游折入比路支坦（Baluchistan）海岸，過伊朗高原南側，入兩河流域。同時他並命希臘人民亞喀斯（Nearchus）率領艦隊，探勘從印度河口至波斯灣的海道。當他最後在巴比倫城的數月，他繼續策劃新海道的探險。他組織了一支龐大艦隊，計劃由他親自率領，探勘從巴比倫繞經阿拉伯半島至埃及的海道。但在預定出發之際，他罹病身故。

第二節　希臘化諸國

希臘化諸王國的由來

亞歷山大逝世於公元前 323 年，他的帝國旋即分裂。在所謂“繼承者戰爭”（The Wars of the Diadochi，公元前 323—前 281 年）中，亙數十年，他的將領們血戰不休，互相併鋤。小亞細亞弗里家（Phrygia）的總督安提俄那（Antigonus）先擊敗諸將，奄有亞歷山大帝國在亞洲的大部分領土；其子狄米特留（Demetrius）則入侵希臘半島，並於公元前 306 年在海上大敗埃及總督托勒密（Ptolemy）的勢力。在擊敗埃及後，安提俄那和狄米特留父子稱王，宣稱他們是亞歷山大帝國全境的君主。但其餘諸將，埃及的托勒密，入據兩河流域的塞琉卡斯（Seleucus），據有馬其頓的喀桑德（Cassander），據有色雷斯的利西馬科斯（Lysimachus），也相繼稱王。這是希臘化諸王國的由來。托勒密諸人聯保共抗安提俄那。公元前 301 年，在小亞細亞的伊普索斯（Ipsus）北方，安提俄那與聯軍作戰陣亡。獲勝的聯軍瓜分了他的領土。但最大的收穫者是塞琉卡斯。他先已併有了兩河流域以東的領土，現在又據有敍利亞。當時小亞細亞大部分為利西馬科斯所據。迨公元前 281 年，塞琉卡斯又擊殺利西馬科斯，併有小亞細亞。“繼承者戰爭”至此才告結束。在馬其頓方面，喀桑德於公元前 298 年去世。狄米特留再度入據，稱馬其頓王。他不久被逐，以後為塞琉卡斯所俘，囚死。但其子安提俄那二世（Antigonus II）於公元前 276 年重登馬其頓王位，建安提俄那王朝。

希臘的城邦聯盟

當"繼承者戰爭"結束前後，希臘城邦為抵制馬其頓的壓迫，先後又結了兩個聯盟。埃陀利亞聯盟（The Aetolian League）勢力最盛時控有雅典以外希臘半島中部的城邑，而擴張於伯羅奔尼撒的一部分地區；亞豈安聯盟（The Achaean League）勢力最盛時控有斯巴達以外伯羅奔尼撒的大部分地區。兩個聯盟都具聯邦的組織，有聯盟全民大會以議決和戰，選舉聯盟官吏；有聯盟會議和聯盟官吏以處理外交，主持軍事，規定幣制和度量衡制。聯盟與聯盟間，以及它們與馬其頓間，常有戰爭。當亞豈安聯盟盛時，斯巴達也圖重振它在伯羅奔尼撒的聲威，屢敗亞豈安軍隊。亞豈安聯盟因引馬其頓以制斯巴達，一時又使馬其頓勢力深入希臘。公元前第二世紀初年，希臘諸邦得羅馬之助，逐馬其頓勢力出希臘。亞豈安聯盟繼之又進軍斯巴達，迫令斯巴達加盟，一時奄有了伯羅奔尼撒全境。但這時羅馬勢力既已東來，希臘世界的獨立自由已不啻臨終的回光返照。

希臘化諸國的盛衰，和馬其頓繼續在戰爭和縱橫離合的變化之中，維持一種勢力平衡。這三個主要希臘化王國之中，敍利亞的疆域最廣。但當塞琉卡斯在敍利亞建立他的王朝時，亞歷山大帝國在亞洲的領土已開始削減。首先塞琉卡斯就不得不以原處印度的土地歸還印度新興的孔雀王朝（The Maurya Dynasty）。在西亞，小亞細亞西北部的柏加曼（Pergamum）於公元前第三世紀前半已經是獨立國家，旋稱王國，為希臘化時期的一處文明興盛之區。與柏加曼的建國相先後，黑海南岸的本都斯（Pontus），及其以西的比提尼亞（Bithynia），和以南的卡帕多細亞（Cappadocia）也相繼獨立建國。開爾脱族的高盧人（Gauls）入侵希臘，蹂躪馬其頓、色雷斯、科林斯灣以北的希臘諸地。其中的一支也在公元前第三世紀前半入小亞細亞，以後定居於歷史上稱為加拉夏（Galatia）的地方。同世紀中葉，中亞的巴克特里亞（Bactria）和伊朗高原的帕提亞（Parthia）也先後獨立建國，中國歷史上稱前者曰大夏，稱後者曰安息。其後大夏為塞種（Sakas）所滅（公元前 139 年），大月氏人又逐塞種而有其地（公元前 128 年後）。安息與大月氏在西方歷史的關係十分重要。公元前第二世紀中葉前後，密司立對提一世（Mithridates Ⅰ）為安息王，安息的疆域西起兩河流域，經伊朗高原，東到中亞的一部分大夏故地。其後安息曾受被大月氏人逐出的塞種所侵擾。同世紀末葉，密司立對提二世（Mithridates Ⅱ，公元前 124—前 88 年）逐塞種，重振安息的勢力。安息和繼起的新波斯帝國（Neopersian Empire）都曾是羅馬在東方的勁敵。它們與羅馬的關係，當在敍羅馬歷史時再述。此外，在公元前第二世紀前半，西亞的亞美尼亞也已脫離塞琉卡斯王朝的羈縻而獨立。

羅馬勢力的東來與希臘化諸國的滅亡

最後，馬其頓、敍利亞和埃及——這三個繼承亞歷山大帝國的希臘化王國——先後都為羅馬所併滅。

公元前 301 年伊普索斯戰後，塞琉卡斯雖領有西亞和中亞，但敍利亞和小亞細亞的一部分海岸地帶則為托勒密王朝的埃及所控據。埃及實際掌握了愛琴海和地中海東部的海權。為了爭奪小亞細亞和敍利亞的海岸，從公元前 276 年起至公元前 195 年止，埃及和敍利亞兩國間曾發生了五次所謂“敍利亞戰爭”（The Syrian Wars）。在第五戰爭中（公元前 201 年—前 195 年），敍利亞的安泰奧卡三世（Antiochus Ⅲ）和馬其頓腓力五世（Philip Ⅴ）聯合，逐埃及的勢力出愛琴海和西亞海岸。戰爭初期，敍利亞和馬其頓的勝利，使小亞細亞的柏加曼和希臘諸邦頓受威脅。柏加曼、雅典和小亞細亞海岸外的羅得斯（Rhodes）向羅馬求援。當時羅馬對迦太基的第二次布匿克戰爭（The Second Punic War）方終。當戰爭進行時，馬其頓的腓力五世與迦太基聯盟，因此與羅馬曾有所謂第一次馬其頓戰爭（The First Macedonian War）發生。這使羅馬阻止了馬其頓勢力的擴張。公元前 200 年，羅馬應柏加曼諸邦之請，對馬其頓宣戰，這是第二次馬其頓戰爭。公元前 197 年，腓力五世兵敗，被迫放棄馬其頓本土以外所有兼併得來的土地，並承認在軍事和外交上受羅馬的節制。公元前 171 年，馬其頓與羅馬有第三次戰爭發生，馬其頓再敗。安提俄那王朝覆滅。迨公元前 149—前 148 年的第四次馬其頓戰爭結束，而馬其頓遂被併入羅馬領土，建為羅馬的一個行省（公元前 146 年）。

第五次敍利亞戰爭結果，馬其頓在歐洲為羅馬所敗，但敍利亞安泰奧卡三世卻因戰勝埃及之利，奪取了埃及在西亞海岸的土地。雖然，安泰奧卡的勝利也只若曇花一現。公元前 192 年，希臘的埃陀利亞聯盟與羅馬發生戰爭。安泰奧卡因埃陀利亞聯盟之請，出兵赴援，因而有公元前 192—前 189 年敍利亞和羅馬的戰爭。戰爭結果，安泰奧卡兵敗，被迫接受羅馬的約束：他必須放棄他的海軍，並退出小亞細亞。其後敍利亞內亂頻仍，勢力浸衰；幼發拉底河以東的地方又為安息所奪，國土日蹙。公元前 64 年，敍利亞本土也被羅馬兼併建為行省。

第五次敍利亞戰爭後，埃及在愛琴和西亞沿海的領土喪失，海權陵夷。其後埃及也內亂迭起，篡弒相尋。從公元前第二世紀中葉起，它的內政已時時受羅馬的干涉，它在本土以外所餘的土地，也陸續被羅馬佔奪。公元前第一世紀，羅馬先有凱撒（Julius Caesar）和龐培（Pompey）的戰爭，繼之又有屋大維（Octavian）和安東尼（Mark Antony）的戰爭，埃及都曾受到牽連。當第一次戰爭時，凱撒因追擊龐培，至埃及（公元前 48 年）。經他的經營，埃及事實上已成為羅馬的保護國。當二次戰爭時，埃及女王克里奧帕特（Cleopatra）與安東尼聯盟。安東尼既敗滅，克里奧帕特為屋大維所逼，自盡。托勒密王朝滅亡，時公元前 30 年。

羅馬統一地中海東部

公元前 146 年，羅馬既建馬其頓為行省，命令解散希臘的城邦聯盟，置希臘城邑於馬其頓總督監護之下。柏加曼和其他小亞細亞國家繼之也為羅馬所併（公元前 129 年）迨敍利亞和埃及被收入羅馬領土，而希臘化諸國遂完全為羅馬所囊括，羅馬統一地中海東部。

第十章

希臘文明的廣被與希臘化文明

希臘化文明

如上所述，馬其頓亞歷山大大帝的東征，使世界文化為之改觀。在東方，近東和中亞的廣大地域一時為希臘文明的流風所被，餘勢至於波及遠東。對於西方，則當希臘文明比踵亞歷山大的軍事征服而流播東方之日，希臘文明本身也濡受了東方文化的廣泛深刻的影響，其結果是一種新文明的形成，史稱希臘化文明（Hellenistic Civilization）。希臘化文明所代表的時期，包括從亞歷山大逝世至羅馬統一地中海約三個世紀。在這期間，小亞細亞、敍利亞和埃及的新城市蔚起為新文明的中心，希臘本土只是這擴大了的希臘化世界的一部分。因此，希臘化文明的組成，雖仍以希臘的成分為多，但無論就它所持的態度和理想，或就它所興盛的地域言，都已不是希臘文明。

第一節　政治、社會與經濟組織

希臘化城市

亞歷山大建立新城邑政策，為塞琉卡斯王朝的君主所踵行。新城邑的居民仍以希臘人為多，在塞琉卡斯王朝治下尚能保持相當自治，但以地方事務為限。馬其頓的希臘城邑尚有自己的自治組織。但在埃及，希臘人前往經營經濟事業與供職勒密政府的雖不在少，然卻只有三處城邑享有部分自治。其中一處是亞歷山大港，托勒密王朝的埃及的文化、商業和政治中心；另兩處是托勒密城（Ptolemais）和瑙克拉提斯（Naucratis）。在敘利亞和埃及，希臘人形成社會的支配階級。但希臘與非希臘人間的關係尚非嚴不可越。非希臘人而獲受希臘式的教育，用希臘語，便可為希臘人引為同類，而上躋於支配階級。其結果在希臘化社會，一個少數的希臘化的上流階級，統治多數依然保持傳統語言和習慣風俗的土著人民。

希臘化君主

馬其頓、敘利亞和埃及都是專制王國。大體在馬其頓，專制政治尚受本土的傳統約束，國王既非神聖，他的權力也非絕對無限。敘利亞和埃及都曾被馬其頓人征服，而近東又久受專門神權的統治，所以塞琉卡斯和托勒密王朝的君主都是絕對專制君主。國土人民，莫非王有，國王可以予取予求。但在敘利亞，民族成分的複雜和希臘化城邑的繁興，也尚多少使專制政治受到限制。希臘化時期專制政治的極盛是在埃及。托勒密王朝的君主踵行法老的神權統治，以君臨埃及的廣土眾民。他們以"神"（Theos）的名義頒佈詔書；他們也恢復埃及法老與姊妹成婚的舊習，以保持王室神聖血統的純淨。

托勒密王朝的專制統治

在托勒密王朝的埃及，王權的絕對專制還不止支配政治，而且也支配經濟生活。農業和工商業完全置於王權的管制之下。理論上，埃及全國的土地盡屬王有。國王或以之賞賚臣僚，或留為王家莊田，由耕農耕種，而以利益直接歸諸王家。佃農所得微薄。為防止佃農離散，王家政府於公元前第二世紀末葉下令，禁止佃農於播種和收穫期間離去莊田。其後佃農所受的約束益嚴，終至淪為被束縛於土地的農奴。此外，王家政府也授田兵士，以為贍養，但不得轉讓或遺贈；有的莊田則由王家政府放租，由私人承領經營。因為埃及土地大部分受王家政府直接或間接的管理，所以在另一方面，農田水利的改良，如灌溉、施肥、作物輪種和品種改良，也得以大規模進行。當托勒密王朝統治初期，埃及穀物輸出的數量大增，使埃及成了地中海世界的穀倉，富庶而強盛。此外，托勒密王朝的埃及也有興盛的工藝製造。國家經營工業，王家作場對於若干類商品有製造和販賣的專利，其中包括橄欖油和麻織物。國家也管制私營企業，規定物價，調節市場，徵收賦稅，使經濟活動符合國家的利益和政策。在希臘化諸國中，柏加曼的經濟組織最與埃及相近。國家指導經濟生活。王家莊田由政府經營；王家作場役使國家奴隸，從事工藝製造，而於重要出口商品——如羊皮紙和羊毛織物——的製造販賣享有專利。

商業和工業

雅典盛時所發展的經濟組織，在希臘化時期有了空前的擴張。在王家作場中，分工和專業化的制度益趨發達。供日常消費之用的物品仍由手工匠人在小作場中生產，但重要的出口工業則多已取大規模生產方式。貨幣的使用日廣；信用制度也益趨發達。民間和國家都沒有銀行，在大宗交易中，支票和信用狀（Letter of credit）的使用已經普遍。物價時有波動，而商業投機之風盛行。亞歷山大的征服打通了新商業路線，開闢了新商業市場，也便利了異域商品的輸來。印度的香料和綿布、非洲的黃金和象牙、阿拉伯半島的乳香、中國的絲絹，都成了市場中貿遷之物。此外如塞浦路斯所產的銅、愛琴海北岸和西班牙所產的銀、不列顛所產的錫，也都是國際貿易的重要物產。商品從印度和中國等地西運，或從海道，有經阿拉伯海（Arabian Sea）和紅海至埃及，有經波斯灣至兩河流域和敍利亞；或從陸道，由商隊經中亞負運至敍利亞、小亞細亞和腓尼基的沿海城邑，再轉運地中海其他各地。敍利亞王國的國都安提阿（Antioch）成為一個大製造業中心，許多從東方輸來原料先在敍利亞加工，再向西輸出。此外，米利都和柏加曼以織造精美的羊毛織物著名，而亞歷山大港以出產玻璃器皿，珠寶飾物、化妝品和紙草紙著名。海運的進步也助長了遠道商業的興盛。船舶的容積加大，構造堅固，港口的建築改良，設備增多。亞歷山大港的大燈塔（The Pharos）高達 400 呎，不僅便利船舶航行，而且也是建築工程史中一大成就，在希臘化時期曾被譽為“世界七要”之一，與大金字塔齊名。國家保護海運，獎勵商業冒險。托勒密王朝的君主並任用地理學家，探求與域外新交通路線，以增闢市場。

希臘化時期最初的一個多世紀，在希臘化世界確實是一段空前的經濟繁榮時期。大規模的生產組織和企業經營、遠道貿易、銀行信用制度，各方面變化之大，直可喻之為經濟革命。大都會興起。埃及亞歷山大港最盛時人口達五十萬至一百萬之眾，街衢寬廣平整，宮殿巍峨壯麗，有公園、戲劇場、博物院和圖書館。其他希臘化國家的都會雖規模不如，然也都繁榮富庶，為前代所不見。但王家、政府官吏、商人、製造業者和地主固備享經濟繁榮之利，大多數農民和手藝工人以及奴隸，都貧困如故。失業和生活費用高漲開始成為社會的嚴重問題，國家至於必須配給廉價穀物，以賙濟貧苦。當希臘化諸國的景況開始變遷時，最先受難的是這些下層階級。而如上章所述，自公元前200年前後始，希臘化諸國便相繼衰替。

希臘本土經濟狀況的變遷

希臘本土工商業最先受亞歷山大遠征的刺激，繁榮倍昔。亞歷山大將從波斯王城蘇撒（Susa）和波斯波利斯（Persepolis）等地掠得的波斯歷代君主積貯的金銀，鑄幣流通。一時物價提高，工商業興盛。同時，因僑居異域的希臘移民需要本土物產，也使銷納希臘製造品的市場擴張。但入公元前第三世紀，埃及和敍利亞的工藝製造既日盛，對於希臘本土產品的需要逐漸減少。埃及和敍利亞的爭奪愛琴區域的霸權，也使希臘累蒙戰禍，商業停頓。迨同世紀下葉，希臘的經濟狀況已易繁榮而為蕭條。當希臘化世界繼續擴張時，希臘人口外流，從而便利希臘本土土地兼併的進行。但一旦擴張停止，近東各地不復大量容納新的移民時，喪失的土地遂別無改善生活之道。他們或因債務而淪為大土地所有者的農奴，或流入城市，增加城市失業人口，社會貧富懸殊，少數富者窮奢極欲，而貧者至無以為生。

希臘化諸國經濟狀況的變遷

第五次敍利亞戰爭後，埃及既為敍利亞和馬其頓所敗，國勢從此不振，商業勢力也遂趨衰替。敍利亞旋即也為羅馬所敗（公元前192—前189年），賠款、割地，而且喪失了海軍。但敍利亞因有西亞和東方各地的陸路貿易為尾閭，經濟繁榮尚多維持一時。小亞細亞的柏加曼亦然。自公元前第三世紀末年始，位於小亞細亞西南海岸外的羅得斯島，因地處東西南北海道交會的要衝，商業地位日形重要。羅得斯於亞歷山大逝世後成為一獨立邦。埃及在地中海上的廣大的商業活動，間接幫助它成為一個貨運貿遷的中心。迨第五次敍利亞戰爭後，得羅馬的扶植，它的經濟地位益發蒸蒸日上。羅得斯以關稅收入致富。它所訂的海事規則在當時曾為地中海世界普遍採用，事實上成為一種共同遵守的商法。它也建立了一支海軍，其強足以使愛琴海上盜匪斂跡。

但羅得斯的富盛也終為羅馬所不容。公元前 166 年，羅馬以第洛斯島重隸於雅典，建為自由港，予以種種商業特權。第洛斯久已是一個貨物轉運的港埠和奴隸貿易的主要市場，現在它的地位益形重要，繼羅得斯而為愛琴海上運輸貿遷的中心。但羅得斯和第洛斯的經濟地位的興起，主要既出自羅馬的扶植，所以一旦失去羅馬的支持，它們的繁榮也旋歸衰歇。公元前第一世紀中葉前後，兩地都因羅馬對外戰爭和內戰，屢受破壞。迨羅馬既統一地中海世界，建立帝國，它自也毋須再在帝國內部扶植任何一地，作為它的商業或軍事與邦。

第二節　科學、哲學與文學美術

科學的興盛

希臘化時期是一個大科學時代。當時科學的興盛，在以後的西方歷史中，要到公元第十七世紀才足以比侔。有幾個理由可以幫助說明當時科學突飛猛進的事實。第一是王家的獎勵。亞歷山大本人便曾以他的權勢獎助科學研究。在他東征途中，他所至派人勘察地理，並以所得的動植物標本從遠道遺贈他的舊日保傅亞里士多德。後繼的希臘化君主尤多獎助科學研究。在埃及亞歷山大港的博物院中，科學家和其他學者文人同受托勒密王朝君主的優養，致力於學問的探討。附設於博物院的著名的圖書館，藏書曾達七十五萬卷之數。其他希臘化都會也都有類似的學術文化組織。第二是東方的影響。亞歷山大的東征和希臘化世界的擴張，使希臘學者增廣見聞，也使他們更多獲知古埃及和迦勒底的科學。兩者都刺激他們懷疑求知和探討學問的興趣，蓋以希臘所自有的亞里士多德的科學傳統，遂蔚為興盛的科學研究的風氣。第三是經濟和軍事的原因。工商業的發達、社會生活水準的提高和戰爭規模的擴大，在在要求更多的實用知識和新技術的發明，從而也鼓勵了科學研究。

希臘化時期最發達科學是天文學、數學、地理學、醫學和物理學。化學尚未真正成為科學；而生物學雖有列斯博人（Lesbos）提奧弗拉斯特（Theophrastus）繼亞里士多德的衣缽，從事植物的著錄、描述和分類，為植物學奠定基礎，但在當時未受重視。

希臘化時期的天文學家，最著名的在初期有薩摩斯人亞理士達喀（Aristarchus of Samos，約公元前 310—前 230 年），在晚期有尼西亞人喜帕恰斯（Hipparchus of Nicaea，約公元前 190—前 120 年）。亞理斯達喀首先解釋恆星的位置所以顯得固定不變，是因為它們距離地球過於遙遠的緣故，因此他是第一個對於宇宙的廣漠無限表示明白見解的人。但他在今日之為人所知，則主要尚在他的地動見解，主張地球和其他行星繞太陽運行。亞理士達喀早哥白尼（Copernicus）約 1800 年。他的地動主張與當時世人的常話、宗教觀念，乃至學者如亞里士多德等人的主張，都相逕庭，結果在他身後湮沒不彰，要到 1800 年後始發揚光大。亞理士達喀一生以在托勒密王朝的亞歷山大港工作為多，喜帕恰斯則主要在羅德斯。喜帕恰斯發明觀象儀和天體儀，編製星辰表，計算月球的直徑與月球和地球的距離，發現歲差。他被羅馬時代亞歷山大港的天文學家托勒密（Ptolemy）尊為天文學之祖。

與天文學關係最密切的是數學和地理學。希臘化時期的數學家首推雅典人歐幾里德（Euclid，約公元前 323—前 285 年）。他所編著的《幾何原本》（*Elements of Geometry*）集當時幾何學說的大成，為公元第十九世紀中葉以前所有幾何學教本所本，前後相承者二千餘年。天文學家喜帕恰斯則為平面和球地三角學奠定基礎。希臘化時期的地理學家首推施勒尼人埃拉托色尼（Erntosthenes of Cyrene，約公元前 276—前 194 年）。埃拉托色尼利用兩地日影的差別，以正確計算地球的圓周；他繪製了當時最正確的地圖，並以經緯度區劃地面。他也是後世所知道的最先主張諸海洋貫通為一的人，而且建議從歐洲西行以到達印度。一個斯多噶派（Stoic）哲學家而兼為地理學家的敍利亞人波塞多尼（Posidonius，約公元前 135—前 51 年）則依氣候劃分地球為五帶，後世至今尚在應用；他並以月球的影響解釋潮汐的漲落。歐幾里德和埃拉托色尼生前都在亞歷山大港工作，埃拉托色尼並曾主持該地博物院的圖書館，波塞多尼則主要在羅得斯。

希臘化時期的科學的另一成就卓著的領域是醫學。加爾西頓人希羅菲勒（Herophilus of Chalcedon）於公元前第三世紀初年在亞歷山大港工作，據羅馬時期希臘醫學家加倫（Galen）的記載，他首先實行人體解剖。希羅菲勒應該是古代西方最大的解剖學家。他說明人腦各部分的不同作用，他發現脈搏的生理作用，並應用脈搏以診斷疾病，他主張血管所盛者為血液，其功用在輸送血液至人體各部。他的對於血管功用的說明，實在已開血液循環說的先河。希羅菲勒在亞歷山大港的工作為開奧斯人埃拉昔斯特拉塔（Erasistratus of Chois）所繼承。生理學之成為一門獨立的科學，一向共許為埃拉昔斯特拉塔之功。他不僅從事解剖，而且也從事活體解剖，以獲得有關人體各部之機能的知識。他發現心瓣，辨別運動神經和感覺神經，而且指出動脈和靜脈最後實相貫通的事實。

物理學成為一門獨立的實驗科學，始自敍拉古人阿基米德（Archimedes，公元前 287—前 212 年）。阿基米德發現浮體原理或所謂比重原理，制定槓桿、滑車與螺旋定律，發明複滑車、螺旋抽水機、起重裝置和城防機械。“給我一個支點，我可以舉起整個地球。”一語，據傳便是阿基米德所說。應用力學的發達尚可在亞歷山大港人希羅（Heron）的傳統見之。據說希羅曾發明一種救火機、一種虹吸裝置、一種壓力唧筒、一種小力機、一種自動售貨機、一種用壓縮的空氣發射的石炮、一種測溫器，以至蒸氣動力機。希羅的生卒年代不詳，傳說他的發明也未必實有其事。但當希臘化時期，這些發明的觀念——或乃是一部分發明——應已存在，則無可懷疑。但對於阿基米德或希羅，應用機械的發明不過是學問的餘事。他們也都是幾何學家。阿基米德精確計算圓周率，並證明球體與圓柱體的數學關係，而視後者為他畢生學問最高的成就。事實是，在一個有大量廉價勞工存在的時代，縱有經濟或軍事需要的刺激，工作機器的價值究屬有限，所以應用科學的發明自然也受到限制。

哲學：伊壁鳩魯派與斯多噶派

科學為累進性的組織（Cumulative Knowledge）。君主的獎助、見聞的增廣、異域科學知識的吸收，以至現實需要的刺激，促進希臘化時期科學的突飛猛進，在西方歷史上造成第一個大科學時代。但哲學和其他精神文明的方面則異是。以哲學言，希臘化時期的哲學所表現的為古典哲學理想的失敗，為對於現實人生的逃避，或至多是一種從現實的痛苦和罪惡中尋求解脫的努力。希臘化時期的哲學宗派紛歧，但要之，不外是人在喪失對於外在世界主宰的信心後苟全性命的消極哲學。

希臘化時期主要的兩派哲學思想是斯多噶派哲學（Stoicism）和伊壁鳩魯派哲學（Epicureanism）。兩派哲學都興起於公元前 300 年前後，前者係塞浦路斯人芝諾（Zeno，約公元前 335—前 263 年）所創，因芝諾在雅典市場的書廊 —— Stoa poikile —— 講學得名，後者係薩摩斯人伊壁鳩魯（Epicurus，約公元前 342—前 270 年）所創。芝諾和伊壁鳩魯雖同在雅典講學，而為雅典居民，但他們都不是雅典人。芝諾而且可能出自腓尼基人的先世。所以就希臘本土言，他們都來自東方。兩派哲學，斯多噶派主張禁慾，而伊壁鳩魯派主張享樂。但在思想根柢上，他們有甚多共同之點。第一，兩派在性質上都是實用倫理學，是人生哲學。第二，兩派所主張關心的都是個人的幸福，而非社會全體。第三，兩派都尚重視理性和知識，但對於個人，理性和知識的目的只在調整一己，以持身處世，而非改變外在的世界。第四，兩派都有一種唯物主義的傾向，只是斯多噶派的表現為論神的（Pantheistic），它承認一個物質的可感覺的宇宙，但這是一個有秩序的宇宙，而秩序為神意的表現；而伊壁鳩魯派襲德謨頡利圖之說，主張宇宙完全由物質原子組成。最後，兩派也都承認對於外在世界個人努力的無益，他們所理想的智者境界，同是東方式的精神的寧靜澹泊。

自然，兩派學說也在若干方面極其不同。斯多噶派視宇宙為一個有秩序的統一體，在這中間，萬千的事物和現象 —— 包括個人命運 —— 其發生和存在都決定於必然的因果連繫，而最後都將重歸於秩序。所以舉凡世間的痛苦和罪惡，究其極，都不過是必然的不幸。宇宙的秩序是神意，是善，所以服從宇宙的秩序便是道德。斯多噶派視道德為人生最高目的，最大幸福，但在實行上，則主張以理性的自制和內心的寧靜，逆來順受，泰然接受命運的遭遇。這是一種英雄式的定命主義。斯多噶派思想之所以有時意譯為禁慾主義，便因為它強調以理性的自制，排除一切不合理的情慾衝動，以保持內心的寧靜之故。在一個斯多噶主義者看來，痛苦和快樂，恐懼和希望，都是道德實現的障礙。斯多噶派思想雖然也有它的積極的一面，但其發揚則已入羅馬帝國時期。

從它的主張順從命運引伸，它強調責任的重要。人生於世，貴賤窮達既決定於命運，則人唯有善盡厥職，以為其所當為。從它的主張宇宙的統一和自然秩序引伸，它主張公平，主張人人平等，民我同胞。從它的承認罪惡為必然的不幸引伸，它主張對人寬容，主張恕道。希臘化時期，舊城邦和舊王國的界限、組織，悉遭破壞，世界主義與個人主義的思想同時流行。這方面，斯多噶派哲學也同是它的時代意識的反映。

伊壁鳩魯學派本於它的宇宙原子理論，不似斯多噶學派的強調自然秩序和命運。此外，兩派思想在基本觀念上最不同的，第一，斯多噶學派視道德為人生最高目的，其本身即是幸福，伊壁鳩魯學派視快樂為人生最高目的，因為人生而趨向快樂，避免痛苦，而道德為連於快樂的途徑。伊壁鳩魯派思想分快樂為數等。適度的感官慾望的滿足是正當的快樂，但更高的快樂為精神的快樂，一種理性的、智慧的享受；而最高的快樂與斯多噶學派理想相若，存乎心靈的寧靜澹泊，精神和肉體的同歸寂滅。第二，在基本觀念上，伊壁鳩魯學派與斯多噶學派對於公共生活也所見不同。斯多噶派思想強調責任，而伊壁鳩魯派思想重視功利。在一個伊壁鳩魯主義者看來，世間並無絕對的正義。法律、制度，以至國家本身都為一時的便利而設。它們的正當功用唯在增進個人的幸福，而個人之所以對它們服從，也只因為服從於他有利。但伊壁鳩魯主義者並不強調依功利的標準改造世界。在實行上它所取的是一條失敗主義的途徑。在一個充滿罪惡的世界，一個智者應該承認他完全無能為力。因而也最好儘少涉足世務，自耘花草自耕田，以自求多福。

在思想上，比之斯多噶學派和伊壁鳩魯學派更多表現這時代的失敗主義傾向的，是懷疑學派。懷疑學派係伊利斯人皮浪（Pyrrho of Elis，約公元前360—前270年）所創，在年代上尚略早於斯多噶學派和伊壁鳩魯學派，但其流傳廣播則在後。懷疑學派的思想認為知識不過是人的感官所得自外界的現象。人無法獲知客觀事物的真際；對於其他如超自然的神、生命的意義，以至是非善惡等事，更一無所知。因此，最好是我們對一切不作肯定的判斷。而人一旦不再對絕對真理作無望的追求，不再斤斤於是非善惡，他就為以達於精神的寧靜，而這是人所能得自生命的最大滿足。於希臘化時期懷疑主義者，我們最能見一個絕望無助的個人，從一個他既不能改變，乃至也不能了解的世界試圖逃避的努力。

神秘宗教的流行

在希臘化時期，希臘城邦政治的敗壞也使傳統的希臘宗教喪失精神的意義。在知識社會中，斯多噶學派、伊壁鳩魯學派和懷疑學的思想，代替舊日宗教，予人以心靈的慰藉和精神的疏導。在羣眾社會中，則各種各樣希臘的和近東的神秘宗教傳統，起源於近東的如埃及大海女神埃西斯崇拜、巴比倫的星辰教和占星術和從波斯人祆教化生的密特拉教或太陽神教，更所至風行。所有的神秘教派都表示一種對於靈魂再生的信仰和希望，一種清除罪孽的道德的功用，一種對於今世生活的蔑視和對於來世生活的延企，而盼望一位救世主降臨。從下層羣眾，這種神秘的、悲觀的和他世的信仰，也漸漸傳入上流社會。神秘宗教的流行和羅馬的征服地中海世界，為後來基督教的興起和傳播，導其先路。

文學與美術的變化

希臘化時期文學的首一特徵，是著作家的人數之眾和作品數量的驚人。屬於這時期而又後世知名的著作家，至少已有 1100 人之眾，其他沒沒無聞或尚未為後世所知的自必尚多。在數量驚人的作品中，雖也不乏上乘之作堪與古典時期的希臘文學媲美，但大部分則缺乏新意或思想的深度，屬於所謂靡靡之流。

希臘化時期詩歌的主要形式，為戲劇、牧歌（Eclogue）與諢曲（Mime）。戲劇幾乎全屬喜劇，稱"新喜劇"，以雅典人米南德（Menander，約公元前 349—前 291 年）為最有名。當希臘化時期，雅典仍為戲劇文學的中心。但米南德的喜劇，以它的自然主義、它的樂於表現常人與日常人生的瑣事，以及它的對於政治和道德理想的漠視，而與亞里斯多芬的喜劇異趣。他的本事尤多男女私情，演戀愛的苦樂與變幻，而每以大團圓終場。牧歌和諢曲的著名作家有公元前第三世紀前半的敍拉古人提奧克立塔（Theocritus）。牧歌頌讚田園生活的優美和農家天真自然的樂趣。諢曲則以多彩多姿的對話，形容大都會市民的百態，與新喜劇同可列入社會文學一類。

希臘化時期散文文學，以歷史、傳記和烏托邦的著作傳世最富。在歷史著作家中，麥加羅波里人波利比烏斯 (Polybius of Megalopolis，約公元前204—前 122 年) 為一代巨擘。他的巨著《歷史》(*Histories*) 記公元前 220 年—前 146 年間史事，其敍事的清晰、方法的精審和態度的忠實，與修昔底德的著作在伯仲之間，但文字的純淨和風格的高雅遠遜。這時期的傳記文學多卑靡委瑣之作，其風行適足以見一時代文學趣味的淺薄和世風的囂浮。烏托邦的著作描寫一種平等的社會經濟生活。在它們的理想國中從來不知錢幣，也從來不知貪婪或壓迫，所有的財產俱屬公有，而所有的人都須從事勞動，以生產他們的生活所需。烏托邦文學有如牧歌，在一個以強暴弱而唯利是圖的社會中，表現了一種相反的精神嚮往和滿足。

希臘美術的大部分優美的品質，在希臘化美術品中也已不復可睹。代替希臘美術的純淨均衡和節制，希臘化美術傾向繁縟、誇張和驚心動魄的表現。希臘化都市建築的堂皇修整，已如前述。但代替簡雅莊嚴的希臘神殿，在新都會 —— 如亞歷山大港和安提阿 —— 中所見的是窮極富麗的宮殿、豪華的邸第，以及象徵財富和權力的紀念性建築。亞歷山大港的燈塔便是後一類建築的一個實例，聳起海面 400 呎，高下三層，全體用白大理石構成。雕刻的作戲劇性的誇張和驚心動魄的表現，可於拉奧孔羣像 (Laocoön) 和帕加曼的宙斯祭壇的飾帶浮雕見之。拉奧孔羣像表現特洛伊祭司拉奧孔父子三人被巨蛇纏死前痛苦掙扎的景象；而帕加曼的浮雕則以巨靈之猛獸和半人獸怪物的惡鬥，象徵帕加曼人和高盧人的戰爭。這時期的造像和浮雕中的人物，往往高大逾垣，有的至於近乎醜怪。以美術用語言之，為這時期的雕刻藝術的顯著特徵的，是劇烈的感情主義和醜陋的寫實主義。雖然，和古文學中所見一樣，這時期也尚有少數雕刻物流傳於後世，且見希臘古典美術的優美品質，其中最為人樂道的有米洛的阿芙洛狄蒂愛神像 (Aphrodite of Melos) 和薩摩雷斯地方的有翼勝利女神像 (Winged Victory of Samothrace)。

當地中海東部進入希臘化時期時，羅馬尚在意大利半島西部南征北討，擴張疆域。因此其後羅馬勢力伸入地中海，而且最後建立一個統一地中海的帝國時，地中海的大部分開化區域正為希臘化文明所靡被。羅馬人所永受的希臘文明的傳統，主要正是它的變體希臘化文明。

第三編

羅馬共和與帝政

公元前第六世紀末葉，當希臘城邦方從希臘文明的古風時期脫穎而出，步入古典時期之際，羅馬尚是台伯河畔的一個狹小的城邦，新從外族君主的統治之下獲得獨立，開始它的共和時期的歷史。但羅馬隨即發展出了一套法律和政治制度，使它得以鞏固自身，擴張領土，和應付因領土增加而發生的繁殊的變化。經軍事的征服和政治的組織，羅馬逐步統一了地中海。羅馬國家也隨而從一個共和城邦，過渡成為一個世界性的帝國——羅馬帝國。

第十一章
羅馬共和政治

第一節　意大利的土地與人民

意大利半島

意大利半島伸出於地中海中央，分地中海為東西兩部。半島本土，亞平寧山脈（The Apennines）縱貫南北。在北端，山勢折向西行，與阿爾卑斯山地間留出一條寬廣肥沃的谷地，在古代稱"阿爾卑斯山南的高盧"（Cisalpine Gaul）；波河（The Po）流灌其間，東行入亞得里亞海（Adriatic Sea）北端。半島的亞得里亞海岸，地狹土瘠。西方海岸北側重巒疊嶂，大部分屬山岳地帶，但中部則展開為若干小平原。羅馬城便肇建於拉丁平原（Latium）的台伯河（Tiber River）邊。在拉丁平原以北為伊特魯里亞平原（Etruria），以南為坎佩尼亞平原（Campania）；西岸的良港那不勒斯在坎佩尼亞平原沿海。在西海岸外，薩丁尼亞島（Sardinia）和科西嘉島（Corsica）南北連列，它們與半島本土間的海面稱提雷尼亞海（Tyrrhenian Sea）。薩丁尼亞島土壤肥美，並富礦藏；而科西嘉島荒瘠，在歷史上常為海盜的窟宅。半島南部山勢漸降，多草原。那不勒斯灣和他蘭達灣（Gulf of Tarentum）一帶海岸，為希臘人最早殖民之所，希臘城邑四佈。由半島的西南角渡狹窄的墨西拿海峽（Strait of Messina），至西西里島。西西里島西方接近北非海岸和腓尼基人的殖民地迦太基；在羅馬人的勢力南下前，西西里便長時期為希臘人和迦太基人所分據。（圖三）

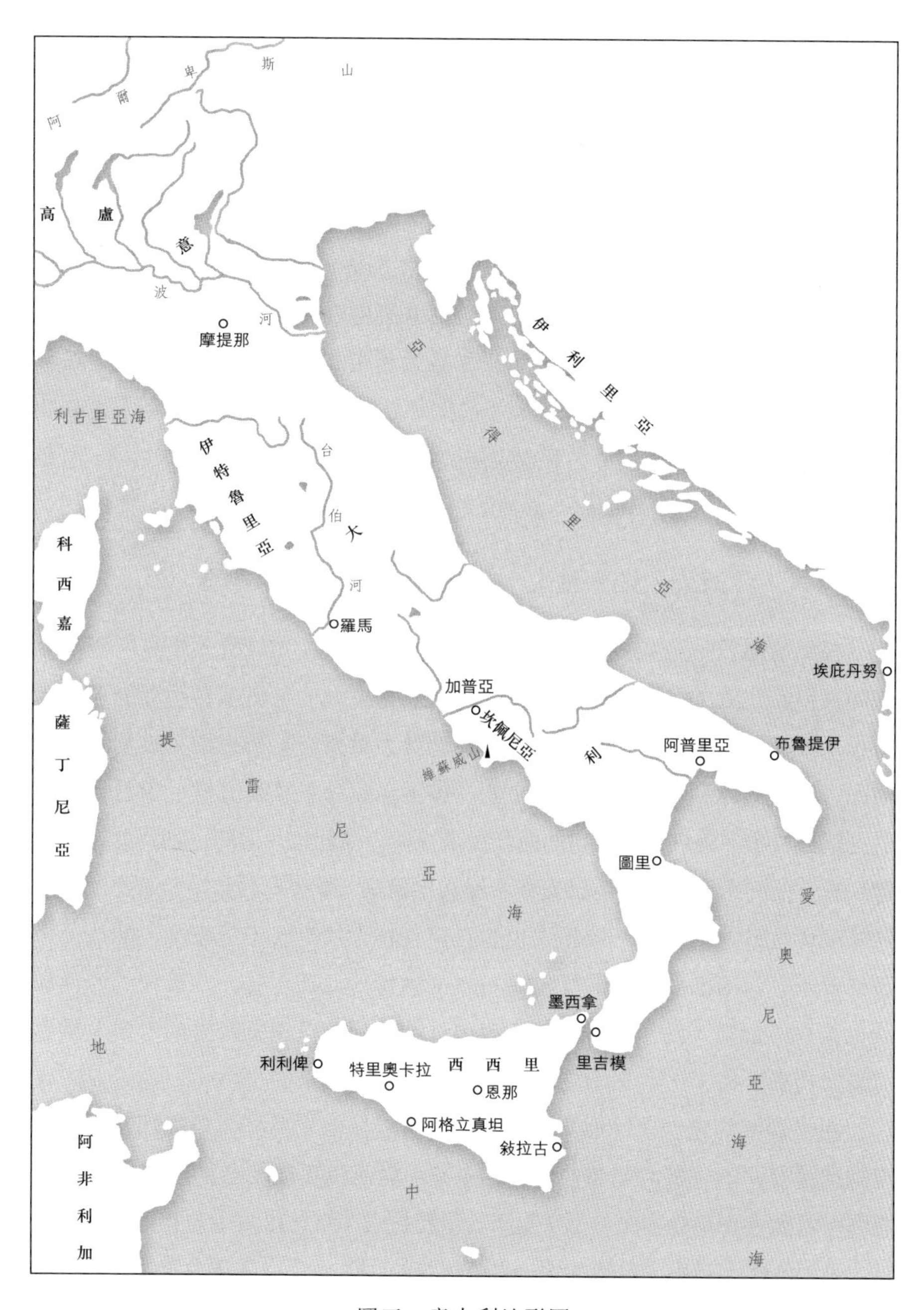
阿爾卑斯山
高盧
意
波河
摩提那
亞得里亞海
伊利里亞
利古里亞海
伊特魯里亞
台伯河
大
羅馬
科西嘉
薩丁尼亞
加普亞
坎佩尼亞
維蘇威山
利
阿普里亞
布魯提伊
埃庇丹努
提雷尼亞海
圖里
愛奧尼亞海
墨西拿
里吉模
利利俾
特里奧卡拉
西西里
恩那
阿格立真坦
敍拉古
地中海
阿非利加
圖三　意大利地形圖

意大利人・拉丁人・羅馬人

當新石器時期，意大利半島居民與地中海其他區域相若，屬地中海種。公元前二千年後不久，一支與希臘人相近的印歐人，開始從瑞士或多瑙河流域，移入半島。他們最初還是"湖上居民"，以後乃移居旱地。他們已知道使用青銅器。迨公元前一千年前後，他們已南下遍佈於半島各地，入西西里島，並與愛琴海的航海人民接觸，同時開始知道使用鐵器。在歷史上他們被通稱為意大利人（Italians）。他們於南下入居意大利半島前，與希臘人一樣，在種族成分上先已經過混合，其後又與半島的原住民混合。所以意大利人也自始便不是一個純粹的種族。意大利人定居於拉丁平原的稱拉丁人（Latins），而羅馬人（Romans）是拉丁人中的一支。

伊特拉人・希臘人・迦太基人

公元前第九、第八世紀中，又有兩種外來民族，先後進入半島。侵據北部的為伊特拉人（Etruscans），他們經海上來自東方，可能來自小亞細亞。伊特拉人據台伯河以北的伊特拉地方。他們勢力最盛時，曾東向入波河流域，南向入拉丁平原和坎佩尼亞平原，並在提雷尼亞海上擴張海權。伊特拉人精於青銅器製造，與東方有密切的商業往來；他們尚迷信，信仰一種拜惡神的陰鬱宗教。他們在羅馬人之前已先與希臘文化接觸；羅馬人最初接受希臘文化，便係經伊特拉人的中介。羅馬人也曾自伊特拉人接受若干近東文化的成分，包括若干表示國家公職的儀仗服飾——如執持法西斯（Fasces）權標的扈從和紫色條紋的公服、陰鬱的宗教觀念和察看動物臟腑以預言未來的習慣、拱和穹窿的建築法式，以及殘忍的比武角力。

在半島南部建立殖民地的是希臘人。希臘城邑主要分佈於從那不勒斯灣至他蘭達灣間的一帶海岸和西西里島東部，從而使這區域在古代有"大希臘"之稱。希臘人在半島本土北上，受阻於伊特拉人，而在西西里島和地中海上西進，受阻於迦太基人。希臘文化，先經伊特拉人的中介，其後由直接交通，而從大希臘北傳於羅馬。但羅馬與大希臘的希臘城邑直接接觸，已遲至公元前第三世紀前半，時已入希臘化時期，所以羅馬的初期濡染希臘文明，不過是為它以後的吸收希臘化文明先容。

迦太基原先為腓尼基人在北非海岸所建的殖民地。腓尼基城邦勢力的中落，使它們的殖民地不得不自求發展。迦太基於公元前第六世紀中葉已興起為地中海西部的一大勢力。它控制薩丁尼亞島，在北非和西班牙南部海岸擴張領土，並與伊特拉人合力遏阻希臘殖民運動的西進。迨次世紀前半，地中海西部殆已成了迦太基人的勢力範圍。迦太基人且西向出今日的直布羅陀海峽（Strait of Gibraltar），開發歐洲和非洲的大西洋岸的貿易。同時，它在西西里島上，與希臘爭奪對該島的控制權。

王政時期的羅馬

羅馬城位於拉丁平原台伯河南岸的數小丘之上。它的初建的年代，傳說為公元前 753 年。當時伊特拉人正向半島內地擴張勢力，而希臘人開始在半島的南部海岸建立殖民城邑。羅馬城的建立，使幾個原來各自分立的鄰近村落團結為一，以相互保護，抵制伊特拉人的侵略。

羅馬初行王政，名義上，王有行政和司法的絕對權力。立法的權力屬於氏族大會（Comitia Curiata），凡氏族男子達兵役年齡者，皆得與會。氏族大會選舉新王，奉以至尊權（Imperium）；認可或否決王所提出的立法案；通過對外發動戰爭的決定。但國家的實際權力則逐漸為元老院所攬有。元老院由氏族長老組成，王在事實上也只是他們中的一員，經他們的推戴和氏族大會的選舉產生。元老院也有權干涉氏族大會的立法。因為立法雖經氏族大會認可，元老院仍可以違背固有的法律或習慣為理由，而予以否決。在羅馬歷史中，元老院自始便是一種保守的統治勢力。

羅馬社會的基礎為家庭。父為家長（Pater Familia），對於家人和財產有絕對的支配權，包括生殺予奪。這是著名的羅馬的親權（Patria Potestas）。為子者即令在成年後，也仍須服從父權的約束。羅馬早年的宗教也以家庭為中心，家長為家庭的“祭司”。他們所禮拜的神靈，於農神馬爾斯（Mars）外，主要有保佑家庭的爐神維斯塔（Vesta）和守護家庭的門神耶納斯（Janus）。此外充斥於家庭內外的神靈尚多，而疾病是惡靈。事實上，羅馬的國家組織就是家庭組織的擴大，國王和元老院的統治為一種家長統治，而國家的宗教根源於家庭的宗教。

王政的告終

據傳統所述，羅馬王政結束於公元前 510 年，而最後的三位王是伊特拉人。這表示羅馬一度曾為伊特拉人所征服，受他們的統治。上述羅馬從伊特拉人接受近東和希臘的文化，主要便在這約一世紀的伊特拉人統治時期。伊特拉人的統治，使羅馬的經濟、文化和宗教都發生顯著的變化，也使羅馬成為拉丁城邦中最強大的一邦。在這時期前，由於社會貧富分化的結果，羅馬人已經分成貴族（Patricians）和平民（Plebeians）兩個階級。只有貴族才有氏族的組織，因此也只有他們有權參加氏族大會和元老院。他們是統治階級，掌握羅馬的政權。又據傳說所述，伊特拉王為欲裁抑羅馬舊貴族階級的勢力，扶植因社會經濟變化而造成的新富，他們改變舊日以氏族為基礎的軍事組織，而按人民的財產多寡和武裝能力，區分兵種和百人隊（Centurion），並以百人隊大會（Comitia Centurion）分氏族大會之權。百人隊大會與氏族大會不同，它是一種全民大會。但因為百人隊大會的表決以隊為單位，而比較富有的階級所佔的隊數多過貧寒的階級，所以與貴族的控制氏族大會相若，富有的階級現在控制百人隊大會。

公元前 510 年，一次革命起事逐走了最後一位伊特拉王。次年，同樣據傳說所述，羅馬共和肇始。可能是羅馬的元老階級忌憎王權的專制，也可能是羅馬人憎惡外族的統治，造成了這次革命。

第二節　羅馬共和政治的演進

羅馬共和政府

公元前 510—前 509 年的革命，是羅馬貴族階級的勝利。代替原來任期終身的王，新共和政府的元首是兩位由選舉產生、任期一年的執政官（Consuls），他們共掌原來王所有的至尊權。元老院的勢力益臻鞏固。因為元老為終身職，他們中許多是有執政經驗的退職官吏，對於任期短暫的執政官，他們自然有足以左右的勢力。而且執政官本人往往也就是元老。當國家有緊急事故——尤其是軍事——時，執政官得依元老院的建議，任命獨裁官（Dictator）

一人，授以至尊權，使獨攬國家的大政。獨裁官的任期不得超過六個月，而一旦他所受命應付的緊急事故消滅，他的權力也立即解除。民會的百人隊大會現在握選舉和立法的大權。執政官由百人隊大會選舉，但仍從氏族大會受至尊權。民會所作的一切決定，事實上都須經元老院認可。分隔貴族和平民的壁壘，森嚴如故。兩階級間不能互通婚姻；而國家的官職與元老院元老，都限由貴族充任。百人隊大會雖依財產區分階級，但財產的主要形式仍是土地，地主貴族仍得把持百人隊大會。當共和初期，羅馬社會內部土地兼併盛行。山林的砍伐和地力的耗竭，使拉丁平原的卑濕地區不再適於種植穀物，而相率改為牧地。土地利用程度的低降和收益的減損，使小農愈發無以為生。他們的小片田地先後被地主貴族兼併，使他們成為無地的農民。

平民與貴族之爭

因此從共和肇建始，在羅馬歷史中也隨即出現平民對貴族階級的鬥爭。平民要求法律的保護，要求參政的權利，要求社會地位的平等，要求國家給予經濟的救濟。亙兩百年，迨公元前 300 年前後，平民終於在形式上獲得了他們所要求的政治、法律和社會地位的平等。

平民權利的增進：護民官

可能當王政時期，平民已經有了一個自己的會議（Concilium Plebs），選舉自己的官吏，即護民官（Tribunes）。公元前 494 年，平民因為抵制貴族階級，曾一度撤離羅馬城，以另建新城為要脅。結果貴族讓步，護民官的制度獲得貴族階級的承認，傳説也便以這一年為護民官制度的正式建立之年。平民選舉護民官，最初的目的是保護平民個人，使不受官吏或貴族的不當的侵害。這項干涉權（Intercessio），其後因護民官的得以入元老院聽元老議事（約公元前 450 年），擴大而為一種對於元老院和政府的一切舉措 —— 如徵服軍役和課税 —— 的否決權（Veto）。公元前 449 年百人隊大會的一次立法，確認護民官的身體是不可侵犯的。

十二表法

平民雖有了法律上的保護者，以保護他們使不受不當的和非法的待遇，但他們無法確知他們在國家中的法律地位和他們所應享的合法權利。因為法律是不成文的習慣法，解釋和施行之權操於執法的官吏，而官吏是貴族。為使貴族官吏不能曲解法律，平民要求以明文制頒法律，俾眾周知。經過連年的爭持，至公元前 451 年，百人隊大會選舉了一個十人委員會（Decemviri），使代替執政官總攬國事，並從事法律的制訂。結果是公元前 451—前 450 年《十二表法》（The Twelve Tables）的頒佈。《十二表法》因最初書寫於十二木牌之上得名，實質上不過是現行習慣法的寫定，承認親權，承認貴族階級的特權，乃至承認債權人收人為奴的行為。但法律之以明文的形式頒佈，其事本身已是對於平民權利的一種保障。此外，《十二表法》也規定凡人民受官吏判處死刑者，有權向百人隊大會上訴。

民會組織的演進

同時，另一種民會組織的發展，也使人民在積極方面增加了與問國事的權力。傳説伊特拉諸王除了依軍事的方式組織羅馬人為百人隊，因而有百人隊大會產生而外，他們也曾依地域的區劃，將羅馬公民無間貧富貴賤，分立為部族（Tribes）。公元前 494 年後，平民因為每年選舉護民官，勢需繼續保持平民會議的組織，其集會係以部族為基礎。由平民會議而有部族大會（Comitia Tributa）產生。部族大會以依地域區分的部族為基礎，對於出席公民無貴賤貧富的差別待遇，因此比之氏族大會和百人隊大會都更富民主性質。大抵部族大會與平民會議在實質上無甚不同，後世學者中便有視二者為同一會議的兩種不同形式的主張。凡部族會議，由護民官召集主持者，稱平民會議。因為護民官無權命令貴族，所以理論上平民會議的集會只有平民參加，它的決議稱平民表決（Plebiscitum），以別於由部族大會制定的法律（Lex）。部族大會則由執政官或國家其他高級官吏召集主持，理論上由全體公民參加。公元前第四世紀末葉和第三世紀初年，羅馬有兩次重要立法，使部族會議成為國家主要的立法機構。第一次是公元前 338 年的"普帛列立阿法"（Legis Publiliae），廢止元老院對民會立法的認可權，規定凡平民表決而事後經元老院認可者，具有與法律相等的效力。第二次是公元前 287 年的"霍騰西阿法"(Lex Hortensia),最後撤銷了元老院對平民表決的認可權。這樣,部族會議無論取平民會議或部族大會的形式,皆擁有完全的立法權力,在法理上皆不受元老院的干涉。百人隊大會的立法權力,以後大部分即為部族會議所奪。

政府官職與元老院的開放

幾乎同時,羅馬國家的重要官職也先後開放給平民。公元前 421 年,平民獲得充任度支官(Quaestor)之權。公元前 367 年,第一個平民當選為執政官,其後兩執政官之一由平民充任,立為定例(公元前 342 年)。公元前 356 年,第一個平民受任為獨裁官。公元前 351 年和公元前 337 年,先後有平民當選為監察官(Censor)和司法官(Praetor)。迨公元前 300 年,平民也獲得了充任國家的最高宗教職務之權。公元前第四世紀中葉以前,羅馬平民難得入元老院為元老。但同世紀中,所有國家的重要官職既先後開放給平民,而自同世紀末葉始,經過一次平民表決的要求,元老院元老自退職的高級官吏中選舉又立為定例,於是平民加入元老院的人數日眾。平民終於獲得了與貴族完全平等的政治和法律的地位,傳統的貴族和平民的界限日就泯滅。共和初建,羅馬曾經過一段十分危險的時期。伊特拉王雖被逐,但羅馬仍不時受伊特拉人的侵凌。而在拉丁城邑中羅馬也喪失了伊特拉王統治時期的優勢地位。拉丁平原的其他城邑現在自組同盟,排羅馬於同盟之外。同時平原四周山地的意大利部落,又不時出擊。這時羅馬尚不過是一個小城和據有城周的狹小的領地。羅馬共和初期軍事的需要與平民在戰爭中地位的重要,是羅馬平民得以迫使貴族階級讓步,而獲得各項平等權利的重要原因。但羅馬人在共和初期所表現的強毅而守法的精神,解決政治困難而不訴諸暴力或戰爭,自然更是共和政治得以成功的主要因素。

第三節　羅馬統一意大利

羅馬領土的擴張

逐走伊持拉王後的羅馬的處境,使它首需恢復對於拉丁城邑的優勢,俾能團結拉丁平原的力量，以共禦伊特拉人和山地意大利部落的來犯。公元前493年，羅馬與拉丁同盟的城邑締結聯盟。在其後約一個世紀中，羅馬與拉丁平原四周的人民常有戰爭，而主要的敵人是維愛（Veii），一個在北方與羅馬相距約十哩之遙的伊特拉城邑。公元前405年，與維愛的戰事再起，羅馬進圍維愛城，雙方相持垂十年，迨公元前396年，維愛城降。因為這次圍城沒有拉丁同盟的城邑參加，所以羅馬墮毀了維愛城，直接併有了它的土地和人民。這使羅馬在實力上從此淩駕拉丁同盟。

但在取維愛後不過數年，羅馬城自己也受到了高盧人（The Gauls）的寇掠（公元前390年），最後以重賄才使他們退去。高盧人其後定居於他們新從伊特拉人奪得的波河流域，以後歷史上因此稱這地方為"阿爾卑斯山南的高盧"。拉丁同盟的城邑乘羅馬新敗，脫離與羅馬的聯盟。公元前第四世紀中葉前後，羅馬重振軍威，強迫拉丁城邑重返聯盟。同時它併有伊特拉的南部地方，並平服拉丁平原南側屢次來犯的意大利人部落，從而與一支強大的意大利人——薩姆尼人（The Samnites）——發生拉觸。薩姆尼人大部分居住山地，一部分下移至坎佩尼亞平原，佔領原先為希臘人、伊特拉人和意大利人所建的城邑。他們成了平地薩姆尼人。他們現在需要防衛自己，以抵禦山地薩姆尼部落的攻掠。公元前343年，坎佩尼亞的加普亞城（Capua）受山地薩姆尼部落的攻擊，羅馬應請赴援，於是有第一次薩姆尼戰爭（The First Samnite War，公元前343—前341年）發生。

薩姆尼戰爭與拉丁戰爭

第一次薩姆尼戰爭是羅馬歷史的一個新時代的開始。在這次戰爭前，羅馬雖已屢與外敵作戰，它的疆土也已逐漸擴廣。但主要都是為自衛使然。從這次戰爭始，羅馬接連被捲入於對外戰爭之中。每次戰爭都使它增加新的領土，面對新的敵人，行向新的戰爭。擴張成為新戰爭的原因，而不是自衛的結果。第一次薩姆尼戰爭無結果而罷。但由這次戰爭又引起了所謂拉丁戰爭（The Latin War，公元前340—前338年）。拉丁同盟的城邑驚怖於羅馬勢力的張大，它們乘羅馬因薩姆尼戰爭而多事的機會，向羅馬提出權利平等的要求，並以脫離與羅馬的聯盟為要脅。拉丁戰爭既起，羅馬一時眾叛親離。連坎佩尼亞人也加入了反羅馬的運動，但所有的抵抗一一被羅馬平服。結果拉丁同盟被解散，拉丁城邑有的被併入了羅馬國家，有的被建為羅馬的殖民地，餘下的則列為羅馬的"與邦"(Socii)。類似的兼併政策也施行於坎佩尼亞北部。

公元前300年前後，羅馬又進行了兩次薩姆尼戰爭。伊特拉人、半島中部的意大利部落，乃至北部的高盧人，又都與薩姆尼人聯合，加入對羅馬的戰爭。但結果他們仍一一為羅馬所擊敗。第二次戰爭(公元前326—前304年)結果，羅馬勢力越亞平寧山地，達於半島東面的亞得里亞海岸；同時羅馬也鞏固了它在坎佩尼亞的權力的地位。第三次戰爭(公元前298—前290年)結果，薩姆尼部落最後敗北，它們成了羅馬的"與邦"。羅馬在它們的南北建立殖民地，以為控制。羅馬繼之並在北方收伊特拉全境，入其領域。第二次薩姆尼戰爭結果，伊特拉城邑先後與羅馬締約結盟，事實上已經是羅馬的附庸。第三次戰爭後，公元前284年，高盧人南侵伊特拉。伊特拉城邑受高盧人入侵的鼓勵，最後一次起而背叛羅馬，但不數年便被平定。從此伊特拉全境被直接置於羅馬的權力之下，它的城邑被列為羅馬的"與邦"。

皮洛士戰爭

同時羅馬的勢力也在南方的"大希臘"推進，收取"大希臘"城邑為"與邦"。他蘭達一向以"大希臘"的領袖城邑自居，它為抵制羅馬勢力南下，不讓它向愛奧尼亞海(The Ionian Sea)上擴張，而與羅馬發生了衝突。他蘭達邀請伊庇魯斯(Epirus)——希臘半島西北方一個半開化的王國——的王皮洛士(Pyrrhus)助戰，因此又有羅馬與皮洛士間的戰爭發生。這次戰爭從公元前280年至公元前272年，斷續進行了近十年。皮洛士雖屢敗羅馬大軍，但他卻志不在羅馬。他的雄心是要效法亞歷山大大帝在東方所為，自己在西方統一"大希臘"，征服迦太基，以建立一個大帝國。在對羅馬戰爭期中，皮洛士出師西西里，無功而返。公元前275年，他自己在意大利南部貝尼溫達(Beneventum)地方為羅馬軍隊所敗，退歸希臘。數年後，他在"大希臘"留駐的軍隊並以他蘭達城獻予羅馬(公元前272年)。迨公元前270年前後，意大利本土的"大希臘"地方遂全部為羅馬所平定。

羅馬統一意大利

從第二次薩姆尼戰爭時期始，羅馬勢力一方面東進至亞得里亞海岸，同時也先後征服中都的其他山地部落，建立殖民地，以控制亞平寧山地。大抵迨公元前 264 年羅馬對迦太基的第一次大戰發生時，意大利半島除北境的力究里亞 (Lguria) 地方和“亞爾卑斯山南的高盧”地方外，已全境為羅馬所統一。當共和初期，羅馬的領土擴張，亦如它的內政，表現了卓越的現實的智慧。羅馬將在它權力之下的土地人民，分為二等：一等併入羅馬國家，而另一等以“與邦”的地位，依條約的關係與羅馬結合。前者包括拉丁平原、坎佩尼亞平原、南伊特拉等地人民、薩賓人 (Sabines) 以及所謂“羅馬殖民地”的人民。羅馬殖民地原始為羅馬軍隊的屯地。當公元前第三世紀中葉，意大利半島全境約五分之一土地，一百萬人口，為羅馬國家的領土人民。而伊特拉北部、安布里亞 (Umbria)、亞平寧山地以及半島南部的城邑和部落，在名義上皆屬羅馬的“與邦”。併入羅馬國家的土地人民，對羅馬有納稅和服軍役的義務。他們中如拉丁人從早便獲享完全的公民權利。但其他如坎佩尼亞人、伊特拉人和薩賓人則雖獲享羅馬公民的私權，但不能參加羅馬民會的選舉和表決，不能擔任羅馬國家的公職。

“與邦”和羅馬間的權利義務關係，因條約而異。大抵“與邦”有協助羅馬作戰和在外交上接受羅馬節制的義務。後者包括“與邦”人民相互間的婚姻和通商，為羅馬對付屬地人民一向著稱的所謂“分而治之”的政策之張本。但“與邦”也都有保持各自的政治組織和內部的自治權利；它們的人民也毋需對羅馬負納稅的義務。“與邦”中有一類稱“拉丁與邦”(Nomen Latinum)，包括原來拉丁同盟中少數未被併入羅馬國家的城邑，和所謂“拉丁殖民地”，後者為羅馬和拉丁城邑的移民所闢建，散見於意大利各地。“拉丁與邦”人民享有較一般“與邦”人民更多的權利。在羅馬，他們的私權受羅馬法律的保護；他們可以在部族大會中參加選舉和表決；而一旦定居羅馬，他們可以享有完全的羅馬公民權。

共和初期的兩百年，為羅馬共和政治獲得成功的一段十分寶貴的時期。羅馬在這期間完成了共和制度的建設；當它以向外征服擴張它的領域時，它聽任受它征服的土地人民保持內部的自治，而以一種類似聯邦的制度，使它們結合於它的權力之下。自然，凡被併入羅馬國家或為羅馬“與邦”的人民，他們的自由和權利都或多或少受到限制。以軍事為例言，他們有參加羅馬作戰的義務，但除了有限的一部分拉丁人外，他們對戰事沒有發言的權利。但他們也尚有其他的收穫，可資補償。所有參加作戰的部隊都可有戰利品分享；而屬地和“拉丁與邦”的人民還有權參加新殖民地的開闢。此外，羅馬勢力的強大也使在它權力之下的土地人民獲得更多的安全保障，包括彼此間戰爭破壞的終止和對於北方高盧人侵略的遏阻。而且他們還可希望有一日能獲得與羅馬公民完全平等的地位。羅馬的統治，使繁殊的意大利城邑和部落納入統一的政治體系，並為它們日後摶成一個意大利民族，奠定基礎。

第十二章
羅馬的向外擴張與革命

當羅馬對皮洛士進行戰爭時，迦太基和埃及都曾遣使通好，足見羅馬已是地中海世界的重要勢力。羅馬隨即參加了這一更為廣大的世界活動。在以後約兩百年中，羅馬終於以次第的征服，統一了地中海。但羅馬的向外擴張，也在國家內部造成劇烈的變化，政治和社會革命迭起，結果使羅馬自共和政治過渡而為專制帝政。

第一節　布匿克戰爭與羅馬勢力的西拓

迦太基

羅馬征服地中海世界自西部始，而地中海西部原來是迦太基（Carthage）人的勢力範圍。當羅馬在意大利半島本土逐步擴張勢力時，它與迦太基間並無利害的衝突。羅馬是一個陸上國家，它的利益所在是土地和農業；而迦太基的利益主要在海上，它以貿遷致富。在薩姆尼戰爭和皮洛士戰爭時期，迦太基毋寧曾示好於羅馬。但羅馬收取"大希臘"的商業城邑的結果，改變了它們間的形勢。迦太基的政策是要以"海上封鎖"（Mare Clausum），使地中海西部永久成為它的禁臠。長時期來，迦太基在西西里島上與希臘城邑互爭雄長。羅馬既控有"大希臘"，則它在勢需要代表它的商業"與邦"的利益，與迦太基對抗。在對皮洛士的戰爭結束後不到十年，羅馬與迦太基發生戰爭，史稱"布匿克戰爭"。布匿克戰爭前後三次，首次開始於公元前 264 年，末次結束於公元前 146 年。結果迦太基國破人亡，而地中海西部遂為羅馬所奄有。

第一次布匿克戰爭

第一次布匿克戰爭（公元前 264—前 241 年），因迦太基人在西西里佔領與意大利本土僅一水之隔的墨西拿城（Messana），羅馬出兵干涉而起。這次戰爭陸上的戰場主要在西西里。但羅馬立即發現，如果它沒有一支海軍，其強足以對付迦太基的海軍和保護海上的交通運輸，它將不能在一次越海的戰爭中獲得決定的勝利。一支大型海軍艦隊的建立，在羅馬是一項新的冒險。它需要經驗，需要大量的人力和財力的耗費。公元前 255 年和公元前 249 年，羅馬海軍兩度因風暴或敗績，幾乎全軍覆沒。當時羅馬國庫空虛，賦稅繁苛，但藉強迫捐獻，一支新艦隊隨即建立起來。公元前 241 年羅馬海軍在西西里西方海面擊潰了迦太基的海軍，使迦太基喪失了海上的控制權。當年，迦太基接受羅馬的條件成和。它必須在十年內付給羅馬一宗巨額的賠款，並且放棄對於西西里的任何領土權利的要求。羅馬因這次戰爭雖也精疲力竭，但迦太基的賠款和從西西里征服地區徵發的糧食，足以部分補償它的損失。對於西西里，羅馬給予敍拉古和其他二、三城邑以“與邦”的地位，而以大部分地區建為一個行省。這是羅馬在意大利半島外征服土地之始，也是它在征服地建立行省統治之始，為羅馬擴張政策的一次重大的改變。行省受一個由羅馬任命的總督的絕對統治，對羅馬有繳納定額貢賦的義務，不數年，羅馬又從迦太基佔有了薩丁尼亞和科西嘉。

第一次布匿克戰爭的終止只是雙方精疲力竭之餘的暫時休戰。羅馬在戰後既繼續從迦太基處收奪了薩丁尼亞和科西嘉，而在迦太基方面，則戰時苦守西西里的英雄哈密爾喀・巴卡（Hamilcar Barca）積極經營西班牙，組織土著部落，整軍經武，擴張領土。在他死後（公元前 228 年），其婿赫士特魯巴（Hasdrubal，公元前 221 年卒）和其子漢尼拔（Hannibal，公元前 247 年—前 183 年）先後繼承他的遺志，經營不遺餘力。迦太基勢力在西班牙的擴張，首先蒙受威脅的是若干分建於地中海西北海岸的希臘殖民城邑。它們要求羅馬出面干涉。公元前 220 年，漢尼拔圍攻西班牙東北沿海的薩袞達城，羅馬干涉無效。次年，薩袞達城陷。又一年（公元前 218 年），第二次布匿克戰爭爆發。

第二次布匿克戰爭

第二次布匿克戰爭（公元前 218—前 202 年）為西方歷史上最動人的戰爭之一。漢尼拔率領總數約不過五萬人的部隊，經高盧（Gaul，約當今法國境）南側，攀越阿爾卑斯山，在羅馬尚未發覺大禍臨頭之前侵入波河流域。在以後的十五年中，漢尼拔縱橫於意大利全境，羅馬軍隊，當之則摧。公元前 217 和公元前 216 年，在著名的特拉齊美諾（Lake of Trasimeno）和坎內（Cannae）兩場戰役中，他曾使兩支先後和他交綏的羅馬軍隊全軍覆沒。漢尼拔以孤軍深入意大利境內，他的出現於波河流域，使第一次布匿克戰爭後新被羅馬征服的高盧人起而背叛羅馬，從而使他獲得補給的兵源。但他軍事的勝利和他所加於意大利農田廬舍的破壞，未能危及羅馬城的安全，或動搖羅馬堅持抗戰的意志。他期望半島中部的意大利城邑和部落也會起而背叛羅馬，但戰時意大利中部一直團結鞏固，效忠羅馬。當漢尼拔因援道斷絕、軍力耗損而行動漸受限制時，羅馬卻集中所有可能運用的力量，一方面在意大利本土和西西里懲治通敵的“與邦”，一方面出兵西班牙，奪取迦太基在歐洲的基地。公元前 206 年，西庇阿（R. Cornelins Scipio）逐迦太基人出西班牙。兩年後，公元前 204 年，西庇阿率軍出征北非，進攻迦太基本土，迫使迦太基從意大利召回漢尼拔。公元前 202 年，西庇阿得迦太基西方一個半開化的王國努米底亞（Numidia）的支援，在撒馬（Zama）一役擊敗漢尼拔。這是漢尼拔對羅馬作戰以來第一次在戰場上遭遇慘重的失敗，而撒馬一役也結束了第二次布匿克戰爭。迦太基接受羅馬的條件成和：它必須在五十年內付給羅馬一宗巨額的賠款；它放棄對西班牙和任何地中海島嶼的領土權益的要求；除了十艘戰船外，它不得維持任何在海上作戰的武力；它而且同意不經羅馬認可，不得對外作戰。

第三次布匿克戰爭

這是一次城下之盟。經這次戰爭，羅馬事實上已崛起為一個控有西部地中海的帝國。迦太基只保持了一個商業城邦的地位，連它在北非的大部分領土也先後為努米底亞所兼併。但這時的迦太基，即令只是一個經濟繁榮的城邦，也不能為羅馬所容。羅馬元老伽圖（M. Porcius Cato）一次出使迦太基，見它的葡萄園和果樹林茂盛富美，歸去大聲疾呼，“迦太基必須剷除！”公元前150年，迦太基因努米底亞侵迫不已，上訴羅馬無效，被迫對努米底亞採取戰爭行動。次年，羅馬以迦太基違約為理由，對迦太基宣戰。於是有第三次布匿克戰爭（公元前149—前146年）發生。羅馬既宣戰，隨即派遣軍隊在北非登陸。迦太基乞和。但當迦太基接受羅馬統帥的條件，遣送人質，交出所有作戰用的武器後，羅馬要求迦太基人放棄他們的故城，另在離開海岸之處建立居地。對於一個依海為生，而恃航海通商立國的民族，這無異是死刑的宣告。迦太基人在悲憤絕望之餘，決心抵抗。經兩年的圍攻，公元前146年，迦太基城破。但羅馬人在城中街巷間尚須經一週的血戰，始得進圍衛城。一個號稱五十餘萬人口的城市，至衛城投降時，所餘不過五萬男女。他們全部被發賣為奴。迦太基城經焚掠後被墮為平地，領土建為羅馬的行省。

羅馬行省

第一次布匿克戰爭後羅馬先建西西里為行省，其後併有薩丁尼亞和科西嘉，又建為行省。第二次布匿克戰爭後，羅馬併有西班牙，分建為遠近兩個西班牙行省。因為戰時敍拉古曾助漢尼拔，背叛羅馬，所以西西里島東部這時也併入西西里行省。到第三次布匿克戰爭後，迦太基也建為行省，稱非洲行省。

第二節　羅馬勢力在東地中海的擴張

布匿克戰爭也使羅馬與東地中海的希臘化國家發生衝突，引羅馬走上在東地中海擴張的途徑。

馬其頓戰爭

首先羅馬就因馬其頓王腓力五世於第二次布匿克戰爭時期與漢尼拔聯盟，而對馬其頓開啟戰端，是為第一次馬其頓戰爭（公元前215—前205年）。迨第二次馬其頓戰爭（公元前200—前196年）發生，公元前197年，羅馬軍團於辛諾塞法利（Cynoscephalae）一役，擊潰了馬其頓的方陣。這是馬其頓繼底比斯傳統而發展的優勢軍事組織所遭遇的一次致命打擊，於西方軍事史中為一個劃時代的事件。這次戰後，馬其頓除了賠款和在軍事外交上接受羅馬的約束外，並放棄過去在馬其頓本土以外所有兼併得來的土地。公元前 196 年，在科林斯地峽舉行的一次希臘競技會中，羅馬軍隊統帥弗拉密尼納（T. Quinotius Flamininus）宣稱希臘諸邦從此為獨立自由之邦，不受任何權力的干涉。經第二次馬其頓戰爭，羅馬事實上已居於希臘諸邦的盟主地位。

敍利亞戰爭

第二次馬其頓戰爭後五年，羅馬與敍利亞間也發生了戰爭。漢尼拔在第二次布匿克戰後流亡於敍利亞王安泰奧卡三世的朝廷。公元前 192 年，希臘的埃陀利亞聯盟與羅馬發生戰爭。安泰奧卡因埃陀利亞聯盟之請和漢尼拔的慫恿，出兵赴援，而自第五次敍利亞戰爭後（公元前 195 年），敍利亞在小亞細亞擴張勢力，帕加曼請求羅馬干涉，因此羅馬與敍利亞間的戰爭遂起。這次戰爭，安泰奧卡屢敗，羅馬軍隊從希臘本土，由海陸兩方追擊至小亞細亞。迨戰爭結束（公元前 189 年），安泰奧卡除賠款和放棄他的海軍外，並退出托魯斯山（Taurus Mts.）以西的所有領土，羅馬將安泰奧卡在小亞細亞所讓出的土地分給帕加曼和羅得斯，而將希臘本土的埃陀利亞聯盟諸邦列為“與邦”。漢尼拔從敍利亞出亡，其後在比提尼亞王廷，為羅馬所逼而自盡。

馬其頓的建省

到這時止，羅馬在東方尚未明白顯露其領土的野心。埃及、帕加曼和羅得斯，與羅馬一直是親善之邦。馬其頓、埃陀利亞的希臘城邑和敍利亞雖受羅馬的節制，但它們也尚只是羅馬的“與邦”或“友邦”（Amici），不像西地中海諸地的被收為行省。至少有一段時期，羅馬的一部分領導階級人士本於對希臘文化的愛敬，努力使羅馬的政策用於維持希臘化世界的和平。但有兩種原因終使這項政策不能繼續維持。第一是羅馬國內的不滿。保守分子如伽圖，對於羅馬的犧牲生命和物力，徒然為希臘的獨立從事戰爭，極度不滿。伽圖大聲疾呼，謂希臘人方以惡德敗行、奇技淫巧和異端邪說，敗壞羅馬人的品德。他抨擊對希臘主張持親善政策的人士，指責他們受了希臘人阿諛諂媚和子女財帛的蠱惑。第二是希臘化世界對於羅馬政策的不滿。大抵在希臘本土諸邦，羅馬扶植富有的階級，支持寡頭政府，因此為平民黨派所不滿。當時希臘諸邦社會革命迭起，革命的勢力也都成了反羅馬的勢力。因為馬其頓與羅馬積有宿怨，所以他們有時寧肯求助於馬其頓。在希臘化諸國間，羅馬扶植埃及、帕加曼和羅得斯，而對馬其頓則防範疑懼，無所不至。希臘化諸國間爭執時起，而一旦有爭執發生，無論為親羅馬的或反羅馬的一方，都對羅馬的政策感覺不滿。一方要求羅馬有更多的干涉，而一方不願羅馬干涉。公元前 171 年，就因為帕加曼在羅馬攻訐馬其頓，而有第三次馬其頓戰爭（公元前 171—前 167 年）發生。

第三次馬其頓戰爭完全為羅馬所迫成。羅馬軍隊經過初期的失利，於公元前 168 年的皮德那（Pydna）一役，大敗馬其頓王伯爾修斯（Perseus）。馬其頓各地先後平定。伯爾修斯被俘，以後囚死於意大利。迨這次戰後，羅馬處置東地中海征服地的方針大變——盡去以往羈縻親善的政策，而易以壓迫專制。馬其頓的安提俄那（Antigonid）王朝被廢，國家被分裂為四個共和邦，它們必須向羅馬繳納貢賦；它們相互間以及與希臘諸邦間的商業交通，都受嚴格限制。因為伊庇魯斯和伊利里亞（Illyria）在戰時都曾與馬其頓聯盟，羅馬軍隊開入兩地，大肆殺伐。僅伊庇魯斯一地，人民被收為奴的便有十五萬人之眾。凡希臘本土諸邦戰時曾示好於馬其頓的，也不能免於膺懲；在埃陀利亞諸城邑，親馬其頓的分子受到大規模的殺戮和放逐。甚至在戰時親羅馬的亞豈安聯盟諸城邑，羅馬也索取了一千名領袖公民為人質，遣往意大利。與第三次布匿克戰爭同時，在東方又有第四次馬其頓戰爭（公元前 149—前 148 年）發生。第四次馬其頓戰爭本身無關重要，一個僭號者集合了一部分勢力，意圖恢復馬其頓王國。逾年，他就被羅馬軍隊擊敗亡去。但經此一戰，羅馬終於公元前 146 年併有馬其頓，建為行省。這是羅馬在東方直接兼併領土之始。

希臘獨立的最後喪失

公元前 151 年，羅馬放還第三次馬其頓戰後向亞豈安城邑所索取的人質，在原來的一千人中，生還者不過三百人。正當亞豈安城邑對羅馬普遍不滿之際，而羅馬又扶植斯巴達，以削弱亞豈安聯盟的地位。第三次布匿克戰爭既起，亞豈安城邑乘羅馬多事的機會，在科林斯的領導下，對斯巴達作戰（公元前 146 年）。但它們隨即被羅馬平定馬其頓的軍隊擊敗。羅馬雖沒有立刻併有希臘，但它解散了亞豈安聯盟，把舊聯盟城邑置於馬其頓的羅馬總督的監督之下；科林斯城則遭墮毀，人民被發賣為奴。從弗拉密尼納在科林斯的競技會中以羅馬權力宣佈希臘諸邦為獨立自由之邦後，正好半個世紀，而希臘和馬其頓在同一權力之下，最後喪失了它們的獨立和自由。

布匿克戰爭為羅馬跨入帝國主義途徑的起步。而它一經跨入，便步步向前，無所底止。在羅馬的擴張史中，公元前 146 年是一個十分值得注意的年代。羅馬在這一年最後滅迦太基；迦太基和馬其頓在同年建省；而科林斯城和迦太基城在同年被墮毀，它們的孑遺人民被掠賣為奴。羅馬於統一西地中海之年，也統一了歐洲的地中海區域。

第三節　羅馬政治社會的劇變

布匿克戰爭也在羅馬國家內部造成了劇烈的變化。

元老院與元老貴族階級

上章曾述及羅馬平民爭取政治、社會和法律地位的平等，獲得勝利。但迄共和政治成功之日，羅馬仍未能解決它的社會經濟問題——土地兼併和社會貧富的分化。《霍騰西阿法》制定於公元前 287 年，予平民會議以完全的立法權。這是羅馬平民爭取政治權利獲得最後勝利的一年。又五年（公元前 282 年），羅馬與皮洛士的戰爭發生；皮洛士戰爭結束後八年（公元前 264 年），而第一次布匿克戰爭又起。當戰爭接踵而起時，國事的繁劇和平民的轉戰四方，都使國務的處理益發集中於元老院。因為元老院可以經常集會，而元老又大都為有當國經驗的退職官吏。所以自公元前第三世紀起，羅馬的迅速向外擴張，首先就使共和制度於完成之日，未曾得到一個充分實施的機會。再者，羅馬在征服地廣建殖民地的政策，也暫時緩和了平民經濟的困難，而使大量平民離開羅馬城，從而也離開了羅馬政治。

平民有權充任國家所有高級官吏的結果，使舊日貴族和平民的界限，日就泯滅。因為其後元老多從退職的高級官吏中選舉，而元老又常出任國家高級官吏，所以一個仕宦階級和元老階級逐漸併合，形成羅馬共和國的一個新貴族階級 —— 元老貴族階級。事實是迨公元前第三世紀中葉，這一新貴族階級又已成為一個深閉固拒的階級。非出自這階級的家族的人士，或所謂"新人"(Novi Homines)，難得再獲任國家的高級官職。戰爭和征服為羅馬贏得無量的財富，包括戰利品、奴隸、籍沒的田地、征服地的貢賦和對於行省的榨取，而主要享其利者是元老貴族階級。因為習慣和法律只許元老從事農業經營，所以暴得的新財富除了供豪華的享受外，多用於大田莊的開闢。第二次布匿克戰爭後，羅馬不僅在新建的行省如西西里、薩丁尼亞和西班牙沒收了大量土地，便是在意大利本土，也因經漢尼拔的蹂躪，田園荒蕪，而多無主的田地。它們成為國家的公地。其中一小部分建為羅馬殖民地，主要用為軍隊的屯地；一小部分由國家放租給民間；但大部分則為元老貴族階級所承領或佔用，闢為牧場、葡萄園或果樹園。大牧場和大田莊都用奴隸勞動，由莊頭管理；而元老貴族為富有的奴隸主和地主。

騎士階級

戰爭也造成了另一個新富階級。他們在古代羅馬稱"騎士"(Equites)，而就經濟的意義言為資本家。因為元老貴族階級的經濟利益限於土地，所以"騎士"壟斷了農業以外的種種生財之道。他們為軍隊承辦配備和給養，販賣軍隊的戰利品和俘擄，承包行省賦稅，經辦道路和水渠工程，採伐木材，開發鑛產，放高利貸，並經營農業、手工製造、運輸和商業。承包行省賦稅的稱包稅人(Publicans)。他們成為羅馬帝國主義政策的最熱心的擁護者，因為新的土地人民的征服也就是新的逐利之所的開拓。

小自耕農階級的沒落

當元老和騎士因羅馬的向外征服而財富激增時，意大利的農民階級則日就凋零。在自有的小農地上耕作的農民曾是羅馬軍團的主力，但第二次布匿克戰爭時農田所受的蹂躪，加以農民因連年的遠道從軍而脫離耕地或死亡，都使這個樸實壯健的小自耕農階級備受斲喪。再者，來自西西里和北非等地的廉價穀物的輸入，以及大田莊的奴隸勞動的生產，也使小農在經濟上無法作公平的競爭，而維持艱難。於是有更多的農民喪失土地。一旦羅馬對外的大規模戰爭中止，他們更不復有從軍冒險和開闢殖民地的機會，以為調劑。他們或轉入城市，或淪為佃農，而大部分且為債務所困。自然，在意大利仍有少數小自耕農存在。但大體言之，則意大利不再是一處小農地和小自耕農的樂土，由奴隸勞動的大田莊和安富尊榮的大地主吞沒了小農地和小自耕農階級。

就一種意義言，小農階級的破壞也是意大利農業的破壞。因為大田莊栽植葡萄和橄欖樹，以製造酒和油貿利，而不種植穀物，以致意大利的大部分穀物供應需要仰給海外——主要為西西里和北非。一旦有任何自然的或人為的原因使糧船失期，都會使羅馬城發生糧食的恐慌。同樣嚴重的是小農的破壞也破壞了兵源。羅馬國家的疆域日廣，而公民人數卻日見減少。從公元前 165 年至 135 年的三十年間，依正常的估計羅馬公民應增加十萬人，而實際卻減少了兩萬。失去耕地的農民流入城市，一部分固然仍恃勞力為生，從事工藝製造或商業，但一部分則增加城市無產無業的人口，他們成了遊民。他們度日維艱，賴政府或富家布施穀物為生。他們缺乏知識，而感情浮動，容易墮落，受賄賂，被利用。易言之，他們成了羅馬政治和社會中的一種不滿現狀而十分危險的成分。

羅馬政治社會的變化

從第一次布匿克戰爭起一個多世紀的對外戰爭和征服在羅馬所造成的變化，可以概括如下：(一) 元老貴族階級控馭國家政權，民會消沉；(二) 因戰時的擄掠勒索、征服地土地的籍沒，和對於行省的榨取，羅馬的財富驟增，主要受其利者為元老貴族階級；(三) 因戰時俘虜的發賣為奴，羅馬社會的奴隸人數激增；(四) 奴隸勞動、大田莊的發達、行省廉價穀物的輸入，加以羅馬人民的連年轉戰四方和第二次布匿克戰爭時期意大利農田廬舍所受的破壞，破壞了小農階級；(五) 因無地農民的轉入城市——主要為羅馬——以及手工藝者的因奴隸勞動的競爭而失業，城市中無產無業的貧民人數增加；(六) 一個包括商人、高利貸者和承包國家賦稅、公共工程，以及其他經濟事業的官商的新富階級興起；(七) 社會奢華侈靡和愛好角鬥等殘忍遊戲之風大盛。愛好角鬥之風可能傳自伊特拉人，訓練犯人、奴隸或俘擄為角鬥士(Gladiators)，看他們相互格殺為樂。政府和富人以此娛樂公眾，而城市民眾則以此尋求刺激，消磨時日。凡此變化，結果把羅馬從一個以自耕小農立國的共和國，造成了一個寄生者和奴隸的國家。貧富懸殊之甚為向來所未有。以往尊重紀律和效力國家的傳統日就陵夷，而代之以對於財富的貪得無厭和窮奢極欲的享受。在元老貴族階級中也有人力圖挽回頹風，重振固有的道德和樸實的風尚。如伽圖，這位敵視希臘和力主"迦太基必須剷除"的元老，便是其中最著名的一人。伽圖曾遍歷國家的顯職，而他仍親身在自己的農場耕作，粗衣糲食，生活簡單。但伽圖也仍是地主貴族，幾處大田莊和大量奴隸的主人。他敵視迦太基，至少一部分是因為他妒嫉迦太基農產品的競爭之故。羅馬富人仍競為奢侈。同時則公共道德敗壞，行省總督和包稅人對地方盡力榨取，而以榨取所得在意大利廣置田宅和從事政治活動。城市無助的貧民則但望國家或富人供給他們麵包果腹，供給他們殘忍的角鬥表演以圖一時耳目的興奮和刺激。社會物質和精神生活的墮敗，使後世有些學者認為羅馬的衰替早已從這時期開始。

格拉古兄弟的變法運動

第三次布匿克戰爭結束後十三年，公元前 133 年，而有提比略・格拉古(Tiberius Semproius Gracchus)的變法。提比略・格拉古出身羅馬望族，但他以社會改革為號召，當選為公元前 133 年的護民官。在就任後，提比略提出了一個農業改革法案，限制羅馬公民每人領有公地的面積，而以逾限的公地由國家收回，放領給無地的農民。元老院為了抵制他的改革，授意另一位護民官否決他的提議。於是提比略不顧傳統的習慣，經由部族會議罷免了反對他的護民官，而使他的提案制定為法律。為使他的改革政策得以繼續推行，並保障自己避免於元老貴族階級的報復，提比略再度違背傳統的習慣和法律，在當年競選連任護民官。元老院宣佈他的競選連任為非法；在部族會議中，選舉陷於混亂。一部分元老乘部族會議選舉未定之際，率領武裝的家臣和奴隸，攻擊提比略。提比略和他的黨徒約三百人被擊殺。元老院繼之並興大獄，以叛國罪羅織提比略的黨人。

提比略死後十年，公元前 123 年，而其弟蓋約・格拉古（Gaius Gracchus）又出任護民官，繼承其變法運動及其與元老貴族階級的鬥爭。在兩兄弟中，蓋約更有才幹，更加敢作敢為，也更為雄辯；而且在他出任護民官前，部族大會的立法也已許可護民官競選連任。所以提比略所失敗的，而蓋約得到成功，他在第一年任滿前又當選為次年的護民官。蓋約的變法，中心目的仍在解決土地問題和救濟城市貧民。他重新制定土地法，並在意大利和北非的迦太基故地廣建殖民地，以安置無地的農民和羅馬城的貧民。他並創制了一種穀物法，規定由國家收購海外的糧食，建倉存儲，定期以平價配售給羅馬市民，以賙濟貧窮，而防糧價波動。但他也有一部分立法，用意在扶植新富的騎士階級。例如，前述由官商承包行省賦稅的制度便創自蓋約。關於公地的放領，他也放寬承領單位面積的限制，而使承領者得以本投資的方式經營。所有蓋約的立法自然也都有一種明顯的政治用意存乎其間，圖裁抑元老貴族階級的特權和勢力，而鼓勵平民和騎士階級擁護他的政策。他並收奪元老和執政官的一部分司法權力，以之授予騎士階級。但蓋約的有志於羅馬政治社會的廣泛改革，其真誠果敢也無可疑。他最後終於因一樁改革計劃受到感情浮動的羣眾的反對，而在政治上失去控制。結果他也如其兄提比略一樣，為變法運動犧牲了生命。

蓋約的最後一樁改革計劃，是要以完全的公民權授予“拉丁與邦”的人民，而以“拉丁與邦”人民舊有的權利，授予所有意大利“與邦”的人民。羅馬人民現在充分認識了公民權的利益。身為羅馬公民，他們在民會中的一票，使他們在羅馬受到奉承和賄賂，享受免費的娛樂和廉價的乃至免費的糧食供應。他們不願他們的特權喪失，或為更多的人所分享。蓋約的敵人從而煽動。結果一個護民官承元老院的意旨，乘羣眾忿躁不滿的機會，否決了蓋約的提議。在繼之的護民官選舉中，蓋約未獲當選，這使他在任期屆滿後喪失身體安全的保障。同時他的敵人開始進行破壞他的新法。在蓋約的擁護者和反對者間衝突發生。元老院宣佈國家進入緊急狀態，召執政官和其他國家官吏以全權平亂。經過慘烈的搏鬥，蓋約的黨徒被殺者逾三千人。蓋約本人於出亡途中，假手於他的奴隸自殺。

變法運動失敗的影響

格拉古兄弟的變法，前後相去十年；他們的當政各不過一、二年。在蓋約失敗後，他的新法次第被廢，所餘的只有在羅馬城配售救濟糧食以及以行省賦稅招商承包等二端。但他們對於羅馬歷史所生的影響，則十分巨大。第一，格拉古兄弟企圖以限田和公地放領的政策，重建一個自由小農階級，但他們所依賴的卻是羅馬城的羣眾。他們的失敗充分證明了這羣眾以及現在主要由他們出席的民會之不可恃。這使繼他們之後企圖掌握羅馬國家權力的人，無論為改革的目的或為其他的政治野心，都必須在羅馬羣眾之外另覓一種更加可靠的力量以為憑藉。如果格拉古兄弟是政治煽動者，他們企圖運用羅馬共和政治的機構，以達到改變現狀的目的，則繼他們之後的是軍事野心家，他們直接用武力裁制或扼殺共和政治的機構，以專制國家的權力。第二，從格拉古兄弟的經驗，也見羣眾雖不可恃，但可以利用。格拉古兄弟都曾以民眾的名義，使元老院一時不能有所作為。元老院攬有國家權力，係自薩姆尼戰爭以來積漸造成的形勢，並無任何立法賦予它以如此的權力。經格拉古兄弟的打擊，元老院雖仍得暫時恢復權勢，但它的似若神聖不可侵犯的地位則從此喪失。這使步格拉古兄弟後塵的人更敢於冒險犯難，假民眾之名，以顛覆元老院的權力。第三，元老貴族階級的加於格拉古兄弟暴行，為羅馬以後的政治鬥爭創下了惡例，並使他們的敵人轉而以他們之道還治他們。而以暴易暴的結果，終使羅馬的共和政治墮毀。從第三次布匿克戰爭結束至公元前 46 年凱撒平龐培後從東方凱旋羅馬，其間恰好一百年。這一百年成為古代羅馬歷史中最動盪劇烈的一段時期。格拉古兄弟的變法及其失敗，為這一世紀羅馬內部的暴亂相尋發難，其演變所至，卒使羅馬自共和政治過渡而為專制帝政。

第十三章

羅馬共和政治的傾覆與帝政的肇建

第一節　馬立阿斯與蘇拉的專政

在羅馬共和晚期，首先假民眾推戴的形式，而藉軍隊力量抵制元老院，以專制國政的，是馬立阿斯（Gaius Marius，公元前 157—前 86 年）。因為羅馬軍隊在共和晚期的政治變化中所居地位的重要，所以本節對於羅馬軍隊的組織及其演變，需要先略加說明。

羅馬軍團

羅馬軍隊組織的單位是軍團（Legion）。羅馬初從伊特拉人傳入希臘的方陣戰術。大約當薩姆尼戰爭時，羅馬將領改變方陣的隊形，縱列分前、中、後三衛（Divisions）；橫列每衛分十連（Maniples）；每連含兩隊，前、中兩衛每隊 60 人，後衛每隊 30 人，仍稱百人隊（Centuries）；外加騎兵 300 人，輕裝兵 1200 人，合計為 4500 人。這樣組成了著名的羅馬軍團。軍團的騎兵用於兩翼，中、後衛用於填補前衛在交戰時發生的罅隙；因為每衛的連可以單獨進退，所以軍團內部的行動比方陣靈便。到第二次布匿克戰爭時，在撒馬一役，西庇阿令前衛單獨作戰，調動中、後衛使填補騎兵前進後所留出的位置。於是一個在戰場上列陣的羅馬軍團，有一個正面作戰的前衛，而於前衛後方位置可以單獨出戰的部隊，準備接替前進的騎兵，以供側翼防禦或包圍之用。

在通常情形下，一個執政官統率的軍隊為兩個軍團，所以全年徵召，通常為四個軍團，計步兵 16800 人，騎兵 1200 人。但軍團人數可以因事實需要而增加，軍團數亦然。當第二次布匿克戰爭時，羅馬曾有二十三個軍團同時出動。此外，戰時與羅馬軍團同時出動的，尚有數目約略相等的意大利"與邦"的軍隊；而遇着在意大利境外作戰時，尚有輔助的軍隊，分別從行省、"與邦"和"友邦"徵來。羅馬軍團的組織，至公元前第二世紀末葉，又經過馬立阿斯的改革，而有新的變化。馬立阿斯增加軍團的人數為 6000 人，分三十隊，每三隊為一聯隊（Cohort），計十聯隊。

羅馬軍隊的職業化

傳說當伊特拉王統治時期，羅馬已行徵兵。人民裹糧入伍，服役的兵種依各人的財產 —— 亦即各人自己置辦裝備武器的財力 —— 而定，夏季出征，秋季歸治田畝。同樣據傳說，當羅馬圍攻伊特拉人的維愛城時，因為兵士長年在外，不能還鄉耕作，所以國家開始發給兵士薪餉。一種軍隊給予制度的建立，使兵士的服役期間得以延長，便於遠道從軍作戰。其後羅馬軍隊轉戰四方，兵士既不能於短期間解甲歸農，有的就留在行伍，成了專業的兵士。戰爭規模的擴大和戰事的猛烈，使軍隊的訓練日形重要，因此也愈需要軍隊的專業化。結果至公元前第二世紀末葉，馬立阿斯終於廢止軍團兵士限由有產的羅馬公民充當的舊制，而以招募志願的兵士代替徵召。於是羅馬徵兵制廢，而募兵制代興。羅馬軍團也就成了一種以不事生產的兵士為主要成分的職業軍隊。大約當薩姆尼戰爭時期，由於見軍隊因每年執政官改選而易帥的不利，羅馬開始建立"署執政官"（Proconsuls）的制度，於執政官任期屆滿後延長其軍權，使繼續統帶軍隊。其後軍隊既職業化，一旦軍與將習，遂至軍隊唯知聽命於統帥，而不復曉然於國家的利害。在羅馬共和晚期完成軍隊職業化的馬立阿斯，也成了羅馬開軍人專政之風的第一人。

公元前 146 年後，羅馬向外擴張未已。在東方，小亞細亞諸邦，以至敍利亞和埃及，都已先後接受羅馬的保護或約束。公元前 133 年，帕加曼王逝去，乏嗣，遺囑以他的王國贈予羅馬。數年後（公元前 129 年），羅馬建帕加曼為行省，稱亞洲行省，是為羅馬在亞洲建省之始。同時，羅馬也在西方對"阿爾卑斯山外的高盧"（Transalpine Gaul）用兵。公元前 121 年，羅馬以所征服的高盧南部地方建為行省，稱那旁高盧行省（Narbonese Gaul）。

馬立阿斯的得勢

但到布匿克戰爭結束前後，權力和財富也迅速腐化了羅馬的統治階層。專制壓迫和橫徵暴斂成為羅馬統治征服地和行省的共同現象。早在公元前154年，西班牙便曾因羅馬總督治理不善，上訴元老院無效，而發生叛亂，擾攘二十餘年始定。迨同世紀末年，西西里大田莊的奴隸也因不堪虐待，起而暴動，至有兩次奴隸戰爭（The Servile Wars，公元前135—前132年、前103—前99年）發生。每次都用兵數年，經慘烈的流血屠殺始定。凡此變亂都發生於格拉古兄弟變法前後。迨公元前111年尤古他戰爭（The Jugurthine War）發生，而羅馬政治的腐敗、將帥品德的墮落和軍隊士氣的低落，更加暴露無遺。尤古他戰爭是羅馬對北非努米底亞——羅馬的保護國——的一個僭位者尤古他（Jugurtha）的戰爭。在這次戰爭中，羅馬一度出師無功，一度全軍敗降，而羅馬元老和官吏受尤古他賄賂之說，沸騰於人口。民會組織特別法庭，鞫問受謗的元老、統軍的執政官和受命往努米底亞的使節，有多人被定罪和處分。公元前108年，民會舉馬立阿斯為執政官，並不顧元老院所作有關北非軍隊統帥的決定，授權馬立阿斯總領北非的軍事。馬立阿斯出生農家，由行伍發跡。在當選為執政官前，他是北非戰場的一個軍團司令。公元前108年，他從軍中至羅馬，以民黨的推戴得膺重任。處理外交和軍事久屬元老院專有的權力，民會這次授馬立阿斯以統率北非軍事之權的舉動，也如民會於格拉古兄弟變法時所為，為對元老院傳統權力的抵制。但這次民會所擁護的不是一個護民官，而是一個軍事領袖。它為以後的羅馬政治開了一個危險的先例——羣眾依附軍事領袖造成軍人專政的先例。因為鑒於當時從農民徵召軍隊於役海外的困難，馬立阿斯更不顧傳統有關服役兵種的財產資格限制，而從城市貧民募集志願入伍的兵士。這樣他造成了上述有關羅馬軍隊性質的根本變化。

馬立阿斯無疑是一位卓越的軍事統帥。他予他的軍隊以嚴格的訓練，使之成為一支服從命令、意志堅強而能征慣戰的武裝力量。尤古他戰爭於公元前106年結束，尤古他被俘，其後囚死於羅馬。同時羅馬的高盧行省也方受日耳曼人和開爾特人的攻擊。羅馬的大軍連遭敗衄。一支日耳曼人並越阿爾卑斯山而南，入侵意大利本土。馬立阿斯於北非戰爭結束後回返羅馬，又從民會受命統率北方的軍事。公元前 103—前 102 年，他先後在高盧南部和意大利波河流域，擊潰入侵的日耳曼人的主力。大羣北人遭殺戮或被俘為奴，倖存的遠颺引去，而羅馬的北境以安，馬立阿斯現在成了羅馬人民的英雄。公元前 151 年的一次立法曾再度禁止執政官競選連任，但從公元前 104 年至前 100 年，馬立阿斯因民會的選舉，連任執政官至五屆之久；而且他執掌軍權，完全罔顧法律，罔顧元老院的傳統地位。

雖然，馬立阿斯仍是一個本色的軍人，但他缺乏政治的頭腦和野心。當他任執政官的最後數年，民黨首領在羅馬不斷串演暴行，以剷除政敵，操縱選舉，左右立法。公元前 100 年，又一次謀殺事件發生，元老院宣佈國家進入緊急狀態，召馬立阿斯執行他的執政官權力平亂。結果，馬立阿斯的軍隊又被用以壓平了一次民黨的暴動。這樣，從政治的意義視之，足見新軍隊不僅可用以阻攝元老貴族階級，它同樣可用以制服感情浮動的羣眾和政治煽動者。但馬立阿斯當時未曾進而採取行動，以掌握時局。在元老院的反動措施下，他因自己處境困難，離開了意大利。這使元老院一時又恢復了權勢。

公元前第一世紀初年，羅馬發生了一次內戰和一次對外戰爭。內戰是"意大利與邦戰爭"（The Social War，公元前 91—前 88 年），對外戰爭是第一次密司立對提戰爭（The First Mithridatic War，公元前 88—前 84 年）。

意大利與邦戰爭

公元前 100 年民黨的失敗，一部分也因為民黨首領幫助馬立阿斯安頓遣散的兵士，在所制定的法律中有授田和授羅馬公民權給拉丁暨意大利"與邦"兵士的規定，從而為羅馬的羣眾所不滿，以至削弱了他們的地位。在歷次戰爭中，意大利"與邦"都曾出動與羅馬軍團數量相若的部隊，參加作戰。但羅馬從戰爭與征服所得的利益愈豐，元老院和羅馬羣眾對於他們身為征服者的特權，也愈不肯為他人所分潤。公元前第二世紀中，與羅馬平民之不滿元老貴族階級相若，在意大利"與邦"間則瀰漫着對於羅馬的不滿。它們也曾屢向元老院陳情，但迄無效果。公元前 100 年的立法，用意原在酬庸拉丁人和意大利人在馬立阿斯軍中的功績。但民黨既敗，這次立法逾年便遭廢止。當時意大利

"與邦"的叛象已成。公元前 91 年，護民官杜魯薩 (M. Livius Drusus) 因重提擴張公民權案，被擊殺。當年，意大利中部和南部的"與邦"舉兵起事，"意大利與邦戰爭"開始。戰爭持續了三年，至公元前 88 年始定。結果意大利人獲得了完全的公民權，成為羅馬的公民。自然，以今視昔，一個行城邦政治的共和國，而其公民分佈如此廣大的地域，可謂不合事理。除非新公民不憚跋涉，前往羅馬，他仍不能在民會行使權力，或參加政府。但意大利人與羅馬人政治法律地位的平等，畢竟使意大利人獲得更多的羅馬法律的保護，並開始消除兩種人民間心理的隔閡，有裨於日後意大利民族的摶成。

第一次密司立對提戰爭

羅馬在東方削弱帕加曼和羅得斯的地位的結果，第一，使東地中海的海盜猖獗；第二，使小亞細亞本都斯 (Pontus) 的勢力坐大。本都斯位於黑海南岸，公元前 120 年密司立對提六世 (Mithridates Ⅵ，公元前 120 年—前 63 年) 繼位為王，勢力大增。黑海區域和小亞細亞的廣大地面，一時幾盡為他所役屬。密司立對提為圖消滅羅馬在小亞細亞的勢力，並使小亞細亞人民自絕於羅馬，下令各地屠殺意大利人 (公元前 88 年)。當時小亞細亞也方苦於羅馬官商的橫徵暴斂，各地因此而殺戮的意大利人估計達八萬之眾。密司立對提並從小亞細亞越愛琴海，入侵希臘。希臘南部和中部的大多數城邑，一時也都受他的號令。

蘇拉的改變

羅馬從尤古他戰爭以降，西方多事，無力在東方大舉。公元前 88 年"意大利與邦戰爭"結束，蘇拉 (L. Cornelius Sulla，公元前 138—前 78 年) 任執政官，因受命統軍，大舉撻伐密司立對提。蘇拉出生羅馬貴族，曾為馬立阿斯的部將，屢建戰功，尤古他即他所俘獲。其後蘇拉曾出使小亞細亞。當"意大利與邦戰爭"時，他與馬立阿斯又都曾在意大利統軍作戰。他當選為公元前 88 年的執政官，並從元老院受率師東征之命。但率師東征卻是馬立阿斯企望已久的大願。當公元前 100 年時，他已經完成了出征的準備，因民黨事敗中止。其後他又出遊東方，觀察形勢。現在元老院以出師之命畀予蘇拉，自非他所能甘心。護民官蘇爾比基阿（P. Sulpicius Rufus）因效法尤古他戰爭時的故事，向民會提議，以東征之命改授馬立阿斯。當元老院採取行動圖阻止蘇爾比基阿時，暴動發生。元老院和蘇拉被迫聽任蘇爾比基阿的提議通過民會。但蘇拉雖因此在法律上被解除了統軍之權，他在“意大利與邦戰爭”時所統率的六個軍團，卻尚駐在坎佩尼亞。蘇拉逃入軍中，命令部隊隨同他進軍羅馬。在馬立阿斯和蘇爾比基阿還不及防禦之前，他佔領了羅馬。這是一次完完全全的兵變，羅馬歷史中第一次一個執政官以武力佔領羅馬。在蘇拉的指使下，百人隊大會撤銷了蘇爾比基阿的立法，通緝蘇爾比基阿和馬立阿斯，並恢復元老院從共和前期以來被剝奪的控制立法的權力。蘇爾比基阿不久被殺，馬立阿斯逃往北非。蘇拉在完成了他所認為必要的安全部署後，統軍東行。

蘇拉既東行，而羅馬民黨與元老貴族階級的衝突又起。公元前 87 年，繼羅馬市內的一次流血暴動後，民黨首領金那（L. Cornelius Cinna）集合了一支武力，與從北非歸來的馬立阿斯所集合的武力聯合，圍攻羅馬。當年終，羅馬城降。元老貴族階級受到了酷烈的報復，他們大批被殺戮，被處死刑，或被籍沒產業。公元前 86 年，金那和馬立阿斯未經任何選舉的形式，自稱執政官。這是馬立阿斯的第七次出任執政官，但他就任才十餘日即去世。其後羅馬受金那的獨裁統治。公元前 84 年，金那在一次兵變中被殺。同年，蘇拉也結束了他在東方的戰事而西歸。

第一次密司立對提戰爭歷時四年。蘇拉先在希臘擊潰密司立對提的軍力，於公元前 85 年渡海利斯滂海峽，至小亞細亞。密司立對提乞和，戰爭終止。根據和約，密司立對提必須退出他在小亞細亞所有侵佔的土地，放棄在愛琴海上的艦隊，並付給羅馬一宗賠款。對於亞洲行省的希臘城邑，作為它們依附密司立對提和背叛羅馬的懲罰，蘇拉也索取了一筆數目龐大的罰款。公元前 84 年，蘇拉在亞洲留置駐軍後，班師西歸。

內戰與蘇拉的專政

蘇拉於次年初偕軍隊在意大利登陸，內戰再起。在意大利本土，這次戰爭歷時兩年，戰禍波及全境；而在其他地中海西部各地要更遲數年始定。於是又一次恐佈統治降臨羅馬，而以意大利與羅馬城所受為尤酷。人民之被任意殺戮與經公敵宣告而喪失生命的，纍纍皆是。他們的財產被籍沒，子孫不得再任國家公職。個人而外，凡曾依附民黨的城邑，也都受到嚴厲的懲罰。蘇拉並從伊特拉和北意大利籍沒大量土地，以安置他所遣散的兵士約十二萬人。為防範被害者的報復，蘇拉從被害者家族的奴隸中選拔約一萬名壯漢，以他自己的名義予以解放，組成一支完全屬於他個人的衛隊。從而開羅馬國家官吏擁有私人武裝部屬的先例。

同時蘇拉經由百人隊大會追認他的懲治公敵的措施，並選舉他為獨裁官，授以重定共和憲法的大權。於是而有蘇拉的變法。蘇拉的變法，範圍至廣。於立法、選舉、司法、行政、財政等方面，莫不涉及；而其所更張，一部分因為適應現實的需要，但主體則在重建元老貴族政治的體制。他使民會——包括部族會議——的立法再度受制於元老院的否決權，同時則奪護民官在部族會議創制法律和檢舉國家官吏之權，並禁止護民官於任滿後再任國家的其他高級官職。蘇拉的變法，自也不乏有垂久價值的部分，其中有關司法的改革於羅馬法制史中便貢獻良多。但他的全部事業則屬一種復古的反動。本來，格拉古兄弟的變法與其後羅馬的變亂相尋，乃元老貴族政治的失敗所導致。現在蘇拉以武力奪取政權，行一人專制，而圖恢復羅馬的舊共和政治，其事不啻南轅北轍。結果元老貴族政治終不可復，而他的奪取政權和維持政權的方式，則立即為步他後塵的人所效法。蘇拉於公元前 79 年退休，逾年逝世。在羅馬，要求撤銷他的立法的運動立即鼓噪而起。但要到龐培（公元前 106—前 48 年）加入民黨的一方，民黨才又有了一位有實力的領袖，以抵制元老院。

第二節　第一次三頭專政與凱撒的獨裁

龐培與克拉蘇

龐培曾是蘇拉的一個熱心黨人。當蘇拉從第一次密司立對提戰爭後西歸，進行與馬立阿斯黨人的戰爭時，龐培投效蘇拉，在意大利本土、西西里和北非等地，都曾卓建戰功。在蘇拉逝世後的數年間，他也仍與元老院合作。公元前 77 年他受命往西班牙，最後平定了該地的馬立阿斯的餘黨。公元前 73 年，意大利南部加普亞地方的角鬥士，以斯巴達克斯（Spartacus）為首，舉兵作亂。

大田莊的奴隸和流浪的亡命之徒附之，因而有所謂第三次奴隸戰爭（公元前73—前71年）發生。龐培從西班牙戰爭歸來，又與當時正在平亂的將軍克拉蘇（M. Licinius Crassus）合力，蕩滅了叛軍。克拉蘇也曾是蘇拉的熱心黨人，以收買被宣告為公敵者的財產而致巨富，但龐培和克拉蘇一旦軍事成功，軍權在握，他們立即效法蘇拉以武力攫取政權，並進而破壞蘇拉在羅馬所重建的元老貴族政治的體制。

龐培的東征

公元前71年，龐培和克拉蘇以軍力懾服元老院的反對，經民會當選為次年的執政官。因為他們的選舉曾受元老院的反對，並為蘇拉的立法所不許，所以他們在任時公然採取反元老院的立場，並破壞蘇拉的立法。他們經民會制定法律，恢復蘇拉所剝奪的護民官的權力。公元前70年，行省總督的貪黷和元老貴族在法庭的偏袒，引起了西塞羅（M. Tullius Cicero）—— 羅馬共和時期的大演說家 —— 的劇烈抨擊。在一項有關司法的立法中，蘇拉所劃歸元老院的司法特權，也多被分奪。但有如馬立阿斯，龐培仍是一個本色的軍人。他從軍事而登政治，然他的大略所存，仍在軍事。只是統軍東征之命，為馬立阿斯所求之不得的。而龐培得償所願，他先後膺平治海盜和統率第三次對密司立對提的戰爭的大任。

上文述及羅馬削弱羅得斯和帕加曼的勢力的結果，使北地中海上海盜猖獗。迦太基和敘利亞既先後為羅馬所敗，羅得斯和帕加曼的勢力又繼衰，而羅馬自身復忙於政爭、內亂，以及在西班牙和北非的戰爭，這使地中海上一時呈權力虛脱之象。海盜以克里特島和小亞細亞東南一帶海岸為窟宅，出沒於地中海各處海面。他們打劫舟船和濱海居民，掠人為奴，運至第洛斯島發賣。他們截奪從北非和埃及運載穀物至羅馬的糧船。他們行劫的範圍之廣，至於侵及台伯河口和羅馬城近郊。公元前67年，羅馬民會授龐培以至尊權，專制地中海及其四周近海地段的軍事，為期三年，以全力平治海盜。在羅馬歷史中，從來沒有一個軍事統帥曾被賦以如此廣泛而專擅的權力。在龐培受命統軍的前一年，羅馬已佔領克里特島。現在龐培募集了一支包括270艘戰船和10萬步兵的大軍，在有組織的進攻下，次第肅清地中海西部和東部的海盜。不數月，而小亞細亞東南海岸的盜窟也悉數殲平，大功告成。當時羅馬軍隊在第三次密司立對提戰爭中久戰無功。公元前 66 年，羅馬民會又授龐培以統轄亞洲軍事的至尊權，為期至密司立對提戰爭結束。

在蘇拉結束第一次密司立對提戰爭西返後，公元前 83—前 81 年曾有第二次密司立對提戰爭發生。公元前 74 年，羅馬在小亞細亞併有比提尼亞。但密司立對提六世起兵佔領比提尼亞，並聲援西班牙的馬立阿斯餘黨和地中海海盜對羅馬的戰爭。於是第三次密司立對提戰爭（公元前 74—前 64 年）又起。羅馬軍隊雖屢勝，但兵士連年勞師在外，疲於征戰，而統帥又與羅馬再度得勢的民黨不和，卒使功敗垂成。公元前 66 年龐培既接掌亞洲的軍事，他以蕩平海盜的新銳軍力，一鼓作氣於當年擊敗密司立對提。密司立對提旋竄死（公元前 63 年）於黑海北岸的克里米亞（Crimea）。當第三次密司立對提戰爭結束前後，龐培並收取塞琉卡斯王朝的剩餘領土，建敍利亞行省，塞琉卡斯王朝亡（公元前 64 年）。同時他又攻取耶路撒冷，收巴勒斯坦為羅馬的保護國。於是地中海東岸盡入羅馬的封域。公元前 62 年終，他從東方返抵意大利。

凱撒

當龐培尚在東方時，羅馬又有一次內亂發生，喀提林（L. Sergius Catiline）——一個出生沒落的貴族家庭的冒險家——數度競選執政官失敗。公元前 63 年，他集合了羅馬城中一部分不滿現狀的分子——負債者、破產的貴族、遣散的兵士、仕途的失意者等等，並遣使往意大利各地招兵結黨，意圖暴動。他的陰謀不慎泄露，元老院因宣佈國家進入緊急狀態。西塞羅當時任執政官，他在獲得充分的罪證後，逮捕了喀提林在羅馬城中的黨羽，處以死刑。喀提林本人和他的一部分隨從於逃亡途中被殺。喀提林的政治活動過去曾得克拉蘇和凱撒的支持。克拉蘇初欲利用喀提林與龐培相抗，而凱撒則是龐培的與黨。凱撒也出生沒落的貴族家庭，但他的姑母嫁馬立阿斯，而他自己又娶金那之女為妻，所以與民黨素有淵源。在蘇拉死後民黨勢力重振的期間，他曾熱心支持反蘇拉立法的運動，贊成龐培的任命。這使他在曾受蘇拉迫害的人中獲得依附的羣眾。當喀提林事件發生時，凱撒的政治事業正在開展。他在當時雖已放棄對喀提林的支持，但這次事件仍使他蒙受嫌疑，在他的政治前程投上陰影。西塞羅是撲滅喀提林陰謀的英雄。在蘇拉死後的反蘇拉立法運動中，他曾因檢舉行省總督的貪黷和元老司法的腐敗，而以雄辯和熟諳法律聞名於時。其後當民會討論授權龐培統轄亞洲軍事的立法時，他是龐培的熱心擁護者。以當時社會的階級言，西塞羅所主要代表的為騎士階級，亦即中等階級。但他正直不阿，以羅馬法律的維護者自居，而於仕途發跡。他的政治理想，是要以"階級的協調"(Concordia ordinum)，防止新變亂的發生；而他認為最宜於出任維持國家秩序之責的是龐培。以上為龐培從東方凱旋意大利時羅馬政局的大勢。

第一次三頭專政

龐培既在意大利登陸，隨即遣散軍隊，解除兵柄。他對於一己的豐功偉業，似已躊躇滿志。他所要求於元老院的，只是批准他在東方所作的措施，和同意授田給他的軍團兵士，以為安頓。但元老院對龐培則宿恨未消，它本來反對龐培在東方的兩項任命，現在遲遲不批准他的要求。公元前 60 年，凱撒在出任西班牙省總督一年後返回羅馬，競選次年的執政官。元老院未能阻止他的當選，但預作措施，不讓他於任滿後再出任行省總督。為圖抵制元老院，凱撒與龐培和克拉蘇二人和解，並與他們結盟，計劃在他的執政官任內控制局勢，以實現他們各自的目的，這次凱撒、龐培和克拉蘇的秘密結盟，史稱第一次三頭專政(The First Triumvirate)。公元前 59 年，凱撒任執政官。他制定授田法，以安頓龐培的兵士和羅馬的部分無業遊民。當元老院拒絕討論他的提案時，他直接訴之於民會；而當另一執政官和一些受元老院指使的護民官在民會否決他的提案時，他召來龐培的舊部，以武力驅逐了他的反對者，使他的提案獲得通過。繼之，同樣經民會的立法，他使所有龐培在東方的措施獲得追認，使克拉蘇所支持而曾受阻於元老院的有關亞洲行省包稅人利益的請願獲得成功。凱撒為自己謀的，是從民會獲得統轄"阿爾卑斯山南的高盧"行省和伊利里亞的總督的任命，任期五年，其後"那旁・高盧"行省也列入他的統轄範圍。這使凱撒得以施展他的軍事抱負，而開始他一生的偉大事業。

凱撒於公元前 58 年赴行省任所。在羅馬，凱撒已經是一個成功的政治人物，而在高盧，他表現自己為一個卓越的軍人。他的總督任期於公元前 55 年又經延長五年。當他在任時，他完成了高盧的征服，併有從英格蘭海峽東至萊茵河的廣大地面，包括今日法國和比利時的疆域。他擊退入侵高盧的日耳曼人，建萊茵河為羅馬的北疆。為欲示威於日耳曼人，他曾兩度耀兵萊茵河外。他並曾兩度渡英格蘭海峽（公元前 55 、前 54 年），用兵不列顛。凱撒征服高盧的偉業，更因他所撰的《高盧戰記》（*Commentaries on the Gallic Wars*），而在歷史上永垂不朽。《高盧戰記》以文字的簡練和敘事的明晰，而為傳世的拉丁散文名著。但當它撰成問世之日，則它毋寧為一種政治性文字。它使羅馬人對於凱撒的戰績和他的有功於邦國，獲得深刻生動的印象。

三頭專政的破裂

公元前 58 年，三頭為欲消除在羅馬的政敵，曾假喀提林亂時西塞羅擅處亂黨以死刑的罪名，迫使西塞羅出亡。但次年，他們的政敵就設法由民會召回西塞羅，並開始抨擊凱撒的立法。有見於反對勢力的伸張和他們自身分裂的危險，三頭於公元前 56 年曾經聚會，安排他們未來協調的計劃。根據這次計劃，龐培和克拉蘇由民會選舉為公元前 55 年的執政官，並分別授以總督西班牙如敍利亞之權，為期五年；凱撒在高盧的任期也延長五年。當凱撒在高盧繼續完成他的征服事業時，克拉蘇在執政官任期未滿前便趕赴行省任所。於公元前 53 年在兩河流域與安息人的一次戰役中兵敗、被俘遇害；而龐培則隨即與極端的元老黨人合作，裁抑凱撒的勢力。於是羅馬又有一次大規模的內戰發生。

龐培於公元前 55 年的執政官任期屆滿後未赴西班牙，由他的副督（Legatt）代他治理行省。當時羅馬政治情況混亂，激烈的民黨與極端的元老黨人間衝突時起，至於執政官選舉也多不能照常舉行。公元前 52 年，又一次流血事件發生，元老院宣佈國家進入緊急狀態，授龐培以全權平亂。亂事既定，經元老院的提議，民會選舉龐培為一人執政官，授以獨裁國務的權力，以恢復國家秩序。這樣開始了龐培與元老院間的合作。同時極端的元老黨人積極進行分化龐培和凱撒的工作。他們現在認定凱撒 —— 三頭政治的始作俑者 —— 為他們最危險的敵人，應該首先清除。他們多方籠絡龐培，設法延長他在西班牙的統治權，而且令他在意大利經常領有兩個軍團。另一方面，他們劇烈抨擊凱撒，並在元老院中主張提早結束凱撒在高盧的任期。因為羅馬的在職國家官吏不受劾治，所以他們計劃要在凱撒可能再度出任執政官之前，以他在職時的違法之事劾治他。反之，凱撒的對策，則要求競選一任執政官，並在行省留任至與執政官的任期銜接。公元前 50 年終，龐培應當時在職的執政官之請，動員了他的軍隊；同時凱撒也開始從高盧調集軍隊入波河流域 —— 他的“阿爾卑斯山南的高盧”行省。次年 1 月 7 日，元老院又宣佈國家進入緊急狀態，再召執政官和龐培以全權拱衛共和政府。10 日晚，凱撒下令讓他的軍團渡盧比孔河（the Rubicon River）—— 一條分劃他的“阿爾卑斯山南的高盧”行省和意大利的小河。按照蘇拉的立法，一個行省總督擅自率領軍隊越出省界，為叛國罪；而本諸羅馬的習慣，一個出征的最高統帥，也唯有經元老院授予舉行凱旋式的特典，始得統率他的軍隊入意大利。因此凱撒的率軍渡盧比孔河，其行動本身，便是對羅馬政府的宣戰。

凱撒既揮師南下，他行動的迅速使其敵人措手不及。龐培自知不敵，偕他的軍隊經意大利南部渡海至希臘。大部分元老院元老和大羣貴族，隨同出亡。凱撒在控有意大利後，先平定西班牙，奪取龐培的行省和他所留駐的軍隊。公元前 48 年，他出師希臘，在色撒利（Thessaly）的法薩盧斯（Pharsalus）近處，與龐培所集結的大軍決戰。龐培兵敗，逃亡埃及。為埃及王托勒密十二世（Ptolemy X II）的臣下所殺。凱撒追蹤至亞歷山大港，因干涉埃及的王位之爭，也與托勒密十二世衝突。在繼起的軍事行動中，托勒密十二世被殺（公元前 47 年）。埃及女王克里奧帕特（Cleopatra）為托勒密十二世之姊，與其弟同登王位，便在這時受凱撒的眷愛，而與羅馬政治開始發生密切的關係。

從埃及，凱撒經巴勒斯坦、敍利亞，至小亞細亞，擊敗當時從黑海北岸重佔本都斯的密司立對提六世之子法納西斯（Pharnaces）。公元前 47 年 9 月，凱撒從東方返抵羅馬，並於當年年終出征北非，平滅在該地集結的龐培餘黨。次年夏他從北非回到羅馬，舉行了盛大的凱旋遊行，然後再度率軍至西班牙，平定在半島南方最後集結的龐培餘黨，結束在西班牙的門達戰役（The Battle of Munda，公元前 45 年 3 月）。至此，凱撒遂為羅馬世界 —— 亦即地中海世界 —— 獨一無二的統治者。又一年，公元前 44 年 3 月 15 日，他在羅馬元老院中為布魯特斯（M. Junius Brutus）和卡西阿斯（G. Cassius Longinus）等元老黨人所刺殺。

凱撒的獨裁

凱撒從平定意大利至遇刺，在世不過五年；其中有四年他又轉戰於地中海各地。但就在這短短數年間，他劃定了未來羅馬政治的形式。他是羅馬帝國的肇造者，亦是羅馬帝國的第一位皇帝。"凱撒主義"（Caesarism）一語，因他而在後世成為一人專制或帝政的同義語。

羅馬疆域的擴張，使羅馬以一個共和城邦，君臨廣土眾民。因此羅馬政府雖繼續保持共和的形式，它所實際統治的卻已僅是一個帝國。便是在羅馬公民團體內部，羅馬共和政府也久已不是一個代表全民的政府。操縱國家權力和財富的是一個寡頭元老貴族階級和一個人數有限的資本家階級，而以國家主人名義在民會表決立法和選舉官吏的，是羅馬城無產無業、遊手好閒的羣眾。他們從元老貴族和資本家分取掠自行省人民的龐大財富的餘瀝。權力和財富所生的腐化作用，使羅馬的統治集團不僅拒絕對於現狀的一切改革或更張，而且也使他們無力維持羅馬內部的和平與秩序。從格拉古兄弟變法和失敗以來，足見任何對於現狀的改革只能藉暴力。政治煽動和羣眾暴動開始成為對於現狀破壞的力量，但最後的實力則是軍隊。戰爭和征服既使羅馬時時需要維持龐大的軍力，所以一旦一個有軍隊可以號令的將領決心問鼎國家的權力時，羅馬城的元老院、政治煽動者和浮動的羣眾，都不足以與他抗衡；而政爭遂從暴動、謀殺和傾陷，擴大而為內戰。馬立阿斯、蘇拉、龐培都曾循軍力和內戰的途徑，造就他們的權力地位，而凱撒不過循他們的故轍。因此從歷史上考察凱撒的作為，要點不在他如何最後顛覆羅馬的共和政府，而在他是否曾為羅馬造成一個新的穩定政府，以代替久已在解體中的有名無實的共和政府。

從格拉古兄弟以來，羅馬政治的趨向是一人專制。舊共和政府既不足以應付日在變化中的社會和日在擴張中的帝國的需要，而為政府權力所集的元老院又深閉固拒，拒絕一切改革和更張，則此政府遲早必將傾覆。但羅馬的羣眾不足以當國家的重任，而集合帝國全境以形成一種代議的政治也尚非其時，則所餘的一種可能的政治形式，事實上亦唯有一人專政：一個強有力者，作為國家的元首，其地位多少能顧及全社會以至全帝國的利益，而其力量足以捍衛國家，鎮定內部，使政治社會在有秩序的情況下進行。凱撒所給予羅馬的便是這樣一個政府。凱撒的專政，在外表上未曾劇烈改變羅馬的舊政府形式。他的權力來自經合法的程序所授與的多種職位、特權和殊榮。他同時是獨裁官、執政官和風紀官（Praefectura Morum），其中最重要的一項為獨裁官。公元前46年的一次任命，定他的獨裁官任期為十年，其後於公元前44年復延長為終身。至於他所受的特權，則最重要的有（一）專制軍事、國家財政及對外和戰的特權，和（二）若干屬於護民官的特權，包括身體的不可侵犯。舊共和官吏雖仍不時選舉，但多數由他提名；而行省更多由他所任命的副督治理。此外他還經常保持大元帥（Imperator）的稱號，並被尊稱為國父（Pater Patriae）。至於他的反對者和謀殺者所稱他志在僭號，雖因他死去而無法證實，但他所掌握的權力總和則使他成為事實上的君主。從羅馬以至行省，在有的宗教儀式中他也已被尊稱為神。

元老院繼續集會，它聽取凱撒的報告，同意他的政策，但不再是一個決策和發號施令的團體。凱撒增加元老的人數至九百人，其中新人大都選自他的部屬，包括他的軍團的官佐、政治黨徒，乃至依附他的高盧貴族。民會也仍繼續制定法律，選舉官吏。但國家權力既已集中於凱撒之手，則無論元老院或民會的集會，都不過虛應故事；而官吏形同凱撒的僚屬。而且由於凱撒專制軍權和行省權力的結果，元老院、民會和羅馬官吏不得與聞帝國的事務。所以舊共和政府即令以傳統的形式繼續存在，事實上它所保持的至多不過它的舊城邦政府的地位，而凱撒還是它的最高長官。

凱撒的改革

在羅馬城，凱撒減少受救濟糧食的人數，從原來的32萬人減少至15萬人。他使一部分貧民移出羅馬，安頓於新建的殖民地，以減少羅馬城無產無業的遊民。他也加強羅馬城的治安設施，解散若干歷來在城中製造騷亂的平民團體。在意大利，他計劃平治沼澤，增加耕地。為保障自由人民的生計，他並減輕負債者的負擔，同時規定大田莊的農場和牧地至少應有三分之一的工人為自由人。他制定一種市邑制度，以統一意大利的地方自治組織。同樣的制度以後與殖民地制度並行於帝國各行省，成為帝國政治經濟組織的基礎與羅馬文化傳播的中心。

凱撒之在帝國各地廣建殖民地，係承襲喀蓋約・格拉古的政策，用以安頓他所遣散的兵士和羅馬城的貧民。他所新建的殖民地分散於意大利、那旁・高盧、北非、西班牙、黑海沿岸和希臘等地，有的從事墾殖，有的建為商埠。希臘的科林斯和北非的迦太基都在他的計劃下重建。行於意大利的市邑制度也施行於殖民地。凱撒廣建羅馬殖民地的政策，以及他不時以羅馬公民權授予個別的行省人民和以拉丁與邦的權利授予行省，也都見他有意藉羅馬公民權的普及，以加強羅馬帝國的統一。

自然，以凱撒當國期間的短促，他的大部分建設事業都未能及身完成。他曾計劃編定羅馬法典，計劃在科林斯地峽開鑿運河，以便利亞得里亞海與愛琴海的交通，都尚未付諸實施。他的另一項重要改革為修曆。公元前 46 年，他得亞歷山大港的希臘天文學家之助，以埃及的太陽曆為基礎，制定了一種新的四分曆 —— 一種以 365¼ 日為一年的太陽曆，以代替羅馬的舊太陰曆。新曆法即著名的儒略曆（The Julian Calendar），自公元前 45 年 1 月 1 日起實施，其後經公元 1582 年羅馬教宗額我略十三世（Gregory XIII）的一次修正，至今日尚通行於世界。

對於凱撒的軍事、政略和文學，他的同時代人以至後世學者大抵同聲讚道，都無間言。但他的政治事業所得的評價，則視批評者對於"凱撒主義"的觀感而異。有人視凱撒主義於產生當時為政治上的一大創造，而有人把它單純看作一種專制的獨夫統治。但有一事則確定無疑，此即凱撒確實認識了羅馬政治演變的本質，他要為一個事實上已經存在的帝國，建立一個帝國的體制。

第三節　第二次三頭專政與帝政的成立

第二次三頭專政

凱撒的早逝，使羅馬又遭逢了十多年動亂。安東尼（Mark Antony）是凱撒的追隨者和首要的僚屬之一，曾圖繼承凱撒的地位。但他遭遇屋大維（Octavian）與在西塞羅領導之下的元老院的聯合反對。屋大維為凱撒的外甥女之子，凱撒在他的遺囑中所指定的養子和承繼人，當凱撒遇刺時他年方十八。經過一度交戰，安東尼兵敗，屋大維的勢力已成。公元前 43 年，屋大維與安東尼和解，他們與凱撒的另一首要僚屬雷心達（Marcus Lepidus）組成第二次三頭專政，掌握羅馬的權力。第二次三頭專政所不同於首次的，是它曾經民會立法認可。三頭共同享有執政官的至尊權，並有權薦舉官吏；他們的措施無須元老院的認可，他們同時分領地中海西部的諸行省。簡言之，他們以一個委員會的形式，掌握羅馬國家的獨裁權力。第二次三頭專政既結成，三頭隨即進行清除凱撒政敵的工作。他們以公敵宣告清除政敵，收奪財產。西塞羅便在這時被安東尼下令處死。當時一部分反凱撒的元老黨人，在布魯特斯和卡西阿斯的領導下，於東方色雷斯地方集結了一支大軍。公元前 42 年夏，在腓立比（Philippi）一役，他們被三頭的軍隊擊潰。卡西阿斯和布魯特斯先後自殺。這是元老黨人對於凱撒主義的最後一次抵抗，而結果仍歸於失敗。在羅馬政治史中，元老院——這個曾總攬羅馬國家權力的團體——和元老黨人從此不再居於支配的地位。

腓立比戰役，安東尼在東方，綏輯東方的諸行省。屋大維則返回意大利，從事授田給從軍兵士的工作。公元前 41 年夏，安東尼於小亞細亞的塔蘇斯（Tarsus）地方與埃及女王克里奧帕特晤見，相偕去埃及。克里奧帕特曾以美色受寵於凱撒，現在她又開始牢籠安東尼。當時安東尼與屋大維二人間已經裂痕日著。為欲從意大利增調軍隊以進行對安息人的戰爭，並恢復自己在意大利的聲威，安東尼於公元前 40 年和公元前 37 年曾兩度返意大利，與屋大維進行談判。他們重新劃分三頭在羅馬領土的勢力範圍。屋大維領有高盧、西班牙、薩丁尼亞、西西里和亞得里亞海以東的達爾馬提亞（Dalmatia）等行省；雷心達領有非洲行省；而安東尼領有愛奧尼亞海以東的羅馬行省和保護地。意大利則歸三頭共管。安東尼與屋大維並同意由屋大維以軍隊供給安東尼，幫助對安息人作戰，而由安東尼以船隻供給屋大維，幫助對塞克司塔・龐培（Sextus Pompey）作戰。

塞克司塔・龐培為凱撒的政敵大龐培之子，門達戰役的倖存者。在凱撒死後的政爭中，龐培曾依附元老黨人。元老黨人既敗，他在西地中海從事海上剽掠，先後佔領西西里和薩丁尼亞。他的活動使羅馬的穀物供應遭受嚴重的威脅。屋大維對他用兵無效。公元前 39 年，三頭不得不承認他為西西里和薩丁尼亞的總督，並兼領伯羅奔尼撒半島。公元前 38 年戰爭再起。軍事的失利使屋大維迫而向安東尼求援，因而有公元前 37 年兩人在意大利的會晤。次年，屋大維同時得雷心達從北非來援，他的一位最得力的將領阿古利巴（Marcus Vipsanius Agrippa）終於在墨西拿海峽附近海面擊潰了龐培的艦隊。這是古代地中海西部所發生的最大型的一次海戰，雙方作戰的艦隻各達三百艘之多。龐培幾乎全軍覆沒。他逃往小亞細亞，其後為安東尼的部下所殺。

第二次三頭專政的破裂

腓立比戰役後，雷心達在三頭政治中的地位已不足輕重。羅馬世界事實上成了安東尼和屋大維兩雄並峙之局。公元前 36 年對龐培的海戰方終，雷心達意欲佔有西西里而與屋大維衝突。他的軍隊叛歸屋大維，這使他成了屋大維的俘虜，甚至喪失了他的行省。至是，屋大維既消滅龐培的勢力，又兼併雷心達的行省，地中海西部遂為他所奄有。

安東尼在東方對安息人的戰爭，綿延多年。公元前 40 年，安東尼為增調軍隊而返意大利。安息人見戰機迫近，因招收布魯特斯和卡西阿斯的餘黨，西侵敍利亞、小亞細亞和巴勒斯坦等地。迨當年年終，羅馬在亞洲的領土，大半告陷。在其後的兩年中，安東尼先後收復失陷的省份。公元前 36 年，他經由亞美尼亞，大舉進攻安息，但也因援道斷絕，無功而返。這次出征的損失，以及因這次出征的經驗所見軍隊必需裝備的缺乏，且使安東尼遲至公元前 34 年始能再舉。而以後的用兵也只能至亞美尼亞和安息西北的邊境而止。西方風雲的緊急和形勢的險惡，終使安東尼不得不放棄對安息的雄心。克拉蘇的覆軍之恥終未報復，安東尼自己也喪失了一個贏得軍事光榮的機會。

公元前 36 年安東尼出征安息失敗，當年，屋大維統一西地中海。同時安東尼也因他與克里奧帕特的關係，而在羅馬日益喪失人望。無論由於何種原因，或單純為克里奧帕特的美色的牢籠，或為圖於軍事上獲得埃及資源的補充，安東尼在東方的措施日益順從托勒密王朝的利益。他在亞歷山大港與克里奧帕特過着完全東方式的宮廷生活，並於公元前 33 年與她正式結婚，為她的副王。他答應擴大托勒密王朝的疆域。公元前 34 年在亞歷山大港舉行的一次慶會中，他聲稱克里奧帕特為“諸王之后”，埃及、塞浦路斯、克里特和南巴勒斯坦的君主。與克里奧帕特同為“諸王之王”的為其子托勒密・凱撒里昂（Ptolemy Caesarion），安東尼聲稱乃克里奧帕特與凱撒所出。安東尼自己與克里奧帕特所生的二子也都稱王，長子為亞美尼亞、米太和安息之王，次子為敍利亞、腓尼基和西里西亞之王。他們的女兒克里奧帕特也有封土，為北非的施勒尼（Cyrene）地方。凡此宣佈分封的諸地，除了米太和安息尚待征服外，其他地方或是羅馬的附庸，或乃至已建為羅馬的行省。安東尼在亞歷山大港的東方帝王式的生活，以及他所作的任意處置羅馬在東方領土的表示，在羅馬引起了廣泛的不滿和疑懼。因為凡此領土處分一旦付諸實施，其勢將造成一個新東方帝國，割裂羅馬的領土而與羅馬對立。

阿克提姆戰役

屋大維現在有西方為他的有力後盾。從公元前 33 年始，屋大維對安東尼發動激烈的抨擊。次年，在親安東尼的執政官和元老逃往東方後，他當選為公元前 31 年的執政官。元老院順從他的指使，剝奪安東尼在三頭政治下所享的至尊權，並對克里奧帕特正式宣戰。公元前 32 年終，安東尼和克里奧帕特先進軍至希臘，屯兵於希臘西海岸的阿克提姆（Actium）海灣，準備入侵意大利。次年年初，屋大維的海軍在阿古利巴的率領下，進行阻截安東尼的海上交通和糧道。同時，屋大維的陸軍也開入希臘半島，從陸上包圍阿克提姆海灣。同年夏，糧道的困難使安東尼決定撤軍東返。9 月 2 日，安東尼和克里奧帕特率領艦隊，駛出海灣。在接着發生的海戰中，他們雖得突圍回返埃及，但安東尼的艦隻則或沉或降，幾乎全軍喪失。他所集結的陸軍也隨即降歸屋大維。阿克提姆戰後，安東尼的號令已不行於原來受他統轄的東方諸地。他退守亞歷山大港，以圖負嵎一戰。

如以凱撒的揮師渡盧比孔河象徵羅馬共和政治的最後傾覆，則阿克提姆海戰應象徵羅馬帝政的最後勝利。屋大維於阿克提姆海戰的次年，進軍埃及本土。這時連安東尼的最後部隊也多倒戈相迎。屋大維未經激烈的戰鬥，便佔領了亞歷山大港。安東尼和克里奧帕特先後自殺；托勒密・凱撒里昂被處死。托勒密王朝在統治埃及約三百年後滅亡。這時中亞的大夏也已絕祀（約公元前 40 年），所有的希臘化王國至是盡亡。埃及最後被併入羅馬的疆域，建為行省。公元前 29 年，屋大維於恢復羅馬在東方的行省和附庸邦國的建置後，西歸。

帝政的成立：奧古斯都與元首政治

屋大維對安東尼的勝利，最後結束了從格拉古兄弟變法以來羅馬所經歷的一個多世紀的政爭和內亂。戰爭和公敵宣告使無數的羅馬人和意大利人飽經家破人亡之苦；希臘、馬其頓和亞洲諸地也備受摧殘；全國皆渴望和平。屋大維於返抵羅馬後舉行了盛大的凱旋遊行，關閉了耶納斯神堂，宣告羅馬全境戰爭的終止與和平的恢復。他成了羅馬世界的教主，到處都頌揚他的功德。公元前 27 年，元老院為他易名"奧古斯都"（Augustus），義為"神明"。

奧古斯都，歷史上羅馬帝國的創業皇帝，在位時也未顯著改變羅馬政府的形式。公元前 27 年，奧古斯都宣稱奉還共和國的大政於元老院和羅馬人民，恢復二者對於國家的主權，而自己退居於國家官吏的地位。他甚至未曾如凱撒一樣接受終身獨裁官的推戴，乃至未嘗常任執政官。但仍如凱撒一樣，本於他所任的各種職務和所享的各種特權和榮銜，他是羅馬帝國的統治者，是皇帝。

構成奧古斯都的權力的，第一是執政官的權力。公元前 23 年後，奧古斯都不再連任執政官，但他繼續保持執政官的至尊權。這使他得以內而掌握羅馬和意大利本土的權力，外而節制帝國全境的軍隊，任命將領，統率軍團。他也繼續保持署執政官——總督——對於行省的最高至尊權（Imperium Proconsulare Maius Infinition）。奧古斯都分帝國行省為直隸行省和元老院轄行省等兩類。直隸行省歸奧古斯都直轄。主要為邊境需要軍隊駐守的行省，由奧古斯都任命將軍（Legati pro praetor）治理；內地無需駐軍的行省為元老院轄行省，由元老院任命總督治理，但也受奧古斯都的至尊權監督。為求行省獲得良好的治理，無論直隸行省或元老院轄行省的長官，皆由國家付給俸祿。埃及則列為皇家行省，由奧古斯都設官治理，財政收入歸皇家內庫。

凡軍團將領或行省將軍，奧古斯都多選元老出使兼領。因此在政府的最高階層中，共和行政與帝國行政也尚未出現顯著的區別。但一種顯然屬於新的帝國行政機構也積漸形成。它的官吏多選自騎士階級，包括次級的地方行政長官、皇家執事、羅馬城主管穀物供應的糧政官（Praefectus annonae）、主管消防業務的警備官（Praefectus vigilant）和統率皇家親兵的禁衛軍司令（Praefactus praetorian）。羅馬市尹（Praefactus urbi）也是新設的帝國官吏之一，但選元老兼領。

有如凱撒，奧古斯都也享有護民官的若干重要特權，其中包括身體的不可侵犯、對於元老院議事的否決權、對於國家官吏一切措施的干涉權、在羅馬城中的司法權，以及在民會提議法律之權。

此外，以他所享有的監察官的權力，奧古斯都有權決定元老、騎士和平民等階級的戶籍，從而控制元老院元老的人選。同時他也繼續行使自三頭專政以來於選舉時提名和薦舉官吏的特權，這使他控制了國家一切官職的任命。從公元前 12 年以降，他還是大祭司（Pontifex Maximus），國家最高的宗教首長。

奧古斯都受有大元帥（Imperator）的尊號，但他所最樂於自稱的為“首領”（Princeps）。羅馬國家既易共和而為帝政，凡此共和的稱號因他一一成為帝政的稱號。Imperator 從大元帥而成了皇帝的稱號，Princeps 從首領成了元首或君主的稱號。

有史家稱奧古斯都時代的羅馬政府為雙重統治，一個以奧古斯都為首的帝國政府和一個以元老院為首的共和政府同時行使權力。但當奧古斯都時代，元老院雖得保持傳統的尊榮地位，而且轄有部分行省，然其維持殆完全本於奧古斯都的政策。因此元老院日益成為皇帝御用的機構。再者，軍隊和行省既為奧古斯都所控制，則形式上舊共和政府縱尚存在，其權力的行使亦已不出羅馬城和意大利半島。而亦如凱撒，奧古斯都由於所保持的多種職位和特權，使舊共和政府也同受他的節制。雖然如此，但從奧古斯都時代至公元 284 年皇帝戴克里先（Diocletian）繼位約三個世紀間，羅馬的舊共和政治形式多少尚繼續保持，後世歷史學者因也仍願為這三個世紀特別劃一時期，以別於其先的共和政治時期，和其後的絕對專制帝政時期。因為奧古斯都樂於自稱元首，所以在羅馬歷史中這段時期也稱元首政治（The Principate）時期。

第四節　共和時期的羅馬文明

在文明締造上首先影響羅馬人的，為伊特拉人。但無論間接經伊特拉人或直接傳入，羅馬人所受的先進文明的溉澤，則主要是希臘文明——尤其希臘文化文明——的一脈。而羅馬人於軍事、政治和法律等方面固功業彪炳，然在文明的其他方面卻少創造性的成就，比之先進的希臘文明貢獻遠遜。其所以如此，一種解釋歸因於羅馬人的民族性，認為羅馬人缺乏抽象思維的能力，缺乏文學和美術的創造力，但更可能的是因為他們早期的生活狀況，使他們更多致力於軍事和政治法律組織的發展，而相對的疏忽了文明的其他方面的創造。

羅馬文明的特色

羅馬人進入意大利半島之初，其處境不同於進入愛琴海區域的希臘人的，首先就是他們沒有一種發達的文明如愛琴海文明，可以有所承受。其次，意大利半島雖海岸線綿長，但缺乏良好的港灣，不利於海運事業的發達。加以羅馬又位於半島西側，都使羅馬遲遲未與東地中海的古文明區域發生直接接觸。反之，意大利半島的地勢比希臘平坦，可耕地面積遠比希臘為多，這使羅馬人長時期習於農業生活，而少從事商業和工藝製造。第三，羅馬人對外雖缺乏一般的交通和商業接觸，然意大利半島卻比希臘半島容易受外力侵掠。橫亙半島北境的阿爾卑斯山並非不可逾越的天塹；低淺的海岸線也不能阻止入侵敵軍的登陸；而半島地勢雖比希臘有利於內部的統一，但也更便於外力的縱橫。羅馬人，從他們入居於意大利半島始，幾乎便須不斷從事軍事行動，抵禦新的侵略，以保衛他們自己征服得來的土地。在拉丁平原，羅馬城的地位之所以日臻重要，便由於在抵禦北方伊特拉人的侵略上，它的位置正當軍事要衝的緣故。羅馬人由是而形成他們的傳統道德：勇敢、服從、克己、自律、重榮譽、守法律、敬神、崇祖、富有對國家和家族的責任心。他們也由此發展了他們的軍事和政治法律組織。羅馬初期的社會，主要便是一個兵、農、政治家和立法者的社會。

從共和初建至布匿克戰爭發生，羅馬內部雖有平民與貴族階級的政治鬥爭，然社會和文化則仍尚保守而少變化。羅馬可能早在公元前六世紀已從伊特拉人傳入希臘字母，而有文字。但其應用，則不過繕寫法律、條約，選製碑銘、誄詞。可能極大多數人從未受文字的教育。農業仍是公民的本業。工商業的幼稚，從羅馬的遲至公元前 260 年始有幣制一事，可以想見。

羅馬宗教

羅馬共和初期的宗教，明顯見希臘宗教的影響。若干羅馬固有的神祇被賦以相當希臘神祇的屬性和傳說。天神裘比特（Jupiter）之與宙斯、裘比特之后朱諾（Juno）之與希拉（Hera）、智慧女神密涅瓦（Minerva）之與雅典娜、愛神維納斯（Venus）之與阿芙洛狄蒂、以農神而為戰神的馬爾斯之與亞瑞斯（Ares）、爐神維斯塔之與赫斯提亞（Hestia）、海神尼普頓（Neptune）之與波賽冬，都被奉為同一神祇。太陽神阿波羅至於用同一名稱。羅馬宗教之所以廣泛接受希臘的神祇和神話，一個可能的原因是在他們南下分別移入有史時期的位置以前，羅馬人和希臘人本來就有相同的宗教的淵源，他們的宗教在基本性質上也相類似。兩者都是現世的、實利的宗教。人與神的關係有如一種互惠的契約關係，而缺乏精神和道德的意義。但當共和初期，羅馬宗教也尚顯出若干固有的傳統的特質。它的神祇不及希臘神祇那樣與人同形同性，那樣充塞屬人的情慾和思想，而尚多少具有抽象的性質。羅馬宗教有固定的祭司組織，為國家政府的一部分。祭司不僅主管獻神的儀式，而且也負責執行有關宗教的習慣和法律，如各種神示的解釋。自王政時期以來，羅馬宗教便是國家的宗教。它的主要目的在求保護國家和它的人民，求國運興隆，民康物阜。

希臘文明的影響

迨布匿克戰爭時期，由於向外擴張以及與希臘化世界直接接觸的影響，羅馬的社會和文化都發生了劇烈變化。關於對外的戰爭和征服在羅馬社會內部引起的變化，於上面述格拉古兄弟變法時已略為道及。在文化方面，大抵自皮洛士戰爭以來，羅馬上流社會的嗜愛希臘事物，相習成風。其後羅馬勢力東進，羅馬人與希臘化世界的接觸益臻密切。當時羅馬上流社會對希臘文化的熱中，一方面產生了一個有勢力的集團，主張羅馬應運用其勢力，以保障希臘本土諸邦的獨立和自由；另一方面，也引起保守人士如老伽圖的嚴厲指責希臘人敗壞羅馬人固有的愛國心和道德。迨公元前第二世紀，希臘語已成為羅馬人上流人士所受教育的一個不可缺的部分。連老伽圖自己也在晚年開始誦讀希臘文學。第三次馬其頓戰爭後，羅馬更是希臘人充斥。他們或是奴隸，或是新自由人 —— 即被解放的奴隸。他們為羅馬攜來希臘化的東方美術技巧、宗教信仰，以至學術文藝。他們不少被用為富貴子弟的保傅，有的至於受上流社會的接納，與上流人士交遊。因希臘的影響，而羅馬開始有值得稱道的文學和哲學產生。

拉丁文學

拉丁文學初興，以戲劇為盛，大都取法希臘的新喜劇。戲劇之先其他的文學形式興盛，可能是為滿足當時有文學興趣但尚未曾養成閱讀習慣的觀眾之故。為拉丁戲劇開風氣之先的有安特羅尼喀（Livius Andronicus，約公元前284—前204年），一個來自他蘭達的脫奴籍的新自由人。但羅馬也隨即產生了自己的劇作家。公元前200年前後羅馬產生了第一位拉丁喜劇作家普羅塔斯（Plautus，約公元前254—前184年）。普羅塔斯的喜劇多屬鬧劇，喧囂而多諧謔，受羅馬公眾的歡迎。比普羅塔斯年代稍晚的有德倫斯（Terence，約公元前195—前159年），一個出生北非的脫奴籍的新自由人，因他的文學而進身為西庇阿家的貴族社會的一員。德倫斯的作品取法希臘喜劇中比較雅馴的部分，語言優雅純淨，為上流社會所喜。與德倫斯約略同時的有恩尼烏斯（Ennius，約公元前239—前169年）。他以拉丁語模擬希臘悲劇。到公元前第一世紀，拉丁戲劇文學衰替，詩歌和散文代興。

迨公元前第一世紀，拉丁語已成為自然流暢的文學語言，使詩人得以用之模擬希臘詩的形式，寫出優美的詩篇。但這世紀的大拉丁詩人，如抒情詩人賀拉斯（Horace）和敍事詩人維吉爾（Virgil），在文學史中都已入奧古斯都時代，當於敍奧古斯都時代的拉丁文學時再行述及。拉丁散文也顯見希臘形式的影響，但比之戲劇和詩歌則較多獨創的成分。當共和時期，最佳的拉丁散文著作多出自政治家的手筆。老伽圖以他的演說辭、議論文和歷史著作，而被尊為拉丁散文之祖；凱撒的《高盧戰記》在後世一直是拉丁散文的圭臬；而共和時期最大的散文作家尚須推西塞羅（公元前106年—前43年）。在共和政治之下，公共生活的需要使羅馬領導階層的人士必須嫻習修辭、演説和辯論。他們大抵都曾受良好的散文訓練，形之於筆墨，便寫出上乘的拉丁散文如回憶錄、議論文或演説辭。而西塞羅便是共和時期最出色的演説家和拉丁散文作家。西塞羅傳世的大量哲學論文和書簡雖同屬拉丁文學的瑰寶，令讀者有以見一個時代的思想、生活和政治社會的狀態，但他的演説辭更是無上的奇珍。此外，羅馬受教育人士對於國家公共事務的關心，也表現於歷史著作。凱撒的《高盧戰記》、薩呂斯特（Sallust）的記喀提林事變和尤古他戰爭，奈波斯（Nepos）的《名人傳》（*De Viris Illustribus*）等，都屬歷史著作一類。但羅馬的大歷史家則尚待李維（Livy），在年代上也已入奧古斯都時代。

哲學

羅馬共和時期的哲學也傳自希臘。但羅馬人所接受的希臘哲學，則主要不是它的形而上的思辨部分，而為希臘化時期的實用的人生哲學。伊壁鳩魯派哲學的闡揚者中有盧克萊修（Lucretius，公元前98年—前55年），他的詠物性詩（On the Nature of Things）以原子説解釋宇宙。伊壁鳩魯主張享樂，而能享寧靜之樂是福。盧克萊修更直接主張心安理得，主張人生所需的就是心地寧靜。他要人消除對於超自然的一切恐懼和迷信，因為他相信這是使人不能心安理得的主要障礙。斯多噶派哲學尤其為羅馬的上流社會人士所好，而西塞羅為其主要的代表。西塞羅的思想雖兼容希臘諸家的學説，但以表現斯多噶學派的成分為多。他的倫理思想的基礎肯定道德是福，而心地的寧靜是至善。他所理想的人為一個本於理性而行、對結果的苦樂無動於中的君子。他的政治思想主張自然法，認為超乎國家的一切法令典章之上的尚有一種普遍不變的公平法則，為自然秩序所規定，而非出自人為，但可以由人的理性發現。由自然法而有自然權利的主張。西塞羅認為人有與生俱來的權利，非政府所可損害或剝奪。他的自然法和自然權利的主張，以後對於羅馬法系的形成，影響十分重大。西塞羅以他的道德、事功、文學、思想，為羅馬共和時期最卓越的人物之一。他的對於國家和公共事務所抱的責任感和忠誠（Gravitas and Pietas），更是羅馬傳統道德與新哲學結合的崇高表現。伊壁鳩魯派哲學和斯多噶派哲學都屬亂世獨善其身的消極哲學。兩派哲學產生於希臘化時期，而於格拉古兄弟變法失敗後政治社會動盪的一個世紀中，流行於羅馬的上流社會。這兩個時期都屬據亂之世。出據亂而入昇平，以一種獨善其身的消極哲學，發揚而為政治法制的崇高精神，這是歷史上羅馬人獨到的成功之處。

對外戰爭和征服所引起的羅馬政治社會的變化，加以格拉古兄弟變法失敗後的一個世紀的動亂，使羅馬傳統的宗教信仰和理想價值，喪失效力。羅馬宗教希臘化的結果，最後使宗教只成了神話文學，更加汩沒了它的約束人心的作用。當上流人士接受希臘化哲學以求心靈的慰藉和思想行為的指導之際，羅馬羣眾則熱心於從東方傳來的各種神秘宗教，以求一己情緒的滿足，和期望一個永生的彼世，以補償此世的痛苦和不幸。這些從東方傳來的神秘宗教，有來自埃及的埃西斯和奧西烈斯（稱塞拉比斯，Serapis）密教，有來自小亞細亞弗里幾亞（Phrygia）地方的大海女神（稱息白利，Cybele）密教，有稍晚從波斯傳來的密特拉（Mithraism）密教。其中的密特拉密教傳入羅馬軍隊，風行尤甚於其他宗教。人民對於神秘宗教的嚮望之殷，使元老院的禁令完全無效。我們將見，不久即將有另一種來自東方的神秘宗教——基督教，不顧一切禁令和迫害，風靡於羅馬帝國。

第十四章

羅馬帝國的極盛

奧古斯都的統一地中海，使羅馬和全地中海世界出擄亂之世，而入昇平。地中海四周各地，在一個世界帝國之中，受一個政府和統一的和平——“羅馬的和平”（Pax Romana）——的保障。在公元後的最初五個世紀中，羅馬帝國代表了西方的文明世界。繁殊的古文明在它的疆城之內相互影響糅合，形成一種更為世界化的文明——羅馬文明。

在帝國疆域的保護之內，地中海世界享有了兩個世紀空前的繁榮。但繼之又是三個世紀經濟和文化的衰替。當帝國在西部最後崩潰時，文明在西部也幾乎隨而消歇。帝國的西半部那時受來自萊茵河和多瑙河外的日耳曼部落的蹂躪。這些未開化的征服者蹂躪了羅馬文明，但他們沒有完全加以摧毀。羅馬文明經內部的衰替和外來的破壞，而繼續殘留。如我們在歷史中所常見的一般，征服者自己最後為他們所征服的高級文明所征服，在適合他們自己的需要和自己的民族性的情形下，為它所同化。以後數世紀的西方歷史，是西方文明以羅馬、日耳曼和基督教的成分重建的歷史，同時西方歷史也由此而從古代進入中世。

第一節　羅馬世界

以上所說羅馬帝國初期的兩個世紀的和平和繁榮，在年代上包括從公元前 29 年至公元 180 年的一段時期。

羅馬世界的地理的統一

羅馬世界雖是由三個大陸——歐洲、非洲和亞洲——的邊緣地帶構成，但它自成一個地理單位。除不列顛島遠懸在西北而外，帝國的行省都環聚於地中海四周，而帝國的疆域大體也就是地中海的周圍區域。地中海，古西方文明的搖籃，在它四周的沿海地帶有着大體統一的溫和氣候。它是羅馬世界的交通孔道，從它的港埠，寬廣的羅馬大道伸展到遙遠的四境，使全帝國結合為一。正如它的名稱所示，地中海位處於陸地的中央，為古代西方世界的中心。南歐、西亞和北非的諸民族，都面向地中海，在地中海上交會。在他們的背後，北方是從萊茵和多瑙河外向北伸展的廣闊森林地帶，南方是浩瀚的撒哈拉沙漠；在東方，繁庶的西亞也因東側連綿的高山區域，而與遠東的古文明區域阻隔。

文化傳統：東方的希臘化文明

羅馬世界雖在地理上統一，然卻包含了多種不同的文明傳統。在“羅馬的和平”的保障下，繁殊的古文明相互影響糅合，形成新的複合的羅馬文明，但古文明都歷時久遠，根深柢固，它們在新文明的複合體中從未完全汩沒各自的特性。當羅馬帝國時期，羅馬世界在文化上一直分成兩大區域——東方和西方。東半部的文化直接受自希臘和更古的近東文明，而西半部所直接承受的為晚起的拉丁文明。但在羅馬帝國肇建前的兩三百年中，古近東諸文明和較晚的希臘城邦的文明，也已有巨大的變化發生，改變了它們本來的精神面貌。當羅馬人逐一把東方諸地併入他們的擴張中的國家時，他們所發現的已經是一種糅合的世界性文明，語言為希臘的，希臘的傳統也仍居支配的地位，但精神則與古典的希臘文明大異。馬其頓人的征服破壞了希臘城邦的政治的獨立。政治的自由既經喪失，它們的文化的完整和創造的生力，也隨而委頓。經亞歷山大大帝的東征和希臘化王國的建立，希臘文化廣被於地中海東部地域，同時則在固有的希臘文化中也日益增加非希臘的觀念和思想方式，喪失古典希臘文明所有的規範和節度。由此形成的新文明即希臘化文明。

西方的拉丁文明

帝國的西半部則從拉丁的羅馬接受語言和文化方式。高盧、西班牙和不列顛的原住民——開爾特人——在文化的演進上尚遠落於羅馬人之後，有如羅馬人之曾遠落於希臘人之後一般，當羅馬疆土的擴張使這些地域受到羅馬的統治時，它們同時也受到拉丁文明的開化。羅馬人和意大利人的向外移殖，以及因帝國的肇建而加甚的商業往來的興盛和經濟的繁榮，也促進了拉丁語言和拉丁文明的傳佈。甚至如迦太基故地和北非其他地域的居民，他們原來有自己的文明傳統，現在也都通用拉丁語言。至公元第二世紀，帝國的西半部已經完全拉丁化了。

因此，羅馬帝國時期的文明在若干方面顯見和共和時期的不同。共和時期的文明大體為羅馬人和意大利人所締造，受希臘和希臘化思想文學的啟發和指導。帝國時期的文明則屬全地中海世界的民族——在他們被帝國的組織納入一個單一的政治經濟體系後——所摶成的一種複合體的文明。東半部在語言和傳統上主要仍屬希臘的，而西半部主要為拉丁的，只是在統一的政治經濟體系之中，它們間的差異日漸消滅，而趨向於一種更為世界化的新文明的形成。

第二節　羅馬帝國的盛世

羅馬帝國從奧古斯都以下至公元 284 年的一段時期，稱“元首政治時期”，以別於以前的共和時期和以後的絕對專制帝政時期。元首政治時期的三個世紀大體又可劃分為兩段：前兩個世紀為羅馬帝國的盛世，接着是又一個世紀的革命和動亂。

儒略王朝

奧古斯都在位，自公元前 29 年至公元 14 年，於羅馬歷史中稱奧古斯都時代。這是拉丁文學的黃金時代。當他在位時，可能為公元前 4 年，耶穌基督（Jesus Christ）誕生。羅馬東北的疆域，這時推進到多瑙河。奧古斯都所建的王朝稱儒略王朝（Julian Emperors）。儒略王朝延祚至公元 68 年。繼奧古斯都為羅馬皇帝的為提庇留（Tiberius）。當提庇留在位時（公元 14—37 年），民會的選舉權被移歸元老院，它的立法權已早成為虛文，其後民會於政治上的作用只餘在形式上認可新皇帝的至尊權和護民官權。耶穌基督的殉道（約公元 30 年）發生於提庇留在位時。繼提庇留之位的為卡利古拉（Caligula，公元 37—41 年）。這是第一位於生前下令臣民禮拜他為神祇的羅馬皇帝。繼卡利古拉的被弒，禁衛軍擁克勞狄（Claudius）為帝，開禁衛軍擁立皇帝的先例。當克勞狄在位時（公元 41—54 年），皇家政府的組織漸形完備，元老院的權力益被削奪。羅馬的開始征服不列顛乃在克勞狄在位時。儒略王朝的最後一位皇帝是尼祿（Nero），當尼祿在位時（公元 54—68 年），舊共和官吏——包括護民官——在羅馬城中的地位，也逐一為皇家官吏所替代。元老院的財政權被削奪。尼祿好大喜功，揮霍成性，愛好歌舞昇平，獎掖文教，而又嫉賢忌能，廣事誅殺。公元 64 年，羅馬大火，尼祿有縱火的嫌疑，他意欲重建羅馬。為圖洗脫嫌疑，尼祿指控羅馬城中的基督徒為縱火者，於是有歷史中第一次對基督徒的大規模迫害。公元 68 年，高盧的駐軍首起叛亂，西班牙的駐軍繼之。元老院在禁衛軍也起而響應叛軍後，宣佈尼祿為公敵。尼祿自殺。儒略王朝告終。

弗拉維安王朝

公元 68 年的事件開行省駐軍擁立皇帝的先例，當公元 68、69 兩年，萊茵河區域、多瑙河區域，以及北非和西亞等地駐軍，紛起擁立，一時有四皇帝爭立。公元 69 年，維斯帕先（Vespasian）因埃及、敍利亞和多瑙河區域駐軍的擁戴，底定亂事，建弗拉維安王朝（Flavian Emperors，公元 69—96 年）。維斯帕先出生騎士家庭，由軍隊將領擁立為帝，為第一位非貴族出身的皇帝。當他在位時（公元 69—79 年），公元 70 年，他的兒子提圖斯（Titus）攻陷耶路撒冷城，平定猶太人的叛亂。大部分猶太土地被併為羅馬帝國的領土。同時，在西方，羅馬將軍阿古利可拉（Agricola）積極從事不列顛的征服。嗣後不列顛雖有時仍起叛亂，但拉丁化的過程迅速進行。同時維斯帕先並以拉丁與邦的權利給與了西班牙全境，想見西班牙當時應已成了充分拉丁化的區域。

繼維斯帕先為皇帝的是提圖斯（公元 79—81 年）。當他在位時，一次維蘇威火山（Vesuvius）的爆發（公元 79 年），把三個坎佩尼亞的城市掩埋在火山灰下，其中之一是龐貝（Pompeii）。近代的發掘使這幾個城市重見天日，也使後人得以完全見到當時一般城市的規模和社會生活的狀況。繼提圖斯之位的為圖密善（Domitian，公元 81—96 年）。圖密善疑忌成性，屢行誅殺。公元 96 年，他在一次宮廷陰謀中被殺。弗拉維安王朝亡。

五賢君

元老院企圖重掌國家的權力，推戴了一位年高德劭的元老涅爾瓦（Nerva）為皇帝（公元 96—98 年）。從涅爾瓦以下，包括圖拉真（Trajan）、哈德良（Hadrian）、安敦寧・畢尤（Antoninus Pius）和馬爾庫斯・奧里略（Marcus Aurelius），於羅馬帝國的歷史中稱"五賢君"（Five Good Emperors），使羅馬又得享一個世紀的和平和繁榮。

涅爾瓦在位首尾三年，羅馬歷史中最後一次提到民會的立法，乃在他在位期間。圖拉真（公元 98—117 年）出生於西班牙，為羅馬歷史中第一個出身行省的皇帝。哈德良和奧里略雖都是羅馬居民，但家世也都源自西班牙；安敦寧・畢尤的家世則源自高盧。長時期來，羅馬軍隊已只有禁衛軍仍在意大利徵募；軍團兵士則或徵自行省的羅馬殖民地，或徵自拉丁化的行省。為使行省人民樂於應募，同時也因軍團兵士向在羅馬公民中徵召，所以行省人民常在入伍之初，便獲得羅馬公民權的授予。這在一方面使羅馬軍隊日益行省化，同時也使羅馬公民中的行省成分日見增加。此外，歷代皇帝也常以羅馬公民權授予行省土著的貴族和行省城市的領導階級。維斯帕先的以拉丁與邦的權利授予西班牙全境，則屬以完全的公民權授予一地的全體人民的前奏。圖拉真以下歷代皇帝的家世既多源自行省，他們自然樂於以更多的公民權利，授予行省的人民。大抵多瑙河流域和東方的行省，當公元第二世紀中也已先後獲得拉丁與邦的權利。迨下世紀初葉，而全帝國的自由人民終於都成了羅馬公民。從圖拉真以下，歷代皇帝對於直隸行省的治理，也都嚴密注意；而相形之下，元老院轄行省則腐敗依然。

在五賢君之中，以圖拉真的武功最盛。北面，他擴張疆域至多瑙河外，建達西亞（Dacia）為羅馬行省；東面，他擊敗安息人，收亞述和兩河流域地方，建為行省。一時羅馬的東疆推進至底格里斯河。但繼他之位的哈德良（公元 117—138 年）卻隨即放棄了幼發拉底河外的土地。財政的困難和軍力的短絀，可能迫使哈德良改變圖拉真的擴張政策，而寧願以守勢鞏固國防。在不列顛，他也在北境修造一道石牆，史稱哈德良城，劃蘇格蘭於羅馬境外。當哈德良在位時，猶太人再起叛亂（公元 132—135 年）。這次叛亂的平定，屠戮破壞之甚，使猶太地方城郭為墟。猶太人最後被驅散至四方，他們每年只許返耶路撒冷一次，成了無鄉土之民。

在五賢君中，安敦寧・畢尤在位的二十餘年（公元 138—162 年），為一段最晏安無事的太平之世。繼他之位的奧里略是一位哲學皇帝。當他在位時（公元 162—180 年），一支日耳曼人渡多瑙河上游，侵入羅馬帝國境內（公元 166—175 年）。迨亂事既定，奧里略徙置一部分入侵的日耳曼部眾於帝國境內空地，從而開徙置蠻族於帝國境內的先例。本於對國家的責任心，奧里略在位時也曾對基督教徒 —— 被認為好亂而不肯效忠國家的頑民 —— 有過大規模的迫害。

奧里略傳位於其子高摩達（Commodus，公元 180—192 年），一個殘虐而揮霍無度的暴君。公元 192 年，高摩達在一次宮廷叛亂中被弒。最後結束了羅馬帝國初期的兩百年盛世。

第三節　羅馬帝國的組織

皇權專制的增進

羅馬帝國的大部分領土乃在羅馬共和時期所征服。以一個城邦共和政府的組織而欲統治一廣大帝國，結果是在經濟上對行省誅求無厭，統治階層和人民驕佚腐化，以及內戰和變亂的接連發生。舊瓶顯然不適於盛裝新酒。因此當奧古斯都於公元前 31 年戰勝安東尼，而成為羅馬國家的獨一無二的統治者時，他受到舉國 —— 羅馬人民和行省人民 —— 的擁戴，而被奉為國家的救星。奧古斯都的元首政治，通過舊共和政府的形式以行使皇權，使他的統治更容易為人接受。但繼他之後的皇帝，終於逐步使他的事實上的統治權力，建為制度，而成為公開的皇權專制的統治。

元老院的式微

皇權的鞏固，首需裁抑元老貴族階級和削奪元老院的權力。自格拉古兄弟變法失敗後一個世紀的政爭和內戰，已使元老院和元老貴族階級備受打擊。奧古斯都對元老院雖尚維持形式的尊敬，但繼他之後的儒略王朝諸帝，則不惜藉刑獄繼續摧殘元老貴族階級。許多元老貴族家族在儒略王朝的統治下被毀；而元老院的新人則大都來自皇家官吏，乃至來自行省。其後經弗拉維安王朝諸帝和五賢君的經營，元老院中來自行省的成分愈發增加，這使它愈發不是一個代表羅馬元老貴族階級的集團，同時也愈發受皇帝的支配。它的權力最後只限於供皇帝諮詢。帝位的繼承問題為皇權的一大弱點。因為在法理上皇權不能傳代，一個皇帝去世，元老院隨即居於國家的統治地位，以待新皇帝產生。自奧古斯都以下，為使皇權延續，不受元老院的干涉，歷代皇帝大抵採取一種收養制度，選擇一個被認為最勝任有為的人物，收為養子，授以種種大權，使繼承帝位。五賢君的先後相承，為收養制度的最良好表現；而奧里略的傳子，結果反而開了一個世紀的革命和紛擾的亂源。

皇家行政的擴張

鞏固皇權的第二步是在皇帝直接支配之下的集權行政系統的擴張。共和時期專制自為的行省總督，現在大部分被代以由皇帝任命的官吏，並對皇帝直接負責。在帝國初期的兩個世紀中，即令最不德的皇帝，也尚能在行省維持良好的治理，非元老院轄的行省可及。這兩個世紀帝國全境得享和平安謐之福，充分表示了行省官民的相安和新制度的成功。

市邑制度的普及

但帝國初期，在行政上卓見成功的，尚不僅在一種集權的中央行政系統的建立，而在這一行政系統與一種廣泛的地方自治制度並行不悖。原來行於意大利的市邑制度，現在普遍推行於行省。行省按行政需要，劃分為若干市邑(Municipalities)，在帝國東部，市邑的區劃和組織大體沿舊城邦的傳統而行地方自治。在較晚開化的西部，則合部落而為市邑，也各有城市 —— 舊有的或新築的 —— 以為邑治。市邑的公民選舉自己的官吏和長老會（Curia），在形式上大體取法羅馬的舊共和政府。皇家官吏對於地方事務不加干涉。市邑自治制度的實行，使行省人民在帝國統一和集權的統治之下，對於與自己最切身有關的事務，仍能保持相當的自主。

公民權的普及

地方公民權的保持，自然是羅馬皇帝使行省人民容易接受統治的一項賢明的措施。但是，當羅馬公民和行省人民之間在權利義務上繼續有畛域存在時，羅馬帝國依然不是一個真正統一的帝國。唯有公民身份的統一乃能完成帝國的統一。當帝國初期，歷代皇帝深知公民身份普及的利益，他們不顧意大利本土人民的反對，而以羅馬公民權授予行省有勢力的階級 —— 包括土著的貴族和市邑的領導人士 —— 以及軍團兵士；他們也以拉丁與邦於共和政府之下所享的權利，先後授與意大利以外的區域。迨公元 212 年，皇帝卡拉卡拉（Caracalla）制定著名的入籍法（Constitutio Antoniniana），而帝國全境市邑出生為自由人的公民，終於都入籍為羅馬公民。

皇帝崇拜

為鞏固帝國，除了皇家行政系統的擴張和羅馬公民權的普及外，還需要有一種對於帝國的愛國心，以代替傳統的地方觀念 —— 舊有的邦國、民族、城邑或部落的觀念。皇帝崇拜制度的樹立部分達到了這一目的。奧古斯都為避免觸犯羅馬人傳統的情感，不許皇帝崇拜行於意大利本土。但在羅馬，奧古斯都於死後卻被禮拜為神祇。繼他之後的皇帝，卡利古拉最先於生前迫使臣民禮拜他為神祇，而圖密善最先於生前在羅馬使用神（Deus）的尊號。迨圖密善之後，皇帝崇拜終於正式建為羅馬的國家宗教。因為古代宗教甚少排斥或不許信徒崇拜別的神祇，所以在羅馬帝國，皇帝崇拜的最後建為國家宗教，也並未遭遇多少困難或反抗。

羅馬法律

在鞏固帝國的統一上比皇帝崇拜更見重要的，為羅馬法律的發展和一種統一而普遍適用的民法的形成。當共和初期，羅馬法律以十二表法為基礎，僅適用於羅馬公民。在羅馬法律的演進中，這部分法律稱市民法（Jus Civile）。但每一被征服地區皆有自己的法律傳統。當戰爭與征服使羅馬成為一個世界國家，而行省與行省間的交通和商業日益頻繁時，一種對於國家公民和所有屬地人民同樣適用的法律制度，就成為迫切的需要。早在公元前第二世紀，新法律已經以司法官（Praetors）每年頒佈的法令和法學家對於法律案件所作的裁定而開始形成。大抵司法官法令和法庭判例，多根據良好的地方法律和通行的習慣，持以合理、公平和普遍的原則而制定。久之，它們集成一套適用於全國所有自由人民的共同法律，取代市民法的地位。在羅馬法律的演進中，這部分法律稱萬民法（Jus Gentium）。迨帝國時期，司法官法令的頒佈雖漸受限制，最後終至成為形式的具文，但皇帝的詔令繼續從事法律疏解的工作，而使羅馬法系的發展進行不輟。

第四節　羅馬帝國盛時的社會與經濟生活

城市社會的發達

市邑制度的普及，使羅馬帝國於統一的皇家行政之下，成為一個龐大的自治市邑的聯邦。長時期的和平和繁榮，加以皇家政策的鼓勵，使帝國全境舊市鎮興盛，新市鎮蔚起。在原來沒有市鎮的地區，羅馬皇帝也為之興建市鎮，立為市邑的中心。結果，在帝國全境，無論它所包含的民族和文化如何繁殊不一，它的社會則成了一種大體一致的城市社會。

當帝國開頭兩個世紀的和平繁榮時期，城市居民的生活優越富厚。他們到處貢獻財力以飾美他們的城市的觀瞻。羅馬以它的神廟、劇場、競技場、城中廣場、公共浴場和壯麗的宮殿，馳名於古今；行省的市鎮雖規模不如，也都有相當可觀的公共建築。便是高盧和不列顛等地的較小市鎮，都莫不經良好的設計：街衢廣直平整；有水道橋（Aqueducts）自遠處山間引水入市，供水充足；高大的造像和紀念性建築雄踞於市鎮中心；私家住宅多有引水、排水、乃至導熱的設備，使生活起居便利舒適。在龐貝遺址所見的公私生活的進步，遠非中世的歐洲所能想像，而龐貝在當時不過一個三等市鎮。

社會階級

在行省，有權充任地方政府公職或入市長老會為議員的富有公民，構成市邑的貴族階級。他們稱市長老（Curiales 或 Decuriones）。他們的戶籍每五年清理一次，凡曾是奴隸者，一般不得入市長老會。但新自由民——脱奴籍者——也有不少發達而為有財有勢的人，在社會中達於僅次於市長老的地位。不少有良好教養的希臘奴隸，或善於經商的敍利亞奴隸，積蓄了足夠的金錢贖回他們的自由，其後以學問或資財聞名於社會。但大多數市民，如開店舖者、手工匠人和其他依職業謀生的人，度着平淡而沒沒無聞的生活。但他們也常有種種公共娛樂，如角鬥表演、車賽、各種競技，或啞劇表演，以調劑生活的枯燥。他們大多數也都分屬於各種社團，不時舉行慶會或其他的社會聚會。奴隸為數滋多，他們屬於社會中最低的階級，是他們的主人的財產。但比之羅馬向外擴張初期的奴隸，則當時一種人道精神的滋長，也使他們較少受到酷烈的待遇。

帝國貴族

位於市邑貴族之上的為帝國（或羅馬）貴族。帝國貴族又自成兩個階段，即元老貴族階級和騎士階級。但入帝國時期，這兩個階級日益喪失它們原來的性質；它們不再是嚴格的羅馬人或意大利人的集團，而大部分出身市邑貴族，因效力皇家而被擢升為帝國的貴族。騎士階級現在是供給皇家政府官吏和軍隊將領的主要來源；而元老貴族則多由皇帝從騎士中拔擢，作為對於有功勳者的特殊酬賞。帝國和市邑貴族都有釐然分明的階級界限，部分根據家世，而部分根據財產。但階級雖界限分明，然卻不是固定不變的。舊貴族家族可以絕祀；新貴族家族可以因皇帝的榮寵而形成。事實是甚少貴族家族能延續數代。財富使他們腐化，而社會地位的貴重常為他們招來不測之禍。當帝國時期，貴族家族的生育率十分低下，而一旦絕祀，他們的地位遂被來自下層階級的新人所替代。

經濟繁榮的普遍

羅馬帝國的最初兩百年的和平，也為意大利和行省造成了一個空前的經濟繁榮時代。戰爭終止了，文明世界在一個強有力的政府的保障下，統一為一個國家。商人帶着他們的商品，從小亞細亞至西班牙，從埃及至不列顛，可以自由往來，不需再越過任何國界。到處他們都服從同樣的法律，使用同樣的貨幣，享受同樣的權利，受到同一個政府的保護。新開化的行省供給了新的安全市場；而到處都有新市鎮建立，成為新的商業供需中心。

交通的便利

商業空前的興盛，一部分原因也應歸功於帝國內部交通的便利和安全。地中海，這一條古老交通的孔道，貫通於羅馬世界的中心，受帝國海軍的保護，而免於海盜的滋擾。在每一行省，歷代皇帝都致力於道路的修築，連繫帝國城市間以及行省和意大利間的交通。羅馬的大道大都是有石砌路面的永久性工程，即令原始的目的是為軍事，但同樣也便利商人的往來。在若干地域，一千年後因為道路破壞無法通行，而在當時，羅馬客商卻可以平均每小時五哩的速率，往來無阻。大抵在近代鐵路鋪設前，歐洲和近東的交通，論迅速安全，從無一個時代可以和羅馬帝國的盛時相比。

國外貿易

羅馬帝國與境外各地的商業，也盛況空前。中國歷史載有後漢桓帝延熹九年（公元 166 年）大秦王安敦遣使來通中國，所謂“安敦”，可能即五賢君中的安敦寧・畢尤或奧里略。從東方 —— 西方歷史中貴重商品的主要來源之地 —— 輸入羅馬的有香粉、香料、象牙、寶石和絲絹；從中非洲，有象牙、黃金、香料和珍貴的木材；從日耳曼和俄羅斯，有皮貨、琥珀、密蠟和奴隸。至於從羅馬輸出的，主要是酒、油、製造品和金銀貨幣。

國內貿易

在帝國境內，行省與行省間的貿易主要為原料和日用品。生活的必需物品，如穀物、油、酒、木材、金屬，以及纖維植物如大麻和亞麻，在帝國境內並非隨處都有出產。有的製造品也只宜於若干地區生產：埃及幾乎獨佔了麻布和紙的出產；小亞細亞、意大利和高盧出產羊毛織物；敍利亞繼續獨佔過去腓尼基城市的紫色染料的生產，同時也以精美玻璃器皿的製造馳名於時。公元第二世紀以前，意大利的上釉陶器最稱擅長，但以後它在市場的地位被高盧更為出色的製造品所奪。在別的工藝製造方面，高盧也逐漸超過意大利，從而成了西部的首要工業區域。各地的特產，經海運或陸道，大量運銷於帝國全境，為商人賺來大量的財富。

工藝製造

商業固然是大利所在，但羅馬世界的普遍繁榮，一大部分也直接來自工藝製造。帝國的統一和意大利經濟地位的中落，使獨立的小手工業一時大盛。比之商業，工藝製造更有裨於大多數人民的生計，而不獨為少數有大資財者贏利。事實是凡供當地市場消費的商品，製造者同時也就是商人，在自己的小商舖中出售自己的製品。自然，富有的工場主人繼續大量役使奴隸，或僱用自由勞工，從事生產。但大體言之，則大量生產多限於銷售遠地的商品；而且，便是外銷的商品，也常是獨立的小手工匠人所製造。

農業

羅馬社會既有普遍發達的城市生活為其特徵，則商業和工藝製造於經濟中的重要，自可想見。但無論如何，羅馬帝國的大多數人口仍在土地上勞動，依土地為生；而農業也仍是帝國的經濟結構的基礎。因為擁有土地產業不僅供給最可靠和最少冒險的收入，同時也仍是社會尊榮的最有效的憑藉，所以從商業或從仕途累積得來的巨大財富，大部分也仍投資於土地。土地兼併繼續進行，大地主或役使奴隸在他們的田莊耕作，或把他們的土地放租給佃農。小自耕農階級，其力不足以和廉價的勞動和大田莊的生產競爭，繼續敗壞。他們在出售他們的狹小的耕地後，或流入城市，加入城市的貧民階級；或降身為地主的佃農。土地繼續集中，而由農業所得的財富，也繼續為一個少數的地主階級所壟斷。

第五節　羅馬帝國盛時的文明

羅馬帝國前期的兩百年，羅馬文明也臻於極盛。在這兩百年中，羅馬產生了它自己的哲學和藝術形式，產生了最好的拉丁文學著作，乃至多少表現了對於科學的興趣和好尚。

拉丁文學

奧古斯都時代是拉丁文學的"黃金時代"。詩人如賀拉斯（Quintus Horatius Flaccus，公元前 65—前 8 年）、維吉爾（Publius Vergilius Maro，公元前 70—前 19 年）和奧維德（Ovid，公元前 43—公元 18 年），散文家和歷史家如李維（Livy，公元前 59—公元 17 年），他們的生存年代都已入奧古斯都時代，或與他同時。賀拉斯為拉丁文學所曾產生的最偉大的抒情詩人，而維吉爾為最偉大的敍事詩人，奧維德則為最出色的輓歌作者。賀拉斯和維吉爾都曾深受他們的時代的哲學思想的影響。賀拉斯的著名詩集《頌歌集》（*Odes*）兼取伊壁鳩魯派和斯多噶派的學說，歌頌一種人生觀：他要人及時行樂，也要人勇敢面對逆境。對於賀拉斯，享樂不只是消極的免於痛苦，他也知道只有順從適度的理性節制，才有真正的享樂。維吉爾的《牧歌》（*Eclogues*）雖也表現一種伊壁鳩魯式的閒靜之趣的理想，但他主要是一個斯多噶派哲學的信徒。他的對於一個和平而民康民阜的烏托邦時代的嚮望，他的對於人類命運的悲劇的意識，以及他的對於一種與自然和諧合一的生活的理想，都可見斯多噶派思想的脈絡。維吉爾傳世的最著名的大作，是他摹擬荷馬史詩而作的敍事長詩《伊尼德》（*Aeneis*）。與賀拉斯的若干短歌相似，《伊尼德》鋪陳羅馬建國過程的艱巨和羅馬帝國的光榮。它成了羅馬的民族史詩。奧維德的作品表現了一種受自希臘化時代的輕世肆志的思想（Cynicism）。他的詩篇美妙巧慧，但時時流於輕薄淫猥。它們的為時所喜，乃至包括奧古斯都自己，足見一個時代的好尚和奧古斯都要為羅馬社會風氣振衰起弊的困難。李維的巨著《羅馬編年史》(*History of Rome*),敘述從羅馬城初建至奧古斯都時代的史事。作為一個歷史學者,李維因為取材的不知鑒別和內容的誇張失實,在後世學者間頗多貶詞。但他的文辭明暢、敘事生動和格局恢弘,仍使所有在他以前的拉丁編年史家,相形見絀。與維吉爾的《伊尼德》一樣,李維的歷史同樣盡了表揚羅馬民族光榮的功用。從共和晚期以來社會風俗的敗壞,並未因政治的強化而有所改善,這在奧古斯都時代以後的文學尤其顯見。諷刺詩或描摹社會的百態,而多樂道猥褻穢瑣之事;或抨擊時代的惡行,而感歎世風的日下。塔西佗(Tacitus,卒於公元117年後)是一位與李維齊名的古羅馬史家。論鑒別的精神和公正的態度,塔西佗雖勝過李維,但他所持的一種垂訓史觀,則使他的歷史時時顯得如道德說教。他的《儒略王朝史》(*Annals*)和《當代史》(*Historiae*),對於政治的混亂和社會的腐敗痛加鍼砭。他的《日耳曼民族史》(*Germania*)記日耳曼人的風俗習慣,以一個在他認為未曾腐敗的民族道德,與羅馬人的傷風敗俗對比。提到羅馬人所據以自豪的"羅馬的和平",他借一個蠻族酋長的口說:"他們使廬舍為墟,而美其名曰和平。"

哲學

斯多噶派哲學在羅馬有教育的人士間成了最風行的哲學。伊壁鳩魯派哲學的影響雖仍繼續不絕,在文學中也還不時見到它的思想的流露,但不再以一種系統的學說流行。可能伊壁鳩魯派哲學的消極的、獨善其身的傾向,更過於斯多噶派哲學,使它不能與帝國初期統一的、組織的精神相投合。反之,斯多噶派哲學則以主張順從自然秩序,強調人生的責任和克己自制,主張人皆平等的世界主義,而為新時代——帝國時代——所好尚。

羅馬帝國盛時的斯多噶派哲學家,最重要的有三人:辛尼加(Seneca,公元前3—公元65年),曾任皇帝尼祿的保傅,以後為尼祿賜死,以及埃皮克提圖(Epictetus,約公元60—120年)和奧里略。這三人中,一個是富豪,一個曾為奴隸,而一個是皇帝。他們仍都同意內心的寧靜為人生的最高目的,真正的幸福只能於順從宇宙的秩序中得之。他們都主張一種為道德而道德的理想,憐憫人性的墮落,強調良知和責任心,主張內心的自由。但辛尼加和埃皮克提圖在他們的思想中引入了神秘主義的成分，使斯多噶派哲學帶上一種宗教的面貌。他們崇拜宇宙，視為一種神聖的秩序，受一個全能的神的規定，其目的為歸於至善。所以順從自然秩序，亦即順從神的意志，與神的意志合一，是人所應盡的責任。奧里略為羅馬最後一位大斯多噶派哲學家，奧里略繼續相信一個有秩序的合理的宇宙，但與辛尼加以及埃皮克提圖相較，他的思想更多定命的和悲觀的成分。身為皇帝之尊，當國於一個盛世的末季，他顯然不相信有一種永恆的至福，可以補償人在此世所有的苦難。在他的眼中，人毋寧是一個經常在噩運打擊下的可憐生物。但他主張，人還是應當勇敢正直地生活，應當善盡他的責任；他不可自暴自棄，不可怨天尤人；他應該視死如歸，對於逆境之來，無動於中，以保持內心的滿足。

神秘宗教

神秘宗教繼續盛行，羣眾繼續熱中於予人以在彼世得救的希望的說教。密特拉崇拜一時成為最有勢力的教派。但至公元 40 年前後，基督教徒也已開始出現於羅馬。基督教的傳播，其後終至取代所有其他神秘宗教的地位。

羅馬法律

斯多噶派哲學對於羅馬文明的另一方面的貢獻，是它對於羅馬法律的影響。斯多噶派思想尊重自然秩序，強調理性、公平和正直。辛尼加和在他之前的西塞羅都曾主張在國家的法律之外，尚有一種自然法，先國家而存在，任何世間的權力都不能加以破壞。奧古斯都和繼他之後的羅馬皇帝，常授權著名的法學家對司法案件表示意見，西羅馬法學家大都從斯多噶派哲學接受自然法的觀念；他們即令不主張國家的立法應受自然法的限制，但承認國家立法應與自然法符合。這樣，他們使羅馬法律於市民法和萬民法之外，又加入了一種自然法的成分，亦即一種抽象而概括的平衡觀念。

美術

在奧古斯都時代前，所謂羅馬的美術，無非是希臘化美術的複製。得勝的軍隊從大希臘、希臘本土和小亞細亞等地，運回大量雕像、浮雕和大理石柱，作為他們戰利品的一部分。這些希臘化美術和它們的複製品被用以點綴羅馬顯貴和商人的邸第。迨帝國初期，民族光榮的自覺鼓勵了一種足以表現羅馬特色的藝術形式的形成。奧古斯都時代羅馬城的建設，便曾使奧古斯都引以自豪說，他使羅馬從一個泥磚的城變成一個大理石的城。大抵當帝國盛時，在各種美術製造中最能見羅馬藝術的特色的，為紀念性建築和雕刻，象徵羅馬的權力和帝國的偉大。羅馬建築的主要成分，包括半圓拱、穹窿和列柱；列柱多用富麗的科林斯式。公共建築，為使觀瞻堂皇富麗，通常有一個以列柱或連環拱廊構成的正面；壁面和柱頂線盤多加雕飾。羅馬的重要建築以具實用目的者為多，如宮室、圓劇場、浴堂、跑車場和私家宅第都是。幾乎所有的重要建築都規模宏偉而結構堅實。其中如羅馬城的萬神廟（Pantheon），屋頂穹窿直徑達 140 多呎，而它的競技場（Colosseum），在角鬥士表現時能同時容 65,000 名的觀眾。羅馬的雕刻藝術主要見於造像和凱旋門、紀功柱、祭壇，以及其他建築物表面的浮雕。其特色為一種自然的和寫實的精神，人物多表現個性。但羅馬雕刻藝術的目的，一般也仍在誇示帝國及其統治階級的權力和光榮。

科學

當羅馬帝國盛時，羅馬人純粹科學方面，仍缺乏重要的創造性的貢獻。當時的學者和著作家多從事一種知識大全的著述。老普林尼（Pliny the Elder，公元 23—79 年）於公元 77 年前後完成了他的巨著《自然史》（*Natural History*），它所討論的問題，方面之廣，從宇宙論至經濟學，幾乎無所不包。但它所搜羅的材料雖浩繁，而價值則有限。老普林尼完全不能辨別事實和無稽之談；在他的著作中，最不可思議的怪力亂神之說，與最確定的事實幾乎無分軒輊，兼容並收。在羅馬人中，足以當科學家之稱的有塞爾撒斯（Celsus）。塞爾撒斯生當提庇留皇帝在位時，他所著的一部知識大全《學藝》（*Artes*），討論農業、醫學、哲學、修辭學和戰術等問題，其中傳世的有醫學八卷。塞爾撒斯的醫學論文，為現存羅馬人的同類著作中最早出也最傑出的一種。它所包含的材料一部分取自希臘人的著作，一部分得自塞爾撒斯自己的經驗，而加以系統的敘述。它也討論外科手術，包括扁桃體的摘除、白內障和甲狀腺腫的切割，以及整形外科手術。它的文辭優美純淨，至於使塞爾撒斯有"醫生西塞羅"之稱。

帝國時期的羅馬建築和雕刻，仍多假手於希臘人；同樣，來自希臘化的東方的科學家，也常流寓於羅馬、意大利和西部行省，而尤以醫生為多。帕加曼的加倫（Galen，約公元130年—200年）於公元第二世紀後半曾數至羅馬。加倫著作繁富，他在生前的聲名主要因他的一種藥物治療學的著作而傳，但在科學史中，則他主要以身為一個實驗解剖學家見重。他幾乎已經發現了血液循環。

第十五章

羅馬帝國的中衰

第一節　羅馬帝國後期的政治

帝國盛世的告終

公元 180 年奧里略的逝世，結束了羅馬帝國自奧古斯都時代以來的兩百年盛世。高摩達（Commodus）在位十二年被弒。繼之而來的是混亂和帝位的爭奪。禁衛軍公然賄賣帝位，不列顛、多瑙河區域和敘利亞等地的駐軍也競相擁立。由這次帝位之爭而起的戰爭，至公元 197 年始平息。勝利最後歸於多瑙河駐軍所擁立的塞維魯（Septimius Severus，公元 193—211 年），一位出生非洲行省，個性強梁的將領。

塞維魯的軍事統治

塞維魯的統治，在羅馬帝國的歷史中，為一個大轉變的開始：從元首政治的解體至公開的極權專制政治的建立。在軍事方面，塞維魯解散了原有的禁衛軍，背棄向來禁衛軍兵士從意大利人徵募的舊習，而從軍團選拔兵士充任。他公然背棄奧古斯都的傳統，不從元老階級而從騎士階級中任命將領，使統率軍團。同時他並賚予軍隊種種特權，包括授田、增加給予，以及締結合法婚姻和在營壘外度家庭生活的權利。在政治方面，任用騎士階級出身而有軍事經歷的人充當帝國政府的高級官吏，現在成了通例；塞維魯雖沒有直接削奪元老院轄行省，但他任用騎士階級出身的欽差，駐在行省，以監察元老總督的施政。在法律方面，他削奪元老院在羅馬城和在意大利境內的司法權，以前者授予皇家政府的羅馬市尹，而以後者授予禁衛軍司令。關於刑事案件的處理，他區分羅馬公民為一個榮譽階級，包括元老階級和騎士階級、市邑長老，以及各級軍人，和一個小民階級，使受到不同的刑法的待遇。塞維魯的裁抑元老院和意大利在帝國中的地位，以及他的提高軍隊、行省和騎士階級的地位，最後摒棄了羅馬共和政治的遺規，以及從奧古斯都時代以來皇帝在形式上與元老院的合作。塞維魯結束了自高摩達被弒以來的亂局，使帝國重歸於統一。當他在位時，軍隊的紀律恢復，行省繼續維持奧里略時代的良好治理，而羅馬法律也繼續發展。羅馬的大法學家如巴比尼安（Papinian）和阿爾匹安（Ulpian），都曾在塞維魯王朝的朝廷供職。前述以立法使全帝國的自由民入籍為羅馬公民的皇帝，便是他繼位的兒子卡拉卡拉。但塞維魯公然置他的權力於軍隊的基礎之上，而盡棄羅馬共和的傳統，終使奧古斯都的元首政治體制傾圮，而開軍事專制的先聲。塞維魯逝世於公元 211 年，他的王朝（公元 193—235 年）不過再延祚了二十餘年，而就在這二十餘年中，羅馬帝國在各方面迅速惡化。

帝國情勢和惡化

第一便是軍隊的跋扈囂張。如上所說，塞維魯曾增加軍隊的給予，至卡拉卡拉時，軍隊給予再度提高，至於跡近賄買的程度。但軍隊仍不厭足，稍有不滿，便行廢立。塞維魯死後，他的王朝先後繼位的有四帝，其中三人為軍隊所弒，一人因軍隊另行擁立，作戰陣亡，沒有一人善終。

第二為財政經濟狀況惡化。軍隊給予的不斷提高和皇家政費的龐大，為構成財政困難的直接原因。為圖應付困難，塞維魯和繼他之位的皇帝曾屢次貶低幣值；同時為求保障稅源，皇家政府加強對於城市各業行團的管制，從而使城市工商業在元首政治下所享的自由，開始喪失。市邑制度一向為地方自治的基礎，現在則主要成了皇家政府徵稅的機構。經濟和政治的惡性循環日形顯著。

第三為帝國政府的行省化。皇帝和官吏從軍團產生，而軍團兵士久已徵自行省鄉間。帝國政府中行省成分的增加，本應使帝國的政治基礎擴大，有利於帝國的統一；但一旦行省 —— 尤其行省軍隊 —— 支配帝國政府，則結果所至，卒使帝國政治日益淪於鄙陋獷野。塞維魯朝的五位皇帝，連塞維魯自己，有兩人出身非洲，其中的一人起自行伍；有兩人出身敍利亞。

塞維魯王朝於公元 235 年絕祀。在其後的半個世紀中，羅馬帝國更是戰亂相尋，淪於無政府的狀態。從公元 235 年至 284 年的半個世紀中，相繼踐祚的皇帝有十餘人；至於同時爭立的更不計其數。公元 258—269 的十年間至於號稱"三十暴君時代"。在相繼踐祚的十餘位皇帝中，除戴克里先（Diocletian）外，有兩人在對外戰爭中身亡，一人死於疫癘。一人死因不明，其餘的也全是被自己的軍隊或部屬所弒。

邊警的頻仍

連年的內戰，使軍隊不再用以固守疆圉，而用以爭奪羅馬城中的帝座，結果自然使帝國的邊防空虛。自公元第三世紀前半起，帝國人民開始時時聽到威脅帝國北疆的蠻族的名稱。同世紀中葉，哥德人（Goths）侵入多瑙河流域的行省，一個羅馬皇帝提兵抵禦陣亡。哥德人其後並進抵黑海區域，從海上焚掠帝國在亞洲和愛琴海沿岸的城鎮。阿拉曼人（Alamanni）和法蘭克人（Franks）則侵佔萊茵河流域的土地，進掠高盧；阿拉曼人且南下進至意大利半島北部的米蘭（Milan）。在東方，當塞維魯王朝末年，新波斯帝國的薩贊王朝（The Sassanid Empire）已經代安息王國而興（公元 227 年），使帝國的東疆受到嚴重威脅。公元第三世紀中葉，另一個羅馬皇帝出征被俘，囚死。波斯勢力的西進最後雖為帝國在敍利亞的一個附庸小邦帕爾米拉（Palmyra）所阻，但帕爾米拉也隨即背叛羅馬。公元 270 年，奧理良（Aurelian，公元 270—275 年）即位。這位號稱"世界重建者"（Restitutor Orbis）的皇帝結束了"三十暴君時代"；他從意大利半島北部逐走阿拉曼人，在東方征服了帕爾米拉；他放棄了多瑙和萊茵河外的帝國的土地，重建兩河為帝國的北疆。但在公元 275 年，奧理良也被他的部屬所謀殺。又是十年的篡弒相尋，迨公元 284 年，戴克里先才因東部軍隊的擁立，起而收拾亂局。經過戴克里先在制度上的更張，而羅馬帝國終於在外表上也盡去元首政治的面貌，成了一個東方式的絕對專制政治的國家。

戴克里先的改革

關於帝位的篡奪，禁衛軍因為形勢便利，曾首先操生殺予奪的大柄。但從塞維魯因多瑙河駐軍的擁立，入承帝位後，而多瑙河駐軍成了左右帝位的主要勢力。多瑙河南的伊利里亞區域，最後竟成了皇帝的主要產生之地。戴克里先也出生於伊利里亞，從軍隊躋登顯職，以至於入承帝位。面對他登極時的政治混亂的形勢，戴克里先對於羅馬帝國的制度，作了一番重大的更張。這次帝國制度的更張，大體要到君士坦丁大帝（Constantine the Great）時，才告完成。

第一，戴克里先把帝國行政，依多瑙河至達爾馬提亞以南的亞得里亞海的一線，分為東西兩部，他自己留居帝國東部，而以西部託付他的同僚馬克西米安（Maximian）治理。戴克里先和馬克西米安同稱"奧古斯都"，他們又各指定一個儲君，都稱"凱撒"，同居帝位，各受有帝國一部分區域的治理之權。這樣，帝國同時有兩個奧古斯都和兩個凱撒，分擔帝國行政和軍事的責任。戴克里先並圖由此以解決帝位承繼的問題。

第二，戴克里先最後削奪了元老院在帝國中的特殊地位，使它僅成為羅馬城的一個市議會，與帝國其他市邑的長老會相若。皇帝現在是帝國絕對無二的權力，在他之下，帝國官吏形成一個金字塔式的官僚組織。在地方，四個皇帝之下有四個行政長官（Praetorian Prefects）分掌四個行政區（Prefectures）的行政事務；他們仍用禁衛軍司令的名號，但被奪去軍權，成了文官。每個行政區分劃為若干行政分區（Dioceses），由巡撫（Vicars）治理，他們雖居行政長官之下，但仍直屬皇帝。行政分區再分為行省，省設省長；省區較帝國初其縮小，行省數目增加。中央權力，於是循整然的秩序，深入地方；而在中央，權力又集中於皇帝一身，戴克里先自己則為四皇帝之長。

第三，為使軍隊不再攙越政治，擅行篡奪，戴克里先劃分軍事和行政，使互不干涉。行省軍團分駐於國境沿邊的屯所，不再如帝國初期的聚集於大營壘之中。因為授田制度的實行，軍團兵士逐漸成為屯卒，定居於土地。他們在每一行省由所設的公（Dux）或伯（Comes）管轄。

除行省屯邊的軍團外，每一行政區另立近衛軍團，由步帥（Magistri Peditum）和騎帥（Magister Equitum）統率，可以隨時調遣赴警。此外，皇帝還有從各地軍團選拔兵士組織的親軍（Domestici）。軍隊總數，當戴克里先時估計約五十萬人，軍隊中僱傭的蠻族數量大增。

第四，每個皇帝都各維持一個東方式的朝廷，採用東方朝廷的服飾和禮儀。凡事與皇帝有關的，莫不視為神聖不可侵犯。皇帝的家臣現在成了朝廷的大臣，構成中央的官僚組織。朝廷大臣，加上行政長官和若干其他高級官吏，組成御前會議，供皇帝諮詢。

官吏的任免完全出自皇帝的權衡。皇權的無上和舊共和官職的沒落，使皇帝不僅成為政治權力的淵源，同時也成了社會門第的主宰。不同的官職和對皇帝關係的親疏，決定社會門第的高下。新的社官階級，亦即帝國的統治集團，遂完全代替舊元老階級和騎士階級，而為帝國的貴族。此外，有兩種稱謂也成了帝國的重要爵號。一種為 Patricius，當共和前期曾用以泛稱貴族，現在則由皇帝授予極少數個人，作為最高的爵號，義同父老。另一種為 Comes，原義是皇帝的"友伴"，只用作非正式的尊稱，現在也成了正式的爵號，即伯。皇帝左右的親貴仍稱伯，御前會議的大臣和其他朝廷顯貴也稱伯，以後同一爵號也予地分長官和將領。元老仍是帝國的貴族，但他們不再以出席羅馬的元老院為他們的身份的由來，而由皇帝晉授這秩階，以為尊榮，享受多種特權和豁免。

君士坦丁大帝

戴克里先和馬克西米安於公元 305 年同時遜位，蓋勒里阿（Galerius）和君士坦提阿（Constantius）以凱撒繼位為奧古斯都。次年，君士坦提阿逝世，而帝位之爭再起。皇帝的子嗣要求繼承帝位的權利，凱撒們要求晉位為奧古斯都，而軍隊也再度紛起擁立。公元 312 年，君士坦提阿之子君士坦丁統一西部；公元 324 年，更併有東部。君士坦丁為羅馬帝國後期最聲名顯赫的皇帝，史稱君士坦丁大帝。這不僅因為他完成了戴克里先的更張帝國制度的工作，作後期羅馬皇帝的典型；同時也因為他在東部建築了君士坦丁堡（Constantinople），立為帝國的新都，並正式給予基督教在帝國中的合法地位，從而開後世歐洲長時期政教合一的先聲。

羅馬帝國的末造

君士坦丁於公元 337 年逝世，他的子姪們相互砍殺了三十多年，至公元 361 年始定。公元 364 年，瓦倫提尼安（Valentinian）受軍隊擁立為帝，以其弟瓦倫斯（Valens）為奧古斯都，使治理東部，帝國再歸分治。瓦倫提尼安於公元 375 年逝世，又三年，而日耳曼人的大移動開始。瓦倫斯在抵禦西哥德人（Visigoths）的戰爭中陣亡。狄奧多西（Theodosius）繼瓦倫斯為東部皇帝，撫定西哥德人，於公元 392 年統一帝國，為帝國行政的最後一度統一。公元 395 年，狄奧多西逝世，帝國分由他的二子東西分治，從此不再併合。又八十年，西部的帝統遂為入侵的蠻族所斬絕。

戴克里先和君士坦丁的改革，未能挽回帝國政治惡化的狂瀾。他們所有的設施，究其實，也不過以前一世紀已經發生的變遷固定化、制度化，使在他們的專制權力之下建立為嚴格不移的秩序。羅馬帝國如確曾因他們的改革而延緩了最後的解體，使在地中海區域多維持一段時期的統一，則這一段時期也是在滯固或僵化的狀態下維持。而且，從軍事的無政府狀態進而至於一種軍事專制極權統治的建立，也未曾阻止軍隊的攙越政治，爭奪帝位。同時，帝國的國防則日見其不能勝任。從公元第四世紀晚期始，蠻族相繼以武力集體入侵帝國疆域，而帝國的國防卻日益需要依賴蠻族的傭兵。在另一方面，政治專制的極權統治，則使帝國——尤其西部——社會和經濟的活力，被窒息以盡。從戴克里先時代起的一個半世紀，羅馬社會完全入於虛脱的狀態。城市的工商業者和中小地主階級破產，自由農民轉化為隸屬小農，商業停滯，都市衰敗，社會退化到實物經濟和農業自足經濟的地步。都市的衰敗和自治市邑制度的陵夷，終於使帝國的地方行政系統也歸於解體。國家在高度的極權專制統治之下，而社會卻逐漸形成一種以大地主、隸屬小農和自由人民的投靠為基礎的封建關係。

第二節　羅馬社會、經濟與文化的解體

羅馬帝國衰亡的原因

何以羅馬帝國，一個如此雄武強大的帝國，繼兩個世紀聲威煊赫的盛世，而迅即敗壞？在西方歷史中，這一直是一個最費思索、最為學者悉心研究的大問題之一。各種各樣的原因曾被舉以解釋這一困難的事實。羅馬帝國有如一棵盤根錯節的大樹，任何單方面的原因都不足以使它衰亡。但如上所述，自共和晚期以來，羅馬的軍事、政治、社會、經濟各方面，一直有一種惡性循環，在繼續進行。奧古斯都的元首政治使它緩和了一時。但從公元第二世紀末年起，這惡性循環又以加倍的速率，劇烈進行，其勢如江河日下，終至於無可挽救。

經濟的失敗

在羅馬社會中，接連的戰爭，土地兼併和一個龐大的奴隸階級的存在，首先破壞了小自耕農階級。在帝國各地的城市之中，自由手工業者也都遭遇不同程度的奴隸勞動的競爭。喪失土地的農民和失業的城市貧民，或走向軍隊，以從軍為職業；或投靠大地主貴族，貶身為家臣或附屬小農；或聚集於城市，仰賴政府和富貴之家的賙濟，遊惰過活。從公元第二世紀起，帝國擴張的終止和對外戰爭的減少，使奴隸的供應不足，奴隸制度漸見不能維持。當哈德良帝在位時，羅馬地主已開始大量招收隸屬小農代替奴隸，在大田莊之中分給若干土地，使在一定的條件和義務之下，自行耕種。這時，羅馬的自由生產——尤其在農業之中——已經因奴隸勞動的侵奪，而備受摧殘，迨羅馬帝國後期，城市的式微使商業萎縮，大田莊的奴隸生產日見其無利可圖。羅馬地主現在也開始向奴隸收取定量的生產物，而聽任他們自行耕作，自營生活。這樣使奴隸也逐漸向隸屬小農轉化。

苛稅重徵與世業制度

從塞維魯朝時代起，財政經濟狀況的困難，使民間的賦稅負擔苛重。自由工商業更因貨幣的缺乏和貶值而日就萎縮。在公元第三世紀，社會貧乏化

的現象日形嚴重。塞維魯已因缺乏金銀貨幣，而不得不以土地配給軍士代替薪餉。這使軍團兵士逐漸成為定居的屯卒。大抵經公元第三世紀，國家官吏俸祿和軍士薪餉已大多代以實物和土地。但更嚴重的，是社會貧乏化的過程終於成了絕對的性質。奴隸供應的缺乏，內戰的傷亡，和疫癘的頻仍，使人口減少，工商業停頓，田園荒蕪，為圖挽住這樣惡化的狂瀾，保障稅源及經濟生產，帝國政府實行了世業政策，想把生產者固定於生產的位置之上。

長時期來，羅馬政府對工商業實行一種行團制度，把若干與民生日用、公共工程，以及軍需供應有關的重要職業，在國家的嚴格管制之下，組織成各種行團（Collegia）。因為它們承辦國家的工程和供應，所以行團同時也是一種特權組織。但一旦國家的經濟情況惡化，稅收短絀，信用低落，行團原來所享的特權卻成了不堪承擔的重負。離業逃避的現象日見普遍。塞維魯朝的皇帝已經頒佈敕令，強迫行團繼續奉行傳統的職責。最後，帝國政府終至禁止各業行團的從業者離棄他們的職業，禁止他們的子嗣拒不承繼父業。其後同一制度擴張及於所有的手工業和商業。當實施之後，世業制度的目的原在保障稅源和阻止社會生產的停頓，但結果所至則使繼續存在的一部分自由工商業成為國家世籍的奴役，而社會經濟的生機更被窒息以盡。類似的制度也實行於農業之中。戴克里先制定稅制，以土地生產力和居民人數為準，對一定地區課以定量的賦稅。為圖阻止農民離村和田地荒蕪，君士坦丁開始以敕令禁止隸屬小農逃匿；狄奧多西二世（Theodosius II）並在他的法典（公元 438 年）之中嚴定隸屬小農不得離去耕地。隸屬小農的來源不一，但從此他們依法律的身份都成了土地的附屬物，隨土地所有權的轉移而更換主人。這樣在西方歷史中開始出現了中世的農奴。

苛稅重徵為羅馬的世界統治的一部分，而現在社會經濟情況的惡化與賦稅煩苛也成了惡性循環。軍政費用的支出增大，而稅源日絀，結果加重了的負擔便落到僅存的稅源之上。繼隸屬小農和自由手工業者的奴役化之後，有兩個階級也接着破產。戴克里先所加於農業的新的賦課，名曰“歲調”（Annona），徵及穀物、酒、油、家畜等類物品，負擔奇重。因為帝國的仕宦階級享有豁免賦課的特權，所以這負擔主要落在一般中小地主身上。在地方市邑，平常屬於市長老階級的中等階級，更為竭澤而漁的賦稅政策陵轢以盡。市長老因為出席市長老會，對於市邑賦稅的分配負有權責。當賦稅不能徵收定額時，所餘的缺額必須由他們墊足。這些不幸的市邑遭遇了與中國宋代衙前相似的命運，在強迫的官役下先後破產。政府以法令禁止他們離棄職守。他們即令在絕望之餘棄家逃匿，也將如逃亡的隸屬小農一樣，被追緝捕回，責令服役。

都市的衰微

社會的普遍貧乏、農業的向自足經濟逆轉、商業凋萎、市邑中等階層破產，結果所至是城市生活普遍衰微。市邑曾是羅馬社會組織的基礎，地方行政、工商經濟和文化生活的中心。當帝國初期，國家對地方雖早已需索孔殷，奴隸勞動雖早已在驅逐自由生產，但"羅馬的和平"助長了商業的興盛，奴隸勞動的利潤得以實現，小手工業生產得以維持，社會危機因景氣的持續而暫時緩和，城市繁榮；而城市的繁榮亦即帝國的繁榮。城市衰微為社會經濟狀況惡化的結果。但入公元第三世紀，當城市的衰微已成為確定的事實時，帝國的生生之力便加速崩潰下來。這現象在西部尤其顯著。西部的城市先天上原不如東部城市的基礎深厚。東部的城市多數在受羅馬統治前早已存在，它們有自己固有的文化傳統和經濟基礎，這使它們在大局惡化之下有較多自求生存的力量。西部的城市則多數是隨羅馬的擴張而產生，它們與帝國休戚攸關，受帝國內部所生的變化的影響最深。在經濟生活上，它們的基礎也比東部的城市薄弱。所以當東部城市渡過接二連三的災禍而幸免於難時，西部的城市卻日見式微。它們最後於公元第五世紀的大難中，與帝國在西部的統治同歸於盡。

大領地制度的形成

在這樣社會解體的過程中，有一等人未曾身受所有災難的荼毒，此即帝國的仕宦階級。他們現在構成羅馬社會的地主貴族階級，而以對於帝國在實際上或名義上的服務，得免於一般賦課的負擔和額外的需索。在社會解體的狂瀾之下，喪失土地的農民和城市的貧民投靠他們，中小地主歸附他們，城市的中等階級尋求他們的庇蔭。帝國的地方行政既因都市式微和蠻族的入侵而日見癱瘓，帝國政府終於不得不承認他們在地方的權力地位。他們為其領地之上的農民和附庸對帝國負責；他們徵收賦稅，役使人民修治道路和服其他的公共勞務；他們審判次要的法律案件，也徵收罰鍰；他們更以附庸和家奴造成私有的武力。大領地制度便這樣從舊田莊制度蟬蛻而出，同時並取代了原有的地方市邑制度的地位。

中世歐洲的先兆

迨公元第四世紀後半，在帝國西部，土地耕種者成了農奴；世業制度施行於各種手藝和行業；商業跡近消滅，都市式微，地方行政癱瘓；大領地制度使社會逆轉到地方自足的階級。在帝國還沒有最後崩潰前，至少在西部，社會內部已經發生了劇烈的變化。羅馬所資以強大的生生之力虛脱，由此而出現的趨勢和所產生的制度，甚多是屬於中世的時期。在如此政治和社會經濟循環惡化的狀況之下，自然不能希望羅馬文明再有偉大光輝的成就。

拉丁文明的衰替

公元第三世紀中，拉丁文明迅速衰替。造像藝術的美好傳統絕傳了，見於建築物表面的浮雕也日形拙劣。以凱旋拱門為例，提圖斯帝橫門之上，奕奕如生的紀實雕版，在塞維魯帝拱門之上已被代以粗製濫造的拙劣之作；而當君士坦丁大帝起建他的拱門時，竟至降格到拆卸前人的遺物，以為裝飾。至於他的新都君士坦丁堡，其中的裝飾性建築更不少係從其他的希臘城市移來。歷代羅馬皇帝繼續興造崇弘的建築。戴克里先帝在羅馬城所建的浴堂和君士坦丁大帝在同地所完成的市會堂，莫不碩大無朋。由此也足見承建者仍保持充分的工程技巧，以成就如此的宏構巨築。但就美術的觀點言，則凡此建築，除了宏傑壯麗而外，缺乏全體的風格或局部的優美可資稱道。

拉丁文學的衰替，比之藝術更加驚人。帝國後期的拉丁著作家中，沒有一個差可媲美奧維德的詩人，或是媲美塔西佗的史家。馬孚里納（Marcellinus，約公元 330—390 年）雖一心上追塔西佗，詳實記載羅馬史事迄於亞得里亞堡戰役（The Battle of Adrianople，公元 378 年），但文采遠遜。而在這一江河日下的衰敗之世，卻產生了大量浮華的歌功頌德的諛詞。羅馬教育現在貶格到只成了修辭學的訓練。模擬、隱譬、堆砌、穿鑿，成為羅馬上流社會屬辭為文的準則。這使這時代的拉丁詞章空洞、深奧、虛飾陳言典故，而缺乏生命和意義。文學的衰敗，也與藝術中所見的情形一般，顯見一切創造能力的喪失。結果這時期的拉丁文學比較有價值可言的，還是若干編纂、整理和節要的著作。它們在中世歐洲被採為教本，使拉丁學術的一脈得以傳衍不絕。

因教育的衰敗，拉丁的西部和希臘的東部日益仳離。希臘語教學終至不行於帝國西部，而在東、西兩部分，希臘語和拉丁語也日益喪失統一語言的地位。在東部，基督教會開始用埃及的科普特語（Coptic）和西亞的亞拉米語或亞美尼亞語，寫定經典。在西部，拉丁文法的破壞，也使各地的口語拉丁從古典拉丁分化，成為後世南歐多種拉丁變語（Romances）的由來。

公元第三世紀中葉，有一派新哲學思想產生，稱新柏拉圖學派（Neo-Platonism），佔奪了斯多噶學派的地位。新柏拉圖學派創自埃及哲學家柏羅丁（Plotinus，約公元 270 年卒），經他的弟子波菲立（Porphyry，約公元 304 年卒）的闡揚而流傳廣大。他們以柏拉圖的觀念論哲學，解釋宇宙，這學派初興，但隨即墮敗而為一種神秘的、迷信的說教。由此足見即令在上層社會羅馬世界也已不能從任何唯理的哲學思想，獲得滿足。正如一個虛脫的社會不能抵禦蠻族的入侵一般，一種虛脫的文化也不能阻止外來的思想信仰的傳播。繼各種東方神秘宗教的傳播風行之後，至公元第四世紀中，基督教終於獲得了最後的勝利。當古典拉丁文學日就式微之際，基督教會卻大師輩出。因此羅馬帝國在西部尚未最後崩潰之前，羅馬文明已經開始過渡為基督教文明。

第十六章

基督教與基督教會的興起

基督教聖經《新約》的路加福音記耶穌基督誕生說：

> 當那些日子，凱撒奧古斯都有旨意下來，叫天下人民都報名上冊。這是居里扭作敍利亞總督的時候，頭一次行報名上冊的事。眾人各歸各城，報名上冊。約瑟也從加利利的拿撒勒城上猶太去，到了大衛的城，名叫伯利恒。因他本是大衛一族一家的人，要和他所聘之妻馬利亞，一同報名上冊。那時馬利亞身孕已經重了。他們在那裏的時候，馬利亞的產期到了，就生了頭胎的兒子，用布包起來，放在馬槽裏，因為客店裏沒有地方。

這是一段樸質平直的記載，告訴我們耶穌生於奧古斯都在位時 —— 可能是公元前 4 年，出身寒微，是一個猶太人。因為猶太人地方當時已經在羅馬帝國的治下，所以他生而為羅馬的屬民。但是這一個出身寒微的猶太人，卻成了後世世界最大的一派宗教的創立者 —— 基督教的創立者。

第一節　基督教的興起與傳播

猶太人的宗教信仰

在古代世界，猶太人的宗教有着十分獨特的地位。在一個到處流行多神信仰的時代，而猶太人卻堅守他們的一神信仰。對於一個猶太人，耶和華是唯一的神，世界的創造者，宇宙的統治者，一位不能以任何偶像表達的神。此外，歷來的希伯來先知要人相信自己罪孽深重。他們宣傳一種以犧牲贖罪的觀念；他們也說教，因為人從亞當有意違背神的命令以來一直處於墮落的狀態，所以人需要一位贖罪者。他們久已在預言一位救世主（Messiah）降臨。耶穌的傳教和他的遭遇，在他的信徒看來，正是希伯來先知的預言的應驗。他們相信他是神許下的救世主。是神，也是人——是神，而以耶穌之身，從聖母馬利亞受有人性。耶穌的被釘死於十字架，乃是為人罪捨身，救贖世人。經他的捨身，而人與神重歸和好，人再能從神獲得恩寵，從而有死後在彼世——不是此世——的王國獲享永生的希望。

耶穌基督的傳教

但耶穌的說教，也使有的猶太人駭怪。他指責猶太經師和法利賽人（Pharisees）——古猶太教的一派信徒——的泥古偽善，形式主義和自固地位；同時亦攻擊社會和宗教風氣的敗壞。他在《山上寶訓》（*Sermon on the Mount*）中昭示，他所祝福的是甘心貧窮的人、哀慟的人、柔順的人、飢渴慕義的人、憐恤人的人、清心的人、使人和睦的人，以及為義受逼迫的人。他對他的聽眾說，"除非你們的義德超過經師和法利賽人的義德，你們決進不了天國。"他要人"愛你們的仇敵，為那逼迫你們的禱告；"他說，"你們願意人怎樣待你們，也要怎樣待人。"這是一種被壓迫無告者的宗教。他的原始信徒大都是貧苦的、未受教育的人；而最後逮捕他，要求把他處死的，是猶太教的司祭長和民間長老。事實是就在他死後，基督教在猶太人中也只得到極少數信徒，它遠大的前途是在猶太人所謂的外邦人——非猶太人——的世界，而使徒保羅（St. Paul）是把基督教傳入外邦人中最重要的一人。

羅馬固有宗教的式微

耶穌殉難後的三個世紀中，當基督教備歷艱辛，掙扎光大之時，羅馬的固有宗教正日益喪失支配人心的力量；至於皇帝崇拜之立為國家宗教，則自始不過是帝國臣民對帝國表示忠誠的一種儀式的奉行。兩者都缺乏對於個人界予撫慰和希望的成分；而從共和晚期以來，個人的無助久已使人們渴求超自然的撫慰。來自東方的各種神秘宗教，現在因帝國的統一和交通的便利，益發流行於帝國各地。迨公元第三世紀，當帝國面臨解體的狂瀾，社會在水深火熱之中，它們事實上已經代替羅馬傳統的宗教，而在民間成為廣泛支配人心的勢力。所有傳自東方的神秘宗教，無論形式各殊，大體都示人以相同的希望，滿足相同的心靈需要。它們允許為信徒洗滌罪惡，允許為他們獲得靈魂的永生。它們的儀式大都有聲有色，有時至於近乎癲狂，對於厭倦於單調而無望的生活的人們，有着強烈的吸引力量。而新柏拉圖學派則以哲學的用語，使它們的神秘性獲得合理的解釋。當基督教傳播初期，成為它嚴重的競爭者的，正是這些和它同樣來自東方的神秘宗教。

基督教的傳播

與其他來自東方的神秘宗教相比，基督教當傳播初期，有若干因素毋寧不利於它的普及。它產生於猶太地方的猶太人之中，一個在元首政治之下叛亂迭起的區域和一個不受同化、頑固好亂的民族。耶穌的原始門徒不僅是猶太人，他們甚至還被他們自己的族類所鄙棄；而且他們都出身貧賤，他的早期的信徒多數來自奴隸和勞動階級。再者，基督教也與它所由來的猶太教一般，堅持嚴格的一神信仰；除了自己的神，基督教徒不承認有別的神祇。他們譴責所有其他的宗教，甚至拒絕僅僅在形式上參加羅馬國教的禮拜儀式。因此，幾乎從開始起，他們就受到羅馬帝國政府的干涉和迫害；而至少在最初的兩個世紀中，他們頗不得人望。

但基督教仍不斷傳播張大，到公元第三世紀中葉，幾乎所有羅馬帝國的城市都已有了有組織的基督教團體。有若干因素使基督教在歷盡艱辛後，終於克服一切的迫害和敵意，獲得完全的勝利。首先就是耶穌自己，他以一個真實的血肉之軀的人，而為世人的罪惡流血捨身。他的原始信徒們曾身受他的人格感化，親聆他的救世福音，在他們眼中，他的犧牲成了以身設教，為所有其他的神秘宗教所宣揚和人心所渴求的贖罪和救世作證。他們相信他是神之子，相信他死而復活，上升於天，以後將再來世間，建立神的王國；他們把自己的信仰傳之於世人。一旦這種知識為人所相信，耶穌的感人的力量遂非虛無縹緲的希臘羅馬神祇，或是遙遠的東方的先知和神祇可及。再者，基督教予人的希望在未來，一個可以盼待的天國；這希望也不只給予特殊的民族或個人，而是本於博愛大同的教義，給予普世。最後，基督教的倫理和道德觀念，縱然一時為異教人士所不解，但以初期基督徒的持身處世，精誠所至，也同樣發生了廣泛的感人力量。在一個不安寧處、喪失希望和缺乏確信的時代，唯獨基督教徒以滿懷希望和確信，接受迫害的考驗，赴湯蹈火，從容就義。

第二節　基督教在羅馬帝國的勝利

羅馬帝國政府迫害基督教徒

羅馬帝國政府的迫害基督教徒，早見於皇帝尼祿時代。當時他們便曾經為羅馬的大火作替罪羔羊，慘遭殺戮。事實是，在初期的三個世紀中，基督教徒無時不身處於被迫害的恐怖與威脅之下。羅馬自己有它的國家宗教——皇帝崇拜，身為羅馬臣民而拒絕奉行國家宗教的儀式，亦即等於拒絕盡國民的一項基本責任。在羅馬國家看來他是無神的，是叛逆，為既成秩序的破壞者，國家的危險分子。因此暴君尼祿和圖密善固然迫害基督教徒，而最嚴厲的迫害者卻是最以賢君能主見稱的圖拉真、奧里略、塞維魯、德西烏斯（Decius，公元 249—251 年）和戴克里先諸人。大抵當公元第一世紀中，羅馬帝國的迫害基督教徒，尚無定策。公元 111 年前後，皇帝圖拉真在答覆當時任比提尼亞總督的小普林尼（Pliny The Younger）的一封諭旨中，告以信基督教的行為本身為一種罪行，凡經正當程序控告者應予以審判，有罪者處以死刑，悔過者赦罪釋放。地方長官不必主動作搜索基督教徒之舉，對於匿名的控告也不必受理。圖拉真的決策，在以後的一個多世紀中，大體為羅馬帝國政府所遵行。各地基督教徒所受壓迫的弛緊，視各行省長官態度的寬嚴而異。迨公元第三世紀，基督教的傳佈益廣，上流社會人士加入者日眾，而帝國則面臨解體的危機。基督教徒因此也愈發被視為對於國家安全的威脅。從塞維魯以下，歷代皇帝嚴詔屢下，由政府取主動的步驟，對基督教徒進行全面的普遍的迫害。最激烈的一次為皇帝德西烏斯於公元 250 年所發動。他命令全國人民公開參加國家宗教的禮拜，凡拒絕服從者受最嚴厲的懲罰，包括死刑。一時雷厲風行，從城市以至窮鄉僻壤，基督教徒到處受搜索，逮捕、審判、處刑。不少基督教徒不堪暴虐，屈服背教；有的則賄買官吏，證明他們安分守法，服從命令。但不肯沾辱他們的信仰而捨身殉教的，也纍纍皆是。最後也最大的一次對基督教徒的迫害，已經入公元第四世紀初年，當皇帝戴克里先和蓋勒里阿在位時。這次迫害，在帝國西部全境，繼續進行至公元306年；而其施虐於東部，尤其在小亞細亞，要遲至公元311年才告平息。被殺的教徒，人數之眾，也遠超過以往各次。三百年來，每次迫害過後，教徒的人數銳減，但甫告平息，背教者既重新來歸，而迫害進行時殉教者慷慨赴義的勇氣，也使更多的人受到感動，為基督教招來更多的信徒。所以每經一次迫害，教徒的人數每有一次新的增加。當公元第四世紀初年的大迫害發動時，帝國社會各界都已有為數眾多的基督教徒存在。在戴克里先自己的家庭中，他的妻子和女兒就是基督教徒。這次迫害的結果只是證明了迫害的無效。蓋勒里阿為這次迫害的主使者和最嚴厲的執行者，但到公元311年他臨死前，也不得不明白承認他的政策的失敗，撤消了全部迫害基督教徒的法令。

基督教信仰自由的獲得：君士坦丁大帝

繼公元305年戴克里先的遜位和次年西部奧古斯都君士坦提阿的逝世，羅馬帝國又發生了連年的爭奪帝位的內戰。君士坦提阿之子君士坦丁受不列顛和高盧駐軍的擁戴稱帝，於公元312年併有意大利，統一西部。當用兵意大利時，君士坦丁用十字為軍徽，表示他對於基督教所奉神靈的信仰。公元313年，他和東部奧古斯都李錫尼（Licinius）聯名頒佈著名的《米蘭詔書》（Edict of Milan），在帝國全境停止一切宗教的迫害，予帝國人民以自由從事宗教禮拜的權利，並賠償基督教會從公元303年以來因帝國政府的迫害所受的損失。《米蘭詔書》使基督教在羅馬帝國開始獲得合法的地位，而君士坦丁大帝為第一位給予基督教徒合法地位的皇帝。君士坦丁大帝於公元323年擊敗李錫尼，併有東部。他於公元337年逝世，在他逝世的前數日，他並接受基督教的儀式，而領洗為基督教徒。

君士坦丁護持基督教的政策，自然不必純粹出自宗教的動機，而是更可能有比宗教重要的政治因素。當公元第四世紀初年，在羅馬帝國的全人口中，基督教徒雖仍屬少數，約不過十分之一，但他們多數聚集於城市，組織嚴密，而有決心以赴大難。在意大利戰爭前，君士坦丁和其父君士坦提阿，對於基督教徒本來就比較溫和寬容。但君士坦丁無疑乃在意大利戰爭時，面對優勢的敵軍，才使他感覺有以明確的態度，使潛伏的基督教徒樂於歸附的需要。君士坦丁既使羅馬帝國政府的政策，對基督教一變迫害而護持，一旦奄有西部，又統一全國，他自然進而運用基督教的堅強的教會組織，以為加強帝國的統一之助。要之，經過君士坦丁一朝，而基督教在羅馬帝國的地位，發生了根本的變化。公元第四世紀幾乎與基督教歷史中最大的一次迫害同時開始，而到同世紀末年，一位基督教皇帝狄奧多西，卻制定法律，嚴禁一切非基督教的宗教禮拜。禮拜非基督教的神祇——包括羅馬固有的神祇——現在成了國家的叛逆，凡違背法定的基督教會的教義和儀式的，也都要受嚴刑懲罰。這樣，在一個世紀初年橫受摧殘迫害的宗教，到同世紀末年卻成了國家法定的宗教，開始以法律和刑罰來迫害異端和異教。

第三節　初期基督教會的組織及其演進

教會的組織

基督教徒的團體，稱為教會（Ecclesia；Church），因為耶穌殉難在耶路撒冷，所以隨同他在耶路撒冷的原始信徒的團體，也就成了原始的教會。其後當基督教開始在羅馬帝國的四處傳佈時，大致循商業交通的路線，所以初期的教會又都在城市。教會內部從早就分出一個教士團體，與一般的信徒——俗人——相區別。教士由當地教會的全體信徒選舉。在初期，教士主要分三個等級。每一教會由一位主教（Bishop）主持其事，理論上他是耶穌的原始信徒或所謂使徒（Apostles）的繼承人；在宗教事務方面協助主教的有司鐸（Priests），或稱神父；而在行政事務和社會工作方面協助他的有助祭（Deacons）。主教的管轄區域稱主教區（Diocese），相當於羅馬帝國早期的市邑（Civitas）。

當公元第二世紀，在各地原來分立的教會間，開始進行一種結合的運動。到次世紀中葉以後，若干教會，或因所在城市的行政地位，如都城或省會

（Metropolis），或由於特殊的歷史原因，如創立的使徒，而在一定區域的教會中成為領袖乃至主管的教會。安提阿（Antioch）主教之於西亞，羅馬主教之於意大利，亞歷山大港主教之於埃及，迦太基主教之於北非，對於各該區域的教會都或多或少行使管轄的權力。迨公元第四世紀，基督教在羅馬帝國既獲得合法的地位，最後至於建為帝國的國教，於是教會組織遂益發與帝國的行政組織配合。省會的主教成了行省主教的首長，他被稱為總主教（Archbishop），而在東方，若干有歷史性的教會，如安提阿和亞歷山大港的主教，以及比較晚起的如耶路撒冷和君士坦丁堡的主教，更高出一般行省的總主教，被尊稱為教長（Patriarchs）。在西部，則羅馬教會即將造成它在西方全基督教世界的領袖地位，它的主教即將被尊為教宗（Pope）。

教會與國家

君士坦丁大帝改變基督教會在帝國中的地位的結果，固使基督教徒從此免於普遍的迫害之苦，但也為基督教的前途引起若干困難的問題。首先就是政教關係的問題。過去教會因為被摒於法律之外，帝國政府除了加以禁止和迫害而外，對於它的內部事務不加聞問。然則此後教會是否尚能繼續保持它的內部的自主？尤其在羅馬皇帝自己也加入教會而為基督教徒之後，是否在屬於信仰和道德，乃至有關的政治行為方面，他也願意如普通教徒一般，服從教會的指導？或是，以一個國家至尊的君主地位，他要左右教會的政策？凡此問題，以後在西方歷史中不斷發生，因時代的不同而時張時弛。至於在公元第四世紀，則基督教會的獲得合法地位，同時也使它立即受到皇帝權力的干涉。其後西部雖因帝國權力的解體，而使羅馬教會得以乘時恢復獨立的地位；但在東部，則於以後的長時期中，教會不過是帝國政府的一部分，喪失了它的原始的生生之力，而成了一種滯固的、附庸於專制權力的組織。

正宗教義與異端

其次是有關教義統一的問題。當基督教傳佈初期，教徒的信仰單純。他們所傳述和信仰的是耶穌的行誼和他的教訓。迨傳佈既廣，信徒日眾，與異教的爭論，或為防杜異教思想的攙入，都使教會對於基督教的傳統和信仰，有加以充分的解釋和明確的界說的必要。因為所見不同，在教會內部開始有教義之爭發生。教會逐漸形成了一套法定的教義，稱為正宗的（orthodox）教義，而稱與法定教義不合的異說為非正宗的教義或異端（heresy）。一種理論究竟為正宗或異端，為教會當局所接受或否決，通常決定於反對雙方的論辯，但也時常決定於其他的考慮，如政治的考慮。

亞略異端

當君士坦丁大帝在位時，最嚴重的異端為所謂亞略異端（Arianism），從一個亞歷山大港教士亞略（Arius）得名。基督教的三位一體（Trinity）的教義和化身（Incarnation）的教義，在初期的基督教人士間引起最多的論辯，也產生了最多的異端。究竟神子耶穌是完全的神，具有和神完全同一的本質，或是神子乃在有限的時間中所創造，因此不是無限，屬於比聖父為低的品級？易言之，究竟耶穌是否完全的人？如果不是，他又如何能以他的苦難救贖世人？亞略攻擊三位一體之說。他主張耶穌為神所創造，因而他不與神同質，也不與神同其無限。亞略異端之所以嚴重，因為它涉及了基督教全部傳統和信仰的根本。假如耶穌不是神，則基督教將失去它的宗教的神秘性質，而只成為一種平易的倫理道德說教；假如他是神而不與神——耶和華——同體，則基督教將成為一種多神教，而喪失它的嚴格的一神信仰的性質。當君士坦丁大帝於公元 323 年擊敗李錫尼，併有東部之時，東部的教會正因為教義問題，四分五裂。敵對的黨派，支持亞略的和反對他的，互相激烈抨擊，各不相下。

尼西亞信經

君士坦丁可能並不了解神學家們所爭辯的問題，但他顯然認為爭辯應該停息，教會的分裂應該終止。如果一個有組織的統一的教會足以為帝國的統一之助，則教會的分裂為兩個敵對的派系，互不相下，勢將危害帝國的統一。教會的統一於是也成了政治問題。公元 325 年，君士坦丁於小亞細亞的尼西亞（Nicaea）地方，召集會議，為這次爭論作強制的解決。尼西亞會議為基督教會歷史中的第一次全體主教會議，稱公會議（Ecumenical Council）。在會議中，大多數主教在亞歷山大港的另一教士亞他那修（Athanasius）的領導下反對亞略，而君士坦丁並運用他的勢力，使會議的決定成為全體一致的決定。會議譴責亞略，制定《尼西亞信經》(*Nicene Creed*)，主張耶穌兼具完全的神性和人性。這教條以後一直為大部分基督教會所接受，視為正宗的信仰。

從君士坦丁大帝逝世(公元 337 年)，至狄奧多西帝繼位，基督教建為羅馬帝國的國教，其間約半個世紀。這半個世紀中，羅馬帝國的宗教狀況還曾經幾次反覆，而每次反覆都由政治的影響而起。當狄奧多西在位時，在他的立法下，異端和異教同受制裁。這樣，才最後確定了基督教在羅馬帝國的勝利的地位；而當基督教在羅馬帝國獲得最後勝利之日，正宗教會也同時確立了它的信仰和權威。

東西教會的分化

在東部，君士坦丁堡教會既與帝國政府同在一城，皇權自始控制了教會。反之，在西部，則至公元第五世紀中，因蠻族的繼續入侵，皇權陵夷，帝統斬絕，教會奉羅馬主教為首，迅速發展了自己的獨立組織和自主權力。在以後的一段長時期中，羅馬主教且將繼羅馬皇帝之後，教會繼羅馬帝國的行政系統之後，在西部維持一種統一的局勢。這是中世歐洲教會權力和地位所由來的一個主要原因。羅馬帝國，在傳統語言和文化生活上既繼續保持一個希臘的東部和一個拉丁的西部，東西教會的分化毋寧勢所必至。西部的教會史稱拉丁教會或羅馬天主教會(Roman Catholic Church)，東部的教會稱希臘教會，或希臘東正教會(Greek Orthodox Church)。

拉丁教會之父

拉丁教會的自成系統，以遂其獨立的發展，有三位人物是它早期的柱石。他們被尊為拉丁教會之父(Church Fathers)。他們是聖安布羅斯(St. Ambrose)、聖傑羅姆(St. Jerome)和聖奧古斯丁(St. Augustine)。

聖安布羅斯

聖安布羅斯(公元 397 年卒)出生高貴的仕宦家庭，稟有卓越的行政才具。他於公元 374 年膺選為米蘭主教，為當時西方教會最有影響力的領導人物之一。米蘭為羅馬皇帝的駐蹕之所。公元 390 年，皇帝狄奥多西平定希臘帖撒羅尼迦 (Thessalonica) 地方的一次叛亂，屠戮至慘。他到米蘭，受到安布羅斯的譴責；安布羅斯並於他未充分表示悔罪前，拒絕為他舉行聖禮。而結果，這位羅馬帝國最後的統一者，屈服於安布羅斯的堅定不移的精神力量之前。在對帝國政府的一切關係中，安布羅斯力持皇帝於教會，而非高於教會的原則。他以他自己的行誼和著作，為西方教會建樹了教權獨立和教規神聖不可侵犯的傳統。

聖傑羅姆

聖傑羅姆 (公元 419 年卒) 與安布羅斯同時，為一位飽學之士，一位卓越的語言學家。他著作繁富，闡揚正宗教義，抨擊異端；而他的最大貢獻，是他從希伯來和希臘原文翻譯基督教聖經為美好生動的拉丁文。傑羅姆翻譯聖經的工作，積二十年的辛勞，於公元 405 年才告完成。完成的譯本隨即為拉丁教會所接受，承認為權威的經文，史稱"拉丁語聖經" (The Vulgate)。對於後世西方的思想文學，無論為宗教的或非宗教的，其影響之大無可計量。

聖奧古斯丁

聖奧古斯丁 (公元 430 年卒) 為神學家，拉丁神學體系的主要建立者。奧古斯丁出生於羅馬的非洲行省，曾受良好的哲學和古典文學教育。他早年的思想曾出入於摩尼教和新柏拉圖學派，中年因安布羅斯的感召，始最後皈依基督教。他於公元 395 年膺選為非洲希波 (Hippo) 地方的主教，其後就以他的餘生盡力於教會事業和著作。在奧古斯丁傳世的著作中，最為後世所傳誦的是他的自傳《懺悔錄》(*Confessions*) 和他的神學著作《上帝之城》(*The City of God*)。《懺悔錄》撰成於公元 400 年前後，為西方自傳文學和宗教文學的瑰寶，抒寫一個受苦的靈魂和它彷徨掙扎的經驗。《上帝之城》撰成於公元 410 年羅馬城被西哥德人大掠之後，解釋羅馬這次的災難不是因為羅馬人背棄了他們舊日的神祇，而是昭示神的意志 —— 目前的現世的帝國的逝去，和一個代替它的精神的帝國的來臨。現生短暫而罪惡充斥，局於現世，則必墮地獄；精神的帝國 —— 上帝之城 —— 永恆而幸福，升入上帝之城則得永生。出現世而入神國，所由之徑，是基督教和它在世間的組織——基督教會。奧古斯丁的《上帝之城》的思想，顯然可見摩尼教善惡二元說的影響。但奧古斯丁仍是一個拉丁思想家。關於個人靈魂得救的問題，他以一種近乎法律的形式，解釋神的正義，救贖和赦罪。人因始祖亞當的墮落而生來染有原罪，應受懲罰。人的得救乃由於耶穌的捨身，因此不是人自己的意志的結果，而完全出自神的恩惠，神的前定和選拔。個人的意志可以從善，也可以從惡。個人雖不能知道自己是否得享神的恩惠，但他也應該盡力之所及，從善去惡。而且人之能本於良心從善去惡，也已經得自神的啟示，所以人首先就應為他的能從善去惡，感謝上帝。奧古斯丁的學說在後世屢被作不同的引證，對於羅馬天主教，他是教會的柱石，而歷史上反羅馬天主教的運動，也多引他的學說為助，但由此也可見長時期來，他的學說一直被奉為西方基督教信仰的最正宗的表達。

第四節　羅馬教廷地位的興起與清修運動

羅馬主教地位的興起

公元第五世紀基督教會歷史中的一件最堪注意的事，為羅馬主教地位的興起。他成了拉丁教會的元首。他在拉丁教會中的至尊地位，足以與羅馬皇帝在帝國政府中的地位相比。羅馬主教因身為帝國古都的基督教會的首長，本來就具有高於一般主教的影響力和受尊崇的地位。公元 402 年，羅馬皇帝因蠻族的入侵，避地於半島東北近海的拉溫納城（Ravenna），羅馬主教的地位因而益臻重要，他成了羅馬城中最有勢力的首長。公元 410 年，西哥德人大掠羅馬。亂後，主教英諾森一世（Innocent，公元 402—417 年）以教會的力量，領導羅馬城的復興工作。英諾森並首先明白主張羅馬主教在拉丁教會中的至尊地位；他主張西方教會對羅馬主教有服從之責，凡一切有關教規的事務，應接受羅馬主教的決定，遵循羅馬教會的習慣。

利奧大教宗

公元第五世紀中，羅馬帝國西部的情形，急劇變化。在蠻族的狼奔豕突下，帝國的地方行政組織解體。各地的主教現在必須承擔比過去更多的責任，從而也掌握了比過去更多的權力。在許多城邑，他們直接取代了帝國官吏的地位，執行行政和司法的職務，並運用他們的勢力，以保護在未開化人的征服下困苦無助的人民。時勢的混亂和責任的艱巨，使他們益發需要羅馬主教的指導，需要一個在上的權力給他們精神的支時。到同世紀中葉，利奧一世（Leo I，公元440—461年）——羅馬教會歷史中的第一位大教宗——遂得以對西方教會行使完全的管轄權。利奧精力過人，勇敢堅毅，而卓具政治家的遠見。當羅馬於公元451年和455年先後受到匈人（The Huns）和汪達爾人（The Vandals）的威脅時，他代表這一全無防衛力量的古都，與兇悍的入侵者進行談判，多少減輕了羅馬城所受的浩劫。在教會內部，他以堅強的意志，迫使最邊遠地方的主教也服從羅馬的管轄；而對於一切有關教義的爭論，他力持他的裁定為最後的權威。羅馬教宗的權力，在利奧後還需幾經變化，才達於中世時期的極盛。但經利奧的經營，羅馬在西方基督教世界的領導地位，已經確立。

彼得至尊位

羅馬城在羅馬帝國歷史中的特殊地位，為造成羅馬主教在西方基督教世界的特殊地位的原因之一。此外，根據教會所共同承認的傳説，使徒彼得（St. Peter）和保羅都在羅馬殉道，而羅馬教會且為彼得所創立。基督聖經《新約》的馬太福音記耶穌對彼得説："你是彼得，我要把我的教會建造在這磐石（Kepha）上，陰間的權力不能勝過它；我要把天國的鑰匙給你，凡你在地上所綑綁的，在天國也要綑綁，凡你在地上所釋放的，在天上也要釋放。"因此同樣據教會的傳説，耶穌曾立彼得為使徒之長，授以管理世間教會的全權，並使執掌天國的鑰匙。這是所謂"彼得至尊説"。羅馬教會既傳説為彼得所創立，所以羅馬主教的職位也被稱為彼得教座或使徒教座；而身為彼得的承繼者，羅馬教主教遂要求耶穌所授予彼得的全部權力。此外，造成羅馬主教的最高的權力地位的，一部分也由於長時期中羅馬教會所享有的正宗的聲譽。歷代羅馬主教本於拉丁傳統對於法律和權威的尊重，對於正宗信條嚴守不渝。

東方神秘宗教的苦行理想

清修運動（Monasticism）淵源於宗教苦行的風氣，而苦行為多數東方神秘宗教所共有。苦行的動機為棄世絕俗，摒絕現世的物質享受，使靈魂專注於精神的境界。有的修行者至於務刻苦體膚筋骨，以求克服肉體的慾望，而使精神的企求自由無礙。本來自摩尼教以至於新柏拉圖學派，都有一種善與惡，精神與物質的二元觀思想。宇宙不斷在兩種敵對勢力的交戰之中，一種是精神的，另一種是物質的。所有物質的興趣和肉體的情慾，生來都是邪惡的，人只有完全克服物質和肉體的慾望，蕩滌清淨，才能使精神如其所願，上升而與神和合一致。基督教思想與這種二元觀思想原多契合，並曾深受其影響。

基督教的清修運動

從基督教的理想視之，與靈的三位一體相對峙的是一組邪惡的三位一體 —— 現世、肉體和魔鬼，真誠的宗教生活應斷絕與這三者的一切牽連。當基督教徒繼續受羅馬帝國政府的迫害和社會歧視時，身為基督教徒，已多少予人以解脱現世的精神的滿足，而且有日他還可能為教殉身。但入公元第四世紀，因基督教在羅馬帝國的勝利，而教徒與教會的關係開始改變。殉教的時代過去了，教會不再是脱離現世的社團，而成了一種包含現世的組織。這使得一心避世的教徒不得不也離開教會的所在地。他們遁入荒漠，過隱遯的生活，以後師徒相聚，結成團體。他們是最早的基督教的修士（monks）。

東方的清修運動

基督教的清修運動發軔於東部教會，也可見它所受於東方神秘宗教和新柏拉圖學派的苦行理想的影響。最早的修士多離羣獨處，但在這些逃避社會的隱士之間，人類羣居的天性也使他們隨即產生了組織。公元 325 年前，修士帕科繆（Pachomius）便已經在埃及建立了後世所知道的第一個清修團體，制定共同遵守的清規。當清修運動從埃及傳播於東部各地時，從者也大都接受有秩序的團體生活，採用帕科繆的清規。其後，在東方，有的修行者雖仍取離羣獨處以苦行相尚的方式，但就大體言，則團體生活普遍流行。聖巴西爾（St. Basil）於公元 374 年逝世前重訂清規，以後通行於東部的修道團體。

清修運動的西傳

清修運動自東方西傳，在拉丁教會中發展出後世完備的修道團體組織，稱修道會或修會。據傳説所述，清修運動的始傳羅馬為公元 339 年，由亞他那修 —— 反亞略異端的領導人物 —— 傳往。最初清修運動在西方曾遭遇強有力的反對，被指責為反社會的運動。聖傑羅姆便曾因熱心倡導清修，有的羅馬貴族婦女受他的影響出家修行，而受到激烈的抨擊。但清修的風氣在西方仍日益普遍，從意大利傳播於每一行省，從者日眾。大多數修行者自然仍本於苦行的理想，但也有不少以出家修行，規避不勝負荷的社會或家庭責任。在西方，修行者最初也仍取索居冥行的方式，但他們隨即開始發展自己的團體的組織。在聖本篤（St. Benedict）—— 西方清修運動的創立者 —— 以前，西方已經有不少修士團體，各自聚居一地。或一座修道院（Monastery）之中過着共同而有秩序的生活。

聖本篤

聖本篤（公元 480—543 年）出生於意大利的富貴家庭，但早年便脱離現世的誘惑，棄家修行。有三年，他棲身於一處巉岩之山上一個幾乎無法通達的洞窟之中，過着嚴格的苦行和與世隔絕的生活。但他的聖潔的聲譽卻使別地的修行者競來歸附，移居到他的近處，奉他為首長。公元 520 年前後，聖本篤創立了著名的卡西諾山（Monte Cassino）修道院，並為它的修士手訂清規，世稱“聖本篤清規”。卡西諾山修道院於是成為本篤會的發祥之地；當其後別地的修道院先後採用“聖本篤清規”時，它們也成了本篤會修道院。自“聖本篤清規”行，而過去索居冥行，以苦行是尚的風氣，漸次不行於西方。按照“聖本篤清規”的規定，入會修士必須宣誓絕財，絕色，絕意，亦即安貧，潔行，服從。修士入會後必須終身留在同一修院，以絕對的謙卑服從尊長，放棄個人所有的財物，並斷絕和修院外的一切人事關係，乃至自己的家庭。每一修院都自成一個單獨團體，由院中修士自行選出的院長主管。院長任期終身；他的權力只受清規的規定和教區主教的監督權的限制。

本篤會修院生活

每一本篤會修院也都自成一個自足的小社會。修院的分子共同生活，衣食起居受同樣的規定，享同樣的待遇。聖本篤自己曾親身體驗過度孤寂、苦行和閒居無事的危險，因此他為修士規定全日作息的時間，禁止非常的苦行。修士每天的一大部分時間用於定時的祈禱、冥思和其他的宗教功課；有六、七小時用於農田工作或其他戶內外的體力勞動。修士的伙食雖不豐盛，但足夠維持健康，關於病患和老弱的照管也都有規定。這是一種嚴肅堅苦的生活，但不是不能達到的生活。"聖本篤清規"以它的穩健、平實和組織的精神，而為一種可以有效實行的清規，在以後的數世紀中為西方各地的修道院所通行。因為它所規定的修士功課中有農田、抄書和教育會中新進與俗世兒童等工作，所以它也使修道院在中世漫長的黑暗時期中，成為西方文明的爝火，對於曠地的開墾，農業方法的改良，以至學術知識的保存，厥功至巨。

第十七章

蠻族大入侵與蠻族王國的興滅

公元初期的數世紀中，羅馬帝國奄有地中海四周的文明開化區域。在帝國疆外是蠻族的世界。帝國北疆，以萊茵和多瑙兩河為界，河外行動靡定，好勇鬥狠的日耳曼部落，時常往來窺伺。凱撒以前，羅馬政府已經時時需要調遣軍團，以逐退蠻族的入侵。自公元第三世紀以降，羅馬帝國既內亂頻仍，國防力量耗損，對外的軍事自然困難日增，同時蠻族或在帝國軍隊充當傭兵，或在大領地之上充當佃農，也已陸續有大量移入帝國境內。日耳曼人以一族集體進入羅馬帝國，開始於公元 376 年。是年西哥德人（The Visigoths）渡多瑙河南下，入居羅馬帝國境內。北疆外的其他部族立即羣起效尤，紛紛突破帝國已經殘破的邊防，越界湧至。不過一個世紀，帝國西部在蠻族的狂流下淪沒。（圖四）

第一節　大入侵前的日耳曼民族

日耳曼人的由來

入侵羅馬帝國的蠻族主要是日耳曼人。日耳曼人的原始居地可能為近代德國的北部地方，包括波羅的海（The Baltic Sea）南岸和隔海的斯干的納維亞半島（Scandinavia）。從北歐，他們逐漸西向擴張至北海（North Sea）沿岸，南向擴張至萊茵和多瑙兩河，東向擴張至維斯瓦河（The Vistula）。當凱撒時，他們已經盡佔萊茵河外的土地。

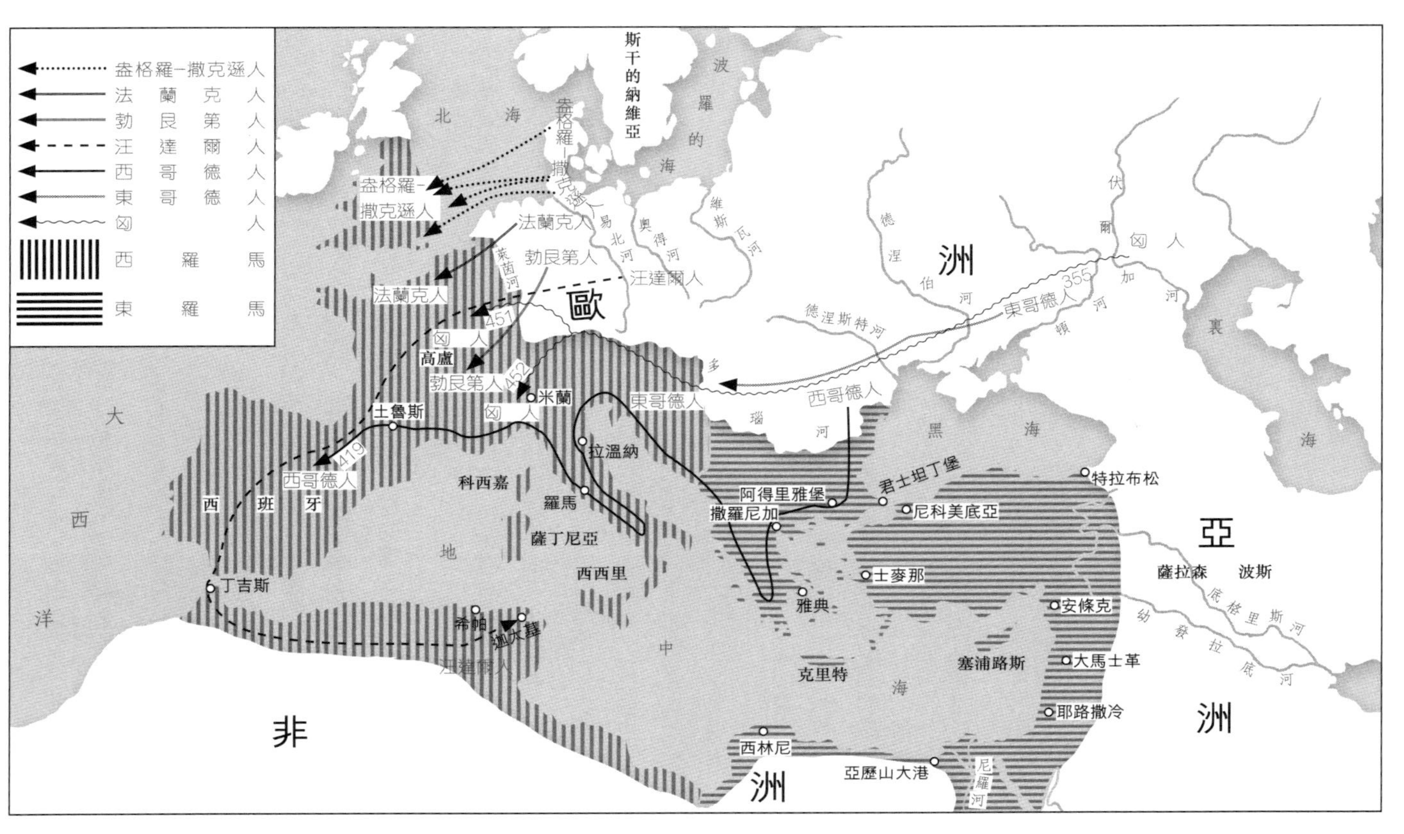

圖四　蠻族入侵下的羅馬帝國（公元 350—450 年）

日耳曼人及其生活狀況

日耳曼人體型高大，狀貌魁偉，對短矮的羅馬人看來，他們有若巨人。他們白膚、藍眼、金髮，與地中海區域民族暗褐的膚色相比，也顯出強烈的對照。萊茵河外在古時為廣袤的森林所覆蔽，多沼澤，夏多豪雨，而冬季嚴寒，生活的嚴酷使他們必須有強健的體格，才能維持生存。他們的性情是他們的嚴酷生活的反映。他們有時也表現得精明務實，但主要則表現一種抑鬱而喜怒無常的性格，耽於酗酒、狂賭和戰鬥。他們的美德則是勇武、忠信和好客。據年代較晚的塔西佗的記載，日耳曼人主要以狩獵和牧畜為生，但當凱撒知道他們時，他們也已經使用鐵器，而且已經開始從事農業。他們也已經有了村落社會的組織，其後土田開闢日廣，他們自然更多趨向於定居的生活。農業技術則尚幼稚，工藝製造簡陋原始。鐵匠製造工具和武器，幾乎是唯一受尊重的手藝。日耳曼人寧願把時間花費於狩獵和戰爭，而以農田和其他生產製造之事交付給婦女和奴隸。

社會組織

據塔西佗的記載，日耳曼人的社會已經是一種階級社會。社會的四個階級是（一）貴族、（二）自由人、（三）新自由人或脫奴籍的人（Freedmen）、（四）奴隸。如大多數古代社會一樣，家庭為社會組織的單位；在家庭之上有氏族。由原來有血緣關係的家庭構成。同一氏族中人有互助的責任，他們為族人的死傷復仇，在訴訟或戰爭時幫助族人。在家庭和氏族之外，日耳曼人尚有一種稱為義士團（Comitatus）的結盟組織，由一個以勇敢善戰著稱的首領和一羣自願追隨他的武士組成。義士團的義士各以個人的效忠隸屬於首領；他們聽從首領的號令作戰，而以首領戰歿，一己偷生為恥。首領則供應屬下的義士以武器和衣糧，以及對外戰爭和擄掠的機會。

政治組織

當塔西佗時，日耳曼人的政治組織還是部落。部落政府由一個渠長會議掌理；渠長多數為貴族的首長，或以勇武賢智見重的領袖。但部落的重大事項則多由渠長召集全體自由人——亦即部落的武士——會議，討論決定。其後，有的部落又自相結合，形成更大的團體——民族（Nations）。當大入侵開始前，不同的日耳曼民族大致都行王政，有部落酋長會議備王諮詢。同時自由人則喪失了大部分他們原先享有的參預政治的權利。

法律習慣

初期日耳曼人的政治和法律觀念多本於屬人的原則。領土國家的觀念尚未產生，人民對於渠長或王，為一種個人效忠的關係。法律所處理的主要也是個人相互間的侵害和責任。罪行的發生並不視為對於團體或公共秩序的破壞，而只是對於受害者的侵害行為；法律的功用是使受害者的一方獲得補償。法庭處理訴訟時，通常採用的證據是宣誓，由訴訟者本人或親友，依一定儀式，宣誓作證；有時也採用所謂神意裁判（Ordeal）。罪行的懲罰依習慣而定，通常是罰款；甚至殺人也可由犯罪者償付所謂"償命錢"（Wergeld），作為賠償。罰款的多寡，則依被殺者的社會階級、年齡和性別而定。此外，日耳曼人的法律不像羅馬法之由立法和判例構成，而是本於世代相傳的部落習慣。

日耳曼人移居羅馬帝國境內

如上所述，日耳曼人的移入羅馬境內，早開始於大入侵時期之前。數世紀來，人口的增加使日耳曼不斷四處尋找新地，而日耳曼人內部擴張的壓力，則迫使南側的部落日益集積於羅馬帝國邊外。在生活條件簡陋原始的日耳曼人看來，萊茵和多瑙河南的羅馬帝國是錦繡大地。他們不時成羣結隊，越過邊境，受僱於帝國軍隊。他們在帝國軍隊中的人數之眾，當君士坦丁大帝時已經超過羅馬人自己；而在以後的一個多世紀中，至少在西方，帝國的士卒、將校、連最高級的將領，已經大部分是日耳曼人。此外，還有大量日耳曼人未曾受僱於軍隊，他們定居行省，或由帝國授以荒地，令他們墾殖，或受大地主招徠，為私有大領地的佃農。還有的日耳曼人獲准以整個部落移入。他們成為帝國的附庸與邦（Foederati），由帝國指定土地令其實邊屯墾，而賦以協助帝國防禦新入侵者的責任。蠻族的陸續移入，加甚了羅馬帝國一般文化水準的低落，同時也使帝國在大入侵開始前，已經逐漸蠻化。

大入侵前日耳曼民族的分佈

公元第四世紀時，在羅馬帝國疆外的日耳曼人，已經或經征服，或因聯盟，由部落結合而為若干有組織的民族。其中，西方沿萊茵河流域，在下游有法蘭克人（The Franks），在上游有阿拉曼人（The Alamanni）。西北方，在北海沿岸和日德蘭半島（Jutland），有撒克遜人（The Saxons），盎格羅人（The Angles），和朱特人（The Jutes）。從北方，勃艮第人（The Burgundians）已經西南向移入美茵河（The Main）流域，介乎法蘭克人和阿拉曼人之間；別的移向東南，在奧得河（The Oder）上游，有汪達爾人，在奧得河和維斯瓦河之間有倫巴底人（The Lombards），而最東方沿多瑙河下游和黑海北岸，有哥德人。

哥德人

早在公元第三世紀中葉，哥德人已經從遙遠的波羅的海沿岸，移至上述位置。他們又以德涅斯特河（The Dniester）為界，分兩大支：在河西的稱西哥德人（Visigoths），河東的稱東哥德人（The Ostrogoths）。其中西哥德人因為隔多瑙河與羅馬帝國相望，所以他們最先與羅馬帝國發生密切的接觸，與羅馬人有興盛的商業往還，並接受羅馬文化的影響。

基督教的傳入

基督教從多瑙河南傳入哥德人之中，獲得了為數眾多的信徒。基督教的北傳於哥德人，主要為主教烏爾菲拉（Ulfilas，公元 381 年卒）之功。烏爾菲拉的先世是小亞細亞的一個基督教家庭。公元第三世紀中，一次西哥德人的入侵把他的家庭擄掠北去，所以他出生於西哥德人之中。當年少時，烏爾菲拉曾為質於君士坦丁堡，在那裏他接受了良好的拉丁語和希臘語教育。從君士坦丁堡北返，他開始在西哥德人中傳佈基督教，同時開始將基督教聖經翻譯為哥德語。在烏爾菲拉以前，日耳曼人只有一種粗陋的盧恩符號（Runes），僅適於在工具或武器之上鐫刻簡單的銘文。為了翻譯聖經。烏爾菲拉以希臘字母為藍本，創造一種哥德字母，從而也使日耳曼人開始有了以文字書寫的文學。因他的哥德語聖經之助，加以他個人影響力量的感召，基督教在西哥德人中迅速傳播。從西哥德人，基督教也傳入東哥德人、汪達爾人和別的日耳曼民族。但當烏爾菲拉留居君士坦丁堡期間，在羅馬帝國東部，亞略異端的勢力再盛。他所傳入西哥德人的也是亞略異端教派。結果所至，當大入侵期間進入羅馬帝國的蠻族，凡已奉基督教的，幾乎盡屬亞略派教徒。

第二節　日耳曼人大入侵與羅馬帝國西部的傾覆

匈人的西進

公元第四世紀晚年起，蠻族的大舉入侵羅馬帝國，發其端的為西哥德人。西哥德人的這次行動，其始乃出於被迫。他們受了一支歐洲人向所未知的亞洲遊牧民族 —— 匈人 —— 的壓迫。匈人屬蒙古種，他們的先世可能與周、秦、漢三代屢為中國邊患的匈奴有關。匈奴經兩漢的安撫征討，一部分歸化中國，一部分仍留在蒙古、新疆一帶，一部分則西遷至裏海以東的地方建國。公元第四世紀迫使西哥德人移動的可能就是最後一支匈奴的苗裔。他們在中亞的草原地帶既歷有年數，一種不甚明瞭的原因 —— 可能是中亞內部民族的擾動 —— 迫使他們他向，尋找新的牧地。他們西進入歐洲，於公元 371 年前後進襲東哥德人。匈人在馬上移動、作戰、飲食，乃至睡眠，行動比日耳曼部落更為迅速。他們出沒和行動的迅捷，使哥德人無法確計他們的數目；而他們在馬上攻擊的兇暴則使哥德人喪失抵抗的勇氣。公元 375 年，匈人已經征服東哥德人。次年，西哥德人在德涅斯特河沿線抵禦匈人的來侵，失敗。於驚惶失措中，西哥德人轉而圖進入羅馬帝國境內，尋求庇蔭。於是日耳曼人的大入侵開始。

西哥德人入侵羅馬帝國

西哥德人首先請求君士坦丁堡的皇帝准許他們渡多瑙河，移居羅馬帝國境內。當時帝國東部，皇帝瓦倫斯（Valens）在位。哥德人的請求使帝國面對難題，若拒絕他們的請求，可能招來一場惡戰；而准許他們，則等於引狼入室，使帝國喪失了過去防範他們的天塹。經過長久的遲疑不決 —— 這在西哥德人是一段憂怖如焚的等待，瓦倫斯最後決定准許他們渡河，以附庸與邦的地位入居帝國，但責令他們必須交出武器，和遣送人質。對於好戰的日耳曼人，迫使他們交出武器已經是難堪的屈辱，而受命監督他們渡河的羅馬官吏更恣意搜括財物，掠奪子女。加之羅馬政府又未作糧食等項的籌備，使他們於定居之初，獲得給養。他們已因所受的待遇而滿腹怨忿，又為飢餓所迫，而且羅馬政府並未有效地解除他們的武裝，不及一年，西哥德人便背棄他們歸附時的誓言，舉兵叛變。公元 378 年，瓦倫斯在亞得里亞堡一役與西哥德人交戰，軍潰身亡。第一次，一支蠻族的隊伍，在羅馬帝國境內擊潰了號稱無敵的羅馬大軍。它象徵一個新的時代 —— 蠻族人據羅馬帝國的時代 —— 的開始。

但勝利的西德哥人雖能在帝國四境縱橫無阻，卻不能攻佔有城垣的城市，也不能鞏固他們的征服所得。狄奧多西繼瓦倫斯之位為皇帝。經他的力征經營，和平恢復。西哥德人最後在色雷斯定居，為羅馬帝國的附庸與邦。在狄奧多西的強力統治下，帝國東部一時平靜無事，狄奧多西並數度舉兵，為西部戡定變亂。公元 394 年，他把西部也置於他的治下，這是羅馬帝國的最後一次統一。逾年，狄奧多西逝世，帝國再分裂。他的二子阿卡狄奧斯（Arcadius ，公元 395—408 年）與霍諾留（Honorius ，公元 395—423 年）東西分治。

阿拉里克的西侵

從狄奧多西逝世，羅馬帝國的處境日益惡化。西哥德人在一個年輕的雄傑之主阿拉里克（Alaric）的領導之下，再度背棄約束，侵掠色雷斯、馬其頓和希臘等地。阿拉里克曾率領哥德人部眾，從狄奧多西在意大利作戰，所以他諳悉羅馬的軍伍之事。當時在帝國西部執政的也是一個出身蠻族的將領，即汪達爾人斯底里哥（Stilicho）。斯底里哥在羅馬軍中，得狄奧多西的賞識，擢登顯職。在狄奧多西死後，他以帝國西部最高軍隊統帥（Magister Militum）之職，輔佐霍諾留，為他的攝政。阿拉里克既變，阿卡狄奧斯和他的宮廷無力使他就範，最後以重賂賄令他率眾西行。公元 397 年以後的數年間，阿拉里克和他的部眾徘徊於多瑙河上游和亞得里亞海間的一帶地方，成為意大利本土的肘腋之患。他的屢次進脅意大利雖都被斯底里哥驅退，但為防衛意大利而調集軍力的結果，則使帝國西部益發邊防空虛。公元 406 年，汪達爾人，雜以其他蠻族部眾，渡萊茵河，突入羅馬帝國境內。他們西向掠過高盧全境，直抵比利牛斯（The Pyrenees）山麓。公元 407 年，不列顛和高盧駐軍又舉兵叛變。而就在變亂迭起之中，一次宮廷陰謀，唆使霍諾留處死了斯底里哥。繼之，在意大利各地並大殺日耳曼人，倖免於難的相率投奔阿拉里克。斯底里哥是帝國西部最後一個有力阻扼阿拉里克的將領。斯底里哥死，西意大利對西哥德人門戶洞開。

斯底里哥於公元 408 年被處死。當年，阿拉里克率眾長驅入意大利，進圍羅馬。當時霍諾留的宮廷已先播遷於拉溫納，軍隊解體，而羅馬城一旦被圍，糧道斷絕，完全陷於絕望無助之境。阿拉里克的首次圍困羅馬，向城中索取重賄後撤兵。其後阿拉里克與在拉溫納的霍諾留談判，要索土地，不成。公元 410 年，阿拉里克再度進圍羅馬，城破，縱兵大掠。這一永恆之城，終於在蠻族的鐵蹄下受到了慘酷的蹂躪。這次羅馬大掠使帝國民心士氣所受的打擊，無可言喻，幾乎如世界末日將臨。聖奧古斯丁寫他的《上帝之城》，解釋塵世之城終必毀滅，便在這次大難之後。西哥德人在大掠羅馬後，滿載金銀財貨，進至半島南端，意欲由此渡海至北非。但當年阿拉里克去世，這項計劃未曾實現。

西哥德人在高盧和西班牙建國

阿拉里克死後，西哥德人在意大利經短暫的逗留，於公元 412 年北向，越阿爾卑斯山，進入高盧境內。公元 415 年，他們為帝國的軍隊所敗，移入西班牙，其後他們的首領瓦列亞（Wallia）與拉溫納的羅馬朝廷和解，他們在西班牙協助帝國軍隊與入據的汪達爾人作戰，驅逐汪達爾人至半島南端。他們再獲承認為帝國的附庸與邦，並從帝國受高盧西南從羅亞爾河（The Loire）至比利牛斯山的一帶地方，建西哥德王國。這是在羅馬帝國西境建國的第一個蠻族王國。它的勢力極盛時，領土東至隆河（The Rhone）流域，向南它幾乎盡有西班牙半島全境。它在高盧的領土至公元第六世紀初年為法蘭克人所奪；在西班牙的統治，則遲至公元 711 年回教阿拉伯人（The Arabs）從北非入侵，才最後顛覆。

汪達爾人入侵北非

西哥德人既經安頓於高盧，入侵的蠻族與羅馬帝國政府間有數年相安無事。繼起的一個大變化為汪達爾人的佔有北非，使羅馬帝國又喪失了它的一部分最富饒的行省。

汪達爾人於公元406年渡萊茵河，侵入羅馬帝國境內。他們掠過高盧地方，於公元409年跨越比利牛斯山，入西班牙半島。其後羅馬軍隊得西哥德人之助，把他們逐迫至半島南端。從渡河以來，汪達爾人輾轉遷移，所至破壞，但一直未能鞏固他們的征服所得，也未曾建立一個領土國家。公元428年，蓋澤列克（Genseric）繼統汪達爾部眾。次年，羅馬的非洲駐軍作亂，招蓋澤列克入助。汪達爾人於是渡直布羅陀海峽，進入北非。在同時代的日耳曼人首領中，蓋澤列克也是一個有雄才大略之主。可能汪達爾人對於海峽對面的千里沃壤和繁庶城邑，久已心嚮往之。蓋澤列克使汪達爾人於兵敗困處之際獲得了新的力量，因羅馬帝國的內亂所給予的第一個可乘之機，據有了北非。當蓋澤列克進軍北非時，他曾圍攻希波（Hippo）兩年。聖奧古斯丁就在圍城中身故。公元435年，帝國政府承認汪達爾人為附庸與邦，畀以迦太基以外帝國在北非的大部分領土。於是一個汪達爾王國又建立於帝國西境。

北非的汪達爾王國

蓋澤列克仍不厭足。公元439年，他攻取迦太基城，建為他王國的國都。以迦太基為基地，他隨即在地中海上發展武力。他的武裝船舶四出破壞羅馬的海運，劫掠沿海沒有防衛的羅馬市鎮。汪達爾人在地中海上的剽掠，對於已經式微的羅馬帝國的商業，是最後的致命打擊；而非洲行省穀物供應和稅源的斷絕，也使已經枯竭的帝國財政益發困窘。公元455年，蓋澤列克並將渡海至意大利，繼西哥德人之後，又一次大掠羅馬。汪達爾王國在北非延祚達一個世紀。公元534年才為君士坦丁堡皇帝查士丁尼（Justinian）的大軍所滅。

阿提拉與匈人的西侵

在汪達爾人據有北非後，羅馬帝國西部皇帝所保有的領土，只剩了意大利半島和高盧的一部分地方。從公元 429 年起，實際掌握帝國政府的權力的，為埃提烏斯（Aetius），一個出身行省的將領。埃提烏斯的政策是遠交匈人，借匈人之力以阻遏日耳曼人在高盧的繼續侵佔。他阻遏西哥德王國的擴張，促使汪達爾人入貢，逐退法蘭克人，並擊敗勃艮第人，把他們徙置於高盧東南。勃艮第人以後就在隆河和阿爾卑斯山之間一帶地方建立王國，為羅馬帝國的附庸與邦。

但就在埃提烏斯在帝國西部執政期間，在匈人中，阿提拉（Attila）起而統一部眾（公元 433 年），使匈人的侵略勢力再起。匈人在先後併有東哥德人和逐走西哥德人後，擴張勢力於黑海和多瑙河以北的廣大地域，久已為帝國東部的中患。君士坦丁堡的皇帝只知敝庫索賦以為賄賂，求苟安於一時。阿提拉的崛起更使原先散漫的匈人部眾，接受統一的有力的領導。阿提拉增加對君士坦丁堡的需索，於公元 440 年後，並連年蹂躪多瑙河南的羅馬行省，每次都迫使君士坦丁堡給予更重的歲幣。如是者逾十年，至公元 451 年，阿提拉悉眾西行。他的猛疾如狂飆之勢，使西方的基督教世界 —— 羅馬的和蠻族的 —— 為之驚惶戰慄。他被稱為"上帝之鞭"（The Scourge of God），意謂神降之於世人的刑罰。阿提拉既西進，渡萊茵河，直驅高盧中部。這使埃提烏斯又需聯合羅馬人和蠻族的力量，以抵禦他原來的盟好 —— 匈人。他集合了一支包括羅馬人、西哥德人、勃艮第人和其他未開化附庸的軍力，在特魯瓦（Troyes，巴黎東南方）附近與匈人交綏，發生了歷史上沿稱夏龍之役（The Battle of Châlons）的血戰。這是一次雙方損失重大的惡戰，沒有一方獲得決定的權利。

阿提拉入侵意大利

阿提拉在戰後引眾東返，但逾年又捲土西犯。他的二次西犯，越阿爾卑斯山而南，進撲意大利。但在半島的北部蹂躪殆遍後，他又引眾歸去。就在這次阿提拉入侵時，教宗利奧一世代表羅馬，當交涉談判之衝。可能是一筆重賄，加以意大利北部饑荒疫癘洊至，才使阿提拉在既經飽掠後退去。當阿提拉的勢力全盛時，奉他號令的東起烏拉爾河（The Ural River），西抵北海；南起高加索山（The Caucasus）、多瑙河和萊茵河的一線，北抵波羅的海。巴爾幹區域和希臘受他的蹂躪在先，而他的兩次西侵，剽掠所至，使高盧和意大利的廣大地面也廣遭破壞。但阿提拉從意大利東返後，逾年即逝世（公元 453 年）。如歷史中所常見的遊牧民族大帝國的命運一般，一旦結合它的中心人物喪失，帝國隨即煙消雲散。阿提拉既死，附庸的部落相繼叛離，匈人內部也隨即四分五裂。他們有的重返中亞草原的故地，餘下的定居於多瑙河下游，迅即喪失了固有的遊牧民族的特質。對於西方，匈人的出現於歷史有若疾風驟雨，來時天地變色，但隨即消滅無蹤。然就羅馬帝國言，則他們使這座已經殘破不堪的大廈，又多經了一番慘重的破壞。

汪達爾人大掠羅馬

匈人的威脅既經解除，而拉溫納的宮廷陰謀又起。埃提烏斯因夏龍一役，更加威迫人主，但他同時也喪失了一向得自匈人的援助。公元 454 年，狄奧多西朝的最後一位皇帝瓦倫提尼安三世（Valentinian III）謀殺了埃提烏斯，而埃提烏斯的從者又謀殺了瓦倫提尼安。汪達爾王蓋澤列克乘帝國西部政府因連續的變故而混亂癱瘓的機會，於公元 455 年率眾渡海至意大利，大掠羅馬。有十多天，汪達爾人在羅馬城內搜刮一切他們所能攜走的財貨。俘擄所有他們可以勒贖的人質。經西哥德人和汪達爾人的兩度大掠，而羅馬城千百年來所積累的財富，幾乎被搜刮一空。唯一倖免於難而得以保全的，只有基督教堂。

帝國西部的覆亡

汪達爾人於公元 455 年大掠羅馬，當時狄奧多西的王朝已早一年斷絕。在以後的二十年中所見於羅馬歷史的，為行省殘存的羅馬行政組織最後解體；而在意大利，蠻族將領任意廢立皇帝，號令政府。他們居步騎統帥之位，用父老尊號，而為帝國政府的真正的主人。公元 476 年，一個日耳曼首領奧多亞克（Odovacar 或 Odoacer）在意大利廢去了最後一位皇帝羅慕路斯・奧古斯都路斯（Romulus Augustulus），未再另立新君。帝國西部的帝統至是斬絕。奧多亞克名義上雖仍承認東部的皇帝，因而理論上帝國又在一位皇帝的主權下統一，他以意大利的治理之權交付一位父老；但實際則奧多亞克成了意大利的獨立的統治者，帝國的西部至此傾覆。再者，就當時言，奧多亞克的僭據似並未造成何種重大的變化。君士坦丁堡皇帝的權力久已不行於西部；在西部，大部分領土也久已為蠻族王國所割據；而在意大利本土，二十年來，實際統治它的也已經是蠻族首領。但羅馬帝國發祥於西部，羅馬文明——亦即拉丁文明——也傳播於西部。西部的不復有一位羅馬皇帝和一個羅馬帝國政府，在歷史上則其意義十分重大。歷史學者通常就以公元476年作為羅馬帝國滅亡的一年，而稱以後繼續存在於東部的帝國為東羅馬帝國，或拜占庭帝國。

第三節　東哥德王國與法蘭克王國

東哥德人西侵意大利

奧多亞克據有意大利十三年。另一支日耳曼人——東哥德人——的西來，使意大利再度易主。阿提拉死後，東哥德人擺脫匈人的羈絆，渡多瑙河，移入河西伊利里亞以北地方，這是他們首次移居羅馬帝國境內。在以後的十餘年中，他們時而侵掠帝國，時而以附庸與邦的地位協助帝國作戰。他們逐步進佔多瑙河南巴爾幹北部的土地。公元471年後，狄奧多里克（Theoderic，公元526年卒）在東哥德人中勢力崛起。他於公元484年前後從東羅馬皇帝受父老和執政官的尊號，並統一東哥德部眾，為東哥德人之王。狄奧多里克與東羅馬皇帝時起衝突，並繼續侵略馬其頓和色撒利（Thessaly）等地方。為圖解除這腹心之患，皇帝芝諾（Zeno）於公元488年委狄奧多里克以西征意大利之命，授權他平定奧多亞克。公元489年，狄奧多里克率領東哥德部眾入侵意大利。奧多亞克戰敗，退守拉溫納城以自保。狄奧多里克進圍三年，不下，最後以詭謀誘使奧多亞克成和，而在一次表示和好的宴會上手刃了奧多亞克。

狄奧多里克與東哥德王國

狄奧多里克雖以背信忘義完成了意大利的征服，但他的政府卻使意大利享受了三十餘年（公元493—526年）為羅馬帝國後期所未有的和平、公正和寬厚的統治。狄奧多里克少時曾為質於君士坦丁堡，這使他對於羅馬帝國制度的利弊深知底細；他自己雖不知書寫，但對於羅馬的傳統和文明卻懷有敬意，他在統治意大利的三十餘年中，有時雖仍會暴露蠻族的習性，殘暴而無信，但就大體言，他足以和羅馬最好的皇帝相比而無愧色。他主持正義，制定良好的法律，保衛他的領土使不受侵擾，而且表現了非常的持重和膽識。有見於與君士坦丁堡的關係足以增強他在意大利的法理的地位，而無損於他的實際權力，他也繼續在形式上承認東羅馬皇帝的主權。

狄奧多里克的二重政府

在狄奧多里克的治下，是兩種不同的民族——羅馬人和哥德人。他沒有強使他們結合，或促使他們融和。他的政府繼續維持着一種二重統治。哥德人收受了約三分之一的土地，安居於舊羅馬居民中間。每一民族各自保持固有的法律和司法制度；只是遇有同時牽涉羅馬人和哥德人的案件發生，則在哥德人的法庭或組織混合法庭審判。這樣的二重統治，也因為兩種民族社會身份的不同，而有其必要。在意大利，現在軍隊幾乎完全是哥德人。因此哥德人繼續保持軍隊的組織；他們的法庭是軍事法庭；而他們的收受土地理論上係本於附庸與邦的兵士的身份。反之，民政則完全行於羅馬人。狄奧多里克沒有改變羅馬的行政組織，所有的民政官職也仍由土著的意大利人充任。傳統的羅馬官職，包括執政官和元老院，也都一仍舊貫。甚至宗教的歧異，亞略教派的哥德人和正宗教派的羅馬人，也仍各行其是。狄奧多里克從不想以他自己的宗教強加於他的臣民。據他的記室卡西奧多羅斯（Cassiodorus）的記載，他曾說“我們不能以宗教強加於他人，因為我們不能強迫人違背自己的意志去信仰。”

狄奧多里克的長期統治，使意大利重見和平、安定和繁榮。農業和商業恢復了一個世紀以來所未有的興盛；長久失修的海港、水渠和公共建築重加修整，並有若干新的建設進行。在狄奧多里克治下的意大利，比之往昔羅馬的全盛時期自然遠遜，但比之他以前的一段時期和以後的若干世紀，則顯然是憂患中的順境。這數十年和平使意大利的文化生活，也稍得蘇生。不幸的是狄奧多里克的事業隨他的逝世而終結。在他死後，哥德人和羅馬人之間紛爭迭起，使他的二重政府不能繼續順利推行。公元 555 年，意大利的東哥德王國終於也為東羅馬皇帝查士丁尼的大軍所滅。

拉丁文明的繼續衰替

狄奧多里克治下的數十年和平，雖使意大利的文化生活稍得蘇生，但未能阻止拉丁文明的普遍的衰替。在狄奧多里克時代的具代表性的拉丁著作家，有波伊提烏（Boethius）和卡西奧多羅斯。他們都是羅馬人，同在狄奧多里克的宮廷供職。但他們的工作主要卻是為前人的著作從事闡述、註疏或編纂，顯見他們時代的羅馬人已不能獨立了解古代思想，也不再有創造一種自己所特有的文學的能力；而希臘語的知識在西方正迅速喪失。這時代比較有啟發性的著作是波伊提烏的《哲學的慰藉》（*The Consolation of Philosophy*），撰成於波伊提烏因一次反狄奧多里克的陰謀的牽累，而被囚於獄中待決的期間。《哲學的慰藉》有其深摯的感人之處，但它所表達的思想則仍不過重述前人的陳說，其啟發性乃在波伊提烏取材的適當，切合他的環境的需要。雖然，就後世的西方文化言，則這些學者的工作並不因為它們的缺乏創見，而遂一無價值。他們把過去偉大的思想學術化為簡單平易，使適合一個心智日就鄙塞的時代的水準，從而也使古典文化的一鱗片爪得以倖存，而為其後的一段更為黑暗的時代供給精神的食糧和一線文明的微光。在西方中世紀初期所宗奉的著作作家中，波伊提烏和卡西奧多羅斯佔着極高的地位。

盎格羅—撒克遜人征服不列顛

公元第五世紀初年，羅馬帝國為要防衛高盧和意大利，從不列顛撤回了駐防的軍團。在以後的兩個世紀中，帝國在大陸既自顧不暇，對於這個孤懸海外的行省，自然更無從顧及。北海沿岸的日耳曼人，包括盎格羅人、撒克遜人和朱特人，就在這兩個世紀中渡海入據不列顛。他們是後世英格蘭民族的祖先。蠻族征服不列顛的詳細經過不明。我們所知道的只是其間歷時頗長，羅馬時代的不列顛受到了徹底的破壞。大規模的入侵可能開始於公元第五世紀中葉，而征服的完成則要遲至次世紀末年。行省的原住民——羅馬化的開爾特人——或遭屠戮，或被逐入島的西南方威爾斯（Wales）和康瓦爾（Cornwall）山地，也有小部分逃回大陸。入侵者是完全的蠻族，對於原住民的宗教、語言或生活習慣全不接受。他們依然是日耳曼人，未奉基督教。在所有入侵羅馬帝國的蠻族中，盎格羅—撒克遜人的征服不列顛，是一次最徹底、最完全的征服。

法蘭克人征服高盧

就後世言，法蘭克人為入侵羅馬帝國的未開化民族中最重要的一支。公元第五世紀初年，法蘭克人已進入萊茵河下游。他們早期的歷史，後世所知不多，但顯然他們是所有日耳曼民族中最落後和最野蠻的一支。他們分立為若干小部落王國，凡分佈於萊茵河口一帶低地的，稱撒里法蘭克人（The Salian Franks）；而分佈於河口以上沿河一帶地方的，稱利普里安法蘭克人（The Ripuarian Franks）。當羅馬帝國西部的帝統告絕時，法蘭克人已經佔有了高盧北部從萊茵河至海的大片地帶。在他們之南，至羅亞爾河，當地的高盧羅馬人（Gallic Romans）成立了一個獨立"王國"，受一個羅馬將領塞格里勒（Syagrius）的統治。此外，高盧南部，從羅亞爾河至比利牛斯山，為西哥德王國的一部分；東部，隆河流域為勃艮第人所佔有；以北，在佛日山（The Vosges）與萊茵河上游之間的阿爾薩斯（Alsace）地方，則有阿拉曼王國。

克洛維與法蘭克王國

公元 481 年，克洛維（Clovis）以一年方十五的少年，繼承撒里法蘭克人的一個部落。克洛維是一個道地的蠻族人，貪婪、殘暴、全無信義，但才能過人。公元 486 年，他得別部撒里法蘭克人的協助，擊敗了塞格里勒，領土向南擴張至羅亞爾河。十年後，他又擊敗阿拉曼人，併有了他們的王國。他與勃艮第王室通婚。他的妻子克洛蒂爾德（Clotilda）為一虔誠的羅馬天主教徒。據傳說所述，當克洛維與阿拉曼人作戰時，用兵不利。他向克洛蒂爾德所奉的神求助，許願在得勝後率領他的部眾皈依。

法蘭克人皈依基督教

克洛維和他的三千部眾的皈依基督教，在歷史上所以特別重要，因為他們所皈依的是羅馬天主教。上述的傳說與有關君士坦丁大帝和基督教的傳說，十分相似。可能克洛維也與君士坦丁一樣，他所主要考慮的為政治的而非宗教的原因。所有其他當時入居羅馬帝國的日耳曼人，都是亞略派教徒。他們在信奉天主教的舊羅馬行省人民看來，是異端教徒。在蠻族入據後的高盧，人口的極大多數仍是舊羅馬行省人民。一旦皈依天主教，克洛維就可以正宗教會的戰士自居，從而獲得天主教人民和教士的擁護，使他的事業增添助力。如事實果真如此，則克洛維的政策真是十分成功。圖爾主教額我略（Gregory of Tours）所著的《法蘭克民族史》（*History of the Franks*）為現存有關法蘭克人初期歷史的最重要的史料，其中對於克洛維在高盧境內的戰爭，便視同聖戰。公元 507 年，克洛維再擊敗西哥德人，併有了比利牛斯山北的西哥德王國的領土。在以後的數年中，他更致力於統一法蘭克人內部的工作。經一連串野蠻殘酷的謀殺，他消滅了所有與他並立的法蘭克人首領。他於公元 511 年逝世，把一個統一的大法蘭克王國傳給他的後嗣。克洛維逝世後的半個世紀中，他的繼承者繼續擴張疆土。他們於公元 534 年征服勃艮第。兩年後，又從東哥德人奪取了高盧東南部的普羅旺斯（Provence）地方。高盧全境除臨地中海的一條狹小地帶外，都成了法蘭克王國的領土。他們並越萊茵河，降服日耳曼中南部的日耳曼人部落，包括巴伐利亞人（The Bavarians）、圖林根人（The Thuringians）和法蘭克尼亞人（The Franconians）。

這樣，至公元第五世紀末年，羅馬帝國政府在西部已經傾覆。代替它的是許多獨立的蠻族的王國。在意大利的是東哥德人，在北非的是汪達爾人。在不列顛的是盎格羅—撒克遜人，在西班牙和西南高盧的是西哥德人，在東南高盧的是勃艮第人。法蘭克人的勢力方張，入下一世紀而奄有高盧全境。從一個拉丁帝國和拉丁文明的解體，而西方歷史從上古進入中世。

第四編

歐洲中世初期

羅馬帝國在入侵的蠻族的狼奔豕突之下傾覆。它西部的帝統於公元 476 年斬絕；在東部，帝國雖多延祚了近千年之久，但繼西部的覆滅，它隨即喪失了原有的拉丁成分，而成為一個希臘化的國家，史稱拜占庭帝國。

繼羅馬帝國西部的覆亡，歐洲進入一個新歷史時代，史稱“中世”（The Medieval Ages）。“中世”一詞，首先為文藝復興時期的著作家所杜撰。他們把羅馬帝國解體後的一千年，看作不過介在光榮的古代和他們自己的古典文明復興時代之間的一個黑暗時代，一個哥德式（gothic）的野蠻時代。這是對於一個歷史時代的不公平和不正當的貶抑。後世歷史學者對於“中世”之稱所以繼續沿用不廢，只因為長時期來已成習慣——易言之，是為了方便。事實是歐洲的中世不只是一個過渡的黑暗時代。非但近世歐洲係從中世脫穎而出，而且中世同樣有其文化的建樹，與它以前的或以後的時代相比，都自有其特色和成就。

歐洲的中世歷時約一千年。在這一千年中，前五個多世紀習慣上又稱中世初期。中世初期從古代文明的最後解體始，在幾乎完全務農的西歐社會和比較繁榮發達的東部，完成了中世的新文明的基礎。在這時期中，東部的羅馬帝國脫離西部，成為所謂的拜占庭帝國；回教改變了故羅馬帝國的一大部分地域的文化生活；日耳曼民族和繼他們之後的斯干的納維亞民族入居他們在後世的永久的居地；封建社會開始形成；而繼蠻族的移動所造成的紛紜擾攘之後，一方面若干封建王國形成，另一方面一個統一的羅馬天主教會興起。

第十八章

東方的拜占庭帝國

君士坦丁大帝在古城拜占庭故址建君士坦丁堡，使羅馬帝國的東半部有了一個自己的都城和一個行政與文化的中心。其後帝國行政有時雖仍有短暫的統一，但大抵則從此東西分治。語言的不同，加以宗教和政治利益的歧異，使這東西兩部日益疏隔。迨帝國在西部為入侵的未開化人所顛覆，而最後連結希臘東部和拉丁西部的關係，也告中斷。其後只有東部的帝國倖存，在文化傳統上主要為希臘的，而人民為東部各地的土著。自然，舊日羅馬帝國的傳統一時尚不易忘卻。君士坦丁堡的皇帝對於已經喪失的西部行省繼續要求名義上的主權；而在公元第六世紀中，查士丁尼（Justinian）也確曾部分實現了收復西部，使重歸帝國治下的雄圖。但即令當查士丁尼在位時，帝國仍繼續從羅馬的傳統仳離。它的政府和人民雖繼續稱它為羅馬帝國，但為使它真正的性質不致被誤解，不致與原來拉丁的羅馬帝國混淆，後世歷史學者則寧肯用一不同的名號，以稱呼這帝國。他們稱之曰拜占庭帝國（The Byzantine Empire）。

第一節　查士丁尼光復帝國的雄圖

查士丁尼與狄奧多拉

公元 395 年狄奧多西逝世，在其後的一個多世紀中，東部帝國沒有一個強有力的政府。在蠻族的連續侵擾下，歷代皇帝自顧不暇，既無餘力拯救西部，使免於覆滅，也無餘力從事自己帝國內部的改革。公元 518 年，查士丁

(Justin，公元 527 年卒）繼位為皇帝。查士丁出生伊利里亞農家，起自軍伍，未受教育，也缺乏從政的經驗。但他得其獨子查士丁尼的輔助，使帝國在他的治下得以轉危為安。公元 527 年查士丁逝世，查士丁尼繼位為皇帝。查士丁尼自少得查士丁的栽培，在君士坦丁堡受良好的教育，飽受查士丁所缺乏的知識和文化的陶冶之益。他也卓具行政的才能，而又精力過人、勤於治事。他的對於國事的宵旰勤勞，使他在當時曾被譽為"不眠不休的皇帝"。臨難的缺乏果斷是他性格上的一個嚴重缺點，有時至於危及大局。但他的皇后狄奧多拉（Theodora，公元 548 年卒）彌補了他的這一缺點。狄奧多拉出身卑微，於未嫁查士丁尼前曾在君士坦丁堡的競車場為女優，名噪一時。因此她熟悉君士坦丁堡的人情底細。她又意志堅強，識見敏捷，查士丁尼不只一次因她的支持而得以渡過他一生事業中的重大難關。狄奧多拉於公元 523 年與查士丁尼成婚，又四年，查士丁尼登極。在她為皇后的期間，她參決國事，權力之崇，有若共主。她於公元 548 年去世。

查士丁尼光復西部

查士丁尼在位四十幾年（公元 527—565 年），為東部帝國在歐洲中世初期造成短暫的復興。查士丁尼的雄圖，第一為重光羅馬帝國昔日的偉烈，第二為加強皇帝對於帝國的專制統治。

為圖重光羅馬帝國，查士丁尼致力收復西部已失的行省，重建帝國的防禦工事和公共建築，並在君士坦丁堡維持一個光彩熠耀的宮廷，以震懾世界。北非汪達爾王國內部的一次王位之爭，使他首先獲得出兵干涉西部的機會。公元 533 年，他以恢復汪達爾王國的合法君主為口實，派遣軍隊，由他的大將貝利撒留（Belisarius）率領，出征北非。當時汪達爾王國於衰亂之餘，對於一支有組織的大軍已全無抵禦的力量。不及一年，汪達爾王國滅亡。發生於東哥德王國的一次類似的王位之爭，使查士丁尼又於公元 535 年，出兵意大利。貝利撒留再度統率大軍，從西西里島進入意大利本土，這次意大利戰爭綿延多年，雙方勝負互見，帝國軍隊並曾數度易帥。但至公元 555 年，在查士丁尼的另一大將納西斯（Narses）的統率下，帝國軍隊終於最後平服了意大利全境。公元 554 年，查士丁尼也從西哥德人手中收復了西班牙半島東西部的一部分地區；地中海西部的島嶼也重入帝國治下。

國防與外交

在重光羅馬帝國的政策下，查士丁尼也以外交羈縻邊外的蠻族 —— 包括倫巴底人等日耳曼人部眾、從後世俄羅斯地方南移多瑙河沿線的斯拉夫人部眾，以及隨匈人西行的保加利亞人（The Bulgars）和阿瓦爾人（The Avars）等亞洲遊牧部眾。查士丁尼雖不惜巨費，在國境沿線修建營壘，但他的用兵西方和對新波斯的戰爭，使他必須抽調防邊的軍隊，以轉用於他地。因此以外交羈縻邊外的蠻族，在他同時也是防邊的一策 —— 或賂以財貨，或資以食糧，或寵以封號，使他們受帝國的約束。未開化人的首領並不時應召至君士坦丁堡，使見帝國朝廷的威儀和皇帝的尊嚴，加深他們對帝國的敬畏之心。在歷史中，拜占庭外交以陰鷙詭險著稱。帝國的使者在蠻族中挑撥分化，使他們互相敵視殘殺，以便於帝國的控制。但凡此措施，流弊所至，則使帝國的財政不勝負擔；而以賄賂為羈縻，結果使受賄賂者貪得無厭，更誘發蠻族對於帝國的貪慾。再者，如此的羈縻政策也並非永久成功。當查士丁尼在位時，保加利亞人和斯拉夫人便已屢次入犯巴爾幹行省；而在他死後，他們終於強行佔住了該地。

公共建築

歷史上對於查士丁尼的批評，是他好大喜功。所有他的遠大的計劃均非當時帝國的力量所能勝任。他的軍事和外交的措施已夠糜費，而他還廣事建設。他修建邊塞、城鎮、道路、橋樑、水渠、劇場、宮殿、教堂，規模之宏，務求適合羅馬帝國的觀瞻。君士坦丁堡的部分建築曾在公元 532 年的一次暴動 —— 尼卡之亂（The Nika Insurrection）—— 中被焚毀，以後重加修建。這使查士丁尼的時代也成為拜占庭建築的興盛時代。在西方建築史中，拜占庭建築表現一種特殊的藝術樣式，縟麗而富裝飾；它所包含的近東和希臘的成分多於羅馬的成分。它的代表建築物為君士坦丁堡的聖蘇菲亞大教堂（Church of Saint Sophia）。十多個世紀來，聖蘇菲亞大教堂雖歷盡滄桑，曾先後被改作回教清真寺（Mosque）和博物館之用，但它巍然猶存，為查士丁尼的一代事業供人憑弔。

行政的改革

如此的百舉並作，即令在一個盛世也會使國力敝靡，而查士丁尼的時代還不是盛世。財政需要的殷切使查士丁尼不得不縱容臣下，搜刮民財。尼卡之亂，便是因民間反對他的一位大臣卡帕多細亞人約翰（John of Cappadocia）的橫徵暴斂而起，最後賴貝利撒留的大軍的壓制，殺戮數萬人乃定。尼卡之亂既定，查士丁尼着手從事行政的改革。在財政方面，他保護納稅人不受非法的勒索；並嚴懲貪污，使國家的財稅不為官吏中飽。在任官用人方面，他廢除賣官鬻爵的陋習，裁汰冗員，整肅吏治。一種依年資和功績升遷的官制的建立，也使國家官吏更能安心供職，提高行政的效能。同時他把國家的行政系統更直接置於中央政府的控制之下，而中央政府完全受皇帝的指揮。這樣他完成了拜占庭政府的絕對專制的體系，其權力集中的程度，比一個半世紀前戴克里先的政府猶有過之。其結果是一座龐大而組織嚴密的官僚行政機構的建立。自然，拜占庭政府有一般官僚政府所共有的缺點。但在拜占庭帝國的綿長的歷史中，它確曾不少次於帝國發生嚴重危機時，維持帝國行政於不墮，從而幫助帝國渡過危難，恢復安定。只是雖經這種種改革，於查士丁尼一代，國用的浩繁不減，財政的需要如前孔殷，而人民賦稅負擔的沉重也如故。

查士丁尼與教會

查士丁尼把教會也直接置於他的專制統治之下。從君士坦丁大帝以來，歷代皇帝在東部對教會行使權力，本來就比在西部為甚。他們控制教會行政；有的皇帝並運用政府的力量，以壓制被認為與正宗信仰不合的教派。但查士丁尼不僅是專制君主，同時還是一個熱中的神學家。他主張皇帝有權親自裁決教義的爭執，有權強使教會和人民接受他的意見。皇帝由此而兼為教會行政和信仰的元首，而教會則只成了政府的一個部門，希臘東正教會此後即從未解脫其受皇帝役使的地位。

查士丁尼法典

查士丁尼的一樁對後世西方文明最有垂久貢獻的事業，是他編纂的羅馬法律。查士丁尼主要也因這樁事業而名垂不朽。當帝國時期，羅馬法庭所認可的法律有二類：一類是帝國法令，為歷代皇帝所頒佈的立法；一類是法律判例，包括過去司法官和法學家對於法律在實際應用時所作的判斷和解釋，但數世紀來，積累既多，終至於法令滋章，運用為難。當東部皇帝狄奧多西二世（Theodosius II）在位時，於公元 438 年曾有《狄奧多西法典》（*Codex Theodosianus*）頒佈，收輯從君士坦丁大帝以來歷代皇帝的立法。但一部更為完全的法典的編纂，則尚待查士丁尼完成。查士丁尼於繼位初年，任命著名法學家特里波尼安（Tribonian）等十人，組織委員會，從事編纂一部新法典的工作。完成的新法典稱《查士丁尼法典》（*Codex Justinianus*），於公元 529 年編定，534 年重加修訂。《查士丁尼法典》包含全部帝國法令，而去其重複、矛盾和已廢的部分。另一項更為困難的工作為關於法律判例的整理。公元 530 年，查士丁尼另任命了一個法學家委員會，於特里波尼安的主持下進行工作。公元 533 年工作完成，當年頒佈，稱《學説彙纂》（*Digest* 或 *Pandects*）。為供普通人與初習法律者作肄習法律的津梁，同時並有《法學階梯》（*Institutes*）的編纂，於《學説彙纂》前不久頒佈。《法典》、《學説彙纂》、《法學階梯》，加上查士丁尼於《法典》編定後所頒佈的《新律》（*Novels*），合稱《民法大全》（*Corpus Juris Civilis*）。羅馬法律因查士丁尼之功，而以明白完整的形式傳之於後世。它在後世形成一大法系 —— 羅馬法系，至今仍是歐洲大部分國家的民法的基礎。

在中世初期君士坦丁堡的皇帝中，查士丁尼為所謂拜占庭傳統的主要模造者。後世拜占庭帝國的政治、經濟、法律、宗教，以及其他文化生活方面，無一不深受他的影響，依循他所立的途轍。但他的重光羅馬帝國的雄圖，其成功不過曇花一現。在他死後不久，西部的行省即先後喪失，帝國在東部的疆域也日益萎縮，所剩餘的領土又有更多的未開化人入居。就其為拜占庭傳統的主要模造者而言，查士丁尼毋寧更加甚了東部帝國和羅馬傳統的仳離。一旦西部的領土喪失，這帝國就完全成了一個希臘化的東方的帝國。

第二節　拜占庭帝國的中衰

拜占庭領土的減削

繼查士丁尼後，在拜占庭帝國隨即是一段內憂外患紛至沓來的時期。帝國的領土迅即減削到以後略經變化，一直保持到中世末期的狀況。在查士丁尼逝世後不過二、三十年，倫巴底人入侵意大利，據有了半島的一大半土地；西哥德人在西班牙恢復了為查士丁尼所征服的地域；斯拉夫人和其他蠻族入居巴爾幹的大部分行省；而一次波斯人的入侵開始了拜占庭帝國和新波斯帝國間的一次長期的戰爭，結果使雙方兩敗俱傷。公元第七世紀初年，穆罕默德（Mohammed）以他的新信仰，使阿拉伯人（Arabs）團結為一個意志統一而好戰的民族。迨他死後（公元632年），阿拉伯人為他的新信仰所激勵，開始向外攻城掠地，以拜占庭帝國為魚肉。至公元700年前後，他們已經盡取小亞細亞以外帝國在亞、非兩洲的行省。拜占庭帝國嗣後只是一個地狹民稠的國家。它的領土以君士坦丁堡為中心，一部分在歐洲，一部分在亞洲。

帝國延祚久遠的原因

拜占庭帝國雖喪失了它的大部分行省，並不斷受回教勢力和斯拉夫人的威脅，然卻延祚久遠，下至公元第十五世紀中葉。在近一千年的長時期中，帝國內憂外患洊至，不止一次似乎已面臨絕境，而每次它都能化險為夷，轉危為安。自吉朋（Edward Gibbon）以下，歷史學者習於強調拜占庭帝國的孱弱、腐化和文化的固陋，幾乎每況愈下。因此它的時時渡過危難，化險為夷，頗似歷史的奇跡。事實是拜占庭帝國確有內在的弱點，缺乏茁壯的清新之氣，但它也自有其優越的憑藉，使它在長時期中歷經患難而顛撲不倒。

拜占庭政府

第一，自查士丁尼以降拜占庭皇帝所掌握的絕對專制的權力，在第一個昏愚的君主手中固屬危險，但為一位果敢有為者運用，則成為重要力量來源。而在拜占庭歷史中，當國運險危之際，每有具強毅個性的人物，排除萬難，陟登帝位。他的權力使他得以傾國家——包括教會——的全力，作最有力的運用。便是一位孱弱無能的君主在位，也不會有大害於國家。因為經查士丁尼組織的帝國行政體系，即令在革命紛擾之際，也仍能維持政府的職務於不墮。

經濟的繁榮

第二，拜占庭帝國的地理位置，則使帝國長時期得享優越的商業之利。拜占庭帝國跨馬摩拉海（Sea of Marmora），當歐亞二洲以及黑海和地中海交通的要衝，為東西南北的商業孔道所輻輳。世界各地的商品薈萃於君士坦丁堡市場，以為集散之地。這使君士坦丁堡的經濟地位歷久不衰，為世界最繁庶的都會之一。因商業繁榮而工藝製造發達。育蠶製絲，便是當查士丁尼在位時，經皇家政府的獎勵，自東方西傳，其後興起為一大工業。君士坦丁堡和帝國其他城市也成為興盛的工藝製造的中心。君士坦丁堡尤其因長於精美貴重商品的製造，而有"世界窮奢極欲之城"之稱。

君士坦丁堡

第三，君士坦丁堡為一位卓具軍事才略的羅馬皇帝——君士坦丁大帝——所興建，當博斯普羅斯海峽的入口處，居軍事形勝之地。因為通海，所以它不虞絕糧餓困的威脅；又因為位於一個小半島之上，所以它只有與陸地毗連的一面需要防衛，而這一面它城壘高固，足以抵擋任何缺乏近代火器設備的軍隊的攻擊。帝國經接連的外敵的入侵，四境雖受蹂躪，然君士坦丁堡仍屹立無恙。從君士坦丁大帝建都以來，只有兩次（公元 1204 年和 1453 年），它被圍攻失守，而城陷敵手。

拜占庭政治的弱點

在內在的弱點方面，首先帝國缺乏一種確定的帝位繼承的制度。一個強有力的皇帝固可指定承繼人，要求他的臣民認可，但世襲的權利迄未合法建立。理論上皇帝仍由元老院和軍隊推戴，經人民的同意即位。如有皇帝逝世，而他所指定的承繼人不獲各方承認，則其結果，君位的繼承便唯有藉陰謀和暴力決定。再者，皇帝平時雖總攬國家的大權，但一旦有人覬覦帝位，覬覦者仍可從軍隊、宮廷，仍至教會結合黨羽，以行篡弒之事。在帝國歷史中，曾有不少次革命，當帝國需要一個強有力的政府時，使賢者登極，不肖者退位。但陰謀、叛亂和革命的迭發，究使公共秩序擾動，而不時危及政府和國家的安全。

社會的弱點

拜占庭帝國的政治弱點，一部分也應歸咎於它的社會。自吉朋以下，歷史學者指摘這一文弱而愛好佚樂的社會，說它浮動反覆，好事黨派的紛爭。凡此指摘雖仍多過甚其辭，但拜占庭社會之為一個缺乏穩定的社會，則屬事實。神學問題的論爭、政治或經濟的不平、一個得人望的野心家的煽動，或一個不得人望的大臣的專政，都足以引起羣情憤激，而造成騷亂。競車場為拜占庭社會生活的中心，羣眾暴動時時由此發生，有時至於釀成大禍。公元 532 年的尼卡之亂便是一例。參加車賽的綠隊（The Greens）和藍隊（The Blues）各有擁護的羣眾。它們使政治野心者有現成的羣眾組織，隨時可以操縱利用。

希臘東正教會

拜占庭人也表現了狂熱的宗教傾向。他們究心神學，凡有關基督教信仰的精微的分辨，也會使羣情奮激，引起社會的不安。宗教問題從而也常為政治所利用，野心者藉此贏得羣眾的支持，使為己用，以達到政治的目的。在拜占庭歷史中，皇帝對教會雖經常保持絕對的控制，但一旦宗教與政治問題相牽連，教士和修士也可成為政府的危險的敵人。

自公元第四世紀以降，東部的教會與西方的拉丁教會日益疏離。其後東西教會間的關係數經變化，即斷時續，迨公元 1054 年而最後決裂。從此為拜占庭人和斯拉夫人所信奉的希臘東正教會，終於與西方的羅馬天主教世界仳離。這於後世歐洲歷史的發展，關係至巨。

第三節　拜占庭文明

學術與文學

拜占庭人對於宗教用心的深刻，也可從他們的教育和文學見之。在學校課程中，基督教《聖經》和教會大師的著作為首要的學科；而在拜占庭著作中，一大部分是神學著作。拜占庭教育和文學的另一重要的淵源為古代希臘。拜占庭文明雖曾從近東——敍利亞、波斯、埃及，乃至回教阿拉伯人——多所承受，但它所主要承受的仍是古希臘的傳統。拜占庭人深以自己的上祧古希臘為榮。他們的著作家模擬古典文學，為古典文學廣作註疏，並以典雅的古希臘語寫作。當西方正沉淪於黑暗時代的期間，在拜占庭卻繼續維持一個有教養的、博學的社會，產生大量博贍的歷史和神學著作，以及一種優美的書簡文學。但由於好古和模擬，加以因用古希臘語於寫作而造成的文言與口語的分離，遂使拜占庭文學缺乏獨具的風格或一種我們可以之為“自然”的成分。

美術

凡於拜占庭文學中所見的，大體也見於拜占庭美術。宗教為拜占庭美術的主要的支配勢力。拜占庭建築中最卓越的一類是教堂建築，以查士丁尼的聖蘇菲亞大教堂為傑出的代表；而神龕、聖徒畫像和宗教鑲嵌圖案（Mosaics），為帝國藝術家所曾產生的最美好的製作。同樣如在文學中所見，拜占庭美術也從古希臘取法，但加以更為縟麗的裝飾和東方色彩的沾染。在甚多方面拜占庭美術仍是一種傳統的美術，受一定的觀念和模式的約束。但比之文學，則拜占庭藝術家顯然更能適應現實的情境。他們產生了一種為他們所特具的藝術形式，有影響於當時和後世的西方美術。

拜占庭文明開化斯拉夫人

在歷史中，拜占庭帝國雖領土日削，拜占庭文明卻遠播城外。拜占庭文明開化東歐斯拉夫民族之功，其影響的深遠，不讓於羅馬文明的開化西方的日耳曼民族。入居巴爾幹半島的斯拉夫人——包括塞爾維亞人和同化於斯拉夫人的保加利亞人——以及後世併入俄羅斯的多種斯拉夫人，在宗教和文化上莫不承受拜占庭的傳統。他們信奉基督教的希臘東正教會；他們的文字以希臘字母為基礎，文學模擬拜占庭形式；他們的工藝建築表現強著的拜占庭風格。他們的對外商業，大部分也與拜占庭帝國往還。

對於西方文明的影響

當歐洲中世時期，君士坦丁堡與西方的交通從未完全斷絕。公元第十一世紀中葉前，帝國在意大利尚保有若干據點；其後，君士坦丁堡與威尼斯暨其他意大利城市的商業，也仍絡繹不絕。拜占庭風格的建築和美術樣式傳播於意大利，而尤盛於拉溫納和半島的南方各地。在法蘭西南部和其他西部地方，拜占庭美術的影響也多少有形跡可尋。尤其重要的是拜占庭帝國保存了羅馬法以及古希臘文學美術的寶藏，使在西方中世初期的黑暗時代免於湮滅，從而為後世的歐洲文明保全了這宗無價的寶貴的遺產。當西方文明尚在幼稚階段，亞洲民族已縱橫於世界，而亞洲遊牧民族 —— 其中包括阿瓦爾人、保加利亞人、阿拉伯人、塞爾柱土耳其人（Seljuk Turks）、蒙古人（Mongols）和鄂圖曼土耳其人（Ottoman Turks）—— 但因拜占庭帝國的屏障之故而得免於先後西犯的亞洲民族的摧殘，自然也是拜占庭文明對於後世西方文明的一大功績。

第十九章
回教與回教薩拉森帝國

回教教主穆罕默德（Mohammed）誕生於公元571年前後，上距查士丁尼逝世（公元565年）不過數年。他的誕生地是麥加（Mecca），阿拉伯半島西方近紅海岸的一個小商業市鎮。但這個誕生於荒漠邊緣，出身卑微的阿拉伯人，他對世界歷史所生的影響之重大，尤過於查士丁尼——拜占庭帝國最偉大的皇帝。當公元第六世紀中，查士丁尼力圖光復舊羅馬帝國的弘模，而就在次世紀初，穆罕默德創立回教，使阿拉伯人勃起為一大新興的宗教和政治勢力。不過百年，穆罕默德和他的繼承者肇建了一個大回教帝國，從阿拉伯本土，奄有敍利亞、埃及、北非和西班牙的舊羅馬行省；東向，並拓地至印度邊境。在以後一段長時期中，回教成了基督教世界所面對的最強大的敵對勢力；而當中世前期，當歐洲的大部分地區尚滯留於黑暗時代的數世紀間，回教世界卻蔚起了一大文明，與並世的中國唐代文明東西輝映，遠非同時期基督教世界的任何部分可及。中世的歐洲並曾從回教文明多所承受，即令謂其曾得回教文明的開化疏導之益，也不為過。

第一節　穆罕默德與回教的創立

阿拉伯半島與阿拉伯人

回教的發祥地阿拉伯半島，西瀕紅海；東傍波斯灣；南面印度洋；西北通敍利亞，當穆罕默德時為拜占庭行省；東北接兩河流域，當時為新波斯帝國領土。阿拉伯半島的極大部分地面為沙漠，不能定居和經營農業生活，號稱貝都因人（Bedouins）的阿拉伯遊牧部落往來其間。東西沿海岸一帶間有沃壤，當穆罕默德時已有若干市鎮興起，有繁盛的商業和農業，為阿拉伯半島較為開化的區域。但即令在市鎮，政治組織也尚滯留於部落階段，在穆罕默德之前，阿拉伯半島也尚未有任何建立統一國家的運動發生。

阿拉伯人與猶太人同屬閃族人。公元第七世紀初年阿拉伯人的生活也與《舊約》時代的希伯來人相若。家族和部落為社會政治組織的基礎，而族長掌握團體的權力。但比諸《舊約》時代的希伯來人，阿拉伯人的宗教則遠為粗野原始，重偶像崇拜，而尚迷信。在穆罕默德前，猶太教和基督教商人也已多少傳入了他們的宗教知識，從而在阿拉伯人間促成了一種一神信仰的傾向。他們共同崇拜若干所神廟，其中最神聖的一所在麥加，它被稱為天房（Kaaba）。每年當宗教季節，部落戰爭停止，阿拉伯人從四處聚集麥加，朝參天房。這使麥加在穆罕默德前已成為阿拉伯人的宗教盛地。但要到穆罕默德創立回教，而阿拉伯人的宗教生活才發生根本的變化。

穆罕默德與回教的創立

據回教傳說所述，穆罕默德的家世系出麥加望族。但可能他出身卑微，幼失怙恃，生活貧苦。二十餘歲時，他開始為富孀赫蒂徹（Khadija）管事，曾率領商隊去敘利亞。公元 595 年前後，他與赫蒂徹成婚。在其後的十餘年中，他過着麥加一般富商的生活。他被形容為一個誠實君子，人都樂與交遊。但就其後他的事業視之，穆罕默德毋寧意志堅強，膽略過人，而益以健全的常識和知人的能力。

穆罕默德的傳教開始於他四十歲的一年。在這以前，他已經對宗教問題究心考索。每年，有一月，他隱居麥加近處山中，獨居冥思；而據傳說所述，就在他四十歲的隱居期間，他從神獲得了第一次啟示。穆罕默德無疑患有某種突發的精神變態。在宗教上，一種啟悟之來，每在潛心苦索、神思恍惚之際。其所以如此，一個虔誠的信徒和一個心理學家可以作不同的解釋。但要之，穆罕默德的教義所本的啟示，都來自他猝然發病，心神失常之時。他最早的信徒是他的家人和少數親友，其中有他的友人阿布・伯克爾（Abu Bakr）、歐麥爾（Omar），以及堂弟阿里（Ali），他們以後將繼他為宗教和政治首領。他的早期信徒與基督教相似，主要也是下層階級，尤其是奴隸，穆罕默德稱他的宗教為伊斯蘭（Islam），義為"歸順神意的人"。他起先只是秘密傳教，及至他的信徒增多，並公開傳佈他的信仰時，他和他的信徒開始受到麥加人的迫害。

黑嗤喇

公元 622 年，穆罕默德率領他的信徒，避地至麥地那（Medina）。這是一個位於麥加北方的市鎮，當時該地敵對的部落正連年發生爭鬥。而穆罕默德的信仰也先已傳往。這次穆罕默德的出亡麥地那，結果成了回教史上劃時代的大事。因為穆罕默德的傳教在麥加受阻，而在麥地那卻得到完全的勝利。他不久便在麥地那建立了統治的地位，並立該地為他的新宗教國家的首都。這次事件在回教史上稱黑嗤喇（Hegira），義即"出亡"；回曆亦即以這事件為紀元之始。

回教在阿拉伯的勝利

黑嗤喇後的數年中，回教在本質上發生了顯著的變化。它成了一種鬥志高昂的宗教，而它的先知同時也成了一個政治和軍事首領。因為經濟的需要，穆罕默德開始劫奪通過麥地那附近行往麥加的商隊，由此引起了與麥加的連年戰爭。穆罕默德允許他的信徒在死後得享天堂之福，而於此世可享有從異教徒中劫掠的擄獲和從商業中獲得的厚利。這使他從貝都因部落吸收了眾多信徒。他的勢力不斷擴張，終使他於公元 630 年最後征服了麥加，其後麥地那雖一時繼續為回教的政治首都，但麥加則從此被立為回教的宗教聖地。回教徒不論距離遠近，都必須面向它禮拜；而天房也成了回教的最神聖的聖堂。穆罕默德既控有了阿拉伯人傳統的聖城、聖堂，以及管理至麥加朝聖者的權利，自然使更多的信徒來歸。這樣，或經武力的征服，或由自由的改宗，迨公元 632 年穆罕默德去世時，阿拉伯半島的大部分已經為新信仰所統一。

古蘭經與回教教義

穆罕默德的教訓見於他從開始傳教起陸續傳授他的信徒的啟示，其後結集而為回教的聖經《古蘭經》(*The Koran*),於穆罕默德逝世後不久編定。所有的啟示原先經片段記錄保存,未分時間先後,結果所編定的《古蘭經》也只以啟示的篇幅長短為序,大抵較長的在前,較短的在後。當穆罕默德傳教時,由於境遇或經驗的變遷,他的思想自必曾有所變化。故《古蘭經》的啟示,便有些彼此命意抵觸。這在產生當時可能有以後者修正前者的用意,但因為產生的日期不知,後世已無從分別先後。至於教門中人,或至少就回教的信仰言之,則凡此並無可懷疑。因為與任何全能的統治者一般,神阿拉(Allah)可以任意改變心意。《古蘭經》從編集以來,一直是回教徒有關信仰和道德諸事的最後的權威。

《古蘭經》的教義簡質。萬物非主,惟有阿拉;穆罕默德是祂的先知。阿拉的先知尚有亞當、挪亞、亞伯拉罕、摩西、耶穌等人,他們各從真主獲得一部分真理的啟示,但最後的啟示則降諸穆罕默德。凡人死後,阿拉將使他們的肉身還原——使靈魂重歸肉體。他們要受阿拉的審判,虔誠的信徒將登天堂享福,而惡人則墮地獄的永劫之火受刑。《古蘭經》中也包含種種道德的規條。穆罕默德要他的信徒遵行樂善、謙卑和容忍的教德,寬恕他們的敵人。他譴責貪婪、謊言和以惡意待人;禁止飲酒和賭博。穆罕默德准許多妻,他自己在赫蒂徹死後便曾數度娶妻。但按照《古蘭經》,婦女的地位多少比過去改善,她們的權利獲得保障。在《古蘭經》中,回教的禮法與儀式也有詳細規定,包括每日的定時禮拜,去麥加朝聖,以及在齋戒月(Ramadan)回曆九月持齋諸事。此外,《古蘭經》的重要部分就是穆罕默德為他的新回教國家立法。大體言之,穆罕默德的思想大多源自基督教、猶太教,以及阿拉伯人的傳統習慣。但數種成分糅合的結果,則是一種新宗教的創立,適合他時代的樸魯的阿拉伯人,同樣也適合一個更為開化文明的社會。

第二節 回教薩拉森帝國

初期的哈里發

穆罕默德的逝世使他的信徒一時喪失領導,也使新生的回教國家一時面臨解體的危機。穆罕默德未曾為他的地位繼承問題預作安排。誰應繼承他為這個回教國家的宗教和政治領袖？阿里是穆罕默德的堂弟，少時曾為穆罕默德收養，及長又娶穆罕默德和赫蒂徹之女法蒂瑪（Fatima）為妻，本於他與穆罕默德的家族關係，他似應有首先的承繼權。但由於歐麥爾的堅持，最後獲選繼位的是阿布・伯克爾。阿布・伯克爾稱哈里發（Caliph），亦即"先知的繼承者"之謂；這稱號以後為歷代的繼位者所襲用，成為回教帝國政教合一的君主的尊號。當時原來歸附的部落大部叛去，內戰發生。經年餘的力征經營，阿布・伯克爾才得以消弭國家解體的危機，使叛去者重歸治下。並最後完成了阿拉伯半島全境的統一。

阿拉伯人的向外擴張

阿拉伯人既經在第一任哈里發的治下完成了統一，他們隨即開始向外征服新地。關於公元第七世紀阿拉伯人的向外掠地，其動機所在，過去論者多指為宗教的狂熱，一種要以他們的信仰強加於不奉教者的決心。誠然，穆罕默德的創立回教，使本來散漫的阿拉伯部落獲得了團結的力量，而他的允許與異教徒作戰陣亡的信徒上升天堂，也鼓舞了他們高昂的鬥志。但當阿拉伯人進行向外征服時，他們並未積極強迫被征服人民信奉他們的宗教。就事實衡之，促使阿拉伯人向外掠地的主要動機，毋寧為經濟和政治的。公元第七世紀中，阿拉伯半島的經濟生活日形困難，而阿拉伯部落間常有不滿和騷亂發生。敍利亞、波斯和埃及的富饒，自必久已為他們所嚮往，其情形當與日耳曼蠻族的覬覦羅馬帝國的行省相若。只因內部缺乏統一，才使阿拉伯人遲遲未敢冒險一試。現在回教哈里發要約束獷野的貝都因部落和阻止部落間的戰爭，他顯然需要引導他們尋找一條出路，以滿足他們生活的需求和發泄他們好勇鬥狠的習性。征服富饒的鄰邦正是這樣一條適當的出路，奪地而外，還可以飽掠。再者，當時拜占庭帝國和新波斯帝國間一次長期的破壞慘烈的戰爭方終，雙方都在精疲力竭之餘。所以時機也十分有利於阿拉伯人。

公元 632 年穆罕默德逝世，次年年終，阿拉伯人的內部既經底定，他們開始向外侵略。他們的首一攻擊的目標是敍利亞。首先是零星的出掠，但隨即繼之以有組織的征服。他們於公元 635 年攻佔大馬士革（Damascus）；又兩年

（公元 637 年），而敍利亞除耶路撒冷等一、二城市外，全境已盡為他們所據有。敍利亞人民苦於拜占庭政府的苛徵暴斂，對新征服者未作任何有效的抵抗，便歸隸於回教的治下。同時，勝利的阿拉伯人也開始向東西兩方出擊。阿布・伯克爾已於公元 634 年逝世，繼他之位的為歐麥爾（公元 634—644 年），穆罕默德的初期繼承者中最有非凡的力量和遠見的人物。到歐麥爾逝世時，新波斯帝國的兩河流域的土地和拜占庭帝國的埃及行省，都已成為擴張中的回教帝國的領土。當第三位哈里發歐斯曼（Uthman，公元 644—655 年）在位時，阿拉伯人在東方滅新波斯帝國，奄有它的全境；而在西方沿北非海岸前進，到達了的黎波里（Tripoli）地方。

繼歐斯曼的被弒，回教帝國內部曾有戰亂發生，暫時阻滯了阿拉伯人的繼續擴張。阿里在麥地那稱哈里發，但遭遇敍利亞總督穆阿維葉（Muawiyah）的反對。穆阿維葉為歐斯曼的族人，他們同屬伍麥葉家族（The Ommiads），麥加的首要家族之一。公元 661 年阿里被弒，穆阿維葉繼有哈里發之位，開回教帝國的伍麥葉朝（公元 661—750 年）。因為穆阿維葉的勢力根據地在敍利亞，所以當伍麥葉朝治下的一個世紀，回教帝國也自麥地那遷都大馬士革。

伍麥葉朝與向外擴張的繼續

伍麥葉朝哈里發的地位既經鞏固，重建了統一專制的統治，而阿拉伯人的又一個新的擴張時代。北非的最後征服曾經歷一段漫長的困難的過程，但主要係因土著的柏柏爾人（The Berbers）部落的反抗，而非拜占庭政府的抵禦。迨公元 708 年前後，柏柏爾人終於全部降服，並隨即接受了回教。阿拉伯人在西方的下一步擴張，為從西哥德人的治下征服西班牙，他們於公元 711 年從北非渡海峽北侵，得柏柏爾人的合力，不過兩年，便大體完成了西班牙半島的征服。從西班牙，他們越比利牛斯山，進掠高盧。他們的北犯，要到公元 732 年，在波堤葉（Poitiers）近處為查理・馬特（Charles Martel）統率下的法蘭克人所敗才受挫。公元第八世紀初年，哈里發瓦利德（Walid，公元 705—715 年）在位，回教帝國在東方也繼續擴張，掠地至印度的印度河流域與中亞的中國邊境。

阿拔斯朝的代興

伍麥葉朝當哈里發瓦利德在位時，臻於極盛。又三十餘年，而阿拔斯朝（The Abbasid Caliphate）代興，即中國舊史所稱的黑衣大食。當伍麥葉朝統治的一世紀間，回教帝國的內部發生了重大變化。歷代哈里發都不積極改變被征服人民的信仰，因為當回教政府有異教人民充徵稅的對象時，可以省免回教徒的賦稅負擔。但賦稅本身卻促使被征服的人民改宗。迨公元第七世紀末年，由於被征服人民相率改宗的結果，回教政府對回教徒也不得不開始徵稅。同時，阿拉伯人雖繼續居帝國的統治地位，但他們散處帝國各地，與境內其他人民雜居。一旦帝國屬下的民族多數成為回教徒時，征服者和被征服者，阿拉伯人和非阿拉伯人間，由於信仰共同的緣故，彼此的區別也逐漸泯滅。至是而阿拉伯民族主義不再成為結合回教國家的主要的精神力量。但伍麥葉朝的哈里發雖居這大回教國家的政教首領的地位，卻繼續唯阿拉伯人的利益是務，未能進而代表廣大的全回教世界的利益。帝國中不滿伍麥葉朝的勢力轉而依附阿拔斯家族的領導，於是以波斯為中心，叛亂迭起。阿拔斯家族傳自穆罕默德的從父阿拔斯（Abbas），因為與穆罕默德的家族關係，在虔誠的回教徒中有廣大的號召力量。經多年的紛擾，伍麥葉朝最後於公元 750 年被顛覆。其後一個伍麥葉家人雖繼續控有西班牙，與回教帝國的其餘部分脫離，但阿拔斯家族終於繼承了哈里發之位。波斯現在代敘利亞而為帝國的中心，帝國國都也從大馬士革移至底格里斯河畔的巴格達（Bagdad）。同時一個從各地回教民族產生的新官僚階級，則代替阿拉伯貴族而為帝國的統治階級。哈里發日益成為東方化的君主，襲用舊波斯帝國的宮廷威儀和禮節。而就在這新阿拔斯朝的治下，一種新文明興起——一部分為阿拉伯的，一部分為波斯的，兼具其他回教和非回教民族影響的成分。歷史上稱這一新文明為回教薩拉森文明。薩拉森（Saracen）一語，希臘人和羅馬人曾用以稱敘利亞和阿拉伯兩地間的沙漠遊牧民族，但後世也用以稱呼一般的回教徒，以別於純粹的阿拉伯人。

阿拔斯朝的盛衰

繼伍麥葉朝的顛覆，七、八十年間，阿拔斯朝的哈里發維持他們的專制權力，統治一個繁榮的帝國。當哈倫・拉希德（Harun al-Rashid，公元 786—809 年）在位時，阿拔斯朝聲威鼎盛，凡曾讀過《天方夜譚》（又譯《一千零一夜》，*Arabian Nights*）的人，對於這位專制的回教君主自然都熟知其名。巴格達現在成了世界最繁庶的都會之一，一個從中亞一直伸展至大西洋濱的帝國的中心。就是西班牙，它雖在政治上獨立，也仍承認哈里發的宗教權威。但帝國疆域的遼闊，它屬下的民族成分的繁殊，終究難以長久在一人的專制統治之下維持統一。哈倫・拉希德於公元 809 年逝世，他的一個兒子馬蒙哈里發（Al-Ma'mun，公元 813—833 年）在一段時期中曾繼續他的輝煌統治。過後，哈里發的權力中衰，帝國開始解體。就在公元第九世紀中，跋扈的將領或行省總督已經在北非、埃及和敍利亞等處據地自雄，專制一方。入次世紀，西班牙的伍麥葉家後裔先於公元 929 年在哥多華（Cordoba）稱哈里發，中國舊史稱之曰白衣大食。北非一個從阿里和法蒂瑪傳下的後裔，也於公元 968 年征服埃及，稱哈里發，建法蒂瑪朝，其後並併有敍利亞（公元 988 年）。在巴格達，當公元第九、十世紀中，則土耳其傭兵首領和波斯武人家族更番專政，阿拔斯朝的哈里發形同傀儡，廢立無常。最後連東方各地，也都到處成了地方割據之局。公元第十一世紀，塞爾柱突厥人從中亞西行，於 1055 年入巴格達。在其後約兩個世紀中，專制阿拔斯朝廷的實際是土耳其將領和蘇丹（Sultans）。土耳其人（The Turks），中國舊史稱突厥人。公元第六世紀中葉，突厥人勢力勃興，為隋唐之際中國西北邊境的大患。他們先與新波斯帝國合力擊敗嚈噠人（The Hephthalites），繼之又與拜占庭皇帝查士丁尼結盟，共圖新波斯帝國。他們在東方受唐和回紇人的攻擊，被迫西引，退處中亞。他們於公元第九、十世紀間改宗回教，塞爾柱突厥人就是其中的一支，塞爾柱突厥人的西進，使回教帝國一時聲勢重振。他們蕩平西亞各地割據的勢力，收復敍利亞，並且進掠拜占庭帝國在小亞細亞的領土。自公元第十一世紀末年始，歐洲基督教國家的十字軍運動（The Crusades），便是因塞爾柱突厥人侵略拜占庭帝國的領土而起。公元第十二世紀末年，蒙古人在成吉思汗的領導下，又勢力勃起。迨下世紀中葉前後，蒙古人曾兩度大舉西征。一次是拔都西征，經俄羅斯南部，深入中歐；一次是旭烈兀西征，其目標在西亞，旭烈兀擊敗塞爾柱突厥人，於公元 1258 年攻佔巴格達，在西亞的阿拔斯朝滅亡。其後阿拔斯朝名義上雖曾在埃及重建，下至公元 1517 年鄂圖曼突厥人（The Ottoman Turks）征服埃及，才最後絕祀，但實際則它的哈里發已名存實亡，無復任何權力可言。

第三節　回教薩拉森文明

薩拉森文明

如上所述，回教帝國的政治統一雖不久便遭破壞，但在整個回教世界內，一種宗教和文化的統一則繼續維持。薩拉森文明盛於阿拔斯朝初起，最後到蒙古人西侵才遭摧殘。在世界歷史中，薩拉森文明不僅為人類所曾產生的大文明體系之一，同時並曾大有造於歐洲中世的文明。中世歐洲的思想、學術、文學，都曾霑受薩拉森文明的滋濡。宗教的偏見與仇恨固使回教世界為基督教的歐洲視作仇敵外，但兩個世界間的接觸和交通則從未間斷。在回教世界，哈里發的政府對於猶太人和基督教徒，只需他們依例守法納稅，大率能遵循穆罕默德的遺訓，寬容相待。為數眾多的猶太人和基督教徒生活於回教政府的治下，富有而興旺。在西班牙、西西里，以及其後十字軍在敘利亞所征服的地方，基督教人民與回教人民更多廣泛的接觸。此外，基督教商人和朝拜聖地者也不時往還於這兩個世界之間。

文學

當薩拉森文明盛時，在文學方面，韻文的抒情詩和散文的寓言與小說並興，成就輝煌。薩拉森著作家用阿拉伯語寫作，使阿拉伯語從一種原始的口語迅速發達為一種生動而複雜多變的文學語言。當中世前半，薩拉森文學曾長久高出於同時期的歐洲文學。它的曾影響於西方文學——如布羅溫斯詩歌（The Provencal Poetry）——的發展，十分顯著。在後世《天方夜譚》之為家喻戶曉的讀物，以及奧瑪・開儼（Omar Khayyam，約公元 1123 年卒）的詩歌之繼續為眾多的人誦讀，更可覘見薩拉森文學對於西方以至世界文學影響的廣遠。

學術

學術研究在回教世界也曾盛極一時，受哈里發和地方統治者的優厚護持和獎勵。在回教世界，亦如在基督教世界，神學為百學之后。神學研究自不能免於回教傳統與正統教義的約束，然也學派繁殊。在哲學方面，則薩拉森學者充分享有討論的自由。幾乎所有希臘哲學家的著作，以至印度梵語、波斯語和敍利亞語的學者的著作，都經翻譯為阿拉伯語。西方學者於公元第十二世紀開始再熟悉亞里士多德的哲學，他們在當時所誦讀的實際乃是從阿拉伯語轉譯的亞里士多德和薩拉森學者的著作的拉丁譯本，而非亞里士多德的希臘語原著。在法律方面，薩拉森學者也研究古代的法律體系，擇其善者以為己用。回教法律以《古蘭經》為基礎，但社會生活既隨帝國的擴張而日形複雜，原來為質樸的阿拉伯人所制定的法律，自然不敷應用。這使回教法律必須繼續從本來施行於各征服地的法律廣收博取，包括舊拜占庭領土所施行的羅馬法律。

科學

在科學研究方面，薩拉森學者所表現的高度的好奇心與敏銳的觀察力，為當時世界上所僅見。古希臘科學久被埋沒，經薩拉森學者的研究而再發揚光大。在醫學方面，古希臘學者希波克拉底和加倫的著作，於阿拔斯朝初年即已譯為阿拉伯語。薩拉森學者並且於希臘的醫學知識之外，自己也從臨床累積了豐富的經驗。他們產生不少醫學大全一類的著作。其中阿維森納（Avicenna，公元 1037 年卒）的著作曾被譯為拉丁語，為中世歐洲學者所宗奉的醫學寶典之一。在化學、物理學、天文學、地理學和數學等方面，薩拉森學者也繼承了古希臘遺產，而益以他們自己的觀察和實驗所得。他們在化學方面的努力雖因寓心於煉金術（Alchemy）而不脱迷信的窠臼，但因此而於合成和分離化學物質，也成就了不少實驗的工作。此外，後世也從薩拉森人接受了發明於印度而被稱為“阿拉伯數字”的計數符號、代數，以及其他不少屬於數理科學的基本知識。

商業與工藝製造

薩拉森文明的興盛，有繁榮的商業和工藝製造為其基礎；而其得以普及於全回教世界，至少一部分也因商業交通往來無阻的緣故。事實是回教世界的商業自由，即至帝國的政治統一破壞後，也尚繼續維持。同時，回教世界還有發達的對外貿易。尤其在東方，薩拉森商船或從巴格達沿底格里斯河南下，出波斯灣，或從亞丁（Aden）等紅海港口出發，與印度洋沿岸各地、南洋，以至中國，進行貿易。為回教商業的特色的沙漠商旅（Caravan），則跋涉遠道，東向經中央亞細亞至中國和印度，北向入俄羅斯，西南向入非洲，負載商品。最初，回教世界與基督教歐洲的商業往還有限，但入公元第十一世紀後迅速發展，以意大利城市為主要轉運地。薩拉森商人曾是世界最大的商人，西方和遠東交通的媒介，歷數世紀之久。中國歷史中的海外交通，以唐、宋兩代為盛。中國海船也遠航印度洋與波斯等地。但薩拉森人來中國者尤眾，使節、商人絡繹於途，回教也隨而傳入。中國重要發明的西傳，其中造紙術、羅盤和火藥等項，都曾先經薩拉森人之手，然後再傳入歐洲。當時回教徒在中國的人數之眾，從阿拉伯遊歷家阿布賽特（Abu Zaid）的記載，可見一斑。阿布賽特記唐末黃巢之亂，謂公元 879 年廣州城陷時，回教徒、猶太教徒、基督教徒與火祆教徒被殺者，數達十二萬至二十萬人之眾。經薩拉森商人之手，東方的香料、珍寶和精美製品輸入歐洲。由此而在西方引起物質好尚的提高，更使東方和回教世界本土的物產，如絲織物、錦繡（Damask）、洋紗（Muslin）、紙、玻璃器皿、刀劍、銅鏡，成為西方上流社會的生活必需物品。這在了解中世後半和近世初期的世界歷史，是一樁十分重要的事實。

第二十章
法蘭克人、倫巴底人與羅馬教廷

從公元476年最後一位西部的羅馬皇帝被廢，三個世紀中，東部的羅馬帝國成了歷史上所謂的拜占庭帝國；查士丁尼於公元第六世紀力圖再造羅馬帝國，而回教勢力的興起又於下一世紀奪去了這帝國的大部分行省。初期的日耳曼人的王國，包括汪達爾王國、東哥德王國和西哥德王國，也在這時期中先後覆滅。同時，在西方有兩大勢力興起。它們攜手合作，支配西方，在中世歐洲的塑造上成為主要的勢力。它們是法蘭克（The Franks）人——除盎格羅—撒克遜（The Anglo-Saxons）人外，唯一建立一個垂久的王國的日耳曼民族；和羅馬教廷——天主教會的元首和羅馬帝國傳統的主要繼承者。古羅馬傳統、日耳曼民族和天主教會，成為構成中世西方文明的三種主要的文化要素。介於羅馬教會和法蘭克人之間，對於兩者發展的前途都曾發生重大影響的，還有倫巴底人。這是在北人以前最後一支入侵舊羅馬帝國疆域的日耳曼民族。

第一節　墨洛溫王朝時期的法蘭克人

墨洛溫王朝

法蘭克人自克洛維建國以來，在高盧力征經營，迨公元第六世紀中葉，除地中海沿岸一條狹小的地帶尚是西哥德人的領土外，高盧全境已盡為法蘭克人所有。克洛維所建的王朝稱墨洛溫朝（The Merovingians），從他的先人墨洛維（Merovech）得名。在他逝世後，他的王國依日耳曼人的習慣，有如它是一宗私產，為他的四個兒子所分有。在理論上，王國仍是一個統一的國家，但兄弟間爭吵不休，相互殺伐。最後一個倖存者克洛泰爾（Chlothar）於公元561年去世前，曾暫時併合全國。但他死後，王國又為他的諸子所分有。其後半個世紀的法蘭克王國，充滿了黑暗殘暴的謀殺和內戰。經過無數次領土的變化分合，法蘭克王國最後分解成了三個多少各具特色的王國：紐斯特利亞（Neustria）或西法蘭克王國、奧斯特拉西亞（Austrasia）或東法蘭克王國、勃艮第王國。西法蘭克王國領有高盧西部；以東的部分為東法蘭克王國和勃艮第王國所分有，前者在北，領有萊茵河兩岸地方，後者在南，領有隆河兩岸地方。

無所事事的列王

從公元613年至639年，法蘭克王國一度又在克洛泰爾二世（Chlothar II）和達戈貝爾特（Dagobert）父子的相繼統治下統一。過後，王權迅速陵夷。一個世紀的殘暴不德和荒淫無度，使墨洛溫王室的血統，在精神和體力雙方都墮落敗壞。達戈貝爾特後，王國既再告分治，歷代墨洛溫朝的王更都成了"無為王"（rois fainéants）。他們的冢宰（Mayors of the palace）挾王命掌握國政，成了國家真正的統治者。在其後又一個多世紀中，墨洛溫朝的王苟延殘喘，一無作為。他們被深閉於荒野離宮之中，多早夭。唯有每年依例出巡時，他們才如披髮的玩偶，駕牛車供人民瞻仰。

埃斯塔勒的丕平

達戈貝爾特死後不久，西法蘭克、東法蘭克和勃艮第間的內戰再起。現在互爭雄長的是三邦的冢宰。但最後，東法蘭克冢宰埃斯塔勒的丕平（Pepin of Herstal）於公元687年大敗西法蘭克軍隊，使法蘭克王國再度統一於他的治下。在丕平掌理國政的二、三十年中（公元687—714年），他壓制暴亂的貴族，平服邊地形同獨立的公國，以重建朝廷的權力。在歷史上，他被稱為繼克洛維之後"法蘭克王國的第二建立者"。

第二節　墨洛溫時期的社會和政治

日耳曼與羅馬文化的混和

在中世歐洲文明中，羅馬和日耳曼兩種成分的逐漸混和，大部分乃在法蘭克人的治下完成。其他蠻族的入居羅馬行省，雖也多少保持日耳曼的傳統，但大抵都先後為各該地的原住民所同化，採用被征服人民的語言和制度生活。有的則如盎格羅—撒克遜人之在不列顛，他們徹底破壞了羅馬文化，而繼續固守他們固有的生活方式。法蘭克人的獨特貢獻，便是在他們所建立的其後幾乎奄有西歐基督教封域的大王國之中，他們能在歐洲文明的這兩大源流之間，保持平衡，結果使兩者得以形成一種多少均衡的混合。

自然，便是在法蘭克王國中，兩種成分配合的高下也仍因地而異。當墨洛溫王朝時期，在高盧，法蘭克人除了在原住地北端一角外，在其他地方仍只是少數。在高盧西部，以後成為西法蘭克王國的部分，舊羅馬人口和文化繼續保持優勢。這一帶地方的語言仍屬拉丁語系，以後積漸演化為後世的法語。在東法蘭克王國，日耳曼的成分佔着優勢，萊茵河外更幾乎純屬日耳曼人的區域。這一帶地方語言仍通用日耳曼語。勃艮第因為勃艮第人移住的結果，在法蘭克人征服前已多少日耳曼化，羅馬和日耳曼兩種成分在這裏達於最均衡的混合。這樣，在法蘭克王國全境，從西南方幾乎純粹是羅馬的阿奎丹（Aquitaine）地方，至東北方幾乎純粹是日耳曼的萊茵河外的東法蘭克王國，羅馬和日耳曼文化的配合，其分佈有如光譜中的色彩，表現種種程度的變化。但因為全境政治的混同，各部分多少同受兩種制度生活混合的影響。

墨洛溫朝的王政

當克洛維初登王位時，他不過是一個小部落的軍事首領，而在他逝世前，他已經是一個大國的專制君主。他的繼承者繼續開疆拓土。這一領土擴張的過程，自然使王的地位與權力，及其身份的觀念，發生變化。在有的方面，墨洛溫朝的王政襲取羅馬的成法，而在別的方面，它繼續保持日耳曼的傳統。但兩者的混合則產生一種新的制度。墨洛溫的王國有如羅馬帝國後期的皇帝，對於全體臣民持有絕對的權威。但他權力的行使則完全本於世襲的權利，由他為墨洛溫世系的繼承者的地位而來。法蘭克人從未產生或接受一種近似羅馬元首政治的理論，一種把國家看成由公民組成，而由公民授權國君的理論。相反，法蘭克國王把國家純粹看成一己的私產，他們受自先人，而又以之分授諸子，完全本於日耳曼人承繼私產的習慣。而即令國土數分，在理論上王國仍保持統一，受墨洛溫朝的族人統治，每人皆用法蘭克王（Rex Francorum）尊號。墨洛溫朝的國王不時受到日益增長的貴族勢力的威脅，他們可以不順王命，可以反叛，乃至謀殺國王。但國王一日在位，則理論上他是國家唯一的立法者、最高的司法官、軍隊的統帥和教會的實際元首。墨洛溫朝的王權其後雖逐漸為冢宰所僭奪，但王權專制的原則依舊，冢宰以王的名義行使絕對的權力。

行政組織——冢宰

墨洛溫朝的行政組織，乃應不同情境的需要，積漸形成。羅馬的賦稅制度和行政組織，由一個龐大的官僚機構執行，與樸野的日耳曼人的習慣不合。墨洛溫朝政府所需的費用有限。軍隊和地方政府都就地自給，朝廷的費用則大部由王家產業的收益開支。國王私財和國家財政也尚未加區別，從而國王用以管理王家庫藏的臣僕，自然同時也管理國家財政。墨洛溫朝的國王尚有若干其他卿相管理宮廷事務。因為此外他別無政府處理國事，他也自然使這些卿相的權力從宮廷推及於全國。由此，司馬（Marshal）本來掌御廄馬匹，成了騎兵統帥；廷尉（Count of the palace）為國王的法律參贊，成了王家法庭的首長；傳旨官（Referendary）則執掌國家的詔令文書。但在宮廷卿相中，冢宰尤其是眾官之長，他總攬庶務，最後太阿倒持，終至成了國王的主宰。

地方政府——方伯與公

法蘭克王國的地方行政區域，大抵在高盧地方仍照舊羅馬市邑劃分，而在日耳曼本土則依各部落所佔地劃分。在每一行政區域，國王任命方伯（Count）一人，授以總攬行政和司法的全權；在王國的若干部分，尤其沿邊地方，合若干伯國共受一個公的統轄。公和伯，王家都不支給俸祿，他們各從自己的采邑、訴訟罰鍰和其他規費，以及直接向人民需索，獲得他們的收益。公元 614 年後，方伯多從地方貴族中選授，這使這一地方行政首長積漸成為世襲之職。在地方，公的權責主要為軍事。公和伯通常都專制自為，不順王命，有時更暴虐人民。

教會 —— 主教

在這一個暴亂相尋的時代，對於一般生活，教會起了十分重大的作用。主管教會的主教同時也是國家最重要的行政官吏。主教的教區通常和伯國同一地望，而在該區城中，主教的政治權力也常與伯的權力相伯仲。從教會因信徒施捨而得的大量產業，主教有巨大的財富受他支配；他還有宗教和道德的威望為他地位的憑藉。他審理法律案件、監督教育、救濟貧苦，照管道路和公共建築，同時也保護人民，使減少伯和其他王家官吏的苛擾。主教大都出身貴族，尤以高盧羅馬人為多，曾受良好教育。只是國王或他的冢宰時時干涉教會選舉，使他們所指定的人膺選，因此在主教中也儘多不知宗教責任和全無宗教情操之人。其結果是加甚教會的俗世傾向，而使教士的道德水準低落。但當墨洛溫朝時期，主教的品行大體仍遠優於王國的官吏和貴族，他仍是王國的最堅強的道德力量。

法律

從法蘭克王國的法律，最能清楚見到羅馬和日耳曼兩種傳統的並行，和它們的最後趨於混合。原來在法蘭克王國，除了處理特殊問題的國王法令（Capitularies）以外，沒有統一的法律。高盧羅馬人保持他們的羅馬法，而撒里法蘭克人、利普里安法蘭克人、勃艮第人，或巴伐利亞人，各有自己傳自祖先的法律。但由於日耳曼法律不足應付因高盧的新環境而生的甚多法律關係的處理，因此日耳曼的法庭也必須時時從羅馬法有所援引。歷時既久，人口益加混合，羅馬人與日耳曼人間的區別逐漸泯滅，於是法律系統的分歧也隨而消弭。其結果是一種新法律的形成。其中羅馬和日耳曼成分的配合，視它們適應不同人民和不同時代的需要而異。

第三節　倫巴底人與羅馬教廷

當克洛維在高盧建立他的法蘭克王國時，東哥德王狄奧多里克（Theoderic）也正在意大利為他的東哥德人開闢一個王國。其後拜占庭皇帝查士丁尼一度收復意大利為帝國治下的行省。但繼查士丁尼的逝世不過三年，另一大變化又接着發生，一支新的日耳曼未開化人部眾——倫巴底人——長驅入意大利，在意大利造成一種新的形勢。

倫巴底人入侵意大利

倫巴底人為東日耳曼的一支，他們的原始居地在日耳曼北部的易北河（The Elbe）兩岸。其後，經奧得河和維斯瓦河上游一帶，往東南向移入多瑙河流域，並在那裏改宗了基督教的亞略異端教派。公元 568 年，他們循日耳曼人入侵的故道，從巴爾幹區域長驅入意大利半島北部，佔領阿爾卑斯山和亞平寧山間的廣闊平原。該地一帶以後便被稱為倫巴底（Lombardy）。自公元 575 年前後始，倫巴底部眾繼續南侵。不過十年，半島內地已盡為他們所佔有。拜占庭皇帝也曾數作努力，力圖阻止倫巴底人南侵的狂流，但無效果。公元 605 年，拜占庭與倫巴底人締約休戰。當時意大利全境，只餘拉溫納、羅馬和那不勒斯等數城及其四周地區，加上半島的最南端一隅，未為倫巴底人佔領。拜占庭皇帝在上述地區繼續設官治理，名義上歸拉溫納的帝國總督統轄。但因為羅馬等地與總督區皆不相毗連，所以它們事實上卻成了獨立的領地。意大利的統一至是完全破壞，要待一千數百年後才再恢復。

羅馬教廷

經這最後一次蠻族的入侵，羅馬教宗在意大利的勢力重振。查士丁尼時期帝國統治在意大利的恢復，對於教宗地位為一嚴重威脅。因為繼帝國統治的恢復，查士丁尼也以帝國在東部一向加於教會的節制，強加於羅馬教廷。這在西部從未如此。同時，教宗的權威在意大利本土以外也見減削。高盧的主教們受法蘭克王的節制，而在西哥德人統治下的西班牙，直至公元第六世紀末年猶是一處亞略異端教派佔優勢的區域。倫巴底人的入侵意大利，使羅馬教宗擺脫了拜占庭皇帝的權力。公元590年，額我略大教宗（Gregory the Great）繼位，羅馬教會又獲得了一位它的歷史中少有的偉大領袖。額我略使羅馬教廷再度恢復獨立，恢復它在西方的精神的權威地位。

額我略大教宗

額我略不但宵旰勤勞，還致力於文字著作。除了傳世的大量書簡和其他文字外，他為《舊約》的《約伯書》寫了一部義疏，題曰《寶訓》（*Moralia*），並為教會的神職人員寫了一部指南，題曰《牧民要務》（*The Pastoral Care*）。額我略的著作，中世西方教會奉為寶典，這使他在歷史中與安布羅斯、傑羅姆和奧古斯丁並列，合稱四大拉丁教會之父。但就額我略的文章、學識、哲學造詣，以至心智廣度言，他都不能與他的三位前輩大師比擬。他不識希臘文，他所用以書寫的拉丁文已不是古典拉丁，而他的思想中還充斥着迷信。在奧古斯丁和額我略間有一條顯著的知識鴻溝，把他們分隔在兩個時代。沒有任何其他事實，比之這條知識的鴻溝更能表示過去兩個世紀中意大利文化的衰敗。但額我略的影響十分重大。可能正因為他自己比之同時代和以後數世紀的知識水準相去不多，所以他的影響也更加普遍廣大。

額我略於公元604年逝世。其後的一個世紀，在意大利的三方面勢力——倫巴底人、羅馬教廷和帝國政府——的地位關係，無多變化。其間倫巴底人的逐漸改宗羅馬天主教，為最重要的一事。拜占庭皇帝因為先與新波斯帝國相爭，繼之又因新興的回教帝國的壓迫，無力兼顧西方。他們既未恢復喪失給倫巴底人的領土，也未重建控馭羅馬教廷的權力。但在教宗方面，則他們寧肯形式上繼續維持對皇帝的臣屬關係，為對付倫巴底人的壓迫多留一重保障。

羅馬教廷與拜占庭的決裂

但教宗和皇帝間的關係，並未因而歸於和諧。數世紀來，拉丁的西部和希臘的東部日益分離，終至成了兩個完全不同的世界。公元第八世紀初年，因為皇帝利奧三世（Leo III，the Isaurian）企圖在意大利增加皇家賦稅，並於公元725年干涉一次教義之爭，禁止在教堂中裝設神像或聖徒像，東西兩方終告決裂。在這次所謂的“神像破壞之爭”(Iconoclastic Controversy) 中，教宗以維護天主教正統和意大利利益自命，領導了一次反抗拜占庭的運動。但結果則使教廷和帝國在意大利的地位兩敗俱傷，而予倫巴底王利烏特普蘭德 (Liutprand) 以一個擴張勢力的有利機會。利烏特普蘭德進攻拉溫納總督區，征服了拉溫納城以外的所有土地。他雖因宗教的考慮，沒有繼之進佔在教宗治下的羅馬公國，但他的威脅終於迫使教宗向法蘭克人求援。當時法蘭克王國的冢宰為丕平之子查理・馬特。他因為與薩拉森人戰爭時曾得利烏特普蘭德之助，所以未曾應教宗的請求赴援。倫巴底人對羅馬公國的威脅如故。公元 751 年，倫巴底王艾斯杜爾夫 (Aistulf) 又攻佔拉溫納城，拉溫納總督區至是盡失。除半島南端一隅外，羅馬現在是帝國在意大利的僅存的領土。教宗雖繼續承認拜占庭皇帝的主權，但他同時也因“神像破壞之爭”，在繼續反抗皇帝。他在勢不能從拜占庭獲得援助。教宗德範二世 (Stephen II) 親詣法蘭克朝廷，再度向法蘭克人求援。這次他得到了成功。

第四節　法蘭克王國與教廷

查理・馬特

公元 714 年，法蘭克王國的冢宰埃斯塔勒的丕平逝世。他的事業為其子查理・馬特所繼承。查理好勇善戰，強毅有為，正是一個擾亂之世的天生領袖。他平定國內作亂的公、伯，征服北方異教的日耳曼部眾，抵禦從南方來犯的回教薩拉森人。在他當政的二十餘年間，他幾乎不斷在戎馬倥傯之中，而他的戰役多數都能克敵奏功。回教薩拉森人在高盧北犯，曾進抵羅亞爾河一帶。公元 732 年，查理在波堤葉附近一戰獲勝，才阻遏了他們的進展。其後，查理得倫巴底王利烏特普蘭德之助，並於公元 739 年逐薩拉森人出普羅旺斯地方。回教勢力不久就悉數退回到比利牛斯山南 (公元 759 年)。

查理並熱心護持深入萊茵河外的日耳曼人中傳教的教士。萊茵河外的日耳曼部落，名義上歸附法蘭克王國的治下。其中有的如阿拉曼人和巴伐利亞人已改宗基督教，但在圖林根 (Thuringia)、黑森 (Hesse) 和弗里西亞 (Frisia) 等地的部落中，仍多行固有的異教。在受查理護持的傳教士中最著名的一人，是來自英格蘭的聖波尼法爵（St. Boniface）。從額我略大教宗初次派遣傳教團赴英格蘭以來，基督教在英格蘭收得了完全的勝利。現在英格蘭教士轉而赴歐洲大陸的異教區域傳教。波尼法爵自公元716年始，先後在圖林根、弗里西亞和黑森等地傳教，迄於公元754（或755）年在弗里西亞遇難。他所至建立本篤會修道院，組織教會，置於羅馬教廷治下。

丕平與加羅林王朝的創建

查理・馬特於公元741年逝世，法蘭克王國由其兩子丕平和卡洛曼（Carloman）分治。公元747年，卡洛曼摒絕世事，入修道院隱居，因使王國又歸於丕平——史稱矮子丕平（Pepin the Short）——一人的治下。丕平當國期間，他保衛國土，護持教會，討伐日耳曼公國的叛亂，擊敗獷野的撒克遜人，並平定阿奎丹。迨公元751年，他顯然相信時機已經成熟，可以廢去傀儡的墨洛溫朝的國王，而自居王位。但他所需要的是實力之外一種精神力量的支持，以抵消國內對於舊墨洛溫王室的傳統的忠誠。他自然轉向教會——這時代最大的道德力量，請示教宗的意見。丕平的聲請在一個極其緊要的時刻送達羅馬。拉溫納城已為倫巴底王艾斯杜爾夫所攻取，而教宗在意大利方處於孤立無援的困境。因為倫巴底人的壓迫，教宗過去曾向查理・馬特求援，未曾如願。現在這機會之來，在教宗方面自屬求之不得，他可以由此易取查理的繼承者的感激和友誼。教宗匝加利亞（Zacharias）給予丕平的答覆是"有權者稱王，自較無權者為善。"丕平既由此獲得了教廷的精神支持，因即在當年——公元751年——年終，在蘇瓦松（Soissons）地方召集國中的貴族和教士開會，而於會議中稱號為法蘭克王。波尼法爵任教宗代表，並為他敷油祝聖。這次的祝聖儀式，在西方歷史中不僅是富有意義的新穎之事，同時也創了一個十分重要的先例。這是對於教宗在天主教世界至尊地位的承認。它使教會和國家的關係更趨密切，而同時也使丕平對於教宗負有了報答的義務。丕平由是成為一個新王朝——加洛林朝（The Carolingian Dynasty）——的建立者，這王朝將因他的一位君主——查理曼（Charlemagne）——而成為中世前半歐洲最偉大的王朝；而由於丕平的干涉，在意大利，一種新形勢的形成也將完成，大為加強羅馬教廷的地位。

第二十一章

加洛林帝國與北人

第一節　查理曼與加洛林帝國

加洛林朝為矮人丕平所創。當丕平取墨洛溫朝的王位而代之之時，事先曾得羅馬教宗的認可。當時羅馬教宗因正處於倫巴底人的威脅之下，也極需法蘭克人的勢力的援助，以抵抗倫巴底人的壓迫。其結果是在西方歷史中形成一種新形勢，羅馬教廷與法蘭克君主密切連結，兩者相互為用，各自伸張勢力。迨查理曼時期，一個統一帝國的理想產生，與一個統一的天主教基督教世界的理想並行，這樣形成了中世西方政治和思想意識的一大傳統。

丕平的贈地

公元 753—754 年間，教宗德範二世（Stephen II）為了倫巴底人的問題，曾親詣法蘭克朝廷，向丕平求援。因而有公元 754 年和 756 年丕平的兩次出征意大利（Pepin's Italian Expedition），迫使倫巴底王艾斯杜爾夫停止對羅馬公國的壓迫，並讓出舊拉溫納總督區的治地。丕平現在以他的名義，把意大利土地，從羅馬公國，橫過半島中部，折向東北，包括舊拉溫納總督區的治地，贈予教宗。於是因"丕平的贈地"（The Donation of Pepin）在意大利造成了一個受教宗統治的獨立的主權國家，史稱教皇國（Papal States）。教皇國從初建，至公元 1870 年最後被併於統一的意大利王國，歷時十一個世紀，對於教宗的地位、教宗的政策和意大利政治，都影響深著。

查理曼

丕平的統治對於法蘭克人和羅馬教廷的歷史，關係重大，但他在西方歷史中的聲名，則顯然為他的更顯赫的繼承者 —— 查理曼 —— 的光輝所掩。事實上，在西方歷史中也甚少有人曾如查理曼的聲名之盛。查理曼實即查理大帝（拉丁語：Carolus Magnus）之謂，"加洛林朝"之稱也從他得名。丕平於公元 768 年逝世，查理曼和其弟卡洛曼嗣之，分治國家。又三年，卡洛曼死（公元 771 年），王國重歸統一。查理曼在位四十餘年，至公元 814 年逝世。他的畢生事功，固然也由於他席豐履厚，在他之前已有三代祖先的經營為他的憑藉，但他自己文治武功之盛，也確使他足以當"大帝"之稱而無愧。

關於查理曼的生平，後世因有當時宮廷史官艾因哈德（Einhard）的記載，而獲得頗為翔實的資料。艾因哈德所傳之於世的《查理大帝傳》（*The Life of Charlemagne*），為這位西方歷史中的偉人留下了生動的寫照。查理曼軀幹魁偉，壯健有力。他愛好戰爭、狩獵和游泳，飲食有度，只是晚年不顧醫生告誡，仍嗜肉食。他好學，通拉丁語，還略知希臘語文，但因為就學過遲，畢生未能書寫。他尤其勤於治政，對國事躬親萬機，孜孜不倦。此外，在艾因哈德的筆下，他是一個和藹而又稟性剛強的人，一個有趣的伴侶和慈愛的父親。他唯一的缺點是對於異性的興趣不知節制，所以宮闈不免有帷薄不修之譏。

查理曼的武功

查理曼的重要武功之一，為征服倫巴底。丕平既逝世，倫巴底人隨即又佔據了舊拉溫納總督區的城邑。公元 773 年，教宗哈德良一世（Hadrian Ⅰ）再向查理曼求援。當年，查理曼出兵，於次年終於滅倫巴底王國，自稱倫巴底王。其間他曾去羅馬，與教宗會晤，重新肯定"丕平的贈地"。

查理曼另一偉大的武功為征服異教撒克遜人。撒克遜人的居地，包括從萊茵河北法蘭克王國疆外，北至丹麥邊境，東至易北河一帶地方。查理曼首次出征撒克遜人，為公元 772 年。但直至三十二年後，經過十八次用兵，殺戮無數，才完全底定。隨着軍事的征服，基督教藉武力之助，也在撒克遜人中逐步傳播，迨公元 804 年，軍事成功，撒克遜人也已大多歸屬羅馬天主教會。

同時，查理曼尚有其他方面的兵事，使他不斷在戎馬倥偬之中。他平定阿奎丹、倫巴底和巴伐利亞的叛亂，出征西班牙，降服佔據後世匈牙利地方、威脅到查理曼帝國的東疆的蒙古族阿瓦爾人。為了保衛他新征服的撒克遜地方，查理曼也對北邊的丹麥人和東邊易北河外的斯拉夫人作戰。

查理曼的稱帝

經過三十年成功的統治，迨公元 800 年時，查理曼已經是西方無可抗爭的最偉大的人物。他是不列顛羣島以外、羅馬天主教世界共同擁戴的君主，而為四周非基督教的民族所敬畏，只有巴格達的回教哈里發和君士坦丁堡的希臘東正教皇帝，他們的權力和威望尚可和他比擬，在查理曼宮廷的學者已經把他比擬為古代的羅馬皇帝。自公元 476 年以來，有三個多世紀，西方沒有一個皇帝。但一個統一的羅馬帝國的思想在西方迄未完全忘卻。羅馬天主教會，一個統一的精神帝國，受羅馬的教宗的統治，用拉丁語為統一語言，有一個取法帝國行政的整齊的政府組織，也使得西方對於古羅馬帝國的記憶常新。教會使天主教的基督教世界保持統一，依古羅馬的成例，應該有一個政治的帝國和一個俗界的君主與其平行，對全體基督徒——天主教的基督徒——行使統一的俗界的權力。可能這是神意應然，事實上法蘭克王已經具有這一地位。但對於中世的西方人，一個統一帝國的君主而非羅馬皇帝，將屬不可思議。然則，一條順理成章的解決之道便是使這位法蘭克國王踐祚而為一個復興羅馬帝國的皇帝。公元 800 年的耶穌誕日，查理曼在羅馬的聖彼得教堂躬預聖誕彌撒。當儀式過後他跪在祭壇前方時，教宗利奧三世（Leo III）把一頂皇冠加在他的頭上，並於在場眾人的歡呼聲中尊稱他為皇帝。這次事件，查理曼後來曾表示他於事先一無所知。可能教宗為欲加強自身地位的保障，圖由此造成教會和國家之間的更加密切的關係，也可能當時教宗和其他預謀者揣摹查理曼的心意，而有此舉動。但就上述西方當時的思想意識言，這次傳奇式的動人事件也並非完全不能想像。要之，這一行動本身已經成功，一個帝國業已造成，羅馬其名，而強主日耳曼其實，與天主教會互相提攜。

第二節　查理曼治下的政治與社會

加洛林帝國的行政組織

查理曼治下，政府組織大體仍與墨洛溫朝時期相若。烜赫的帝號並未導致何種顯著的實質變化。君主為國家的專制統治者，對教會同時行使廣泛的節制權力。他專制中央行政，有與墨洛溫朝相同的宮廷卿相為輔弼，只是不再有綜理庶務、為百官之首的冢宰；舊日的傳旨官，現在也為一個秘書監（Chancellor）代有其位，經常從教士中選任。地方行政繼續設方伯掌理，但主教的地位益見重要，他兼有國家和教會的雙重職責的行政官吏，查理曼之得以在帝國全境維持統治的權威，主要本於他個人所加於地方官吏的箝制，而以御史（Missi dominici）制度的建立為樞紐。御史一職雖非查理曼所新創，但過去御史只因特殊的任務，從王廷受命，代表君主出使地方，而查理曼使御史成為常設的官吏，派遣他們每年分赴地方巡視。他們的主要職責為考察地方教會和政府的行政，查核王命執行的情形，保持中央和地方行政的連繫，以及防止官吏的執法不公和欺壓人民。總言之，加洛林帝國的政治制度，一方面承受羅馬傳統，如君主的至尊；一方面混有日耳曼的傳統，如析產、無領土國家的觀念、無公民社會（Commonwealth）的觀念等，而其他方面也有兩者結合的情況出現。

欽定法規

查理曼對於他的國家和人民的關注用心，從他所頒佈的無數法規（Capitularies）中，可以見其梗概。這些法規所處理的包括宗教、道德，以至物質福利、社會公私生活等方面。它們使後世歷史學者對於當時的生活情況獲得更多鮮明切實的認識，同時也見查理曼確不愧為中世歐洲的大立法者之一，他為一個時代，一個帝國立法。

經濟生活

許多查理曼的法規所處理的為經濟問題，顯示當時有相當程度的經濟復甦。這時代的極大多數人口以務農為生，或以土地為經濟收益的主要來源。

在法規中一部分所處理的對象為王家田莊，可見當時農業方法也有若干改進；而凡施行於王田的改良，隨即為貴族和教會的土地（采邑）所取法。這時代，地權不斷集中，形成大產業；小地主因不堪軍役的重負，多數喪失了他們的土地和自由。地權的集中加強了貴族和主教的勢力，對於其後的一段歐洲歷史關係至巨。工藝製造幾乎只限於就地生產、供田莊人口所需的工具、武器、衣着等項。因為薩拉森人控制地中海和阻礙對東方貿易的結果，商業在西方日益萎縮。大抵當公元第八世紀中，商業也已只限於供應地方的需要，而物物交易的自然經濟，代替了貨幣經濟。但查理曼使西歐大部分區域統一於他的治下，恢復秩序和安全，則一時曾使內外商業呈復興之象。猶太和敍利亞商人攜東方的貴重貨物西來，而行商循河流或故羅馬大道上下，負販於各地。商人行販所至，到處需付通行税予霸據道路和橋樑的貴族。查理曼不得不認可已經設立的關津，但他極力制止再有新的增加。他也以度、量、衡標準和幣制的統一，便利商業。

文化生活

查理曼雖日理萬機，但他尚有餘力注意他的臣民——尤其教士——的教育。他獎勵地方主教和修道院開辦學校，訓練教士。他自己也在宮廷設立學堂，從歐洲各地延聘學者任教。阿爾琴（Alcuin），一位來自英格蘭的撒克遜學者，在眾學者中領袖羣倫；而上述為查理曼作傳的艾因哈德，則屬宮廷少數法蘭克學者中的一人。查理曼宮廷的學者熱心研究古學，兼及古典的和基督教的。他們的工作使這時代獲得一種多少溢美的稱譽，所謂“加洛林文藝復興”（The Carolingian Renaissance）。事實上當時的學者所通曉的，不過是古學的皮毛。他們從他們所了解的波伊提烏和額我略大教宗等人——古典文明已經解體的半蠻化時代的學者們——的著作中獲得大部分古學的知識而非直接誦讀古典文學的原著，或公元第四、五世紀教會大師的原著。加洛林朝古學復興的重要，主要乃在其開風氣之先，為其後數世紀中日耳曼人的逐漸濡受古典和基督教學術，導其先路。

第三節　加洛林帝國的解體

帝國解體的原因

查理曼於公元 814 年逝世，他的帝國立即呈現危機，不過三代，加洛林帝國即解體。事實是，查理曼的帝國雖表面強大，然有其內在的嚴重弱點，只是當查理曼在位時，他非凡的力量使這種弱點掩而不彰。首先，帝國缺乏實際的民族或政治的統一，沒有完備而確定的政治制度和政府組織，其結合的基礎唯在對於君主個人的服從和共同的羅馬天主教信仰。而帝國疆域的遼闊，在一個交通困難和貨幣缺乏的時代，則使君主的個人統治難以繼續有效地維持。一旦繼位的君主其力不足以控馭四境，他的國家勢難倖免於解體的一途。方伯、主教和大土地所有者從而佔奪政府的權責，使貴族階級的勢力日張，地位日趨於獨立，由此演進的結果是封建制度的形成。這趨勢的由來，自然早起於墨洛溫朝時代。但當加洛林家的有力人物當國時，這趨勢曾被一時遏制，迨查理曼逝世而又迅速變本加厲。此外，法蘭克人析產的習慣，以國家由諸子析土分治，同屬促成加洛林帝國解體的重要原因之一。最後，這一個分裂衰弱的帝國，又因北方未開化人的南犯，而連續受到廣泛的侵略和破壞。

帝國的分裂

查理曼只有一子，虔誠者路易（Louis the Pious，公元 814—840 年），繼承其帝位。當路易在位晚年，由於他的諸子爭奪分地，帝國已陰謀和戰亂迭起，政治不修，帝權陵夷。路易於公元 840 年逝世，長子洛泰爾（Lothair）繼承帝號，圖重張帝權，其弟日耳曼人路易（Louis the German）和禿頭查理（Charles the Bald）則聯合與他對抗。公元 842 年，查理和路易於斯特拉斯堡（Strasbourg）相會，誓約永結盟好，從而有西方歷史中著名的所謂斯特拉斯堡盟誓（the Oaths of Strasbourg）。這次盟誓的原文，因當時的記載得以保存不佚，使後世得以窺見法蘭克帝國境內兩大語系的化成。路易以拉丁變語——近代法語的前身——誦讀盟詞，因為如此乃能與其弟查理所率領的多數來自高盧西部的部眾為盟；反之查理則以日耳曼語誦讀盟詞，俾能與隨從路易與會的東部的部眾為盟。路易和查理的聯盟終於迫使洛泰爾讓步。公元 843 年，三兄弟於凡爾登（Verdun）締約言和。據《凡爾登條約》（Treaty of Verdun），洛泰爾被承認享有皇帝的尊號，並領有從北海沿岸往南，通過帝國中央至羅馬的一條縱約千哩，寬百多哩的地帶。這地帶包括萊茵河和隆河流域的大部分土地，以及意大利半島的大半。分給查理和路易的部分在地理和文化傳統上比較統一：查理獲得洛泰爾的領土以西說拉丁變語的部分，而路易獲得以東說日耳曼語的部分，兩人都用法蘭克王號。《凡爾登條約》未曾建立新的國家，但它大體劃出了後世法國和德國的疆域，以及歷史上稱為"中王國"的一條中介地帶。對於這一條中介地帶，德法兩國在後世爭奪不休，下至公元第二十世紀。

帝國的解體

洛泰爾於公元855年逝世，他領土的北端，從北海沿岸至阿爾卑斯山一帶，由其次子洛泰爾二世（Lothair II）繼承。這是這地帶有洛泰林吉亞（Lotharingia）或洛林（Lorraine）之稱之始。公元869年，洛泰爾二世逝世，禿頭查理和日耳曼人路易又經一度戰爭，於次年（公元870年）訂立《墨爾森條約》（Treaty of Meerssen），瓜分洛泰林吉亞的土地。這次土地的分割，查理雖得到了洛泰林吉亞的大半，但路易所分得的部分卻使他王國的疆界推進至萊茵河以西。這在以後歐洲的歷史中關係至巨，因為它使德法之間從此喪失了一條可能的自然疆界——萊茵河疆界。五年後，公元875年，洛泰爾二世的帝位繼承者路易二世逝世，絕嗣，禿頭查理稱號為帝，又二年死（公元877年）。

禿頭查理後，加洛林朝的君主多幼弱庸懦，無所作為。公元884年，東法蘭克王日耳曼人路易之子胖子查理（Charles the Fat，公元876—887年）一度曾再統一帝國。公元887年，他因抵禦北人不力，為西法蘭克貴族所廢黜，逾年逝世。加洛林帝國至這時解體。

帝國現在分裂為若干獨立的王國。其中一國在意大利，一時仍襲用帝號；兩國在勃艮第；一國在日耳曼；一國在西部，以後我們將稱之曰法蘭西或法國。在日耳曼一支庶出的加洛林家人繼續統治至公元911年；在法國，加洛林朝延祚較久，至公元987年始告絕。其餘數國則興廢不定，如意大利一支，最後一個用帝號的為貝倫加爾一世（Berengar I，公元888—924年）。

第四節　北人的侵掠與歐洲新形勢的形成

北人的侵掠

加洛林帝國的中衰，與古羅馬帝國相若，主要係由於其內在的弱點。但它同樣與羅馬帝國相若，它所受的最後打擊則來自北方未開化民族的入侵。入侵加洛林帝國的蠻族，史稱北人（Northmen），來自包括丹麥、挪威和瑞典等地的斯干的納維亞區域（Scandinavia），在血統、語言和文化傳統等方面，都與入侵羅馬帝國的日耳曼人為近親，他們的原住地為海所阻，與歐洲的其餘部分隔離，未曾蒙受拉丁文明和基督教的影響。他們的生活方式，與入侵羅馬帝國前的日耳曼人懸異。因為原住地的地理條件不宜農業，他們自然向海求謀生之道，而這區域所在都有深長的峽灣，成為他們的天然良港。他們成為勇悍的水手、漁夫、商人和海盜。他們也被稱為維京人（The Vikings）。自公元第八世紀末年起維京人開始四出剽掠。大抵其中西航過蘇格蘭北方海面、進襲英格蘭和愛爾蘭沿海的維京人，為挪威人。他們其後更向西航，遠至冰島（Iceland）、格陵蘭（Greenland）和北美洲海岸。其次南航、過北海和英格蘭海峽、進襲英格蘭和歐洲西部沿海的維京人，多數為丹麥人。瑞典人則東南向循河道入俄羅斯，抵黑海，最後至於遠達君士坦丁堡。而有的維京人也從西方入直布羅陀海峽，經地中海東航，與他們交遇。在歐洲，凡水道通達之處，幾乎無處不遭他們的攻鈔焚掠。

沿海市鎮自然是他們首先剽掠的目標，稍後他們膽量愈壯，遂進而攻掠內地。他們大都乘船舶溯河而上，劫掠沿河富庶的市鎮。多少世紀來，這些河流是貿易的主要孔道，現在它們同樣也便利北人逞暴。北人並到處搜索教堂和修道院，這不是因為他們對基督教特別懷有敵意，而是因為他們知道有十字記號之處可以飽掠，知道這些所在經常不設防禦。無數的修道院在這次浩劫中被洗劫焚毀。因為修道院在當時為主要的教育中心，所以對加洛林朝學術文化的復甦是一大打擊。

入居法國的丹麥人

迨公元第九世紀中葉，北人的活動進入一個新的階段，他們不再以每年出海，飽掠後歸去為滿足。他們剽掠所至，開始在沿海建立居地，作永據之計。歐洲西海岸的幾處大河河口，一時都有北人的永久性的營地建立。但至同世紀末葉，因為市鎮加強城砦和貴族構築堅固堡壘以為防禦的結果，他們的劫掠遭遇了有效的抵抗和阻礙。公元 891 年，日耳曼王阿努爾夫（Arnulf）在萊茵河下游擊敗了一大股丹麥人部眾，把他們逐出該地。其後北人的居地逐漸集中於塞納河（The Seine）下游一帶，他們向其他地方的劫掠行動不久也停止。公元 911 年（或 912 年），法國加洛林朝的王庸愚者查理（Charles the Simple）以塞納河下游 —— 其後稱為諾曼第（Normandy）的地方 —— 割讓給北人，建為法國的一邦。他們的首領，著名的羅洛（Rollo）稱諾曼第公，成了法國國王的諸侯之一，並改宗了基督教。從丹麥南來的移民還繼續了一陣，因此在一個時期，諾曼第是一個法國公國，同時也是一處斯干的納維亞人的殖民地，但迨公元第十世紀末葉，諾曼人大體已完全接受了當地法蘭西人的宗教、語言和文化。其後諾曼第在政治上雖仍多少保持獨立的地位，但文化上則完全成了法國的一部。

入居英格蘭的丹麥人

公元第九世紀中葉前後，在英格蘭也有類似的變化發生。出犯西歐沿海的丹麥人的大隊艨艟，連年泊在泰晤士河口外的島嶼間度冬，也不時登陸寇掠近海村鎮。公元 866 年，他們開始大舉進犯英格蘭。當時盎格羅—撒克遜人的英格蘭分立為四個王國 —— 諾森伯倫（Northumberland）、麥西亞（Mercia）、東盎格利亞（East Anglia）和威塞克斯（Wessex）。它們未能聯合一致，以抵抗外敵。在短短五年內，北人征服了其中的三個。

亞爾弗大帝

公元 871 年，他們進攻餘下的南方的威塞克斯王國，為該國的新王年輕的亞爾弗（Alfred the Great，公元 871—899 年）所擊退。英格蘭於是分成了南北兩部：泰晤士河以南的撒克遜王國威塞克斯和以北的丹麥轄地（The Danelaw）。亞爾弗於英國史中號稱“大帝”，他除了統軍作戰，抵禦丹麥人的入侵外，同時也致力於王國內部的建設。他改組政府和軍隊，守備城邑，建立海上武力，他與查理曼一樣熱心宗教和教育，他建立學校，並在宮廷學者的協助下，親自從事譯述的工作。額我略大教宗的《牧民要務》、波伊提烏的《哲理的慰藉》和比德（Bede）的《英吉利教會史》（*Ecclesiastical History of the English Nation*），都經他之手從拉丁語翻譯為盎格羅—撒克遜語。同樣由於亞爾弗的倡導，而有《盎格羅—撒克遜編年紀》（*Anglo-Saxon Chronicle*）的創始，使後世獲得一種這時代的最好的史料。無論在英格蘭王國或英格蘭文學的創立方面，亞爾弗都足以當"大帝"之稱而無愧。

丹麥轄地的征服與英格蘭的統一

丹麥人定居於泰晤士河以北各地，從事屯墾，建立武裝市鎮（Burghs）為軍事和商業的中心。他們也逐漸接受了基督教。亞爾弗大帝逝世後，約半個世紀，他的後嗣繼承他的經營，終於最後征服了丹麥轄地，而在英格蘭建立了一個統一王國。其後丹麥人有一段時期繼續保持他們的法律，但因為他們的語言和習慣與撒克遜人原來相近，他們終於逐漸與撒克遜人融合，摶成一個不再可以剖別的民族。

入居俄羅斯的瑞典人

在北人中，從瑞典渡海，循河道東南行，入俄羅斯的一支，當地的斯拉夫人稱之曰俄羅斯人（The Russ），"俄羅斯"（Russia）之名始此。他們於公元第九世紀中葉佔領了大諾夫哥羅德（Veliky Novgorod）和基輔（Kiev），在他們的首領羅里克（Rorik）父子的統率下，建立了一種簡單的政治組織。這是見於俄羅斯歷史的最早的國家組織。他們在波羅的海和黑海間從事貿易，並與君士坦丁堡和巴格達維持商業的關係。他們也與入居英格蘭和諾曼第的北人相若，最後接受了當地原住民的語言、宗教和生活習慣，與斯拉夫人完全融合為一。

北人於西方歷史中的影響

北人的侵掠，曾使歐洲正在復甦的經濟生活和文化，再遭破壞，然就後世言，則無論於消極或積極方面，北人之有造於西方歷史者良多。他們促成了加洛林帝國的傾覆，而繼這一衰敗的帝國的傾覆，新國家——歐洲未來的國家——興起。在英格蘭，他們在原有的四個撒克遜王國中摧毀了三國，從而使一個統一的英格蘭王國的建立成為可能。他們也在歐洲到處加入了一種新的強有力的民族成分。而一旦定居，他們立即表現了吸收先進文化，並以自己的創造裨益文化的卓越能力。他們的商業活動，則促成了不列顛羣島、諾曼第和俄羅斯等地商業和市鎮的興起。凡此種種都使後世受益孔多。至於就當時言，則他們入侵的一個直接結果，是促進封建制度的發展。

第二十二章
封建制度

繼加洛林帝國的解體，代興的王國為封建王國，而中世歐洲社會為封建社會。事實是使中世歐洲具有特色，使它在西方歷史中不同於古代羅馬也不同於近代者，亦即封建制度。封建制度模造中世生活的每一方面。舉凡經濟、社會、政治和司法各項制度，莫非封建制度的一面，乃至教會亦然。

第一節　中世歐洲封建制度的由來

因為封建制度乃自然的逐漸形成，並非依照任何預想的計劃建立，所以它在歐洲各地的情形頗不一致。大體而言，公元第八、九世紀為歐洲封建制度產生的時期；第十世紀和第十一世紀前半為其具體形成的時期；其後的兩個世紀為其極盛時期。過此而封建制度漸趨衰敗，新制度和新生活方式代興。

中央政府的失敗

封建制度之所以興，根本上因為這是當時唯一能滿足時代需要的制度。在公元第八、九世紀的歐洲，一項顯著的事實為中央政府的孱弱及其最後的失敗，其中包括顯赫的加洛林王朝。它們不能維持地方行政權力，使國家權力分化。政治的失敗，一大部分乃當時西方一般的經濟狀況所致。自公元第八世紀初年始，因為回教勢力控制地中海的結果，西方的基督教區域與東方斷絕了貿易；稍後，北方和西方海岸的商業又因為北人的侵擾，也遭破壞，西方商業，自羅馬帝國後期以來，中經日耳曼人入侵的破壞，久已衰敗不堪，現在缺乏了對外商業的刺激，更加萎縮到幾於完全消滅的程度。商業既經消滅，正常的城市生活也隨而衰歇。結果所留存的為一種近乎純粹農業的經濟，行物物交換和勞務交換，極少有貨幣流通。土地幾乎成了唯一的財富來源，但因為缺乏市場，土地的生產也無法轉換為錢幣。由此在政治上所產生的一種顯著的影響，即賦稅徵收困難，無法恃以為國家財政的有效來源。政府的施政因此就只能出以兩途：或以土地的分賜充官吏服職的酬庸，或逕以政府的責任和權力託付有實力管轄各自產業之上的人口的地主，土地使用權遂為地方治理權的要素。再者，法蘭克王國也從未建立一種系統分明的固定行政機構，就是當加洛林家統治的極盛時期 —— 自開始世襲冢宰之位至查理曼逝世 —— 亦然。法蘭克政府始終未脫一種原始的君主個人統治的性質，並因個人統治的弱點而深中其弊。當公元第九世紀虔誠者路易及其互戰不休的諸子在位時，中央政府遂迅速解體。因內戰和叛亂而元氣耗盡的加洛林朝君主，無力保護人民，使不受北人的燒殺劫奪或貴族的暴虐。反之，他們只能聽任人民以及政府的大部分權力，淪入有武力的地主貴族階級的手中。國王對於這一武力貴族階級愈來愈失去控制，而人民 —— 包括小地主階級 —— 則被迫投向這一階級，尋求他們不再能從國王獲得的保護。

小土地所有者的消滅

隨着封建制度的興起，小地主階級喪失了他們的土地所有權，從而也喪失了他們社會地位的獨立和自由。從古羅馬時期以來，西方已經到處有大產業形成，由奴隸或多少近於奴隸的隸屬小農耕作，現在則小農地更普遍為大產業所兼併，而它們原來的業主則貶抑至與古羅馬的隸屬小農十分相似的地位。當公元第八世紀中，尤其在武功顯赫的查理曼的治下，促進這一過程的主要原因之一為政府所加於全體自由民的強迫軍役的重負。大都在夏天，當田地最需要人工照料之時，自由民必須從軍出征，自備資斧，王家政府沒有任何給予。大量自由民為此債務纏身，不能自拔。為求解除債務或逃避軍役，他們迫而將土地獻納於地方有勢力的地主，隱匿自由民的身份。此後他們在領主的蔭護之下，作他的附屬佃農，耕種土地。本來沒有土地，或者喪失土地因而無以為生的自由民，也投效豪強的領土，成為領主的“家人”或“部屬”。他們通常也被分予若干土地，從事耕作。凡此情形，都使自由民附屬於地主，而喪失他們的獨立的身份和自由。於動亂的公元第九世紀，類似的過程更是加速進行。因為在一個法紀蕩然的時代，安全要比自由更為重要。同時，豪強地主也乘政府權力不行的機會，在地方巧取豪奪，強迫貧弱的鄰人屈居附屬的地位。到這世紀末年，在歐洲，土地耕作者幾乎到處都已成了大產業之上的附屬佃農。

武士貴族階級的興起

當貧弱的自由民的社會地位日益貶降時，強有力者或其他乘時而興之人，則逐漸形成一個武士貴族階級。自公元第八世紀初年，查理・馬特以一部分法蘭克軍隊改裝為騎兵，使能與薩拉森騎兵以平等之勢對抗以來，法蘭克人的作戰武力終至全部都由騎兵組成。其結果，自然唯有有足夠資財能為自己置備馬匹和武器鎧甲的人，才能服役軍伍。逃避軍役的人數之眾，使軍隊數量不足。這使查理曼在位時頒佈法令，強迫領主裝備一部分附屬於他們的人，在他們的統率下從軍作戰。於是逐漸造成一個武士附庸階級，或稱騎士。騎士同是領主的部屬，但他們與生產勞力者不同，沒有喪失他們自由民的身份，因為戰爭被視為一種高尚的職業。在混亂的公元第九世紀，武士毋寧求過於供，國王需要他們，領主也需要他們。因此比諸生產勞力者，他們可以從領主獲得遠為優越的待遇。一個以自身投效領主的戰士，從領主受領土地，其收益足以供給他馬匹、武器、鎧甲之需，同時也供給他餘暇，使能專務戰爭，不必以勞力自養。同樣，一個自由人，其所有產業足以供給他如此的收益，但他需要一個大領主的庇護，也可以連同土地投效領主，繼續享有原土地的收益，而為領主服軍役，迨公元第九世紀末年，土地領有與軍事服役之為一定的權利義務的關係，在西方已經成為通例。武士也如生產勞力者從領主受領——實際上或理論上——土地，而為領主的附庸，但在社會秩序中，則其地位遠非生產勞力者所能望其項背。而且他的地位後來成為世襲，由此造成一個武士貴族階級，一個食於人的階級。食於人者治人，在社會中是統治階級。反之，農民食人，食人者治於人，是被統治的階級。

古羅馬與日耳曼人的遺習

如上所述，中世歐洲封建社會的基本結構，為見於耕種勞力者與土地所有者之間，以及持有土地的武士及其所屬的領主之間相互依存的關係。這是當時國家和中央權力解體的自然結果。然就歐洲封建制度最後所取的形式視之，則尚有其他更為古老的淵源可尋，此即古羅馬與日耳曼人的遺習。當羅馬帝國末造，自由民因不堪時世的艱難和賦稅的重壓，已多納地於地方有勢力的地主，而自作佃農或附屬小農，繼續耕種原有的土地，此之謂"認佃"(Precarium)。亦有貧民無以為生，投靠於富戶，而為其家臣或門客(Clients)，供其驅使，此之謂"庇蔭"(Patrocenium)。於此都已可見後世封建社會中的個人依存的關係。但無論"認佃"或"庇蔭"，皆不必含有軍事服役的義務或見於封建主臣關係上的個人效忠的約束。二者皆應溯源於日耳曼人的傳統，亦即"義士團"的舊習。一羣戰士，各以個人的效忠隸屬於他們的首領，為他作戰，而以首領戰歿、一己偷生為恥，同時則從首領獲得武器、衣糧，以及對外戰爭和擄掠的機會。凡此古羅馬和日耳曼人的遺習，其影響於中世歐洲封建制度的發展至何程度，難以確說。然僅就封建制度之曾淵源於過去的傳統言，則當見其以土地授受構成主從關係的形式淵源於羅馬，而其軍事服役與個人效忠的形式淵源於日耳曼人。

國家權力的分化

至於在國家行政方面，則封建制度形成的過程，亦即政府的甚多權力和利益從國王移轉於大貴族之手。當中央政府正日就衰弱時，貴族的勢力則日益張大，也日益專制自為。人民既不再能從國家獲得保護，他們只得投靠近處強有力的貴族，以尋求庇蔭；而一旦貴族的力量足以擔當政府的主要責任，保護人民和維持社會的安寧，他們自然也就攬有了政府對於地方人民的其他權力和利益。在一個如公元第九世紀的混亂、無政府的時代，誰有力量統治，誰就統治，而罔顧合法的權利。加洛林帝國的方伯和公侯的職分事實上成了世襲的職分，他們自己也就成了他們所轄區域的自然領袖。他們雖繼續承認國王為名分上的主人，但實際上他們已是專制一方的統治者，不再是王家的官吏。以相似的方式，較小的領主當力所能為時，也各自攬有了他們自己地段內的實際統治權。

第二節　封建田莊與封建經濟

封建田莊

迨公元第九世紀末葉，在歐洲，土地的持有和耕作已普遍行田莊制度。田莊成為土地持有的單位，其持有者為領主，而其耕作者為佃農，附屬於領主。因為全部封建制度係建立於土地持有的關係之上，所以田莊也是封建社會共同的政治經濟單位。唯有通過田莊的組織，耕種勞力者乃與構成封建社會上層的武力統治階級發生關係。領主為武力統治階級的一員。他可能只領有一處田莊，也可能領有數百田莊。但要之，每一單獨的田莊為一個獨立的經濟單位，而農民和領主的基本關係大體所在皆同。

自然，沒有兩處田莊會完全一般無二，習慣和行事會造成無數的差異和變化。但封建田莊制度的一般特徵，則在歐洲到處都相類似，這使我們得以在大體的輪廓上描摹出一個典型的田莊。在田莊中央，一處高地，是領主的莊宅，有防禦設備，以備有外敵來犯時保衛領主和農民。如莊宅屬一個強大貴族的邸第，它可能是一座防衛森嚴的堡壘；要不然，它可能只是一所建築堅固的大廈。在莊宅近處，簇聚着農民的陋舍，它們構成田莊的村落。在村落中或其左近，常有一所磨坊、一間鐵舖、一座小教堂和一所教區神父的住屋。繞着村落，散佈着耕地、草場、荒原和林薄。一部分耕地，大抵三分之一，保留給領主，稱為莊田。莊田可能是完整的一片，也可能分散於田莊各處，其餘的耕地則分給村落的農民使用。草場、荒原和林薄則不加區劃，由領主和農民各按習慣分配的數量，共同使用。

三田制和敞田制

中世歐洲田莊的耕作，就耕作技術言，行三田制；而就耕作方式言，行敞田制。三田制是分田莊的全部耕地為三區，按年輪流使用為（一）春耕地，種燕麥、大麥和豌豆；（二）秋耕地，種小麥或稞麥；（三）休耕地，不栽作物。在一個耕作技術簡陋、缺乏良好的施肥方法的時代，三田制實在是一種必需的制度。因為土地如不定時予以適當期間的休閒，或年年都種植同樣的作物，地力勢將迅速耗竭。三田制的輪種和休閒的辦法，目的就在保持和恢復地力。

三田制的始行於西歐，約當公元第八世紀末葉。至於所謂敞田制者，就是田莊的全部耕地，除了收穫前需要防範牲畜闖入外，平常不設藩籬。在田莊中，每一農家所分得的耕地不是完整的一塊，而為若干小條地，分散於上述的三區；條地與條地間通常除一條田塍以為區別外，也不設藩籬。敞田制的主要目的，顯然在使每一農家所得土地的肥瘠和每年收穫的機會，能大致均等。田莊土地的墾植，都由農民合作勞動，不分彼此。這也因為各家的條地分散，所以分別地段，集體耕作，要比各家獨立工作經濟；再者，每一農家也不能都有足夠的牲畜和農具，供一切農事之需。至於收穫，則每家仍各得自己土地上所生產的一份。因此，歐洲中世封建田莊的農事，實在是一種合作的行為。可能這種合作的習慣曾抑制了個人的創造力，它使農民憚於作新的試驗，使非常的才能、勤奮和效率無從發揮。但由此也見，當國家機構趨於解體的當時，而封建社會，在它的下層，卻是一個十分有組織的社會。

農民

村落居民，凡耕作田地的都屬農民階級，依一定的勞役和租稅的報效從田莊領主領用田地。就大體言，中世歐洲封建田莊的農民，除為數不足道的自由耕作者外，可以區別為農奴（Serfs）和附農（Villeins）兩等。農奴不是自由民，而附農則除束縛於土地，不得領主同意不能離開土地而外，仍保持所有自由民的權利。在英國，農民的地位一般比歐洲大陸的農民略善，農奴與附農並無明顯區別，所有非自由農民大體都得享多少接近歐洲大陸的附農的待遇。

農民與領主

農民和領主的關係，本於一種不成文的“約定俗成”的習慣所約束，在一般情形中，這約束也尚非單面的約束，而屬雙方相互的約束。在領主方面，他需要予農民以保護；要為農民執法，維持法律的公平；要為村落設立磨坊，建築教堂；而最重要的，他必須分給土地。田莊的全部土地，在法律上皆屬領主所有，但農民只需履行義務，習慣不許領主收奪他世代耕種的土地。同樣，領主也不得禁止農民從草地割取他習慣應得的一份乾草，或在公地放牧習慣許他放牧的數量的牲畜，如牛、豬或鵝。這樣，農民雖在大多數情形下不得自由離開土地，但因為有世襲的土地使用權，卻也因此多少得到生活安全的保障。

至於農民對於地主應盡的義務，大抵除極少數自由耕作者外，他需要每週為領主服一定日數的勞役，耕種領主的莊田和從事其他操作。在一年的若干季節，尤其當農忙季節，田莊的全體農民還需額外為領主的莊田工作，謂之"送工"(Boon Work)。勞役構成田莊制度的主要基礎，即令謂整個田莊制度就是一種為領主的土地獲得勞力而不需付給工資的辦法，亦不為過。此外，田莊的農民也必須為使用土地，而向領主繳納租稅。租稅的繳納通常都是實物，亦即田地的出產，但有時——尤其到後來——也繳納金錢。村中的水磨和烘麵包爐等設備都屬領主所有，農民使用時也須付給一定的費用。凡此都屬農民對領主的經常義務。此外尚有若干臨時的費用：一個農民去世，他的繼承者必須繳納定量的特別費用，謂之用地相續税(Heriot)；如有農民嫁女於本田莊之外，因為這在本田莊將是一份人力的損失，所以他也須向領主繳納特別的費用，謂之外嫁税(Merchet)。

田莊的自給自足

在中世歐洲，田莊為一經濟自足的小單位。農民與田莊以外的世界或其領主之外的任何權力，都極少接觸。農民的大部分生活必需品，如糧食、衣着、用具，都在本田莊生產；而田莊土地的出產，大部分也只能供本田莊消費。這是一種極其簡單原始的經濟生活方式。物物交換和勞務交換，代替貨幣交易，構成其主要的經濟關係。迨中世紀後期，由於市鎮和商業生活的復興，使貨幣經濟再行於歐洲後，田莊經濟的自足始遭受破壞。商品買賣又開始代替簡單的物物交換，而貨幣支付代替勞務或實物支付。但直至近代初年，歐洲的農業經濟多少仍含有田莊經濟的性質。

第三節　封建貴族和封建采邑

武士貴族階級

由於農民的終年勞苦，封建領主得以不勞而生活，以專力於貴族的職業——戰爭。於封建制度下，最明確的社會階級的區別，就是非貴族的生產者與貴族的武士之間的區別。他們都從一個主上受領土地，但農民持有土地乃基於卑賤的勞務——生產勞務；而貴族持有土地基於高貴的勞務——軍事勞務。戰爭為武士貴族階級所專有的特權，出身卑微的人民不得享有。這一武士貴族階級，最初包括所有能不勞而生活，有足夠的收入得以置備馬匹、鎧甲和武器以赴軍役的自由民。這自然同時表示他們有足夠的土地，能供給他們如此的收入。武士貴族階級就這樣由土地持有和軍事服役的結合而興。但無論戰士與其主上間的原始契約的性質如何，他所持有的土地必較生產勞力者從田莊領主所領用者遠為廣大；而戰士對於其主上的附屬關係也不含任何奴役的意義，卻被視為同屬於一個武士貴族階級的分子間的一種自由而光榮的結合。

封建采地

在武士貴族階級內部，品級繁殊，貧富不等，從最貧寒的騎士，其領地只足維持他的騎士的裝備，至大方伯或公侯，其廣大領地足以供養數百騎士，聽從他的命令出發作戰。但也有若干重要的特徵，為這一階級所共有。首先他們都是騎士，也就是都是戰士，因此光榮，他們與出身卑賤的生產勞力者殊途。他們各從自己的主上受有采地或封地（Fief），而對主上負有軍事的義務；但同時他們也都是領主，有或多或少附屬於他們的人。因為即令一個最貧寒的騎士，至少也是一處小田莊的領主。采地為封建政治的一個基本的土地單位。采地大小不等，有的僅含一處田莊，而有的大者所含田莊多至數百。但無論大小采地，其持有者於理論上必受之於另一領主——國王、公、侯、伯、男或任何其他有足夠土地分賜他人以換取軍事服役的領主，而成為該領主的臣下，從而構成封建的主臣關係。

臣服禮與賜土禮

有如農民對於其所耕作的土地無所有權一般，臣下對於其所受領的采地也無所有權。但他有使用采地的世襲權利，而只需他履行義務，他的采地不能被無故剝奪。因此臣下與其主上的關係，亦如農民與田莊領主的關係，基於一種世代相傳、極少變化而共同了解的契約。當雙方的任何一方去世，其承繼人繼承這契約關係中的權利和義務時，有一莊嚴隆重的儀式，以表示契約關係的延續。在這儀式中，臣下的一方所行的稱"臣服禮"(Homage)，他去帽摘劍，跪在主上之前，以兩手合置於主上的兩手中間，宣誓為主上的人，對他效忠。在主上的一方則報以"賜土禮"(Investiture)，以一柄矛、一面旗，或其他象徵采地的信物，授予臣下。臣服和賜土的象徵儀式，構成一種約束的契約，由習慣規定，而由公意強制履行。除非有一方未曾履行契約的條件，任何一方都不能合法破壞這契約。

臣下的軍役義務

封建契約含有若干確定的相互的責任或義務。在臣下方面，他首要的義務是為主上作戰。可能最初臣下必須隨時應主上的徵召出戰。但其後服役的時間漸加限制，通常為每年四十天。每一采地各有一定的應出騎士的數目，只有一處田莊的騎士只需為他自己的服役負責。而如一個擁有應出二十騎士的采地的貴族，就必須另有騎士十九人，隨同他應主上的徵召。這些騎士又從他受領采地，而為他的臣下。與軍役的義務聯帶有關的是朝覲義務(The Court Duty)，臣下必須出席主上定期召集的朝會，出席法庭，蒞臨各種典禮和慶會，以表示對主上的尊敬。而一個封建君侯在大慶會中扈從的多寡，亦即其政治和社會勢力的標識。

采地相續稅與貢助金

臣下之於主上，也尚有數項金錢或實物的獻納。其中負擔最重的一項是采地相續稅(Relief)，有時高達全采地一歲的收益。這是當主上或臣下的一方去世，而其子嗣繼承時繳納，性質與農民的用地相續稅相若，表示對於領主的土地所有權的承認與封建契約的延續。其次是若干種貢助金(Aids)，如主上因作戰或其他原因被俘，臣下必須醵集贖金，助他恢復自由；如主上有子行騎士命爵禮，他們必須為他醵集典禮和慶會的費用；如他的女兒出嫁，他們資助妝奩。此外，當主上出行至臣下的采地時，臣下對於主上及其扈從，也有供應館舍和款待的義務。

主上的責任與特權

至於在一般封建契約中主上應盡的責任，首先自然是理論上他授予土地。此外，他最重要的責任是保護臣下，不受外敵的侵害，和執行法律，受理臣下的申訴，維持公道。當臣下的承繼人年少時，主上有充當監護人之責；如承繼人為一未婚的女性，他也有為她物色適當配偶之責。不過後數種責任，同時也多屬有利可圖的特權，為主上所堅持不釋。封建法庭的罰款和規費通常是領主歲入的一項重要來源。他為幼小的承繼人任監護之責，使他有權處置采地的全部收益，迄於承繼人成年自立為止；而他為未婚的女承繼人擇偶，則使他得藉以需索財賄和加強對於采地的控制。如果有臣下去世而無承繼人，則采地又"還屬"(Escheated) 主上，他可以留供己用，或另行封建。

再分封

如上所述，主臣的個人關係構成封建貴族社會結合的紐帶。大貴族直接從王受領采地，他們是王的諸侯，第一等臣下。他們各把領地的一部分分為較小的采地，再加分封，從他們受地的為他們的臣下，而為王的陪臣或附庸(Sub-vassal)。如此一再分封，采地最後小至只含一處田莊，只足供養一個騎士。若封建的過程真是一貫如此簡單而井然有序，則封建貴族社會最後將如一座整齊的金字塔，以人數眾多的騎士階級為基礎，其上是男、伯、侯、公等大貴族，階級愈高，人數愈寡，最後是國王，高踞這金字塔的極頂，但封建制度既隨國家和中央權力的解體產生，而非本於任何預定的計劃造成，封建貴族社會在勢不能是一種整然有序的社會。歷時既久，家族產業的移轉變化，使封建的主臣關係益見複雜，終至整個系統錯綜糾結，棼如亂絲。迨西歐的形勢漸趨穩定，軍事守望相助的需要不復如前重要，於是產業的獲得更成了封建契約的主要目的，而主臣相互依存的個人關係減弱。經婚姻、征服、購買，或從母系繼承，一個貴族可以同時從若干主上獲得采地，從而同時為若干主上的臣下。例如，公元第十二、三世紀間的香檳區伯爵 (Count of Champagne) 是法國國王的臣下，但由於他的若干領地之故，他又是其他九位主上的臣下。這九位主上是神聖羅馬皇帝、勃艮第公、兩位大主教、四位主教和一位修道院院長。采地授受的錯綜混亂，完全破壞了封建貴族階級的秩序和等次。有騎士直接從國王受領狹小的封地；有大貴族從小貴族受領封地；甚至有一無爵號的領主，而其采地之廣足以與公侯比侔。這樣，主臣的權利義務關係自然也變得複雜糾結，混亂不清。中世歐洲有無數糾紛和戰爭都因此而起。

第四節　封建制度與教會

教會領地

中世歐洲教會是大土地持有者。因為在中世歐洲，土地持有只能循封建一途，含有軍事、政治、司法等責任以及主臣的個人關係，所以教會在勢也必至步入封建化一途。中世歐洲教會所持有的土地，其數量之巨，在後世看來真是驚人。據估計，當公元第十二、三世紀中，西歐將近有三分之一的土地為教會所領有；而早在公元第九世紀，主教和修道院院長擁有十萬畝以上土地的已頗不乏人，即令最寒傖的也有五千畝以上。

教會的封建化

教會土地的由來，為數世紀來施主捐贈積聚的結果。國王和大諸侯常在臨終之際以廣大產業施捨給教會，作為善行，好抵償他們一生的罪惡，與神和解。迨公元第九世紀中葉後，這類土地的贈予已開始取封建采地授受的形式，由主教或修道院院長代表教會，以封建的關係持有。封建土地持有的首一基本條件為軍事服役。教會所持有的土地如是之廣，而主教或院長因身為教士，理論上不能從事戰爭，所以他們必須以所領土地的一部分分授俗界的臣下，而以所得的軍事服役轉奉於各自的主上。結果教會的采地也與一般采地相若，主教或院長同樣受獻軍役與采地相續稅及貢助金，與俗界貴族無殊。所不同的只是形式上他們的繼承乃由選舉而來，不是因家族世襲的關係；而土地一旦為教會所有，便不再脫離教會。

教會貴人

在俗界社會，農民和貴族的地位懸殊，在教會組織之中，低級的和高級的教士間也是軒輊分明。鄉村教區的教士多出身農家，在田莊教堂供職的隸屬於田莊領主，處境幾與田莊的一般農民無殊。在另一方面，主教、院長和其他高級教士則多出身貴族。一個貴族家庭的少子，他從一個高級教士的職位所享有的龐大財富和勢力，遠非他從家庭產業所可望分得的可及。其結果，大貴族就經常干涉教會的選舉，為他們的家人戚屬獲得主教或院長的美缺，或為他們自己多植一個有財有勢的盟好。另一種常見的情形是君主為酬庸部屬，或為保證一個有財有勢的教會貴人對他的忠誠，而以教職賞賚他可資信賴的臣下。這樣擢登教會高級職位的人，自然難望在氣質或情趣上都能比一般俗界貴族更多傾向宗教。他們所受的訓練和所培養的情趣，和他們繼續留在俗界的親友並無二致。他們同樣喜歡狩獵和戰爭，同樣積極參加封建政治的活動。在中世歐洲，有不少主教曾親身率領騎士在戰場作戰，只是他們使用鈎矛（Mace），代替劍為武器，以免喋血的罪惡。

但這些俗界興趣強烈的教會貴人，卻有重要的精神職務要他們奉行。教會行政是在他們手中。事實上，在封建的歐洲，他們的職位本來就具有雙重性質：他們必須效忠各自的俗界主上，同時又必須服從教會的首長。而無論國家或教會，對於如此有財有勢的臣下，自然都不願輕易放棄控制。因他們職位的二重性質而造成的利益和責任衝突，在中世歐洲曾引起無數糾紛和爭執，包括政教之爭——教會和國家首長（皇帝或國王）之爭，擾亂歐洲和平達數世紀之久。這是教會捲入封建制度的結果，雖然其捲入殆無可避免。

第五節　封建國家

王國

封建社會的全部結構，由眾多的個人關係交織而成。在封建社會中，各人——農民、貴族或教士——都有一直接的主上，並對之效忠服從。這是一種複雜而權力層層分化的制度。一種由公民組成而由一個中央政府統治的國家觀念，不復存在。雖然，在歐洲封建時期，王國在形式上仍繼續存在；國王雖權力大削，也仍繼續踐祚登位。當時沒有統一的國家稅制、幣制、法律或法院組織，也沒有國家軍隊，代之的是若干封建的制度。例如，在封建制度下，國王的統治不是歷史上一個專制君主或立憲君主的統治，而只是一個封建君主的統治；他的王國大部分土地都分建為封建邦領。但理論上，封建制度也仍承認國王為王國全體貴族的最高宗主和全境土地的最後所有者，與中國封建時期所謂的"普天之下，莫非王土；率土之濱，莫非王臣"相若。代替國家賦税，國王可以從他自己所保留的產業——王莊——或基於封建契約得自他的諸侯——臣下——的收入，以供應他的家庭和政府開支。他不能徵召一支國家軍隊，但他可以要求諸侯履行軍事服役的義務，以集成一支封建軍隊。他不能為全國人民立法，但他可以頒佈詔令，要求諸侯承認施行。對於他國家的大多數人民，他不能行使司法權力，但他可以召集封建法庭，以審判他的直屬諸侯和人民。誠然，諸侯常只在他們方便時才服從國王和履行他們的義務，但國王仍因傳統上和理論上居於至尊的地位，而在封建統治階級中佔着無比的優勢。他遲早終將他理論的至尊地位，成為事實。這在英國發生最早，其次是法國，在日耳曼和意大利則因為情形特殊，這過程遲遲未能實現。

國王於理論上雖具有至尊的地位，但封建制度本身則究竟與中央權力枘鑿。在封建制度下，地方行政完全操持於封建貴族之手；國王的權力只及於他的直屬諸侯和人民，不能越過諸侯以及於他們各自的臣民。在他自己的采地內，封建領主攬有完全的管轄權，行使全部政府的權力。他主持法庭，審理臣民；他以道路和橋樑通行税的形式徵收賦税；他發行自己鑄造的貨幣；他可以從心所欲，徵召他的臣下，舉兵作戰。

封建戰爭

私戰——封建貴族間的戰爭——為封建貴族所專有的一項公認的權利，由此也最能見及他的專擅自為。只有在英國，也只有遲至公元第十二世紀，王權才有足夠的力量禁止私戰。封建戰爭的原因孔多，領地的爭執、封建權利義務的糾紛、家族的仇恨、個人的怨惡、貪婪，乃至單純由於對日常生活的厭煩，都足以引發戰爭。封建貴族樂於戰鬥，封建戰爭也不若近世戰爭的危險。一個自頂至踵裹重甲、着披膊的騎士，在戰場陣亡的機會不多。他最多的機會是被俘待贖，而這是交戰的任何一方都可以期望的經濟收益。此外，戰爭的結果還可以掠取財富和土地。但農民則深受封建戰爭之苦，因為戰爭妨礙他們的農事，毀壞他們的作物。

神意和平與神意休戰

教會雖同具封建的性質，高級教士的行為也多與俗界貴族相類，但本於基督教義，教會必然反對基督信徒以自相殺伐為樂，而使無助的小民無故受戰爭的荼毒。自公元第十世紀末年始，法國教會率先倡導一種“神意和平”(Peace of God) 運動，要求封建貴族接受誓約，不傷害農民、商人、教士或其他非戰鬥人員的身體和財產。公元第十一世紀，教會又建立一種所謂“神意休戰”制度 (Trace of God)，規定在若干季節禁止私戰。“神意休戰”最初包括每週自星期五至星期日（亦即自基督殉難至復活）的三天以及每年自聖灰日（Ash Wednesdy）至復活節的四十天，後者亦即四旬期 (Lent)；其後休戰的日數每年並加上從聖母升天節（The Feast of the Assumption，8 月 15 日）至聖馬丁節 (Martinmas，11 月 11 日）的一段農事收穫期間，每週也增加到包括自星期三日沒至星期一日出的幾天。“神意休戰”創始於法國，這是中世歐洲私戰最盛之地；從法國，同一制度也傳入歐洲其他國家。唯獨在英國，有國王的“欽定和平”(The King’s Peace) 以代替“神意休戰”。“神意休戰”無疑為一種良法美意，但其後歐洲封建戰爭的逐漸減少，究竟多少應歸功於教會的“神意休戰”運動，多少係由於王權伸張，社會穩定，而自然造成的結果，則難以確說。

後世西方學者每形容封建制度為一種有組織的無政府狀態。就一種意義言，這自屬事實；而有組織的無政府狀態，比之全無組織也尚勝一籌。無論封建制度於歷史中應得的評價如何，它至少在一個全無法紀的時代，使社會得有一種多少共同承認的秩序；它使王國維持形式的存在，以待王權興起，再造統一團結的國家。由此言之，則封建制度的形成，乃是西歐從黑暗時期至再造文明的過程中一個準備的階段。

第二十三章
封建王國與封建帝國

公元第十世紀至第十一世紀中葉的一百五十年間，繼加洛林帝國的最後解體，在歐洲是封建王國形成的時期。這是一段滿目混亂和暴烈的時期，在每一國家，國王力圖約束專擅跋扈的諸侯，以建樹王權，而成敗不一。在日耳曼，國王收取政府的權力，壓制勢力強大的諸侯。一時最見成功。公元第十世紀後半，他們擴張勢力入意大利，並再造了帝國——後世的神聖羅馬帝國（The Holy Roman Empire）。在法國，這時期發生了歷時一世紀之久的王位之爭，至公元987年，卡佩王朝（The Capetian Dynasty）建立。但下至次世紀中葉，當國王亨利一世（Henry I）在位時，法國王權的地位尚無顯著改善。英格蘭在亞爾弗大帝的繼承者的治下獲得統一，其後經第二次丹麥人的征服和盎格羅—撒克遜王朝的再建，至公元1066年諾曼人的征服，而英國歷史也進入新時代——封建時代。

第一節　日耳曼、意大利與神聖羅馬帝國

日耳曼封建制度

當公元第十世紀初年，封建制度在日耳曼，比之在法國為有組織，但也更加邦自為政，更加缺乏權力的統一。因為從墨洛溫朝以來，萊茵河外日耳曼境的地方行政區劃，係以部族為基準。日耳曼人口原不像高盧境內混雜，舊部族在各自世襲的公的統治下，多少保持了舊日的傳統和團結；人民對於自己

的部族的公也懷有比對於單純的封建主上更真實的效忠的感情。五個大公國（Duchies，公爵領地）——撒克遜（Saxony）、巴伐利亞（Bavaria）、法蘭克尼亞（Franconia）、施瓦本（Swabia）和洛林（Lorraine），更形同國家內的國家。事實是這時期的日耳曼國王的地位，完全繫於他和這些公國的關係。喪失對於這些公國的控制，國王在他自己的領地之外將一無勢力；反之，獲得這種控制，他可以造成比在其他封建國家更有效的統治。

撒克遜王朝

加洛林朝在日耳曼的世系，於公元911年因孺子路易（Louis the child）去世告絕。當年，日耳曼的公侯貴人集會，選舉法蘭克尼亞公爵康拉德為王，是為康拉德一世（Conrad Ⅰ，公元911—918年）。日耳曼貴族們相信他們需要一位國王，但並不因此而交出了他們過去所曾攬奪的權力。其結果，康拉德所得的不過是王號的虛榮，他的權力仍極少施行於自己的公國之外。據當時的傳說所述，康拉德因見於國王如欲造成有效的統治，必須有兩個以上公國的擁護，所以他在去世前要他的嗣子答應放棄王位的要求，選舉他最強大的敵手撒克遜公爵亨利為王，並支持亨利的政府。公元919年，亨利當選，是為亨利一世，史稱捕鳥者亨利（Henry the Fowler，公元919—936年）。他為日耳曼建立了撒克遜一朝，延祚一世紀餘之久。

當亨利在位時，合法蘭克尼亞和撒克遜兩大公國的力量為憑藉，他至少得以迫使其他公國對國王維持形式的恭順。在當時的大公國中，最使他棘手的是洛林，這是公元843年《凡爾登條約》中分給洛泰爾的領土的一部分。洛林地介於東西法蘭克之間，居民也使用兩種語言，幾乎一半用日耳曼語，一半用法語，而相沿與西法蘭克王國的關係較密。但亨利終於把洛林公國收歸日耳曼王國的版圖。他防衛王國的東疆和抵抗蠻族入侵的成功，也頗加重他的聲威。他擊走了入侵日耳曼中部的斯拉夫人——溫德人（the Wends）和匈牙利人；他也迫使波希米亞（Bohemia）的公爵向他納土稱臣。到他逝世時，日耳曼雖仍不過有如一個若干公國的聯盟，國王位同盟主，但他所奠定的基礎，則使他的繼承者鄂圖得以造成一個更為統一團結的王國。

鄂圖一世

鄂圖一世，史稱鄂圖大帝（Otto I，the Great，公元 936—973 年），於公元 936 年繼其父亨利一世的逝世，膺選即位。鄂圖企圖加強王權的措施，幾乎立即在日耳曼引起了反抗和叛亂。在他繼位之初的兩年中，他需要在巴伐利亞、法蘭克尼亞，乃至他自己的公國撒克遜平定嚴重的叛亂；他也需要抵制洛林公爵與法國國王的聯盟，阻止洛林脫離日耳曼王國。為求加強公國與王室的聯繫，鄂圖或削奪舊統治家族的領地以分賜自己的親屬，或使自己的親屬與公室子女締結婚姻。但即屬家人骨肉也並不永久可恃。公元 953—954 年的一次叛亂，參預者中便有他自己的兒子和女婿，當時前者為施瓦本公爵，後者為洛林公爵。他另一項更為成功的政策，是把大片土地和廣泛的行政權力封授教會的大主教和主教，使教會輔助王權的統治。這項政策為其後一世紀中繼位的多數日耳曼國王所踵行。鄂圖容許日耳曼教士循以往的成例選舉教會的首長，但他保留同意的權力，這使他實際控制了日耳曼主教和大主教的選任。為求保證教會首長的忠誠，他在授職禮、賜土禮中不僅授予他們采地，而且也授予他們教會職位的信物。因為教士受獨身教律的約束，他們不能有合法的子嗣繼承采地，所以國王得以繼續以教會采地封授忠實可信的臣下。這使以後的一段時期中，教會貴人成為日耳曼王權的堅強擁護者。鄂圖由此而逐漸擴張王權，加強王權。同時他也繼續亨利一世防衛東疆和征服鄰近非基督教部落的政策。他擊潰溫德人，並在易北和奧得兩河之間建立邊防區（Marches），由此奠定日耳曼統治和基督教信仰繼續東向擴張的基礎。更重要的，是他於公元 955 年在奧古斯堡（Augsburg）附近大挫匈牙利人，使他們從此不再西向侵擾。

帝國的再建

如查理曼一樣，鄂圖也注意意大利的事態。當時意大利又已長久陷於無政府的狀態。北部的意大利王國和中部的教皇國都是中央權力解紐，封建貴族跋扈恣睢。而薩拉森人，於公元第九世紀前半已經征服西西里島，其後連續進擾半島北部的倫巴底地方和南部各地。公元 950 年，意大利王洛泰爾二世

(Lothair II）逝世，他的繼位者培倫加二世（Berengar II）虐待他的遺孀阿德萊德（Adelaide）。這事給了鄂圖一個干涉的理由。他於公元 951 年以援救阿德萊德為辭，首次出征意大利。他擊敗培倫加，使他稽首稱臣，而自娶阿德萊德為后。他並在半島東北方建立邊防區，以控制自日耳曼南入意大利的門戶。又十年，公元 961 年，鄂圖因教宗若望十二世（John X II）的求援，再度出征意大利。這次他廢黜了培倫加，效查理曼故事，自己號稱為意大利王。然後他至羅馬，於公元 962 年二月，由教宗為他加冕為皇帝。

鄂圖的帝國，迨公元第十二世紀後半腓特烈一世（Frederick I）在位時，稱神聖羅馬帝國（The Holy Roman Empire）。有如加洛林帝國之曾被視為古羅馬帝國的再造，這次鄂圖的帝國，在當時人看來也就是加洛林帝國的重建。自然，新帝國之與加洛林帝國，一如查理曼的帝國之與凱撒們的帝國，實際十分殊異，但在當時人的觀念中，則公元第十世紀締造鄂圖帝國的理由，與公元 800 年締造查理曼帝國的理由，仍相彷彿。中世歐洲人從古代羅馬繼承了兩大傳統——一個統一的帝國的傳統和一個統一的教會的傳統。統一教會的傳統繼續保持，然則一個如教宗一般直接受命於神的統一的俗界君主，寧非同樣必需？他應該同時是教會的護持，也是教會的僕人，他是教宗在俗界的匹偶，對全體基督徒有與教宗平行但性質不同的權力。封建的觀念也與這種統一帝國的觀念相投合。在同一王國中，臣下既從共同的國王受領采地，則不同王國的國王自也應該從一個最高的共主受領國土。但公元 962 年再造的帝國並未收"統一"之實。皇帝的地位雖被承認高於一般國王。他的統治則從未越出日耳曼和意大利王國與勃艮第，前者為鄂圖於稱帝前已經持有的領土，後者為皇帝康拉德二世（Conrad II）於公元 1033 年從繼承得來。帝號未曾使鄂圖獲得更多權力的增加，而反之，繼位的皇帝則將因虛榮的帝號而支付重大的代價。帝國的理論使皇帝和教宗成為密切的合作者，但他們密切的關係卻時時導使他們因最高的權力地位之爭，發生衝突。其結果，對於意大利和日耳曼都十分不幸。皇帝的尊號自然使皇帝要求兼領日耳曼和意大利，結果他們在意大利既不能造成有效的統治，同時在日耳曼則疏忽了他們的職務，也喪失了他們所可能擁有的權力。

迨鄂圖大帝的繼承者鄂圖二世（Otto II，公元 973—983 年）和鄂圖三世

(Otto III，公元 983—1002 年) 在位時，這種危險傾向已十分顯著。鄂圖大帝干預意大利政治，從稱意大利王以致稱帝，並於稱帝的次年以劣跡昭彰的罪名，廢黜為他加冕的教宗若望十二世，顯示了皇帝的權力。但就他一生的豐功偉業言，凡此不過是輝煌的點綴。他真正的權力所寄仍在他對於日耳曼王國的控制。鄂圖二世和鄂圖三世便只顧迷炫於帝號的虛榮，浪擲時間精力於意大利，而置日耳曼於不顧。鄂圖三世甚至於真欲恢復古羅馬帝國，定羅馬城為國都。當他於公元 1002 年逝世時，他已經喪失了對於日耳曼的控制，而在意大利則戰亂迭起，反抗他的統治。撒克遜朝的最後一位皇帝為亨利二世 (Henry II，公元 1002—1024 年)，一位曾受良好教育、宗教心深摯，而正直負責的君主。亨利二世得教會貴人 —— 他自己甄選授職的主教們 —— 的輔佐，才又在日耳曼平服抗命的諸侯和貴族，從事重建王權和恢復秩序的工作。

法蘭克尼亞王朝

公元 1024 年，亨利二世逝世，絕嗣。王位由法蘭克尼亞公爵康拉德繼承，是為康拉德二世 (Conrad II，公元 1024—1039 年)。康拉德繼續致力亨利的維持秩序、執行法律和加強王權的政策。他並於公元 1033 年繼承了勃艮第王位，使勃艮第王國歸屬帝國的封域。

經亨利和康拉德的先後經營補苴，迨康拉德之子亨利三世 (Henry III，公元 1039—1056 年) 繼位，王權在日耳曼達於向所未有的強盛。亨利三世並得以再度伸張勢力，干涉意大利政治。當時羅馬教廷綱紀廢弛，登聖彼得寶座的類多才德不足之輩。公元 1046 年至於同時有三教宗爭立。亨利既身為皇帝，他廢黜了有辱教會神聖職務的"教宗"；而於公元 1049 年使一位宗教心深摯而品德高尚的日耳曼主教，當選為教宗，是為利奧九世 (Leo IX)。皇帝和教宗現在協力進行改革教廷和教會全體的工作。他們的事業為中世歐洲的羅馬天主教會開一新紀元，但對於帝國，其後果則十分不幸。亨利扶植教宗的權力，使能推行改革。然教宗權力強化的結果，則使其後的教宗得以藉優勢的地位，與皇帝作權力之爭。於繼起的政教之爭中，多少能幹有為的日耳曼皇帝，因與教宗衝突而遭受致命的挫敗。

第二節　法蘭西

羅貝爾家族的崛起

公元 887 年皇帝兼東西法蘭克王胖子查理被廢，加洛林帝國解體。其後的一個世紀，在法蘭西王國是一段混亂而擾攘不寧的時期。當這段時期開始時，北人尚在到處侵擾法蘭西，迨公元 911 年他們獲得了諾曼第為采邑，才告平息。法蘭王既不能排拒外來的侵擾，也無力應付王國貴族的專擅自為，因為在混亂中他們都已各自據地自固。在法國，這也是一個封建制度發展最劇烈的世紀，王國解體，便是較大的領地也同在不斷解體之中。這一段時期，兩家王室 —— 加洛林和羅貝爾（Robertians）—— 的君主更番在位。他們中不乏能幹有志之人，但被他們恣縱難制的諸侯所阻扼，而一無作為。

羅貝爾家族源自強者羅貝爾（Robert the Strong），禿頭查理所封建的紐斯特利亞侯（Marches of Neustria），領地在塞納和羅亞爾兩河之間，以巴黎（Paris）為治所，建為抵禦北人的邊防區。羅貝爾與其子厄德（Eudes）都以對北人作戰英勇著稱。胖子查理便因北人進圍巴黎，他赴援厄德不力，被廢。查理既被廢，逾年逝世，法蘭克貴人舉厄德為法蘭西王，這是羅貝爾家族的首代國王。當厄德在位時（公元 887—898 年），一部分法蘭克貴人已另行擁立一個加洛林家人，禿頭查理的稚孫庸愚者查理（Charles the Simple），與之相抗。厄德於公元 898 年逝世，查理正位為法蘭西王，加洛林朝重建。查理因無力逐入犯的北人出王國境外，於公元 911 年以諾曼第地方封賜北人，是為諾曼第公國封建之始。查理在歷史中雖以“庸愚”見稱，其實頗奮發有為。他的雄圖之一是收萊茵河西的洛林入法蘭西王國。公元 911 年孺子路易去世，加洛林朝在日耳曼的世系告絕，洛林承認查理為他們的王。但也因查理專心致志於洛林，為法蘭克貴人所不滿，公元 922 年，他們又在前王厄德之弟羅貝爾的領導下，起而叛亂。羅貝爾稱王，是為羅貝爾一世（Robert Ⅰ，公元 922—923 年），但逾年即戰死。其婿勃艮第公爵拉烏爾（Raoul，公元 923—936 年）繼立，終使查理被俘囚死。

于格・卡佩

當羅貝爾一世於公元923年去世時，有子名于格，史稱大于格（Hugh the Great），年幼。拉烏爾於公元936年逝世。當時大于格已經長成，他除了以羅貝爾家族首長擁有巴黎伯爵（Court of Paris）和紐斯特利亞侯爵等領地外，尚受有顯赫的法蘭西公爵（Duke of the French）尊號。拉烏爾無後，大于格應可本他的憑藉，繼承王位。但他寧願捨名求實，恢復加洛林家的王統，而自居於發縱指使的地位。當庸愚者查理事敗被俘之時，其后攜子路易出亡英國。經大于格的同意，路易歸國即位，是為路易四世，史稱海外歸來者路易（Louis d'Outremer，公元936—954年）。路易既即位，不欲受制於大于格，兩人間衝突時起。洛林當日耳曼王捕鳥者亨利在位時，又為日耳曼所征服。公元938年，路易起兵，欲重佔洛林，因與日耳曼王鄂圖一世為敵。鄂圖先與大于格聯盟，連敗路易；迨路易既勢蹙，又與路易聯盟，以制大于格。公元954年，路易去世；又二年，大于格也亡故。繼路易的為其子洛泰爾（Lothair，公元954—986年），繼大于格的為其子于格・卡佩（Hugh Capet），兩家仍抗爭未已。洛泰爾繼承海外路易政策，力圖收回洛林，與日耳曼王鄂圖二世和鄂圖三世屢起戰爭。于格・卡佩與鄂圖三世相托結，侵削洛泰爾的勢力。繼洛泰爾為法蘭西王的為其子路易五世（Louis V，公元986—987年），在位一年即去世，加洛林朝在法蘭西告絕。于格・卡佩得法蘭克貴人的擁戴稱王，建卡佩王朝（The Capetian Dynasty）。

卡佩王朝的肇建

公元987年于格・卡佩膺選為法蘭西王，在法國乃至世界歷史中肇建了一個少有的延祚久遠的王朝。卡佩家的世襲法國王位，從于格・卡佩始，父子相繼達三個世紀，加上它的支裔瓦盧瓦家族（Valois）、奧爾良家族（Orleans）、昂古萊姆家族（Angouleme）和波旁家族（Bourbon），前後相承者八百餘年（公元987—1792年），未稍間斷。王位在一個家族中連綿傳承，應該可見王權的穩固。但在卡佩王朝初建的數十年中，則國家的紛擾未已；國王只是這封建王國的名義的君主，他的實力尚不及若干強大的諸侯。于格・卡佩之代加洛林家膺選為法蘭西王，曾使他分出大量領地，以賄賂法蘭克貴人。現在他身為國王，但他的權力仍極少能行使於他原來的領地之外，不僅如此，他的公國現在成了王領，而卻減削到只剩以巴黎為中心、東西窄南北長的一小條地方。這地方以後稱法蘭西島（Ile de France），在這區域內國王才是直接的統治者。

大封君

在法國，封建制度的發展，比之在日耳曼更加紛亂而缺乏組織。除了在諾曼第，北人的後裔尚多少保持一種民族集團意識外，在法國則缺乏在日耳曼所見的以部族為基礎的公國組織。它所有的是無數大小不等的采地和封邑，因家族世系的變化而變化不定。它們的境界和相互關係，其複雜棼亂和變化靡定，難以罄述。至於主要的大領地，則在法蘭西島以北有韋爾芒杜瓦伯爵領（Vermandois）和法蘭德斯伯爵領（Flanders）；以西有諾曼第公爵領、布列塔尼伯爵領（Brittany）和跨羅亞爾河的安茹伯爵領（Anjou）；以東有香檳伯爵領（Champagne）和勃艮第公爵領。南部在語言和文化成分方面都與北部有顯著差異。阿奎丹公爵領（Aquitaine）不獨是南部土地最廣的一邦，便在全國也居首位。在阿奎丹之南，大領地尚有加斯科尼公爵領（Gascony）和土魯斯伯爵領（Toulouse）。無論就領土廣袤或勢力言，這些大領地大抵都與王領相等，或且過之。加以它們的領主莫不自視若自主的君侯，自然難望國王對他們能行使任何管轄的權力。事實上便是在狹小的王領內部，到于格・卡佩的繼承者羅貝爾二世（Robert II，公元 996—1031 年）和亨利一世（Henry I，公元 1031—1060 年）在位時，國王也已無力維持有效的統治。桀驁的臣下盤據堅固的堡壘，抗拒王命，為所欲為。

第三節　英格蘭

英格蘭的統一

當歐洲大陸之上加洛林帝國解體而為若干封建王國之時，在英格蘭，一個統一的盎格羅—撒克遜王國方在形成。公元第九世紀丹麥人的入侵，在英格蘭的四個王國中消滅了三國，只有南方亞爾弗大帝的威塞克斯王國兀存。亞爾弗於公元 900 年逝世，當時他已從丹麥人收復了英格蘭的大半；就是北方的丹麥轄地，入侵者也已開始營定居生活，而與被征服的撒克遜人混合。在其後的半個世紀中，繼位的威塞克斯王繼續亞爾弗的事業，逐步克復丹麥轄地。迨公元 954 年，而英格蘭全境遂統一於一個盎格羅–撒克遜王國之中。繼之是約三十年和平繁榮的歲月 —— 盎格羅–撒克遜的英國最安定繁榮的一段時期。當時農商興盛，王國行政組織就序，而修士和一般教士的品德教養，也因亞爾弗以來君主和教會的獎勵整飭而大為提高。

第二次丹麥人入侵

自公元第十世紀末年始，英格蘭又一次受到丹麥人的大舉入侵，迨次世紀初年而再遭征服。當時英國決策無方者埃塞爾雷德（Ethelred the Redeless）在位。丹麥人先連年攻劫沿海的地帶，繼之以大軍登陸，縱掠英格蘭全境。埃塞爾雷德無力組織有效的防禦，他只知重複以重幣賄之使去。為了對丹麥人用兵，尤其為了賂遺，他至於需要在國內課徵一項新税，稱"丹麥金"（Danegeld）。公元 1013 年，丹麥王斯韋恩（Sweyn）積極進行英格蘭的征服，埃塞爾雷德出亡至諾曼第。次年，斯韋恩逝世，其子克努特（Canute）繼續他的事業，迨公元 1016 年而全境底定。這一年埃塞爾雷德及其長子剛勇者埃德蒙（Edmund Ironside）先後去世，克努特受英國賢人會議（Witan）的推戴，為英格蘭王。

第二次丹麥人的征服英格蘭，沒有上次（公元第九世紀）那樣大規模集體的移殖。這次的征服大抵有如一次易代之變，一個丹麥人的國王代替了一個撒克遜人的國王，而在英國歷史中未曾留下深刻垂久的影響。克努特（公元 1017—1035 年）的統治就如一個英國國王，他尊重當地的法律和傳統，並使英格蘭人民一時重享埃塞爾雷德以前的和平與秩序之福。克努特的海上帝國包括丹麥和挪威，帝國各部間交通的自由，也使英國商業復興。但在克努特死後，他的帝國瓦解。在英國的丹麥王朝，也在數年後（公元 1042 年）告絕。英國重又恢復為獨立的撒克遜王國。

撒克遜王朝的光復

公元 1043 年，英國賢人會議奉王位於埃塞爾雷德的少子愛德華，史稱懺悔者愛德華（Edward the Confessor）。愛德華性好和平，而宗教心深摯。由於他繼位前久居於諾曼第，他的興趣和好尚都偏於業已法國化的諾曼第，而不是撒克遜的英國。他在英國的宮廷也是諾曼人充斥，畀以教會和國家的高級職位。因此在諾曼人征服（公元 1066 年）前，諾曼文化 —— 亦即法國文化 —— 實際已支配英國。愛德華對於域外人士和文化的偏嗜，使撒克遜貴族憤懣不滿。他們有時便以公然稱兵作亂泄憤。自埃塞爾雷德以來，封建制度在英國迅速擴張，貴族勢力也積漸增長。當愛德華在位晚年，撒克遜貴族的勢力在宮廷重振。威塞克斯伯爵戈德溫（Godwin ，Earl of Wessex）及其子哈羅德（Harold）最稱顯赫，相繼執持國柄。

諾曼人征服英格蘭

公元 1066 年 1 月，愛德華逝世，無子。賢人會議奉王位於哈羅德。但哈羅德繼位的權利立即受到諾曼第公爵威廉的抗爭。威廉為愛德華母族的人，而哈羅德為愛德華妻族的人，都屬王室的疏親。哈羅德代表撒克遜貴族的強宗，而威廉為強大的諾曼君主。但威廉另有深中中世人心的理由，以為他的要求英國王位飾説。他宣稱愛德華生前曾指定他為繼承人；而哈羅德於一次海上遇風飄流至諾曼第時，並曾向他行臣服禮，誓約輔佐他入主英國。因此哈羅德的覬覦英國王位，為背誓不忠。哈羅德當時又與羅馬教廷失和，所以威廉的要求獲得教宗的支持，使他的出兵征英同時成為護衛教會的聖戰。公元 1066 年夏末，威廉率軍渡海峽，於英格蘭南部海岸希斯丁（Hastings）的近處登陸。當時哈羅德方在北部擊走一支入侵的丹麥人武力，聞警急來南方防堵。兩軍在希斯丁地方交綏，結果哈羅德兵敗身亡。希斯丁的一戰決定了英國以後數世紀的命運。當年耶穌誕日，征服者威廉（William the Conqueror）加冕為英格蘭王，為英國歷史揭開了一個新的時代。在其後一段長時期中，英國人口的絕大多數雖仍是盎格羅—撒克遜人，但他們將受一個由諾曼人和法蘭西人組成的少數集團的統治。這一統治集團沒有顯著改變了英國人的血統，但他們卻從歐洲大陸，將新的語言文化的成分和新的政府形式，輸入了英國。

第五編

歐洲中世盛時

公元第十一世紀中葉後的兩個世紀，在歐洲歷史中屬中世盛時。當這時期開始時，民族大移動和北人寇掠的亂世已經過去，封建制度也已渡過它初期最動亂靡定的階段。基督教現在普遍傳播於日耳曼人和斯干的納維亞人之中；查理曼的帝國已經化生為若干封建王國和一個神聖羅馬帝國；而羅馬教廷，經過了長期的積弱和墮落，正在重振聲勢，維護它在西方基督教世界的普遍權威。到處都可見力量甦生、心智增長和經濟復興的跡象。由此發展形成的新文明體系，史稱歐洲中世文明。歐洲中世盛時是一個精力充沛而多彩多姿的時代，但受一種多少定型的整體性的社會結構 —— 封建社會 —— 的規範。尤其特著的，這是一個羅馬天主教會的偉大時代，所有西歐國家一時都成為以羅馬教廷為首的一個統一基督教共和國（Respublica Christiana）的部分。

第二十四章

政教之爭
—— 神聖羅馬帝國與教廷

第一節　中世歐洲政教之爭的由來

政教之爭的根源

自鄂圖大帝稱帝至亨利三世逝世，其間約一個世紀，在帝國和教會——代表中世歐洲的統一傳統的兩大勢力——之間，皇帝佔着支配的優勢。撒克遜朝和法蘭克尼亞朝的皇帝，不顧封建貴族的反抗和阻撓，在日耳曼建樹了強有力的王權。他們伸張勢力入意大利北部和中部，而且屢次干涉教廷，廢黜腐敗不稱職的教宗，而易以品德高尚和能幹有為之士。在教宗方面，則他們當時不唯無力對教會全體行使權力，甚至還無力維持自身的獨立，使免於俗界權力的支配。在羅馬，他們不時遭受跋扈囂張的貴族和羣眾的脅迫，而一旦獲得皇帝的救援，他們又隨即入於皇帝勢力的支配之下。教廷如此，教會全體也完全為俗界的利益所左右。教會行政首長——主教和其他高級教士——封建化的結果，使他們對羅馬教廷只剩了形式的服從關係；而他們對宗教職務的奉行，不過是形式的虛文。這段期間真可算是羅馬天主教會的黑暗時期，反映一個動亂的、無組織的封建社會的一切惡德敗行。但同時，改革的運動也逐漸滋長。亨利三世（公元 1039—1056 年）改革教廷的成功，並使羅馬成為這改革運動的中心。教廷由此振衰起敝，開創它歷史中的一個空前的盛世。因為在改革運動中，教宗為圖維護教會的獨立，力求從教廷和教會排除外界的影響，主張教會權力的至尊無上，這使教會和俗界政府的衝突不可避免。又因為皇帝名義上在意大利享有主權，他們且與教宗共同代表統一權力的主張勢力，所以政教之爭也在皇帝與教宗之間最先發生，次數最多，也是最劇烈。其結果至使皇帝的權力為之敗墮。

亨利四世的繼位

公元 1056 年皇帝亨利三世逝世，亨利四世（Henry Ⅳ，公元 1056—1106 年）繼位，當時他才六歲。在其後的十餘年中，皇權式微。同時，在意大利，則有兩大變化日形昭著。在倫巴底，得商業復興的風氣之先，市鎮迅速發達。市民開始想望自由，對於代表帝國政府的主教的統治產生不滿和反抗。米蘭尤其常起紛擾。米蘭市民得羅馬教宗的支持，反對皇帝干涉他們的大主教選舉，從而使他們反抗帝國統治的運動更增添了教會改革的意義。

意大利南境的諾曼人

在半島南部和西西里，另一種新勢力逐漸形成，威脅帝國在意大利的地位。公元 1016 年，一隊諾曼騎士因朝拜基督教聖地而至意大利。他們見當地各小邦間常起戰爭，相互殺伐，有充當傭兵或擄掠財富的良好機會可乘。從這年起，連歲都有更多諾曼武士和冒險家進入意大利南部。他們為數既眾，隨即在自己的領袖的統率下，開始自建邦國。當亨利四世繼位初年，羅伯特・吉斯卡爾（Robert Guiscard，公元 1085 年卒），一個典型的諾曼冒險家，已經奄有了意大利南部的大部分地區。公元 1059 年，羅伯特得教宗的封建稱公爵，使他的領地獲得形式的合法名義，並受權從薩拉森人之手奪取西西里。同時羅伯特則向教宗稱臣，承諾以武力拱衛教廷，以為報答。這樣，教宗在意大利南境幫助建立了一個雄武的諾曼國家。這使他此後不必專賴皇帝以為自身安全的保障，反之，必要時他還可以藉諾曼人的軍事力量，以與皇帝相抗。

克呂尼修道院與教會改革運動

皇帝和教宗間的首次嚴重衝突，當亨利四世在位時發生。這次政教之爭，在教宗方面，也是一次教會改革運動所生的必然結果。這次教會改革運動發源於勃艮第境內克呂尼（Cluny）地方的修道院。克呂尼修道院創立於公元 900

年，在建制上它直屬教宗，不受地方主教的管轄。經品德高尚和能幹有為的院長相繼主持，克呂尼修道院以聖潔和遵守清規的嚴格而著名於時。歐洲到處有修道院聞風景從，願意共奉克呂尼院長的管轄。這種修道院自相組合的運動，在修道院組織史中也是一種新的發展。經過克呂尼的運動，改革的要求從修道院推廣至於教會全體，響應者日眾。皇帝亨利三世和他所推選的教宗利奧九世（Leo Ⅸ，公元 1049—1054 年）便曾熱心從事這一改革運動。亨利三世對於教會雖仍保持充分的控制，但他以改革運動直接置於教宗的領導之下，從而幫助提高了教宗的地位。

希特布蘭

利奧九世於公元 1054 年逝世，又二年，亨利三世逝世。其後的數任教宗繼續推進教會改革的工作，但他們不再完全循與皇帝合作的途轍。利奧以後教廷的實力人物和改革工作的積極推行者，為修士希特布蘭（Hildebrand）。希特布蘭認為，因為教會長久陷溺於封建政治和俗界利益的深淵，教會的精神性質受到了嚴重戕賊。大部分高級教士不過是王家官吏或封建貴族，而各級教士都道德淪喪，不知他們的神聖職守為何事。任何改革教會的工作首先必須提高教士的精神水準，而這要求，唯有杜絕人 —— 無論國王或貴族 —— 干涉教會選舉的惡習，和強制教士絕對服從為教會元首的教宗，乃能成功。唯有如此，教會乃能擺脫俗界的控制，乃能自由奉行其真正的職守。這次教會改革首先集中力量於兩種積弊的清除，第一為教職買賣（Simony），包括賄選；其次為教士娶妻，兩種積弊都受到嚴厲的道德譴責。事實上教職買賣為外界勢力影響教職除授的一條慣道，而教士娶妻則使教士有家室之累，不能專心致志於宗教職務。同時，教廷本身也必須排除外界的影響，主要為擺脫皇帝的控制。教宗尼古拉二世（Nicholas II，公元 1058—1061 年）因希特布蘭的主張，於公元 1059 年與諾曼人結盟，並於當年頒佈選舉法，規定嗣後教宗應由樞機主教院（The College of Cardinals）本於自由的選舉產生，亦即為此。公元 1073 年希特布蘭當選為教宗，稱額我略七世（Gregory Ⅶ，公元 1073—1085 年）。當時亨利四世也已長成，又二年，因教士授職的問題，在皇帝和教宗之間發生了劇烈的衝突，揭開了中世歐洲長期的政教之爭的序幕。

第二節　教士授職之爭

額我略七世與亨利四世

教宗額我略七世的膺選繼位，使教會改革運動更加力量倍增。額我略是西方歷史中少數代表時代的人物之一。他出生農家，完全憑他的品德和才能，上躋於羅馬天主教世界的最高的、首要的地位。他身材短小，貌不驚人，但以人格的完整和意志的強毅，為人所敬畏。對於他的教會改革計劃，他有不顧一切、全力以赴、絕不動搖的決心。公元 1075 年，額我略頒佈詔令，首次明白禁止俗主除授教職（Lay investiture），這是針對俗界勢力把持教會的積弊而發。而即由於他的這一舉措，終使他與皇帝之間的公開衝突，無可避免。當時皇帝亨利四世既經成年，方傾全力於重建亨利三世在日耳曼和意大利的權威。在日耳曼，皇帝的勢力大部依賴教會臣下的支持。一旦皇帝喪失選任主教的權力，他的勢力將大為削弱，使他益發難以約束跋扈好亂的俗界貴族。因此即令其他國家的君主能容受教宗的主張，他卻不能。困難的癥結乃在主教的服從和效忠，對於為教會元首的教宗和為國家君主的皇帝，都關係甚巨。

政教至尊權之辯

在皇帝與教宗之間，從控制教會的實際問題，連帶引起了在理論上至尊權誰屬的問題。皇帝承認教宗有統一的精神權力，反之，教宗也承認皇帝有統一的俗界權力。兩者具有平行的權力，同樣源自神授，但一旦雙方的權力發生衝突，究竟最高的權力應該誰屬？在歷史中，他們都有有利於自身的證據可援。教宗為歷代的皇帝加冕；而反之，身為教會的護持者，皇帝也常廢黜不稱職的教宗，選任繼位的教宗。額我略則堅決主張教宗的絕對至尊的地位。他說，正如靈魂比肉體重要一樣，所以精神的權力高於俗界的權力。再者，教宗既身為聖彼得的繼承者，對於神，他負有照料全體世人——包括君主——的靈魂的責任。因此教誡一位失德的君主，或是君主不知悔改，為使他的臣民不致被引入歧途，解除臣民對他的君臣關係，乃教宗的職責所在。

卡諾沙

亨利圖在意大利重建皇帝的權力，而額我略要貫徹他教會改革的計劃，於是因米蘭大主教的授職之爭，雙方的衝突遂起。公元 1075 年，亨利四世不顧教會的人選，不顧他自己所已經作的任命，而以米蘭大主教的職位授予一個他所新屬意的人。額我略要求亨利撤回任命，以廢立為威脅。公元 1076 年初，亨利得多數日耳曼主教的擁護，在瓦姆斯（Worms）召集宗教會議，宣佈廢黜額我略。倫巴底地方的主教們也隨而效尤。但日耳曼封建貴族的行動使亨利的力量瓦解。在瓦姆斯會議的次月（2 月），額我略在他自己所召集的一個宗教會議中，宣佈將亨利四世革出教會，並解除臣下對他效忠宣誓的效力。日耳曼封建諸侯立即起而響應，背叛亨利。原先擁護亨利的日耳曼主教們，屈服於額我略的強大壓力之下，也多爭先恐後，乞求赦宥。亨利一時眾叛親離，完全陷於孤立無助之境。他迫而向教宗屈服，俾能以全力對付國內的叛亂。他趕往意大利，於公元 1077 年 1 月，在都斯加尼女伯爵瑪蒂爾達（Matilda，Countess of Tuscany）在卡諾莎（Canossa）地方的堡邸，與額我略會見，他以一個痛悔前非的罪人，乞求寬恕，這是教宗身為基督教教士所不能拒絕的請求。尤其據額我略自述，亨利曾在堡邸門外，赤足立雪中三日，表示他的悔過。教宗的赦免解除了亨利所受的革出教會的處分，使亨利得以脫出他一時陷入的困境，一部分日耳曼貴族雖繼續作亂，並另舉一位對抗國王與亨利爭立，但日耳曼的大局終於漸歸底定。

額我略與亨利的首一回合，結局是教宗勝利。皇帝的屈服及其公開承認教宗精神權力的優越，創一重要的先例，對於其後二、三百年的西方歷史意義深著。但悔罪之於亨利，不過是一時的權宜之計。卡諾莎事件後，亨利繼續除授教職。公元 1080 年，額我略再度廢黜亨利。於是衝突再起。這次衝突的再起，西方的輿論多同情亨利，因為教宗現在是主動者，被認為釁由他起，而且多少妄用權力。亨利也仍得反對教宗的日耳曼和倫巴底主教的擁護，宣佈廢黜額我略，另舉一位對抗教宗以代其位。亨利於次年 —— 公元 1081 年 —— 率師入意大利，進圍羅馬。公元 1084 年，羅馬城降，亨利入羅馬，由他所立的對抗教宗為他完成加冕的儀式。但他隨即被入援教宗的諾曼人羅伯特・吉斯卡爾所逐退。因為羅伯特所率的軍隊大掠，羅馬城又蒙受了一次少有的洗劫。羅馬城從此喪失了它古典的"大理石城"的面貌，額我略也喪失了羅馬人民的愛戴。他隨同諾曼人部眾離開羅馬，於次年——公元1085年——在流亡中身故。

瓦姆斯協定

額我略的繼承者繼續執行他的教會改革的計劃，也繼續他與皇帝爭奪權力的政策。亨利於公元1106年去世，繼其位的為其次子亨利五世（Henry V，公元1106—1125年）。亨利五世一經在位，隨即與教宗發生衝突。亨利繼續除授教職，而教宗繼續禁止俗主授職，其間也曾屢起干戈。公元1110—1111年，亨利用兵意大利，在羅馬俘囚教宗和樞機主教。繼之，在日耳曼是十年斷續的內戰。迨公元1122年，雙方都已筋疲力竭，始在瓦姆斯訂立宗教協定（Concordat of Worms），在教士授職問題上妥協。根據《瓦姆斯協定》，嗣後主教和修道院院長繼任，應由皇帝授予象徵俗界權力——亦即采邑領有權——的信物，而由教會授予象徵精神權力——亦即教職權力——的信物，如權戒和權杖。皇帝的授予俗界權力為授職（Investiture）。而教會的授予精神權力為祝聖（Consecration）。在日耳曼，授職應在祝聖之先，因此唯有皇帝選定之人始能就任教職；在勃艮第和意大利，祝聖應在授職之前，所以皇帝的授職不再是就任教職必需條件，皇帝喪失了實際控制的權力。在《瓦姆斯協定》的前數年，在英國（公元1107年）和法國（公元1108年），授職問題也已本類似的精神解決。國王不再除授教職，但選舉時應有他們或其代表蒞臨，這使他們對選舉繼續保持左右的勢力。教士授職之爭，自公元1075年額我略明令禁止俗主授職，至公元1122年《瓦姆斯協定》成立，其間爭持衝突垂五十年，全羅馬天主教世界都受到劇烈的影響。就教宗和皇帝雙方言，最後的妥協是教宗的勝利。因為皇帝雖保全了他的主要的利益——對於日耳曼教士的控制，但他還是放棄了一項業已行之有素，被視為當然的權利，即教職的頒授。教職的頒授現在成了教會的祝聖。在教宗方面，他所獲得的只是未曾完全貫徹他理論的要求。

當教士授職之爭進行時，歷代教宗雖成敗不一，但大體教宗的權力有顯著的增長。教宗加強了他作為一個統一教會的統治者的地位，使他的普遍權力獲得明確的承認。不僅如此，當公元第十一世紀末年，歐洲的第一次十字軍運動發生，皇帝亨利四世因正和教宗額我略七世及其繼承者決裂，失去了一個領導基督教世界的大好機會，而使這一領導地位完全為教宗烏爾班二世（Urban II，公元 1088—1099 年）所得。

第三節　政教之爭的繼續

韋爾夫家族與霍亨斯陶芬家族

《瓦姆斯協定》使政教之爭暫告平息，暫時解決了擾攘達半世紀之久的教士授職之爭，帝國和教廷勉強相安了約三十年。在這期間，日耳曼有兩大封建家族——韋爾夫家族（The Welfs）和霍亨斯陶芬家族（The Hohenstaufens），開始它們在歷史上長期的衝突和抗爭。它們在日耳曼的抗爭波及意大利，影響了以後意大利數百年的歷史。擁護教宗、堅持地方獨立自主的一派稱歸爾甫派（The Guelfs）；擁護皇帝在意大利的統治權的一派稱吉伯林派（The Ghibellines）。

爭端之起是由於公元 1125 年的皇帝選舉。這一年亨利五世去世，沒有直系承繼人。日耳曼的封君們行使他們的選舉權。他們沒有選舉亨利五世之甥，最近親的戚族人霍亨斯陶芬家的腓特烈（Frederick）和康拉德（Conrad）兄弟，卻選舉了毫無承繼關係的薩克森公爵為皇帝，霍亨斯陶芬家族對這次選舉忿懣不平，隨即舉兵作亂。因為洛泰爾和承繼人高傲者亨利（Henry the Proud）為韋爾夫家人，所以由此也開始了日耳曼的這兩大家族的衝突。洛泰爾於公元 1137 年逝世。日耳曼貴族這時又害怕高傲者亨利的勢力過於強大，轉而選舉了亨利的對敵，霍亨斯陶芬家人康拉德為皇帝，是為康拉德三世（Conrad III，公元 1138—1152 年）。於是韋爾夫家族又起而興兵作亂，終康拉德一代，戰亂不息。

紅鬍子腓特烈

公元 1152 年康拉德的兄子腓特烈一世（公元 1152—1190 年）的職位，拯救了帝國。腓特烈一世史稱紅鬍子腓特烈（Frederick Barbarossa），為歐洲中世君主的完美典型。他是卓越的戰士，樂於戰陣，同時也是公正負責的君主，一心要在他的國土之上執行法律和維持秩序。他只在一個方面未能認清他的時代，此即市鎮之中正在欣欣向榮的工商業生活的重要。至於在封建的日耳曼，則他的統治所召致的安寧和所建立的皇帝權力，為一世紀來所僅有。霍亨斯陶芬家和韋爾夫家的衝突也一時平息，直至他在位的末年才再發作。但腓特烈既身為皇帝，他的作為不能止於日耳曼。他使東方的鄰邦——波蘭、波希米亞和匈牙利——再稱臣內附；他也在勃艮第重建了皇帝的權力；最後他要恢復對於意大利的控制，而就在意大利，他遭遇了他畢生事業中的一次慘重的失敗。

腓特烈與教宗

公元1154—1155年，腓特烈首次用兵意大利。這使他立即面對兩種勢力——羅馬教廷和倫巴底市鎮——的抵抗。在倫巴底，腓特烈雖在形式上獲得了大部分市鎮的歸順，但未能使倫巴底的首要市鎮米蘭降服。在羅馬教廷方面，當時羅馬城正有反教宗的運動發生，教宗亞德四世（Adrian IV，公元1154—1159年）也正與西西里的諾曼君主失和，他需要腓特烈的援助。腓特烈捕殺了反教宗的領袖，以示好於教宗；他也在羅馬完成了加冕的儀式。但腓特烈和亞德的這次會晤，卻因微細的禮節問題，發生了爭執。這一爭執的背後潛伏着帝權和教權孰先孰後的全部問題。自教宗額我略七世以來，政教之爭的相對兩方，都更加強了各自的主張。政教之爭的發端乃為若干具體的權利之爭——如教士授職，而連帶爭論到地位的問題。但其後地位問題的本身成了爭執的焦點——政教兩方，何者應居最高的地位？是皇帝，還是教宗？雙方都有眾多學者，相繼從事這一問題的討論。公元第十二世紀，西方出現第一個學術復興的高潮。羅馬法研究的盛行使皇帝方面獲得新的有力的論證，為帝權張目。腓特烈即假古羅馬帝權絕對專制的理論與歷史的先例——君士坦丁、查士丁尼、查理曼和鄂圖的傳統，為他要求最高權力的主張的根據。但教宗方面，在同時期中也加強了權力要求的主張。一種法系，以羅馬法為藍本，而以基督教《聖經》、教宗和教會大公會議的制令為基礎，逐漸形成。就在皇帝康拉德三世在位時，一部完全的教會法規（Canon Law）產生。這使教會有了自己的統一法律，管轄教會內部和許多重要的俗界事務。教會現在成了一個國家之上的國家，以教宗為其絕對專制君主，有自己的行政系統、法律和法庭組織，而本於教會法和道德的立場，主張教會有高於任何俗界政府的權力。

腓特烈與倫巴底城邑

教宗在對皇帝的抗爭中，並有倫巴底市鎮為其與力。自公元第十一世紀中葉以下，因地中海世界商業恢復的結果，市鎮生活在意大利迅速復興。十字軍運動更加促進了商業。迨公元第十二世紀中葉，倫巴底平原已是市鎮密佈，成了繁盛的工商業中心。倫巴底市鎮最初多數受各自的主教的統治，主教形同帝國官吏。但市鎮既繁榮日增，市鎮人民——市民——開始要求自治的權利。當教士授職之爭時期，皇帝和教宗為着爭取市鎮的擁護，競相用自治權利的讓與以為籠絡。迨腓特烈首次出師意大利時，他見倫巴底市鎮都已分別收取四周的土地，組織成各自為政的自治城邑（Communes）——實際獨立自主的共和城邦。他還發現市民雖不屬於騎士階級，卻和封建貴族一樣不受約束，也一樣好勇鬥狠。他相信如要在意大利恢復秩序和重建帝國政府，他先須摧毀這些自治城邑的獨立地位。

公元 1158 年，腓特烈率領大軍，二次出師意大利。他於攻下米蘭後，在隆卡里亞（Roncaglia）召開帝國議會，不顧自治城邑相沿已久的特權，宣佈凡市鎮中名屬王權（Regalia）的權力，包括官吏的任用、司法，以及關津、市場、鑄幣廠和法庭等的收益，都應歸屬皇帝。一時腓特烈真似在意大利重建了帝權。但帝國官吏在意大利徵斂無度，不得人望。米蘭和其他若干市鎮起而抗命，它們的行動獲得教宗的支持。亞德四世於公元 1159 年逝世。在接着的教宗選舉中，經過激烈的爭執和紛擾，多數樞機主教選舉了亞歷山大三世（Alexander III，公元 1159—1181 年），而有一部分卻另舉維篤四世（Victor IV）為對抗教宗。腓特烈承認維篤為教宗，於是教會又陷於分裂。同時腓特烈得帕維亞（Pavia）和其他若干與米蘭不睦的市鎮依附，在意大利北部進行壓制反叛市鎮的戰爭。公元 1162 年，他把米蘭夷為平地，把米蘭市民逐散。但倫巴底對他的不滿和反抗如故。公元1166年，腓特烈必須第三次出師意大利。因為當時教宗亞歷山大在羅馬策應意大利北部的反皇帝運動，所以腓特烈進軍至羅馬，於公元1167年7月佔領羅馬城。但他的軍隊受到了厲害的瘧疾的襲擊，死亡泰半，迫使他不得不引而北去。當他逗留在南方時，意大利北部的市鎮再結聯盟，恢復獨立，並迅速合力重建了米蘭城，以至於他率領他的殘部，不敢經倫巴底，而從薩伏衣爾（Savoy）假道回日耳曼。

在其後的數年中，倫巴底聯盟（The Lombard League）於米蘭的領導下，幾乎奄有了所有意大利北部的城邑。聯盟還新建了一座防禦堅固的城砦，守衛從西北方入倫巴底的阿爾卑斯山隘。這新城命名為亞歷山大港（Alexandria），以示敬於對皇帝抗衡不屈的教宗亞歷山大。在腓特烈方面，則這數年中日耳曼多故，無暇南顧。他的再度用兵於意大利，已遲至公元1174年。這年冬天，他圍攻亞歷山大港不下。戰事遷延至1176年，是年5月，他所率領的日耳曼騎士，在萊尼亞諾（Legnano）附近為倫巴底聯盟的步騎軍隊大敗。這使腓特烈最後終於承認他政策的失敗，坦率接受失敗的事實。他先與亞歷山大三世言和，結束教會的分裂。次年，他也與倫巴底聯盟協議休戰。根據公元1183年的康斯坦茨和議（The Peace of Constance），皇帝放棄在王權名義之下的各項權利，聽任倫巴底城邑自治；城邑則承認皇帝的宗主權，對皇帝宣誓效忠。倫巴底經首尾三十年的鬥爭，終於獲得了最後勝利。皇帝征服或直接統治意大利的希望，從此破滅。至於在教宗方面，則他的勝利也還不是最後的決定勝利。腓特烈雖被迫犧牲他的對抗教宗，承認亞歷山大，但他仍繼續保持對日耳曼的教會的控制。而且無論在皇帝或教宗方面，他們都還沒有放棄各自的最高權力的要求。

腓特烈的晚年

腓特烈在意大利的失敗，使他晚年得以專心一致於日耳曼內部的政務。在日耳曼，他晚年所遭遇的唯一嚴重事端，就是與韋爾夫家族的爭端再起，結果是他獲得勝利。在意大利，他最後數年的外交成功，也為他贏得了不少以武力所未曾獲致的聲威。公元1189年，腓特烈以年逾花甲的高齡，當聲威鼎盛之際，率領二萬騎士東行，領導第三次十字軍東征。這位年邁的戰士在上亞細亞渡一條小川時遭溺斃，未曾與回教軍隊交綏。

亨利六世

繼腓特烈為神聖羅馬皇帝的為其子亨利六世（Henry Ⅵ，公元1190—1197年）。亨利缺乏腓特烈所有的動人氣質和美德，在位也不過短暫的七年。但他足智多謀，善決斷而長於外交。當他在位時，他用政治上孤立教宗的政策，以困教宗。首先他予倫巴底城邑以更多的獨立地位的承認，使意大利北部歸心於他；繼之，他取得了西西里和意大利南部的諾曼王國。於是教皇國遂被孤立於意大利半島中部。亨利六世的皇后康斯坦絲（Constance）為西西里公主，於公元1189年西西里王威廉二世（William Ⅱ）逝世後為王國的繼承人。亨利六世以兵克服西西里貴族的反對，終於公元1194年贏得了這王國。亨利並進而削奪教皇國的土地，以分封自己的臣下。一時間似乎霍亨斯陶芬家過去以武力所未能奏效的，現在在亨利六世的治下藉外交的途徑而獲得了成功。但亨利六世的早逝，使這次希望也歸於破滅。而在教會方面，經過從額我略七世以來和俗界君主——尤其皇帝——的長期的抗衡，迨公元第十三世紀其勢力達於極盛。

第四節　羅馬教廷勢力的極盛

英諾森三世

亨利六世在位七年逝世（公元1197年），在日耳曼，帝位之爭再起，國家又陷於四分五裂的狀態。西西里現在是幼主在位，而且和帝國脱離了連繫；反之，教廷則有英諾森三世（Innocent Ⅲ，公元1198—1216年）繼位，一位在中世歷代教宗中最強有力的人物。

在羅馬天主教會的歷史中，英諾森三世的在位，使教宗的權力達於極盛，如日中天。英諾森少時曾在法國巴黎和意大利波羅格納（Bologna）受法學訓練，諳習教會法和教會傳統。他的當選教宗，年不過三十七歲，正當精力充沛、壯年有為之時。他在位十八年，在這期間，他君臨西方基督教世界，不僅統一的天主教會受他絕對的統治，也使所有的天主教國家奉他的號令。英諾森深信，他身為聖彼得的繼承者，對於教會和國家持有絕對的權威。一世紀以來教會在法律和制度等方面的演進，使英諾森的地位與額我略七世當時已頗懸異。英諾森堅持他具有普遍的最高統治權力，在他認為這只是維護長久以來經公認的教宗的當然權利，而非自我作故。誠然，英諾森並未要求對俗界政府事事加以干涉，但他維護教宗的精神權力，視監察基督徒——包括君主——的罪行為天職，事實上已使世人的一切行為，凡含有道德意義的都可受他管轄。這使他的精神權力必然時時攙入俗界的權力。

英諾森與日耳曼

公元 1198 年，英諾森三世踐位為教宗，日耳曼的大部分貴族也選舉了紅鬍子腓特烈的少子斯瓦比亞公爵腓力（Philip of Swabia）為皇帝。他們沒有選舉亨利六世的稚子腓特烈（Frederick），因為他太年幼，當亨利逝世時他還只得三歲。但日耳曼仍有不少貴族不願再有一個霍亨斯陶芬家的皇帝，尤其在薩克森西部和萊茵河區（Rhineland）還有擁護韋爾夫家的強大勢力。當年，他們集會選舉了高傲者亨利之孫——獅子亨利（Henry the Lion）之子——不倫瑞克的鄂圖（Otto of Brunswick）為皇帝，因腓力和鄂圖的爭立，韋爾夫家族與霍亨斯陶芬家族的戰爭又起。腓力得大多數日耳曼貴族的擁戴，而鄂圖則依恃科隆大主教的支持和舅夫英王獅心理查（Richard the Lion-Hearted）的援助。但公元 1199 年理查逝世，大為削弱了鄂圖的地位。腓力和鄂圖也都同時向教宗乞援，因為教宗雖不干涉皇帝選舉，但唯有他有權為皇帝加冕。

當帝國政府因帝位之爭和內戰而陷於癱瘓之際，英諾森乘此時機，在意大利大為加強了教廷的地位。在意大利，英諾森以教宗的地位，自然為反皇帝黨的領袖。他從教皇國和都斯加尼清除了亨利六世所壅植的日耳曼皇帝的勢力。在他膺選的當年，亨利六世的皇后西西里女王康斯坦絲逝世，因為教宗在名義上為西西里王國的封建宗主，這使英諾森又以此而為亨利和康斯坦絲的稚子腓特烈的保護人。這樣教宗完全控馭了意大利的中部和南部，他只需再在北部阻止有效的帝國權力的重建，就足以保持教廷在意大利的地位的安全。有三年（公元 1198—1201 年），他拒不承認腓力或鄂圖為皇帝，同時則堅稱唯有他有權解決帝位之爭。遲至公元 1201 年，英諾森獲得鄂圖保證尊重教宗權力的諾言後，始公開承認鄂圖為帝，是為鄂圖四世（Otto Ⅳ）。在爭立的兩方，鄂圖是較弱的一方，因此對於教廷也是較少危險的一方；更兼他是韋爾夫家人，傳統上與教廷親善。英諾森並從鄂圖獲得保證，承認教宗對於帝位選舉的裁定權，和放棄皇帝在教皇國以及都斯加尼的一切權力的要求。再者，英諾森也不願西西里再與帝國連為一體。一個霍亨斯陶芬朝的西西里，自然不會與一個韋爾夫系的帝國連合。但英諾森雖支持鄂圖，而鄂圖在日耳曼的勢力卻迄無進展。迨公元 1207 年，鄂圖終於失敗，逃亡英國。這事自然使英諾森十分失望。次年，他不得不承認腓力為皇帝。

但腓力不久即因細故遇刺殞命。腓力既死，而日耳曼也已厭於戰亂，使鄂圖得以順利復位。鄂圖於公元 1209 年在羅馬加冕，他也對教宗重申對於教皇國的保證，並作新的權利的讓與，包括實際放棄皇帝對日耳曼教會的控制。但諾言之於鄂圖，全無價值，不數月間，他已經襲用霍亨斯陶芬朝的帝國政策，對教皇國頻加威脅。公元 1210 和 1211 年，英諾森曾兩度將鄂圖革出教會，解除他臣下對他效忠的約束。結果，在日耳曼親霍亨斯陶芬家的叛亂又起，擁戴亨利六世之子方屆成年的腓特烈稱帝。英諾森至是也不得不有背他的初衷，支持腓特烈的要求，因為沒有其他適當的人選可用以反對背信的鄂圖。但在他最後同意前，他也使腓特烈承認鄂圖所作的各項諾言，並應允於他加冕為帝後，以西西里王國禪予其子亨利，使西西里繼續與帝國分治。在日耳曼的戰爭繼續進行至公元 1214 年，鄂圖為腓特烈和法國國王腓力二世（Philip Ⅱ）大敗，以致眾叛親離，勢力解體。次年，英諾森宣佈廢黜鄂圖，承認腓特烈為皇帝。是為腓特烈二世（Frederick Ⅱ，公元 1211—1250 年）。

腓特烈二世

公元 1220 年，腓特烈返抵意大利，在羅馬加冕，開始霍亨斯陶芬家多彩多姿的歷史的最後一幕。當時英諾森已經去世數年。關於腓特烈的性格和為人，因為過去的記載對他所說不一，毀譽參差，難以定論。他的教宗黨的敵人視他為大異端，人類的墮落之尤；而仰慕他的人則尊之為"世界的珍奇"（Stupor Mundi）。即如近代學者，也仍多用極端的詞語，以形容這位中世歐洲君主。他被稱為"近代式君主的前驅"，說"從查理曼至拿破崙的整整十個世紀中，沒有一個君主比得上他。”誠然，這位日耳曼皇帝和諾曼君主的後裔，有其卓越的才具。他在一個暴亂而陰謀迭起的宮廷中長大，諳悉種種權謀術數之為用，和養成了無所信任、一心獨斷的習慣。當時西西里是一個五方雜處的國際性地方，意大利人、諾曼人、希臘人和薩拉森人雜處其間，流行各種各樣的社會宗教觀念與生活方式。腓特烈為這個五光十色的社會產物，使他發展了為同時代人所少有的敏銳的懷疑精神和求知慾望。他缺乏道德的或宗教的信心，但對於文學、科學和哲學則有強烈的興趣，對於他的王國的需要也有遠大而開明的認識，是一個近乎文藝復興式的君主。

腓特烈的心力所注主要也是他的西西里王國。在西西里，他之為一個強有力的君主的才具獲得充分的施展。英諾森既死，腓特烈不顧他所作的諾言，繼續領有西西里。他在西西里建立了一個中世西方所從來未有的專制的政府，由王家任命的官吏組成行政系統，使封建貴族的勢力屈服於王家行政之下。他改組御前法庭，任命出身平民而曾受法律訓練的人為司法官，以羅馬法原理為基礎編訂法典（公元1231年），以代替封建傳統和地方習慣。他也改革稅制，增加王國財政的收益，人民因此賦稅負擔加重，但由於他獎勵工、商、農業，使經濟繁榮而獲得補償。腓特烈也曾致力提高他王國的知識學術水平。他在那不勒斯（Naples）創立大學；他獎掖才學之士的慷慨大度，曾使他的宮廷文人學者叢集，為西方學問的中心。在腓特烈的君臨之下，西西里王國雖受專制的統治，但卻一時成了歐洲最繁榮、最開明的一邦。

腓特烈二世與教宗的衝突

身為霍亨斯陶芬家人，腓特烈在勢不能以畢生心力，專注於西西里一地。蹈襲亨利六世的政策，他仍圖以西西里與帝國連為一體，並進而圖恢復皇帝在意大利的優勢。這使他終必與他的家族在意大利的傳統敵人——教宗和倫巴底城邑——發生衝突。腓特烈再圖以皇帝權力加於倫巴底城邑，立即於公元1226年促成了一個新倫巴底聯盟的組織；而教宗也再度與聯盟聯合，反對皇帝。經英諾森三世一代，教宗要求統一權力的承認已經勝利，皇帝實際已喪失了對日耳曼教會的控制。因此這次腓特烈二世與教宗的衝突，最高權力問題雖仍照常涉及，但主要爭執的則屬意大利半島的領土問題。腓特烈同樣不顧他以往的諾言，繼續侵奪教宗在教皇國的主權；而教宗則本於其自諾曼人建國以來對西西里所有的宗主權，而以廢立威脅腓特烈。因為腓特烈於公元 1215 年 —— 英諾森三世去世前一年 —— 曾誓言要率領一次十字軍東征，所以教宗又可以履行誓言為要迫。公元 1227 年，額我略九世（Gregory IX，公元 1227—1241 年）膺選為教宗，他立即要求腓特烈履行東征的誓言。腓特烈承諾於當年東行，但出發後在海上臥病，中止。額我略隨即以背誓為由，將他革出教會。次年，腓特烈再度率軍東行，以外交談判從回教蘇丹索回了耶路撒冷。但他仍不能平教宗之怒，因為他的這次出征仍在被逐出教會期間，而他居然與邪教的蘇丹和平相待。經過一年的戰爭，至公元 1230 年，皇帝與教宗始訂立和約，勉強維持了數年休戰。

腓特烈繼之積極進行平服倫巴底城邑的準備。公元 1235 年，因為其子亨利在日耳曼作叛。腓特烈前往平亂。歸來，他率領日耳曼軍隊入意，對倫巴底城邑用兵（公元 1237 年）。於是教宗又與倫巴底人聯盟結合，並於公元 1239 年再度革腓特烈出教會。額我略九世和繼位的教宗英諾森四世（Innocent IV，公元 1243—1254 年）此後一直是反腓特烈運動的堅決的領袖。兩人都是教會法學者，都為教會的權利奮鬥。他們闡揚教會權力的至高無上和表彰教會的俗界權力，比之英諾森三世猶且過之。皇帝對教宗和倫巴底城邑的戰爭綿延不絕，以迄於公元 1250 年腓特烈去世。

大虛位時期

中世歐洲的政教之爭，在腓特烈二世逝世後，皇帝的一方卒歸於最後的失敗，霍亨斯陶芬家的命運也隨而傾墮。腓特烈既死，教宗繼續與他的後人為敵，幾乎以“除惡務盡”的決心，在意大利剪除霍亨斯陶芬家的餘勢。公元 1265 年，教宗以西西里王位授予法國貴族安茹伯爵查理（Charles of Anjou）—— 法國國王路易九世（Louis IX）的季弟，命他從腓特烈後人的治下奪取西西里。公元 1268 年，腓特烈之孫康拉丁（Conradin）在意大利兵敗被俘殺，霍亨斯陶芬家族的直系斷絕。在日耳曼，則霍亨斯陶芬王朝已先告終，帝國政府完全解體。腓特烈二世生前，因他的心力貫注於意大利，不但使日耳曼貴族仍得保持封建自為的地位，而且到他在位末年，日耳曼已經叛亂迭起。

他去世後，其子康拉德四世（Conrad Ⅳ，公元 1250—1254 年）繼位，才四年即死。當時日耳曼殆已淪於無政府的狀態。自康拉德死，以迄於公元 1273 年哈布斯堡家的魯道夫（Rudolf of Habsburg）當選即位，其間十九年，帝國沒有一位共同承認的皇帝。這段時期在日耳曼歷史中稱"大虛位時期"（The Great Interregnum）。日耳曼貴族在這段擾攘混亂的期間所獲得的獨立地位，其後迄未放棄，甚且變本加厲，形同割據。要到公元第十九世紀，日耳曼的政局才發生劇烈變化。

這樣，教宗在與皇帝的長期劇烈鬥爭中，最後獲得了勝利。至少他一時破壞了帝國，而且使它自此積弱不振。在這約兩個世紀中，歷代教宗在天主教世界建立了普遍的統治權，要求廣泛的精神的和俗界的權力，並在意大利中部保持一個直接在他們治下的領土國家。這將近兩個世紀的政教之爭的結果，也在意大利和日耳曼兩地阻礙了強有力的集權政府的發展，從而阻礙了兩地政治統一的進展。這兩地有統一的民族國家的建立，都將遲至數百年之後。但教宗的勝利也並未能保持長久。當教宗方與皇帝進行鬥爭時，英、法兩國國王正在不斷增強他們的權力，並逐步從封建的混亂中建立起統一的領土國家。迨中世末葉，繼任的教宗將見這些民族國家的君主是比皇帝更危險得多的敵人。

第二十五章

英法王權的興起

第一節　法國王權的萌興

卡佩王室初期的式微

當公元第十一世紀中葉，日耳曼皇帝與教宗間的授職之爭初起，卡佩王室（Capetian Dynasty）在法國式微之極。國王的權力只行於王領，一條從巴黎向南北延伸的狹小領地，稱法蘭西島。他大部分財源和軍力也全賴這狹小的王領供應。甚至在王領境內，國王的權力也不能行使無阻。好亂的貴族據堅強的堡壘自固，違抗王命，魚肉農民和過境的客商與教士。在王領境外，則大領地如諾曼第、香檳、安茹、勃艮第、土魯斯或阿奎丹的領土，名義上雖承認國王為封建宗主，但實際卻形同獨立，統治各自的公爵領或伯爵領。國王的實力，比之有的強大諸侯不如遠甚。雖然國王比之他的臣下也自有其優越的憑藉，此即名義上他是他們的主上，也是經教會祝聖的王。教士尤多擁護王權，他們和國王利害與共的關係，過於與俗界貴族的關係。在法國教士授職之爭的獲得妥協，比之瓦姆斯宗教協定尚早十餘年。根據公元 1107 年獲致的妥協，國王不再在形式上為主教和修道院院長授職，但仍得干預教會選舉，並對於教會的受領采邑享有若干封建權利。此後法國國王經常與教宗保持密切合作，同時則加強控制法國教會。教宗和本國教會的支持，成為法國王權增長的一個重要力量的來源。

法國王權的萌興

法國卡佩王朝從極度式微而勢力漸起，始見於公元第十一世紀後半腓力一世（Philip Ⅰ，公元1060—1108年）在位時。教士授職問題的解決，便在他去世的前一年獲致。此外，腓力的事業主要即在鞏固王權在王領的統治。繼腓力為法國國王的為其子路易六世（Louis Ⅵ the Fat，公元1108—1137年），史稱"胖子路易"，是他首先奠定卡佩王朝王權的基礎。路易畢生的成就，一方面繼承腓力一世，平服王領內跋扈的貴族，同時則力持國王在王國全境執行法律的權力。他從不干涉臣下的封建權利，但他堅決主張維持封建法律的執行，使臣民獲享法律的公正，為國王身為封建宗主所應盡之責。他一生在戎馬倥傯之中，討伐封建貴族的暴虐，平定叛亂，保護教士和孤弱無告者。他使國王的威望大增，為國王造成對於封建貴族的新的道德優勢。

安茹公室的強大

法國國王所面對的最大的威脅，為諾曼第與英國的結合。諾曼第自來為法國的強公國之一，與王領接壤。英王亨利一世（Henry Ⅰ，公元1100—1135年）為諾曼第公爵，因而在法國，他是法國君主的臣下。但他的王國和公國都勢力強盛，非卡佩王家的勢力所及。公元1135—1137年，亨利一世和法王路易六世先後逝世。在法國繼位的是路易七世（Louis Ⅶ，公元1137—1180年），能力才具皆不如其父路易六世，而當他在位時，英國諾曼王朝又與法國的安茹公室聯合，使他所受的威脅更甚於路易六世當時。英國諾曼王朝與安茹公室結合的經過如下。英王亨利一世晚年無子，其女瑪蒂爾達（Matilda）先嫁神聖羅馬皇帝亨利五世，無所出。亨利五世死後（公元1125年），亨利一世又以瑪蒂爾達嫁（公元1128年）安茹家的若弗魯瓦（Geoffrey of Anjou）。亨利圖由此使瑪蒂爾達為他生育一個承繼人，他不僅將繼承英國的王位，而且將使兩個與諾曼第鄰接的伯爵領——安茹和梅恩（Maine）——併入諾曼第。但亨利一世不久逝世，英國王位為其甥法國布盧瓦家的史蒂芬（Stephen of Blois）所得。當時瑪蒂爾達與若弗魯瓦已生一子（公元1133年）史稱金雀花亨利（Henry the Plantagenet）。其後的數年中，英國因瑪蒂爾達的爭奪王位，有內戰發生。在法國，則若弗魯瓦征服了諾曼第。當若弗魯瓦於公元 1151 年去世時，金雀花亨利已經長成，是一個年輕有為、英武明察的人君。法國王路易七世初娶阿奎丹公主埃莉諾（Eleanor）為后，一時曾使阿奎丹公國成為王室的領地。公元 1152 年，路易因埃莉諾不矜細行，與她離異。同年，埃莉諾與亨利成婚，這使阿奎丹又成了亨利在法國已經十分廣大的領地的一部分。而公元 1154 年亨利復入繼英國王位，為亨利二世（Henry II）。數年後，他更併有布列塔尼。這時的亨利已是大半個法國的領主，法國西部，從英吉利海峽往南至比利牛斯山，都成了他一家的領地。

路易七世對於法國境內這一形勢的發展，未能防患於未然；他自然也無法剪削亨利的勢力於已經坐大之後。但在法國其餘部分，則路易七世尚能繼承其父路易六世的遺緒，維持法律，保護弱小，受理對於王領以外破壞封建法律者的申訴，這使國內願望安寧和秩序的人們，自然擁戴國王，反對貴族。教士擁護他尤力；而當教宗亞歷山大三世為皇帝紅鬍子腓特烈所迫，離意大利出亡時，也曾尋求他的庇護。這樣，法國國王雖身受安茹公室的嚴重威脅，但他在國內的道義權威及其在國外的影響力，繼續維持。

第二節　法國王權的勝利

腓力・奧古斯都

法國卡佩王朝的歷史，至腓力二世（Philip II Augustus，公元 1180—1223 年）而進入一新階段。腓力史稱腓力・奧古斯都，為卡佩王朝的最傑出的君主之一，才能遠過其父路易七世，雖缺乏路易六世的雄武的騎士精神，但他深沉、明察利害，而於投機取利無所顧忌，善用權謀機變。在腓力繼位前，法國國王對於封建諸侯已經樹立了道德的優勢，腓力更進而大事擴張王領，他使國王的實力大增。腓力的主要目標首在削奪安茹公室的采邑。當時安茹公室的領地，其廣袤約三倍於王領。腓力的策略為教唆亨利二世的諸子，使他們背叛亨利，並於公元 1189 年與亨利的嗣君，英國歷史中著名的獅心理查，聯軍進攻亨利。亨利於當年兵敗後不久去世，結束了這位英國的中世名君和安茹王朝（或稱金雀花王朝）的創立者的一生。次年，公元 1190 年，腓力和理查——

繼位後稱理查一世（Richard I，公元1189—1199年）——同赴第三次十字軍東征，但他們隨即發生衝突，腓力撤師西返。他又教唆理查之弟約翰（John），使背叛理查。他自己則用兵諾曼第，進行征服諾曼第的計劃。理查於第三次十字軍東征後，從東方西返，在經過日耳曼時為神聖羅馬皇帝亨利六世所截留，至公元1194年始以重金贖歸。返國後理查平定叛亂，收復被佔奪的土地和城堡，並聯合日耳曼韋爾夫家的不倫瑞克的鄂圖與腓力為敵。但他於公元1199年，在阿奎丹的一次無關重要的戰爭中被殺。

安茹公室領地的收奪

理查一世的去世，使形勢大變，予腓力以莫大的可乘機會。因為繼理查為英王的正是其弟約翰（公元1199—1216年），殘酷、卑鄙、荒淫、怯懦、背信無義，幾乎人類所有的惡行麇集於他的一身，而至不得人望。公元1202年，腓力藉約翰的一次婚姻糾紛為理由，以封建宗主的權利，召約翰來他的朝廷申辯。約翰拒絕受命。腓力藉此宣稱約翰因抗傳之罪，他在法國的采邑已被削奪，並立即興兵討伐約翰。在以後數年中，腓力逐一佔奪了羅亞爾河以北安茹家的廣大領地。安茹、梅恩、諾曼第、圖賴訥（Touraine），以及波亞圖（Poitou）的一部分，盡為他所有；布列塔尼則另分封給一個友好的諸侯。羅亞爾河以北的這些廣大土地，為安茹家最富饒、最有條理秩序的領地，這時都併入了王領。約翰在法國所僅得保持的，只餘南方的一角——好亂而難治的阿奎丹、加斯科尼和波亞圖的一部分。

繼之，約翰又與教宗英諾森三世衝突，使他無暇顧及在法國的失地。迨公元1213年，他和腓力始再起戰端。這次約翰恢復與不倫瑞克的鄂圖——現在是神聖羅馬皇帝鄂圖四世——聯盟，而腓力與當時正和鄂圖爭奪帝位的霍亨斯陶芬家的腓特烈二世聯盟。次年，約翰的聯盟大敗。鄂圖的勢力既瓦解，約翰不能獨力對抗腓力，只得放棄他收復失地的鬥爭。

腓力與英諾森三世

腓力也如他的同時代人英王約翰和神聖羅馬皇帝鄂圖，曾與教宗英諾森三世的權力主張衝突。在他的一次婚姻糾紛中，腓力屈服，順從英諾森的意旨。由此也足見公元第十二、三世紀間教宗權力的強盛。腓力於公元 1193 年與丹麥公主英格堡（Ingeborg）成婚，但他隨即遺棄了英格堡，未得教宗給予離婚的許可，逕自另行結婚。英諾森三世繼任教宗後，以他向有的決斷，迫使腓力接回英格堡。但在其他事件中，腓力也常不服從英諾森的指使，他不顧教宗的制止，進行收奪英王約翰在法國的領地，便是一例。他也曾因為不願分散自己的力量，遲不參加英諾森於公元 1207 年組織的討伐法國南部亞爾比異端（The Albigensians）的十字軍。

路易九世

繼腓力·奧古斯都為法國國王的為其子路易八世（Louis Ⅷ，公元 1223—1226 年）。路易繼續擴張王領，完成波亞圖的征服，並因亞爾比十字軍的餘勢，收隆格多克（Languedoc）為王領，使王領南向伸展至地中海濱。路易在位三年即去世，其子路易九世（Louis Ⅸ，公元 1226—1270 年）以沖齡繼位，母后卡斯蒂利亞公主布蘭卡（Blanche of Castile）攝政。布蘭卡宗教心深摯，而強毅果敢，能任大事。她數度平定國內封建貴族的叛亂，鞏固王權，並挫敗英王亨利三世（Henry Ⅲ）的恢復失地的企圖。路易在她的教育下長大。他之成為中世法國的聖君和他的時代之成為中世法國的黃金時代，一部分應歸功於布蘭卡的力量。在法國歷史中，甚少國王有如路易九世在生前之為國內外的眾望所歸。與腓力·奧古斯都的工於權謀術數，和路易八世的貪多務得相較，路易九世主要乃以一個基督徒的德行感人。他宗教心的深摯，即令在以宗教為重的中世，也為任何其他歐洲君主所不及；而他又孜孜求治，以盡他為君的責任。在任何方面，路易九世都足以為歐洲中世理想的儀型——他是一個俠義的騎士、一個公正的君主和一個虔誠的聖徒。他曾兩次領導十字軍：一次於公元 1248 年出征埃及，結果兵敗被俘，以重金贖歸；另一次於公元 1270 年出兵北非突尼斯（Tunis），於軍中罹病身故；兩次十字軍結果都無成就。但攻殺異教徒和收復巴勒斯坦聖地，乃中世基督教君主義所當為。甚至路易的在國內嚴厲迫害異端，也與其時代的信仰統一的理想契合。他在死後不久就由教會尊為聖徒，稱"聖路易"（St. Louis）。

路易九世治下的法國

聖路易的德澤之於人，是在他的內治。公元1242—1243年，英王亨利三世再與法國南方好亂的封建領主結盟，進犯法國，為路易所敗。阿奎丹和隆格多克最後底定。其後除領導兩次十字軍外，路易即專心致志於促進國家內部的安寧，並在國際間排難解紛，維繫基督教世界的和平。路易恪守傳統的封建政治的原則。他在王領內部從事行政和司法改革；當他對王領之外的封建采邑有所干涉時，他必循封建法律和習慣的常規。但對於為君的責任和權利，路易具有比他的任何前人更堅決的神聖的意識，凡他所認為義所當然的，他必求其貫徹實行。其結果，這位封建法國的聖君成了法國專制王權的奠基者。

路易九世在許多方面改革了封建司法。他常親自聽訟，判斷曲直，目的在使貧富強弱在他的法庭中獲得同樣公正的待遇。他禁止封建貴族以決鬥定訴訟曲直的習慣，斥之為野蠻；他也禁止另一項相沿的習慣，不許被告當認為他所受的判決不公正時，向他的法官挑戰。爭訟者既被剝奪了這類習慣的權利，嗣後當他不服法庭的判決時，自然唯有繼續向王家法庭上訴，請求重審案情，從而大為增重國王的權力和威望。路易也禁止貴族間的私戰。但封建貴族所最堅持不釋的此項傳統權利，便是路易也尚不能加以杜絕。

當公元第十三世紀中，在法國，一種王家的行政組織逐漸形成。腓力·奧古斯都開始以王領分劃為若干管理區域，設奉行官（在北曰 Bailiffs，在南曰 Seneschals）掌管。奉行官在地方的權力至大，有時還恃權妄為。路易因另設御史，奉王命巡視王領，監察王家奉行官的行為。法國國王有他的朝廷（Curia regis），在中央輔佐他施政，但自來未有確定的組織。迨公元第十三世紀，有兩種職司——財務和司法——開始形成特殊的機構：財務有度支部（Chambre des Comptes），而司法有巴黎的法院（le parlement de Paris）。

大抵法國的封建王權，至路易九世在位時達於最高的發展。公元第十二世紀中，卡佩王朝的君主建樹了對於封建臣下的道德名分的優勢。繼之，腓力·奧古斯都和路易八世又積極擴張王領，收取王國的大部分領土入於王權的直接統治下。迨路易九世，經他長期的太平統治，無論在道德或實力方面，都使王權更為鞏固。他獲得人民的愛戴，並強化了王家行政的組織。這使繼他之後的法國君主，得以超越封建政治，進而發展出近代形式的民族王權。

第三節　英國王權的增長

威廉一世與英國封建制度

公元第十一、二世紀間，英國國王具有非法國卡佩王朝的君主所能幾及的強有力的地位。當時腓力一世仍未能在法蘭西島以外行使任何權力，乃至在法蘭西島境內已還權力有限，而威廉一世（即征服者威廉，公元1066—1087年）已經是英格蘭全境名符其實的君主。威廉一世自始即具有為法國君主所缺乏的優勢為其憑藉。英格蘭是他以征服得來，他為自己保留了征服地的一大部分，而以其餘的分配給從征的諾曼第貴族和教會。土地的分配仍一本封建的形式，受地者為國王的封建諸侯，對他負有一定的軍事義務；諸侯再以一部分領地分配給騎士，騎士是國王的附庸，各為自己的主上——諸侯——給國王服軍役。在理論上，這樣的土地分封和君臣關係，正是歐陸所行的軍事封建制度。但在實行上，則英國諾曼王朝的封建制度，較之行於歐陸各地的為整齊而有組織，國王所保持的權力也比歐陸的封建君主為多。首先，在威廉一世的英國土地乃國王所真正分封給諸侯，而不是如歐陸之只在形式上承認臣下世襲領地的權利。再者，英國諸侯的采邑大都不是完整的一處，而是分散在王國四境，因此沒有一個諸侯其力量會強大到足以單獨與國王抗衡。威廉嚴格徵收封建貢賦，他也繼續徵收丹麥金，由此所得的收入，加上廣大的王家產業的收益，使王家政府得以擁有獨立和穩定的財源。最後，威廉及其繼承者還堅持一項原則，凡從王的諸侯受地的附庸，他們首先須向王行臣服禮，從而建立他們對王直接效忠的關係。這樣，英國諾曼王朝的封建制度，自始就是一種中央集權的制度。

王國行政

在王國行政方面，威廉一世保持舊日盎格羅–撒克遜的州（Shires）的制度，各州設王家官吏，稱州布政使（Sheriff）。他也繼續保持州法庭的組織，用撒克遜法，與諸侯或田莊領主的封建法庭並行。威廉在他所保持的盎格羅–撒克遜舊制之上，加上他從歐陸帶來的制度，目的務在鞏固王權。國王現在有他的朝廷，依據諾曼第的封建習慣，執行司法和處理其他事務。他在國境內到處建築堡壘，任命堡主（Constables）管理。一州主堡的堡主經常就是州布政使，用子爵（Viscount）名號，在地方執行王命，掌理司法。

威廉一世與教會

威廉一世的統治英國，約和教宗額我略七世在位同時。威廉雖未嘗為教宗稍稍委屈自己的權力，例如對於教士授職一事，但他在英國極力支持額我略七世的教會改革運動。在坎特伯雷大主教蘭弗朗克（Archbishop Lanfranc，公元 1089 年卒）的輔佐下，他強迫習於荒怠的撒克遜教士遵守紀律，並以曾經歐陸嚴格的傳統訓練的新人充任主教和修道院院長。他嚴令教士獨身和清除教職賄買。他也開始設立特別的教會法庭，使教士在這種法庭中受他們的教會尊長的審判。威廉的征服英格蘭曾受羅馬教廷的支持。其後額我略七世雖因教士授職問題和日耳曼皇帝發生劇烈的衝突，但對於英國，他始終未多加干涉。

亨利一世

威廉一世於公元 1087 年逝世，以後有十三年（公元 1087—1100 年），其子威廉・魯夫斯（William Rufus）在位，這是一個貪鄙的暴君。威廉・魯夫斯死，威廉一世的少子亨利一世（Henry Ⅰ，公元 1100—1135 年）繼立。亨利酷肖威廉一世，嚴厲，沉着，從事條理井然，是一個典型的諾曼君主。亨利在位時，以在諾曼第的年數為多，但他選任能幹的冢宰（Justiciar），在他不在英國時治理國事。王或他的冢宰主持朝廷，為王國的中央政府。朝廷通常由數目有限的卿相和受王徵召的諸侯組成；有時所有從國王受地的諸侯都要應召來朝廷，於是組成大朝會（The Great Council）。在朝廷之中，司理王家財政的業務開始專屬於若干有經驗的常任官吏執掌，於是有度支部（The Exchequer），主管收納貢賦，審查布政使的會計賬目，登記財政支出等事宜。在英國歷史中，從變動無常，未有定形的朝廷產生有專門職守的部門，度支部是其中最早的一部。亨利也如威廉一世，對於英國教會繼續保持強有力的控制。和在法國一樣，英國教士授職問題也以國王和教宗的妥協解決（公元 1107 年），國王所放棄的只是形式上頒授精神權力的信物的權利。

亨利一世於公元 1135 年死，無子，其甥法國布盧瓦家的史蒂芬（Stephen of Blois，公元 1135—1154 年）入繼。因為亨利之女瑪蒂爾達要求繼承王位，內戰發生。國中的大貴族和教會貴人乘機擺脱王權的約束。英國淪於混亂和內戰之中達二十年。瑪蒂爾達之子安茹家的金雀花亨利（Henry the Plantagenet）繼位，終又恢復了威廉一世和亨利一世父子的嚴厲有效的政府。

亨利二世

金雀花亨利即亨利二世（Henry II，公元 1154—1189 年），入繼英國王位時還是一個年方二十一歲的青年。如前所述，在亨利入繼王位前，其父若弗魯瓦和亨利自己已先後在歐陸併有了廣大的封邑，幾乎佔有大半個法國。便是當他為英國國王時，亨利也仍以他的大部分時間用於歐陸的封邑。但使亨利在歷史上位於中世歐洲最偉大的君主之列的，則是他在英國的事業。在英國國家組織的演進中，亨利二世居於極其重要的地位。英國行政和司法的每一方面，幾乎都曾因他而有重大的發展，並奠定為持久而確定的制度。

王家司法

亨利二世對於英國制度典章最有持久性的建樹，是在法律訴訟方面。他大力擴張王家法庭的管轄權。他以"欽定和平"為由，把大部分刑事案件收歸王家法庭管轄，同時則許可自由民任何有關土地所有權的民事訴訟向王家法庭申訴。在諾曼王朝時期，已有巡迴法官（Judges on circuit）銜王命出巡，在地方行使司法權力。亨利二世更廣泛和更有組織的施行巡迴法官的制度，從而使王國各地有王家法庭可以接受申訴。王家司法，比之地方封建法庭為可靠而公正，因此也更得人民的信心。再者，王家司法權力的擴張，對於國王也有可觀的經濟意義。因為罰款、權利令狀（Writs of right）的費用以及法庭的其他收益，成為國王財政收入的一個重要的部分。

亨利二世在司法制度方面最重要的建樹是立陪審為定制，使成為王家司法機構一個不可分的部分。陪審制度係從諾曼王朝初期宣誓入告的制度演變而來。當亨利二世時代，陪審主要的用於指控或起訴罪犯。王家法官在地方召喚自由民，要他們在宣誓後供出他們所知道的鄰近的罪犯。這樣被指控的罪犯無論其所犯何罪，或在平常情形下應受何種權力管轄，一律須傳至王家法庭受審。但當時陪審制度的另一種應用，也已多少顯示了後世法庭陪審制度的演進，此即陪審員裁判（Assize）。在王家法庭解決土地所有權糾紛的這類審判中，陪審員不僅提出證據，同時也根據他們對於真實情況的了解，予以裁判。

亨利二世與教會

亨利二世極力擴張王家法庭的管轄權，因為他意圖收奪教會法庭和教會法的管轄權，結果引起了一次和教會的嚴重衝突。亨利主張犯罪的教士應與一般罪犯一樣，在平常的王家法庭審判，不應在向來量刑極輕的教會法庭審判。他也極度反對以訴訟案件向羅馬教廷上訴。公元 1162 年，他任命他最親信的近臣托馬斯・貝克特（Thomas Becket）為坎特伯雷大主教，想藉貝克特的效力，使英國教會支持王權。結果卻使他大失所望，因為貝克特一旦身為英國教會的首長，他立即成了反對王權侵奪教權的堅決鬥士。他反對《克拉倫敦法典》（*The Constitutions of Clarendon*），這是公元 1164 年亨利二世所制定的法典；對於教會法庭和教宗的過問英國事務，加以限制。貝克特因為不願屈服，曾經一度出亡法國。國王和大主教間的爭持繼續了六年。公元 1170 年，貝克特返國，但同年在坎特伯雷大教堂的祭壇之前被亨利的臣下殺害，兇手顯然聽信了亨利在暴怒時的表示，先意承旨，造成這次流血事件。貝克特的遇害使他成了一個殉道者，人們開始四處來禮拜他的墓地。在輿論和教廷的壓迫下，亨利不得不公開洗刷他的罪名，並撤消了《克拉倫敦法典》。

亨利晚境淒慘。他的四個兒子不斷爭吵作亂；其中二子先他去世，而當他自己身故時，餘下的兩子獅心理查和約翰正在作亂反對他。

第四節　英國政府組織的演進

理查一世

亨利二世以後，繼位的金雀花王朝的國王理查一世（Richard I）、約翰（King John）和亨利三世（Henry III），或連年漫遊在外，或昏庸暴虐，或狂悖荒謬。但英國自威廉一世以來所建立的中央行政組織，仍繼續演進發展。英國本來已是一個遠比法國統一的國家，而在這時期每當反抗一個昏君時，英國的封建貴族並不自求獨立，他們只是迫使國王承諾守法和公平，或迫使他實踐他的諾言。結果是在這一段不稱職的國王連續在位的期間，英國人反抗王權專制，從而奠定了英國憲法和議會政治的基礎。

理查一世（公元 1189—1199 年）即獅心理查，便是一個連年不在國中的國王。他居英國王位十年，但他在英國合計不過數月。這位遊俠君主的事跡實際以屬於第三次十字軍東征或法國的歷史者居多，與英國本國的歷史關係不大。但在冢宰坎特伯雷大主教華爾特（Hubert Walter，公元 1205 年卒）的攝理下，英國王家政府仍得充分行使權責，未曾因國王不在國中而受損。華爾特所最感困惱的只是他隨時需要為理查籌集巨額金錢，供他接連的戰爭耗用。有不少市鎮，在當時藉國王需財孔亟的機會，向王家政府購得特權狀，從而獲得更多自治的權利。大朝會也乘國王不在的機會，攬有了較多的權力。

約翰王

理查一世於公元 1199 年死，其弟約翰繼立。當約翰在位時期（公元 1199—1216 年），英國王家政府經歷了接二連三的嚴重危機。約翰的統治暴戾恣睢，而又連遭蹉跌。他繼位後的第一樁失敗就是喪失了他在歐陸的大部分領地——安茹公室的領地，為法王腓力二世所兼併。約翰隨即又與威重一時的教宗英諾森三世衝突，結果也歸失敗。當約翰繼位之初，英諾森三世曾示好於他，並在他與腓力二世相爭時，給他支持。他們兩人間衝突之起，是由於一次對於坎特伯雷大主教的繼任人選的爭執。華爾特於公元 1205 年去世，英國教會在兩次選舉中選出了兩個不同的繼承人，相持不下。英諾森對於兩造都不承認，卻將坎特伯雷大主教一職授予朗頓（Stephen Langton，公元 1228 年卒），一位博學多能的英籍樞機主教。約翰拒不接受朗頓。教宗對約翰施以壓力，先於公元 1208 年以離教的處分加諸英國；繼之，又革約翰出教會。約翰則以收奪英國教會的領地為報復，這使他又斂怨於英國教士。約翰的政府暴戾恣睢，而又賦役繁重，也使英國貴族不滿，常有叛亂發生。最後，迨經公元 1213 年，腓力二世為教宗效命，同時也為他自己的利益，準備進攻英國本土，約翰乃不得不向教宗屈服輸誠。他不僅接受朗頓為英國教會的首長，而且還向教宗納土稱臣，把英格蘭王國作為受賜於教宗的采邑。

大憲章

約翰雖向教宗屈服輸誠，但並未平息國內對他的不滿。他對法王腓力二世作戰，又因他的盟好神聖羅馬皇帝鄂圖四世貶潰勢力不支。失敗歸國時，他發現英國上下方聯合一致反對他，為首的是封君們，並獲得教士和倫敦市民的積極支持。公元 1215 年，他們強迫約翰簽署了《大憲章》(Magna Carta)。這一歷史文件對於後世的意義重大，遠過於產生當時。自有《大憲章》，而後世英國人反對國王的專制，莫不指之為破壞《大憲章》的行為；而當公元第十七世紀斯圖亞特朝（The House of Stuart）的國王企圖重建專制政府時，國會中的反對勢力也揭《大憲章》為護符，視之為對於全國人民自由權利、公平審判，和代議政府的根本保障。事實是《大憲章》在當時不過是一種封建協定，其中若干語句雖曾籠統道及全體自由人的權利，但主要則只是國王允諾以後他行使王權、對待臣下，應一本法律和公正的原則。自然，《大憲章》的最重大的意義或亦即在此，因為這表示了法律高於王權，而封君代表國家，有權強使國王服從法律。

約翰雖被迫簽署了《大憲章》，但他自始就無認真遵守的誠意。教宗英諾森三世又以約翰的封建宗主之尊，否認《大憲章》，並解除約翰認可《大憲章》的誓約的效力。於是封君們的叛亂再起，迨約翰於公元 1216 年去世始止。同年，英諾森三世也去世。

亨利三世

約翰既死，子亨利三世（公元 1216—1272 年）繼位，年幼。英國封君們與亨利的攝政妥協言和，承認亨利為王，《大憲章》也重經頒佈。英國一時似又回復了常態。公元 1227 年，亨利成年，親政，而英國的國事再壞。亨利親政的時期，年代上大抵與法國路易九世在位的期間相當。他們是僚婿，俗稱連襟；亨利也如路易九世一樣宗教心深摯。此外，亨利則與同時期的這位法國聖君大相逕庭。他浮誇成性。他的外交政策鋪張靡費，多空中樓閣，不切實際。除了王家賦稅繁重外，他的政府之最為英國人怨忿的，還有以下二事：第一是他好任用來自法國的嬖倖。他們居政府的要職，而多腐敗貪婪，不能稱職。第二是他好以教會的美職肥缺，授與教宗的寵幸，其中多數是意大利人。當時正是羅馬教宗對神聖羅馬皇帝腓特烈二世及其後人進行最後的勢不兩立的鬥爭時期，這使教宗比以前更需要錢財。只有國王能保護本國的教士和人民，使他們少受教廷的需索，但亨利卻因為他的宗教心虔誠，而不願為此。

英國議會制度的萌興

亨利狂悖的外交政策中，有一項同意援助教宗剷除霍亨斯陶芬家人，由他支付全部作戰費用，而由教宗承認其少子埃德蒙（Edmund）為西西里國王的約定。他這項狂悖的外交政策，加以他出征蘇格蘭和威爾斯的軍事失敗，終又促使封君們決心起而採取行動，以圖約束一意孤行、專制妄為的王家政府。一個要求更廣泛改革的新運動興起，包括一部分年輕的封君、多數教士和騎士以及市民——尤其倫敦和牛津兩地的市民。他們的領袖是西蒙・德孟福爾（Simon de Montfort，公元 1265 年卒）——一個法國的封君之後。他在早年到了英國，受封為萊切斯特伯爵（Earl of Leicester），並與王室通婚，完全成了英國人。公元 1263 年，內戰發生。次年，德孟福爾在雷威斯（Lewes）地方擊敗國王的軍隊。其後有一年，他控制政府，直到下一年（公元 1265 年）他戰敗被殺。當他控制政府時，他曾召集一次大朝會，史稱德孟福爾國會（公元 1265 年），目的在求國中上下贊助他的政策。在德孟福爾以前，大朝會的召集有時已有各州的騎士代表參加。這次，德孟福爾所召集的不僅每州有騎士代表二名，並且每一自治市鎮也有市民代表二名參加。這次國會在改革英國政治上雖無若何持久的成就——德孟福爾自己在召集的當年就身死——但它在英國憲法史上仍有重要的意義，因為它究竟創下了一個先例——市民代表參加國會的先例。到下一位國王愛德華一世（Edward Ⅰ）在位時（公元 1295 年），遂以為定制。Parliament 一詞在亨利三世在位時開始用來稱呼大朝會，原意義為會議，其後遂沿以稱國會。

當公元第十三世紀時，英國是一個在政治上遠比法國統一的國家，從諾曼人征服以來，英國的統治階級雖以他們的諾曼血統，與國家的大多數人民分離；在語言上他們也仍使用法語。但與上一世紀相較，則他們顯然已日進於英國化。英國君主的原屬諾曼和安茹公室的領地喪失，也使英國的統治階級與他們在歐陸的族人疏離。他們現在成了島居之人，他們的法語也日益喪失純淨，而開始與大多數英國人所使用的盎格羅—撒克遜語混合。朝廷——王家政府——並未因亨利三世的昏庸而廢弛。王家司法擴張的結果，一種通行於全國的普通法（Common Law）開始建立起來，逐漸代替舊撒克遜法律和經諾曼人傳入英國的歐陸封建法律。在這時期，諾曼封君且與撒克遜市民聯合反抗國王的專制。市鎮的興起和大部分市鎮的獲得自治權利，使國家的撒克遜成分增加了新的重要性。因為在英國，正如在法國一樣，這是一個經濟繁榮、商業、工藝製造和市鎮生活迅速發展的時代。每一方面都可看出，一個融合諾曼和撒克遜成分，而且有可以稱之為英格蘭的特性的新國家，已在形成。

第二十六章

十字軍運動及其影響

當中世盛時，歐洲的日耳曼、意大利、法國和英國等地，屬於羅馬天主教世界。在它們的四周有希臘東正教區域，有非基督教的斯拉夫人區域和回教薩拉森區域。多少世紀來，回教勢力深植於西班牙、西西里、北非和近東各地。他們控制了地中海。基督教世界對於文明遠勝於自己的薩拉森人，至多只能自保。但至公元第十一世紀初年，地中海四周的形勢開始改變。回教世界首先喪失了內部的統一。它向外衝擊的勢力，也開始弛解。在另一方面，基督教的歐洲則方從黑暗時期脫穎而出。歐洲人民以飽蓄的銳氣和力量，面對他們以外的世界。現在是他們起而為侵略者了。薩拉森人於公元第十一世紀被逐出西西里；同時在西班牙，基督教勢力反抗回教勢力的長期戰爭開始。到同世紀末葉，羅馬教宗號召基督教人民組織軍隊，直接去東方征討回教徒，光復耶路撒冷聖地。於是發軔了其後兩個世紀中在西方基督教世界風起雲湧的十字軍東征運動。

第一節　十字軍運動的起因

塞爾柱土耳其人

阿拔斯朝的哈里發建都巴格達，一度曾統治一個疆域遼闊的回教帝國，但在十字軍出征東方前，他們的勢力久已受到侵削。迨公元第十一世紀中葉，塞爾柱土耳其人終於收奪了他們帝國的剩餘部分。其後他們雖仍沿用哈里發的尊號，然其位已同虛設。土耳其人蠻悍善戰，他們成了回教世界的一股新力量，而使基督教世界受到新的嚴重威脅。他們更西向從開羅的法蒂瑪朝的哈里發奪取敍利亞，而從拜占庭帝國奪取小亞細亞的大部分土地。在歐洲，從耶路撒冷朝拜聖地歸來的人士，更加張大其辭，散佈土耳其中殺戮基督教徒和污瀆聖地的駭人傳聞。因此，當拜占庭皇帝阿歷克塞一世（Alexius I Comnenus，公元 1081—1118 年）於公元 1095 年向羅馬乞援，以抵抗威脅君士坦丁堡的異教土耳其人時，歐洲人對於土耳其人的暴行已經熟聞，而且也早已羣情忿激，躍然有征討之意。

烏爾班二世與十字軍

教宗烏爾班二世對於拜占庭皇帝的請求報以熱烈的支持，但他顯然決心自居於主動的地位，而不欲使對回教徒的戰爭只限於援助拜占庭皇帝。當年，烏爾班蒞臨在法國克勒蒙（Clermont）地方舉行的教會會議（The Synod of Clermont），向與會的教俗兩界發出討伐回教徒的呼籲。在一次雄辯滔滔的講演中，烏爾班從各種可能的方面鼓舞他的聽眾，並向志願參加出征的人作了各種精神的和物質的利益的允諾——包括赦罪、離鄉時地權的保護，以至在異教地域獲致財富的希望等等。聽眾向他報以"神意如此"的高呼。他們多數在當場便披帶了教宗所散發的表示宣誓從軍的布十字徽。從法國至歐洲各地，並隨即有宣傳十字軍的人四處往來，傳知消息和鼓舞從軍的熱誠。其中最著名的一人是隱士彼得（Peter the Hermit）。

教宗之所以促成十字軍運動，其理由至為明顯。自額我略七世以來，教廷的威望已經大增。日耳曼皇帝亨利四世雖尚在激烈反對教宗，但教宗的統一的至尊權力的要求，在天主教世界業已普遍獲得承認。現在烏爾班二世既使自己居於此一大國際運動的領導地位，自然更足以昭示世人，基督教世界的真正元首是教宗，而非皇帝。另一個極有可能的動機，是烏爾班和繼他之後的許多位教宗都一心要擴張天主教會，企圖收取更多的地面和人民入天主教的封域。

至於封建君侯、騎士，以至商人和農民，他們之所以為教宗的號召所鼓動，而投身於這樣的一樁冒險犯難之舉，自也有各自的動機。他們的首要動機仍是宗教。克呂尼和教廷的教會改革運動提高了這時代的社會的宗教心。這時代是一個暴亂的時代，但也是一個宗教心熾盛的時代，避世修行的風氣盛行。在一個中世歐洲人看來，只有修士生活才是真正的宗教生活。中世歐洲人深知自己有罪，他們害怕永劫——地獄之刑；他們相信必須有所作為，使自己經歷某種苦難，當作悔罪或贖罪之舉。許多人因為不能度正規的修士生活，有以朝拜聖地——乃至遠道至耶路撒冷——表示他們的悔罪。而十字軍運動，本質上也就是朝拜聖地運動的一種狂熱的表現。此外，封建的效忠觀念當也曾產生相當的影響。中世歐洲人為其主上對敵人作戰，然則，人如欲表示對神的忠誠，對神的敵人——污瀆聖地的回教徒——作戰，豈非應該。一個虔誠的十字軍戰士真的相信，他是神——經過神在世間的代表教宗——徵召去從軍作戰，所以他踴躍應召，為神的光榮獻身。此外，歐洲中世騎士所特著的冒險精神和好戰習性，也鼓勵他去從事這樣一場不以流血為罪的征戰。再者，到十字軍時期，封建的歐洲已多少有人滿之患，有未有領地的騎士，也有領地不足的封君的少子。他們從傳聞所知，東方有着無盡的機會，可以擄掠財貨，佔奪土地。結果十字軍的光復聖地的戰爭，同時也成了征服敍利亞土地的封建戰爭。至於意大利商人，他們不斷支援十字軍，其用心所在也極為明顯。他們要在近東開闢受基督教政府統治的安全的貿易場所，拜占庭皇帝阿歷克塞希望西方出兵幫助他收復小亞細亞，結果十字軍的行動卻大非他之所望。至於平民方面，除宗教心以外，為逃避生活的艱難、貧乏、無聊和債務，亦參加東征。

第二節　十字軍東征

第一次十字軍

當第一次十字軍組成時，歐洲大國的君主如皇帝亨利四世、法王腓力一世和英王威廉・魯夫斯，或因與教會失和，或因自己國內多故，都未參加。第一次十字軍的領導結果歸於若干大封建君侯，他們和他們的部眾主要來自法國，極大多數來自諾曼第、弗蘭德斯和土魯斯等地。另一部分重要的武力來自西西里和意大利南部的諾曼人。在第一次十字軍中，這一支諾曼人是一支具有特殊價值的隊伍，因為他們先已有過對薩拉森人作戰的經驗，而且也多少知道一些回教世界的事情。

第一次十字軍，除少數雜牌隊伍先行外，於公元 1096 年夏末分別取道東行。他們於當年冬天到達君士坦丁堡。皇帝阿歷克塞見了十字軍的軍容之盛和人數之眾，為之訝然。他最後說服十字軍的領袖們使他們向他宣誓效忠，並使他們同意以征服所得的土地歸還帝國，或以皇帝的封建臣下身份持有。他則以給養和嚮導支助十字軍首途往小亞細亞，並同意隨後率領軍隊赴援。公元 1097 年 5 月，十字軍渡博斯普魯斯海峽。他們的首一勝利是攻下尼西亞。尼西亞以及其後他們在小亞細亞所奪得的大部分土地，都如數歸還了拜占庭皇帝。因此在阿歷克塞方面他也贏得了他所期望的結果。十字軍的第二個目標是安提阿，這是敍利亞北部最重要的沿海城市。在前進途中，十字軍還北向入亞美尼亞（Armenia），得當地的基督教土著之助，逐走了土耳其人，佔有該地。安提阿的圍攻花了公元 1097—1098 年的整個冬季。然後他們沿海岸南下，於公元 1099 年夏抵達耶路撒冷城下。當時的耶路撒冷又已被埃及的法蒂瑪朝奪佔，但兵力有限。同年七月，十字軍入耶路撒冷，於是聖城光復。繼之是一番強烈表現十字軍精神的狂熱場面。十字軍一面在聖墓教堂跪拜歡呼，有的至於喜極而泣；一面則在全城屠戮居民，慘無人道。

耶路撒冷王國

在攻佔耶路撒冷後，十字軍的一大部分回去歐洲，相信他們已經完成了神聖的事業。留下的則繼續進行新的征服，並按照西方封建國家的制度，進行組織他們所奪得的土地。布永公爵戈弗雷（Godfrey of Bouillon）首先受十字軍領袖們的推舉，為這一新封建國家的元首。戈弗雷不受王號，稱“聖墓守護者”（Defender of the Holy Sepulchre）。迨公元 1100 年，其弟包爾溫（Baldwin）繼位，始用“耶路撒冷王”（King of Jerusalem）稱號。新的征服繼續了一時。意大利商業市鎮的船隊和從西方繼續東來朝拜聖地的武裝隊伍，使新的征服繼續獲得新力量的補充。由此形成的耶路撒冷拉丁王國（The Latin Kingdom of Jerusalem），其疆域，從巴勒斯坦南端往北，包括全部敍利亞海岸，西北並伸入亞美尼亞。這是一個完完全全的封建國家，全境區分為四部分，包括王國本土，亦即王領，和三處大采邑；後者為埃德薩伯國（Edessa）、的黎波里伯國（Tripoli）和安提阿公國（The Principality of Antioch）。大采邑的封君承認耶路撒冷王為他們的宗主，但在實際行為上都同獨立的君主。在王國本土和三大采邑的內部，也按照西方的封建習慣，再分出土地，授予較小的封君和騎士，而由受地者報以軍事服役。在沿海市鎮，從威尼斯、熱內亞和比薩東來的意大利商人建立了永久性的貿易場，獲得廣泛的貿易特權。自然，在十字軍征服後，當地的原住民繼續佔人口的大部分，十字軍始終只是有限的少數。但他們也逐漸與新地的生活相習，採取當地土著的服飾和各種生活習慣，成了當地的定居者。

耶路撒冷王國從建立以來，便地位不固。它的領地狹而長，東側綿長的邊境隨處可以攻擊。再者，它的地位也因內部各種勢力的相互嫉視對立，而被削弱。從不同意大利市鎮東來的商人，以及兩個大武裝宗教團體醫院騎士團（The Hospitalers）和聖殿騎士團（The Templars），不時自相敵對。在早來的定居者和新來者之間，也多各分畛域，交相歧視。他們之所以能夠自保，只因有一時期，他們鄰近的回教勢力也同樣缺乏統一之故。一旦回教區域的統一恢復，則耶路撒冷王國立即形勢危殆。

第二次十字軍

回教土耳其人於公元 1144 年又奪佔了埃德薩。這次噩耗在歐洲引起了第二次十字軍的組織。為法國克萊爾沃修道院（Abbey of Clairvaux）院長聖伯納德（St. Bernard）的呼籲所感動，法王路易七世和霍亨斯陶芬朝皇帝康拉德三世，於公元 1147 年率領大軍去東方，但無功而返。他們的失敗，一大部分原因是不能獲得他們所要去援助的敍利亞的拉丁教徒的合作。

第二次十字軍後，敍利亞基督教勢力內部的分化對立，益發不可救藥。同時在回教世界，則薩拉丁（Saladin，公元 1193 年卒）正以全力統一埃及和敍利亞的回教勢力於他的治下。公元 1187 年，薩拉丁奪取耶路撒冷城，奄有耶路撒冷王國本土的全境，使拉丁勢力在敍利亞只剩了的黎波里伯國和安提阿公國。

第三次十字軍

耶路撒冷經過近乎一世紀的基督教統治，再告陷落，使全歐為之震動。由此激起新的十字軍熱潮，促成了第三次十字軍（公元1189—1192年）的組織。這次十字軍，當時羅馬天主教世界的三位最顯赫的君主都曾親身參預，率領他們的國人出征。皇帝紅鬍子腓特烈已經年邁，他首先出發東行，但不幸在小亞細亞渡一條山澗時淹斃。他的部眾多數折返歐洲。法王腓力二世和英王獅心理查在抵達東方後失和。他們的性情枘鑿；在歐洲，他們又分別代表兩個敵對的家族——法國的卡佩王室和英國的安茹王室。他們二人間以及他們的隨從間所發生的劇烈衝突，幾乎使十字軍的力量為之癱瘓，軍事無法進行。腓力在攻下巴勒斯坦的海岸城市亞克（Acre）後不久，便班師回國，留下理查單獨繼續對薩拉丁的戰爭。這次戰事，在中世基督教和回教文學中都曾產生大量的傳奇文學，描寫理查和薩拉丁的英勇事跡和武功。兩人都驍勇善戰，也都慷慨大度，富豪俠之氣。但在兩人間，薩拉丁顯然仍代表一種更為開化的文明——回教薩拉森文明。公元1192年8月，理查與薩拉丁訂約休戰，結束了第三次十字軍。根據這次約定，基督教徒在巴勒斯坦獲得在亞克以南的一條濱海地帶，以及自由至耶路撒冷朝拜聖地的權利。

第三節　十字軍運動的繼續

第四次十字軍

公元第十三世紀開始時，正當大教宗英諾森三世在位，歐洲又有新十字軍運動發生。這世紀中結果有多次十字軍東征，但沒有一次能再造第一次十字軍的光榮，為基督教世界獲致任何持久的勝利。其中的第四次十字軍，為英諾森所親自發動，竟至於背棄了十字軍的原始目的，而去劫奪基督教城市和國家。當公元第十三世紀初年，日耳曼因帝位之爭而有內戰。無餘力他顧，結果第四次十字軍也大部分來自法國。這次他們決定取海道東行。他們和威尼斯早有成約，由威尼斯代辦糧草船隻，把他們運往近東。他們於公元1202年在威尼斯集合，但無法籌足金錢支付費用。雙方經過多次磋商，結果達成了一項協議：十字軍方面同意為威尼斯攻取亞得里亞海對岸的一個城市札拉（Zara），該城市與威尼斯交惡，而威尼斯同意十字軍延期清償債務。這樣，以一支十字軍的隊伍用於攻擊一個基督教城市，已足夠使歐洲為之震驚，而不幸的消息尚不止此。在十字軍的首領們和一個出亡的拜占庭皇子阿歷克塞（Alexius）之間，一個更大的陰謀正在積極進行。十字軍依然缺乏費用，而阿歷克塞覬覦拜占庭帝位，他答應如果他因十字軍之助得償所願，他願意供應十字軍所需要的一切。威尼斯則從中慫恿；威尼斯人希望有一個更能從其所欲、慷慨給他們商業特權的拜占庭皇帝在位。公元 1203 年，十字軍進軍君士坦丁堡。這一有金城湯池之固的君士坦丁大帝的故都，在它的歷史中首次被外來的武力攻拔。次年一月，君士坦丁堡人民因不堪十字軍的誅求，起而革命，推翻了借外力登極的皇帝阿歷克塞四世，另立新帝。因為新帝拒絕十字軍的繼續需索，並且要求他們退去，結果同年四月，十字軍又經威尼斯的策動，再佔君士坦丁堡。這次君士坦丁堡受到了慘烈的浩劫，闔城被大掠三日，它從神聖的十字軍戰士所蒙受的暴行，比之一個基督教城市所可能受之於回教軍隊者，殆有過之。這時十字軍領袖們從他們的同儕中推舉了弗蘭德斯伯包爾溫（Baldwin of Flanders）為皇帝，以所佔的拜占庭土地建立了一個東方拉丁帝國。威尼斯則獲得了更多的商業特權和帝國的一部分沿海土地和島嶼。拉丁帝國（The Latin Empire）延祚至公元 1261 年，仍為當時繼續保有小亞細亞的拜占庭皇帝所克復。但半個世紀的淪陷，已使這東方的基督教帝國的聲威和勢力，大受斲喪，從此無力恢復。英諾森三世對於這次十字軍的進攻札拉和君士坦丁堡，事前都曾嚴令禁止，但都無效。於此可見連一代大教宗如英諾森，對於十字軍也已失卻控制。

最後數次十字軍

第四次十字軍後，公元第十三世紀尚有數次十字軍東行，但也鮮有成功。英諾森對於第四次十字軍失望痛心之餘，在逝世前又曾組織另一次十字軍，是為第五次十字軍。第五次十字軍於公元 1218 年出發，目的地是埃及。他們曾一度佔領尼羅河口的達米埃塔（Damietta），但旋即喪失。第六次十字軍便是公元 1228 年皇帝腓特烈二世所領導的一次。他不以武力而以外交談判贏得了耶路撒冷，已如前述。第七（公元 1248—1254 年）和第八（公元 1270 年）兩次十字軍係法王路易九世——聖路易——所領導。他於前一次去埃及，因軍事失利被俘；後一次又因他在突尼斯身故而中斷。第八次十字軍有英王子愛德華（Edward）參加，他在路易九世死後曾去敘利亞，也無功而返。這是最後一次有組織的十字軍，至此，結束了約兩個世紀的十字軍運動。在這運動結束前，耶路撒冷先已於公元 1244 年重被回教勢力奪佔；安提阿於公元 1268 年淪陷；迨公元 1291 年，拉丁國家在敘利亞的最後據點亞克喪失。十字軍東征所造成的領土的征服，至此盡失。

十字軍在東方征服的領土之所以未能長久保有，一部分原因是征服者自身內部的弱點所致，他們不斷相互敵視、衝突和分化。另一部分原因是西方對於十字軍運動的支援難以為繼。教宗所發出的召集新十字軍的呼籲，日益喪失效力；而有的十字軍，如第四次十字軍，則易聖戰而為盜劫，事實上成了唯利是圖的傭兵。至於仍一本至誠發願投充十字軍的人士，他們有的去西班牙與回教徒作戰，有的去法國南部討伐亞爾比異端，或去普魯士（Prussia）征服異教的斯拉夫人，也比遠道跋涉去敘利亞為安全而易舉。再者，教宗與君主又時時藉十字軍之名斂財，過後卻無所舉動，也使十字軍的號召喪失信用。繼英諾森三世之後的教宗，他們所專心致志的更只是對霍亨斯陶芬朝的皇帝作殊死之爭，屢次號召十字軍加以討伐，而不討伐回教徒。最後，更重要的是時代興趣和風尚的變化，使西方人心轉而競騖於新的不同的方面。王權和商業中等階級的勢力既盛，則為十字軍精神的基本要素的軍事封建制度浸衰；在其他難以悉數的方面，西方的精神也日見蛻化變易。可能這是十字軍精神所以衰替的最根本原因。十字軍運動產生於歐洲中世盛時，一旦時移代換，這運動也即隨而消沉。

第四節　十字軍運動的影響

十字軍東征的影響

十字軍運動對於當時西方正在開始復興的經濟、社會和文化生活各方面，無疑曾發生重大的促進作用。十字軍之起，在西方正當一個思想精神和社會活動加劇的時代。但這時代所有的變化，若干應歸諸十字軍的原因，若干只是中世文明自然演進的結果，則難以分辨。後世學者間也所說不一。例如，意大利市鎮確曾因與敘利亞的拉丁國家貿易，以及載運朝拜聖地者和十字軍往返聖地，而獲致莫大的經濟利益。但對近東的貿易，在十字軍時期前已開始。如沒有十字軍運動發生，此項貿易的發達可能不會如此迅速。再者，歐洲在十字軍時期確曾從回教世界大量傳入哲學、科學、工藝製造，以及一般文化的知識，但基督教世界與回教文化的最直接接觸，乃來自西班牙和西西里，而非來自近東。中世羅馬天主教教宗因為領導了這一壯大的國際運動，自然使他們的聲威益振。但如前所述，他們優勢地位的造成早開始於十字軍運動之前，係由於其他更早的原因。在羅馬教宗方面，直接因十字軍運動而創始、其後繼續行之於天主教世界的，殆不過教士什一稅的徵收和所謂天主教贖罪券（Indulgences）的發賣；前者乃教宗向全體教士所徵收的一種直接稅。兩種捐輸原來都為籌集十字軍經費而設，在十字軍運動過後，歷代教宗繼續行之不廢。最後，在英、法兩國，因十字軍而使大量封建貴族跋涉異域，使他們好勇鬥狠的精力消磨於遠方，可能曾有裨於王權的伸張。但王權的興起，也顯然由於其他的原因者多，而由於十字軍者少。

這樣，論十字軍運動在西方歷史中所產生的影響，自然有了限制。不僅如此，它的影響並且還少創始的意義，而是主要對於若干歷史發展所生的促進作用，這種發展遲早終將進行。但一種運動，牽涉如此眾多的人口，經歷達兩個世紀之久，對於其時代的生活勢必有深巨的影響。十字軍戰士和朝拜聖地者回到西方，不少有了與從前迥乎不同的廣博的見聞、開拓的胸襟和新穎的思想。他們不僅從拜占庭和回教的東方增益了識見，而且他們自身間，本來散處各地，風俗習尚不同，也因經過十字軍的聚合，而增加了相互的了解和影響。歐洲騎士階級的習慣和風尚，便曾因十字軍運動而更加混同一致，也更加凝成一定的範式。十字軍戰士的新奇冒險，則以詩歌和故事的傳誦，造成一種新通俗騎士文學的興起。最重要的是十字軍震動了一個本來頗為滯惰的社會，使它更願意變化，不再像以前的鄙塞固陋。

天主教歐洲的擴張

十字軍時期也是天主教歐洲的一個重要擴張時期。十字軍既把羅馬天主教帶往遙遠的地中海東部，在歐洲本土，也有天主教戰士同時在進行征服異教徒的戰爭。他們的事業，比之轟動當時的十字軍東征，尚更多垂久的成就。

在十字軍時期前的數世紀中，基督教因希臘東正教教士在俄羅斯的傳教和羅馬天主教教士在神聖羅馬帝國邊外各地的傳教，已有了廣大的擴張。在歐洲地面，最後進入羅馬天主教封域的，有波希米亞、波蘭、匈牙利、日耳曼北部、斯干的納維亞諸地、普魯士，以及從回教治下光復的西班牙。

波希米亞的斯拉夫人，由於拜占庭教士的傳教，早在公元第九世紀便已開始接受基督教。但波希米亞人不像俄羅斯的斯拉夫人，因為他們旋即改宗了羅馬天主教，並未長久留在希臘東正教會。公元第十世紀中葉以降，經歷代日耳曼皇帝的經營，波希米亞人更從此轉而傾向西方；波希米亞也成了帝國的屬邦。公元 1158 年以降，波希米亞公爵稱王，為波希米亞國王。在日耳曼以東的另一個大斯拉夫人國家是波蘭。波蘭自公元第十世紀後半信奉基督教以來，便屬於羅馬天主教會。它也曾為日耳曼皇帝所臣服，但沒有長久為神聖羅馬帝國的一部分。波蘭的國土廣大，然缺乏強有力的政府，因而時遭四周強鄰的攻擊。在帝國東方和波蘭之南有匈牙利。匈牙利的主要民族為馬札爾人（The Magyars），一支經西亞移入歐洲的遊牧民族。他們侵擾日耳曼多時，於公元 955 年為鄂圖一世所敗，開始在匈牙利地方定居。在其後的半個世紀中，經他們的王聖史蒂芬（St. Stephen，公元 997—1038 年）的努力，匈牙利人開始改宗基督教，皈依羅馬天主教。迨公元第十三世紀中，匈牙利人和波蘭人抵禦蒙古人西征，竟成了捍衛西方基督教文明的幹城。

北歐斯干的納維亞區域的接受基督教比東歐各地尤晚。其中丹麥最早，挪威繼之，瑞典最後。它們都皈依羅馬天主教。但當公元第十一世紀前半丹麥王克努特建立他的海上帝國時，丹麥人中仍有不少是異教徒。

以上諸地的皈依基督教，主要是傳教士努力的結果。但當十字軍時期，基督教封域在帝國東北方的擴張，則情形懸殊。公元第十二世紀中，撒克遜、好斯敦（Holstein）和北方侯衛（The North March）的日耳曼人，對波羅的海以南、易北和奧得兩河之間的異教斯拉夫人，進行長期的征服戰爭。這是一場征服和誅鋤務盡的戰爭。當日耳曼權力東進至奧得河時，日耳曼人隨着便移實其地。同時，在更東方的奧得和維斯瓦兩河之間的波美拉尼亞（Pomerania）

地方，波蘭人也以類似的武力方式，向北擴張基督教封域至波羅的海邊緣。但在維斯瓦河外，佔領介於波蘭和波羅的海之間地域的普魯士人，一支狂野好戰的斯拉夫人，仍未奉基督教。他們且使波蘭人時常受到侵犯。公元第十三世紀初，波蘭人向十字軍在聖地的一個武裝宗教團體條頓騎士團（The Teutonic Knights）求援，要他們協助進攻異教普魯士人。他們答應騎士團領有他們所能征服的土地。條頓騎士團以十字軍之名，於公元 1230 年開始對普魯士人用兵。經過劇烈的戰鬥，至 1283 年，他們大抵已佔有普魯士地方。這樣，條頓騎士團在波羅的海東南岸建立了一個日耳曼人的國家，在它的西邊有一條屬於波蘭的波美拉尼亞地方，把它從帝國隔開。

更值得注意的是基督教勢力在西班牙的重振。公元 1031 年，哥多華的伍麥葉朝告絕，西班牙的回教國家分裂。這使株守半島北部的基督教小國獲得擴張領土的機會。其後兩個多世紀，這些小國繼續與回教勢力鬥爭，勝敗不一；它們也時時獲得來自法國和歐洲其他地方的十字軍援助。但最後基督教勢力終於獲得勝利，迨公元第十三世紀中葉，全半島已只剩南端的格林納達（Granada）小王國，尚屬回教勢力所有。格林納達以外，這時西班牙地方有四個基督教王國分立。其中卡斯蒂利亞（Castile）於公元 1230 年後與雷昂（Leon）合併，是最大的一國，奄有半島中西部的大部分地方。其次的一國是亞拉貢（Aragon），領有半島東北的一角，它的國境一邊是比利牛斯山脈，一邊是地中海岸。亞拉貢王於英諾森三世時向教宗稱臣；他同時也領有地中海西部的巴利亞利羣島（The Balearic Islands）和後世法國南部的一些地方。在半島北側，介於卡斯蒂利亞和亞拉貢兩大國之間，有納瓦拉（Navarre）小王國。公元第十三世紀，納瓦拉入於法國的勢力範圍下，法國王室的支裔入繼王位。最後，在半島西南方，還有新建的葡萄牙王國。西班牙戰亂多事的時代已過去，它即將加入歐洲歷史的主流，締造它光榮的一頁。入公元第十五世紀，卡斯蒂利亞和亞拉貢的合併，加以格林納達的征服，使西班牙獲得統一和力量，一時成為西方最強大的一國。

第二十七章
中世盛時的社會
——農民與貴族

在中世歐洲，社會階級有着非今日所能見的明確區分。在平民和貴族兩大階級之間有着一條幾乎難以逾越的鴻溝。中世的歐洲社會尚保守，習慣和傳統具有法律的效力。教會的說教並從而維護這社會制度，所謂“上帝造人分三品，教士、貴族與農民。”在理論上，教士、貴族、農民三階級各有本業，以造福於社會全體。教士的責任是為同社會人的靈魂得救而照料一切；貴族的責任是戰鬥，以保護無力自衛的人，和維持社會秩序；農民，加上為數有限的手工藝者，其責任是勞動，為全社會供給生活必需品，也為上層階級供給奢侈的享受。自然，中世歐洲人並非都能履行階級的責任。但農民和其他勞動者應該比較克盡厥職，因為他們不得不然。他們必須勤勞耐苦，而且安於上帝所命。因為不同的階級各有本業，而勞動為農民的本業，所以在歐洲中世，生產勞動是社會的賤業。事實上，當封建時期，農民幾乎或多或少都是非自由人，他們是農奴。即使是在農民個人獲得解放後，在以後的一段長時期中，他們的階級也還未曾完全脫卻被奴役的痕跡。

第一節　農民階級

農民的社會地位

生而自由，以戰鬥為本業的貴族，對於終年辛苦的農民自然只有鄙視。農民是地主為保持生活的舒適和富裕所必需，但他並未被當作一個獨立的個人看待，他被看待為一頭比人低劣的動物。歐洲封建時期以貴族為吟誦對象的傳奇文學，明白反映出這一態度。在這類文學中，當一個農民被提及時，他總是被形容為形態醜怪、笨拙而骯髒不堪。農民不僅是一個被鄙視的階級，同時也是一個被壓迫剝削的階級。自然也有善良的地主，他們關心農民的安全，各本自己心之所安以公平對待農民。但更多的是兇惡的地主，他們盡一切可能從農民身上榨取血汗。而且，即令是最好的地主，他也要他的農民如數完納繁重的莊田賦役；至於對待隸屬於他的敵人的農民，他總是殘暴不仁。英諾森三世 —— 這位中世威勢最盛的教宗 —— 便曾說過：

> 農奴為人奴役；他受威嚇的驚怖，受力役的折磨，受鞭撻的痛楚，而被奪去他的全部所有。因為，如他一無所有，他要被迫以勞力賺取；而如他竟有所有，他要被迫放棄他的所有。主上有錯，農奴受過；農奴有錯，是主上處罰他的理由。

農民也常受主上的執事的貪暴之苦。執事為主人管業，而虞人為主人掌山澤苑囿，不讓農民砍伐逾量的林木，或私獵林中的禽獸。他們且常妄用權力，恃勢凌人，以敲剝農民。田莊執事往往自己也是從農民登進，但他們多數一旦超擢，便只顧作威作福，憑藉他們新獲得的地位自肥，而忘掉他們所來自的階級。

教士的剝削農民也不亞於貴族。自然，教士不像貴族般在戰時燒殺擄掠，他們因為設法減少封建戰爭的不法妄為，也還多少有惠於農民。但教士乃封建社會的兩個特權統治階級之一，他們同樣不勞而獲，受農民的供養；他們對於自己所享的權利，也同樣防護甚嚴，唯恐或失。鄉區教士的收取什一稅，多嚴峻苛刻，他們甚至不惜以革出教會的處分為威脅，強迫農民完納。再者，教會自己也有大量土地，而一般教會地主對待他們的農民，也未必比俗世貴族寬和。

農民的生活

農民的生活是貧窮、簡陋、愚蠢、迷信和無休止的勞動。只有教會所規定的宗教節日，才使這種單調生活稍有變化。宗教節日繁多，但平常只有最重要的節日才被遵行，因為以一般農民生活的貧苦，一時一刻他都必須工作。農民每天日出而作，至晚方休，常常一天最好的時刻要在田莊領主的田地工作。農民終歲勞動，他們的工作不外犂田、播種、收割、照料畜羣、樹籬、掘溝或搬運農產物去市場。農具簡陋，犂仍用木製，只有少數安有鐵製的犂頭，還不是一般農家的力量所能自備，婦孺和成人一起在田地勞動，各就所能幫助收割和其他操作。

農民的家屋只有小茅舍一椽，窳陋而污穢不堪。屋中通常不開煙突，冬季生火，煙只從門隙外逸，空氣益發污濁。農家一般都不自備烤爐，他們把製作的麵包送往領主的莊宅烘烤；但即使自己有烤爐的農民，也須以使用領主烤爐的名義，繳交費用。有的農家可能有木牀一架，全家人寢卧其上；但更常見的則是在室內的一角堆草作為卧具，裏面蟲蝨滿佈。夏天，農民的起居比較舒適，因為他所需不多；但嚴冬則十分難過。當時農民的衣着，大都由家中的婦女織製，在冬天，尤其在北地，往往不夠抵禦嚴寒。

從日常食物，也可見當時農民生活的貧乏。中世歐洲農民，“樂歲終身苦，凶年不免於死亡。”他們飲食粗糲，日常食物不外麥糊、黑麵包、蔬菜、乳酪和乳漿。他們間或會有蛋一枚佐餐，而肉類則屬難得的奢侈品；間或他們也有麥酒飲用。自然，在慶會的日子，農民有時得領主莊宅的招待，可以在那裏大吃大喝一頓。

至於娛樂或消遣，當大宗教節日，農民不需工作的時候，他也可能去主人們舉行歡樂慶會的場所，觀看熱鬧。他可能被招待參與莊宅的宴饗，或獲許觀看騎士們馬上比武的遊戲。如果他為自己或主人運送農產物去鄰近正有趕集的市鎮，他還有機會看到種種雜耍，或聽到浪遊歌人的吟唱。他也可能在全神貫注觀賞一頭熊表演滑稽動作的頃刻，被小偷掏空了口袋。他或許也在星期日或假日去村中草地跳舞；或參加一次和鄰村舉行的粗暴的足球比賽。

普通農民自然只是一個愚魯的粗人。他未受教育；他的慾望簡單；他的宗教近乎是唯物的，而又十分迷信。這時期的教會著作家就多譴責農民的疏忽宗教，說他們不遵守聖徒節日；說他們有的在星期日操作；說他們對於鄉區教士不加禮敬；還說他們不願繳納什一稅。他們形容農民貪婪、好爭吵、不誠實、陰沉、多疑。如果我們想到農民受貧窮、勞苦、壓迫和恐懼所折磨的生活，則他之所以如此，正無足奇。

戰爭、災荒和疫癘

歐洲中世的生活，因為貴族私戰頻繁，災荒疫癘時作，多叵測的禍害，受害最烈的是農民。這在習慣於現代的社會治安設施、交通運輸設備和醫藥供應的人看來，幾於不可想像。私戰是封建貴族的特權。只有在英國，王權的力量多少尚能維持社會治安。在歐洲大陸，到處貴族動輒私戰，肆無忌憚；而每逢私戰發生，交戰的雙方通常死傷不多，真受其禍的是平民，尤其是農民。封建戰爭的軍事目的在使敵人喪失戰鬥的力量，所以交戰者蹂躪敵人的田畝，破壞農作物，奪取牲畜和農具，焚燒村落，殺戮或劫持農民勒贖，因為農民本身就是值錢的財產，敵人歲收的主要來源。封建貴族的責任是要保護無助的農民，而實際他們自己成了無助者的生命財產的威脅。因為貴族的勇於私戰，怠忽維持社會治安的責任，所以盜匪經常出沒道途。他們打家劫舍，搶掠過往的客商、朝拜聖地者和教士；而有的貴族的行徑便有如盜匪。

僅次於封建戰爭之禍的是水旱饑饉。以中世歐洲農業生產方法的簡陋，雨水的過多或不及、寒燠失時，一次非常的蟲災，或任何其他自然的災變，在今日可以用科學方法補救的，在當時足以破壞農民的作物，而造成饑饉。道路運輸的不便，更使饑饉一旦發生，賑濟為難。根據可見的記載，公元第十一世紀歐洲就曾有四十八個荒年。第十二、三世紀間的情形稍見改善，但就是當腓力二世在位時，法國也尚有災荒十一次之多。對於農民和貧苦市民，這些災荒的結果不僅食糧短小，而且常常不免於死亡。

饑饉之後，每有疫癘，使已經餓餒不堪的小民再受荼毒。其實在中世歐洲，便是樂歲也疫癘時作。擁擠的市鎮，街道狹仄骯髒，沒有排水等衛生設備，固然是培養疾病的溫牀，而便是在鄉間村落，因為生活窳陋，人畜雜處，其有於於疾病的發生和傳播，與市鎮也相去無幾。當時人不知疫癘所自來，也不知預防或治療方法，殘酷的經驗使他們知道許多疾病可以傳染，因此某地若有疫癘施虐，當地的居民便四散逃往他處。但因為他們不知消毒或隔離，結果是他們帶着病菌散佈到四處，釀成疫癘。除了疫癘，人們因為不知治療而死於其他疾病或傷患的，也為數甚高。

迷信

中世紀歐洲人因為不知災變疫癘的由來，他們相信凡此都是超自然的力量所造成，倘不是神所加於世人的罪惡的懲罰，便是魔鬼妖物作祟。他們所能想到的防治之道，不外集體祈禱、悔罪、遊行禮拜和向某一聖徒祈求等等，以圖由此獲得神佑，或蒙神降恩赦罪。農民所能求助的是教堂，而教士雖多少曾受教育，然也同農民一樣迷信。法國特魯瓦（Troyes）地方的主教便曾以明文詛咒使教區的葡萄園歉收的蝗蟲和毛蟲，以及所有其他同惡的蟲豸。教堂以革出教會處分毛蟲，在中世歐洲並不罕見。

當農民對教堂失望時，他們還可求助於更古老的非基督教的迷信——魔鬼術，以符咒祈禳，驅除為害的鬼靈。但他們相信魔術也常被用來害人，這使歐洲中世的生活，於真實的禍害之外，更受無形的迷信的恐怖。他們害怕惡靈，害怕把靈魂賣給魔鬼而有妖術蠱惑兒童或使牲畜瘟死的巫婆，害怕一瞥就能傷人的"毒眼"。教會同樣也供給他們迷信的解祟之法，令他們相信十字符號和一顆主念珠的神秘力量，相信凡人能去一處著名的聖徒的神龕朝拜，或撫摩盛放這聖徒遺骸的箱盒，就會有力量抵禦魔鬼的侵害。

中世歐洲農民的命運之可悲者如此。但迨公元第十三世紀末葉，他們的一般處境，兩個中世紀前已經稍見改善。市鎮擴張，新市場興起，新地開闢，經濟繁榮增進，貨幣經濟再行，凡此都使農民獲得改善他們的生活狀況的機會。有不少區域，農民獲得了身體的自由，他們對地主的勞役改以定額的金錢償付。在英國，於中世盛時結束前，農奴制度更已近於消滅。在歐洲大陸，有的地方雖仍繼續保持農奴制度，但有的地方也已開始廢除；而幾乎在所有地方，領主剝削農民的權利都多少受到了限制。

第二節　貴族階級

封建貴族與戰爭

封建貴族的首一身份是戰士。戰爭為封建貴族的本業，是責任，也是特權。尤其在歐陸各地，貴族階級堅持他們從事私戰的權利恆久不釋。他們也嚴密防護披戴甲冑，身為騎士的獨佔的權利，這使他們成為中世歐洲唯一有效的戰鬥力量。在封建戰爭中也有步兵參加，但通常不受重視，在這時期的編年史或傳奇文學中都甚少提及。因此，為求了解中世歐洲封建貴族的生活和特性，一件基本事實不能或忘的，便是他們從小被教養去從事一種戰爭、劫奪和剽掠的生活。他們的政治勢力和他們在社會中的特權地位，分析到最後，也便在乎他們的戰馬、甲冑和他們所受的軍事訓練。

封建貴族與堡壘

此外，封建貴族所藉重的，是他們武裝堅固的堡壘。一個貴族的堡壘一日屹然猶存，他的地位便一日牢固不拔。他可以反抗國王或主上，也可以出擊他的近鄰，進行一次私戰。遇到戰事於他不利時，他可以退入堡內，曳起吊橋，在深溝高壘後固守，以待敵人師老解圍歸去。他的農作物可能因此被蹂躪毀壞，他不及逃入堡內的農民可能遭殺戮或俘擄。但凡此都不過經濟的損失，一旦時機有利，一次成功的出掠便有望補償。堡壘建築的主要目的為軍事，但同時它也是貴族的家庭所在，因此在一座堡壘中可以見到中世歐洲貴族生活的全貌。

堡壘建築位置的選擇，通常取其易於防守，而不在交通的便利。山巔、巖嵎、海島或其他相類的地點，都是建築堡壘的形勝之所。一位近代西方歷史學者描寫法國一座腓力二世時代的堡壘，可以為中世歐洲封建堡壘的典型一例。這堡壘建築於兩條河流交會處的一個銳角地點，因此它只有與陸地毗連的一方需要設防，如果敵人從陸上進攻堡壘，從堡壘外方起，他們將一路遭遇經巧妙構築的工事的阻截，只有一支為數龐大和裝備良好的軍隊，有充足時間，才能加以克服；而在中世歐洲，因為封建臣下對主上服軍役的義務，每季通常不過四十日，所以這樣一支軍隊並不常有。首先他們遇到的是在堡壘前方，從一面河岸至另一面河岸，一道用尖銳的木樁佈就的寨柵（Palisade）；在寨柵和堡壘之間是一大片場地（Lists），為平日調馬和馬上比武之所。寨柵的作用只在暫時阻滯敵人的行進，使堡中的武力來得及準備防禦。第一道真正的防線是堡壘牆腳的護城河（Moat），廣約二十呎，河中蓄水，河上有吊橋，遇警可以隨時收起。過河，堡壘的高牆聳起，牆原逾十二呎。牆面處處有圓塔突出，便於對渡河迫近堡腳的敵人，從多方面射擊。正面中央為堡門，門用厚重的橡木裝就，護以鐵葉；門外另設千鈞格子鐵閘（Portcullis）一道，順門側壁內的凹槽上下，以加強堡門的防衛。如敵人竟幸而突破鐵閘和大門，他們將發現所進入的乃一條逼側低矮的拱頂過道，人處其中無法展開大規模的戰鬥，也不能發揮人多勢眾的作用。同時，防禦者則可以從過道頂上，經縫隙灌下滾水或沸油，以殺傷入侵者。即令敵人衝過過道，他們所到達的仍只是堡壘的外庭（Bailey），在那裏他們將受到從四周牆上射來的密集飛箭的環攻。外庭平時為奴僕和牲畜所居，也是日常操作之所。內堡有更加高峻厚實的牆垣和箭塔圍護，其本身便是一座堡壘。封君起居的宮室在內堡。過了宮室，在兩河交會的頂點有"主樓"（Keep），為堡壘中年代最古的部分，構築於北人入侵時。這是一座高大的石塔，是堡中人退守的最後據點。

封建貴族的生活

堡壘建築，以它在軍事目的上所表現的精心結構相比，對於生活的舒適便利則甚少計及，在一座如上述的規模具備的堡壘中，其起居的部分，比之有的年代更早或規模不如的堡壘中所見，已經改善多多。但其屋宇仍陰暗、潮濕、簡陋；外壁的窗戶只是穿通石壁的箭眼，傳進的光線不多，但因無物掩覆而不蔽風寒。堡中也極少個人燕私的生活，到處是奴僕、武士和過往的賓客，而甚少私室，堡中起居生活的中心為其拱頂大堂，這是宴饗聘會之所。於宴饗時，堡主及其家人與貴賓在堂中上首高起的台（Dais）上設席，其餘的人在台下就座；晚餐後並常有浪遊歌人，吟唱騎士戰爭和冒險的傳奇詩篇。於堡主退去後，沒有私室就寢的人就在桌上或堆在堂角的草藁之上，展開袍服，以充臥具。大堂於冬季生火，但堂中離火稍遠之處，一定仍寒冷多風。堂中地面砌以石板，上鋪藺草；因為草不多更換，日久腐敗，不免穢臭。獵犬任意在堂內外往來，啃嚙會食者扔下的殘骨。

除戰爭外，封建貴族的主要樂事為狩獵。遇到天氣晴和，男女老少，臂鷹牽犬，馳出圍獵，他們對於狩獵的特權也防護甚嚴，農民私獵領主林中的禽獸，要受十分嚴厲的懲罰。自然，領主及其夫人平時也需要處理田地的業務和監督奴僕操作，而年少的貴族需要時間練習武藝；在特殊的時會，可能還有馬上比武的盛會舉行。堡中娛樂，除宴饗吃喝而外，也尚有各種棋戲、牌戲、骰子戲和其他的賭博或遊戲。但大體言之，中世歐洲貴族有太多的餘暇，需要排遣。閱讀是近世上流社會人士最通常的消遣，而於一般中世歐洲貴族則尚無緣。尤其在冬天，當戶外風雪交加而他們必須留在堡中時，他們自然渴望春天，渴望春天到來時好出外馳騁，乃至戰爭。有時，賓客的蒞臨也可以稍慰生活的岑寂和單調。一個來訪的貴族，無論是故知或坐客，連他的隨從都會受到熱烈的歡迎和款待。

一位封君，為維持他鋪張的排場和生活，包括他巨大的堡壘，為數眾多的隨從和奴僕、馬匹和獵犬，馬上比武會，給予賓客的款待以至戰爭，自然費用浩繁。因此中世歐洲的貴族總是需錢若渴，他們從自己領地的農民竭力榨取，對過往的商人、朝拜聖地者和教士徵收通行稅。當特別窘急時，他們也可能以授予自治權的特許狀（Charter）賣給尚在他們的封建權力下的市鎮，從而斂得相當數量的款項；他們也可能從猶太人或基督教商人以高利借貸，負擔百分之二十五乃至四十五的年息。至於他們所最樂意的便宜之道則是發動一次私戰，希望由此有所擄獲。雖然，就封建貴族階級的全體言，他們之所以貧窮，需錢若渴，在所有有關的原因中正莫過於戰爭。因為戰爭毀壞財產，而不生財產。貴族階級既需負擔軍備和戰爭的費用，而戰爭又使農民的廬舍田地遭受劫掠和破壞，損耗貴族階級的歲入的主要來源。

貴族婦女

在封建堡壘中，婦女一般不如男子重要。但當歐洲中世盛時，婦女的地位逐漸改善。封建社會既文明日進，至少在較多教養的上等貴族的宮廷，女性的影響也已日形顯著。堡壘中的夫人對堡中生活負有重責。在平時她主管女僕的操作，督促她們紡織、刺繡、縫紉和從事其他各種女紅。她也是宴饗聘會的女主人，接待來訪的貴族賓客，與他們周旋酬酢。當堡壘的主人外出時，她更需主持全堡事務，乃至有敵人來犯時策劃和指揮防禦。封建貴族婦女享有頗多社交的自由，但對於她最重要的終身大事卻沒有自主之權。易言之，她不能從心所願選擇她的配偶，她的婚姻的決定乃她的家族或她的主上之事。

封建貴族的婚姻通常是有所為的婚姻，是政治婚姻，包括領地的移轉，或兩家貴族的聯合。因為女方如沒有弟兄，她將承繼祖傳的采邑，她的主上自然願意這份采邑及其女承繼人為一個適合於做他的臣下的人所得。再者，即令女方不是唯一的承繼人，她至少也會有一份金錢或土地作妝奩，帶給她的配偶。封建婚姻所主要考慮者在此，而不在任何理想愛情的理由。因此，在實際事務中，貴族婦女顯然尚不能與同階級的男子享受平等的權利。但歐洲中世盛時的騎士精神（Chivalry）的理想，因為把婦女理想化的結果，也多少在觀念上提高了婦女在貴族社會中的地位。騎士精神的理想，使中世貴族積漸從粗蠻的戰士，遷化而為慇懃知禮的騎士，使他具有一個有教養者的若干儀態和德行。

第三節　騎士精神與傳奇文學

騎士精神・貴族教育

中世歐洲貴族如不加入教會為教士，當成年時，他必然力所能及，使自己儘早晉為騎士。他由此而獲承認為騎士品級 —— 中世貴族階級的大國際社會 —— 的一員。騎士的基本身份自然是一個戎裝騎馬的戰士。其所以成為一個品級，是因為所有的騎士都出自同一階級 —— 封建貴族階級，而且被認為都具有同一的理想 —— 騎士精神的理想。騎士精神的理想主要為榮譽、俠義和忠誠，表現於中世的傳奇史詩，表現於十字軍，而為貴族戰士的共同的道德典範。騎士精神的流行最盛於公元第十二、三世紀，過此，因為社會狀況變遷而日就衰替。當騎士精神盛時，其實行與理想雖仍多背離，但它既賦予貴族階級的立身行事以一組道德的目的，使這階級有共信的行為標準和榮譽觀念，則在陶冶封建武士和安定封建秩序上，其功自不可沒。從此，武士身份在觀念上不唯是權利的繼有，同時也是道德責任的承受；也因此，在中世歐洲，出生為貴族與身為騎士雖若不可或分，但貴族都並不生而就是騎士。一個貴族，不論他出生於何種尊顯門第，都必須經過長時期的訓練，必須達於成年，能夠承擔身為一個騎士的責任，他才得晉為騎士。

騎士的訓練，也就是中世貴族的教育，從幼年起便已開始。當他還是一個兒童時，他便被送往他家長的主上或其他友好貴族的堡壘，接受教養，和學習一個騎士應有的才能。他最初數年的教育由堡壘的女主人照管。他充當女主人的僮僕，隨侍女主人，從她肄習禮貌（Courtesy）和社交的習慣。迨十四歲前後，他的基本訓練——武器的使用——開始。這時他成了負責教養他的堡壘主人的侍從。他到處隨從主人，侍從他進餐、就寢和起身諸事，為他照管和擦理武器鎧甲，隨同他騎馬出獵。他也必須隨從主人出戰，為他執持盾、冑和長矛，並為他牽引只在攻擊時才用的戰馬。他的主人在交戰或比武時如不幸墮馬，他應該趕前救援，幫助他重上鞍韉。同時，他的主人則使他經受各種作戰技能的訓練，並教他知道身為一個封建領主的責任。到他足二十或二十一歲，經過如上述的多年實習和教育之後，這位年輕的侍從乃被認為到了應晉為騎士的時候。

騎士晉級禮

一個年輕貴族晉受騎士品級的儀式，通常擇在一個大宗教節日或其他特殊時節舉行，因為這樣好有更多的賓客臨門，好有更多的理由大舉慶祝。在封建領主所有的支出之中，為其子嗣晉級騎士所支出的費用，常是最不堪負擔的一項。他的臣下為以助成這樁大事唯有正規的獻納，但領主自己總還是耗費不貲。有的領主至於因為無力舉辦此事，聽任其子於成年後繼續為人侍從，不能晉為騎士。這儀式也具有隆重的宗教形式，而於中世後期後尤甚。待行騎士晉級禮者於沐浴潔身後，要在禮拜堂祭壇之前，徹夜祈禱。次日清晨，他先望彌撒；司祭為他的劍祝福，並課以應虔信宗教，輔佐教會和保護弱者等責任。然後他穿戴新甲冑，一個近親為他扣上巨劍和馬刺。接着便是這儀式中真正根本的節目，騎士品級授與式（Accolade），一位在場的貴賓在他頸上一擊，表示正式接受他為騎士階級的一員。這位貴賓通常是新騎士原來隨侍見習的主人，但理論上任何騎士都有權舉行這儀式，以接受合格的新來者入騎士階級。最後，新騎士上馬，疾馳而前，持矛刺擊繫在柱上的一面盾或一領鎧甲。於是儀式告成，這位青年騎士現在獲得了自由，他被承認為成人，不再受父權的嚴格管束；同時他也有權在家庭的產業中分得一份，以維持生活。

馬上比武會

在騎士晉級儀式完畢後，是盛大的宴饗，有時也會有馬上比武會舉行。馬上比武是中世歐洲騎士生活的一個十分重要的部分。它是一般騎士嗜愛的遊戲；對於年輕騎士，它也是一種良好的經驗。便是老成資深的騎士也經常參加，以免武藝生疏。比武通常分兩部進行。在第一天，騎士依次兩兩交鋒，他們跨馬迎面疾馳，各以矛衝刺對方的盾。如有騎士被掀下馬，或他的矛在衝刺時折斷得不合程式，他便被宣告為失敗者，他的馬和甲胄應歸得勝者所有。次日是兩隊騎士會戰，而其結果往往等於一場真的戰爭。騎士有的受傷，有的墮馬，有的被俘擄，有的甚至於為馬踐踏喪生。俘虜也如真正戰時一般，被拘禁勒贖。俘虜的贖金以及馬匹鎧甲等戰利品的獲得，也常是這項危險性遊戲的誘惑力之一。但在比賽中，如有騎士有物質的收穫，則必然有騎士有物質的損失；而所有的得勝者對於得來的錢財莫不恣意揮霍，賞賚給比武會的司事、僕從，以至臨時前來的浪遊歌人。因此馬上比武不僅是一項危險的遊戲，而且也是一項十分糜費的遊戲。

無論在比武或真正作戰時，騎士的勝負安危和他的武器鎧甲的良窳，關係至巨。因此所有騎士，他們之重視他們的淬礪精純的利劍，尤過於重視他們的妻室。在劍之外，一個騎士還需有一桿長矛，在衝鋒時使用；一柄鎚或戰斧，供近身時搏鬥使用；一柄稱為慈善劍（Misericorde）的薄刃短劍，用以刺殺一個傷重無法救治的敵人，使他免於多受痛苦。但因為騎士有堅甲蔽體，所以對於他，戰爭乃是一種不甚有生命之危的冒險。他被俘擄勒贖的機會，要遠多於被殺的機會。

騎士精神與傳奇文學

中世歐洲騎士在社會中居於特權的地位，至少在理論上，他也比平民負有更多、更大的責任。他應該維持一種不同於平民的行為準則，應該盡力之所能去實行騎士精神的理想；勇武、忠義和慷慨好施應該是他的主要德行。他應該珍重他的榮譽更甚於生命，不可使他的行為玷辱了他自己、他的家庭或他的階級。他不可欺騙他的同階級的人；不可有不正當行為；不可背誓棄盟。此外，騎士精神的理想也多少減輕封建戰爭的殘暴。但在這事上，如前所述，教會自然曾發生莫大的作用。

但騎士的日漸化暴戾而為祥和，婦女的影響可能比教會更重要。行於貴族社會的嫻雅儀態，主要便是對於婦女的禮貌。公元第十二、三世紀的歐洲文學中開始見有所謂高尚戀愛（Chivalric love）風行，對於婦女慇懃愛慕，也如勇敢俠義一般，成了一個理想騎士的德行。封建婚姻的首要考慮是采邑，所以在丈夫和妻子之間本來缺乏纏綿的愛情可言。但任何騎士，只要遵守禮法，只要他的戀愛是精神戀愛，不逾越男女之間的矩度，他可以向一位貴婦人矢言對她的愛慕，為她效忠，在馬上比武時佩她的服飾，或為表示對她的敬意去與人戰鬥，而對方不以為忤。把婦女加以高度的理想化，同時在現實生活中又把婦女放在低一等的從屬地位，是中世歐洲騎士精神的一種顯著特色。它表現在這時期的傳奇文學之中，也受這時期的傳奇文學的鼓吹而滋甚。

當中世盛時，宗教和學術等類著作都仍用拉丁文，但一種用日常口語吟詠的通俗文學也已發達起來。這類文學，大部分以貴族為假想的聽眾，同時也反映這時代的貴族社會的生活和意識。在法蘭西南部，對於宮廷禮節和高尚戀愛的頌讚，最先成為文學鋪陳的題材。當公元第十二世紀時，一種遊吟詩人（The Troubadours）為供當地貴族社會——當時歐洲最文雅風流的社會——的愛賞，編製和吟唱了大量可愛的戀歌和情詩。這類抒情詩人不少就是出身貴族的騎士，他們以卓越的技巧和美妙的韻律，鋪陳高尚慇懃的愛情故事。不幸的是經亞爾比十字軍的慘烈破壞，法蘭西南方的這一脈詩歌文學，在它正當盛年時便被摧殘而夭折。

同時在法國北部有一派不同的騎士文學興起，並由法國傳播於英國和日耳曼。在北方有職業的流浪歌人（The Jongleurs），為粗魯的封君們誦好戰的武功歌（Chansons de geste）。這類長篇的敘事詩，有七、八十篇，鋪陳以查理曼宮廷為中心的傳說人物和故事，集成大套的《查理曼本事詩》（*The Charlemagne Cycle*）。因為武功歌的故事和人物缺乏歷史的真實性，所以對於歷史學者，它們的價值不在所鋪陳的史事，而是在它們所表現的當時的意識，及其所敘述的當時的生活和習慣諸事。在《查理曼本事詩》中，查理曼及其貴族們的行徑，完全就是公元第十一、二世紀的封建君主的行徑。其中最早也最著稱的一篇，名《羅蘭之歌》(*Chanson de Roland*)，於公元第十一世紀末年前已經編成，便是一篇以查理曼的出征薩拉森人的西班牙及其後衛軍在奧雷亞加遇伏被殲為本事的戰詩。它所表達的精神是封建的，所鋪陳的是戰爭、封建的忠義和叛逆，以及對於異教徒的憎恨。當中世盛時，北方也積漸受溫文嫻雅之風的遷化，一種可以稱為柔情的成分開始在亞瑟王(King Arthur)——不列顛的傳説君主——宮廷為中心的傳奇文學中流露。中世的傳奇文學(Romances)，無論為詩歌或散文，也如武功歌一般，鋪陳騎士冒險和戰鬥的故事。但在傳奇文學中，騎士的效命已不再如武功歌中的英雄之完全為單純的封建理由，而常常是為了要效忠他們所愛慕的女性，或要從巨妖或惡巫的魔掌中拯救受難的美人。亞瑟王及其圓桌騎士(The Knights of Arthur's Round Table)的傳奇，至今仍是西方文學所共有的寶貴遺產。此外，中世歐洲還產生了不少其他成套的傳奇，有的鋪陳希臘英雄圍攻特洛伊的故事，有的鋪陳亞歷山大大帝東征的故事，也有的鋪陳更晚近的十字軍東征的故事。

如上所述，作為貴族社會的思想意識的反映，這時期的文學對於歷史學者有其非常的價值。但如我們完全聽從這時期的抒情詩或傳奇詩的鋪陳而信之不疑，我們乃將有過分理想化中世騎士的危險。要之，抒情詩和傳奇所反映和所影響的，只是貴族社會中比較開化和比較生活裕如的一部分，便是在中世盛時也只屬於社會中極其有限的一部分。同時，我們自然也不應忘了武功歌中所表現的封建武士的獰惡和殘暴。這時期的教會對於貴族的暴亂也曾試加約束，但所約束的只是其最最過分的部分。教會可以勸導貴族參加十字軍東征，遺贈土地給教會，或在他臨終時良心發現，解放他的農民，但不能改變貴族的日常生活。易言之，當歐洲中世盛時，教會、婦女和騎士精神的理想開始遷化一部分貴族的生活時，大部分封君依然只知道耽於戰爭和暴亂。

第二十八章

中世盛時的社會
—— 商業與城市生活

歐洲中世盛時的兩個多世紀，看到一次一次的十字軍東征，看到封建制度和騎士精神達於最高的發展，同時也看到在歐洲歷史之中一次最大的經濟和社會革命的發軔 —— 商業城市生活的再盛和市民中等階級的興起。

第一節　商業與城市生活的復興

商業和城市的興起

商業和城市生活，在中世歐洲未曾完全絕滅。拜占庭商業可以上接古羅馬帝國時期；西班牙的回教區域與意大利南部，繼中世初期的混亂破壞之後，城市亦早見興盛；在歐洲的其他區域，城市生活中絕達數世紀，但其萌蘖滋長，也在封建盛行時期。雖然就封建秩序言，則城市所代表的是一種新穎的生活，發生於封建社會之中，而不屬於封建秩序。再者，所有在後世歐洲影響巨大的城市，又多數為自公元第十一世紀始漸次興起的城市，其中大致以意大利北部的城市興起最早，其次是在法蘭西南部與西班牙東北部的地中海沿岸以及萊茵河左岸的日耳曼。至於萊茵河東的日耳曼，萊茵河以北的尼德蘭（The Netherlands）、英格蘭、波羅的海區域與斯干的納維亞半島等地，則重要城市的興起要遲至公元第十三世紀。

新興城市的淵源繁殊，凡人口密集的村落、市集、堡壘、大教堂及修道院的所在地、渡口與港口，往往即發展而成重鎮城市。其間的一條共同的動脈，是商業與手工業的復興。中世的田莊生活雖説維持經濟的自足，但即使是一處自足的田莊，也還有少數物品如食鹽、鑄鐵或磨石須仰給於外地；而田莊中也還有極少數居民，以手藝為業。至於大教堂與封君的堡壘，則在類此的原始需要之外，尚需有更多物品與更多技藝的供應。其中在物品方面，主要是對於東方商品如香料、藥材、絲綢和寶石等的需求；而因為需要有更多技藝的供應，所以在堡壘與大教堂所在之處，手藝工人和商人甚早便自成聚落。雛型市鎮之所以有"主教鎮"(bishop's town) 之稱者即此原因。其不同於後世的城市的，只在它們還不成為獨立發展的社會，而主要在為貴族或教會供役。中世歐洲經查理曼帝國解體與新蠻族入侵的紛擾後，社會漸復安定，人口與財富積漸增加，商業活動乘時而興。至公元第十一世紀，歐洲經濟的復興已經顯著，商業的重要性與時俱增，城市遂以其新經濟生活，崛起而為歐洲社會的新活動中心。

自治市與城邦

城市興起之初，大率規模陋小。當公元第十一世紀末葉時，最大的城市如意大利北部的米蘭、法國東南部的里昂和日耳曼西部的科隆，居民還不過二、三千人。但迨公元 1400 年前後，意大利的佛羅倫斯與英格蘭的倫敦，居民皆已達九萬人，而米蘭與法國的巴黎尚不止此數。可見這三個世紀中城市發展的迅速。城市初立，或屬封建君侯與教會所建，或係居民自動聚集而成，都受所在地領主的管轄，對領主負有封建義務。城市之能在封建秩序中保有其獨立的地位，是由於自治權的獲得。自治權載明於"市約"(Town charters)，亦稱市特權狀，或由領主自動頒予，或由城市納貲易得，也有不少係經城市反抗封建權力而獲致。西方史學家稱公元 1075—1183 年為市鎮的"英雄詩時代"，就因為在前一年代科隆反抗其主教的統治，獲得勝利；而在後一年代，意大利倫巴底聯盟的城市經過反抗皇帝紅鬍子腓特烈的戰爭，獲得自治市約的權利。城市的發達與自治市 (Communes) 的建立，使城市免於一切封建的羈絆，有的區域如意大利北部與日耳曼境內城市地位的亢進，卒至於造成自主的"城邦"。

第二節　中世城市

中世城市的景觀

歐洲中世的城市，外觀極其多彩多姿。城市多數有石牆圍繞，牆外有護城河，牆上有弩樓，和一座封建堡壘相似。從外方眺望城內，高出城牆的是密簇的各式各樣的屋頂，其上直立着各式各樣的煙突。城中隨處可見到基督教堂的尖頂聳起；如果是一個有主教駐在的城市，則城中央當有大教堂（Cathedral）的尖塔巍峙，高出於全城的建築物之上。

一進城門，是城中的大街，通往市場。大街穿城而過，是城中最寬廣的道路，但兩邊房屋相距也多不過十餘呎。其他的道路則更只是衖巷，寬不及十呎，而且多曲折錯亂，不成秩序。中世歐洲城市的街道之所以逼側，也是迫於事實，不得不然，因為城中所有可用的空間都必須利用。城牆約束了城，阻礙城的正常擴張；而城周又必須儘量縮小，以求便於防守和節省築城的工程及費用。因此中世歐洲的城市總是有人滿之患。街道通常不加鋪砌，只有若干大街鋪有圓石的路面。街道也都缺乏排水設備，所以經常泥濘載道；城中住戶又隨處棄置垃圾和穢物，使街道更加骯髒不堪。這樣，在中世歐洲，城市經常有疫癘施虐，殺人無算，自屬意料中事。中世城市內部的污穢之狀和它的外觀的多彩多姿，現出極不調和的對照。

中世城市的生活

歐洲中世城市的街道也因市民的房屋建築狀況，而更加現得逼側、陰暗和閉塞，因為所有市民都儘量為自己的房屋和店舖佔據空間。城中房屋通常高四、五層，從下往上，一層比一層更向街心伸出，因此到最上一層時，街兩邊的屋簷幾乎已相連接。如屋主是商人或手工匠人，則地面的一層便是店舖。在白天，陳列貨物的攤位也會擺向街心。房屋大部分木造，屋頂蓋草，因此極易失火。迨公元第十三世紀，富有的市民開始造石砌的風火牆，並改用瓦蓋屋頂，以防火患。但城市仍常有火災，因為缺乏消防的設備，所以一旦火起，往往火勢蔓延，不可收拾。

在城中到處有基督教堂，城中心的大教堂是主教教堂，為市民宗教心和鄉土心的最高的誇耀。大教堂通常是城中最宏偉堂皇的建築，哥德式大教堂更是歐洲中世藝術的傑作，為藝術史中最美妙神奇的創造之一。大教堂中的寧靜神秘氣氛和外面市場的擁擠嘈雜相比，格外現出是另一天地。城中僅有的空地通常便是大教堂——或城中首要的教堂——前方的廣場，市民在此設立市集，也在此舉行各項公共集會和儀式。所以教堂是一個城市的生活中心。

城市繁忙熱鬧的生活，只見於白天。一到日落，店舖收攤打烊，閉門下閂。稍後不久，大教堂響起暮鐘（Curfew），這是熄燈就寢的記號，接着全城就沉入於靜寂和黑暗之中。城中不設街燈，甚至居民在戶內也極少點燈。在月夜，可能有少許月光從高處的簷際漏下，但對於底下黑暗的街道無大裨益。除非有重要的或非常的事故，規定人從不夜行；如必需外出時，也須多帶武裝的僕從，執火炬照路。歐洲中世城市的街道，一入黑夜，便成畏途，因為盜賊滋多而缺乏有效的治安力量。

城市入夜靜寂，但白天則忙碌喧闐，熱鬧非凡。大抵天一破曉，全城就如從靜寂中覺醒。店舖開門，買賣進行，市街開始擁擠。商人通常便在街道交易，而小販更沿街叫賣。在市場或街角，變戲法者和算命賣卜者，也常吸引成羣的觀眾，競相叫嚷。城市生活，對於從小在田莊單調的生活中長大的農家子弟，自然充滿刺激和興奮。他們為了要生活變化，或為了有更多機會改善生活，都會受城市的吸引，離開他們鄉間的田舍，去城中碰碰運氣。

第三節　商道與城市的分佈

東方貿易

當歐洲中世前期，地中海因拜占庭和回教商業的影響，仍不失其交通要道的地位。於西方城市生活中絕的幾個世紀中，意大利南部有少數城市之得以繼續維持，便因此故。迨公元第十一世紀，意大利北部的城市漸次興起。威尼斯開始發展對君士坦丁堡的繁盛貿易；熱那亞（Genoa）和比薩（Pisa）則從海上南向，與回教商業競爭。同世紀末葉，首次十字軍出發東征，西歐與近東的直接交通重啟，意大利城市即首先獲享東方貿易的重利。東方的香料、珍寶和製造品源源西流；東方貿易成為歐洲商業的一大動脈。公元1204年第四次十字軍陷君士坦丁堡，拜占庭商業從此衰微。東方商品輸販歐洲的利權，於是更完全為意大利城市所獨擅。

商道的分佈

當羅馬帝國時代，有兩條沿海大道，一自熱那亞經馬賽（Marseilles）至西班牙，一自亞得里亞海北端的阿奎萊亞（Aquileia）至的里雅斯德（Trieste）和達爾馬提亞（Dalmatia）。在這兩條大道之間，有兩組道路越阿爾卑斯山北向：一組過西側山隘，至隆河流域；一組過東側山隘，至萊茵和多瑙兩河的上游。其他道路再由此延伸，以通達大西洋、北海和波羅的海沿岸。西歐與近東海運的重啟，使自意大利北向的陸路交通再見活躍。但凡有河道可用時，中世商人多寧捨陸路而取水道，這使西歐的重要河流如加龍河（The Garonne）、羅亞爾河、塞納河（The Seine）、索姆河（The Somme）、斯海爾德河（The Scheldt）、馬士河（The Meuse）和萊茵河，成了最繁忙的商道。從弗蘭德斯（Flanders）渡海峽，至不列顛羣島；而自北人停止出擾後，波羅的海和北海的交通開啟，於是在波羅的海區域和斯干的納維亞半島，商業活動也漸次興起。城市既隨商業的復興而興，所以城市興起之初大都位於商道通達之處；而凡屬商業興盛的區域，其城市也必繁盛富庶。

意大利城市

意大利北部居於新經濟活動的樞紐地位，亞得里亞海和倫巴底為主要的商道所經，東西商貨由此進出。執東方貿易牛耳的威尼斯市，便傲踞於亞得里亞海北端。威尼斯在地中海東岸的貝魯特（Beirut）和雅法（Jaffa），及埃及的亞歷山大港等近東沿海港埠，都有租界，掌握東方商貨的販運；並在黑海北岸的克里米亞等地建立商站，以控制東方商貨經裏海北側西運的商道。自公元第十四世紀初年始，威尼斯商舶並經常出直布羅陀海峽，北航布魯格斯（Bruges）和安特衛普（Antwerp）。公元第十四、五世紀的威尼斯，是西方最大的商業都會。

最早與威尼斯競爭東方貿易的為熱那亞市，位於熱那亞灣的北端，恰與威尼斯東西相對。熱那亞阻止法蘭西南部城市參加東方貿易，並於公元1284

年擊敗比薩，使它的商業勢力一蹶不振。拜占庭帝國經第四次十字軍之劫後，其商業利益和海權一時盡為威尼斯所有。公元 1261 年熱那亞助拜占庭復國，這使熱那亞的商業勢力也進入拜占庭區域。熱那亞並與威尼斯競爭黑海區域的商業利權。黑海區域所產的穀物、魚類、食鹽、木材，連同東方的香料和絲綢，經熱那亞的商舶大量西運。

倫巴底平原地處東西大商道的要衝，又土壤肥沃，波河（Po）及其支流灌注境內，兼利交通，所以城市繁興。如米蘭、帕維亞（Pavia）、帕多瓦（Padua）、凡羅拿（Verona）與曼圖瓦（Mantua），都屬倫巴底城市。東方商品自威尼斯、熱那亞和都斯加尼城市輸入倫巴底，再由倫巴底城市，或經布列納（Brenner）等山隘越阿爾卑斯山運至萊茵河上游，或經聖伯納德（St. Bernard）等山隘越阿爾卑斯山運入法蘭西。倫巴底城市的商業活動獲致優厚的利潤。此外，倫巴底人也因經營重要的製造業，如礦冶和鑄造，而獲利甚豐。

都斯加尼城市也同趨發達。西恩納市（Siena）於公元第十三世紀中便是代理教廷財政的銀行活動中心。盧卡市（Lucca）除銀行業務外，也以出產行銷全歐的絲織物著稱。佛羅倫斯市因織造業獲致巨富，同時兼營織物加工、絲織和銀行等業；其銀行支號遍設於當時歐洲的重要城市。

尼德蘭城市

尼德蘭為弗蘭德斯、布拉班特（Brabant），荷蘭（Holland）、西蘭（Zeeland）諸邦的總稱，約當今法蘭西北部、比利時和荷蘭等一帶地域。尼德蘭在西歐與北歐的地位，恰如意大利之於歐洲和近東，當交通和商業的要衝。萊茵河從阿爾卑斯山北經日耳曼長流而至，馬士河從法蘭西北境北流，這兩條大河便在尼德蘭境內與斯海爾德河匯流，注入北海。尼德爾也居西北歐地緣的中介，如自意大利至蘇格蘭，或自波羅的海至西班牙海岸，尼德蘭都恰居行程的中點。地勢的衝要，使尼德蘭城市成為西歐商貨集散的中心。來自南歐的商貨，與來自中歐、北歐及西歐別地的產物，在此交換。

在尼德蘭各邦中，最先在商業上躍居重要地位的為弗蘭德斯，繁盛的城市有布魯格斯和根特（Ghent）等。公元第十四、五世紀中，布魯格斯即首先興起為北地商業的首府。弗蘭德斯城市不僅以商貨集散致富，同時也以織造業興盛著稱，產品行銷各地。商業既盛，銀行業亦同趨發達。

在商業上繼弗蘭德斯而興的為布拉班特，繁盛的城市有安特衛普和布魯塞爾（Brussels）等。安特衛普位於斯海爾德河口，出海便利，於新航道發現（公元 1499 年）葡萄牙成為東方貿易的首要國家後，一時曾代布魯格斯為北地的商業首府，在尼德蘭各邦中荷蘭的位置最北，商業活動也偏於日耳曼北部與波羅的海區域。荷蘭的繁盛城市有阿姆斯特丹（Amsterdam）和萊登（Leiden）等，其中阿姆斯特丹與日耳曼的貿易最盛，而萊登是一個重要的織造業中心。

漢薩與南日耳曼城市

漢薩同盟（The Hanseatic League）是北歐和中歐的一個城市聯盟，始見於公元第十三世紀中葉，領袖市鎮有呂伯克（Lübeck）、但澤（Danzig）、不倫瑞克（Brunswick）與科隆。漢薩同盟最盛時，與盟的城市近百，自日耳曼北部擴及於斯干的納維亞、弗蘭德斯與尼德蘭北部，以及近邊的斯拉夫、芬蘭和立陶宛的城市。漢薩城市是東北歐洲以農產、木材、海貨和礦產交換外來商品的中介市場。同盟在歐洲的許多重要城市享有貿易特權，間或派駐外交使節。為了保障與盟城市的商業利益，它有時也採取軍事行動。

在意大利與北地的兩大商業中心之間，有南日耳曼和萊茵河區（Rhineland）等城市。受了越阿爾卑斯而北的商業巨流的溉澤，城市如慕尼黑、奧古斯堡（Augsburg）、巴塞爾（Basel）、雷根斯堡（Regensburg）、維也納、紐倫堡、科隆和法蘭克福，發達而為重要的商業市場。南日耳曼亦以礦冶著稱，出產僅次於倫巴底；因為工商業興盛，銀行業也隨而發達。

第四節　城市經濟與市民

同業公會制度

城市既獨立於封建秩序而興起，所以城市居民自始就自行組織，從而產生"同業公會"（Guilds，又稱行會）。同業公會最先見於意大利，至公元第十四世紀遂遍行於歐洲城市。同業公會起源不一，組織各殊，但都是城市的行業組合，內而維持各業人員的平等互助，外而保障各業的市場利益。同業公會因為依職業分立，所以分工愈細，則同業公會愈多，大城市中常多至成百。因為分工而技藝日進，城市的製造品遂相繼侵入田莊，使田莊的自足生活為之破壞。

貨幣與資本

工商業的發達，其自然的結果之一為貨幣的應用日廣。社會的財富形式隨而改變，資本的累積與運用日見重要。同業公會原來的平等互助精神，終於逐漸被資本的巨大力量所敗毀。富裕的行主經營商運，支配各種製造業的生產，成為城市的商業貴族。在意大利城市，商業貴族習稱“豪門”(意大利語：Popolo grasso)，居其下的行主稱“小戶”(意大利語：Popolo minuto)，工人則受僱於行主，以佛羅倫斯為例，該地的豪門屬於七種同業公會，即律師與公證人、貨幣兑換、織造、絲織、醫藥、皮貨和織物加工。公元第十四世紀中葉，織造業擁有近全市四分之一的人口，約二萬餘人，另有二十五種較小的同業公會受其支配；而織造業的行主則不過二百人，富埒公侯。類似的情形也見於其他的歐洲城市。

銀行

新商業法則與商業機構隨而產生。因有遠地貿易而有集資經營和信用匯兑。集資經營的方式各殊，但其為擴大資本的運用則一；有時，集資經營亦用以投資於軍事行動，而於軍事獲勝的地區建立商業特權。後世的商業殖民公司與股份公司，已於此濫觴。由信用匯兑而產生銀行。北意大利城市最早興起為歐洲金融活動的中心，如西恩納市的銀行於公元第十三世紀已代教廷向外邦收款。佛羅倫斯市巴爾迪家族(The Bardi family)與佩魯齊家族(The Peruzzi family)的銀行，興盛於公元第十四世紀初年；至第十五世紀，美第奇家族(The Medici family)乃淩駕全業。南日耳曼的著名銀行業者富格爾家族(The Fuggers family)，於公元第十五世紀中始創業於紐倫堡市，又繼美第奇家族而為歐洲銀行的巨擘。銀行不特經營匯兑、投資、款項存放和商貨購銷，同時也代理税收、公債，並向教宗或君主貸款，作政治和軍事投資。

經濟觀念的變化

商業習慣、商事法、保險制度、領事制度，皆隨商業的發達而產生。與商業和城市生活的發達俱來的政治與社會生活的繁殊變化，更產生了統計學。田莊生活所表現的似屬一種自然秩序，習慣足以規範一切，所以數字無足輕重。中世編年史撰者多缺乏數字觀念。此時則經濟活動與利益攸關的周延日益複雜擴大，無論私家貨殖或邦國財政，凡收支、損益、財政能力與經濟負擔等等，都需要明確的數字的對照。威尼斯和佛羅倫斯遂為近代統計學的濫觴之所。數字觀念的變化足以見田莊和城市社會生活的歧異，但經濟道德觀念的變化，尤其顯著。田莊的自足生活，其經濟目的為生存，經濟關係為義務，所以經濟行為被視為日常倫理的一面。基督教神學又以經濟觀念與教義相糅合，從而引伸兩項原則，即公平價格與對等清債。前者認為貨品各有其真實的價值，貨品的出售應該本於其真實價值，而不是如後世的依照市場價格；後者認為貴金屬乃一種不能增值之物，所以借款只需還本，貸款取利是罪惡行為。這樣，基督教神學自然鄙視商業，疾惡放債取利。但至公元第十三世紀中，神學泰斗聖多瑪斯・阿奎那（St. Thomas Aquinas）已視工商業為與農業同屬正當的職業；而放債取利，在若干情形下也漸為神學家所認可。工商業和銀行業的發達，都足以見世人只知現世的利益是求，不顧教會的説教和教會法的限制。至於教會自身對於金錢需要的殷切和對於銀行的倚畀，則更可見在現實的經濟行為中，就是教會也已順從新的經濟生活的變化。

市民階級

工商業產生市鎮，而市鎮生活的發達，更使工商業加速繁榮。中世社會的基礎之一——田莊生活，因日見解體。城市財富的激增造成了一個有勢力的市民集團。市民的家世大多出自農村，但市民的社會地位與農民迥異：農民繼續承襲被奴役的地位，而市民是自由人。但市民也異於貴族：市民地位的由來不是世襲，而是由於居處和所操的職業；其社會地位的高下則決定於財富的多寡。市民既獨立於封建階級的秩序之外，農民又時時流入市鎮，解除其封建奴役的地位，所以中世社會的又一基礎——階級制度，亦漸遭破壞。

後世習慣仍稱市民為市民階級，稱其豪富為商業貴族，但於此所謂的“階級”或“貴族”，其意義與封建秩序所用者已截然不同。城市現在開始代替封建堡壘或田莊、大教堂或修道院，而為社會活動的中心。市民生活於新環境中，一種不同於教士、貴族與農民的生活和思想態度，於此發育滋長。市民依繁忙的商業和手工製造為生，競爭劇烈，而時虞損失。商人也需要歷涉遠地，與種種陌生的環境接觸。這樣，在生活的辛苦閱歷中，市民獲得豐富的經驗，使他容易適應繁殊的境遇。敏捷的機智和精明的現實思想，便由此養成，當城市興起發達之際，這種現實思想兼具無限的開拓進取精神。一旦繁榮和財富使市民獲得更多的閒暇時，他們自然進而嚮望一種更加高尚的文化生活。歐洲的文藝復興，便發軔於意大利的都斯加尼和倫巴底城市，從中可見封建制度形成和解體之經濟關係。

第二十九章

中世盛時的教會與文化

中世的歐洲人，與他所信仰的超自然的力量和世界，相處十分密切。他相信此世——人所生存的世界——為宇宙的物質的中心。神創造全宇宙，便是要以此世作為人上演浮生戲劇的舞台，等死後再把他們引出場去。這一齣人間戲劇的主題，是神的恩惠與魔鬼的陰謀毒計爭奪人的靈魂的鬥爭。因此在這短促的人間戲劇之後，將是天堂或地獄的永恆的戲劇。人將各本自己在此世所扮演的角色，進入天堂或地獄的幕前。戲劇的每一幕都是在一羣精靈——聖徒或魔鬼——的指導下上演，他們利用各種自然的力量，以保護或毀滅世人，引他們得救，或誘他們墮入永劫——地獄。中世的歐洲人自然也良莠不齊，但他們大抵都深信宗教，深信基督教的生命觀，而各圖盡一己的能力，以挫敗魔鬼，為自己贏得幸福的結局。

但人的得救，其演出雖最後操諸超自然的力量，在此世也仍有人指導。他們是受神之命，照顧世人靈魂的教士。教士是中世歐洲社會的三個主要階級之一。他們的職責就是幫助世人獲得拯救，這是中世歐洲人的最高期望。因為教士職責的重要，所以教士和教會在中世歐洲造成了比俗世政府更大的權力。中世教會是一個大國際組織，其本身就是一個國家，凌駕於所有俗世國家之上，有自己的行政組織、法律、財產和賦稅制度。在羅馬天主教世界，教宗便是這超國家的國家元首，教士是他的官吏，而所有的俗人都是他的臣民。

第一節　中世盛時教會的組織

羅馬教廷

本書於敍述中世歐洲的政教之爭時，曾道及從教宗額我略七世至英諾森三世，歷代教宗都曾極力建樹教會對俗界君主的統治權力。教宗既在政教之爭中獲得勝利，他們同時也在教會內部加強了教會的行政統一，建樹了教廷對於全體教士的統治權威。教會封建化的結果，使主教成為王家的官吏和封建君侯。但教宗也得以藉禁止俗主授職和教職賄賣，而逐漸加強對於主教的控制。

教會行政的統一集中，自然增加了教廷的權責。教廷是教宗的朝廷，有品級繁殊的官員和書吏，執掌庶務。在教秩中地位僅次於教宗的為樞機主教。樞機主教由教宗任命，任期終身；他們組成樞機主教院，為教宗的顧問會議組織。自公元1059年教宗尼古拉二世在位時制定選舉法以來，樞機主教院也成為唯一有權選舉教宗的團體。

地方主教

在羅馬以外地方，教會的主要行政官員是主教，他們各有管區，稱主教區。主教區是教會的首要地方行政單位。集若干主教區而為一大主教區，大主教區的首席主教稱大主教，他也自領一主教區。大主教在他的教區的主教中具有尊崇的地位，有名義上的管領之權。但在實際行政上，各主教區仍都直隸教宗。主教負責監察各自教區的教士品行，舉行堅振（Confirmation）和聖品（Ordination，即教士授職）等聖禮，主持教區的教會法庭，並在副主教（Archdeacons）和其他教會屬員的輔佐下，照管教區的種種事務。主教往往也因身為封建領主或王家大臣，而需要盡重要的俗界責任。他們常會受召至王家朝廷效力，乃至隨同君王從軍出征。主教大都出身貴族，他們之入教會供職，多數只是為了地位和勢利的動機，並不是出於對宗教的虔誠之心。但不少主教十分重視宗教的責任，他們立身行事的高尚純潔，足以為世人的典型。

在每一主教區的首邑有大教堂（Cathedral），這是主教的教堂。在大教堂有教士會（Chapter of Canons），執掌祈禱禮拜。教士會教士和主教的關係，大抵與樞機主教和教宗的關係相若，他們也構成一種顧問會議的團體，輔助主教。教會封建化的結果，主教的人選雖常受國王或俗界君侯的左右，但按照教會法，也只有教士會有權選舉新的主教。

司鐸

教會行政的最小單位是司鐸教區，所以本堂司鐸也與人民最接近。在鄉間，司鐸教區往往就和當地村落或田莊的地望一致。司鐸教堂也受領田畝，為田莊耕地中的固定的一部分。本堂司鐸的收入就包括這份土地的收益和本區人民的獻納及什一稅。什一稅起初不過一種為臨時宗教用途而作的自由勸募，後來成了對於全球教民強制徵收的所得稅。但司鐸並不能完全享有他的收入，他收入的一部分要以各種教會賦課的形式，繳納給主教；還有一部分要繳納給教堂的蔭主。教堂的蔭主往往也就是田莊的領主，他的祖上最先授地給教堂。教會封建化的結果，授予教堂的土地和什一稅成為一種秩祿（Benefices），領主以之授予司鐸，同時則保留其收入的一部分歸他自己所有。司鐸的任命屬於當地主教的權力，但蔭主有薦舉本堂司鐸之權，從而操縱地方教士的人選。其結果自然也弊端叢生。蔭主往往以本堂秩祿授予近倖，或出賣給出價最高的人，而不管其是否適合教士的職務。自然也有司鐸教堂建在教會的領地，蔭主是主教或修道院院長，他們遴選司鐸更能注重精神的品質。但在這事上，便是教會的蔭主——主教、修道院院長，或教士會會長——也未必能清白無過，他們有時會以一處或數處教職保留給自己，任命人員管理，而自己坐享這些教職的經濟收益。

在這樣的情形下，自然不能期望教士都會有高尚的品行和良好的學識。尤其是鄉區司鐸，他們多數出身農民階級，即使不是文盲，也只受過貧乏的教育。中世的著作家和佈道家，無論為俗人或教士，對於教士的怠忽職務和品行不端，常多指責。他們責備教士的不成教士，說他們更像俗人。但當歐洲中世盛時，多數教士無疑仍能善盡厥職，為他們的信仰鞠躬盡瘁。

教會法規與教會法庭

在中世歐洲，教會也有廣泛的司法權力。教會的司法權力由主教法庭（Ecclesiastical Courts）執行，用教會法規（Canon law），而不用俗界法庭的民法。

主教對教區內所有列名為教士的人，以至學生和尚未受職為司鐸的教堂執事行使司法權力；他們也對寡婦、孤兒和十字軍戰士行使司法權力，因為凡此都被視為受教會保護之人。他們審理甚多屬於俗界的案件，諸如所有有關婚姻、以誓約保證的商業行為，以及經教士作證的遺囑執行等案件都是，因為凡此都被認為具有道德的或宗教的性質。他們自然也審理有關侵犯宗教的案件，諸如異端、瀆神、破壞教堂財產等是。教會法規對於刑事案件所定的處罰，因為求避免流血，所以一般比俗界的法律為輕。罰款是最通常的處分，這使教會法庭成為主教歲入之中的一個重要的財源。這一事實，也可以部分解釋國王 —— 尤其英國和法國的國王 —— 何以要反對將訴訟案件從王家法庭移轉教會法庭審理，反對在地方教會法庭審理的案件，向羅馬教廷上訴。在後一情形中，他們通常還能得到各自的主教們的支持。

第二節　聖禮制度

死後生命的觀念

在中世歐洲人看來，教宗和統一的天主教會及其舉行聖禮的權力，不可或分。教宗是神在此世的代理人，神以拯救人類的工作委任他以及他屬下的教士。因為教宗的權力有關永恆的彼世，人自然不應以“永恆”作孤注，反抗他的權力。便是最無思想的人也念念不忘永恆；而在天堂和地獄之間，人所容易想到的是地獄，鬼魂慘受永恆的懲罰之所。教會的說教也要世人相信人罪孽深重。由於他從亞當繼承來的原罪，以及他自己在現世所犯的罪惡，因此人決不能憑自己的力量，以獲得拯救和免受懲罰。他必須依靠神的恩惠，而神恩乃是經教會的聖禮施予。對於地獄的恐懼，後來因為有煉獄（Purgatory）之說產生，而多少獲得調劑。煉獄是介乎天堂和地獄之間的一界，靈魂在煉獄不受永恆的懲罰，而以受苦作懺悔，煉除罪孽，準備上升天堂。但便是得入煉獄，也必須藉聖禮的力量。

聖禮制度

基督教的聖禮制度淵源古遠，積漸形成，迨公元第十二世紀才發展完成，共有七聖禮，其中有洗禮（Baptism），在嬰兒出生後施予，以滌除他帶來的原罪和接受他加入教會；有堅振禮（Confirmation），在信徒成年時施予，表示受施者的決心接受信仰，從而肯定他出生時所受的洗禮；有終敷禮（Extreme Unction），這是人的一生最後所受的聖禮，在信徒臨終時施予，使他的靈魂能獲永生。以上三種聖禮，信徒一生必須依一定的程序，各領受一次。些外有兩種聖禮，信徒可重複受領。其中一種為懺悔禮（Penance），人經過向教士的告罪和懺悔，他在現世所犯的罪孽獲得赦免，以後他只需在此世履行某種善行，或在煉獄經歷某種苦行，以準備靈魂得救。另一種為聖餐禮（Eucharist），這是所有的聖禮中最重要的一種，在舉行彌撒禮時施予。受領聖餐者同時受領耶穌的真體，因此得享因耶穌殉難而生的救贖世人靈魂的神的恩惠。餘下的兩種聖禮是婚禮（Matrimony）和聖品禮（Ordination），分別施予俗人和教士。這兩種聖禮一旦受領，非得教會的特許，不能解除。前者的約束迄於結婚的一方去世，後者終身。

聖禮制度的確立，使教士的權力和教會的權威安如磐石。因為除洗禮於不得已時可以由一個平常的基督教徒施予外，只有教士才能舉行聖禮；堅振禮和聖品禮更必須由一位主教施予。易言之，只有教士才能以耶穌救贖世人靈魂的寶貴恩惠，分施給世人。本於這項獨佔的權利，教會自然就獲得財富，獲得政治影響力，乃至獲得司法權力。違背或抗逆教會的權力，將受到革出教會的處罰。除非禁令撤銷，他在生時將永被排斥於基督教社會之外，而死後將永無得救之望。此外，教士也因教徒的告罪而與本區人民保持密切的接觸；他由此而對於教徒的行為事故深知底細，從而對他們的生活發生深巨的影響。

民間信仰

聖禮在靈魂得救的過程中之重要如此，所以在普通人看來，它們幾乎成了基督教的唯一主要成分。一個中世歐洲的普通人，不識文字，實在也去野蠻未遠。他自然不是神學家，因而他更容易忽視聖禮的精神意義，而把舉行的儀式看成聖禮本身。聖禮成為一種機械的程序，經過這程序，人就將穩當的進入天國。這樣把精神的概念簡化為物質的形式，原是一般民間宗教共有的傾向。再者，一個缺乏教育的人，從未受過抽象思想的訓練，他也要求有具體的象徵之物可以看到或觸到，作他禮拜的對象。

從常人類似的心理，又有崇拜聖徒和相信在日常諸事中永久有聖徒或魔鬼干預的思想發生。對於神和基督——嚴竣的審判官——的畏懼，使他們覺得需要有更接近人和更能體諒人的神靈，作人和神之間的中介。他們的這種企望從對於聖母瑪利亞和聖徒的想像獲得滿足。聖母和聖徒都曾是俗人，他們可能還留有人性，或至少他們常會同情世人的弱點。中世歐洲基督教所有溫暖親切、樸實的虔敬和豐富的色彩，一大部分係由於聖母和聖徒崇拜，但由此也產生不少唯物的迷信。聖母和聖徒崇拜都以偶像出之，結果使基督教在民間流為偶像崇拜。人們而且相信，聖母和聖徒不僅防護世人，使不受罪惡的誘惑和免除罪行的懲罰，他們也因信徒的祈求，在純粹物質的方面幫助世人。

普通人之要求有物質的、可以感覺的目標為崇拜的對象，在他們崇拜聖徒遺物的行為上，表現得最為昭著。聖徒因為曾經是此世的人，所以身後有他們在生時的遺物，包括他們的遺體，留存於世間。中世歐洲人相信，聖徒的遺物和聖徒本身一樣具有神秘的力量，觸到它就足以治癒疾病，或使人不受惡毒勢力的傷害。一個著名聖徒的瘞骨之所或存放遺物的神龕，成為基督教的聖地，虔誠的教徒不辭遠道而來朝拜，請求救助或獲得慰藉。這類朝拜聖地的行為，常常也就是教會所定的補贖罪愆的善行之一。當歐洲中世時期，在歐洲往來朝拜聖地者的隊伍，常是道路相望。

異端

在中世歐洲，一般人接受教會的權威和它的說教，不加疑問；他們也不能離開教會來滿足他們的宗教生活。但當時多少也仍有異端，反叛教會。當公元第十二世紀中，異端的人數甚且大增，一時幾成為教會的嚴重威脅。有關歐洲中世異端分子的主張，後世所知不全，因為所有的知識主要都得自正統的教會著作家的報道。但大體言之，不同的異端團體雖有不同的主張，然異端之所以發生，則多少可以用相類似的原因解釋。他們因為教會不能供給滿意的精神啟示，因為不滿意聖禮制度機械的形式化的傾向，尤其因為不滿意教士階級的品行、財富和勢力，而成為異端。所有的異端幾乎都反對聖禮制度，反對教士階級。

當歐洲中世盛時，有兩個異端團體，亞爾比信徒和瓦爾多信徒（The Waldenses），盛行於法國南部。從法國南部，他們也傳入其他鄰近地域。亞爾比信徒也稱清淨教派（The Cathari），人數最眾，早在公元第十一世紀便已出現。他們的中心教義和摩尼教十分相似，表示一種精神物質二元觀的思想。他們把宇宙萬物分成精神和物質的兩部分，而把物質的部分視為罪惡，是撒旦的領域。因此他們反對出現於宗教之中的一切物質的標記，如聖禮、十字架、遺物或神像；而主張極端的禁慾和苦行。瓦爾多信徒比較平正溫和，他們的教義也比較接近正統的基督教教義。他們最初只勸說世人信奉福音書中所見的耶穌的淳樸教義，沒有異端的動機。但他們譴責教士階級的財富和教士階級俗界化的傾向，招來了教會的壓迫，他們因為被禁止宣教，所以不得不脫離教會。他們宣稱任何良好的基督徒都有權利宣教，宣稱聖禮並非靈魂得救所必需，以辯護自己的立場。他們否認唯有教士有救贖世人靈魂的權力的主張，繼續為後世的教會改革者所援用。威克里夫（John Wyclif）、胡斯（John Hus）和路德（Martin Luther）諸人，多少都曾受瓦爾多信徒思想的影響。

公元第十二世紀中，羅馬天主教會曾屢次採取措施，壓制異端。但要到英諾森三世繼位為教宗，他才傾教會的全部力量，進行夷滅異端的運動。公元1207年，他號召歐洲的騎士階級參加一次反亞爾比異端的十字軍。這次十字軍戰爭的結果，使富庶的法國南部田園荒蕪，城郭為墟。他們芟夷了異端，也摧殘了當時法國南部在騎士文學中所見的興盛的文明。戰後，繼之以宗教裁判所（The Inquisition）的嚴厲制裁，使這些地區重返正統的教會的治下。異端裁判的起源甚早，主教的司法責任的一部分就是制裁異端。但要到公元1233年，教宗額我略九世（Gregory IX）任命常設的異端裁判員。設立特別法庭，以搜索和審判異端，異端裁判乃成為確定的制度。異端裁判鼓勵匿告，用秘密審判和刑求，使它在歷史中的聲名狼藉，令人聞而心悸。但在當時，它也確實曾收撲滅公開的異端運動之效。宗教裁判所所作的處分不等，有公開悔過，有終身監禁；但頑強的異端拒絕撤銷邪說，或經一度悔改後再犯，則由教會交付俗界政府，把他們在火刑台上焚死。

第三節　修道會

清規教士

中世歐洲的基督教社會，除了極大多數的俗人和俗教士（Secular clergy）外，尚有為數眾多的修士和修女。他們稱清規教士（Regular clergy），遵從修院的清規，過出世的生活。他們所奉的清規，基本上還是聖本篤清規，而修道的理想，從清修運動初期以來，也極少變化。在中世的歐洲人看來，修士的生活方式最合乎基督教的理想；因此修士也似乎比俗人或在俗教士更可能在死後得救。但修道生活的普遍，其結果卻使修道風氣墮敗。在多數修道院中，紀律不再嚴格維持；而在一般修道院中，對於清規的虛應故實，代替了清規精神的實踐。人們入修道院為修士或修女，多數也不是為了宗教的理由，或出於自願。貴族子女，因為家庭不能供給他們相當的產業以維持相稱的社會地位和生活，有時被送入修道院。身心孱弱的人，他們不能在一個強暴的社會中求生存和獲得安定，所以把修道院作他們的託庇之所。同時也有人視修道院為終南捷徑，別有懷抱，因為修道院多擁有廣大的領地，而修道院院長地埒封君。這樣，有的修士但求飽食終日，無所事事，或不時託故外出，和他們所誓絕的現世交結，自然意想可及，而且即令他們願意與世隔絕，他們也不能完全從心所欲。他們一般上比俗人受過較好的教育，所以時常會受國王和封君的徵召，充當廷臣、使者或外交談判的代表。即如聖伯納德，為一代聖徒，他一生的大部分歲月也消耗在擾攘的俗世，而不在他所喜受的修道院中。

修道院的改革運動

大多數修士雖耽溺現世，在修道院內外宗教的紀律雖也都有弛懈的傾向，但在中世歐洲，隨時也仍多虔敬宗教之士，他們繼續傾心於修道的理想，而力求這理想見諸實行。有時一處修道院力振頹風，它隨即名播四方，一時遠近景從，善男信女競相佈施產業，直至富有再度敗壞它改革的熱誠。有的經過改革的修道院建立支院，或接受其他修道院的依附，於是形成一種修道宗派或修道會。公元第十二世紀中葉，克呂尼宗派屬下的支院多達二千以上，從而使改革運動傳播於廣大的地區。在克呂尼的聲望衰微後，其領導地位為西斯希安宗派（The Cistercians）所取代。西斯希安宗派因公元 1098 年建立於法國西斯希安（Citeaux）地方的修道院而得名，聖伯納德便是這宗派的修士。此外在中世歐洲出現的新修道團體尚多。

方濟各修會

修道院的改革提高修士的精神水準，但對於外方世界只能發生間接的影響。為欲爭取使異端改邪歸正，或為教導世人，為他們發聾振聵，都需要一種教士，他們有修士出世拔俗的宏願，也有與世人和諧共處，向他們直接佈道的波心。公元第十三世紀初年，有兩個大修道團體應這需要而產生，即方濟各修會（The Franciscans）和多明我修會（The Dominicans）。方濟各會和多明我修會的修士自稱兄弟（Friars），就嚴格的意義言之他們實在也不是修士，因為他們不生活於修道院中，而卻在人世間往來，以遊方乞食為生。因此他們也稱托缽修會（Mendicant Orders）。

方濟各會亦稱小兄弟會（The Friars Minor），創立者亞西西人聖方濟各（St. Francis of Assisi，公元 1226 年卒），為中世聖徒中人格最可愛的一人。他出生於富商之家，但他對商業無所用心。年輕時他曾耽溺於佚樂放蕩的生活，但他自幼富於幻想，喜好大自然和詩歌。二十餘歲時，他毅然摒絕繁華，而以全心皈依宗教。他罄其所有，乃至用去他父親的一部分錢財，修葺一處頹敗的教堂，出家為修士，而以赤貧之身，去窮人中佈道，相信人們會供給他維持生活的需要。方濟各在他的佈道事業中，自然也備嘗艱苦，但終其一生，從不喪失愉悅的精神。他甘心貧窮，在他不是當作補贖罪愆的行為，而是當作一種解脫——從陷溺於塵世束縛的解脫。他隨即得到追隨的信徒，並在公元 1210 年獲得教宗英諾森三世對他團體的認可。其後他的弟兄人數迅速增加，他為他們制定了一份宗規，於公元 1223 年獲得教宗何諾三世（Honorius III）的核准。從此在羅馬天主教世界，隨處可見身穿灰色袍服的方濟各會弟兄，或僕僕於道路，或存身於貧民窟中，孳孳於他們拯救世人靈魂的工作。方濟各會有自己的統一的組織，不受教區主教權力的管轄；他們的首長稱總長（General），直接服從教宗。

多明我修會

聖多明我（St. Dominic，公元 1221 年卒）創宣道兄弟會（The Preaching Friars），也稱多明我修會。聖多明我為西班牙卡斯蒂利亞（Castile）人，早歲曾受良好教育，為奧斯定修會（The Augustinians）修士。公元 1205 年，他因事去法蘭西南部，為該地的異端人數之眾所震驚。他隨即承英諾森三世之命在該地開始宣教工作，求爭取異端改邪歸正。於以後的亞爾比異端十字軍時期，在蕩滌異端信仰上，聖多明我立功甚偉。有如聖方濟各，聖多明我也獲得為數眾多的信徒追隨。公元 1216 年，他的團體獲得教宗何諾三世的認可；公元 1220 年，他制定宗規。聖多明我也如聖方濟各的品德超人，勇於濟世，而他又優於學問，但他缺乏聖方濟各所有的感人的力量。他佈道的宗旨也以使異端洗心革面為重，而不在予一般教徒以精神的灌輸。他同樣主張甘貧，但他不像方濟各的以甘貧的行為本身為目的，而是因為甘貧的行為足以增加宣教弟兄們的聲望和他們影響世人的力量。所以當多明我會修士見貧窮對於他們的事業不利時，他們很容易就背棄了這條宗規。方濟各會和多明我會的弟兄都時常受命主持異端裁判。但多明我會修士更多擔任這項可怕的撲滅異端的工作，因此他們也有"神的鷹犬"（Domini Canes）之稱。

兩個托缽修會在創立後的一個世紀中，盛極一時。它們使為數眾多的異端教徒重返正統的信仰，他們也到處為民間宗教灌輸新的生命和熱力。修道會弟兄從教會受有為人告解的權力，因而也分有了地方教士的一項重要職責。他們對於時代的影響尚不止此，對於學術他們也貢獻綦巨。多明我會修士自始便熱心教育，學者輩出。歐洲中世盛時基督教會的最大的學者聖多瑪斯・阿奎那，便是多明我會修士。聖方濟各雖曾告誡他的門徒不可過信教育，但方濟各會修士對於學問也不甘落人之後，尤其在中世晚期時為然。

第四節　教育、學術與藝術

教會與中世歐洲文明

當蠻族入侵時期，羅馬帝國西部的權力解體，教會代帝國政府而為社會的安定力量。劫後的拉丁學藝，也賴教會而得以部分倖存。中世初年的羅馬教宗，承帝國時期的餘緒，多績學之士。額我略一世便以教宗而同時為著作家，與安布羅斯、傑羅姆和奧古斯丁並列，為四大拉丁教會之父中的一人。教會雖不願善良的基督徒耽溺於俗世的古典學藝，但教會為要傳教佈道，仍需要有學識教養的教士，為教會服務。教會因而設立學校，使帝國時期的教育，在中世初年得以不絕如縷。其後查理曼創設宮廷學校，並命各地的修道院和主教區設立學校，教會掌管教育和知識的權力更見伸張。其後查理曼帝國分裂，但統一教會繼續張大，終至收中歐和北歐都入其封域。

公元第五世紀後的幾百年間，當歐洲的所謂黑暗時代，教育和學術幾乎為教會所專有，教士是唯一的學者階級。到了中世盛時，大學興起，而大學學生仍被歸在教士之列。他們受教會法和學規的管轄。教會與中世教育的關係既如是，加以教會無所不屈的精神權力，遂使中世歐洲的思想學術，完全受基督教信仰和倫理的統馭。思想學術如是，藝術文學也莫不然。中世建築藝術的表現在教堂，雕刻和繪畫主要用以裝飾教堂；而文學，無論見於論說、詩歌、歷史，或寓言，主旨也多在顯示神的意旨，或頌揚神的光榮。

中世教育

於黑暗時代，教會保存殘存的舊文化，使勿失墜，又從而傳播之，主要是修士之功。繼蠻族入侵而起的擾攘混亂時期，唯有修道院尚能保持寧靜安定的生活，並供養學人，使能治學著書。最先是愛爾蘭的凱爾特修士（Celtic Monks），他們在愛爾蘭本土、蘇格蘭和英格蘭，乃至在歐洲大陸的日耳曼部落中，建立修道院，於黑暗時代初期燦然為西歐教育和知識的爝火。迨本篤會興起，愛爾蘭修士在不列顛和歐洲大陸的地位，乃漸次為本篤會修士所取代。本篤會定抄書和教育會中新進與俗世兒童，為修士日課的一部分，已如前述。由於修道院所從事的教育工作，於是有修道院學校。

西方史學家有視公元第八世紀為中世歐洲文化復興的先聲，這是就查理曼的獎掖文教而言。其實當查理曼時代，歐洲文化的沉滯如故。查理曼本人既不能執筆作書；他的宮廷學者，即如領袖羣倫的阿爾琴，學問的造詣也甚少超越七藝（Seven Liberal Arts）的範圍。查理曼的宮廷學校，在查理曼死後也未曾維持長久。但這時期中若干大教堂所設的學校，如巴黎、圖爾（Tours）、沙特爾（Chartres）、奧爾良（Orleans）、漢斯（Reims）、西班牙的托利多（Toledo）和不列顛的坎特伯雷等地的大教堂學校，則漸見重要。迨公元第十一、二世紀時，大教堂學校已代修道院學校而為歐洲教育學術的中心。

修道院學校和大教堂學校承古羅馬文法學校的遺緒，除論讀拉丁文外，都以七藝為主要課程。其中前三藝（Trivium）為文法、修辭和辯證，後四藝（Quadrivium）為算術、音樂、幾何和天文。但古羅馬教育的目的，在為青年作未來政治社會生活的準備，並培養他們對於文學、藝術和哲學的愛好；而中世的教會教育，目的在為受教育者作宗教生活的準備，並養成他們對於教會和教義的虔敬。因此中世學校的七藝，其教學內容在在應合教會的目的。文法在論習教會用語；修辭學幫助解釋聖經的隱喻；辯證學即論理學，用以自經文演繹義理；算術為計算宗教節日所需；音樂在歌詠聖頌；幾何講授聖地和天國的地文；教會雖教說上帝創造天地，星辰繞地運行，但天文學未受重視。希臘語文的知識在西方終於絕傳；希臘文獻，只有少數有拉丁文翻譯的部分，尚為西歐所知道。基督教聖經、教會大師的著作和少數古典拉丁著作，幾乎便是全部的精神食糧了。

上章述城市生活的復興，曾提到中世歐洲的雛形市鎮有“主教鎮”之稱。凡大教堂所在之地，無論是否為古羅馬城市舊址，每每發展而為新興城市。因此大教堂學校的發達，在年代上實與城市生活的復興並進。社會的財富積增，心智生活也同時受到激揚。公元第十二、三世紀中，亞里士多德的不少著作已重被發現；若干新柏拉圖學派的著作也相繼出現。它們多數係從阿拉伯文轉譯。回教薩拉森學者研究希臘古學，希臘古籍經翻譯為阿拉伯文，現在再轉譯為拉丁文，供西方學者使用。西方基督教世界與回教世界的接觸，加以長時期的十字軍運動的影響，使古希臘和回教阿拉伯學術陸續西傳。知識的門類迅速推廣。在原有的七藝外，羅馬法、教會法、醫學和亞里士多德哲學，也都成為學者熱心肄習的學科。在這學術復興時期，中世歐洲教育有一重大的發展，即大學（Universities）的興起。大學又代大教堂學校而為新教育學術的中心。

大學興起之初，多仿行會組織，以高級學術傳授為其本業。為歐洲大學之祖的法國巴黎大學和意大利波羅格納（Bologna）大學，各興起於公元第十二世紀中葉。英國的牛津大學淵源於巴黎大學；公元第十三世紀初葉，一部分牛津學者又去而之他，建立劍橋大學。西班牙和葡萄牙之有大學，始見於公元十三世紀初葉；波希米亞和日耳曼更遲到次世紀中葉。中世的大學雖已作分科研究，不同的大學而且每以不同的學科見長，如意大利的波羅格納大學和法國的奧爾良大學以法學著稱，而意大利的薩雷諾（Salerno）大學和帕多瓦（Padua）大學以醫學和自然哲學著稱，但大學並未與教會仳離，而神學仍是"百學之后"。巴黎大學便是神學研究的最高學府。

經院哲學

中世歐洲的最高智慧用於神學，神學亦即中世的哲學。中世歐洲的信仰定於一尊，神學即用以闡釋基督教信仰，故其起點為信仰，其依據為權威，而其目的為對於已定教義的闡釋。但一旦思辨被引以為信仰之助，理性活動也即隨而萌蘗。經院哲學（Scholasticism）便因神學中的"唯實"（Realism）與"唯名"（Nominalism）之爭而興。公元第十一世紀中，因"變體説"（Transubstantiation）之爭而有關於"實體"（Substance）與"偶性"（Accidents）的論爭。變體説主張，在聖餐禮中的麵餅和酒，經教士的誦經和祈禱，其實體變質而為基督的身體和血，唯有其偶性不變。論爭的一説以為實體與偶性不可或離，偶性不變，則實體亦不變，是為唯名論；一説以為實體與偶性可以分別存在，實體變，偶性可不變，反之亦然，是為唯實論。唯名與唯實之爭，有如中國理學的"朱陸異同"，取道各異，要之都在闡釋同一的最高義理——基督教義理。經院哲學便是以思辨法則應用於討論神學問題的結果。因為神學的討論多在學校，所以有經院哲學之名。

在唯名與唯實之間，教會寧維持唯實論，而裁抑唯名論。因為以兩者相比較，唯實論視信仰為知識之源，理性的價值唯在詮釋信仰；唯名論則視經驗為知識之源，理性的價值乃在證實信仰。唯名論並未否認傳統，也未否認既定權力，但求助於經驗和理性的結果，終至會倚重個人判斷，因而潛伏有足以危害統一信仰的危險傾向。與古希臘哲學相比較，唯名論者的思想方法為亞里士多德的，而唯實論者為柏拉圖的。公元第十二、三世紀中，大學興起，亞里士多德哲學的講習日盛。巴黎教會會議曾在公元1210年禁止在巴黎大學講授，但未能收阻遏之效。當時新知識的傳播，除亞里士多德哲學外，尚有古希臘和阿拉伯科學。教會如不能防杜這類新知識的傳播，則唯有因勢利導而節制之，使它們能為教會所用。公元1220年，教宗何諾三世諭令巴黎大學任用多明我會和方濟各會修士為教授，以節制這一新理知運動，並從事調和新知識和基督教神學的工作。同樣的措施也在其他大學實行。多明我會修士在這項工作中出力尤多。

調和亞里士多德哲學和基督教神學，並從而建立起一大經院哲學體系的工作，至聖多瑪斯（St. Thomas Aquinas，公元1274年卒）而獲得最大的成功。聖多瑪斯為意大利多明我會修士，於公元1244年被遣赴巴黎，1252年起在巴黎大學講授神學。他所著的《神學大全》（*Summa Theologica*）一書，是中世基督教神學的登峯造極的巨製。聖多瑪斯以亞里士多德的知識分類作他的學理體系的基礎，使不同的學科在知識的全領域中各得其所。每一個知識部類都經擴充，以包羅所有當時新增的知識。在這龐大的知識序列之巔，是基督教神學，基督教原理如串珠之索，貫徹於各知識部類。人類知識的全領域於是統一而為一個和諧的體系，宗教的啟示與理性的思辨暨經驗的知識並存不悖，他們同是真理，而最高的真理屬於宗教。《神學大全》的內容包羅萬有，其完全性與普遍性，一如中世的統一教會，它也為羅馬天主教會完成其教義的、哲學的基礎。

哥德式建築

歐洲中世藝術的極致是哥德式建築（Gothic Architecture）。“哥德式”一名的由來，也始於文藝復興時期，與“黑暗時代”一名之對於中世一樣，同具鄙俚野蠻的命意。近世歐洲對於哥德式藝術的鄙視，自公元第十九世紀始易而為褒譽。有的學者和藝術家甚至於稱哥德式大教堂“表裏之真實如一，表裏之美麗如一”，以形容其建築藝術的完美。

哥德式建築的主要表現見於教堂建築，極盛於公元第十二、三世紀，正當歐洲教會勢力全盛和學術復興時期。因商業發達而城市財富積增，則是這種崇宏瑰琦的建築得以產生的物質因素。在哥德式建築興起之前，約當公元第十一世紀初年，意大利因拜占庭藝術的影響，建築藝術先已復興，產生仿羅馬式（Romanesque）建築。哥德式建築於次世紀初年始見於法蘭西北部，陸續傳入歐洲的其他區域，終於代仿羅馬式而為中世歐洲的代表的建築形式。

仿羅馬式建築主要繼承古羅馬大會堂（Basilica）的形式，而攙入拜占庭建築的成分。它的主要部分是一間長方形中央正堂（Nave），兩邊翼以側堂；在距正門較遠的一端，有十字耳堂（Transepts）兩所，如正堂的兩臂；正堂之末是凸堂（Apse）。因此仿羅馬式建築的平面圖形係取拉丁十字架圖式。其上則覆以半篇式穹窿，並在門、窗和柱間各部分用半圓拱。就技術的效果言，半篇式穹窿的使用使建築內部的空間增廣，但穹窿向兩側的張力，則使仿羅馬式建築不得不加厚其壁部，壯實其柱身，並減少其壁部的門窗。結果其內部卑下幽暗，令人感覺的是厚重的石工、廣闊的平面和強直的線條。哥德式建築之不同於仿羅馬式建築，主要在露骨肋架（Salient rib）、飛扶壁（Flying Buttress）和尖頂拱（Pointed arch）的使用。在技術效果上使建築上部的重力集中於少數支點，因此建築的其餘部分可以開設成列的高窗，使用纖巧的長柱，並提高其屋頂，而使內部高廣明敞。如法國的漢斯大教堂高達 135 呎，寬 98 呎，自正門至凸堂長 455 呎。以無數單塊的石材完成如此的巨構，實在是建築史中的非凡成就。

哥德式建築予人的最強著的印象，是縹緲高舉。在一個信仰定於一尊而宗教心旺盛的時代，哥德式教堂凝聚人的心靈，並導引之向上，以達於神的意念。同樣的精神並見於教堂內外的雕飾。仿羅馬式建築因為內部幽暗，無從廣施雕飾。哥德式建築則反是，有時雕飾的使用幾乎使它不着建築的痕跡。雕飾中有花草、蟲魚、禽獸形象，有信徒禮拜像，但主要則在表現基督事跡，而配以聖徒天使諸像。在中世歐洲的城市中，市民在遠處便看見大教堂的尖塔聳峙於天際，最高處是基督救世的象徵十字架，縹緲於雲際。行近時，教堂的崇高氣象，步步相接，而成列的尖頂拱，繼續導人的目光向上，瞻仰最高處的神聖象徵。入門前，前視見成列的聖徒巨像，穆然相迎；仰瞻則見基督的聖跡，顯現於門楣之上的三角形部分。入門後，驟見穹窿崇起，有如置身於高天之下。光線自窗櫺的鑲花彩色玻璃射入，於絢爛中寓莊嚴神秘的感覺；而舉目無非聖像、聖物、聖跡像，而配以自然景物小像。在凸堂面向正堂之處，高出地面，為祭壇所在。大教堂內外雖景象萬千，然其精神與理想則匯聚於此，象徵萬民精神的歸宿與靈魂的得救。西方史家多以哥德式大教堂與聖多瑪斯的《神學大全》並列，視為歐洲中世精神的最卓越的表現。二者都顯示了中世精神的同一方向：在確定的神學計劃之下，結合所有的知識於一體，使光榮歸諸神，而萬民的靈魂得救。

聖多瑪斯死於公元 1274 年。當他去世時，羅馬天主教會已到了它中世盛時的末季，又三十年而有阿納尼事件（The "Terrible Day" at Anagni）發生，教廷的"巴比倫俘囚"時期開始。經院哲學在聖多瑪斯後也迅速衰替，其累贅迂曲與空虛無用，使它在後世蒙"煩瑣哲學"之稱。同時，哥德式建築則因雕飾與建築部分的踵事增華，趨於誇張與繁縟，而日益喪失其統一的風格與節度。後期的哥德式建築，便因雕飾的亂雜使用，而有"火焰式"（Flamboyant Style）之稱。歐洲這時已入中世晚期。發生於牛津方濟各會學者間的一個思想運動，以及萌蘖於意大利城市社會的文藝復興運動，更將使歐洲的學術狀態、藝術和文學風格，乃至時代精神，為之大變。

第六編 歐洲中世晚期

公元 1270 年是劃分中世盛時和晚期的最適當的年份。這一年是最後的一次十字軍之年，也是法國路易九世——這位封建聖君——逝世的一年。兩年後，英國國王愛德華一世（Edward I，公元 1272—1307 年）即位，他將在英國確立議會制度，造成英國從中世封建制度進向中央集權王政的一大進步。又一年，公元 1273 年，神聖羅馬帝國的"大虛位"時期告終，帝國再造，魯道夫一世（Rudolf I，公元 1243—1291 年）膺選為皇帝，這是出自哈布斯堡家（The Habsburgs）的第一個皇帝。歐洲又將進入一個社會、政治、經濟、思想各方面劇烈變化的時代。在其後的兩個多世紀中，封建制度、工商業行會制度、教宗的統一權威、經院哲學的思想方法和教育，同趨衰替，代之的是明顯屬於近代的新制度和思想方法。迨這兩個多世紀過去，歐洲已步上了近代的途徑。中央集權的領土國家，一方面代替封建君侯和城市政府的地方自主，而為政治組織的主要形式；另一方面也破壞了以羅馬教宗為首的西方基督教世界的統一。歐洲人對於世界的知識，因為在近東和在海外的探險開發，而大為增進。他們對於自身和對於所生存的世界，也因這時代的心智發揚——文藝復興運動（The Renaissance），而產生了強烈的興趣和好奇心。由此而興起的是一個嶄新的世界，在所有的重要的方面都與中世的歐洲異趣。

第三十章

日耳曼與東歐諸國

當歐洲中世盛時，因政教之爭而起，在日耳曼有韋爾夫家族和霍亨斯陶芬家族的抗爭，在意大利有歸爾甫黨和吉伯林黨的抗爭。神聖羅馬帝國飽受斲喪。最後一位霍亨斯陶芬朝的皇帝康拉德四世於公元 1254 年去世，日耳曼入“大虛位時期”。有二十年，日耳曼沒有一位共同奉戴的皇帝。公元 1273 年魯道夫一世的當選，雖結束了“大虛位時期”，但從此這中世帝國已形同解體。意大利除了名義上以外，從此不再是帝國的一部分；事實是當中世晚期，也不再有皇帝重蹈霍亨斯陶芬朝的覆轍，力圖對北意大利的自主城邦行使權力。在日耳曼本土也是帝權陵夷，半獨立的封建邦領和城邦林立。皇帝享有高於一般君位的尊榮，但很少實在的權力。帝國內部有的區域和城市為圖自保，組織聯盟，於是瑞士聯邦（The Swiss Confederation）和漢薩同盟產生。它們的發展也更加甚了帝國內部的分化。在同時期中，東歐發生了巨大的變化。波蘭擴張成了一個大領土國家。俄羅斯曾為蒙古的西征大軍所征服，歷時兩個世紀，莫斯科公國（The Grand Duchy of Moscow）的君主才最後（公元 1480 年）擺脱蒙古可汗的勢力，着手建立近代的俄羅斯國家。在歐洲的東南方，回教鄂圖曼土耳其人（The Ottoman Turks）從小亞細侵入巴爾幹區域，最後滅掉了拜占庭帝國。

第一節　中世晚期的神聖羅馬帝國

哈布斯堡家的魯道夫一世

當“大虛位時期”，日耳曼封建君侯加強了他們的自主地位。但由於帝國的傳統，同時為使日耳曼免於完全淪入無政府的狀態，他們仍需要一位皇帝，使居於帝位。公元 1273 年，他們最後同意舉哈布斯堡家的魯道夫為皇帝，從而結束了“大虛位時期”。哈布斯堡家是日耳曼的一家古老貴族，發祥於阿爾卑斯山西北麓的今瑞士北境，其後領地增加，至魯道夫時已經是日耳曼施瓦本（Swabia）境的首要大族之一。魯道夫一世儀表非凡，勇武而和易近人。當在位時，他避免干涉封君的利益，而唯致力於擴張哈布斯堡家的土地和勢力。因為波希米亞王奧托卡二世（Ottokar II）拒絕承認他的當選，他從奧托卡奪走了他在日耳曼的采邑，把其中的奧地利（Austria）、史泰利亞（Styria）和卡尼奧拉（Carniola）等地封授長子亞伯特（Albert）。從此哈布斯堡家在日耳曼的東南有了廣大的土地為憑藉，而奧地利也從此成了哈布斯堡家的領土的根本之地。

魯道夫擴張哈布斯堡家的領地和勢力的政策，仍使日耳曼的邦國君侯為之戒懼。在他死後（公元 1292 年），他們不舉其子奧地利公爵亞伯特，而從別族另舉皇帝。公元 1298 年，亞伯特在掀起一次內亂後獲得帝位，是為亞伯特一世（公元 1298—1308 年），在位十年被弒。日耳曼君侯又以帝位奉予盧森堡伯爵士樂亨利（Henry of Luxembourg），是為亨利七世（公元 1308—1313 年）。哈布斯堡家的帝統再告中斷。亨利七世曾力圖重續帝國的傳統。他於公元 1310 年以平亂為名，出師意大利。當時意大利因教廷播遷亞威農（Avignon），政爭劇烈，局勢混亂。當亨利在義雖一時受多方的屬望，希望他能結束長時期的教宗黨和皇帝黨之爭，但他自己也立即被捲入意大利政爭的漩渦。而與教宗、那不勒斯，以及當時法國國王腓力四世（Philip IV）衝突。他於公元 1313 年去世，在位不過五年。他在位時真正的成功是使其子約翰（John of Luxembourg）獲得了波希米亞的王位，因而使他的家族——盧森堡家——一時成為日耳曼的首要家族之一。亨利既死，日耳曼又是兩皇帝爭位：一位是哈布斯堡家的腓特烈（Frederick the Handsome），亞伯特一世之子；一位是巴伐利亞公爵維特爾斯巴赫家的路易（Louis of Wittelsbach）。勝利最後歸於路易，是為皇帝路易四世（公元 1314—1347 年）。路易在位時，也為他的家族增加了不少領地，包括勃蘭登堡（Brandenburg）、提洛爾（Tyrol）和一部分尼德蘭的土地。

帝位的從一個家族移轉於另一家族，使皇帝無法執行堅定的政策，以強化帝國的組織或加強皇帝在帝國中的權力。因為皇帝如意圖強化帝國，他必將遭遇邦國君侯的反抗；而他如採取軍事行動，他必須自己負擔軍事的費用和冒失敗的危險。在帝位繼承不定的情形下，軍事行動殆屬徒勞無益之舉，而且可能有所損失。帝位的價值，結果只是皇帝在位時得以利用他所僅餘的特權和威望，以為他自己的家族謀取利益。他可以把因家族血統斷絕、沒有承繼人而歸還皇家的采邑，再予分封，從而增加自己家族的領地；他也可以為自己或家人締結有利可圖的婚姻，以達到相同的目的。

盧森堡朝諸帝與選帝領制度

在巴伐利亞的路易之後，帝位又為盧森堡家所有。其後盧森堡家父子三人——查理四世（Charles Ⅳ，公元 1346—1378 年）、溫塞斯拉斯（Wenceslas，公元 1378—1400 年）和西吉斯蒙德（Sigismund，公元 1410—1437 年）——先後在位，保持帝位的一世紀之久。但他們對於帝權和帝國都無所用心；事實上他們也不是道地的日耳曼人。查理四世係皇帝亨利七世之孫，他在入繼帝位前便已從他的父親約翰承繼了波希米亞王位，而為波希米亞王。查理四世不作在日耳曼建設一個強有力的統一國家之想，但他在位時，他確曾採取步驟以阻止帝國的繼續解體。為防杜帝位之爭再起，他為帝國建立了選帝侯制度。在公元 1356 年的一次帝國議會（the Diet）中，查理頒佈了著名的黃金詔書（the Golden Bull），這次詔書詳密規定皇帝選舉的程序和選舉人，以防杜選舉時的紛爭。選舉人或選帝侯（Electors）共只七人，其中有三人為教會貴人，即梅因茲（Mainz）、科隆和特里爾（Trier）的總主教，四人為俗界君侯，即萊茵蘭—普法茲伯爵（The Count Palatine of the Rhine）、勃蘭登堡藩侯、薩克森公爵和波希米亞國王。詔書並保障選帝侯的權力。他們在各自的邦領內部有完全的主權；他們的領土不能以任何的理由分割；俗界君侯的尊號和領土依長子繼承制世襲。公元 1356 年的黃金詔書為神聖羅馬帝國所曾有的一次最近似憲制的立法，對於後世日耳曼的歷史影響深遠。它阻止了許多次可能因選舉而發生的戰爭；因為其他邦領隨即也取法選帝侯邦，行長子繼承的制度，所以它也保全了許多大領地使不致因析產而分裂。當然，因這次詔書而獲益最多的是選帝侯們。他們在帝國中事實上成了獨立的君主，統治着疆界穩固確定的領土；他們事實上也成了皇帝的同僚，不再是他的臣下。

溫塞斯拉斯於公元 1378 年繼查理四世為皇帝，因酗酒荒惰，於公元 1400 年被廢。其後盧森堡朝中斷達十年。公元 1410 年溫塞斯拉斯之弟西吉斯蒙德又當選為皇帝。西吉斯蒙德先於公元 1387 年入繼匈牙利王位，他對匈牙利的關注也遠過於對帝國的關注。西吉斯蒙德在位時對於帝國僅有的一樁大業，是他於公元 1414—1417 年的康斯坦茨大公會議（the Council Constance）中彌縫了天主教會的大分裂，使它重歸於統一。此外，公元 1415 年駐蹕於當地的康斯坦茨期間，西吉斯蒙德以勃蘭登堡侯領連同選帝侯的尊號，封授了霍亨索倫家的腓特烈（Frederick of Hohenzollern）。勃蘭登堡侯領，係皇帝查理四世取自維特爾斯巴赫家，以封授西吉斯蒙德，現在西吉斯蒙德又以之封授一個霍亨索倫家人。從此霍亨索倫家世代領有勃蘭登堡；以勃蘭登堡為基礎，這家族將在後世先後建立普魯士王國和德意志帝國。

哈布斯堡期的建立

公元 1438 年亞伯特二世（Albert II，公元 1438—1439 年）當選為神聖羅馬皇帝，使帝位又回到了哈布斯堡家。從此哈布斯堡家世代領有帝位，以迄於公元 1806 年帝國在拿破崙的壓力下被廢。哈布斯堡家重得帝位，在帝國內部仍無所更張。亞伯特二世即位逾年即去世，但繼其後的腓特烈三世（Frederick III，公元 1440—1493 年）在位達五十年。迨公元 1493 年腓特烈去世時，歐洲已經到了近世前夕。哈布斯堡家的帝國政策自始便是一種家族利己政策，皇帝所主要關心的是他們自己家族的利益。

大虛位時期後，帝國雖在名義上重歸於統一，事實上則是從此喪失了統一之望。反之，它內部的若干邦領如奧地利、巴伐利亞和上述的諸選帝侯邦，則勢力日張。在這些邦領內部，同樣可見強有力的中央集權政策的發展，如在法國和英國同時期中所發生的相若。但此外則日耳曼是一團混亂。有為數眾多的教會領地，受大主教、主教或修道院院長的治理；有難以悉計的封建領地，為獨立的伯爵或騎士所領有；還有為數六十上下的帝國城市（Emperia Cities），如法蘭克福、奧古斯堡、紐倫堡、斯特拉斯堡等，他們除了名義上承認皇帝的權力外，事實上都是獨立的城邦。在如此大小邦領林立的狀況下，沒有一種權力有足夠的力量，能在帝國全境維持法律和秩序，保護生命和財產。

第二節　瑞士邦聯和漢薩同盟

當中世晚期，神聖羅馬帝國雖在政治上形同解體，但經濟上空前繁榮，城市的工商業興盛。帝國沒有強有力的中央政府，但帝國內的許多邦領，或強大有力，有如上述，或組織聯盟，以自相護衛和維持秩序。在當時所產生的聯盟中，尤以瑞士的州邑邦聯和漢薩的城市同盟，最稱重要。

瑞士邦聯

瑞士邦聯原始於公元第十三世紀末葉，最先不過是阿爾卑斯山地的三個小農業區——或稱山林州（Forest Cantons）——的聯盟，目的在以互助抵制他們的封建領主——哈布斯堡家——的苛稅重徵。三州的總面積不過約三十五方哩，但他們地處經聖哥達山口（Saint Gotthard Pass）入意大利的商道要衝，因而位置重要。當地的人民也勇敢，好自由，習於山地戰爭。在反抗哈布斯堡的鬥爭中，他們於公元 1315 年在莫爾加滕（Morgarten）地方贏得了一次輝煌的軍事勝利。有一支哈布斯堡家的騎士隊伍在一處逼側的山隘被圍困，幾乎全軍覆沒。其後，鄰近的州和城市企慕這幾州的自由精神，也多先後參加聯盟。當公元第十四世紀中葉時，聯盟已增加至十一州，其中有蘇黎世和伯恩等重要城邑。公元 1513 年，聯盟更增加至十三州，包括繁庶的萊茵城邑巴塞爾。

愛重自由和獨立為瑞士人性格的特徵。這構成邦聯力量的來源，但同時也成為它弱點所在。各州可以聯合一致，以堅強抵抗外來勢力的壓迫，但在聯盟內部則它們各自為政，互不相下。各州都有自己的政府，它們雖都派遣代表出席邦聯議會討論外交和有關邦聯全體利益的事項，但各州的政府與政府間都各不相涉。它們之間也因為利益和民情風俗不同，也常有相互的齟齬和衝突。譬如在邦聯內部，各地的語言便有很大歧異，大多數州用日耳曼語，但西南部用法語，南部附屬於邦聯的區域用意大利語。再者，就經濟生活言，邦聯原始的三州——山林州——完全務農，而其後加入的如蘇黎世、伯恩和巴塞爾，則有興盛的商業和手工業。因為這些城市州的富庶，它們逐漸控制了邦聯，從而引起山林州對它們的疑懼。山林州人民念念不忘他們祖先的光榮，因為瑞士人之得有自由，淵源於這些守衛阿爾卑斯山隘、抵禦哈布斯堡家勢力的強毅的山地人的奮鬥。

漢薩同盟

當瑞士人正在日耳曼南方結成邦聯之際，日耳曼北方的富裕的商業城市也在結成有勢力的同盟，以保護它們的特權和利益。波羅的海南岸一帶地方，遲至公元第十二、三世紀，才由日耳曼人從異類的斯拉夫人的據有下征服過來，並開始移殖其地。在這一帶地方，皇帝的權力從未曾有效的樹立，經大虛位時期而更加形同烏有。這使當地新興的日耳曼城市的商人，以及舊日耳曼西北部因帝國解體而喪失了法律和秩序的保護的商人，都必須設法自保，保障出外旅行的安全和獲得在異地經商的權利。他們特別需要有一支海軍，以鎮壓出沒於波羅的海和北海的海盜，或在必要時對外國政府行施壓力，以獲得優惠的商務條約。因這一需要，而日耳曼北部城市聯盟的組成，歷史上稱漢薩（Hansa）或漢薩同盟（Hanseatic League）。漢薩同盟的原始是公元第十三世紀中葉漢堡和呂伯克二城的締盟，其他城市繼之加入聯盟，但正式的組織則遲至次世紀中葉始告完成。完成後的漢薩同盟，與盟的城市為數約七十，因為不時有新的城市與盟和舊的退出而略有增減。與盟城市因地域分為四區，即（一）波羅的海東部城市；（二）波羅的海西部城市；（三）日耳曼西北部城市；（四）萊茵河下游城市。四區又分別以但澤、呂伯克、不倫瑞克和科隆為各自的領袖城市。當有事時，則全體與盟城市派遣代表，在一地集會，如處理外交問題，或調整商業規則等是。漢薩同盟自始只是一種鬆弛的城市聯盟組織，但當其盛時，它的勢力仍十分強大。它幾乎獨佔了波羅的海的貿易，而在日耳曼西北部和斯干的納維亞國家，曾發生重要的政治作用。

控制波羅的海是北歐城市所以繁榮的根本原因。歐洲所食用的鯖魚和鱈魚幾乎都由波羅的海區域供給；因為教會規定持齋的緣故，魚在歐洲的需要大增。同時，波羅的海也是東北歐洲和大西洋岸國家交通的要道。漢薩商人從諾夫哥羅德（Novgorod）和波羅的海沿海諸地運來毛皮、蠟、琥珀、銅、松脂、焦油、穀物、麻、木材和鯖魚，而在布魯格斯和倫敦等地交換羊毛、織物和其他製造品，再運返波羅的海區域。

入公元第十四世紀後半，漢薩同盟達於它的全盛時期。這段盛況繼續約一世紀之久，於是衰替的跡象漸次出現。城市中貧民小戶和富有的統治階級間所發生的社會鬥爭，使有的城市不時陷於混亂癱瘓，不能積極參預同盟的事務。公元第十五世紀中，又因科隆集團的城市一度拒絕合作，結果也削弱了同盟的力量。再者，歐洲商業的趨勢也有了新的變化。商業中心日益西移；領土國家的君主日益採取國家經濟政策；而新的資本主義的商業方式與漢薩的傳統不合。最後，條頓騎士團之為波蘭所征服，莫斯科維（Muscovy）勢力在俄羅斯的興起及其阻斷諾夫哥羅德和日耳曼的貿易，以及斯干的納維亞國家的統一於丹麥君主的治下，都使漢薩同盟難以繼續保持對波羅的海商業的控制。漢薩同盟於公元第十五世紀中葉後還維持了兩百年，但從這世紀末葉以降，它已經不再是支配一方的勢力了。

條頓騎士團與普魯士

漢薩同盟的歷史與條頓騎士團休戚相關。因為有公元第十三世紀條頓騎士團征服普魯士，所以日耳曼移民和商業才能自西至東，擴張勢力至波羅的海東部地域。新的日耳曼城市沿海岸和河流迅速興起，但澤（Danzig，即今Gdańsk）、馬爾堡（Marienburg，即今 Malbork）、哥尼斯堡（Königsberg，即今 Kaliningrad）和許多別的城市成了興盛的商業中心，它們構成漢薩同盟四大區域集團之一。漢薩同盟在對外戰爭時，也一直恃條頓騎士團為奧援。公元第十五世紀中，條頓騎士團勢力衰替。當時經濟的繁榮已使騎士團的紀律和宗教精神敗壞。公元 1410 年波蘭人的一次入侵，更使它在戰敗之餘，從此衰弱不振。公元 1454 年，波蘭乘普魯士內亂，再度入侵。戰爭繼續至公元 1466 年。根據最後所訂的《托倫和約》（The Peace of Thorn），普魯士的西部併入波蘭，為波蘭領土的一部分；它的東部——以後稱東普魯士——仍歸騎士團團長領有，但降為波蘭國王的封建附庸，向波蘭納貢稱臣。條頓騎士團勢力的衰替為漢薩同盟的地位的重大損失。

斯干的納維亞國家

斯干的納維亞國家——丹麥、挪威和瑞典——對於漢薩同盟也關係重要。公元第十一世紀克努特王的丹麥帝國解體後，有一段時期，斯干的納維亞國家積極參加歐洲的事務。公元第十四世紀中，因為丹麥國王圖侵奪漢薩同盟的商業，曾引起雙方的一次戰爭（公元 1361—1370 年），結果丹麥戰敗。根據結束戰爭的《施特拉爾松德條約》（The Treaty of Stralsund）漢薩同盟獲得了在丹麥領土從事商業的自由，和參加丹麥國王選舉的權利。其後的二、三十年間，斯干的納維亞的商業和政治，一時曾受漢薩同盟的控制。但至同世紀末葉，丹麥國王先兼領挪威王位；其後經公元 1397 年的《卡爾馬條約》（The Treaty of Kalmar），瑞典也入於丹麥國王的治下。卡爾馬聯合治雖未在斯干的納維亞國家間形成強固的結合，但對於漢薩同盟在波羅的海區域的地位和利益，則是一嚴重的威脅。迨公元第十六世紀初瑞典從卡爾馬聯合治分出，而波羅的海東部又漸次受瑞典的勢力所支配。

第三節　中世晚期的東歐

波蘭

公元第十四世紀中，斯拉夫人的波蘭王國為神聖羅馬帝國東邊的最大的鄰邦。波蘭曾與條頓騎士團聯合，對未奉基督教的立陶宛人不斷進行戰爭。當時立陶宛人所據有的土地，北起波羅的海沿岸，沿波蘭東疆，向南一直伸展至黑海。公元 1386，由於波蘭公主雅德維加（Jadwiga）與立陶宛大公約蓋拉（Jogaila）的婚姻，以及後者的被舉為波蘭國王，波蘭與立陶宛由敵對而聯治。立陶宛人至是正式信奉了基督教，而波蘭的領土增加一倍有餘，在北方的波羅的海沿岸和南方的黑海沿岸都獲得了出海口。波蘭並隨即以新形成的勢力，轉而與條頓騎士團為敵。在立陶宛人皈依基督教後，條頓騎士團實際也已喪失了其所持以進攻立陶宛的宗教藉口。公元第十五世紀中，條頓騎士團的普魯士受到兩次波蘭人的入侵，而普魯士終於為波蘭所兼併（公元 1466 年）。波蘭現在成了歐洲疆域最廣的領土國家之一，但它缺乏內部的統一和穩定，使它國家的潛力不能充分發揮。在舊波蘭，城市多已日耳曼化，但鄉間仍保持斯拉夫傳統的舊觀；至於在東方新獲得的領土，則居民有立陶宛人和俄羅斯人，他們雖同屬斯拉夫人，但又與波蘭人懸異。再者，在波蘭，王位選舉的制度和貴族的專擅自私，也阻礙了強有力的中央集權政府的發展。棼亂的封建制度雖在西歐國家久已消滅，但在波蘭仍繼續頑存。

第三十一章
英法與百年戰爭

公元第十三世紀中葉後，法國和英國同時進入一個過渡時代，由此發生的變化，使兩國逐步進入近代。

第一節　百年戰爭前夕的法國

繼路易第九世——聖路易——為法國國王的，為其子腓力三世（Philip III，公元 1270—1285 年）。與路易之為一代聖君相比較，腓力三世的德望遠遜。但在擴張王領和鞏固王權等方面，他也有重大的進展。經領地歸還和婚姻承繼的關係，腓力併有了土魯斯、波亞圖和香檳等伯國，有個時期並曾收取納瓦拉王國，其他以不同口實收奪的較小的領地，不可悉數。

腓力四世的統治

繼腓力三世之位的為其子腓力四世，史稱美男子腓力（Philip IV，the Fair，公元 1285—1314 年）。至腓力四世，而法蘭西王國的歷史明顯進入過渡的階段。國王不復以身為封建宗主為滿足，而積極建立真正的國家統治者的地位；他們對內對外也開始有了真正的國家政策。腓力四世有得力的臣僚為其輔弼，他們不再是封建貴族或教士，而為專業的官吏。他們大都出身平民，具有行政的訓練和經驗，他們躋於顯達完全由於供職王家政府和得國王的信任，因此他們自然熱中於王家的利益。同時他們也大都是法學家，諳習羅馬法，濡受羅馬法的君權集中的思想。他們成為封建制度、羅馬教廷，以及任何其他足以妨害國王權利的勢力之敵。在為國王的對中世的舊勢力作戰時，他們冷峻、精明而敢作敢為。他們是方興的王權的爪牙，弗洛特（Pierre Flotte）和諾加雷（Guillaume de Nogaret）是他們中最著名的二人。

外交政策

腓力四世在法蘭西全境進行樹立王家權力的政策，使他立即與兩個最強大也最不受約束的諸侯，發生衝突。其中的一個是英王愛德華一世（Edward Ⅰ），因繼承他的安茹一系祖先的遺產，他在法國西南部領有基恩（Guienne，即阿奎丹）和加斯科尼兩大采邑；另一個是弗蘭德斯伯爵，他的領地的繁榮城市與英國有密切的商業關係。公元 1294 年，腓力和愛德華一世發生戰爭，鏖戰四年，於公元 1298 年同意休戰，1303 年始正式訂約言和。當腓力與愛德華作戰時，弗蘭德斯伯爵是愛德華的同盟。英法既停戰，弗蘭德斯伯爵無力單獨抵禦腓力的進攻，被迫投降。他富庶的伯國因而也被併入王領。但腓力在弗蘭德斯的勝利為時甚短暫。公元 1302 年，弗蘭德斯的城市居民紛起反抗，他們甚至在科特賴克（Courtrai）地方幾乎殲滅了一支派往平亂的法國騎士隊伍。腓力需要再經三年苦戰，最後以弗蘭德斯歸還原主，才結束亂事，併有了一部分土地。同時，腓力也在法國的東疆外兼併神聖羅馬帝國的土地，最重要的是法蘭斯康特（Franche-Comté），或稱勃艮第自治伯國（the Free County of Burgundy），這是因他的長子路易與伯國的女承繼人的婚姻得來。腓力對外的另一項重要措施，是他強烈反對教宗博義八世（Boniface Ⅷ）干涉法國事務，由此而有阿納尼（Anagni）事件發生，對於當時歐洲的政教關係，影響十分深巨。

三級議會的召開

腓力對英國和弗蘭德斯的戰爭，耗費浩大，這使他需財孔急。為欲攫取財源，他曾以極端冷峻殘酷的手段，摧毀聖殿騎士團，籍沒該團在法國的產業。聖殿騎士團係在十字軍初期成立於東方。十字軍既敗，該團繼續存在，而且因各方的施與和經濟的經營，變得十分富有，在歐洲的諸多國家成了大地主、大商人和大銀行家，貸放巨款給王公君侯，收取利息。腓力自己對該團便負有巨大的債務。但腓力從籍沒聖殿騎士團的產業所得，仍未曾滿足他財政的需要。

腓力四世的政府既比前人更具全國的性質，則他之打破封建傳統，以求在國中獲得更普遍的擁護，自屬可以想像之事。在這方面他最重要的創制就是擴大封建的大朝會，使包括市民中等階級的代表，從而形成了三級（教士、貴族、平民）會議（Estates General）的制度。三級議會只在國家有緊急事故時舉行。它的首次召開是在公元 1302 年，腓力為了對抗教宗博義八世，要求舉國一致的支持。公元 1308 年，腓力進行對聖殿騎士團的攻擊，也曾有一次三級議會舉行。但此外尚有更為實際的動機，促使腓力和以後的法國君主召集該會，此即增加賦稅的需要。王家政府費用的激增，尤其戰時，使國王從王領和封建貢賦所得的正常收入，加上由貨幣貶值和沒收猶太人、聖殿騎士團或倫巴底銀行家的財產所得等非常的收入，都不足以應付。新稅的徵收——普及國中各階級的新稅的徵收，因此成了迫切的必要之舉。在封建朝會中，法國國王久已慣於要求教會和俗界的君侯，貢獻意見和金錢。腓力四世的創制所不同於往昔的，只是他也徵召城市的代表與會。他們是他的人民，但並非他的封建臣下。

事實是，三級議會的制度在法國雖屬新創，但在當時歐洲諸國不乏相同的措施，也大體本於相同的理由。君主因為財政的需要，直接向新興的市民中等階級要求金錢的資助。在一個需財孔亟的君主眼中，市民中等階級因為擁有金錢，地位日形重要。英國、西班牙半島諸國、神聖羅馬帝國及其所屬諸邦，在同一時期都有相同的制度的演進。

在議事時，三級議會分為三個團體，分別代表國家的三個主要階級——教士、貴族和平民。第三階級的代表要由自治城市選出，以後雖選舉也擴及鄉間區域，但因為土地大部分仍屬教會和貴族所有，所以平民之以自由地位和財富受到重視，實際仍只有城市中等階級。再者，三級議會的職責不在創制立法或節制政府。它雖可以向國王陳情，請求革除弊政，但它的主要職責只在承諾國王的旨意。因此新制度乃是一種溝通王家政府和國家的主要階級之間的機構。它所表示的是王權的擴張，而非王權的限制。

國王的行政權力仍由國王和他所任命的大臣行使。王廷仍與腓力二世或路易九世時相若，只是他所處理的政務較前大增；已有三個特殊機構——度支院、巴黎法院和為王家政府綜理文書的秘書院，比以前有了更確定的執掌和更永久性的組織。

腓力四世於公元1314年逝世，路易十世、腓力五世和查理四世（Charles Ⅳ）相繼，不過八年（公元1314—1328年）便先後殂謝。因為他們都未生子，而法國的舊法不許婦女繼承王位，所以他們成了卡佩王朝的最後的直系國王。查理四世後，王位由腓力四世的從子瓦洛亞伯腓力（Philip of Valois）繼承，是為腓力六世。自腓力六世始，法國的統治王朝稱瓦盧瓦王朝。

第二節　百年戰爭前夕的英國

愛德華一世

愛德華一世（公元1272—1307年）治下的英國，在許多重要的方面與腓力四世的法國相似。國王擴張王領，鞏固王家政府的權力，並徵召平民代表使參與朝會，王權在國中贏得更普遍的支持。英國經公元第十二、三世紀安茹王朝——金雀花王朝——君主和王家大臣的經營，國家的統一原較法國進步。在英國，封建制度從未造成如法國封君的專制自為，相形之下，則王權在國中更為普及而有效。愛德華一世的盛業，便是在這一傳統之上，進一步為國家完成一個統一的立憲國家的肇基工作。愛德華在未即位前已經為其父亨利三世肩負國家軍政的重任，其後並為英國征服了威爾斯（Wales）。但他在歷史上受後世頌揚，主要是因為他是英國的國會之父，是英國的查士丁尼。

威爾斯的行服

大不列顛島由三部分構成，北部為蘇格蘭，以南為英格蘭，威爾斯在英格蘭之西，屬山地區域。盎格羅—撒克遜人和諾曼人先後征服英格蘭，但從未完全征服威爾斯。在這山地區域，土著部族人民繼續保持他們的開爾特語言和風俗，也繼續堅拒外來的壓迫，保衛自身的獨立和自由。當諾曼王朝時期，防邊的諾曼封君積極兼併威爾斯人民的土地，並迫令他們的君長向英王納貢稱臣。但威爾斯的最後征服，則仍需安茹王朝的愛德華一世完成。愛德華曾兩度用兵威爾斯，一次在公元 1277 年，威爾斯人雖經征服，但過後又叛；另一次在公元 1282 年。經第二次征服，愛德華依英國的地方州制，分威爾斯為若干州（Shires），置其地於王家政府直接管轄之下。其後他並以威爾斯親王（Prince of Wales）的爵號封授其太子愛德華，這在英國從此著為定例，以此爵號為儲君的專稱。在愛德華一世後，威爾斯雖有時仍不免有反抗或叛亂發生，但大體言之，這地方已成了英國領土的完整的一部分。

愛德華繼之企圖征服蘇格蘭，蘇格蘭當時已經是一個封建王國，它的一般狀況雖比英國落後，但在南方接近英國的平地區域已深受英國的同化，接受一種撒克遜和諾曼的混合語言和風俗。公元 1290 年，蘇格蘭有王位之爭，使愛德華獲得干涉這一個北方王國的機會。愛德華也曾對蘇格蘭兩度用兵，一次在公元 1296 年，一次在 1304 年。當時蘇格蘭與法國的腓力四世聯盟，但兩次都被愛德華征服，國土被併入英國王領。只是愛德華的勝利也未能保持長久，因為每次征服後都有新的反抗戰爭發生。公元 1307 年，愛德華起兵平亂，就在行軍途中身故。又七年，公元 1314 年，英軍在蘇格蘭境內敗北，蘇格蘭恢復獨立。

王家政府

愛德華一世是中世英國最偉大的君主之一。他的武功，除了征服威爾斯外，在法國和在蘇格蘭都少持久的成就。但他的內治和他所有造於英國政治制度的演進，則使他功垂不朽。愛德華得出身中等階級和富有行政經驗的王家官吏的輔佐，及一個新興的法律之士集團的擁戴，在英國建立了組織周備而完全對國王負責的行政和司法機構。王廷現在清楚分出職掌分明的部門，包括執掌財務的度支院或財政部（The Exchequer），分別審理民事和刑事訴訟的民事高等法院（the Court of Common Pleas）和王座法院（the King's Bench）暨國務院（the King's Council）。後者於一般行政事務上輔佐國王，並審理不屬各類法院管轄的案件。王廷的分劃職掌雖非自愛德華首創，但他確實使他的朝廷有了具體而明確的組織，其結果使王家政府在全國的統治效能大進。全英國現在開始直接仰賴國王和他的朝廷，供給他們以良好的政府和公平的司法。

普通法

愛德華不僅是一位卓越的行政元首，同時也是英國歷史中最早的一位大立法者。他所賦予英國普通法的形式，在其後的一段長時期中，甚少變化。普通法行使於王家法庭，全國普遍通用，與有地域性和階級性的封建法律有別。但普通法原由一般習慣和法庭判例構成，並非以立法制定，所以也稱習慣法。王家法庭的工作唯在繼續以裁判的方式，予以解釋，以產生新的判例。當愛德華一世在位時，國王開始立法。愛德華得國務院的輔助，時時頒佈法令，以補充或修正普通法，使之具有確定的形式，並適應現實的需要。這類法令結果構成近代英國法律主要的基礎。英國在中世晚期摶成統一的國家，沒有一種勢力，比之普通法的發展關係尤大。普通法是王法，是全王國通行的法律；它的擴張發展，終於使封建的和地方的法律習慣日就澌滅。

議會制度的確立

愛德華之有造於英國法制的演進，另一項偉大建樹是確立國會制度，使州和城市中等階級代表的參加國會，從此成為定制。英國國會也如法國的三級議會，淵源於封建的大朝會，是一個供國王諮詢的團體。迨公元第十三世紀，因為名義上從王直接授地的封君人數增加，出席朝會的開始受到限制，經常由王指名徵召。同時則州的騎士——亦即紳士或地主——有時也被召選舉代表，蒞臨朝會。至於公元 1265 年西蒙・德・蒙福爾（Simon de Montfort）召開的國會，則已有城市中等階級的代表參加。因此國會之有州和城市的中等階級代表參加，也非自愛德華一世始創。但在愛德華一世前，英國國會的組織未定型，也尚未確實具有代議的性質。僅愛德華於公元 1295 年所召集的一次國會，史稱"模範國會"（the Model Parliament），而國會有州和城市的代表參加，乃成為定制。這一在英國國會提議中其後演進為眾議院或下議院（the House of Commons）的部分，在一個重要的方面與法國三級議會中第三階級同，因為它不僅包含城市中等階級的代表，並且也包含州的騎士代表。此項代表制度可以溯源至由來已久的宣誓入告的制度。王家法庭為了行政和司法的目的，在地方召喚有聲望的騎士和市民，使報告當時情形，指控罪犯，或裁判訟訴案件。因此愛德華從州和城市徵召代表，使參與在朝會的集會，就一方面言無非以出席地方王家法庭的代表集中於一個全國性的聚會之中；然就另一方面視之，則是擴大大朝會，使其在原有的大封君之外，同時包含他的全國臣民的代表。這樣，英國國會乃終於成為國家代議的機構。

愛德華的徵召州和城市的代表出席國會，一個直接的動機自然也是出於財政的需要。因為戰爭頻繁，加以政府組織擴大，使他原有的賦稅以及封建貢賦和司法的收入，不再能應付支出。他需要徵收新稅，以全國性的稅收支持一個全國性的政府。這樣，新稅勢必要大部歸市民和小土地所有者負擔。愛德華自必相信，新稅如能在事前獲得這兩階級的代表承諾，則徵收時將會較為順利，但徵稅並非國會的唯一任務。從大朝會相沿而下，國會由於具備王諮詢的性質，所以也是一個為國家興利除弊的團體，補各類法院管轄權力的不足。由於國會包括了州和城市的代表，國王也使國家的中等階級得以經他們的代表，提出對於弊政的申訴，而由國會和王家政府予以矯正或革除。愛德華的改革國會也可能有另一更重要的動機，就是他要使王家政府有一個比舊封建政治更廣大也更能代表全國的基礎。騎士和市民代表的集合朝廷，會使他更了解有關地方的情形和民間的願望；而一旦這些代表回返地方，他們也會把政府的措施向各自的地方報道。當愛德華一世在位時，英國國會尚未組織成後世所習知的形式。州和城市的代表稱眾民代表，當出席國會時，他們站立於議事官下首，不參與議事的進行，只在被直接詢及時，才由他們中一位稱為“發言人”(Speaker) 的代表，上前表示同意或申述意見。但他們從早就有了自行集會，對於被諮詢之事決定所持態度和習慣，由此逐漸形成一個獨立的下議院，而原來的發言人成為下議院的議員。

愛德華一世於公元 1307 年逝世，其子愛德華二世 (Edward II 公元 1307—1327 年) 嗣立。因為新王怠於國事，所以國會的地位更加鞏固。徵召眾民代表使承諾賦稅的習慣繼續循行，這在以後終於形成下議院決定國家財務的傳統。但此外則愛德華二世在位的二十年是一段朝綱解紐和國中多故的時期。公元 1314 年愛德華對蘇格蘭軍事失敗，不僅使蘇格蘭恢復獨立，也更增加了愛德華在英國本土的困難。封君們因他的外交和內治的無能，謀求恢復他們因王權伸長所喪失的權勢。經連年的衝突，至公元 1327 年，愛德華二世終於在一次內亂後被廢。他年方十二的兒子愛德華繼之，是為愛德華三世（Edward III）。英法百年戰爭（The Hundred Years' War）便在愛德華三世在位時爆發。

第三節　英法百年戰爭

英法百年戰爭於公元1337年爆發，當時英國國王為愛德華三世（公元1327—1377年），法國國王為腓力六世（公元1328—1350年）。戰事時作時輟，要到公元1453年才最後結束。

百年戰爭的起因

這次戰爭之起，主要也仍是法國國王和他勢力強大的封君——英國國王——間一種年深代遠的衝突的繼續。腓力二世於公元第十三世紀初收奪了英國安茹王室在法國的大部分采邑。繼他之後的法國國王繼續侵佔，迨公元1259年的《巴黎條約》（The Treaty of Paris）後，英國國王在法國繼續持有的，只剩了西南方基恩和加斯科尼的一部分地方。國家統一的增進和王權的伸張，在一方面，使法國國王對於國土的一部分之為一個外國君主所領有，日益不能容受，而在另一方面，也使英國國王對於他身為法國君主的封建臣下一事，感覺難堪。英國和弗蘭德斯的密切的商業關係也使法國國王感受威脅，而法國之與蘇格蘭聯盟，支持蘇格蘭以對抗英國，則增加英國國王對法國統治王朝的惡感。凡此情形，於腓力四世和愛德華一世在位時，已經引起過一次英法間的戰爭。至於這次在腓力六世和愛德華三世間爆發的戰爭，其起因也相若，只是現在英國國王的母親為法國腓力四世之女，所以他同時也提出了繼承法國王位的要求。如上所述，因為腓力四世沒有直系的男性繼承人，瓦盧瓦王朝的腓力六世係以腓力四世之姪入繼王位。及至英法間多方面衝突不已，而勢需以兵戎相見時，愛德華四世遂提出要求繼承法國王位的理由，發動了這次戰爭。

戰爭的經過之第一階段

戰爭第一階段，法國連遭敗衄。英國當時已經有一支訓練有素和有固定薪餉的王家軍隊，在戰場上代替由封建徵召集成的騎士隊伍的地位。法國軍隊不如英國的組織良好；而論軍事才具，腓力六世和繼他之位的其子約翰二世（John II，公元 1350—1364 年）已非愛德華三世之敵。再者，弗蘭德斯城市的叛法親英，自然也使法國在軍事上蒙受不利的影響。公元 1340 年，法國艦隊在弗蘭德斯的斯魯伊斯（Sluys）附近海面，被英國和弗蘭德斯海軍擊潰。這使英國打開了英格蘭海峽的交通，在軍事上直接威脅法國北部。接着有五年休戰。公元 1346 年，戰事再起。愛德華三世的一支約一萬人的軍隊，在諾曼第地方登陸，溯塞納河而上，迫近巴黎，然後折而北上，沿途燒殺擄掠，蹂躪破壞。腓力四世集結了一支約二倍於英方的軍隊，在克雷西（Crécy）地方與英軍交綏，於是發生了歷史上著名的克雷西會戰。披掛厚重，然而缺乏組織的法國騎士，不能突破英軍步兵的堅陣，而英軍的弓箭手，則使法軍在他們強弓利箭之下傷亡枕藉。在西方歷史中，這是第一次以長兵器和短兵器協同作戰的近代戰術，在一個大戰役中戰勝披堅執鋭的中世騎兵。這次戰役的結果，法軍潰敗。愛德華繼續北進，於次年——公元 1347 年——攻佔加萊（Calais）海口，使英軍獲得了一個和本土交通近便的據點。英法再度休戰，至公元 1355 年，戰爭又起。

戰事重啟後，愛德華三世的太子"黑王子"愛德華（Edward，the Black Prince）率師從加斯科尼和基恩北上，蹂躪法國的西部。法王約翰二世集合了一支大軍，趕往南方，於公元 1356 年與英軍在波堤葉地方遭遇。由此發生的戰役仍是英國弓箭手勝利。約翰的騎士軍隊被殺傷大半，約翰本人也被英軍俘獲。戰事又繼續了四年多，最後法國不支，於公元 1360 年與英國成和。根據當年所訂的《布勒丁尼和約》（The Treaty of Brétigny），英國國王放棄對於法國王位的要求，但他在法國北部的加萊和彭提烏（Ponthieu），以及在南部現在恢復舊時封域的阿奎丹，獲得了完全的主權，解除一切對於法國國王的封建義務。此外法國並同意付給英國巨額的贖金，以贖回國王約翰二世。約翰於公元 1364 年逝世。當他獲釋時，應付的贖金猶未交清，他的次子安茹公爵路易（Louis of Anjou）代他為質於英國。其後路易從英國逃逸，約翰本於他所守的榮譽的原則，自動去英國，重做俘虜，結果客死異邦。在西方歷史中，約翰二世有最後一位"騎士"君主之稱。

戰時法國的內政

經百年戰爭的第一階段，法國滿目瘡痍，殘破不堪。戰事的進行全在法國境內。法軍在克雷西和波堤葉大敗，但比之法國北境和西境民間所受破壞的慘重，則戰場的損失尚微乎其微。公元第十四世紀的戰爭是保持封建戰爭的一項特色，此即雙方的軍隊劫掠破壞多於真正的戰鬥。其結果最受荼毒的是非戰鬥的平民 —— 農民和市民。除了戰爭所直接造成的災難外，他們還要負擔向所未有的沉重賦稅。國王一再召集三級議會，希望得他們的代表承諾，便利新賦稅的徵收，以供戰爭之需。但人民怨惡政府，三級議會的態度也愈來愈倔強，不受指使。於克雷西會戰的同年和次年所召集的三級議會，便曾拒絕國王的意旨，並且要求改革政治。迨波堤葉戰役後，三級議會在行動上更趨激烈，已經近於革命。在一個巴黎商人馬賽爾（Étienne Marcel）的領導下，得巴黎武裝市民的支持，三級議會要求節制政府。有一段期間真的掌握了名義上由儲君查理（Charles Dauphin）攝理的政府的大權。但繼之法國北部又有農民暴動發生，史稱札克雷（Jacquerie）之亂，因為法國農民常被戲稱為好人傑克（Jacques Bonhomme）。農民不堪戰時重稅和苦難的煎迫，鋌而走險，於公元1358 年蠭起暴動。他們殺戮地主，焚掠貴族的邸第堡壘。他們的暴行也為自己招來了殘酷的報復。貴族迅速聚集力量，擊潰了武裝貧乏的農民隊伍。馬賽爾當時已與逃離巴黎的儲君查理決裂，準備另立政府；當農民暴動時，他也曾採取行動，與之呼應。農民暴動既歸於失敗，馬賽爾的領導聲望蒙受打擊，使他在原來依附他的羣眾中喪失了信任。當年他被謀殺，王權在巴黎重建。三級議會喪失了一個在法國政治機構中確立其權力地位的機會。

公元 1364 年，約翰二世在英國身故，儲君查理即位為法國國王，是為查理五世（Charles V，公元 1364—1380 年）。查理有鑒於三級議會在馬賽爾領導時的危險傾向，儘量避免召集該會；而當他必須召集該會時，也設法使會議對於賦稅的承諾取永久的形式，以減少日後重新集會的需要。新賦稅依徵收的項目和對象主要歸平民負擔，所以在議會中容易獲得第一和第二階級 —— 教士和貴族 —— 的支持；因為在議會中每一階級各有一投票權，當第一和第二階級合作時，他們對於第三階級是多數。

戰爭的經過之第二階段

查理五世進行行政和軍事改革，他的成功使他在法國歷史中有賢君查理（Charles the Wise）之稱。法國軍隊現在多少具有了常備的性質，騎士和弓箭手編列隊伍，接受國王的薪餉和訓練。經過五年的準備，至公元 1369 年，查理五世借故重啟戰端，於是英法戰爭再起。查理五世以統率軍事之權委任貝特朗・杜・蓋克蘭（Bertrand du Guesclin），一位能幹並得眾望的布列塔尼騎士。從公元 1337 年戰爭開始以來，法國現在第一次有了一位才略超卓的將領，也第一次獲得戰爭的勝利。杜・蓋克蘭避免與英方作全面的決戰，而相機進佔在《布勒丁尼和約》中併歸英國的土地。在英國方面，當時愛德華三世已經老邁，而黑王子多病，無力抵抗杜・蓋克蘭的進迫。迨公元 1375 年雙方休戰時，英國在法國所保持的，只剩了加萊海口和南方從加龍河（the Garonne）口至比利牛斯山一條沿海地帶，以及其他二、三處濱海的城市。次年黑王子逝世，又一年，愛德華三世繼之逝世。查理五世和杜・蓋克蘭也都在數年後身故（公元 1380 年）。在其後的三十餘年中，英法兩個雖仍和戰不定，但雙方的形勢無大變動。在英國，繼愛德華三世之後的理查二世和亨利四世都因國內多故，不能以全力進行對外的戰爭；在法國，查理六世（Charles Ⅵ，公元 1380—1422 年）以帝命繼位，及長，又以狂疾不理政事，國中貴族爭權，把持朝廷，也都使國家無暇他顧。公元 1411 年，由於兩家敵對的貴族——勃艮第家和阿馬尼亞克家（the Armagnac）——的衝突，法國爆發了內戰。

戰爭的經過之最後階段

公元 1413 年，英國新王亨利五世（Henry Ⅴ，公元 1413—1422 年）即位。法國的內戰使他發現一個恢復英國優勢的有利機會。公元 1415 年，亨利從勃艮第公爵無畏者約翰（John，the Fearless）獲得中立的保證後，率師在法國塞納河口的近處登陸。於是英法戰爭又起。亨利和他的軍隊經皮卡第（Picardie）北上，向加萊——英國在法國所控有的海口——前進。法軍在阿馬尼亞克集團的率領下，在阿金庫爾（Agincourt）地方與英軍遭遇。當時兩軍的實力，英國約一萬三千人，法軍雖無勃艮第集團參加，然人數仍三倍於英軍，而且幾乎全部都是騎士。但阿馬尼亞克集團重蹈了克雷西和波堤葉的覆轍。他們的封建戰術又一次被英軍的優越紀律和戰術擊敗，全軍大潰。亨利繼阿金庫爾大捷後，進行對諾曼第的征服戰。同時勃艮第公爵約翰則佔據巴黎，劫持有狂疾的國王查理六世。公元 1419 年，勃艮第公爵約翰為阿馬尼亞克集團的極端分子所謀殺。其子善良者腓力（Philip the Good）嗣位，立即與亨利五世聯盟，並以查理六世的名義與亨利訂立條約（公元 1420 年），廢黜儲君查理（Charles the Dauphin），而以查理之女凱瑟琳（Catherine）與亨利成婚，並由亨利攝理國事，俟查理死後繼承法國的王位。但亨利於兩年後即病故（公元 1422 年），比同年逝世的查理六世尚早兩月。他留下一個出生不足一歲的男嬰亨利六世，於查理六世逝世後稱號法國國王。

但在羅亞爾河以南，阿馬尼亞克集團在儲君查理的領導下，繼續對英國作戰。查理在其父查理六世死後，稱查理七世（Charles Ⅶ，公元 1422—1461 年）。新王不是一位具高尚性格和強毅意志的領袖，但他得少數能幹忠誠的臣下輔佐，得以與亨利六世在法國的攝政貝德福德公爵（Duke of Bedford）相抗，堅持不屈。迨公元 1429 年，查理七世的勢力日戚，處境愈加危殆，而一個神奇的農家少女貞德（Jeanne d'Arc）適於此時出現，她拯救了查理七世，也拯救了法國的命運。關於這位農家少女的事跡，是西方歷史中最動人、也最為人所熟知的一頁。要之，她相信 —— 也使人相信 —— 神選她來拯救法國，輔佐正統的國王登極。她的純真、英勇，以及對於她使命的深信不疑，使查理七世自己、她的追隨者，以至法國上下，重新獲得信心和力量。在短短一年中，貞德率領法國軍隊，解了被困的奧爾良（Orléans）之圍，並打開通往法國西北部的漢斯（Reims）的道路，使查理得以依照傳統，在漢斯的古老大教堂中完成加冕的典禮。貞德的活躍於歷史，為時不過年餘，因為她於公元 1430 年 5 月便被勃艮第人俘獲，出賣給英方。又一年，在盧昂（Rouen）的教會法庭中，她被判為異端，焚死。但貞德的出現於歷史及其殉難，已經使英法戰爭的形勢為之改觀。她為失敗沮喪的法國掀起了強烈的民族熱情，而使為熱情所鼓舞的法國人趨附於查理七世的旗幟之下，為他以及他的王朝效命。戰爭接着還牽延了二十餘年，法軍雖進展遲緩，但從此轉敗為勝，逐步收復失土。公元 1435 年，查理七世與勃艮第成和；而在迪努瓦（Jean de Dunois）—— 一位足以與杜・

蓋克蘭相比擬的能幹將領——等人的統率下，法軍終於次第逐英軍出法國境外。公元 1453 年，英國在法國西南部的最後一個要塞波爾多（Bordeaux）被法軍收復，只有北部的加萊海口尚在英方手中。歷史上遂以這一年為英法百年戰爭的結束之年。

在這次英法兩國的長期軍事衝突之中，法國所身受的破壞和痛苦，難以盡述。但經這次戰爭，到戰事最後結束時，法國已經是一個名副其實的統一王國，有強著的民族國家意識。三級議會和大封建君侯都曾圖控制政府，結果都遭失敗。在法國全境建立王權專制統治的道路，已經障礙盡除，當公元第十五世紀後半王權專制在法國確立時，這一西歐國家完成了它從封建制度過渡至近代國家最後的行程。

第四節　百年戰爭時期的英國

愛德華三世與理查二世

百年戰爭於愛德華三世（公元 1327—1377 年）即位初年爆發。愛德華在位五十年，他和太子黑王子是英國在法國戰爭勝利的英雄；在國內，他頗得眾望。但在愛德華晚年，他自己既老昏，黑王子則多病，在法國的戰事又不利，一時國中政治混亂，社會不安，上下瀰漫不滿的情緒。黑王子先愛德華一年逝世，其子理查二世（Richard II，公元 1377—1399 年）以十齡幼童，於公元 1377 年繼愛德華為英國國王。王叔蘭開斯特公爵岡特的約翰（John of Gaunt，Duke of Lancaster）專政。迨理查親政，又不善治事，不時與國中的大封君及國會衝突。他箝制國會，誅殺親貴，圖實行一人專制。他最後數年的苛稅、重斂和暴行，終於予岡特的約翰之子亨利（Henry of Lancaster）以陰謀篡奪的機會。公元 1399 年，理查去愛爾蘭，亨利在英格蘭舉兵起事。理查被迫遜位，其後在獄中囚死。國會同意理查遜位，並推戴亨利為王，是為亨利四世。理查二世是英國安茹王朝——金雀花王朝——的最後一位直系國王。亨利四世開蘭開斯特王朝（公元 1399—1461 年），英法百年戰爭就在這王朝時期最後的高潮中結束。

蘭開斯特諸王

亨利四世（公元 1399—1413 年）得國會的擁戴，以支族入篡王位。所以他在位的十餘年，盡力與國會交好，在國內平定叛亂，鞏固地位。經他的力征經營，到其子亨利五世（公元 1413—1422 年）繼位時，王室地位的穩固使新王得以重啟對法國的戰爭，而不需有內顧之憂。亨利在法國的戰績輝煌，羅亞爾河以北法國的半壁江山，包括國都巴黎，一時幾盡為他所有，但亨利英年早逝。當其子亨利六世（公元 1422—1461 年）在位時，王權又見式微，國家因封建集團的相爭，動盪不安。從戰地返國的兵士則非法妄為，騷擾民間；他們有的受封建貴族的豢養，形成私家武力。也就在亨利六世時，英國在法國的戰爭最後失敗，而在他去世前，英國又淪入一連串破壞慘烈的內戰——玫瑰戰爭（the Wars of the Roses）。

百年戰爭時期的英國

英法兩個，同經百年戰爭而有新民族意識蔚起。但戰爭對於英國所受的影響，在許多重要的方面仍與法國不同。英國人民所受戰爭之苦，遠比法國人民為輕。他們雖有苛稅重斂的負擔，但這次戰爭仍是一項頗得人心的戰爭。戰場在法國，受燒殺擄掠的是法國人，而英國人得擄掠之利。英國軍隊多數由出身自由民的步兵和弓箭手組成，而非貴族騎士。他們從國王領受薪餉，而從法國攜回戰地的擄獲和戰場克敵的光榮。因此英國人毋需出身貴族，就知道以英國勝利為榮，就能分霑戰爭勝利的利益。再者，當百年戰爭期中，英國國會因國王需財孔亟，大為加強了他在國家政治中的地位，而未曾引起如法國三級議會在馬賽爾領導下所造成的危機。英國中等階級，因州和城市選舉議員，而在國會中有他們的代表。國會地位的增進，從而也提高了他們在國家中的政治地位，促進了他們對於國家政治的關心。除了賦稅負擔的增加外，英國很少直接受到這次戰爭的遺患。當戰事結束前後，從戰地撤退的兵士使英國到處有不法滋事的遊民。他們騷擾社會，也為日後的玫瑰戰爭供給兵源。

黑死病與農民叛亂

當百年戰爭時期，也有若干別的因素有影響於英國社會的變化。迨公元第十四世紀初年，貨幣經濟的興起之對於封建田莊經濟的破壞，已經明白可見。農民開始以繳納金錢，代替封建勞役，在有的區域，他們並進而獲得了身體的自由。同世紀中葉，公元 1348—1350 年，歐洲遭遇了一次蔓延廣大的瘟疫 —— 黑死病。黑死病從近東附商船西傳，經南歐海口傳播於四境。歐洲各地一時死亡枕藉，慘不忍睹。生命的損失，估計達全人口的三分之一。英國社會當時已在開始變化，這次瘟疫的發生更使變化加速，其結果是一次社會革命 —— 農奴制度的廢除。農田現在普遍缺乏人手耕種，工資增加到向所未有的昂貴。農民因此機會，或向領主要求身體的自由，或逃離田莊，去別處受自由僱傭。國會企圖藉限制工資和維持封建勞役，以維護地主貴族的利益，結果激起了公元 1381 年的農民叛亂（the Peasant's Revolt）。叛亂雖經平定，但英國農民繼續獲得解放。迨下世紀末葉，他們事實上已經全部得到自由。他們有的成了佃農，有的成了僱農，也有的脱離田間，去城市謀生。

行政和司法

這時期國家的行政和司法也發生了顯著的變化。原來司理王廷文書和掌管大璽的大臣稱 Chancellor，現在兼負了重要的司法責任。Chancellor 的原義為秘書監，但在英國，他最後成了大法官，他所主持的法庭稱大法官法庭。因為國務院的政務加劇，大法官開始接掌從普通法庭移轉的案件。此類案件大都非普通法所能管轄，因此必須應用衡平（equity）的原則 —— 理論上符合自然與公平的原則 —— 解決，以匡救普通法的拘泥與不足。大法官最初仍是王廷的政務大臣，但至愛德華三世時，他與朝廷的行政日益疏離，同時他的法庭則成了常設的獨立法庭。此外，當愛德華三世在位時，在地方行政上也有一項重要創制。王家政府於各州選派騎士或地主為地方治安官（Justice of Peace），使審理輕微的刑事案件。地方治安官因為在當地具有聲望和地位，而又熟悉地方情形，所以他們所作的裁判通常能受到民間的尊重，也通常符合輿情。在以後的一段長時期中，他們成了英國行政和司法機構的一個極重要的部分。

國會的演進

這時期英國國家制度最重要的發展，為國會組織和權力的演進：從愛德華一世所建立的一個不甚分明的團體，演進至近乎近代的形式。公元第十四世紀末葉前，英國國會的分立為上、下兩院（貴族院和眾議院），已經完成。國會同時也乘國王需財孔亟或闇弱不振的機會，更加強了它的權力和地位。因為新賦稅主要需下院的同意，這自然使下院逐漸掌握了財政立法的權力。不僅如此，下院還掌在對賦稅給予承諾者，向國王提出改革弊政的請願。這類請願經國王接受，制定為法令，從而更逐漸形成下院創制立法的傳統。英國國會，尤其下院，在以後的數世紀中尚需經歷多次重大的變革，才達於今日的地位。但大體言之，則在百年戰爭結束前，英國國會已經具備他在後世所有的主要的性質。後世英國君主可以操縱國會，或乃至進行破壞國會，但沒有一位君主能無視國會——或不要國會——而統治成功。

迨百年戰爭結束時，英法兩個都已步上了集權的統一王國的途徑。兩國還需要經歷一次內戰，在英國是玫瑰戰爭，在法國是國王和勃艮第公室的戰爭，一旦內戰結束，兩國君王都成了統一國家的統治者，而不只是封建宗主。在英國，國王仍需通過國會，以憲政的形式統治國家，一旦大貴族的勢力被制服，國王即成為國家絕對專制的君主，不受任何其他權力的約束。當英國國會確立為英國政府的一個永久的基本部分之時，而法國的三級議會卻愈來愈少召開，最後至於有如廢棄。這是近世初期英法兩國歷史中十分不同的一面。至於兩國議會的命運之所以懸殊，除了個別事件——如法國馬賽爾的革命及其失敗——的影響外，也因為英國國會從早就比法國三級議會更具有全國的、代議的性質。在封建制度下王權的強大，使英國封君們不敢不應國王的徵召，躬預朝會，而英國中等階級的參加國會，自始就兼含州和城市的代表。英國的貴族家庭行嚴格的長子繼承制度，同父諸子除長子外都不具世襲貴族的身份。他們構成英國社會的一個特殊的階級——騎士、紳士階級（Gentry）。他們以州代表的身份出席國會；在國會分立了上、下兩院後，他們與市民代表同為下院議員。但在地方，則他們仍是地主，與貴族階級有家族、戚誼和社交的關係。這使他們在社會和在國會中，自然成為溝通貴族階級和商業中等階級的紐帶。因此，與法國三級議會中的三個階級相較，英國國會的上、下兩院不僅更能代表國家，亦且於必要時更能採取一致的立場，以影響國政，而於時機有利時改善和強化自身的地位。

第三十二章

中世晚期教廷地位的衰替

中世歐洲最大的傳統是羅馬天主教會。當公元第十二、三世紀之交，教宗英諾森三世在位，羅馬教廷的聲威如日中天。但一進入公元第十四世紀，教廷即步入了在它歷史中一段最危難險阻的行程。最先是亞威農播遷（公元 1309—1376 年），繼之是教會大分裂（the Great Schism，公元 1378—1417 年），然後是大公會議運動（the Conciliar Movement，公元 1409—1449 年）。教會大分裂後一百年，日耳曼宗教改革運動發生，終至打破了羅馬教會的統一之局。

第一節　亞威農播遷

阿納尼事件

亞威農播遷，種因於教宗博義八世與法國國王腓力四世的衝突。英法百年戰爭雖發動於公元第十四世紀，但戰象早見於第十三世紀末葉。腓力四世和英王愛德華一世為籌措戰費，各自向他們境內的教士徵稅。公元 1296 年 2 月，博義八世頒佈教諭，禁止君主未經教宗授權，擅向其境內的教士徵稅。由此引起激烈的爭執，表面有如中世盛時政教之爭的重演，但實質已經大異。因為前此與教宗相爭的是封建國家的元首或諸侯，而這次是象徵新興的民族國家的王權。當過去教宗與神聖羅馬皇帝相爭時，教宗常能獲輿情和帝國封建公侯的依附，以制勝皇帝。如英諾森三世干涉法君腓力二世的婚姻糾紛，以宗教懲處加諸腓力和法國，而法國輿情也仍傾向教宗。但至博義八世在位時，類此有利於教宗的情勢已經變遷。愛德華一世以"逐出法外"（Outlawry）懲處拒絕捐納的教士，腓力四世以禁止貴重金屬輸出阻截教宗在法國的財源，都曾各自獲得國內 —— 尤其市民階級 —— 廣大的擁護。公元 1302 年，腓力又因與教宗發生司法權的爭執，他召集首次三級議會，直接訴之於國中的輿情。他反對教宗的行動獲得了階級的代表支持，其中的第三階級即市民代表。次年，腓力遣他的親信諾加雷入意大利，得教宗的政敵科隆納家（The Colonna）之助，於阿納尼地方以武力劫持博義，造成著名的阿納尼事件。諾加雷最後雖未能貫徹計劃，俘擄博義進入法境，但博義終於因此而驚悸致死。法國國王所加於教廷的壓迫，方興未艾。其後自克勉五世（Clement V，公元 1305—1314 年）起，七任教宗都是法國人；而自公元 1309 年起，約七十年間，因為羅馬情況混亂，教廷播遷於法國東南境外的亞威農（Avignon）。這是羅馬教會史中的一段所謂"巴比倫俘囚"（the Babylonian Captivity）時期，意指這時期的教廷被俘於法國，有如古猶太人之曾被俘於巴比倫。

亞威農時期的教廷

有的史家認為後世對於亞威農教廷的過分非議，為不公之論。因為第一，就教宗的品德言，亞威農教宗並不比他們的先輩或後人不如。從克勉五世至額我略十一世（Gregory XI，公元 1371—1378 年），歷任教宗都能奉行職守。第二，就教廷的政策言，歷任教宗也仍都以維護教會的優越權力為宗旨，並非事事聽命於法國；他們的措施有時仍與法國的利益相左。第三，亞威農教廷奢慕而掊克聚斂，這是時會使然，一般俗界國家也莫不如此。但亞威農播遷對於教廷的威信是一大損失，則仍屬事實，而教廷本身，也在這期間發生了重大的變化。教宗權威的由來，一個重要的淵源是他的羅馬主教的傳統。因此教宗的離開羅馬，在虔誠的信徒看來，他是離棄了彼得聖城、聖體和教堂，他是以聖彼得的繼承者之身而未登聖彼得的寶座。至於在歐洲一般人看來，則教宗自貶為法國的附庸，他已經喪失了對於俗世的超越地位。如英國國會便在這時期中繼續貶損教宗的權力，拒絕由教宗除授教職，並禁止英國人民向教宗的法庭申訴。公元 1365 年，英國國會拒絕支付自約翰王以來繳納教宗的年貢，宣稱此項年貢未得上院和下院的同意。因此不能構成英國人民的合法負擔。英國國會的這項舉動，影響雖微，而意義重大。因為這明白表示了英諾森三世時代的逝去，表示了封建制度與羅馬教廷的並衰。

亞威農時期歷任教宗雖力圖維護教會的優越權力，但未曾產生良好的效果。若望二十二世（John XXII，公元 1316—1334 年）的企圖干涉神聖羅馬帝位的選舉，曾激使皇帝路易四世入侵意大利（公 1327—1330 年）；日耳曼君侯並於公元 1338 年在法蘭克福集會，宣告他們完全有權選舉帝國的元首，毋須教宗的認可。這是歷史上日耳曼君侯首次共同擁護他們的皇帝，反對教宗；他們否認了有關帝國和教廷的一項年深代遠的理論 —— 因教宗的認可而有中世西方的帝國 —— 和一種年深代遠的習慣。同時，教宗調停英法百年戰爭無能，也足見在新興的民族國家的君主之間，教宗的名義已經喪失了仲裁的效力。

當亞威農時期，教廷在行政和財政的改革方面，收得顯著的效果。它現在效法俗界國家所為，加強行政組織和賦貢制度的效能，以求適應日趨複雜的社會，並使財政基礎從田莊經濟變為貨幣經濟。但教廷既屬宗教組織，所有俗界事務方面的成功，都不足以抵償它在精神功能方面的損失。教廷的俗世化，當教會全盛時期曾藉以為執行和擴展教宗任務之助，而現在本身卻成了目的。流弊所至，則使教宗犧牲其精神的領導地位，使他更像一個封建邦國（教皇國）和一種封建組織（教會）的行政元首。亞威農時期教廷俗世化的趨勢，在以下的一事中最顯著可見；當若望二十二世在位時，據說他的全部財政支出，用於軍事者為 63.7%，用於維持教廷行政費用者為 12.7%，用於他自己的家人戚屬者為 4%，而用於慈善救濟事業者僅 7.16%，沒有其他顯著的宗教支出項目。

反教宗運動：奧坎與馬西里奧

教宗與皇帝的衝突、教廷的滯留亞威農，加以教廷俗世化的傾向，使宗教論爭一時大作。在羅馬天主教世界，對於教廷行為的批評駁難，時時發生。但至亞威農時期，反教宗的運動除了消極的諷指或先知式的神秘教說外，並已孕有顯著的新政教思想，或顯露文藝復興的精神，或預示宗教改革的先兆。杜博亞（Pierre Duools）與諾加雷同樣是法國的法學家，同樣奉事法君腓力四世。

他在公元 1306 年上腓力的一通論事書中，以“光復聖地”為題，極力主張擴張王權，裁抑教權。他敦促腓力以武力統一基督教世界，為求實現這大業，腓力應當沒收教會的全部財產，以充裕經費。教會財產並可用以從事各項建設。如教育，就應當由國家掌理，使男女人民都蒙受其益。為使教育適於實用，除拉丁文外，並應兼於其他語文，以及農業、工程、醫藥等技術課程。如此，聖地乃能光復。英國經院哲學家奧坎（William of Ockham，公元 1349 年卒）為一代大師，他在巴黎大學講授神學。因為與教宗若望二十二世衝突，乃託庇於皇帝路易四世。奧坎著作繁富，當留居於日耳曼宮廷期間，他博究經典，以辯證教宗權利要求的不當。奧坎主張，教宗對於一切俗界事務，都無權干涉；即令有關宗教信仰的事務，教宗的裁決也不能有絕對的效力，因為信徒最後必須求證於聖經。但這時期的宗教論爭中最重要的文獻，還應推馬西里奧（Marsilius of Padua，公元 1342 年卒）所著的《和平護持》（*Defensor pacis*）一書。馬西里奧，意大利帕多瓦人，也曾在巴黎講學，為神學教授，其後也曾託庇於皇帝路易四世宮廷。當路易四世入侵意大利時，馬西里奧是他的主要謀士。《和平護持》著成於公元 1324 年。全書分三卷，首卷論國事，次卷論教會，末卷為一簡略結論。論國事的部分大致根據亞里士多德的《政治學》，主張君主權力源於人民的託付；因為人民是國家法律的最終的淵源，所以君主在各自的國家內有充分完全的治權。該書的精粹見於次卷論教會的部分。在這部分中，馬西里奧主張教會為基督信徒的團體；教士除了執行宗教事務外，與俗人並無區別。所以教士同樣必須服從國家的法律。教宗只是教士的首長，係教士因為自身的需要而選立，因此教宗的所謂全能權力，乃純粹出於僭竊。教會的最高權力在於基督信徒全體，其表現的大公會議在教會。馬西里奧因此主張舉行教會大公會議，對當時教會從事徹底的改革。教會的弊端一日不除，教會的行為一日不符合它神聖組織的原則，對於基督的永恆信仰即一日不能在此受難的世界發揚光大。《和平護持》的問世，對於教廷的地位和權力，是一個沉重的打擊。他所倡的“教會政府會議論”（the conciliar theory of Church Government），不久就成了全歐目光所集的實際問題。

第二節　大分裂

教廷還都羅馬

當亞威農時期，在意大利半島的教皇國陷於混亂解體的狀態。教宗威望的陵替，使封建家族和豪強僭主據土自雄，任意妄為；地方則暴徒橫行，鬥狠時起。米蘭的維斯康堤家族（the Visconti）又乘機侵佔。羅馬因為科隆納與奧爾西尼（the Orsini）兩大豪族的日夕尋仇，情形更加惡化；同時又發生饑饉。公元1347年，羅馬有黎恩濟（Cola di Rienzi）的力征經營（公元1354—1367年），稍見平靖，但從亞威農派出的教廷官吏，在教皇國仍繼續遭受意大利人的敵視和抗拒。由此可見，教廷權力如要在教皇國重建，則只有教宗還都羅馬的一途。由於這一現實和需要，加以意大利人民、虔誠教徒和神聖羅馬皇帝的敦促，教宗烏爾班五世（Urban Ⅴ，公元1362—1370年）乃於公元1367年，從亞威農抵羅馬，成為公元1305年後親臨羅馬的第一位教宗。烏爾班在羅馬留居三年，仍因法籍樞機主教的慫恿和羅馬亂象的再現，而重返亞威農。教廷的最後遷還羅馬，還須等待十年後（公元1377年），教宗額我略十一世在位時。

大分裂的發生

額我略十一世於抵羅馬的次年便逝世，樞機主教院選舉一位意籍大主教繼任教宗，是為烏爾班六世（Urban Ⅵ，公元1378—1389年）。教廷既經還都羅馬，繼任的又是一位意籍教宗，則教廷因播遷而遭遇的困難時期，似乎已可告結束。但"大分裂"繼之發生，教廷威望的陵替和教廷地位的低落，比之亞威農時期益發加甚。當額我略逝世時，羅馬人民就鼓噪煽動，要求選舉一位羅馬籍的或至少是意大利籍的教宗。當時大多數樞機主教是法國人，他們選舉烏爾班六世，用意自然在撫綏羅馬人民。但烏爾班性情暴戾，他在即位後便決定從此留居羅馬，並宣稱將改革教會，而以樞機主教院為地方改革的首一目標。這使烏爾班自絕於法籍樞機主教。他們先後離開羅馬，赴阿納尼，於當年（公元1378年）以羅馬的選舉曾受暴民脅迫為由，另舉了一位新教宗，稱克勉七世（Clement Ⅶ）。"大分裂"即由此而起。從公元1378年起，歐洲同時有兩位教宗，兩處教廷，一在羅馬，一在亞威農。公元1409年，比薩會議（the

Council of Pisa）為圖消弭分裂，罷免兩地的教宗，再另舉一位新教宗，然其結果卻更使歐洲一時間教宗並立。"大分裂"的經過如此，其所以發生，除了表面的事實外，還有一種更基本的原因也昭然可見。無論烏爾班六世或克勉七世的當選，都有一種民族主義的動機在乎其間：烏爾班的當選曾受羅馬人民的鼓動，而克勉是一個瑞士籍的法蘭西人。教宗寶座之爭，在羅馬教會史中曾經屢見，但過去多發動於皇帝或其他教廷以外的勢力，而且多為時甚暫。這次則無論在教廷內部或歐洲國際之間，相率依民族邦國的界限區分壁壘，依附不同的教宗。意大利擁戴羅馬，法國擁戴亞威農；英國當時正因百年戰爭與法國為敵，所以擁戴羅馬。此外擁戴羅馬的有勃艮第、尼德蘭諸邦、葡萄牙、神聖羅馬等國和斯干的納維亞諸國；擁戴亞威農的有蘇格蘭、西班牙和一部分親法的日耳曼封君。就民族利益影響教會的地位而言，這次分裂已經在公元第十六世紀的宗教改革之先，顯示了歐洲基督教會的分裂傾向。

大分裂時期的教廷

亞威農時期教廷不在羅馬，已經令教宗的威望陵替，開始喪失其節制歐洲國家政治的傳統地位。教廷的分裂與教會的轉而受俗界政治的左右，其影響於教廷地位的嚴重自然更可想見。當"大分裂"時期，兩地的教宗都自號聖彼得的繼承者和統一教會的元首，而指責對方為異端，處以最嚴厲的宗教禁律。然則誰是真正的教宗？分裂的兩方誰真正持有拯救世人靈魂的神聖權力？羅馬天主教會在理論上既是統一教會，所以聖體的效力不能同時為相反對的兩方所共有：一方的聖禮有效，則他方的一定是瀆神邪行，其結果則使一般人民在信仰上不知所從。因大分裂而使歐洲社會對於教會的信仰失墮，可以在下舉的一事中見之。尼德蘭列日市（Liege）決定在這次宗教紛爭中保持中立，但市民卻闖入當地的大教堂，劫掠堂中的聖物和教士財物，在市場公開拍賣。因"大分裂"而造成的財政困難，已使教廷喪失人心。兩地的教宗各維持一個龐大而奢汰的教廷，這使天主教世界對於教廷財政負擔大增。為了應付各自的龐大支出，兩地教廷都充分運用亞威農時期所發展的財賦機構，以盡量斂取金錢。聖秩與教會的精神權力被濫用為斂錢的財源；聖秩賄賣與聖恩發售公開實行。同時則援引種種舊例、陳法，或任何可資藉口的理由，以收奪地方教區的收益。教宗的掊克聚斂，在歐洲民間引起了廣大的不滿和怨惡。教廷派出的稅吏在地方遭遇威脅、劫奪，乃至殺傷的消息，時有所聞。在教會內部，日耳曼與法國的教士，都曾聯合抵制教廷稅吏的需索，在英國，則有威克里夫（John Wyclif，公元 1384 年）的反教宗運動發生。

反教宗運動：威克里夫與胡斯

對於教廷惡德敗行的攻擊，至"大分裂"時期更見激烈。威克里夫為牛津大學教授，身兼神職，然其思想深受英國民族意識的影響。在他早期的著作中，威克里夫尚只本於政府與教會權力因源自神的理論，主張教會在俗界事務方面，應服從君主。教士沒有持有產業之權，教會的產業乃供教會的宗教職務之需，所以教士失職，君主可削奪其職位，籍沒其產業。迨"大分裂"發生，威克里夫遂進而直接抨擊天主教會組織，抨擊"彼得至尊說"和聖禮制度。何謂教會？教會並非一教士團體，而是基督教社會全體。教會的元首為基督，而非教宗，教皇無誤（papal infallibility）論乃純粹謬說。威克里夫並據方濟各會的"神貧"（Apostolic poverty）的教義，直指教宗為基督叛徒，因為教宗擁有領地，是一個利祿權勢所集的君侯。教會的信仰權威不在教士或教宗，而在《聖經》。基督的降臨彌撒聖禮乃自然之事，有如國君的監臨他境內的每一處王家法庭，決非由於教士舉行的儀式。威克里夫因為倡言《聖經》的精神權威，所以他翻譯拉丁語的通用本《聖經》為英語，為英國國語文學興起之初的重要散文文獻。公元第十六世紀宗教改革運動的思想，大體都已出現於威克里夫的主張，後世因稱威克里夫為宗教改革的晨星。

威克里夫的思想從英國傳入波希米亞，在波希米亞引起了胡斯（John Huss，公元 1415 年卒）的反教宗運動。胡斯也如威克里夫，為神學家，身領神職，在布拉格大學講授神學，兼在教堂傳教。但他所專心致志的，卻在教會的改革。受了威克里夫思想的影響，胡斯藉他的傳道之便，起而作改革波希米亞教會的號召。胡斯的反教宗運動，得波希米亞人反羅馬和反神聖羅馬帝國情緒的助長，迅速傳播。當教宗和皇帝意圖加之以裁抑時，布拉格隨即有公開的騷動發生。威克里夫和胡斯都以俗語傳教，所以影響所至，不僅及於知識分子，而且也及於一般市民；不僅及於城市，而且也傳入農村。威克里夫於公元 1384 年去世，他的信徒稱羅拉德教派（the Lollards），於英國繼續煽動，垂半世紀之久，以後也未絕跡。胡斯於公元 1415 年為康斯坦茨大公會議（The Council of Constance）判為異端焚死，又五年，波希米亞有胡斯派戰爭（the Hussite Wars ，公元 1420—1433 年）發生，綿延多年，為一次抗爭不屈的宗教民族戰爭。威克里夫和胡斯的反教宗運動，餘波已與公元第十六世紀的宗教改革運動相接。

第三節　大公會議運動

巴黎大學的領導 —— 格爾森

前節提到馬西里奧的《和平護持》一書，已倡“教會政府會議論”，主張教會的最高權力不在教宗，而在大公會議。當亞威農時期與“大分裂”時期，巴黎大學居歐洲宗教思想的領導中心，奧坎和馬西里奧都曾在其中講授神學。“大分裂”既使教會遭遇了空前的嚴重危機，如何消弭危機而使教會恢復統一，成了歐洲當前最迫切的現實問題。公元 1395 年，巴黎大學就教會統一問題，建議分三項步驟，以為解決之道。第一步驟為羅馬與亞威農教宗同時引退，而由兩地教廷的樞機主教共同選舉一位繼任的教宗。如第一步驟不能實現，則實行第二步驟，由歐洲國家仲裁解決。至於建議中的第三步驟，便是召集教會大公會議，以代表統一的教會。當時在巴黎大學的教授學者中，思想上尤居於領導地位的，有格爾森（Jean Gerson ，公元 1429 年卒）。格爾森在他所著的《教會統一論》（*De unitate Ecclesiae*）中，重申“教會政府會議論”的理論，力主教會權力乃賦予教會全體，以大公會議為其代表，而不在教宗；大公會議可以經教宗同意舉行，也可以自行集會。他的《破門神考議》（*Considerations en papale excommunications*），則就歷史和宗規的論證，以辯駁教士專制的不當。

巴黎大學的建議，在教俗兩界都引起了廣大的反響。當亞威農教宗本篤十三世（Benedict XIII ，公元 1394—1417 年）與羅馬教宗額我略十二世（Gregory XII ，公元 1406—1415 年）分別當選時，兩者都保證於適當時機引退，以利教會的統一。但兩人於當選後卻固執戀棧，拒絕一切恢復統一的努力，從而使建議中的第一和第二步驟無法實現。公元 1398 年，經巴黎大學的力說，法國王家政府與教士曾以“撤回信奉”的壓力，圖迫使本篤接受仲裁。公元 1408 年，羅馬的樞機主教們也憤於額我略的背信無義，與亞威農的樞機主教們協議，邀請各地教士於次年在比薩集會。於是有公元 1409 年的比薩會議。

大公會議的舉行

公元第十五世紀前半，羅馬天主教世界有三次重要的教會會議舉行，參加者有樞機主教、大主教、主教、修道會長、教士代表、修道院長、教會法及神學教授、國君使節和大學代表。比薩會議與康斯坦茨大公會議（the Council of Constance，公元 1414—1418 年）都是為消弭大分裂而召集。比薩會議罷免本篤十三世與額我略十二世，另舉了一位新教宗亞歷山大五世（Alexander V，公元 1409—1410 年），但本篤和額我略都拒絕引退，甚至處比薩會議以脫離中道之罪。於是歐洲一時有三教宗並立。康斯坦茨會議得歐洲各國君主的合作，迫令一位教宗引退（額我略），罷免兩位教宗（本篤與繼亞歷山大的若望二十三世，John XXIII），並選舉一位繼位的教宗馬丁五世（Martin V，公元 1417—1431 年）。“大分裂”至此告終，羅馬教會的統一恢復。巴塞爾大公會議（the Council of Basel，公元 1431—1449 年）係為解決胡斯派戰爭和改革教會而召集。胡斯於皇帝西吉斯蒙德所頒予的安全狀的保障下，至康斯坦茨會議為他的宗教思想辯護，但卻被會議判為異端焚死。波希米亞教會改革運動，至是遂公然勃起而為民族反抗運動。公元 1419 年，西吉斯蒙德兼領波希米亞王位；次年，胡斯派戰爭發生。從公元 1420—1431 年，教宗與皇帝曾有五次十字軍的組織，對波希米亞用兵，但都被波希米亞人擊敗。波希米亞軍隊甚且侵入日耳曼境內。巴塞爾會議不顧教宗的反對，要求胡斯派參加會議，重歸天主教會。公元 1434 年，巴賽爾會議與胡斯派成立“合約”（Compactata），許可波希米亞宣教自由和行“兩種領體”儀式，並同意解除波希米亞主教的俗界權力。經這次合約，波希米亞教會實際已成為獨立的教會，不受皇帝和教會的約束。

大公會議運動的失敗

至於改革教會的工作，在比薩會議中已經提出。但與會各國教士雖抗議教宗的財政需索，然對於教會一般弊端的改革，則因為將影響自身的利益，而無意進行。康斯坦茨會議列改革教會為會議的主要目的之一，與會的下級教士和大學人士又力主上下一體改革。當會議舉行之初，會中並曾指定專組，以草擬一項改革計劃。然而國家利害的歧異和高級教士的阻撓，仍令一項普遍的改革計劃無法實現。結果除了若干次要的改革外，康斯坦茨會議的成就只是決議以後應經常舉行大公會議，"以根除異端、謬誤與分裂，矯正踰侈，補救弊害。"根據康斯坦茨會議的決議，新教宗馬丁五世於公元 1423 年召集西恩納大公會議（the Council of Siena），改革工作仍為同樣的原因所阻。巴塞爾會議雖係波希米亞的危機所促成，然同時也因康斯坦茨會議的決議，故負有改革教會的任務。於巴塞爾會議中，下級教士的勢力比前數次強大，他們在處理波希米亞事件和教會改革事宜上，自始便與教宗恩仁四世（Eugene IV，公元 1431—1449 年）衝突。會議得皇帝西吉斯蒙德的支持，自公元 1433 年起着手議定一項廣泛的改革計劃。公元 1437 年，因教宗的號令，保守分子退出會議，從而使會議更加趨向激烈。次年初，會議罷免恩仁。但會議的激烈傾向，加以教宗的壓力及其與各國君主的妥協，終於使會議日益失去支持，牽延公元 1449 年告終。教會改革結果歸於失敗，而大公會議運動也至是告終。

教宗專制權力的勝利

大公會議運動失敗的結果，是教宗專制權力的勝利。有的史家因此而稱這次大公會議運動為大公議會運動。不唯如此，俗界議會的組織雖淵源有自，而其精神與運用方式，也有不少承襲大公會議。也有人為大公會議改革教會的失敗，深致惋惜。他們認為如這次改革教會竟獲成功，則公元第十六世紀的宗教改革及其所引起的流血慘禍，當可避免。大公會議運動乃發生於教宗權力式微之際，歷屆會議都高置其權力於教宗的權力之上，何以繼這一運動而出現的竟是教宗專制權力的勝利？

公元第十四、五世紀間，意大利已入文藝復興時期。文藝復興邦國的專制政治形式，也為教廷所踵行。當亞威農時期，教廷已經效法俗界國家所為，改革其行政與財政。由此建立的機構和制度，經"大分裂"至統一恢復，效能益發增進，大為增強了教宗對於地方的教會權力。經"大分裂"時期的混亂，各地教士和虔誠教徒固然確望教權重定於一尊，即一般人士，自君侯以至於庶民，也多願意統一恢復。這在康斯坦茨會議中最為顯見。國家利害的歧異繼續阻礙工作的進行，但未曾阻礙一位普遍承認的新教宗產生。教宗權威的傳統、教會改革的失敗和教廷政治的俗世化，大體可以解釋教宗專制權力的勝利的由來。

但公元第十五、六世紀間的教宗專制，究其本質，則與兩個世紀前的教宗普遍至尊權力，截然不同。康斯坦茨會議雖未實現普遍的改革，但馬丁五世之得以結束這次會議，乃在他與會議中的各邦國（Nations）談判而分別成立宗教協定之後。英國國會迭次抵制教廷對於英國教會的干涉和財政需索。公元1438年法國制定《布爾日國事詔書》（the Pragmatic Sanction of Bourges），更使法國教會除有關信仰和教義的事項外，實際樹立了自主的地位；國王代教宗而為法國教會的最高權力。日耳曼君侯隨即亦繼法國之後，仿行《布爾日國事詔書》的部分規定。西班牙則在民族王國形成的過程之中，王權即進而支配教會。所以公元第十五、六世紀間的教宗專制，他的許多權力實際上業已為民族王權所侵奪。其間最被犧牲的是地方教會，或受教宗專制的陵鑠，或受王權專制的陵鑠，或且兼受二者。至於教會改革的失敗與教廷的俗世化的結果，則使教廷不僅未能消除教會已有的弊端，而且是任其加劇。教宗既得穩持其專制權力，於公元第十五世紀後期又傾全力於意大利的政治角逐，成了一個十足的俗界君主與文藝復興新文化的醉心者。教廷的俗世化與教宗專制，其結果適足造成教會的自戕，至公元第十六世紀初葉，宗教改革運動勃發。

第三十三章

意大利的文藝復興

意大利文藝復興的由來

從十字軍時期結束（公元第十三世紀晚年）至日耳曼宗教改革運動發生，其間約兩個半世紀，歐洲文明經過了一次徐緩而十分深廣的變化。這是一個過渡時期，中世制度次第解體，中世思想方法次第失效，而同時則近代社會和近代文化的形貌日見脱穎而出。意大利是歐洲中世晚期城市和財富興盛之地，凡此變化的開始要比阿爾卑斯山北的任何區域為早，其進行也更疾速。同時，意大利在這一過渡時期的新心智活動方面，也佔了先着。封建傳統解體，人們方從教會的權威和集體社會的束縛中解脱出來，以他們旺盛的好奇心和無限的壯志雄圖，展望他們眼前的世界。他們重新發現了他們所生存的世界——這個凡俗世界——的光榮，包括人人可以爭取的無限的財富、權力，以至藝術、文字、思想和學術造詣的機會。最後，在意大利尚有古典文化的遺澤，使新時代得以席豐履厚，造成西方文化史中的這段少有的豐富輝煌的創造時期。"文藝復興"（Renaissance）一詞，便意謂古希臘羅馬文明的再生。但新文化雖廣受古典文化的滋濡，然其所由來，則根源尚不在古文明的復興。它的根源實仍深植於中世，只是發展的條件已經改變，而所獲的成果遂與前一代迥異。這是一個多彩多姿而變化萬千的時代，和中國的戰國時代最可相擬。在這時期的形形色色中，有不少仍是中世的，有不少顯然已是近代的，也有不少為這時期所特有。這時期上承中世，下啟近代，同時它也自成一個時代，充滿了強烈的政治、社會和心智的活動。

第一節　文藝復興時期的意大利社會

財富的增加

歐洲從中世演進至近代，一個基本的因素是財富的大量增加。這在意大利也比歐洲別處領先，並且也更為昭著。財富使意大利的文藝復興時期能有其豪華和光彩；財富也使這時期的意大利需要一種不同於中世的新社會形式。物質繁榮的增進其來也漸。歐洲自入中世盛時以來，因商業復興而物質繁榮日增，成為塑造新文明的一個有力的因素。結果所至，城市生活興盛，一個強有力的自立的中等階級興起，同時也使貨幣經濟日益普遍。有一段時期，新勢力仍力求適應中世社會的結構。市民結成市鎮和行會，以配合中世社會的集體組織，並使自身在封建制度下獲得一安全地位。但財富的繼續增進和商業的擴張，終使新的經濟力量不再能為舊的社會結構所包容。在新的經濟力量的激盪下，中世制度次第崩潰，封建制度及其集體的組織終被摧毀，而近世個人主義的社會和資本主義的經濟代興。自然，凡此變化的發生及其影響，在歐洲各地先後不一，其發生的情形也不一致。在意大利，其發生最早，也最早見一個新社會——一個顯然是城市的、在情趣上屬於現世的，而也十分個人主義的新社會——興起。

城市社會的演進

自中世盛時起，意大利最早成為城市生活興盛的區域。公元第十二、三世紀中皇帝和教宗間的長期的抗爭，繼之以帝國的解體和教廷的播遷亞威農，更使意大利城市得以免受外力的干預，而遂其獨立的發展。迨文藝復興肇始時，除南部的那不勒斯王國外，意大利各地城市多數已獲得了實際獨立的地位，並領有各自城市四圍的土地。城市由此成為意大利政治、社會和經濟生活的中心。封建貴族不能抵抗城市的誘惑，也相率離去鄉間孤立的堡壘或莊宅，移入城市，與非貴族的市民為鄰。這使中世社會的階級分野，在意大利的城市社會中漸形淡薄。門第仍然重要，但財富或政治勢力的重要尤過之，即令有人於門第、財富或政治勢力一無所有，也可因在文學、美術或任何其他方面的卓越造詣，而出入宮廷，加入貴族和富豪的交際。

現世精神的發達

因財富的增加和城市生活的演進而造成的社會變化，反映於當時人的情趣和思想態度的變化。城市生活的繁忙，新的生活享受的增加，以至審美情趣和求知慾望的亢進，都使宗教和來世的思想日益不能支配人心。歐洲因"巴比倫俘囚"和"大分裂"所造成的對於教宗和教會的不滿，也加甚了這一趨勢。自然，當文藝復興時期，因古典文學復興，而非基督教的哲學思想隨而傳播，也曾有其影響。但在所有可見的新因素中，打破宗教的支配勢力最有效力的，仍是當時社會繁富的賞心樂事和對於現世的興趣。文藝復興時期的意大利人很少真是全無宗教心之人，也很少無神論者或非正宗的基督教徒，但他們顯然在靈的事物方面較少興趣，而在此世的事物方面，比之以修士生活為最高理想的時代之人，較多興趣。也許他們真是墮入了中世的佈道者所時時引以為警惕的因富有而驕侈，至於滅天理、窮人慾的罪孽。要之，這時代的人即使仍怕魔鬼，但他們對於此世和現實情慾的滿足，決不再畏縮不前。此即所謂文藝復興時代人的"現世精神"，以全心投入於此世的開發和享受。

自我意識的覺悟

在生氣蓬勃的新城市社會中，加以強烈的現世精神的推動，人們對於自己個人的存在開始有了新的覺悟。在所有出現於這一複雜紛紜的過渡時期的變化中，沒有一種變化比之個人的自我覺悟更為意義深著。正如許多歷史學者所指出，個人主義乃西方近代社會與中世只知團體或階級的社會最為不同的一面。在個人缺乏安全保障的中世，個人的安全全靠屬於一個一定的團體，無論為職業行會、修道院、教堂、田莊或階級，而靈魂得救的希望也全在嚴格服從集體的教會。所以中世歐洲人所首先念及的自然是他們在現存秩序中的注定的地位，而不想想個人自求發展的可能性。但一旦中世的社會結構開始解體，有才能之士不患無建功立業的機會。意大利城邦政治的瞬息變化，使貴族門第不再成為權力的唯一的條件和憑藉；新的資本主義的商業法則，使有的人積累了無比巨量的財富；而文學和美術在當時社會所受的獎掖護持，也使有的著作家和藝術家拔擢到非一般同業所能企見的地位。個人憑一己的才藝和幸運所能獲致的成就，似乎除自身的條件外，可以完全不受其他的限制。此外，在新時代的現世精神中，尚有兩種強烈的動機，也使人盡量要求個人能力的發展。其一是此世的不朽聲譽開始受到比來世的永恆生命更熱切的重視；其次是對於此世的享受的喜愛，鼓勵人開拓他們的人格的所有方面，能從生命中汲取更多的經驗和獲得最多的快樂。

全才理想

對於個人潛在能力的覺悟，為這時代產生一種新的社會理想 —— 全才理想，以代替中世以階級或團體的特性為典型的理想。全才（the Well-rounded personality）在公元第十五世紀的意大利是理想，也屬事實。當時的意大利人不少具有多方面非凡的才藝。政治家和佛羅倫斯的統治家族美第奇家的科西莫（Cosimo de' Medici，公元 1464 年卒）和羅倫佐（Lorenzo de' Medici，公元 1492 年卒）祖孫、職業軍人和專制君侯如烏爾比諾公爵費德里科（Federico of Urbino，公元 1482 年卒），以至商人如佛羅倫斯的帕拉斯・史特羅吉（Palla Strozzi，公元 1462 年卒），同時也都是學者、高明的藝術鑒賞家和護持者。至於當時一身兼長繪畫、雕刻和建築的藝術家，並尚有餘力以從事學術和哲學研究的，更不可悉數。使一身蘊蓄的才能充分發展，還不止具非常稟賦的人如此，而是在社會相習成風。一般有教養人士，總求在人類生活和活動的所有方面能相當嫻習，使個人人格達於充分完滿的發展。人文主義學者維多利諾（Vittorino da Feltre，公元 1446 年卒）在曼圖瓦所主持的學校之中，武器以及各種體能的訓練、音樂和宮廷禮貌的演習，以至美術和古典文學的陶冶，都被視為一個上流社會人士 —— 一個君子 —— 所應有的教育。當時一個典型的廷臣卡斯提里奧尼（Baldassare Castiglione，公元 1529 年卒）在他所著的《廷臣論》（*Book of the Courtier*）一書中，舉述一個要在社會的最高層獲得成功的人所應有的教養、學識、才藝和儀態。以一個如卡斯提里奧尼所代表的博學多能而文雅風流的廷臣，和一個獅心理查所代表的狂暴而近乎蠻蠢的騎士相對照，最足以現出從中世至近代對於一個人的理想的演變。

時代的流弊

以上所述，是文藝復興時期顯示時代進步及其近代傾向的表徵。但這時期也有其極端黑暗的一面，而時代之出中世而入近代，也並非是一往直前的。意大利的文藝復興時期是一個政治、宗教、道德，以至人物個性等方面極其混亂矛盾的時代。在同一社會中，乃至同一人物，中世和近代的表徵同時並見，從而產生強烈的對照和衝突。公元第十五世紀末年，佛羅倫斯人在多年追隨美第奇家——文藝復興文化的最大的護持者——的領導之後，突然為一個完全屬於中世的苦行修士薩佛納羅拉（Girolamo Savonarola，公元 1498 年卒）的佈道所瘋狂；而曾幾何時，他們又轉而憎恨薩佛納羅拉，將他焚死。邦國的專制君主，則以暴力和權謀術數鞏固統治，不顧任何人世的或神聖的法律的約束。心智的充分解放，造成這時代燦爛的文化創造，同時也造成這時代的極端的獷惡傾向。唯己的自私、駭人的復仇、命運的狂賭、情慾的恣縱、謀殺的盛行、以作惡為樂的暴行，以至為達到這些目的而作的一切深謀巧算，使這時代也成為一個窮兇極惡的時代。君侯如米蘭的維斯康堤（the Visconti）的家人，可以一方面表現最精堪的藝術鑒賞，同時盡殘酷不仁的能事；藝術家如哲利尼（Benvenuto Cellini，公元 1571 年卒），也可以在私生活方面無賴如惡棍。此外，這時期最開明和最有理性的政治家，也仍聽信江湖術士的占卜，以決定重要的政策。在意大利的所有宮廷，於文雅風流的絢美表面之下，常是惡德敗行的穢醜；而在每一城市，豪華的財富的誇耀與可憐的貧窮無告的景象並見。

第二節　文藝復興時期意大利邦國政治的演進

意大利政治的分裂

意大利的文藝復興運動發生於政治解紐的擄亂之世。公元第十四世紀中，意大利商人和銀行家積累了巨大的財富；意大利工業的發達向所未有；意大利歷史上最偉大的詩人但丁（Dante Alighieri，公元 1321 年卒）為意大利民族文學奠立基礎。但從政治方面視之，則當時還沒有一個意大利國家。全半島只有南部的那不勒斯王國尚有多少政治的統一可言，其餘的部分小邦林立，他們從皇帝和教宗的宗主權之下，獲得了幾乎完全的獨立。這些小邦，內部既黨派分歧，各立門戶，又不斷對鄰邦發生戰爭。相沿的皇帝黨和教宗黨之爭，現在因為地方利益和糾紛的攪擾，喪失了原來的性質和意義。城市相互殺伐，或為爭取貿易路線的控制，或直接為毀滅商業競爭的對手。鄉間地區不願受城市的支配，揭竿抗爭。而在各邦內部，富有的商人和工場主人，極力壓制勞工階級；勞工階級不時起事暴動，而貴族則縱橫於二者之間以自利。在這一個戰爭頻繁的世紀，職業的傭兵也在意大利找到最好的用武之地和最有望的生財之道。

專制僭主

在變化靡定的紛亂之中，有兩種趨向顯著可見。其一是城邦舊有的共和政府，為專制僭主或商業豪門所顛覆。其次是比較強大的城邦日益擴展土地，以兼併弱小的城邦。前一趨向至公元第十四世紀初年已將近完成。意大利北部和中部的城市，當獨立之初，大抵都是民主共和城邦。但民主共和政府缺乏力量保衛領土，使不受鄰邦的侵略；也不夠穩定，為商業繁榮之利以保障內部的安定和秩序。一種常見的解決方式是由一個專制僭主或獨裁者控制政府，由他集中城邦的力量以維持秩序和剝奪眾人的政治自由以消滅黨派的紛爭。少數城邦如威尼斯和佛羅倫斯，政府形式未曾經劇烈的改變，但因為它們的共和政府受少數商業豪門或大戶的支配，故事實上也並不更為民主。專制僭主的控制政府，其道不一。有的以他們合法受自城邦的臨時權力，自行轉變為永久的權力；有的起自傭兵首領或地方貴族，以武力奪取政府；也有的憑藉財富的力量，以控制共和政府的機構。

專制僭主的性質也因人而異，但有若干特性為一般的專制僭主所共有。他們多數都有非凡的才能和人格力量，否則他們不能不靠任何合法權利憑藉，而躍登權力的地位。他們大都恣肆、殘忍而陰險機詐，因為他們必須藉暴力和恐怖以維持統治。但同時他們也常使城邦有一個比舊共和時期更多效能和更加穩定的政府，因為維持所統治的城市的繁榮，正是專制僭主所以獲得並保持其權力地位的唯一正當的理由。專制僭主多數都知道他們必須贏得人民的敬意和感激。由於這一收攬人心的願望，同時也由於對於新文化的真正的愛賞，甚多專制僭主也以博施厚遺，延攬詩人、學者和藝術家到他們的宮廷優養。文化復興藝術和文學的光榮，很大部分應歸功於他們的慷慨而又頗有鑒別力的護持。

傭兵與傭兵統領

但專制僭主不能依靠意大利人以贏得或維持他們的權力。當舊共和政府時期，意大利市民已甚少參加軍伍。市民由於經濟活動的繁忙，不能多費時間於軍事訓練；再者，無論共和政府或專制僭主，也都不願武裝小戶人民，而至於冒革命的危險。城市四周的鄉區和村落自然是徵募民軍最適當的場所，但因為所有擴張中的城邦幾乎都以武力征服四周的土地，對於被征服的人民又遲遲不授予公民的權利，所以城邦政府不能信任鄉村人民為邦國效命。結果意大利諸邦不得不信賴客籍的職業傭兵以抵禦外敵和鎮壓內亂。當時歐洲的職業傭兵都自成龐大的隊伍，受各自的統領（Condottieri）管帶，為出價最高的一方供役。傭兵作戰既不過職業的僱傭，所以雙方都儘量避免殺傷，並儘量使進行中的戰爭延長。他們的作戰時常只是戰場上相互進退和變換位置的操演，而少有真正實力的戰鬥；他們和敵軍間相互造成的損害，常遠不如他們所加於平民的損害嚴重。依靠傭兵成了意大利邦國的惡習，這也使意大利本身喪失自衛的力量，以抵禦阿爾卑斯山北的大領土國家的侵略。當以騎乘為主的客籍傭兵為北地日益普遍的步兵隊伍所擊敗時，意大利也開始偃仆於外力的憑陵之下，不能自拔。

城邦的兼併

在當時的意大利歷史中，較強大的城邦兼併弱小的鄰邦以擴張疆土的傾向，比之專制僭主的崛起開始較晚，且遲至公元第十五世紀才告完成。但至公元 1494 年時，這一趨向的進行已使文藝復興肇始時意大利原有的數十邦領，只剩了五個大邦和三、四小邦。五個大邦是米蘭公國、威尼斯和佛羅倫斯共和邦、教皇國，以及那不勒斯王國。獨立的小邦有都都斯加尼南境的西恩納共和邦，以及理論上屬於教皇國的曼圖瓦侯國和費拉拉（Ferrara）公國。此外，在教皇國尚有若干實際形同獨立的小專制城邦。但它們不久就被教宗亞歷山大六世（Alexander Ⅵ，公元 1492—1501 年）和朱里亞斯二世（Julius II，公元 1503—1513 年）所降服。

米蘭

自中世盛時起，米蘭是倫巴底城市中最富有也最有勢力的一城。公元第十二世紀中，米蘭曾領導倫巴底的城市聯盟，反抗神聖羅馬皇帝的權力，以爭取獨立。但至文藝復興前夕，米蘭本身卻喪失了自由。米蘭城中的一家有勢力的皇帝黨人——維斯康堤家——得到皇帝亨利七世的認可，在米蘭建立了專制統治（公元 1312 年）。同時米蘭也開始兼併鄰近的土地和城市。公元第十四世紀末葉，米蘭的勢力最盛，征服了倫巴底全境，嚴重威脅到都斯加尼和教皇國。維斯康堤家的首長並在公元 1395 年得皇帝的認可，稱米蘭公爵。其後的半個世紀，米蘭受到威尼斯在半島本土擴張的壓迫，常有戰爭，公元 1447 年最後一位維斯康堤家的統治者去世，當時米蘭公國只剩了倫巴底的西半部。傭兵統領法蘭切斯科・斯福爾扎（Francesco Sforza，公元 1466 年卒）擊退威尼斯人，於公元 1450 年自立為米蘭公爵。法蘭切斯科・斯福爾扎出身平民，尚維斯康堤家女為妻。在他繼位後，米蘭與威尼斯言和，倫巴底平原東境重入於米蘭的治下。在其後的半個世紀（公元 1450—1500 年）中，斯福爾扎家統治米蘭。這是米蘭一段很少有的和平繁榮的時期。米蘭成為意大利最富有的邦國之一，同時也成為一處人才薈萃的藝術和文學之都。

威尼斯

在倫巴底之東，商業都會威尼斯伸出於瀕海的港汊之上，雄踞亞得里亞海。從中世商業復興以來，威尼斯一直是歐洲最富庶的城市之一。它的地理位置使它自然成為西歐和地中海東部的貿易中介，而縱橫的港汊則使它多少與意大利半島本土隔離，不致時時被捲入意大利政治糾紛的漩渦。再者，威尼斯也從早便形成一種穩定的政府組織，藉以阻遏革命和黨派紛爭的發生。威尼斯始終維持共和政府的形式，其行政首領為總督（Doge）；有大公會（the Great Council），由殷富家族組成，以約束總督的權力。公元 1297 年，大公會規定此後其組成以當時出席大公會的家族為限，從而使大公會成為一個世襲而排外的團體。總督和元老院（the Senate）元老都由大公會選任。公元 1310 年，大公會又成立一個十人委員會（the Council of Ten），執行治安的權力。這樣，在共和政府的形式下，大公會成了威尼斯的顯貴 —— 商業貴族 —— 集團。後來其專制權力更藉十人委員會而發揮盡致。熱那亞的政府形式與威尼斯近似，但當地豪門襲皇帝黨和教宗黨的故習，紛爭不已，所以變化頻仍。公元第十三、四世紀間威尼斯和熱那亞屢有戰爭，爭奪對東方貿易的優勢地位。經公元 1378—1381 年的戰爭，熱那亞海軍覆沒，從此一蹶不振。它在東方的商業地位為威尼斯所併有，連本土也先後淪為法國和米蘭的附庸。威尼斯既戰勝熱那亞，同時也開始在意大利本土拓地，與維斯康堤家的米蘭爭奪阿爾卑斯山隘的控制權。迨公元第十五世紀初年，它在半島本部的領土曾包有倫巴底平原東部，北抵阿爾卑斯山，控制布列納等山隘；西抵波河的支流阿達河（the Adda），帕多瓦和凡羅拿等著名城市在其境內。公元第十五世紀中，威尼斯在地中海東部的霸權因受鄂圖曼土耳其人的壓迫，日形退縮，但其商業地位及其在北意大利本土的優勢不衰。

佛羅倫斯

位於意大利半島西側，倫巴底平原以南，為都斯加尼（Tuscany）地方。都斯加尼在東南兩面都和教皇國接境，佛羅倫斯城在都斯加尼境內。公元第十四世紀中，佛羅倫斯擴張勢力的結果，使都斯加尼全境除西恩納一邦外，幾乎都入於佛羅倫斯共和政府的治下。佛羅倫斯並於公元 1406 年征服大商業城邦比薩，從而獲得了出海的良港。佛羅倫斯因羊毛織造和其他工業獲致巨富，也是歐洲最早的銀行業中心之一。在所有的文化活動方面，它都在意大利居於先進的地位。但佛羅倫斯的政治情況極不穩定。佛羅倫斯政府也如威尼斯政府，保持共和的體制。從公元第十三世紀末葉起，城中的豪門大戶已經專制政權；便是封建貴族，也必須在加入一個行會後，始得參預政治。但佛羅倫斯仍革命和黨爭迭起。公元 1434 年，大銀行家族美第奇家的首長科西莫，因眾民望治，得小戶階級的擁護，掌握佛羅倫斯的政府。其後美第奇家族統治佛羅倫斯，達六十年之久。科西莫及其繼承者未曾改變佛羅倫斯政府的形式，也未親身擔任政府的職位。他們只在幕後操縱共和政府的機構，從而為佛羅倫斯的實際統治者。科西莫統治佛羅倫斯垂三十年，其子皮耶羅（Piero de'Medici）繼之，五年而死（公元 1465—1469 年）。皮耶羅之子即著名的偉烈者羅倫佐（Lorenzo de' Medici, the Magnificent）。在羅倫佐的治下（公元 1469—1492 年），美第奇家又是三十年鼎盛，聲威煊赫。羅倫佐為一典型的文藝復興的全才。他性格複雜而多才多藝，同時是詩人、藝術和學問的護持者、政治家和外交家。公元第十五世紀末葉前，意大利之得以保持和平和穩定，一大部分是他的外交才能獲致。但繼承他的美第奇家人不能克紹箕裘。公元 1494 年法軍入侵都斯加尼。美第奇家應付法軍的怯弱，使佛羅倫斯人民憤而起事，美第奇家一度被逐出佛羅倫斯。其後至公元 1512 年，美第奇家在佛羅倫斯的統治地位，才又恢復。

教皇國

教皇國橫越意大利半島中部，從丕平的贈地以來略有增損，西南從羅馬城所在的拉丁平原，東北至接近威尼斯領土的羅馬涅（Romagna）。教皇國名義上受教宗的統治，但當"巴比倫俘囚"和"大分裂"期間，除羅馬城外，幾乎所有境內的城市都有小專制僭主崛起，建立自主的政府；就是在羅馬，教宗的統制權力也不安全。公元 1417 年，康斯坦茨宗教大會結束了"大分裂"。這使公元第十五世紀的教宗得以集結力量，迫使獨立的專制僭主服從教廷。公元第十五世紀的教宗，史稱文藝復興教宗（Renaissance Popes）。歷任教宗和同時期的其他意大利邦國君侯，幾乎無分軒輊。他們在外交上縱橫捭闔，任詐使偽；在軍事上任用傭兵統領，從事戰爭殺伐。他們也如其他的邦國君侯，維持一個豪華的宮廷，並在宮廷內外廣植家人和戚屬。他們傾心於現實政治和自己家族的利益，遠過於宗教的利益。同時他們也以大量金錢，用於興造宏麗的建築和護持藝術家和文學家。教宗尼古拉五世（Nicholas V，公元 1447—1455 年）和庇護二世（Pius II，公元 1458—1464 年）都嗜愛古典學藝。尼古拉是著名的梵帝岡文庫（Vatican Library）的創立者；而庇護二世，在他繼任為教宗前，已經以一個古典學者的名譽蜚聲於國際。他們對於意大利文藝復興時期古典學藝的復興，其功甚偉。保祿二世（Paul II，公元 1464—1471 年）繼庇護為教宗，曾力圖重振教廷的宗教精神，但繼他之後的三位教宗使教廷的俗世化更變本加厲。思道四世（Sixtus IV，公元1471—1484年）和英諾森八世（Innocent VIII，公元1484—1492年）但知傾心於俗界的興趣和利益；戚族主義（Nepotism）的惡例開始於思道，而英諾森是教宗中最先承認其所生子女的一人。迨聲名狼藉的亞歷山大六世在位，而教廷宗教和道德地位的墮落，乃達於極點。但歷任教宗皆致力於加強教廷在教皇國的統治。亞歷山大六世之子切薩雷・布喬亞（Cesare Borgia，公元1507年卒）強悍狠毒，終於平定教皇國的大部分地區，使服從教廷的統治，從而也使後繼的教宗朱里亞斯二世得以完成統一的事業，建教皇國為一個強固的領土國家。當朱里亞斯二世和利奧十世（Leo X，公元1513—1521年）先後在位時，文藝復興文化在羅馬臻於極盛，為意大利文藝復興的黃金時代。利奧是上述佛羅倫斯美第奇家的偉烈者羅倫佐的少子。

那不勒斯王國

意大利半島在教皇國以南，為那不勒斯王國的疆域。與那不勒斯王國隔墨西拿海峽（Strait of Messina）相望的，是西西里王國。兩國因家族繼承的關係，時相併合。當歐洲中世時期，那不勒斯和西西里因回教文化和商業的影響，一度曾是拜占庭和西班牙以外歐洲最繁華開化的區域。及至地中海商業為北意大利的城市所奪，兩地的盛況隨而消歇。迨公元第十五世紀，那不勒斯和西西里的社會組織和經濟狀況，比之意大利各邦都不如遠甚。社會組織仍滯留於封建階段，田莊經濟仍繼續保持。市鎮陋小，工商業微弱，強有力的市民階級無從產生。貧窮和落後也使兩地的社會環境不利新文化的長成。唯有宮廷，因王室的護持新美術學藝，得以在意大利的新文化運動中佔一地位。當文藝復興時期，那不勒斯王國的歷史也充滿王朝鬥爭的紛擾。鬥爭的兩造是法國的安茹家和西班牙的亞拉貢家（the House of Aragon）。安茹家的領有那不勒斯和西西里，始於公元1266年安茹伯爵查理得教宗之助，從霍亨斯陶芬家奪得兩地。其後西西里在安茹家的治下分出獨立。公元1282年，西西里人民起事，以王位奉予亞拉貢國王彼得三世（Peter III，公元1282—1285年），彼得為霍亨斯陶芬家之婿。安茹家在那不勒斯的統治延續至公元1435年，是年女王喬萬娜二世（Joanna II）逝世，乏嗣。亞拉貢和西西里王阿方索一世

（Alfonso Ⅰ，公元 1435—1458 年）取得那不勒斯王位，使那不勒斯又在他治下與西西里聯合。阿方索後，其子斐迪南（Ferdinand）和其弟約翰（John）分別繼承那不勒斯和西西里的王位，於是兩個再分。當公元 1494 年，法國國王查理八世（Charles Ⅷ）重申安茹家的權利要求，入侵意大利時，那不勒斯仍在亞拉貢王朝的治下。

外力的入侵

公元 1494 年法軍入侵前的半個世紀中，意大利因五個大邦勢力平衡的形成，多少尚能維持政局的穩定與和平。各邦間的外交關係仍不時變化，但大體則米蘭、佛羅倫斯和那不勒斯經常保持聯盟外交的原則，抵制威尼斯和教廷，以保持各邦間勢力的平衡。聯盟因米蘭斯福爾扎家和那不勒斯亞拉貢家的結為婚姻，而更加鞏固，同時也賴佛羅倫斯美第奇家的偉烈者羅倫佐的外交才能維持。但以這樣的局勢，雖得以在意大利內部維持一時的和平，卻不足以抵禦外來強敵的侵略。各邦的相互疑忌、敵視和牽制，不僅抵消了各自的力量，也使它們喪失一致對外的意志和行動的基礎。結果自公元第十五世紀末年始，意大利連續受到法國和其他歐洲大國——新興的民族國家——的侵略。當意大利尚在文藝復興高潮期——新文化的極盛時期——之時，它已經開始喪失從中世盛時以來所享有的獨立和自由。歐洲國際間的意大利戰爭開始於公元第十五世紀末年，於第十六世紀前半繼續進行。

第三節　文藝復興時期的意大利文學和美術

意大利文學

公元第十四世紀中有一脈輝煌的意大利文學產生，使長時期來政治上未曾統一的意大利，開始有一種統一的民族文學語言。當中世盛時，受法國南方興盛的抒情詩歌的影響，意大利開始有人以意大利語從事仿作。但由於意大利語與拉丁語——中世統一的文學語言——的接近，加以意大利邦國林立，方言繁殊，統一的意大利文學語言遲遲不能形成。結果意大利文學語言，主要是由三位公元第十四世紀的意大利著作家所創造。

但丁

但丁（公元 1321 年卒）、佩脫拉克（Francesco Petrarch，公元 1374 年卒）和薄伽邱（Giovanni Boccaccio，公元 1375 年卒），論家世都屬佛羅倫斯人；他們也都用都斯加尼語從事寫作。他們雖都屬公元第十四世紀時人，但在許多方面他們互不相似。他們的不同恰好顯出他們在出中世而入近代的行程中所達到的遠近。三人中在世最早也最偉大的一人是但丁。但丁的著作所代表的時代，屬於中世的成分，尚多於文藝復興時期的成分。他理想化的情詩如在抒情詩集《新生》（*the New Life*）中所見，更多接近中世法蘭西抒情詩人的傳統，而非文藝復興詩人所吟詠的近乎基督教的、現世的、色情的愛情。他畢生最偉大的作品是敍事長詩《神曲》（*the Divine Comedy*），則更以所敍述的地獄、煉獄和天堂的繁富景象，展示了全部中世思想的景觀。然但丁也決非完全是中世的。他的作品中所表現的具有充分自信的個人思想和對於現世的關注，顯露了新時代的精神。再者，他雖用心於宗教和哲學，但他是一個俗人，一個屬於將要塑造新時代的城市社會的人，一個市民。

佩脫拉克

佩脫拉克著作中所保留的中世的成分，遠較但丁的為少。佩脫拉克有時也仍流露對於宗教和避世思想的傾心，由此可見他也尚未完全脫離中世。但他強烈的自我意識、他渴求現世聲名的不朽，他在獻給羅拉（Laura）的情詩中所洋溢的極其人性的感情，以至他的對於非基督教的古代的熱烈嚮往，使他成為一個真正的文藝復興時代的人物。佩脫拉克之有造於意大利文學的發展，其重要僅次於但丁一人。他完成十四行詩體，使成為表達深摯情感的優美的文字形式；他也大有助於都斯加尼語的普及，使成為意大利通用的文學語言。

薄伽邱

薄伽邱的主要貢獻是他塑造了意大利散文的形式。以薄伽邱與但丁或佩脫拉克相較，他思想的深度和悟性誠有不如，但他可能是三人中最能代表他們的城市（佛羅倫斯）和新時代（文藝復興時代）的一人。他著名的故事集《十日談》的題材大半仍取自中世傳說，但舊故事的嚴肅性、說教性或騎士精神在薄伽邱的筆下都已蕩滌淨盡，而代之以對於騎士習慣、修士生活和教會傳教的尖刻的諷刺和嘲笑。薄伽邱樂道自然情慾的衝動，表揚感官的世界，不為地獄所懼，不為死的陰影所沮喪。在他的筆下，世界如世界，肉體如肉體，自然如自然，乃資以取樂，而不是資以說教。

但意大利文學的發展，在佩脫拉克和薄伽邱後卻曾中斷一時，遲至公元第十五世紀後半始再蔚起。由佩脫拉克自己揚其波的古學的復興，使新文學語言新近獲得的地位，為其所奪。佩脫拉克和薄伽邱自己在生前的重視古學，便過於意大利語寫作。關於古學復興與文藝復興的關係，頗難確說。大抵古學復興同是中世盛時以來歐洲經濟、社會和生活意識變化的產物，但一旦古學復興風靡一世，這風氣遂轉而又支配時代的風尚，影響新文化的形成和發展。事實是古典拉丁文學，並非至文藝復興時期始重被發現。在中世時期，一部分古典拉丁著作被繼續應用，主要作為文章句法的範本。但中世生活、中世理想及思想方式，與非基督教的古代懸殊之甚，使中世學者對於古代著作家不能產生正確的認識。迨公元第十四、五世紀，意大利經數世紀社會經濟狀況的變化，一種城市的、現世的、以財富為本的社會狀況發達起來，與古典文明的社會狀況相去不遠。生活於新社會中的意大利人於是開始在古典文學中發現不同於中世所見的新的意義。他們現在重新發現了基督教時代以前的文明，似乎一切他們目前正摸索以求的理想在它無不應有盡有。他們因此傾全心於古代的研究和模擬。他們相信要改善世界，唯有使人類回向過去，回向在哥德式的、野蠻的中世以前的光榮的古代。

人文主義學者

為古學的研究盡瘁的人士，稱人文主義學者（humanists）。“人文主義學者”的西字語為拉丁字（humanitas），意謂適合於人之所以為人的心智的陶冶，尤其優美文學的陶冶。但當文藝復興時期，這種陶冶除指古學的賞識和研究外，同時也兼指一種人生哲學的培養，與中世著作中所見人生哲學之專注於靈的境界和來世事物者，截然不同。這樣，古學復興同時表現了也加強了新時代的現世傾向。人文主義者在宗教信仰上仍是基督教徒，有的還是虔誠的基督教徒，但在思想意識上，他們都不能避免受非基督教的哲學和道德倫理的影響。

古拉丁學藝的復興

人文主義學者多數都是十分勤奮的學者。他們以對於古學的崇敬和熱誠，從事雙重的工作：一方面需要發掘和校訂古代著作家的著作，使恢復本來的面目；同時也需要完成自己對於古典拉丁文章句法的知識，包括在中世幾乎被遺忘的有關字形、語尾變化、造句法、韻律等細節。他們所能找到的古籍傳本只是中世抄本，抄寫者常因疏忽或不知古代著作家的句法的妙用，以至謬誤百出。人文主義學者因此需要先從不完整的抄本研究文章句法的規則，然後應用由此獲得的知識以訂正謬誤。凡此唯有以所有可能獲得的抄本，加以細心精確的校勘，始能成功。

因為校勘的需要，也為求更多的古代遺書，在意大利又掀起了蒐尋古抄本的狂潮。佩脱拉克首先開熱心蒐集拉丁古抄本之風，一時風動景從，薄伽邱和後繼的人文主義學者競相踵效。教堂和修道院的藏書室為蒐集尋者的目光所集。任何新出世的斷編殘簡都受到熱烈的頌揚。蒐尋者有時發現他們的工作已經開始過遲，因為許多古老的修道院已經衰敗，他們的藏書因未經良好保管而已朽敗不堪。大約有一個世紀，蒐尋的工作繼續進行。學者無間寒暑，涉歷窮山深谷，以搜剔遺書。邦國君侯和市鎮豪門，如佛羅倫斯美第奇家和其他巨室，也不吝貲財，經他們分佈於四處的使者與商業機構之手，在歐洲和地中海東部各地廣事搜購。他們並以博施厚遺，以護持人文主義學者，俾從事古學和古典拉丁辭章的研究。在拉丁古抄本的發現上厥功最偉的是佛羅倫斯的人文主義學者波焦（Poggio Bracciolini，公元 1459 年卒）。波焦曾在羅馬教廷供職，而畢生致力於蒐尋古籍的工作。他除了自己不畏道途困難，四處尋訪抄寫本外，也多得教廷駐外的使節之助。他的收穫之豐，至於使他於當時有"古籍的第二著者"之稱。

古希臘學藝的復興

在意大利，古希臘文學的復興比之古拉丁文學為晚。古希臘語文知識在西方久告絕傳，當佩脱拉克和薄伽邱在生時，連勝任傳授文法初步的教師也難覓得。公元1397年，一位從君士坦丁堡奉使西來的希臘學者克利索羅拉斯（Manuel Chrysoloras，公元1415年卒），因佛羅倫斯的顯貴之請，至佛羅倫斯講學，於是古希臘文學復興肇始。克利索羅拉斯留意大利講學不過數年，但他已經為古希臘文學的復興盡了發軔之功。經他的啟蒙，意大利學者以研究古典拉丁文學的同樣的熱誠，致力於研究希臘文學。公元1438—1439年在佛羅倫斯有大公會舉行，有東西教會的主教參加，為佛羅倫斯招來了眾多的希臘學者，使古希臘文學的研究獲得新的推進。十餘年後，公元1453年，鄂圖曼土耳其人攻陷君士坦丁堡，使更多的拜占庭學者避地至意大利，以講學或抄寫、翻譯古希臘抄本為生。意大利人文主義學者熱心肄習古希臘文學，但他們最大的熱心所在為柏拉圖哲學，科西莫・美第奇乃至於在佛羅倫斯之柏拉圖學會（Platonic Academy），開人文主義學者的集會結社之風。在這學會中，費奇諾（Marsilio Ficino，公元1499年卒）得科西莫的栽培，成為一個卓越的希臘學者。當公元第十五世紀末葉，費奇諾和米蘭多拉（Pico della Mirandola，公元1494年卒）倡導一種糅合柏拉圖哲學和基督教神學的綜合哲學，對於以後阿爾卑斯山北的人文主義學者，影響巨大。

意大利文學的復興

意大利文藝復興運動，至羅倫佐・德・美第奇在佛羅倫斯當政期間（公元1469—1492年），進入新的階段。這一代的意大利學者自幼受良好的古典拉丁和希臘的教育，比之他們的前輩之需首先為肄習和通讀古文字而刻苦鑽研，其難易不可同日而語。這使他們在學問和興趣上比之前輩學者有更多的自由，從而得以表現更大的廣度和創發的精神。他們繼續以古典語言表達古典文學所蘊蓄的思想和議論當前時代的問題，但同時他們也以餘力，用於本土文學語言的提倡。意大利文學於是復興，再與上一世紀但丁、佩脫拉克和薄伽邱的傳統相接。羅倫佐・德・美第奇自己便曾以意大利語寫作詩歌，率先倡導。在他的影響下，詩人而兼為一代古學宗匠的波利齊亞諾（Angelo Poliziano，公元1494年卒），以意大利融和古典文學的風格，使意大利詩歌純淨洗練，形式優美。從此意大利語在文學上應用日廣，至羅倫佐之後的一代，而終提高至與拉丁語、希臘語相等的文學語言的地位。費拉拉詩人阿里奧斯托

(Ludovico Ariosto，公元 1533 年卒）的敍事詩和佛羅倫斯政論家兼歷史家馬基雅弗利（Niccolò Machiavelli，公元 1527 年卒）與圭恰迪尼（Francesco Guicciardini，公元 1520 年卒）的明暢簡練的散文，為意大利文學增加不朽的光輝。

學術的批評精神

人文主義學者熱中於古學，同時也在學者間激發一種獨立的批評精神。人文主義學者容易接受古學的權威，與中世學者的容易接受基督教《聖經》、教會大師和亞里士多德著作的權威，雖無大軒輊，但從一種權威轉向另一權威，至少已使人文主義學者多了一種新的從事判斷的觀點，使久受中世觀念束縛的思想意識藉以得一解脱。他們因校勘和訂正古抄本所親歷的經驗，更使他們迅速發展了良好的學術批評的方法。這時代以批評的精神應用於文學和歷史，不顧宗教的權威，而在學術上有非凡創獲者，頗不乏人，其中最卓著的一人是羅馬人文主義學者瓦拉（Lorenzo Valla，公元 1457 年卒）。瓦拉發現教宗的大部分俗界權利所資以為法理根據的所謂《君士坦丁封贈詔書》（*Donation of Constantine*），實際乃一偽文書，一件產生於公元第九或第十世紀，而非產生於第四世紀的偽文書。北地的基督教人文主義學者以後並將以同樣的批評精神，對中世的教會制度作廣泛的駁擊。

藝術的新變化

意大利文藝復興時期文學的變化如此。在藝術方面也相類似。這時期在意大利所發生的社會和思想的變化，同樣反映於藝術的變化之中；而與藝術的新變化並見，藝術家的氣質和社會地位也發生了顯著的變化。

歐洲中世的藝術家表現了中世的特徵。他們是一個團體的一員，屬於一個固定的行會；他們本於他們的手藝傳統和規則工作。他們或者頗以自己的作品為榮，但似乎從不想到藉作品以揚名於後世。藝術家也如一個木工或甲冑匠人一般，至少在作品之上留下姓名。因為藝術是無名的，所以中世藝術家缺乏一個有力的動機，激勵他去改變傳統的方法。再者，藝術家的工作經常是為宗教，而宗教藝術最易流於因襲，一旦定型，藝術家不得任意自創新樣。中世基督教對於實在的現象世界的疑懼，也使藝術家得不到鼓勵，去如實表達自然之美。但至中世晚期，情形有所改變。一個有財、有教養的俗界社會的發達，加以對於才能出眾的藝術家的需要大增，這使他們得以從君侯、豪商和銀行家獲得遠高於一般同儕的報酬。藝術家聲名及其作品的個性現在成了品鑒藝術最受重視的部分。新時代的藝術護持者對於傳統已喪失敬意；他們對於此世的興趣遠過於來世。藝術家現在為他們工作，自然可以充分自創新意，本於為藝術而藝術的宗旨，以發展一己的才能。即令藝術家仍為教會工作，也無礙於其新才藝的施展，因為教會首長多數共有這時代的現世精神。

繪畫

文藝復興藝術中，最能表示時代的特色、也最達於技巧發展的極致的，是繪畫。新時代對於自然之美和色彩的愛好，在繪畫中獲得最豐富的表現。佛羅倫斯曾長時期為文藝復興文學和學術的中心，它也曾長時期為文藝復興藝術的中心。在佛羅倫斯，當公元第十四世紀初葉，喬托（Giotto，約公元1336年卒）首先背棄宗教畫中聚珍畫式的生硬的形式化的傳統，而傾向於取法自然。繼起的畫家步其後塵，繼續加強這一趨勢。但公元第十四世紀畫家的主要工作對象仍屬宗教，他們的知識和技巧的造詣，尚未能達到充分實現取法自然的目的。公元第十五世紀中，意大利畫家多方從事勇敢的試驗，知識和技巧迅速進步。他們多數精通透視和光影的法則，應用予人物以立體感覺的技巧，並大為改進了調色的方法。這世紀的繪畫即令仍取宗教為題材，也都洋溢現世的精神。肖像畫開始成為流行的藝術形式，這也是時代的精神使然。文藝復興時代的人，無論君王顯貴、豪商巨富，都唯恐自己沒世而名不聞，亟願能揚名於後世。公元第十五世紀的佛羅倫斯畫家，在藝術上成就特著的，最先有馬薩喬（Masaccio，公元1429年卒）。他生當這世紀初年，英年早逝，但以作品的寫實精神和高度的技巧，開一代畫風。其次有利皮（Filippo Lippi，公元1469年卒），為一名修士，而在所作的聖家畫中繪入佛羅倫斯的自然景色和人物肖像。最後有波提切利（Botticelli，公元1510年卒），在他充滿詩意的優美的畫幅中，卓越地表現了古典主義對於這時代的思想和藝術的影響。

經公元第十五世紀的實驗和取法自然的階段，畫家解決了所有有關技術和方法的問題，而文藝復興繪畫的黃金時代到臨。畫家現在可以自由運用已得的知識和技巧，以表達他們的審美觀念，而無需再費精殫神於摸索和試驗。這時代的大畫家中，最早有佛羅倫斯的達文西（Leonardo da Vinci，公元 1519 年卒），文藝復興時期最多才多藝的一人。論藝術，他是全才，而又以一身兼治數學、音樂、詩、解剖、地質、植物與水力，並自許為工程師和發明家。文藝復興時期心智探討的強烈，對於科學與美的無厭的追求，於達文西而與卓絕的天才相結合。他的《蒙娜麗莎》畫像以畫中人謎樣的淺笑，使歷代藝術批評家為之心盪神迷，不知所以。他的壁畫《最後的晚餐》繪畫基督及其十二門徒，不僅心理的表現深刻生動，而且於人物性格，也都以表情和舉動姿態作逼真的表達。拉斐爾（Raphael，公元 1520 年卒）的作品不如達文西的意境深遠，但在他的作品中所見的設色的完善和畫面的靈妙勻稱，則非同時期的其他畫家所及。他雖英年早逝，但他的產品之豐難以悉數，而且幾乎全部傳世。他的許多傑作係在教宗朱里亞斯二世和利奧十世的護持下產生，包括著名的《西斯廷聖母》（the Sistine Madonna）和梵帝岡的廳堂壁畫。朱里亞斯二世也曾為米開蘭基羅（Michelangelo，公元 1564 年卒）的護持者。因朱里亞斯的要求，米開蘭基羅曾經擱置他所自許的本業雕刻，而為梵帝岡禮拜堂作裝飾畫。其結果產生了著名的西斯廷禮拜堂穹頂畫，使他成為古往今來最偉大的畫家之一。在西斯廷禮拜堂穹頂畫中，有如在米開蘭基羅的其他作品中一樣，我們可以見到悲劇式的掙扎力量、偉大的意象和深邃的宗教情緒。凡此都使米開蘭基羅在文藝復興藝術家中，顯得與眾不同。

雕刻

意大利文藝復興時期雕刻藝術的發展，所經歷的途徑與繪畫相似。當歐洲中世時期，雕刻不過是戰爭的附庸，並也如他種藝術，表現時代的、宗教的、集體的性質。迨公元第十三世紀末葉，自尼古拉・皮薩諾（Nicola Pisano，公元 1280 年卒）始，意大利雕刻家逐漸打破中世的常規，而日益傾向於寫實和取法自然。公元第十五世紀也是新雕刻藝術的試驗和技巧進步的時期；同時，與繪畫相較，雕刻也顯見受到了更多古典藝術的影響。因為文藝復興時期的畫家雖無緣親見古希臘羅馬的繪畫。但雕刻家卻有古代遺物，或見於傳世的古代建築，或過去埋沒於廢墟而重被發現，可供觀摩臨摹。文藝復興雕刻家多數也仍為裝飾教堂工作，如紀伯提（Lorenzo Ghiberti，公元 1455 年卒）為佛羅倫斯禮拜堂卓絕的銅門淺浮雕，便是一例。但雕刻仍迅速被承認為獨立的藝術，脱離宗教建築，而求現世的審美要求的滿足。佛羅倫斯雕刻家多那太羅（Donatello，公元 1466 年卒）所作的傭兵統領格太梅拉達（Gattamelata）騎兵像，即屬雕刻藝術以一種獨立形式用於俗界目的的傑出一例。文藝復興雕刻的黃金時代約略與繪畫的黃金時代並見。米開蘭基羅以其偉大的氣勢和才藝，淩駕全時代而為其宗匠。米開蘭基羅曾自許雕刻為其得自天賦的藝術。在其傳世的作品中，有氣度高貴的大衛像、蘊蓄深厚宗教感情的聖殤像（Pietà）和莊嚴的美第奇家墓寢雕刻等多種。

建築

文藝復興時期社會生活和思想的變化，也見於建築風格的變化，產生不少優美絕倫的建築物。當公元第十五世紀的試驗階段，建築家以古羅馬和中世哥德式建築的式樣用於當時的建築，各逞己意，競作新樣。布魯涅內斯基（Brunelleschi，公元 1446 年卒）為這階段中最成功的一人。他為佛羅倫斯的聖母百花大教堂建造了馳名的最大的磚造穹窿頂。但文藝復興時期最大的建築家應推倫巴底的伯拉孟特（Bramante，公元 1514 年卒），羅馬聖彼得大教堂（St. Peter's Basilica）的原始設計者。不過完成的聖彼得大教堂曾經米開蘭基羅等人的修改。至伯拉孟特，文藝復興建築才自舊傳統中脱出，產生自己和諧統一的式樣。

意大利文藝復興時期的文學和藝術在臻於極盛後，未能長久維持不替。公元第十五世紀末葉始，意大利政治和經濟地位的劇變，使新文化喪失其生生之力，經高潮期的短促盛況後，而光華消歇。意大利因外力的征服而政治自由喪失；因天主教會的對抗改革運動而思想自由喪失；因商業路線的西移而經濟繁榮衰替。但同時文藝復興的潮流則越阿爾卑斯山而北，使北地文化發生巨大的變化。

第三十四章

北地的文藝復興

在阿爾卑斯山北，自中世至近代文明的過渡，比之在意大利開始為晚。一旦開始，其進行也較為遲緩，而其所取途徑互異。這是因為在北地，封建制度的根基比之在意大利深固，基督教的信仰也比在有古典傳統的意大利更深入人心。聖多瑪斯等人的經院哲學的權威，在意大利久已為學者所遺棄，而代以更古老的希臘羅馬哲學的權威，但在北地大學中它仍穩居百學之后的地位。雖然如此，但凡曾使意大利社會為之改觀的所有的勢力，同樣也在北地到處造成變化。工商業創造財富，繁庶的城市和一個勇於進取而富有自信心的新中等階級興起。所不同的只是北地的城市畢竟比意大利稀疏，在全社會中所佔的比重不如意大利城市巨大。因此在北地，繼舊社會的解體，新社會結合的中心勢力不是城市，而是統一的領土國家。

第一節　北地中世制度的式微

封建制度的沒落

公元第十五世紀中，在北地，封建制度日見沒落。因工商業的發達而貨幣的力量大增，封建社會的結構處處遭受貨幣力量的破壞，不能自保。在大領土國家，貨幣的力量主要假王權的擴張而發揮張大。結果是國家併沒了封建制度。

在中世歐洲，貴族之在政治上專制一方，在社會上保持特權的地位，一大原因是他們獨攬戰爭的職業。當封建堡壘繼續是軍事上有效的防禦，騎士的貴重的武器、鎧甲、戰馬和他們經長時期訓練而成的武藝，繼續使他們在戰陣中保持非平民所能企及的優勢，或乃至國君和人民繼續需要他們的效力以保衛國家時，貴族之居於社會特權者的地位也將繼續安如磐石。但至公元第十五世紀，火藥開始廣泛應用於交戰和圍城，這使平民有了有效對付全身裹甲的騎士的武器，而使深溝高壘不再是萬全的天塹。國王現在經徵稅或借貸而財力大增，得新貨幣力量的輔翼，使他在新武裝的設備上遠比不如他富有的貴族有利。大國如英、法和西班牙的君主，乃至次要的如日耳曼諸邦的君侯，都能招募和維持一支由出身平民的兵士組成、而完全聽命於自己的軍隊，為任何封建的軍隊所不敵。早在公元第十四世紀，英王的軍隊利用平民弓箭手，在對付法國的騎士隊伍上已收得良好的效果；同時他們也在戰場上表現了一支有訓練、有紀律的軍隊優勝於臨時徵集而雜亂無章的軍隊。火藥的應用使歐洲諸國先後建立起常備的王家軍隊。個別的貴族力不足以與君主相抗，也相率供職於王軍，受王的俸祿。他們繼續以戰事為本業，但嗣後他們的作戰不再從他們所欲，而是本諸雙重權力的指使：或為王權、或為金錢。

金錢的力量尚在另一方面破壞封建貴族的獨立地位。當工商業者因有效利用資本的結果，或君主因徵稅權力伸張的結果，而財力日增時，貴族卻因封建制度不適於生產流動財富，而一直貧窮下來。同時，流通中的金錢數量的增加也必然使物價上漲，而封建貴族的收入，卻本於世襲的權利和古老相沿的習慣，甚少變化。加以貴族習慣驕侈自大，繼續揮霍和鋪張。這使他們的經濟狀況益發惡化。面對入不敷出的威脅，也迫使貴族向王權屈服，以領取年金、乾俸，以至充任軍隊和教會的官職，接受王家的財庫補助。

城市行會制度的衰敗

但非封建的中世自治城市的制度，結果也為同樣的勢力所破壞。在城市中，以行會和城市政府為中心的集體社會逐漸瓦解，而代之以一種個人主義的新社會秩序。中世歐洲的城市社會經濟組織，其形成係應一種原始的、小規模工商業生活的需要，以及在一個雜亂無章的國家和一個多少懷有敵意的社會中維持生存的需要。這使每一行業的從業者和每一城市的居民，都必須為求相互保障，而團結成強固的團體。入中世晚期，凡此需要的重要性減少。一方面，中央政府權力的日張足以供給個人以適當的保護，同時商業的擴張和致富之道的增多，使行會或城市政府過去為團體的利益所加於個人經濟經營的限制，不復受人尊重。在行會內外，新資本主義的謀利法則逐漸勝過中世的集體法則。由此而生的一次經濟和社會革命，使城市的工商業階級逐漸分化而為兩個距離日甚的階級：有資本的僱主和一無所有的勞工。在北地最有財有勢的市民階級中，凡在意大利所見從集體意識至個人主義的思想精神文化，也日見彰著。

統一教會地位的低落

至於其他歐洲中世的制度，於中世晚期顯見衰替的尚有統一的羅馬天主教會，已如本編第三十二章“中世晚期教廷地位的衰替”中所述。

第二節　領土國家的興起

國家領土與權力的統一

與封建制度的沒落暨統一教會的衰替並見，統一的領土國家的勢力則日見張大。封建秩序的解體，使一國的君主在國內不復有嚴重的阻力，妨礙其政權的行使。經濟和社會的因素自然曾有助於同一變化的進行，但自政治組織的觀點視之，則其造成係經由一種雙重的過程：領土的統一和政府權力的集中於君主之手。法國國家之演進為一統一王國，為這一雙重過程的典型例子。法國歷代國王逐步將他們封建宗主的地位蛻變而為直接統治全國的政府，並一代一代收取更多的國家領土入於他們的直接統治之下，終至所有的封建采邑悉被併入王領。同時，他們也繼續擴張王家司法和徵稅的權力，自直屬王家的臣民以及於全國。當英法百年戰爭期間，三級議會一時頗似將成為法國對抗王權的力量，但封建制度既解體，三級議會又不能力自振作，終也未曾造成對於王權的有效的節制。所有上述見於中世晚期的法國的變化，在歐洲其他國家雖因歷史背景不同而有所出入，也都曾次第發生。

領土國家的統一連帶也促成國家經濟管制權力的集中。在歐洲中世時期，工商業受個別城市的管制，因為城市政府乃市民唯一能求取有效保護的地方。每一城市為一獨立的經濟單位，對於一切外來者概持以排拒的態度。但一旦國家中央政府的權力強大至足以維持社會的秩序和保障安全時，工商業對於城市的依賴遂不復如前重要。工商業的發展並且使新經濟利益不願繼續受舊城市制度的傳統約束。市民轉而向中央政府要求保護。在中央政府方面，它也需要富有的新工商業階級的支持，以裁抑封建和地方勢力。結果是雙方相互的利益，促成工商業管制之由城市移歸國家，從而打破市鎮經濟的獨立，而使新經濟利益開始在國家基礎上經營。

民族文化的興起

政治和經濟的統一，對於文化生活和國民感情產生強著的影響。當統一國家的形象日益彰明較著時，地方傳統與地方利益的觀念則漸見淡薄；國家內部各地語言和風俗習慣的不同，也逐漸消融。易言之，國家統一的加強，同時可見一種共同的文化，這種文化可以泛稱為民族文化。公元第十五世紀中葉，由於印刷術的應用，便利以民族語言撰寫的書籍的流通，因而也有力地促進歐洲民族文化的興起。至於在意大利和日耳曼，當時同樣的有各自的新民族文化的形相可見。意大利人和日耳曼人在民族意識或愛國心的表現上也未後人，然兩地都未有強有力的統一國家形成，則屬重要的例外。在歐洲其他國家，民族意識或民族感情的初興，顯然與一個強有力的國家組織的發展並進。當諾曼第的封建政府逐步為法蘭西的王家政府所併沒時，當地居民之若諾曼第人，就變得如其為法蘭西人重要。公元第十四、十五世紀與第十六世紀初年的大國際爭戰，也有利於民族意識的促進。中世歐洲的戰爭大都為封建戰爭，其結果唯有強化地方感情。但發生於中世晚期與近代初葉的戰爭，則本身已具有民族戰爭的性質。以英法百年戰爭為例，它使法國人想到自己為法國人，而使英國人想到自己非法國人。於此顯見已播下近代民族主義的種子。

教會的國家化

但自中世至近代的過渡，領土國家之掩蓋地方利益，以及人民行動與思想意識之自狹窄的封建采邑或城市的範圍，擴大至廣闊的國家為規模，不過是過渡現象的一面。在另一面還可以見歐洲人的宗教興趣，從大一統的羅馬天主教會，開始轉向與自己的國家疆域相應合的國家教會。在歐洲中世時期，一方面所見的是極端的地域主義，但同時卻也見大國際主義，為近代的任何時期所不如。兩者並行不悖。對於一個持褊狹的地方觀念者，所有來自其狹小的鄉土以外之人，都屬異鄉人。至於他們係來自本國或異邦，在他無關鴻旨。封建制度亦然。封建制度為一種極端地方化的制度，但由於其結構主要在主臣關係，不在國家疆域，所以一個諾曼第貴族盡可心安理得，同時向英國國王和法國國王稱臣。甚至商業也不例外。中世歐洲商人可以在不同國家間自由往來，參加公開市集，參加有獨立性和排外性的團體，為城市政府或地方工商業行會管轄。但城市政府和行會的排外，對於本國人和外邦人不作差別待遇。自然，教會尤其是大國際性組織，它使全天主教領域的男男女女成為同一信仰的信徒，服從相同的教會法的管轄；它也使歐洲有一種大致共同的文化，一種共同的教育和學術語言。迨統一的領土國家興起，中世制度的共同性和國際性終遭打破。最後連教會也逐漸受到國家政府的管制。國家的權力張大，終至在國家內部不許有特殊的地方利益，而對外不許有超國家的權力干涉其境內的事務。同一事實，可以解釋何以當宗教改革時期，有許多北地國家脫離了古老的羅馬天主教會。

第三節　北地的文藝復興

北地的宗教虔誠運動

當歐洲中世晚期，統一教會的權威雖見陵替，然北地人民仍不乏虔誠的宗教心。公元第十四、五世紀北地人士的批評教士階級，反對教宗乃至抨擊聖禮制度，一大部分仍係由虔誠的宗教心而起。因為人民的宗教心真摯，他們對於教會的惡習才更感慨憤激，亟求改革。同時在日耳曼和尼德蘭更有宗教虔誠運動興起。在日耳曼發其端的為多明我會修士埃克哈特（Meister Eckhart，公元 1327 年卒），而使這運動傳播於民間，獲得廣大信眾的，為其弟子陶勒（John Tauler，公元 1361 年卒）。陶勒的佈道不似多數佈道者之懸靈魂得救為宗教的目的；他宣揚神的愛，而以獲得神的愛為宗教的目的。凡基督的信徒，即令最窮苦的愚民，皆可以本於虔誠的信仰，祈禱和純潔的生活，以求達此目的。這是一種為一般民間所能了解的實用的虔誠主義的宗教。陶勒以後成為一個虔誠主義者團體的領袖，這團體稱神友會（the Friends of God）。據路德（Martin Luther）自謂，他自己便曾深受這團體的傳教的影響。

尼德蘭的虔誠主義運動興起較晚，其對於新時代思想的影響，比之日耳曼的虔誠主義運動也較直接。尼德蘭的這一運動，有傳說為日耳曼奧古斯丁會修士托馬斯·肯皮斯（Thomas à Kempis）所撰的《遵主聖範》（*Imitation of Christ*）為其思想的表率。《遵主聖範》撰成於公元第十五世紀初葉，下至五百餘年之後的今日，仍普遍受人誦讀。他所表章的"新信仰"（Devotio Moderna）簡明易曉，人如要做真正的基督徒，必須生活如基督，思想如基督，在一切可能的方面遵主聖範。這是教會所不能否認的理想，但在表章這一理想同時，教會的許多制度儀式——使教士為世人靈魂得救負責的制度儀式，已喪失意義。在尼德蘭，虔誠主義者也組織團體，稱共同生活弟兄會（the Brethren of the Common Life），合宗教生活與社會服務為一體。共同生活弟兄會的創立者如克路特（Gerard Groote，公元1384年卒），深信開明的教育足以為促進真正的宗教之助。在他們的指導下，共同生活弟兄會廣興學校，教育兒童。當公元第十五世紀中，共同生活弟兄會的學校，尤其如尼德蘭德文特（Deventer）地方的一所，為北地文藝復興新學術傳播的重要中心。北地不少最有影響力的人文主義學者，如伊拉斯默斯（Desiderius Erasmus），曾受他們的作育。

新學術的北傳

在北地，中世的逝去比之在意大利為晚；北地新社會經濟的發達，比之意大利城市社會的昌盛，也尚不如。因此文藝復興潮流之待至佩脫拉克與薄伽邱後一個世紀始越阿爾卑斯山北傳，乃可想像之事。同時文藝復興潮流於北傳後，在性質上也有了重大變化，以適應北地人士的氣質與興趣。北地缺乏如意大利所有的深厚的古典拉丁傳統，反之，北地人士有比意大利深厚的宗教心；北地城市社會的發達不如意大利，封建傳統多少尚部分保存，但北地有民族王國的摶成。因此當北地人士受意大利文藝復興的影響，同樣熱心於古典文學的研究時，他們不如意大利人的醉心於非基督教的古代精神。他們可以反抗傳統教會的約束，並抨擊其積弊，但他們仍然是虔誠的基督徒，宗教心深摯而道德意識強烈。他們在古典拉丁、希臘文學中發現一種比之中世經院哲學所教說的更通情達理的倫理，但他們沒有因此而忽視基督教的倫理。他們也如意大利人文主義學者向古代尋取啟示與指導，但他們不僅嚮往古典的古代，同樣也嚮往基督教的古代。

北地早期的人文主義學者多數是教師，代表的時代約當公元第十五世紀後半。他們大多曾在意大利負笈求學，歸而以留學所得傳授本邦人士。他們受新學術的薰陶尚淺，對於新學術尚未融會貫通，所以甚少有價值的著作產生。他們是首開風氣之人，為新文化播種耕耘，要等到後一代才見豐富的收成。阿格里科拉（Rodolphus Agricola，公元 1485 年卒）以熱心古典語文的傳授與對於宗教的虔信，為這一代北地人文主義學者的典型。他受稱頌為“日耳曼的教育者”（the educator of Germany）。德文特共同生活弟兄會學校一位最有影響力的校長黑吉烏斯（Alexander Hegius，公元 1498 年卒），便曾從阿格里科拉肄習希臘文。北地大學初起，墨守古老的課程傳統，對於新學術深閉固拒。因此新學術之在北地傳播，首先乃在城市富有市民社會之中。城市的新富既有餘暇以求取新文化，也有財力以支持和獎勵學者。但最後即大學亦不得不承認新學術，而予以接納。迨公元第十五世紀末葉，人文主義學者在大學文科中已佔得地位，並繼續進行反對大學的中世傳統的鬥爭。

活版印刷術

公元第十五世紀後半，印刷書籍應用日廣，使古典學藝在北地的傳播，獲得巨大的助力。印刷術在歐洲傳說為梅因茲的古騰堡（Johann Gutenberg）於公元 1447 年前後所發明，實際是自中國西傳。於古騰堡前，歐洲已有若干小冊用雕板印刷。古騰堡在西方印刷史中的重要，乃在他以模鑄的活體金屬字印刷，因此在西方有活版印刷。活版印刷初行，人文主義學者對之鄙薄不屑，視為俗物。但形式優美、內容完善而價格低廉的印刷書籍的產生，終使印刷日益取寫本的地位而代之。迨公元第十五世紀末葉，為後世知名的歐洲印刷業者已在千名以上，印刷的書籍達三萬版以上，而書籍價格平均不及寫本價格的八分之一。印刷術的應用，對於歐洲思想學術的發展，其影響之大無可言喻，當文藝復興時期，它直接的影響之一便是使新學術的傳播益廣，益加普及於社會。

基督教人文主義

公元 1500 年前後的三十年間，北地也入於文藝復興高潮期。在這期間，北地人文主義學者在新學問上達於成熟的階段，收穫豐稔。在古典的和古代基督教的雙重啟發下，他們力求改革當時的教育和基督教會。北地人文主義學者也如他們在意大利的同儕，鄙視中世而尊崇古代。他們鄙視中世拉丁和經院哲學，企慕古典拉丁文學中所見語言和風格的純淨優美，以及一種對於此世生活的健康平正的態度。而尤其重要的是他們在基督教《聖經》和早期教會大師的著作中，發現了一種淳樸和清新有力的基督教傳統。他們認為，長時期來基督教為神學的論辯所曲解，為中世教會的傳統龐大的堆積所掩埋，黯然無光。他們的工作應致力於恢復基督教信仰的原始純潔。為此目的，他們相信首先必須研究並恢復所有基督教原始典籍的本來面目和真義。這使他們除研究古典拉丁之外，對古代希臘和希伯來語言，也必須有充分的認識。

在日耳曼，這一新運動的卓越領袖是羅伊希林（Johann Reuchlin，公元 1522 年卒）。羅伊希林曾在意大利求學，他回返日耳曼後致力於古希伯來語的研究，欲藉以為通解基督教《舊約》之助。他於公元 1506 年發表所著的希伯來語文法，為阿爾卑斯山北發表的同類著作中最早的一種。自公元 1509 年始，日耳曼有一個查禁希伯來書籍的運動，唯有基督教《聖經》得免。羅伊希林為維護學術研究的自由，與日耳曼神學家、多明我會修士，以及科隆大學的神學教授們，發生激烈的論辯。這次論辯累年不休，對方雖有異端裁判法庭的支持，然羅伊希林方面終獲得勝利。當時日耳曼人文主義學者紛起為羅伊希林聲援。因為一旦希伯來書籍可以因非屬基督教《聖經》而被查禁，則荷馬或柏拉圖的著作將可因同一理由而遭查禁。在論辯進行中，支持羅伊希林的一方除表現為自由研究對權威的抗衡外，同時也致力於《聖經》考證與對於教會愚行的抨擊。論辯的雙方當時都已利用印刷的方便，以訴諸輿論。日耳曼人文主義學者方面所刊佈的宣傳文字中，流傳最廣的有《庸人書翰集》（*Letters of Obscure Men*）兩編，其後編為著名的日耳曼騎士而兼詩人與人文主義學者的胡滕（Ulrich von Hutten，公元 1523 年卒）所撰。《庸人書翰集》對教士的頑固迷行，大肆嘲謔。作者使被嘲謔者自作嘲謔，而以中世破格的拉丁語顯示這類冥頑不靈的庸人如何不學無術。

如羅伊希林之於《舊約》，在法國，勒菲弗・戴塔普勒（Lefèvre d'Étaples，公元 1536 年卒）對《新約》的研究完成了重要的工作。勒菲弗也曾在意大利求學，歸而在巴黎執教。為求重光《新約》經文的道義，他直接從事於《新約》希臘原文的研究。這使他對基督及其宗徒原始的教義，有新的創獲，而於路德及其他宗教改革家有重要影響。

英國基督教人文主義者中，領袖羣倫的是柯樂特（John Colet，公元 1519 年卒）。柯樂特為倫敦聖保羅大教堂（St. Paul's Cathedral）的教士會會長，聖保祿學校的首創者，開英國人文教育的風氣。柯樂特人格高尚，廣交遊，而有志於基督教會的改革。在他所交遊的著名人物中，有摩亞爵士（Sir Thomas More，公元 1535 年卒）。摩亞傳世的名著《烏托邦》（*Utopia*）問世於公元 1516 年，表現人文主義者所憧憬的一個理想社會的藍圖。它對後世的社會改革家影響不絕。

伊拉斯默斯

在北地文藝復興時期的基督教人文主義者中，對當時影響尤巨的首推荷蘭著作家伊拉斯默斯（Desiderius Erasmus，公元 1536 年卒）。基督教人文主義者的改革宗旨主要即伊拉斯默斯所釐定，並以其聲望、交遊，及其著作的風行，廣為傳佈。伊拉斯默斯出生鹿特丹（Rotterdam），在德文特的共同生活弟兄會學校受神學和人文學教育，而於巴黎大學完成其學業。他畢生遊遨各邦，在法國、英國、意大利、日耳曼和瑞士，所至為家，與各地的學者交遊。大抵三十歲前，伊拉斯默斯全心灌注於古典著作的研究，這使他對於古典文學與古典拉丁語達於非凡的造詣。事實是伊拉斯默斯所有的著述全部以拉丁文撰寫，古典拉丁語對於他幾乎就是本土語言。他大約在公元 1498 年首次訪問英國，並與柯樂特及摩亞交遊後，乃轉而致力於宗教研究，在他以後的半生中成為主要的工作。

伊拉斯默斯從事宗教研究工作的宗旨，與羅伊希林及戴塔普勒相若，求使基督教恢復基督本人及其宗徒們所教說的原始的淳樸與真誠，而汰去後世所堆積的繁文縟節與虛偽迷信。他視基督教為一種指導日常生活的哲學，而非如中世教會所教說的一組信仰的教條或一套形式的行為。他稱自己的宗教理想為“基督的哲學”，其中頗見共同生活弟兄會和《遵主聖範》的影響。為欲要恢復基督教原始的純粹，自須首先徹底了解《聖經》經文的原義。伊拉斯默斯認為，羅馬天主教會所認可的通用本拉丁文《聖經》不能完全憑信，這不僅因為通用本拉丁文《聖經》只是一種譯本，而且也因為經許多世紀來的輾轉傳抄，在它的文字中遺有不少紕繆。他們完成的一樁偉大工作便是根據所可能獲得的最早的寫本，以校定《聖經・新約》的希臘本原文、於公元1516年印行。這是《新約》第一次以希臘原文印行。保守的教師和神學家們只知依附傳統，墨守通用本《聖經》的權威，或且根本不識希臘文和希伯來文，對於伊拉斯默斯的《新約》和一切新知，自然深閉固拒，不肯接受。

關於教會的思想和行為的改革，伊拉斯默斯相信可以藉傳播知識教說的影響、促進對於“基督的哲學”了解和批評教會的積弊以達成之。在他這方面的著作中，最馳名的有《愚人頌》(*The Praise of Folly*) 和《談天錄》(*Colloquies*)。在他的著作中，伊拉斯默斯嘲笑教士的貪財好利；嘲笑苦修生活、偽善和口是心非；嘲笑經院哲學以及教會的種種愚行與迷信。伊拉斯默斯具有非凡的諷刺才能；他發現諷刺有時比莊重的論辯還更能收摧陷廓清之效。他的拉丁文優美洗練，加以他對於人類與世事的幽默感和親切明智的關注，使他的所有著作都風行當時。伊拉斯默斯認為，基督教和教會的改革已刻不容緩，他決心以全力促其實現。但他所企求的只是和平合理的改革，使世人離去愚昧與迷信，使淳樸的宗教信仰與優美的文化生活相調和，而非狂熱的革命和排除異己的決鬥。因此在路德的宗教改革運動起來後，伊拉斯默斯在致友人書中表示失望和痛心，謂“當我正在與迷信和愚昧作堂堂之戰時，路德莽撞而起，在世間擲下不和的蘋果。”在繼起的充滿敵意狂潮的宗教鬥爭中，伊拉斯默斯看見世間對於他揭發中世的愚行喝采歡呼，而對於他提倡循智慧與理性以為改革之道的主張，卻充耳不聞。基督教人文主義學者為公元第十六世紀的宗教改革運動導其先路，但宗教改革的狂潮既起，歐洲的文藝復興時代終於過渡而為宗教改革時代。

第三十五章

近代前夕的歐洲諸國

迨公元第十五世紀中葉後的六、七十年中，歐洲自中世盛時至近代初期的過渡大體完成。在這期間，歐洲到處可見相似的發展在進行。在強毅而多少專制的君主的治下，得新興的中等階級的輔佐，歐洲多數邦國先後完成了領土的統一。中央政府的權力最後克服了地方封建自為的餘燼。同時領土國家的君主也繼續收奪工商業管制的權力，使中世為地方經濟生活中心的城市的權力，移歸邦國政府行使，從而奠立近世經濟國家主義的基礎。邦國君主地位的強化，也促使他們開始從事向外征服，擴張領土。歐洲近世初期的二、三百年中，有連綿不絕的王朝戰爭，以及邦國之間縱橫捭闔的聯盟和對抗聯盟。最後，這數十年中也見歐洲商業中心因海外新地和新航道的發現，而從近東和地中海區域移向大西洋沿岸。

第一節　西班牙與葡萄牙

西班牙半島

歐洲之從中世過渡至近代，在完成階段的一個典型國家是西班牙。公元第十五世紀中葉前後，西班牙仍是五王國分立。卡斯蒂利亞（Castile）位於半島的中部高原，為五國中最大的一國，領土佔全半島面積百分之六十。亞拉貢（Aragon）和葡萄牙分別位於半島的東西兩側，臨地中海和大西洋，為次大的二國。在半島北邊，跨比利牛斯山兩側，有納瓦拉（Navarre）小王國。在南端，格林納達（Granada）雖疆土日蹙，而屹然猶存，令人想見西班牙一度曾入於回教勢力的治下。於第十五世紀中葉前，西班牙半島諸國對於歐洲歷史的影響微薄。他們因有比利牛斯山橫亙北境，多少與歐洲大陸的本部隔離；他們也尚不知利用大西洋作向外交通貿遷的孔道。長時期來基督教諸國必須不斷與回教勢力作戰，以擴張領土；他們自身間也累起征戰，互相殺伐。但就在第十五世紀中葉後的數十年中，西班牙興起而為歐洲的一個首要國家。為西班牙在新時代中奠定其偉大地位的基礎的，是卡斯蒂利亞與亞拉貢的聯合，從而造成西班牙的統一之局。

卡斯蒂利亞與亞拉貢的聯合

卡斯蒂利亞因長時期與回教勢力戰爭、藉軍事征服以積漸增加領土，這使卡斯蒂利亞人成為一個好戰而篤守傳統宗教的民族。於新大陸發現後，卡斯蒂利亞雖因獨佔海外廣大的市場和貴金屬的出產，而經濟繁榮一時，但它原先是一個以農牧為主的國家，並不富庶。歐洲中世地方封建自為的狀態，也繼續保持。在中央，一個與法國三級議會相似的王家會議（Cortes），則使王權多少受其限制。亞拉貢因瀕地中海，所以商業比卡斯蒂利亞發達。公元第十三、四世紀中，亞拉貢的統治家族又先後領有西西里、馬約卡島（Majorca，即今 Mallorca）及撒丁尼亞諸島，這使亞拉貢於地中海商業中佔得重要地位。亞拉貢有一個比卡斯蒂利亞強大的中央政府，但王權同樣受制於封建貴族和王家議會。

領土的擴張

公元 1469 年，亞拉貢和卡斯蒂利亞的儲君斐迪南（Ferdinand）與伊沙伯拉（Isabella）結為婚姻。數年後，他們分別在各自的國中踐祚，斐迪南於繼位後稱斐迪南二世。其後卡斯蒂利亞和亞拉貢名雖獨立，實際則這兩個西班牙半島最大的王國已入於一個共同政府的治下。卡斯蒂利亞和亞拉貢的力量的結合，使斐迪南（公元 1479—1516 年）和伊沙伯拉（公元 1474—1504 年）可以進行新的領土征服。公元 1492 年是哥倫布（Christopher Columbus）受伊沙伯拉的任使，發現新大陸的一年。同年，卡斯蒂利亞也征服格林納達，從而在半島本土消滅了最後一個獨立的回教國家。同時斐迪南則以其出名的權謀術數，縱橫捭闔於歐洲的國際之間，以增益領土，擴張勢力。他參加意大利戰爭，而於公元 1503 年獲得了那不勒斯王國。公元 1512 年，他又兼併了納瓦拉王國在比利牛斯山南的部分。

中央權力的強化

斐迪南和伊沙伯拉的統治不僅為西班牙開領土統一之局，同時也使國家權力從地方的封建自為，集中於王家政府。他們首先為國家建立一種警察制度，從市民徵募人員組成，稱聖保衛團（Santa Hermandad），以壓制封建的非法妄為，維持社會秩序，和保障民間生命財產的安全。他們繼之剝奪封建貴族與教會騎士團的自主權力，迫使二者服從王權。平民亟願有一個統一而強有力的政府，以代替封建的無政府狀態，他們成為王權的熱烈擁護者。他們貢獻人力和財力，以輔佐王權對封建勢力的鬥爭。斐迪南和伊沙伯拉也進行改革西班牙教會的工作。當時西班牙教會久經封建化，而紀律廢弛。斐迪南和伊沙伯拉從教宗思道四世獲得掄選西班牙教會所有高級教職的權力。他們拔擢品德高尚，信仰正統，而又效忠王家的人士，出任教會的重要職務。這也使西班牙教會成為王權擴張的工具，而於公元第十六世紀的宗教紛爭中，成為羅馬天主教會的干城。西班牙的宗教裁判所（the Inquisition）創立於公元 1478 年，受王權的指使，從事撲滅異端和根除回教餘孽的工作。回教摩爾人（the Moors）和猶太人集體的放逐，更加強國家宗教與民族的統一，只是使工商業蒙受嚴重的損失。最後，裴迪南與伊沙伯拉也開始削除卡斯蒂利亞和亞拉貢的王家議會的權力，不使牽制王權。經斐迪南和伊沙伯拉的經營，繼位的西班牙國王終於在近世初期建立了一個歐洲最集權專制的王國。

葡萄牙

當卡斯蒂利亞和亞拉貢擴張疆土，進行統一西班牙的大業時，葡萄牙王國卻在半島的西部海隅，繼續維持獨立的地位。公元第十五世紀末葉前，葡萄牙在歐洲無足輕重。新航道的發現和東方商業重利的攬有，使葡萄牙的地位一時驟起，備極繁榮。

第二節　英格蘭

玫瑰戰爭

英法百年戰爭於公元 1453 年結束，不過二年，英國又陷入一次累年不休、破壞慘重的內戰，史稱"玫瑰戰爭"（the Wars of the Roses，公元 1455—1485 年）。百年戰爭的結束使英國一時淪於混亂的狀態。戰時在法國駐防和作戰的軍隊現在撤回英國，使英國到處可見無以為生而慣於為非作惡的混人。大貴族們繼續豢養武裝扈從，暴亂時作；他們也常與鄰近的騎士鄉紳結托，後者穿着他們的制服（livery），為他們供馳驅，並受他們的庇蔭。"私黨與庇蔭"（livery and maintenance）之風的滋盛，使國家司法不能正常進行，社會又重返有如封建時期的無政府狀態。亨利六世不僅在對法國的戰爭中失敗，並且也全無力量在國內維持秩序。反之，國王的昏庸暗弱適足以鼓勵強大貴族覬覦朝政，從而造成私家族黨之爭。玫瑰戰爭便因金雀花王朝的兩大支裔約克家（the House of York）與蘭開斯特家（the House of Lancaster）的相爭而起，因為約克家及其黨人佩白玫瑰為識，蘭開斯特家及其黨人佩紅玫瑰為識，故名。戰爭於公元 1455 年因約克公爵理查（Richard of York）舉兵而爆發。當時亨利六世在位，屬蘭開斯特家。公元 1460 年，理查戰死，其子愛德華繼之，於次年擊敗蘭開斯特家的軍隊，入倫敦稱王，是為愛德華四世（Edward Ⅳ，公元 1461—1483 年）。於是蘭開斯特家又轉而領導反抗王家政府的勢力，與約克家為敵。公元 1483 年愛德華四世逝世，其弟理查三世（Richard Ⅲ，公元 1483—1485 年）廢嗣君愛德華五世（Edward Ⅴ）篡位。愛德華當時才十二歲，連同他的幼弟同在獄中被殺。理查三世的暴行，即令在一個於變節、謀殺與背信無義習以為常的時代，也不能為人所容。他篡位才二年已眾叛親離。亨利・都鐸（Henry Tudor）為蘭開斯特家的遠裔，因興兵擊殺理查，取得王位，在英國歷史中開輝煌的都鐸王朝（The House of Tudor）。

玫瑰戰爭所影響於英國人民的，為政治穩定與生活安全的喪失。這次戰爭無所謂主義，也無所謂階級利益，而只是與王室有瓜葛的各大族間的權勢與利祿之爭，最後的目的則在王位。所以一般人民對於雙方的勝負無所用心。但對於舊貴族階級，則這次戰爭的影響深著。它幾乎完全摧毀了舊貴族階級。

因為每一戰役都是舊封建家族喪亡纍纍，而每次勝負的變化，都繼之以大規模的生命財產的收奪。經玫瑰戰爭，英國王權受大封建貴族箝制的時代從此過去。英國封建制度已在繼續沒落之中，這次戰爭使它受到最後的致命打擊。

亨利七世與都鐸王朝

公元1485年亨利七世（Henry Ⅶ，公元1485—1509年）建都鐸王朝，為英國歷史揭開一個新的時代。亨利的繼承王位在法理上缺乏有力的權利憑藉，所以他知道他十分需要人心的歸附，需要做一個普得民望的君主。首先他必須使人民有一個他們所需要的政府。繼長期的戰亂之後，英國民心普遍厭惡內亂和貴族的暴行。他們渴望和平，渴望生命財產的安全和有利於經濟經營的機會。易言之，他們渴望有一個關心人民利益的政府。亨利七世是一位冷靜謹慎、沉默寡言、實事求是的君主。他滿足了國家的這一期望，從而使他自己成為英國歷史中最得眾望的君主之一，使他的王朝成為英國歷史中最得眾望的王朝。在他的治下，英國大體完成了自中世過渡為近世國家的過程。

英國王權的強化

亨利七世所面對的最迫切的工作為國內秩序的恢復。他繼續裁抑殘餘的封建勢力。他的重要設施之一為由王家樞密院設立法庭，史稱"星室法庭"（the Court of Star Chamber），以制止"私黨與庇蔭"的風氣和懲罰貴族干涉司法或暴虐地方的行為。有星室法庭對付強宗巨室，地方法庭乃可充分運用其權力，以有效處理和懲罰一般的罪行。這項工作自然需要假以時日，才能完成。但至亨利七世去世時，英國大體已經是一個有秩序的國家；而在國中，王權至上的地位也已確立。

亨利七世的外交政策

亨利七世的另一項工作為維持對外的和平，並使他的地位為他國君主所承認。在這方面他的其中一項政策為與西班牙結為婚姻之邦。因此亨利七世之造成其儲君亞瑟（Arthur，公元1502年卒）與斐迪南和伊沙伯拉之女亞拉貢公主凱瑟琳（Catherine of Aragon）的婚姻，在英國已屬一項外交的勝利。亞瑟於婚後數月即去世，為使英國與西班牙的親戚關係不致中斷，亨利七世又以教宗的特許，令其次子亨利與新寡的凱瑟琳成婚。都鐸王朝以此而在國內外獲得西班牙朝廷的強有力的支持。由於當時西班牙王室已與奧地利的哈布斯堡家結為姻好，而原屬勃艮第公室的尼德蘭諸省，現在是哈布斯堡家領土，所以亨利七世又因西班牙之故而在尼德蘭獲得重要的通商權利。這使英國商人在西班牙和尼德蘭的口岸都受到優遇。

亨利七世的經濟政策

亨利七世十分重視英國商人的利益。英國商業，尤其羊毛和毛織物貿易，於公元第十五世紀中迅速發達。然於都鐸王朝前，王家政府甚少關顧本國商人。羊毛與毛織物貿易多數由外國商人經營，其中如漢薩商人，在英國口岸常比英國商人享有更多特權。反之，英國商人則因不能得本國政府的強力支持，在他國不能獲享優待。亨利七世在位時，盡力之所及，以改善英國商人在國內的地位。他於繼位之初便在國會制定法律，規定若干類貨物只許由英國水手駕駛的英國船舶營運，以部分保障英國航運業的專利。同時他也開始削奪外國商人在英國所享的特權，使有利於本國商人的競爭。對於繼續在英國享有商業特權的國家，亨利則設法與該國政府締結條約，為英國商人在各該國獲得互惠的權利。在這類條約中最重要的，便是得王朝婚姻關係之助的與西班牙和尼德蘭的商約，使英國商業和羊毛業兼受其惠。要言之，亨利七世的經濟政策已具見近代化的特色。凡他所設施，諸如保護本國工商業以抵制外力競爭，與外國政府締結有利本國商人的商約，經濟管制權自城市移歸國家，以至王權與中等階級密切合作等政策，都將為以後三個世紀的英國政府繼續循行。因此當亨利八世（Henry Ⅷ）於公元 1509 年繼位為英王時，他所繼承的已經是一個和平繁榮的國家和一個強大的王家政府。這個國家和政府已經在多方面登上近代化之途。

第三節　法蘭西與意大利戰爭

英法百年戰爭的勝利，在法國也是王權的勝利。結束百年戰爭的查理七世不是一個偉大的君主，但是他逐走了英國人，從潰滅的邊緣拯救了法國。戰爭在法國民間啟發了民族意識，使人民相信國家的安全唯有依靠國王。貴族巨室在戰時幾乎以他們的貪暴自私毀掉了國家，而三級議會又表現得毫無力量，人民 —— 尤其從事工商業的中等階級 —— 自然希望有一個強有力的王家政府，有效地統治全國。在國王方面，要實現一個有效統治全國的政府，尚有待繼續廢除殘餘的封建采邑，以完成裁抑貴族勢力和統一國家領土的工作。這項工作於查理七世時發軔，到他的繼承者路易十一世（公元 1461—1483 年）和查理八世（Charles Ⅷ，公元 1483—1498 年）先後在位時完成。

路易十一世與勃艮第

在未統一的封建采邑中，以勃艮第公國勢力最大，也最難制。勃艮第公室同屬法國瓦盧瓦王朝的支裔，始於公元 1363 年法王約翰二世以勃艮第公國封建其少子勇武者腓力（Philip the Bold，公元 1363—1404 年）。其後約一個世紀中，勃艮第公室的領土繼續增加，先後以婚姻、收買或武力征服，在法國境外併有法蘭斯康特（Franche-Comté）、盧森堡和富庶的尼德蘭諸邦。繼位的勃艮第諸公中，腓力之子無畏者約翰（公元 1404—1419 年）和約翰之子善良者腓力（公元 1419—1467 年）皆曾在百年戰爭期間與英國聯盟，反對法國王室和阿馬尼亞克集團的勢力。事實上當善良者腓力在位時，勃艮第公爵的地位已與獨立君主無殊。集合於他治下的領土近似《墨爾森條約》（公元 870 年）前的"洛泰爾的王國"，所不足者只是尚缺阿爾薩斯與洛林兩地和一個王號。繼腓力為勃艮第公爵的為其子大膽者查理（Charles the Bold，公元 1467—1477 年）。查理終於據有名爾薩斯和洛林，並決心完全脱離法國，以他的領土建為統一王國。不幸查理真是一個有勇無謀的莽夫，而其敵手法王路易十一世則在歷史中以"蜘蛛國王"（the Spider）見稱。受路易的愚弄，查理不時與瑞士人部眾作戰，結果於公元 1477 年的南錫（Nancy）一役，兵敗身亡。其獨女瑪麗（Mary of Burgundy）與奧地利哈布斯堡家的馬克西米連（Maximilian of Austria）成婚，並在馬克西米連的輔佐下，繼續與法國抗爭。公元 1482 年，瑪麗逝世，馬克西米連乃與路易言和。勃艮第公國併入法國王領；阿爾薩斯與洛林歸還原主，但勃艮第領土的其餘部分則由瑪麗與馬克西米連之子腓力（Philip，

Archduke of Austria）繼承，使哈布斯堡家的領土和實力也為之大增。馬克西米連為其後神聖羅馬皇帝馬克西米連一世。

法國領土統一的完成

歷史中對於路易十一世的性格，褒貶不一。他狡黠，遇事敢作敢為；但也尚迷信、殘酷、奸詐無信。然在法國統一國家的締造上，則他自有其不可及的豐功偉績。當他於公元 1483 年逝世時，法國全境幾乎唯餘布列塔尼公國，尚未被收奪。查理八世以童年繼位，其姊安妮（Anne de Beaujeu）攝政。安妮平息法國最後一次封建貴族的叛亂，並於公元 1491 年以查理八世與布列塔尼的女承繼人結為婚姻，而使布列塔尼與王領合併。經布列塔尼的合併，法國摶為一個統一的領土國家，實際已經完成。

法國王權的強盛

在法國，領土的統一同時也見國家權力的集中和專制王權的勃起。貴族幾乎被削奪了所有傳統的政治權力，而三級議會淪於無足輕重的地位。經百年戰爭，法國國王取得了直接向全國徵收賦稅之權。有此財政收入，國王得以維持王家的常備軍力，非任何封建貴族所能抗衡。新財政力量也使國王得以藉俸祿以利誘貴族，使歸附王家，成為王廷的朝臣和王軍的將吏。為撫綏貴族的政治權力地位的損失，國王聽任他們繼續保持社會的特權和豁免國家賦税的特權。其後，當法國宗教戰爭時期，庸君在位，國家四分五裂，貴族雖又曾起而圖恢復自主，然不過得逞於一時。同時，在法國，中等階級也因國內秩序的恢復和中央政府直接管制國民經濟，而大受其惠。當公元第十五世紀末葉時，法國國家統一，經濟繁榮，國王成為新民族國家的象徵，受普遍的尊崇。

意大利戰爭：法軍首次入侵

查理八世於公元 1492 年親政。又二年，發兵入侵意大利，於是歐洲近世初期的意大利戰爭開始。當公元 1435 年西西里的亞拉貢王室代法國安茹家入主那不勒斯時，因在英法百年戰爭末期，法國無力他顧。安茹家於公元 1480 年絕嗣，領土併入法國王領，時在法王路易十一世在位之際。因此這次查理八世的用兵意大利，在法理上乃要求繼承安茹家對於那不勒斯王國的主權。但同時，這也是一次新統一的民族國家君主向外從事征服的戰爭。意大利富饒文明，因邦國離立而力量消散，不能共禦外侮，成了最理想的侵略目標。就意大利言，則這次戰爭無論查理八世的個人動機為何，也無論對於法國自身的利害得失如何，要之表現了在新統一的民族國家的憑陵下城邦政治的沒落。意大利邦國經這次戰爭而盛況消歇。

在意大利，美第奇家的偉烈者羅倫佐於公元 1492 年逝世。由米蘭、佛羅倫斯和那不勒斯聯合所造成的勢力平衡，不再繼續維持。早在公元 1479 年，米蘭斯福爾扎家的盧多維科（Ludovico Sforza）僭奪其姪米蘭公爵吉安・加萊亞佐（Gian Galeazzo Sforza）的政柄，專制米蘭。吉安・加萊亞佐為那不勒斯阿方索二世（Alfonso II，公元 1494—1495 年）之婿。阿方索於公元 1494 年即位，因其女之請，要求盧多維科歸政於吉安・加萊亞佐；佛羅倫斯的美第奇家復支持阿方索的要求。盧多維科有感於自身地位的孤立，因轉而與法國交好，圖結外援以自重。因此當公元 1494 年查理八世發兵入意大利時，他尚有米蘭的內應。查理於七月發兵，九月越阿爾卑斯西南，於次年二月入那不勒斯首都，首尾不過半年。當法軍南下時，沿途既未遭遇有力的抵抗，也未有真正的爭鬥發生，但那不勒斯易取難守。法軍的野蠻愚魯，使他們在那不勒斯不得民心；而在意大利北部，一個聲勢壯大的反法國同盟迅速結成，與盟者有羅馬教宗、神聖羅馬皇帝、西班牙、威尼斯，以至米蘭。鑒於在那不勒斯處境的困難與後路的危險，查理八世在那不勒斯留置部分守軍後，於當年五月循原道北返；十月，過阿爾卑斯山還法。他在那不勒斯所留置的守軍，不久也為阿方索之子斐迪南二世（Ferdinand II，公元 1495—1496 年）所逐走。

法軍二次入侵

但這次查理八世的南侵，顯見意大利如何容易以武力征服。路易十二世（Louis XII，公元 1498—1515 年）於公元 1498 年繼位為法王，不過一年，便效法查理八世所為，再度對意大利用兵。路易以瓦盧瓦王朝的支裔奧爾良公爵入繼王位，奧爾良家與米蘭維斯康堤家聯姻，於維斯康堤家絕嗣後要求繼承米蘭公國不得，所以與斯福爾扎家積不相容。路易於繼位為法王後，先以甘言厚幣結好威尼斯與教宗亞歷山大六世，以孤立米蘭。公元 1499 年 8 月，法軍入意。盧多維科兵敗，逾年被俘，其後囚死於法國。路易繼之準備進取那不勒斯。當世西班牙亞拉貢王斐迪南二世繼其父約翰兼領西西里王位，那不勒斯王室為亞拉貢王室的世裔，所以路易的行動可能遭遇斐迪南的干涉。路易因也與斐迪南商定，相約瓜分那不勒斯的領土，公元 1501 年，法軍南下。至次年 3 月，那不勒斯全境已為法、西雙方軍隊所分佔。但路易也如查理八世，未能保有征服那不勒斯的成果。因佔領地分配的爭執，法、西南軍間隨即爆發戰爭。迨公元 1504 年初，法軍在那不勒斯的最後據點投降，那不勒斯終為西班牙所據有。

康布雷同盟

有法國在北部佔據米蘭公國，和西班牙在南部佔據那不勒斯王國，意大利的自由已遭受嚴重威脅。但當時其他意大利邦國仍只知自謀，不能團結一致，以禦外敵。在外力的憑陵下，它們殆如飄蓬斷梗，隨外力的進出而聚散離合。繼那不勒斯和米蘭之後，首先身受內外勢力變化之禍的是威尼斯。威尼斯曾因在半島本部擴張領土，而受其他邦國的敵視。法國國王現在以米蘭公爵自居；哈布斯堡家的馬克西米連一世自公元 1493 年始為神聖羅馬皇帝；教宗朱里亞斯二世決心收復教皇國的失土，重振教廷在教皇國全境的權力。他們對威尼斯都有領土要求。公元 1505 年，他們結成康布雷同盟（the League of Cambrai）以共謀威尼斯。稍後，西班牙的斐迪南二世也與盟。於是有康布雷同盟戰爭（公元 1509—1510 年）發生。威尼斯於戰敗之後，盡返其過去所佔的羅馬城市予教宗。公元 1510 年，朱里亞斯二世接受威尼斯的輸誠，退出康布雷同盟，戰爭乃結束。

神聖同盟

康布雷同盟戰爭，在同盟方面，以法國與教廷的軍隊當戰爭之衝。教宗之所欲於威尼斯既已如願以償，法國勢力盤據意大利北部，遂成了教皇國安全的威脅。朱里亞斯二世之接受威尼斯的輸誠，目的之一也在連衡威尼斯，圖使康布雷同盟轉變為反法的同盟，以逐法軍出意大利。新同盟稱“神聖聯盟”

(the Holy League)，於公元 1511 年由教宗、威尼斯與西班牙結成，英王亨利八世、神聖羅馬皇帝馬克西米連一世和瑞士人部眾也繼之加入。聯盟對法軍的戰爭於當年開始，至公元 1513 年初，法軍已次第被迫北撤。路易十二世自公元 1499 年以來在意大利北部的征服所得，結果也都喪失。斯福爾扎家在米蘭復位。佛羅倫斯於公元 1494 年逐美第奇家而成立的共和政府，因曾與法國交結，為聯軍所疾視。公元 1512 年，在聯軍的扶掖下，美第奇家的權力在佛羅倫斯重建。

法軍三次入侵

公元 1515 年，法王路易十二世逝世，法蘭西斯一世（Francis Ⅰ，公元 1515—1547 年）以一血氣方剛的青年繼位。當年，法軍又已越阿爾卑斯山而南，入侵意大利。在馬里尼亞諾（Marignano）的一役，法蘭西斯擊敗瑞士人和米蘭的聯軍，進佔米蘭城。不數月間，米蘭公國再為法軍所征服。這次法蘭西斯的入侵意大利，有另一重要的成果是公元 1516 年他與教宗利奧十世所訂立的《波羅格納宗教協定》（the Concordat of Bologna）。根據這次協定，法蘭西斯重申法國對於教宗的權力尊重，教宗則同意法國國王有權甄選法國教會的高級教士之職。

這樣，從公元 1494 年起的意大利戰爭，時作時輟，其最後的結束需遲至公元 1559 年。意大利因未能自求統一，而受盡蹂躪。但法國的連續用兵於意大利，也一無所成，結果只是為其後兩個多世紀法國與哈布斯堡家的抗爭，導其先路。

第四節　日耳曼與哈布斯堡家

日耳曼政治的分裂

當歐洲其他國家方致力於政治和領土的統一。並樹立強有力的中央政府之際，在日耳曼卻如在意大利一樣，未見相同的進展。神聖羅馬帝國經公元第十三世紀大虛位的危機後再造，但再造的帝國仍不過虛應故事，既無帝國的行政機構與司法組織，也無帝國的財政收入和軍隊。皇帝除了在自己的領地而外，全無統治的實權。帝國有議會（the Imperial Diet），代表邦國君侯與自治城市，但同樣無力使立法有效實施。皇帝馬克西米連一世在位時，曾力圖為帝國從事改革，但成果無幾。至於在其他方面，則公元第十五、六世紀間的日耳曼同樣可見應合時代潮流的進步。當時日耳曼也是工商業興盛，經濟繁榮；它也同樣受意大利文藝復興的影響，藉基督教人文主義運動，表現了強有力的思想精神的復興。甚至在個別的日耳曼邦國內部，同樣可見政治上統一集權與領土擴張的傾向。

奧地利哈布斯堡家

在這期間，日耳曼政治史中最早著的發展為奧地利哈布斯堡家的勃興。自公元 1438 年亞伯特二世當選神聖羅馬皇帝始，帝位繼續由哈布斯堡家蟬聯，幾乎成了這家族的世襲權利。繼亞伯特後先後在位的有腓特烈三世（Frederick III，公元 1440—1493 年）與馬克西米連一世（公元 1493—1519 年）。經馬克西米連的經營，成了歐洲最顯赫的家族。馬克西米連的儀態非凡，曾受良好教育，又嫻習軍事，公元第十五、六世紀間，馬克西米連身預歐洲的歷次國際危機，參加意大利戰爭，然結果全無所獲。他的遊心外騖，多少曾妨礙日耳曼內部統一的進行。但馬克西米連憑藉其才能與幸運，卒使他的家族地位勃起，他的成功所憑藉的主要是幸運的婚姻。

第一樁幸運的婚姻是公元 1477 年馬克西米連自己與勃艮第公主瑪麗的成婚。這次婚姻為哈布斯堡家帶來勃艮第公室的產業，包括勃艮第自治伯國、盧森堡和富庶的尼德蘭諸省。瑪麗早死（公元 1482），她的領土由她和馬克西米連之子腓力繼承。第二樁幸運的婚姻為公元 1496 年腓力與西班牙斐迪南二世和伊沙伯拉之女胡安娜（Joanna）的成婚。公元 1497—1500 年的前後四年間，胡安娜的弱弟、長姊與幼甥，先後夭殂，這使胡安娜成為卡斯蒂利亞與亞拉貢的王位繼承人。公元 1506 年，腓力逝世，胡安娜又犯狂疾，王位的繼承權遂歸他們的六歲幼子查理（Charles）所有。查理從自己祖母的一脈承受了勃艮第公室的產業。當其父腓力逝世時，其外祖母伊沙伯拉已身故兩年。迨公元 1516 年其外祖父斐迪南二世亦謝世，查理終也繼承了西班牙本土的王國，外加亞拉貢所領有的薩丁尼亞、西西里與那不勒斯王國，以及哥倫布與其他航海探險家在美洲新地為卡斯蒂利亞所樹立的領土權利。查理在西班牙稱查理一世（Charles I，公元 1516—1556 年）。公元 1519 年，其祖父馬克西米連又死，這使查理治下的領土又增加了哈布斯堡家在日耳曼的世襲領地，包括奧地利以及毗連的史泰利亞、克恩頓（Carinthia）和卡尼奧拉（Carniola）諸公國與提洛爾伯國。同年，查理又當選為神聖羅馬皇帝，稱查理五世（Charles V，公元 1519—1556 年），這使他享有帝國元首名義上在日耳曼全境與意大利北部的地位和權利。查理五世當時年方十九，但以他所積聚的傳自勃艮第、西班牙、奧地利和神聖羅馬皇帝的領土與尊榮，他以一身統治了歐洲自查理曼帝國解體後迄未曾有的領土如是廣大的"帝國"，使他自己成為近世初期歐洲最偉大的君主。

第五節　新航道與新大陸的發現

當中世晚期，歐洲國家受經濟勢力的推挽，趨向統一，形成中央集權的政治組織之時，它們也受相同勢力的驅使，多方向外尋找新的商道。它們的主要目的是要到海外奇談的富饒的東方。其結果是歐洲歷史中的劃時代的地理大發現，為歐洲近世的海外擴張開闢道路。

歐洲對外地理知識的增進

中世歐洲人對於他們所生存的天地之外的世界，所知甚少。他們所有的知識主要得自古希臘地理學家的著作，這類著作因回教薩拉森學者的傳述而得以部分保存。但回教薩拉森學者保存了古希臘學者和托勒密（Ptolemy，公元第二世紀）的知識，他們同樣也保存了後者的許多錯誤和奇想。如托勒密對於地球體積的計算，比之地球的實在體積便小去不少。古希臘學者的地圖對於新的地理探險有助益，也有妨礙。因為他們對於已知的地域如歐洲、北非、西亞以至印度洋沿岸地方雖有恰當的描寫，但把赤道非洲的部分形容為一片為沸水環繞的灼熱焦土，大西洋為一片無法渡越的黑暗淵海，則使航海者畏憚不前。迨中世盛時，十字軍東征，蒙古人西討，把以往因邦國的林立而阻塞的道路，一一打通。基督教商人與教士又絡繹循陸道東行，於是西方對於世界的知識開始有了新的長進。

馬可・勃羅遊記

在當時東來的人士中，多數係以到達中國為目的。著名的教士有蒙古元定宗（公元 1246—1249 年）在位時東來的意大利方濟各會修士柏郎嘉賓（John of Plano Carpini）、蒙古元憲宗（公元 1251—1259 年）在位時東來的弗蘭德斯方濟各會修士盧布魯克（William of Rubruck）、元世祖時（公元 1260 年—1294 年）東來的意大利方濟各會修士孟高維諾（Giovanni da Montecorvino），以及元順帝（公元 1333—1368 年）時東來的意大利方濟各會修士和德理（Odoric of Pordenone）諸人。但他們在歷史中的聲名與所產生的影響，比之意大利威尼斯商賈勃羅家族（the Polos）則遠不如。勃羅家兄弟尼科洛（Niccolò Polo）與馬費奧（Maffeo Polo）曾在蒙古帝國境內經商，並曾覲見元世祖忽必烈。公元 1271 年他們再度東行，經中央亞細亞至元大都（北平），隨行者中有尼科洛之子馬可（Marco Polo）。他們在元廷受到優厚的接待，年輕的馬可尤其得世祖的寵信，曾屢膺使命去帝國四境。馬可服官於元計首尾十七年，在這期間，他曾遊歷甚多過去歐洲人所從未聞知的地方，行經甚多遲至公元第十九世紀始再有歐洲人步他後塵的道路。公元 1292 年初，勃羅家人因倦於遠遊，離中國西返。這次他們從福建泉州出海，循亞洲東南沿海，過印度，至波斯灣口，然後取陸道北上至黑海邊，再經海道過君士坦丁堡，返意大利。

在意大利，馬可發表他的回憶錄，即著名的《馬可勃羅遊記》（*The Travels of Marco Polo*）。馬可所述的在東方的見聞，在後世雖經證明十分可信，但在當時的西方人讀之，則屬海外奇談。雖然，在當時的西方，只要相信馬可所稱道的東方有部分真實，東方所有的財富已非他們的夢想所及。何況擁有這豐饒的財富的民族愛好和平，不喜戰爭！在貧窮而好戰的歐洲人看來，契丹（即中國）成了難以相信的天富之國，如能抵達，便可有無限的商業巨利可圖，或乃至以武力謀求。加以這時在馬可勃羅的傳述之外，西方也已漸次從其他方面，獲見東方的富饒與對東方貿易的優利。胡椒、肉桂與各種香料來自東方，不特資以調味，亦且在一個不知人工冷藏的時代，為保存食物所必需。絲絹、寶石和若干珍木也來自東方，為教會、宮廷和上流社會所需要與嗜愛。凡此商品大抵皆價格昂貴，而體積重量不大，利潤豐厚。自中世盛時以來，從事此等商品的貿易，已使威尼斯、熱那亞和比薩為之暴富。但意大利商人仍不能與它們的原生產地直接貿易。回教商人獨佔了印度與地中海間的商道，他們在印度與來自中國和南洋的商人貿易，而以貿易所得的商品運至地中海口岸出售，從中攫取了東西商業中最大的利潤。即令不計利潤的多寡，行經中央亞細亞的內陸商道，也不適於供擴張中的商業之用。舊商道不僅運輸困難，運價高昂，而且因不時受政治變化的影響，如公元第十四世紀中元朝的滅亡，蒙古大帝國的解體，與繼之中央亞細亞帖木兒帝國的興起，使商運受阻。是否可以有其他方法自西方通達中國和印度，譬如一條全程的海道，使西方商人得以直接經海上駛抵東方的財富之區？[1]

歐洲尋找新商道的努力

由於希望發現一條直達東方的商道，或從歐洲南航，繞非洲東行，或從歐洲西航，以期最近達於亞洲海岸，葡萄牙、西班牙、法國與英國的航海家們開始步步前進，向從來一無所知的大西洋上，從事探險的航行。約在公元第十二世紀中，西方已因阿拉伯人的中介，知道航海時用發明於中國的羅盤以分辨方向。[2] 但此外尚有兩個因素，使新時代的地理發現事業，成為可能。第一是為文藝復興運動所激發的一種強烈的好奇與冒險犯難的精神的推動；第二是大領土國家政府的支持。歐洲在海外的地理大發現乃繼集權的領土國家的摶成、近代資本主義經濟的興起，與文藝復興運動的發生而至，並非偶然的遇合。再者，新探險事業幾乎完全受大西洋岸的國家支持。這也因為自中世晚期以來，歐洲集權的領土國家最先興起於大西洋岸；而大西洋岸國家的人民因地理位

---

1 明初，中西的陸上交通雖曾一時被阻，但中國的海運仍有重大的發展。明成祖，宣宗時（公元 1403—1435 年），三保太監鄭和七下西洋，遍歷南洋各地，向西抵達非洲的東海岸。可見當公元第十五世紀初葉時，中國已有打通東西大海運的徵兆。其後中國東南沿海因有倭寇之亂，政府禁止人民航海，使海上的發展停頓。迨次世紀中葉後，倭寇平靖，而歐洲已因新航道的發現，從海上長驅東來了。

2 Frederick C. Lane, 'The Economic Meaning of the Invention of the Compass，' *The American Historical Review*, vol. LXVIII no.3, April 1963, pp. 605-617. 該文以經濟的原因，解釋羅盤發明於中國，何以其在航海上的應用在中國未見發達，而必待西傳之後。

置的關係，對於一條直達東方的新航道的需要，也特別感覺殷切。他們不像意大利人已經從商道分霑了東西貿易的利潤，容易滿足現狀。

新航道的發現

葡萄牙位於歐洲西南角，瀕大西洋，於公元第十五世紀中領導沿非洲海岸與鄰近島嶼的探險。他們初期的航海事業大部分得服務於葡萄牙的意大利水手之助。但葡萄牙人能鍥而不捨，他們的一位王室貴胄"航海者"亨利親王（Prince Henry the Navigator）在亞速爾羣島（the Azores）建立永久性的基地，其後在海上過佛德角（Cape Verde）南航，並在幾內亞（Guinea）海岸進行貿易，一部分是奴隸貿易。但遲至亨利逝世二十餘年後（公元1487—1488年），始有第一艘葡萄牙船，在迪亞士（Bartolomeu Dias）的統帶下，到達了非洲的最南端好望角（The Cape of Good Hope），證明從大西洋上可以南向繞道非洲東航。通往印度的航道業已洞開，但尚需待十年後（公元1497—1498年），一支葡萄牙船隊才在達伽馬（Vasco da Gama）的率領下，經新航道始抵印度西海岸的卡利庫特（Calicut）港口，於是新航道的發現完成。

葡萄牙人終於達到了歐洲久所嚮望的目的，他們立即傾全力進行獨佔東方商業的利益。他們首先必須與原來獨佔印度洋上的貿易的回教商人鬥爭。結果葡萄牙人在東方的商業帝國的建立，經歷了一連串可怕的流血和屠殺事件。在葡萄牙總督阿爾布克爾克（Alfonso de Albuquerque）的經略下（公元1509—1515年），回教商人被逐出了印度洋海面，來援的威尼斯人被擊走，葡萄牙人自己則在印度西南的馬拉巴爾（Malabar）海岸和馬來半島（the Malay Peninsula）的馬六甲（Malacca）地方，建立了永久性的商業基地，控制從東印度羣島西運的香料和從中國西運的其他商品的貿易。新商業利市百倍，使葡萄牙一時成為歐洲最富強的國家之一。因為新航道係直達的航道，無轉口之累，所以運費比舊商道的水陸轉運遠為低廉，其所獲的利潤也不需與他國商人分潤。威尼斯不能與新航道的商業競爭，又經康布雷同盟戰爭的打擊，日就衰替，盛況從此不再。

新大陸的發現

當葡萄牙人尚在傍非洲海岸南下，探索新航道之際，其他探險家則試圖橫渡大西洋，西航以直達東方。他們繼續相信古希臘地理學家所作的地球體積的計算，比之地球的實在體積減損殊多。他們也相信若干傳說的大西洋島嶼，於航行途中可藉以為中繼與轉運的基地。北人曾發現美洲之事久經遺忘，所以歐洲人仍不知在歐亞大陸之間尚有另一個大陸縱亙南北。他們自然相信從大西洋一直西航，將屬通達遠東的最便捷之道。因此哥倫布（公元 1506 年卒）的航海計劃，在當時實別無新穎之處。他之與眾不同，而能超邁前人的，也就是他的鍥而不捨的精神。哥倫布是意大利熱那亞人，於公元 1492 年以卡斯蒂利亞女王伊沙伯拉的特命，從西班牙率領艦隊，從事這次劃時代的航行。他堅持繼續西航的方針，不枉道尋覓傳說中的海外仙山，也不因航行前途的渺茫而中途變計。他於 8 月起程，10 月 12 日抵達西印度羣島的巴哈馬羣島（Bahama Islands）。於是歐洲人的又一樁大業成功，一個新大洲重被發現。但哥倫布卻滿懷信心，相信他到達了東方的印度。由於他的錯誤，後世仍沿稱加勒比海（Caribbean Sea）中的島嶼為西印度羣島（West Indies），而稱美洲的土著為印第安人（Indians）。哥倫布先後航行美洲四次，除西印度羣島外，他也曾到達南美與中美禁土的一部分海岸地帶。其他航海家繼踵而至，他們隨即發覺所到達的是一處新地，不是古老的東方。他們中最幸運的是意大利佛羅倫斯人亞美利哥維斯普奇（Amerigo Vespucci，公元 1512 年卒），因為新地，以後就以他的名命名 —— 阿美利加洲（America）。

哥倫布的發現曾使他自己與西班牙都大感失望。因為在他所到之處，未見東方所盛產的金銀、香料或其他奇珍異物。但西班牙人立即在新地進行佔領和征服的工作。對於無助的土著人民，這是一段慘絕人寰的痛史。他們在野蠻的虐使下，因過渡勞動、飢餓與疾病，而大量死亡。西印度羣島的土人於不滿一個世紀中，幾乎死無噍類。西印度羣島以後曾長時期為新世界最具經濟價值的區域，但在發現當時則不能饜尋求暴富的西班牙人之望。要待西班牙人到達墨西哥，他們尋找"黃金國"（西班牙文：El Dorado）的夢想才真正獲得實現。埃爾南・科爾特斯（Hernando Cortes）率領一小隊西班牙兵於公元

1519 年征服墨西哥的阿茲特克（the Aztecs），獲得歐洲人所從未見過的大量貯藏的金銀。十餘年後，另一小隊西班牙人在皮撒羅（Francisco Pizarro）的率領下，又征服了秘魯的印加人（the Incas），巧取豪奪，獲得比在墨西哥所得還多的金銀。金銀之從新大陸輸入西班牙，從西班牙再流通至其他歐洲國家，使歐洲的經濟狀況發生巨大的變化。通貨的流通數量大增，其直接的結果便是物價高漲，因此促成資本積累的加速與封建田莊經濟的破壞。至於西班牙，則得新世界的財富的憑藉，使它一時成了歐洲的首要國家。

西葡的海外競爭

但西班牙政府並未放棄與東方直接交通，以分取東方商業之利的希望。因與葡的海權競爭，而有公元 1493 年的教皇分界線（the Papal Line of Demarcation）和 1494 年西葡兩國所訂的《托迪西拉斯條約》（the Treaty of Tordesillas）的分界線，以劃分兩國在海外的權益範圍。但競爭未就此停息。在葡萄牙方面，它在公元 1500 年在新大陸要求佔巴西為其領土，因為巴西的位置適在托迪西拉斯分界線以東，屬葡萄牙的權益範圍。在西班牙方面，則有公元 1519 年麥哲倫（Ferdinand Magellan）的遠征。麥哲倫為葡萄牙貴族，但供職於西班牙政府。他的這次遠征循南美洲東海岸南下，過南端麥哲倫海峽（Strait of Magellan），入太平洋，目的仍在打通一條西行直達東方的航道。麥哲倫自己雖在航行途中於菲律賓羣島為土人所殺，但有一艘他原來率領的船隻，連同倖存十八名水手，於公元 1522 年返抵西班牙。他們是歷史中最早環航地球一周的人；他們最後掃除了對於地圓說的懷疑。

英國和法國的君主也隨即步西班牙後塵，派遣航海者去新大陸探險，並圖發現一條從東北繞過舊大陸，或從西北繞過新大陸，以抵達東方的航道。他們尋求北方航道的努力，注定必歸於失敗。便是他們在新大陸 —— 主要在北美洲 —— 的殖民事業，也待至公元第十七世紀乃真正開始。（圖五）

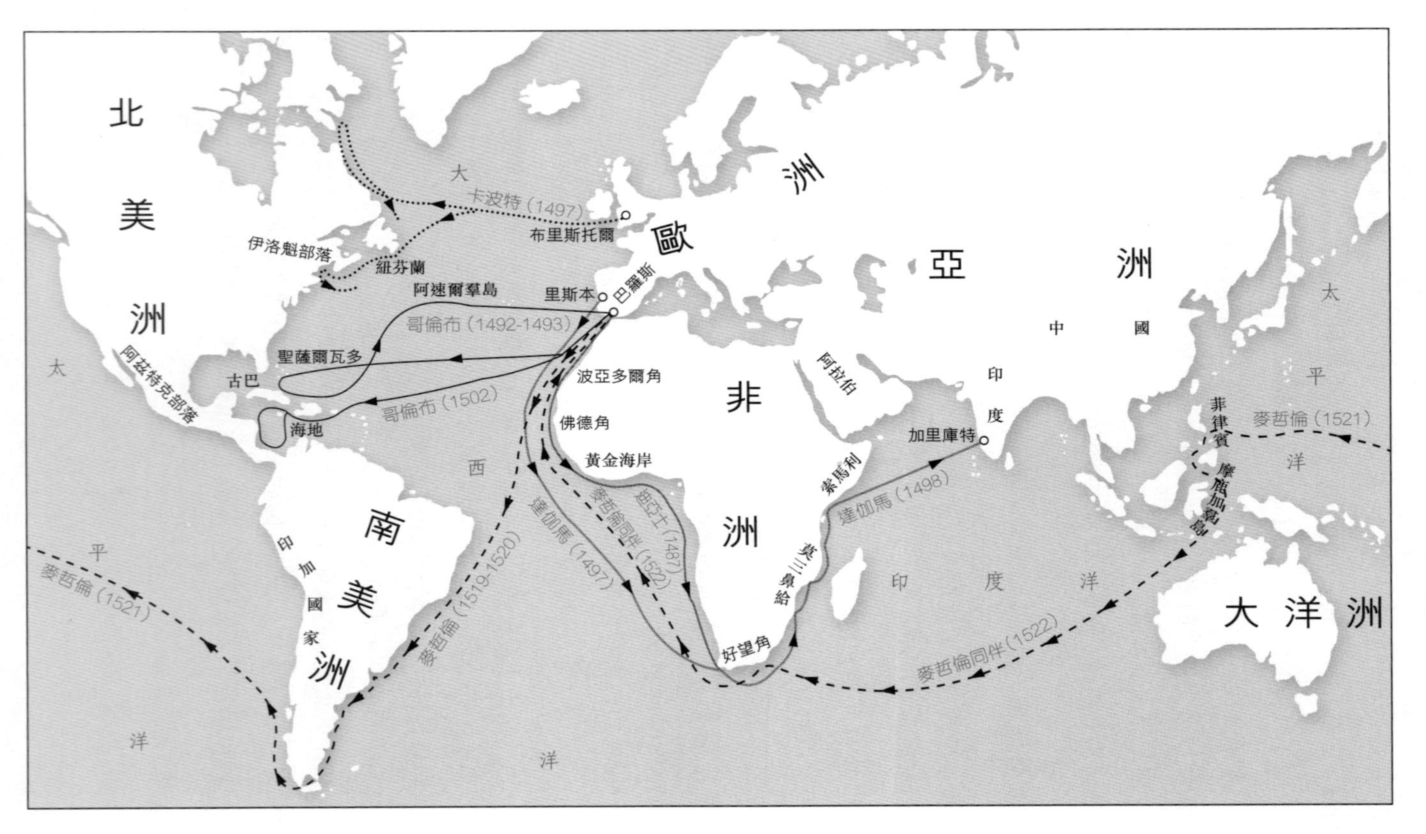
北美洲
歐洲
亞洲
非洲
南美洲
大洋洲
大西洋
印度洋
太平洋
布里斯托爾
卡波特（1497）
紐芬蘭
伊洛魁部落
阿茲特克部落
古巴
海地
聖薩爾瓦多
阿速爾羣島
哥倫布（1492-1493）
哥倫布（1502）
里斯本
巴羅斯
波亞多爾角
佛德角
黃金海岸
迪亞士（1487）
麥哲倫同伴（1522）
達伽馬（1497）
好望角
莫三鼻給
索馬利
達伽馬（1498）
加里庫特
阿拉伯
印度
中國
菲律賓
摩鹿加羣島
麥哲倫（1521）
麥哲倫（1519-1520）
印加國家

圖五　新航路的探索

第七編

歐洲近世初期

迨公元第十六世紀初葉，歐洲之從中世過渡至近代，已接近完成。統一的領土國家已代封建制度而為重要的政治組織形式；資本主義經濟代中世的集體性經濟而興；便是文藝復興運動也已經歷盡盛景，即將繁華事歇。天主教會在形式上繼續保持統一教會地位，但在精神和實質上都已與公元第十二、三世紀支配當世的教會大異。便在第十六世紀初葉，一個新運動——宗教改革運動（The Reformation）——的發生，連中世教會的形式的統一也遭破壞。路德於公元 1517 年在威登堡（Wittenberg）教堂門前揭示他的《九十五點論證》（*The Ninety-Five Theses*）從而發軔了宗教改革運動。又兩年，查理五世膺選神聖羅馬皇帝，哈布斯堡"王朝帝國"的領土積聚完成。公元第十六世紀因此也成了哈布斯堡王朝的極盛時期；而宗教與王朝戰爭，成為近世初期歐洲歷史的強著的一面。近世初期歐洲的國際關係、國家政府形式的演進，以至社會經濟的發展，便在宗教與王朝的紛爭中產生和形成。

第三十六章
宗教改革與新教教會的建立

歐洲經中世晚期的過渡階段，許多主要的中世特徵已日就澌滅。但為中世制度的最大傳統的統一教會，卻在形式上保持未變。經封建制度的解體與統一的領土國家的形成，中世西方基督教世界的統一實際已遭破壞。然而羅馬天主教會仍維持統一教會的體制，教宗仍標榜普遍的精神權力，而教士繼續獨擅救贖世人的法門。宗教改革運動打破了羅馬天主教會的統一，從而也使中世歐洲的最大的傳統，與中世制度的其他部分一樣，最後同歸於盡。

第一節　路德與宗教改革運動

由上了解，當見公元第十六世紀前半的宗教改革運動，其發生並非因任一偶然的事故或單純的原因，如路德的反對贖罪券陋規，而是由時代所有的勢力與變化所促成。

早期的反羅馬教會運動

首先便是西方基督教世界所久已痛感的改革教會陋習的需要。但教會之因其陋習而斂怨於世人，造成世人對於教會的廣大的不滿，在歐洲由來已久；就是反羅馬教會的運動，也非自路德肇始。路德的宗教思想，大體且早見於奧坎、馬西里奧、威克里夫與胡斯諸人的思想。但自亞威農播遷以降，二百年間，反羅馬教會的運動未曾匯為一大革命運動，奧坎諸人的奮鬥亦皆未獲得如路德所得的成功。其所以然，主要當由於時機的未臻成熟。反羅馬教會的領導者缺乏路德所有的追隨的羣眾與護持的勢力。

環境的新變化

例如，在宗教改革的先驅領導者中，威克里夫與胡斯皆曾攻擊教會的聖禮制度，主張所有基督的信徒同是教士。他們的主張為路德所接受。但當路德重作相同的主張時，至少有兩種新變化使他比之前人能獲得更多的同情與支持。一種變化是宗教的，日耳曼與尼德蘭的宗教虔誠運動表章內心的虔敬，企求人與神直接交通，從而於無形中否認了教士的中介地位。另一種變化為社會的，在興盛的城市中，一個欣欣向榮的中等階級以自力起家，他們現在既教育日進，滿懷自信，對於他們的靈魂救贖之須仰賴教士的力量，也日益不滿。類此的反對教會基本信仰的傾向，對於傳統教會的危險，比之任何對於教會陋習的攻擊皆尤過之。同時，崇拜聖徒的風氣也見衰替。

新時代精神的變化也在其他方面使人們對於中世教會的信仰、理想與傳統喪失興趣。中世宗教生活的理想為出世修行，視貧窮、苦行和他世思想為首要的德行。但新社會生活的目的則在生產財富，金錢主義從城市以至流衍於鄉間。事實是迨公元第十六世紀初年，聖方濟各歌頌神貧而使從者如流的時代，久已逝去。務實的工商市民開始視貧窮為社會的罪惡，而非聖潔的德行。在專心致志於現世的事務，重視一己的勞力所得的人看來，苦行與來世思想也全無意義。封建制度亦曾以其普通的階級區分騎士理想與采邑贈受，匡護中世的教會。但至第十六世紀初年時，封建制度在西方久經衰敗，十字軍的時代與精神也早成明日黃花。

基督教人文主義的影響

基督教人文主義則為反對教會的中世傳統的運動，供給思想的根據。基督教人文主義者熱中於古代的研究，鄙視中世的傳統。他們的力主根據原文原義以研究和解釋聖經，為路德攻擊羅馬教會提供最有力的理由。至少在羅馬教會方面，一種流行的觀點認為公元第十六世紀前半對於天主教會的反叛運動，為伊拉斯默斯播的種，而路德收其成。

政治的原因

近世前夕統一的領土國家的形成與民族意識的增長，都是使宗教改革得以底於成功的最直接的勢力。國君與人民對於教宗的財政需索，教宗法庭的干涉國家司法，以至教宗對於其他國家事務的干涉，日益不能耐受。這在英國、日耳曼與斯干的納維亞諸邦為尤然。因為它們的君主未曾獲得如法國與西班牙國王對於國家教會的控制。因此一旦這些邦國的君主有機可乘，使他們得以完全控制各自的邦國內的教會，並得以因籍沒教會的產業和停止對教宗繳納貢賦而獲得巨大的經濟利益，自然為他們所樂願。因缺乏邦國君主和政府的全力支持，公元第十六世紀的反羅馬教會運動仍未必能使歐洲眾多的土地與人民脫離羅馬教會，而自建新基督教會。

馬丁路德

這次宗教改革運動始於日耳曼，其發難者為馬丁路德（公元 1483—1506 年）。路德出生撒克遜農家，父母為人嚴肅勤儉，虔信宗教。他的家境比之一般農家尚稱寬裕，因為他的父母尚能使他自小受良好教育。公元 1501 年，路德入撒克遜艾福（Erfurt）地方的著名大學就讀，當時他年方十八。在艾福，路德的課程雖仍不脫中世大學的窠臼，但他也修讀古典著作，並與人文主義學者交遊。在修畢文科後，路德從父命進修法律，但他旋即改變意向，於公元 1505 年入當地的奧斯定修會修道修士。兩年後他晉為司鐸，並於公元 1508 年移居威登堡地方的奧斯定修會修道院，在撒克遜選侯智者腓特烈（Frederick the Wise ，公元 1463—1525 年）所新創的大學執教。在其後的九年間，路德除一度因事去羅馬外，繼續在威登堡執教和佈道，度平靜的宗教學者生活。但便在這期間，他的思想發生了重大的變化，為他日後的領導反羅馬教會的運動完成精神的準備。

路德的宗教思想

路德之不顧家庭的失望，在艾福入修道院修行，乃由於對死後生命的恐懼，唯恐自己不能有所作為，俾死後值得救贖。在修道院中，路德繼續受同一的恐懼所壓迫。他童年時的家庭環境，使他心中時時有一位嚴厲而執法如山、對於罪惡不稍寬貸的神存在。他也曾接受流行的教會的教訓，相信救贖有賴於善行（好事），包括聖禮、祈禱、持齋，以至苦行。但他雖盡力於善行，至於因過度的苦行而受修道院中長老的規誡，但他仍不能解脫罪人的意識，獲得他將值得救贖的安慰。在聖奧古斯丁的著作中，他讀到唯有注定得蒙聖寵之人始能得救，這使他對於憑己力——善行——得救的信心，更為之動搖。公元 1515 年前後，路德某次讀《新約》保羅書翰的《羅馬書》（*The Epistle to the Romans*），矚及"義人必因信得生"一句，他過去所有的疑問，竟豁然通解。自然這是一句路德平素熟讀的經文，但這次他從中發現了新的意義：行神的正義的人，一定因信神而得救。當然，以人的罪孽之深重，他之能知道信神，已是得自聖寵。但人對神有信心，這是得救的法門。人也當有得救的信心。路德尚需時日以完成他的"因信稱義"（justification by faith）的新信仰。但他終於不得不相信，人的救贖如只憑對神的信心，則所有教會所定的善行，如禁食、朝拜聖地，乃至聖禮本身，皆非必要；誰都不需依賴教宗或其他教士之助，以獲得救贖。

路德反對贖罪券制度

本於他的新信仰，路德對於教會憑善行得救（justification by good works）的制度與措施，遲早將有不滿的表示。結果，最先引起路德作公開表示的，為教宗利奧十世因集款建築羅馬的聖彼得教堂，而推行的一次贖罪券（indulgence）發賣。此在羅馬天主教會名之曰"放大赦"，放大赦在理論上是教會告解聖禮的一個附帶部分。罪人經心中悔過與坦白告罪後，因告解的聖禮而得赦除罪惡。人由此可不再恐懼罪孽與地獄之刑。但人犯罪得赦，對於所犯的罪仍須自作補贖，包括此世的善行與死後煉獄的懲罰。此在天主教會名之曰"暫罰"。大赦不是赦罪，所赦者乃是暫罰。羅馬教會的開始施放大赦，乃在十字軍時期，教宗以聖彼得的繼承者的地位，施放大赦給十字軍將士。其後，一般善行，如朝拜聖地或建築教堂，亦可從教宗獲施大赦。迨亞威農時期，奉獻金錢成為教廷所認可的善行中最通行的方式。同時大赦施予的範圍，也從在世的生者擴及已在煉獄的靈魂。因此當公元第十六世紀初年時，教廷之以發放贖罪券斂錢已行之有年，且成為教廷財政的一大來源。

但在路德看來，則教會的放大赦不僅無用，而且有害，因為它使人信賴他所不當信賴的無用之舉。公元 1517 年 10 月 31 日，路德在威登堡教堂門前公佈了《九十五點論證》，駁難教會施放大赦的理論與行為。路德的始意除表示他的信仰與見解，徵求人們和他論難以外，自必尚有警告國人勿為迷信所愚的用心。他所未曾想到的是這九十五點論證立即在日耳曼引起一個反羅馬教會的怒潮。它們被爭相傳刊，傳佈遐邇。同時贖罪券在日耳曼的銷路，一落千丈。

路德與羅馬教會的決裂

當公元 1517 年時，路德並無意脱離傳統的教會。但在以後的三年中，路德步步被迫走上與羅馬教會決裂之途。這實在是他的論敵——教會傳統的維護者——逼他使然。路德需要與受命來要他撤回言論的教宗使節辯難，需要與教會方面的神學辯難，如公元 1519 年夏在萊比錫（Leipzig）和愛克（Johann Eck）的一次公開辯論。凡此都使他步步引伸他的信仰，達於邏輯的極端的結論。這位威登堡的修士終於違背他的初衷，不得不承認他的信仰在甚多方面與傳統教會所持的信仰不合，不得不承認他不能繼續再留在羅馬教會之中。他從基督教《聖經》獲得他的信念的支持，相信他可以信賴神命的權威，以反抗羅馬教宗的權威。

當時的羅馬教宗為利奧十世，佛羅倫斯美第奇家偉烈者羅倫佐的少子，文藝復興教宗中最偉大的一人。對於北地因路德而起的宗教爭執，利奧起先認為不過修士的口角，不欲過問；其後公元 1519 年的神聖羅馬皇帝選舉又吸引了他的注意，使他遲遲未對路德作決定性的處置。公元 1520 年，路德先後有三種宣傳文字發表。在收攬人心上收得巨大的效果。〈告日耳曼貴族書〉（Address to the Nobility of the German Nation）為對日耳曼民族心的強烈的呼籲，號召日耳曼人反抗羅馬的暴虐。他特別籲告日耳曼君侯，要他們改革日耳曼教會。第二篇文字稱〈論教會的巴比倫俘囚〉（On the Babylonian Captivity of the Church）要旨在闡明路德本人對於聖禮制度與教士制度的見解。第三篇為〈論基督教徒的自由〉（On the Freedom of a Christian），則為他的因信稱義的主張作通俗的淺釋。

瓦姆斯帝國議會

公元 1521 年春，帝國議會在查理五世的主持下，在瓦姆斯集會。路德被召至會中應訊。當時路德在日耳曼已是一個眾望所歸的英雄；他並且係在皇帝的安全通行保障下赴會。但鑒於公元 1415 年康斯坦茨大公會的背信焚死胡斯，路德的赴會自仍需非常的勇氣。在集會的帝國與教會的君侯顯貴之前，路德拒絕撤回他的言論，或放棄他的信念。他在赴會前已遭教宗革出教會的處分，現在帝國議會又宣告將他逐出法外。路德在歸途為智者腓特烈送往瓦特堡（Wartburg）一處隱僻的堡壘藏匿。在其後的一年中，路德利用隱居的時間，譯基督教《聖經・新約》為日耳曼語。因為他既須藉《聖經》的權威以反對教會傳統的權威，則使《聖經》普及於民間，俾一般日耳曼人獲讀《聖經》，自屬當務之急。他翻譯《舊約》為期較晚，遲至公元 1532 年始告完成。路德的日耳曼語《聖經》在日耳曼歷史中的影響之大，難以言喻。在當時的宗教改革運動中，它是打擊羅馬教會的最有力的武器。而在奠定近代日耳曼語文的標準上，其關係的重要，與但丁神曲之於近代意大利語文的關係無殊。

路德派新教的組織

在瓦特堡的安靜的一年，結果成為路德改革教會運動的一個重要的轉捩點。在此以前他是一個反抗教會權威的倔強的叛徒，標榜個人良心的自由。反之，在他於公元 1522 年春回至威登堡後，路德不僅積極進行組織自己的教會，亦且日益成為一個保守的既成權威的維護者。他首先改正追隨他的急進人士當他不在時所作的極端的措施，然後在盡可能的保守的基礎之上，進行組織一個新的教會。結果，最後形成的路德教派（Lutheranism）保留了一大部分舊天主教的教義與習慣。自然，新教會仍有不少十分重要的變化。因為路德否認有關善行的教義，從而也否認聖禮與教士制度的效力，所以除洗禮與聖餐禮外，舊天主教會的聖禮一概廢棄。便是洗禮與聖餐禮，也喪失了它們在原來的善行制度之中所有的神秘意義。聖地巡禮、禁食、聖徒與聖物崇拜，以及其他本於善行教義的風習，也遭廢棄。教士不再是一個特殊階級，不再具有執行聖禮的非常權力。他們被容許結婚，過常人的生活；所有的修道團體則一律解散。過去分隔教俗兩界的藩籬，從而打破。最後，教會除有關信仰的事項外，完全受邦國政府的管轄；它的監督（Superintendents）代替天主教會的主教的地位，但實際等於邦國政府的官吏。

路德教派與基督教人文主義者

路德自行組織獨立的教會，使他喪失一部分起初同情的人士的支持，其中包括基督教人文主義者。基督教人文主義者如伊拉斯默默斯，曾贊助路德改革教會的要求，結果卻因路德行動的激烈和主張的獨斷，而與路德分道。當他們必須作去從的抉擇時，他們多數仍回返舊教。伊拉斯默默斯因他和平改革的希望破滅，懊喪之極；他也不能同意路德完全否認個人有自求得救的自由意志或能力。人文主義者和路德的決裂，對於新教會是嚴重的損失。它使新教會喪失開明與中和精神的調劑，從而在甚多方面更加保守，更加獨斷。

路德教派與農民階級

路德教派隨即又喪失了一大部分農民和城市勞工的支持，他們因路德對公元1524—1525年蠭起於日耳曼的社會革命缺乏同情，而脫離路德的領導。這次日耳曼的社會革命，史稱"農民戰爭"（the Peasants' War），為一向被壓迫的農民的一次普遍起事，到處有不滿現狀的城市勞工參加。他們要求正義，要求解除沉重的經濟與社會壓迫。當中世晚期，類似的騷動在歐洲各地時時發生，但大抵波及有限的地域，或侵擾有限的個別的領主。公元1524—1525年的起事之所以形成普遍激烈的叛變，主要是路德的影響所致。因為起事者在路德所稱《聖經》是唯一真正的權威主張中，發現了叛變的正當理由和社會改革的藍圖，使日耳曼境內各種不滿現狀的成分能匯合為一共同的運動。他們夢想恢復《新約》時代基督徒團體的社會生活。這次叛變蔓延最烈的地域，為日耳曼中部和南部，一時舊秩序受到了嚴重的威脅。路德對於這次羣眾反抗俗界既成秩序的叛變，大感震驚。因為不僅叛變的農民意圖顛覆現存的政治社會秩序，非路德所欲，而且農民的行動將使日耳曼民族分裂，從而威脅到他所領導的反羅馬運動。當農民拒絕聽從路德的勸告，繼續暴動時，路德就大聲疾呼，力促日耳曼君侯從速撲滅這些"成羣結隊殺人越貨的蚩氓"，"不論用擊殺、絞殺或刺殺，公開的或秘密的”。這次叛變最後以可怕的斬刈屠殺平定。農民和城市手工匠人淪入比以前更悲慘的貧苦困境，他們也不再指望路德作他們絕望中的救星。

極端教派

大量農民與手工匠人加入各種小獨立教派，它們既不屬羅馬天主教會，也不屬路德派教會。路德在反抗天主教會時，曾力説個人有本於一己的理性與良知以解釋《聖經》和宗教的自由權利。其後路德派教會雖在得勝的邦國成為國家教會，並且開始迫害異己，但路德的反叛舊統一教會的權威及其成功，已經為新教樹立一個彰著的榜樣。這使新教至少在理論上繼續承認信仰的最後裁判乃個人的理性與良知，而非如天主教會所主張的一個傳統的統一教會的權威。其結果使新教從產生以來，便不斷分化，枝派繁生。無論在天主教或新教國家，繼續有新教徒反對國家教會，建立反國家教會的教派。

在日耳曼，形形色色的小教派名目孔多。它們教義不同，道德與社會觀念各異，但也仍有少數共同之點，為它們共有的標識。第一，它們多數否認嬰兒受洗的效力，主張信徒重受洗禮，所以它們通常被泛稱為“重洗派”(Anabaptists)。第二，它們的信徒大多來自被壓迫的社會底層階級，知識淺陋，但宗教心深摯；他們拒不服從國家教會，有時至於拒不服從國家。第三，它們堅持《聖經》的字面意義，企求恢復原始基督教的淳樸與社會生活的平等。第四，它們到處遭受殘酷的迫害，在天主教或新教國家皆然。但它們歷經患難，而卻繼續存在。它們成為後世浸信會(the Baptists)、門諾會(the Mennonites)、莫拉維亞弟兄會(the Moravian Brethren)，以及若干其他極端派的前身。

路德教派的傳佈

路德派教會雖喪失人文主義者、農民與城市勞工的擁戴，但它在許多日耳曼邦國與自治城市中獲得中上等階級的歸附。當路德在生時，日耳曼有一半已正式接受他的教會。君侯們發現路德派教會為政府的有效的支持力量；而城市中等階級，則因路德要人各安本業，善盡厥職，發現路德派的社會道德理想比之中世教會所表揚的更投合他們的旨趣。路德派教會的勝利，就其歷史意義視之，一方面表現了民族和領土國家對於統一教會的勝利，但同時也是一種俗世的市民階級的新道德觀念。對於中世宗教的和封建理想的勝利。好公民，一個虔心信神的俗人，誠實、勤勞、節儉的好丈夫和好父親，現在代替苦行的修士和獻身聖戰的騎士，而成為理想的基督徒的儀型。

日耳曼的宗教戰爭

路德教派既在許多日耳曼邦國中建為國家教會，這些邦國的君侯因此主張他們有權決定各自的邦國的宗教。公元1529年，帝國議會在施派爾（Speyer）地方集會，會中承皇帝在查理五世的意旨，成立決議否認邦國君侯的此項權利。路德派君侯因提出正式“抗議”，拒絕議會的決定。他們以此被稱為“抗議者”（Protestants），而“抗議者”一名，從此成為非天主教的新教徒的通稱。施派爾會議後，新教與舊教雙方隨即分別組織聯盟，而日耳曼遂形成兩個敵對的武裝陣營。查理五世亟願恢復帝國的宗教的統一，但直至公元1546年前，他為哈布斯堡王朝的叢集要務所縈身，未能集中力量以壓制日耳曼境內的異端。當他於1546年發兵討伐新教聯盟時，他發現已經為時過晚。他雖在戰爭初期數獲勝利，但新教這時既經根深蒂固，再也無望徹底摧毀。最後查理不得不接受妥協，同意日耳曼君侯在各自的邦國有決定宗教的自由，接受羅馬天主教會或路德派教會。這是公元1555年以帝國議會法令（Recess）的形式公佈的所謂《奧古斯堡國家及宗教和約》（簡稱《奧古斯堡和約》，the Peace of Augsburg），暫時中止了日耳曼的宗教鬥爭。

路德教派在日耳曼境外的傳佈

當《奧古斯堡和約》成立時，日耳曼北半部殆已為路德派教會所奄有。同時，路德派教會更北向傳入斯干的納維亞諸國。挪威、丹麥與瑞典的宗教改革，大體循日耳曼邦國的途轍，君主領導改革，建立受國家直接管轄的國家教會。

路德宗教運動中的民族成分，使路德派教會未能在日耳曼與斯干的納維亞諸國以外，廣為傳播。除英國的情形特殊外，所有其他歐洲國家的新教徒，如在瑞士、法國、尼德蘭或蘇格蘭等地所見，皆不追隨路德，而追隨薩文黎

(Ulrich Zwingli，公元 1531 年卒）和喀爾文（John Calvin，公元 1564 年卒）的領導。他們所建的新教教會稱“改正教會”（The Reformed Churches），與路德派教會有別。但宗教改革運動之自日耳曼傳播於歐洲其他區域，路德的影響及其感召自然仍是十分重要的。

第二節　喀爾文與宗教改革運動

瑞士聯邦

瑞士聯邦位於日耳曼之南，與日耳曼有密切的歷史傳統、語言與商業連繫。瑞士地方，當日耳曼人大入侵時期，曾為阿拉曼人與勃艮第人所佔住。因為地處歐洲之中，所以許多世紀來，瑞士不斷因四周強鄰勢力的變化，而隨之離合變化。公元第十一世紀前半，瑞士全境入於神聖羅馬帝國的封域。在其後的兩百年中，瑞士舊有的封建統治家族逐漸為哈布斯堡家和薩伏衣爾家兩大強宗所兼併。瑞士之有地方聯盟，歷史上所知道的始於公元 1291 年，便是因反抗哈布斯堡家的侵佔而組成。當時以聯盟互保的有三州，它們成為瑞士聯邦形成的核心。迨公元第十四世紀中，加入聯邦的城邑增加，聯邦的聲勢始大。公元第十五世紀為瑞士以軍威見稱於歐洲的時期，強壯結實的瑞士步兵成為當時歐洲最上乘的軍隊。他們於公元 1477 年大敗勃艮第公爵大膽者查理，使後者軍覆身亡。他們曾於公元 1499 年挫敗神聖羅馬皇帝馬克西米連一世的軍隊。瑞士傭兵並四出受僱於他國君主和政府，轉戰四方。當公元 1513 年時，瑞士聯邦有十三州，其後州的數目雖續有增加，但這時聯邦的疆域已大體完成。瑞士聯邦於公元 1648 年始獲國際承認，脫離神聖羅馬帝國而為一個獨立國家。但自公元第十三世紀末葉始，經過約五個世紀的對哈布斯堡家的抗爭，屢敗奧地利軍隊，瑞士實際早經解脫哈布斯堡家的羈絆。當公元第十五世紀中，哈布斯堡家繼有神聖羅馬帝國帝位，曾數圖恢復，都未獲成功。迨公元 1499 年馬克西米連一世兵敗，瑞士聯邦更形同獨立，唯在形式上尚屬於神聖羅馬帝國的建置。同時聯邦也逐步排除薩伏衣爾家的勢力。

當公元第十五、六世紀間，瑞士聯邦的十三州不僅已獲得獨立的地位，而且還維持一種在當時歐洲最自由民主的生活。同時，受意大利越阿爾卑斯山而北通往日耳曼的商業之賜，城市商人也日益富有。北部城市如蘇黎世、巴塞爾、伯恩，並都成為北地基督教人文主義運動的中心。伊拉斯默斯晚年便常居巴塞爾，他所手校的希臘文本《新約》，也先在巴塞爾印行。在這樣一個心智活躍的自由的環境中，薩文黎和喀爾文先後領導了一個新宗教運動，使瑞士成為公元第十六世紀歐洲宗教改革運動的首要中心之一。

薩文黎與宗教改革

薩文黎出生瑞士，曾受良好教育，於路德前一年（公元 1506 年）為天主教會晉為司鐸。唯當路德方為靈魂救贖的問題困擾苦惱之際，薩文黎卻熱心於古典文字的研讀。他是一個十足的人文主義學者，為伊拉斯默斯的熱心企慕者。亦即因伊拉斯默斯與米蘭多拉的影響，薩文黎乃專心致志於基督教《聖經》與初斯教會大師著作的研究，並開始批評天主教教義。

公元 1519 年，薩文黎在蘇黎世，當時他和早數年的路德一樣，也已在精神上完成了一次新的宗教思想的變化。同時他也開始閱讀路德攻擊羅馬教會的文字。在他當年的佈道中，已顯見公開反對羅馬教會的立場，成為一個宗教改革運動者。他逐漸贏得蘇黎世市議會與大多數人民的支持。迨公元 1525 年，蘇黎世事實上已是一個新教區域，在教會組織與教義及儀式上都已脫離羅馬教會。蘇黎世的改正教會在甚多方面與路德派教會相似。薩文黎也如路德奉基督教《聖經》為信仰的唯一權威，只是他解釋的《聖經》比之路德更加邏輯，也更重理知。路德雖否認天主教會彌撒禮中的變體之說，但主張所謂"聖體實在"（the real presence），謂聖餐禮中的麵餅和酒有基督的真體真血，而薩文黎主張聖餐禮不過是象徵性的紀念儀式。路德與薩文黎兩派新教之終於分道揚鑣，不能合流，這是主要的原因。此外，比之路德，薩文黎也更少神秘的宗教感情，更務實，更重理性；他繼續相信伊拉斯默斯視宗教為日常人生的哲學指導的主張。

從蘇黎世，改革運動傳播至瑞士其他城邑，乃至越瑞士境，傳入斯特拉斯堡與其他萊茵河上游的日耳曼城市。在瑞士，改革運動受商業發達的城市州的歡迎，但遭保守的森林州（或農業州）所擯拒。有五個森林州繼續效忠於羅馬。公元 1529 年，它們與奧地利結為聯盟，反對宗教改革。於是在瑞士首先發生了宗教戰爭（公元 1531 年）。結果蘇黎世兵敗，薩文黎遇害，結束這次戰爭的《卡珀爾和約》（the Peace of Cappel）承認各州有自由決定各自的宗教信仰之權。但新教方面仍因薩文黎的遇害而受到嚴重的損失。迨喀爾文至瑞士，瑞士的宗教改革才再獲得一位偉大的領袖，從而也進入一個新的階段。

喀爾文

喀爾文，法國人，出生於中等階級的小康之家。他曾受良好教育，肄習法律。在巴黎大學及奧爾良與布爾日兩地的法律學院完成學業。在巴黎大學時，喀爾文並曾接受嚴格的古典文學的訓練，這使他成為卓越的拉丁散文作家；但更重要的，他也是同時代最卓越的法語散文作家之一。他所受的法學訓練對他也影響深著，使他的思想具有明顯的尚法傾向。喀爾文於學業完成後，便因閱讀伊拉斯默斯與路德的著作，接受了宗教改革的思想。因為在法國處境困難，他於公元 1534 年避地至瑞士的巴塞爾，在那裏開始從事他的劃時代的神學著作。

喀爾文的宗教思想

喀爾文的《基督教原理》（*Institutes of the Christian Religion*）一書，初刊於公元 1536 年，其後數經修訂再版，並經喀爾文自己從拉丁文原著翻譯為法語。完成的《基督教原理》包含通常稱為喀爾文教派（Calvinism）的全部神學與道德學說綱領。其說理的清晰、辭氣的明確，使它成為公元第十六世紀中基督新教四向傳播的最有效的力量。論基本教義，喀爾文派新教大多承襲路德，未見多少特殊的創見，然其全部精神則與路德教派大異。喀爾文也如薩文黎，在思想上比之路德更加有邏輯性，也更貫通一致。其次，他們都相信人不能憑善行得救。但路德力說憑信得救，視信仰基督為人獲得救贖的大道；喀爾文則更多表彰神的尊嚴與權力。神注定有些人得救，其餘的人永墮地獄。再者，喀爾文教義比之路德的也更加嚴峻，這在喀爾文的道德教訓與為政立法上可見。喀爾文認為，以法律的力量使人民為善，乃教會與國家的責任。

喀爾文要求嚴格的道德生活，是他的全部學說中影響喀爾文新教社會最彰著的部分，也是在邏輯上顯然矛盾的部分。如果一個人的命運早經前定，則他個人的作為有何意義？但喀爾文的道德主張雖在邏輯上與其定命之說相矛盾，然在信徒的心理上卻屬必要。依喀爾文的教義，無人能確知自己將獲救贖，亦無人能本於一己的意志的作為以改變神的永恆的命令，然則喀爾文派教徒似將永久生活於前途莫測的恐懼之中。但事實不然。因為喀爾文使他的信徒相信，凡得神的寵選而將得救的人，至少必是維持嚴格的道德生活之人。嚴格的道德生活固不足以證明一個人的得蒙寵選，但邪惡的生活則必然證明這人的不蒙寵選。因此個人至少可從嚴格的道德生活獲得部分的得救信念，而邪惡的生活必須克制清除。這樣，喀爾文派教徒相信一切皆神所前定，相信人力不能改變任何注定的結果，卻成了最有自信，也最熱切要使世人洗心革面之人。再者，喀爾文及其信徒所表彰的神與道德的觀念，本於聖經《舊約》的成分，多於《新約》。道德律便是法律，如耶和華在西奈山上授予摩西的《十誡》即是。因此喀爾文新教的執政者與牧師在民間厲行道德律，管教信徒的生活，他們真是覺得自己是在實行神的意志。

喀爾文教派在瑞士的勝利

喀爾文理論的見諸實行最早在日內瓦（Geneva），瑞士西南邊境一個用法語的城市。喀爾文於公元 1536 年初次蒞臨日內瓦，當時該地尚未屬瑞士聯邦的一州，而該地人民方在進行抵制薩伏衣爾家的主教與封建領主的鬥爭。這場鬥爭的動機是反對薩伏衣爾家的統治，但因為主教是薩伏衣爾家人，所以也成了一場反對教會的鬥爭，成了宗教改革運動。新教領袖法瑞爾（Guillaume Farel）鑒於所面臨的任務艱巨，要求喀爾文留日內瓦協助工作。其後有三年，喀爾文與法瑞爾在日內瓦致力於新教會的組織。他們嚴厲峻急的改革，曾在日內瓦一度引起強烈的反動，使他們於公元 1538 年被逐。公元 1541 年，喀爾文因日內瓦人民之請，重返日內瓦。其後以迄於公元 1564 年喀爾文去世，他是日內瓦的實際統治者。在喀爾文所協助建立的制度之下，日內瓦成了一個厲行道德律的神政共和國。

喀爾文新教的傳佈

喀爾文新教從瑞士傳佈於歐洲其他國家。在日耳曼南部，它雖在若干區域取路德教派的地位而代之，但主要是傳佈於路德教派未曾建立穩固地位的區域。同時期法國的宗教改革運動，因喀爾文的影響而完全成了喀爾文教派的運動。在其他歐洲國家，改正教會的組織及其與國家的關係，因地而異，但隨處皆可見喀爾文的道德意識與嚴肅精神的影響。至於喀爾文教派或改正教會在法國、尼德蘭、波希米亞與蘇格蘭的偉大時代，乃至對於其他教會——如英格蘭教會——發生廣大影響的時代，需俟至公元第十六世紀後半。

第三節　英國與羅馬教會的決裂

在英國的宗教改革運動中，同樣可見在歐洲大陸國家促成宗教改革的種種原因，但其間的輕重關係不同。在英國，宗教改革運動初起，民族、政治與經濟的原因，比之宗教更為重要。當亨利八世在位時，他所完成的，無非將英國教會的管轄權與財產收益，從羅馬教宗移轉於國王。迨亨利八世死後，英國教會才多少真正走上新教的途徑。

英國的反羅馬傾向

亨利八世為英國歷史中的典型的專制君主。英國之與羅馬教廷決裂便是他一手所造成。但亨利可以使英國與羅馬決裂，卻不能無其他憑藉，遽爾強迫英國人民背棄羅馬。事實是自公元第十四世紀以降，英國內部反對教宗干涉國政的傾向，日益強著。教宗的財政需索與教宗之以教會顯職授予近倖的弊風，在英國比之在他國尤為加厲。在英國，教會與修道院的富有，加以教士階級道德的墮落，也使舊教會不得人望。英國並曾發生威克里夫的反羅馬運動，他的信徒羅拉德教派（the Lollards）表面雖已消滅，但威克里夫的思想繼續流傳。在英國，基督教人文主義者同樣為宗教改革運動開闢道路。柯樂特、摩亞，與其他伊拉斯默斯在英國的同道，雖多數仍不失為忠實的天主教徒，有人如摩亞甚至為天主教而以身殉道，但他們使一種新基督教理想與一種改革教會既有陋習的觀念，普及於一般受教育人士。同時，路德教派也經商人與遊方學子從日耳曼傳入英國，流行於城市的中等階級。這樣才使亨利八世一旦公開背棄羅馬教會，能在英國國內獲得廣大的擁護。

亨利八世與羅馬教會的決裂

亨利八世曾於公元1521年撰《七聖禮讚》(*The Defence of the Seven Sacraments*),維護天主教會的聖禮制度,駁斥路德。這使他從教宗獲授"護法"(Defender of the Faith)的榮稱。當時亨利在位已十二年,可見當歐洲宗教改革運動初起,亨利乃維護傳統教會而與反羅馬的運動為敵。他的輔弼(Lord Chancellor)樞機主教吳爾西(Thomas Wolsey,公元1530年卒)不僅是教宗使節,而且得亨利的支持,有志於問鼎教宗寶座。最後導使亨利走上與羅馬教會決裂之途的,是他個人的婚姻問題。

亨利於繼位當年(公元1509年)與其寡嫂亞拉貢公主凱瑟琳成婚。凱瑟琳曾為他生育多次,但除一女瑪麗(Mary)外,餘皆夭殤。公元1518年後凱瑟琳不再生育,當已逾生育年齡,而亨利仍願有一男性繼承人,以保全都鐸王朝。公元1527年,亨利要求與凱瑟琳離婚。可能他真是憂慮他與凱瑟琳的婚姻不當,他們所生的子女多夭殤乃出自神譴;可能他單純因為求子心切;也可能他亟圖與宮中一位年輕貌美而綽有風情的貴姝安妮・寶琳(Anne Boleyn)結婚;自然更可能由於這些多方面的原因,使他決心出此一着。因為他與凱瑟琳結婚當時曾得教宗的特許,所以亨利命令吳爾西設法從教宗克勉七世(Clement Ⅶ,公元1523—1534年)處獲得離婚的許可,或由教宗宣告他們的婚姻無效。公元1527年是皇帝查理五世的軍隊大掠羅馬之年,教宗受制於查理的掌握之下,而凱瑟琳乃查理的姨母。克勉自然不能於此時有所不利於凱瑟琳,至惹起查理五世之怒。他只能以延宕應付亨利八世。吳爾西因為外交的失敗與平時的驕矜攬權,已開始為亨利所不喜。這次對教廷的交涉久久無成,決定了他最後的失敗。公元1529年,亨利召集國會,這在英國歷史中稱"宗教改革國會"(The Reformation Parliament)。這時吳爾西被奪去一切政府的職位。同時,國會以立法的形式,開始削減教士的特權與教宗的權力。公元1533年,一位新坎特伯雷大主教克蘭瑪(Thomas Cranmer,公元1556年卒)終於判決亨利與凱瑟琳的婚姻無效,宣佈亨利與安妮・寶琳結婚為夫婦。

英格蘭教會的建立

英國國會於公元 1534 年採取最後步驟，以建立英國國家教會的完全獨立的地位。這時英國與羅馬教廷斷絕了一切關係，而根據當年國會所制定的"王權至尊法"（The Act of Supremacy），國王為英國教會的"元首"。這樣又一個王國脱離了舊統一教會，為民族國家對於統一教會的又一重大的勝利。在英國，這次改革未曾遭遇任何有力的抵抗，因為對於一大部分英國人，這是一樁投合眾望之舉。此外，這次改革建立英格蘭教會（the Anglican Church）。然除以王權代替教宗的權力，並使教士喪失其特殊的法律地位外，並未在教會的形式或組織上造成多大變化，因此也不使人有突兀之感或適應的困難。最劇烈的變化為分批解散修道院和籍沒它們的產業，但在這兩項措施上，亨利獲得國會的全力支持。

在法定的教義方面的改變，比之教會組織的改變尤少。亨利八世仍極力維護傳統的正宗教義。有少數誠摯的天主教徒如摩亞，雖曾因拒絕承認國王為教會元首而遭處死，然多數因信仰而殉身的是新教徒。大抵除英語本《聖經》現在可合法使用，以及宗教儀式上有若干改變外，所有天主教信仰的主要部分仍繼續保持。公元 1539 年，亨利八世又經國會以立法的形式，制定《六點條例》（Six Articles），規定英格蘭教會的信仰。其內容與精神完全不脱傳統天主教的矩矱。但英國既在政治上與天主教會決裂，則在英國國內，批評與責難天主教教義自必日益加厲。無論亨利八世如何力圖維護傳統的正宗教義，路德教派與喀爾文教派的主張，仍在英國迅速傳播。

愛德華六世

亨利八世於公元 1547 年逝世，繼其位的為其子愛德華六世[1]（Edward VI，公元 1547—1553 年），年方十歲。母舅護國公森瑪撒公爵（Duke of Somerset，Lord Protector）攝政。在其後的六年中，英國教會再經改革，乃逐步演變為一新教的教會。亨利八世壓制新教的政策撤銷。公元 1549 年，國會制定《崇

1 愛德華六世為珍・西摩（Jane Seymour）所出。安妮・寶琳於公元 1536 年為亨利八世處死，同年，亨利與珍成婚。

拜禮儀統一法》(The Act of Uniformity),在英國教堂強制行使新禱告書,即著名的《通用禱告書初編》(*The First Book of Common Prayer*)。《通用禱告書》主要屬大主教克蘭瑪的手筆,以壯美的韻律與雄渾的行文,迄今仍為英國教會文學的瑰寶。公元 1551 年,克蘭瑪又以愛德華的名義,公佈《四十二點條例》(The Forty-Two Articles),定為英國教會的法定信條;次年,《通用禱告書》也再經修改,製為新編,使英國教會更易為急進的新教徒所接受。這樣,《四十二點條例》與《通用禱告書新編》其後即成為英格蘭新教的教義與儀式的基礎。但大體言之,則無論《四十二點條例》或《通用禱告書新編》,皆內容寬泛,使保守而接近天主教的教徒,與路德派或喀爾文派的教徒,都能接受遵行。當愛德華六世在位時,英國離宗教統一的路途尚遠,政府所完成的只是外觀形式上的改變。而由於愛德華早逝,甚至這種外觀形式上的改變,也一時曾遭裁抑。繼位的都鐸王朝的瑪麗女王(Mary I,公元 1553—1558 年)使英國一度又重返天主教的治下。迨公元 1558 年瑪麗去世,伊利沙伯女王一世(Elizabeth Ⅰ)繼位,英國才從此為一個新教國家。

第三十七章
羅馬天主教會的改革

在路德揭示其《九十五點論證》後約半個世紀，不僅三大新教教會——路德派教會、喀爾文派教會與英格蘭教會——已穩固建立，而且新教在各方面尚在繼續擴張。日耳曼和瑞士的大半、斯干的納維亞諸國、英格蘭與蘇格蘭，都已屬新教區域。喀爾文派教徒在尼德蘭反抗他們的天主教君主的統治；在法國，一場勢均力敵的血戰也已開始。同時，在日耳曼的天主教諸邦，在波蘭、波希米亞與匈牙利，也到處有新教異端滋長；甚至在意大利，羅馬天主教會的根本之地，也可見異端滋生之象。但過此，而形勢開始變化。新教擴張的潮流被遏制，在有的區域還被迫後退。天主教會在日耳曼和遠東諸國恢復了不少失地，同時也穩定了它在南歐拉丁國家的地位。這一形勢的轉變，一大部分乃天主教會改革運動的成就。

第一節　羅馬天主教會改革的由來

改革或對抗改革

公元第十六世紀天主教會的改革，究屬一種自發的運動，天主教人民要求更多宗教的虔誠，要求改善宗教道德？或屬被迫而然，為圖藉改革以集合勢力，對抗新教的威脅？歷史學家於此頗多爭論。事實是這次天主教會的改革兼有自發與對抗的成分。就其為一種自發的運動言，改革教會的要求在路德前早已甚囂塵上，即令未有新教運動的壓迫，天主教會的改革遲早必會發生。而就其為一種對抗的運動言，則我們可以同樣相信，假使新教運動不曾發生，天主教會的改革，其所取的途徑必將與其後實際所取的不同。面對新教的威脅，天主教會的當務之急自然是與異端搏鬥，改革的工作因此着重於對抗新教，而改革成了對抗改革（Counter Reformation）。脫利騰大公會議（the Council of Trent）的工作，異端裁判制與書刊查禁等壓制措施，耶穌會會士（the Jesuits）的活動，凡此皆旨在對抗異端，保護教會，爭取背教者重返教會。

羅馬教廷的改革運動

公元第十五、六世紀間，天主教會在西班牙和意大利都有若干改革工作進行。在西班牙，改革工作得王家政府的全力支持，提高教士的道德與教育水準，振奮人民的宗教心。在意大利，改革運動初由有志於教會改革事業的信神團體倡導，同時並見有的舊修道會復興，新修道會創立，以致力於教士階級的改善與民間宗教心的振奮。迨最後一位文藝復興教宗克勉七世於公元1534年逝世，繼位的教宗多致力於教會改革的事業，於是天主教會的大改革運動遂以教廷為中心而發軔。

克勉七世既逝世，保祿三世（Paul Ⅲ，公元1534—1549年）膺選繼位。在羅馬教廷史中，保祿三世在位的十餘年是一大轉捩點，表示文藝復興教廷的收束，與對抗改革教廷的登場。在路德的新教運動興起後，意大利有志於教會改革的人士因為對於對付新教的政策所見不一，分為兩派。一派主張以實行改革與放寬教義的解釋，與新教妥協。其主要代表者為威尼斯人文主義學者孔塔里尼（Gasparo Contarini）。另一派反對在教義或教會習慣方面作任何改變或妥協，主張嚴厲壓制與異端。其主要代表者為那不勒斯主教卡拉法（Carafa）。迨保祿繼位為教宗，教廷擢用改革派人士，孔塔里尼與卡拉法皆獲晉為樞機主教。同時教宗任命樞機主教，組織委員會，以調查教會應興應革的事項。這次調查所提出的報告，縷舉教廷與教會全體所叢萃的積弊，建議廣泛的改革。教廷的改革運動，於發軔之初以樞機主教孔塔里尼所領導的自由改革派顯居優勢。他們主張與文藝復興乃至新教改革所表現的新時代精神妥協；他們也仍希望以改革教會的積弊與新教徒和解，俾恢復天主教會的統一。易言之，他們所本的主要是基督教人文主義的思想。他們的努力獲得皇帝查理五世的贊助。公元 1514 年，帝國議會在日耳曼雷根斯堡（Regensburg）集會，討論宗教問題，目的仍圖在新舊兩派間覓致一條和解的途徑。天主教會方面的主要代表即孔塔里尼，而新教方面為平正通達、善於調和的麥蘭克森（Philip Melanchthon，公元 1560 年卒）。雙方皆曾廣泛讓步，但未能在有關聖禮制度的基本問題上達致協議。伊拉斯默斯於同一世紀初年所失敗的，現時依然不能成功。這次討論結果只是證明了和解之不可能。經此失敗，在天主教會方面，孔塔里尼的一派使人失去信心，從此勢力消沉。

以樞機主教卡拉法為首的保守改革派，現在取代了自由改革派的領導地位。這使天主教會的改革運動直接以對抗新教為宗旨，日益成了所謂對抗改革。教會積弊的革除與民間宗教心的振興，繼續進行。但一切改革皆堅守正宗傳統的矩矱，嚴禁任何被認為離經叛道的思想。在保祿三世逝世前，耶穌會會士已經是為教宗與正宗信仰效命的最得力的戰士；脫利騰大公會議的第一會期已經舉行；宗教裁判所也已開始在意大利執行任務。

第二節　羅耀拉與耶穌會

依納爵・羅耀拉

從耶穌會成立起，耶穌會會士隨即成為天主教會的熱心的宣教士與卓越的教師。耶穌會的創立者是西班牙人依納爵・羅耀拉（Ignatius Loyola，公元 1556 年卒）。羅耀拉出身貴族，當路德在瓦姆斯的帝國議會面對皇帝查理五世答覆審訊之年（公元 1521 年），羅耀拉尚在查理五世的軍中，在西班牙北境對法軍作戰。這次戰爭的結果羅耀拉負傷。在其後臥牀療養期間，他的人生觀有了大的改變。他決心放棄為西班牙國王效命戰場的軍人事業，而要繼紹中世聖徒的功烈，以奉事基督。在健康恢復後，羅耀拉隨即以堅苦卓絕的精神，為他的新願望努力。有三年，他隱居苦修，並到處巡禮聖地。然後他決心入世救人。這使他感覺自己需要更多教育，尤其是神學。他開始學習拉丁文，並於公元 1528 年入巴黎大學進修。羅耀拉留巴黎七年。在這七年中，他耐心研讀經典著作，同時則物色同志，為他未來實行宏願的輔佐。

羅耀拉始終未把自己造成一個大學者，但他有其他人格上的優點，使比他有學問的人感服他的領導。他精誠果決，具有當領導者所必需的才具。他最難得的才具是對於人類心理的深刻的體察，這從他所著的《神操》（*Spiritual Exercises*）一書可見。羅耀拉之撰《神操》，當耶穌會成立之初，曾有助於他贏得早期的信徒；其後成為耶穌會會士生活的典範，維持耶穌會精神於不墮。同時，它也是天主教會對抗改革所產生的最重要的文獻。其撰述本於羅耀拉自己的起信的經驗，目的在授予信徒從事靈修的指導，以期在信徒心中產生與他所經驗者相同的精神的參悟。當對抗改革時期，在造就耶穌會的熱心忠實的會士與天主教會的熱心忠實的戰士上，其功效宏巨。

耶穌會的組織

在巴黎，羅耀拉組織了一個七人小團體，他們成為耶穌會的原始的長老。這七人中有聖方濟沙勿略（Francis Xavier，公元 1553 年卒），耶穌會的偉大的傳教士，其後來東方——印度、馬六甲、摩鹿加羣島、日本等地——傳教，死於東方。這七人於公元 1534 年在巴黎立誓，決心於學業完成後同去聖地耶路撒冷，在回教徒中傳教；如去東方的願望不能實現，他們將去羅馬，獻身為教宗服務。公元 1537 年，他們在威尼斯聚會，準備東行，當時他們的團體已增至十人。但他們發現前去耶路撒冷的道路由於土耳其人與皇帝查理五世及威尼斯的戰爭，而遭阻斷。他們因遵照原來的誓約去羅馬。於其後的兩年中，他們在意大利各地佈道施教，這使他們發覺他們的工作在當時民間需要殷切，並決定把他們自己組織成一個永久性的團體。他們的團體稱耶穌會（Society of Jesus），其組織法（Formula institute）於公元 1540 年正式獲得教宗保祿三世的核准。耶穌會的拉丁原名為 Societas Iesu，羅耀拉以西班牙文稱之曰 Compañía de Jesús。羅耀拉本來是軍人，Societas 與 Compañía 都有一種軍事的意義，所以嚴格言之，耶穌會應譯名為耶穌軍團，在耶穌的旗幟下以精神作戰的一個戰士團體。公元 1541 年，羅耀拉當選為耶穌會的首任總長（General）。在其後的十餘年中，耶穌會迅速擴張，並得教宗授予多種特權，成了天主教會內部最有勢力的團體之一。

耶穌會的宗旨與工作

耶穌會的組織法，其後在羅耀拉的主持下，數經修改，成為完全的會章（Constitutions）。根據會章與教宗所頒認可耶穌會的訓諭，耶穌會組織的宗旨便在“護衛神聖的天主教信仰”。其主要任務有三：(一) 鞏固教徒的信仰；(二) 在異教人民中傳播信仰；(三) 爭取已改宗新教的教徒重返信仰。耶穌會並非專為抵制異端而建立，但產生於宗教鬥爭劇烈之秋，抵制異端自必成為其主要的職責之一。在這方面耶穌會所用的方法主要有四：(一) 設立學校，使受教育者自少被灌輸以正宗教義；(二) 以告解神父的地位與權責，堅定信仰動搖者的信心；(三) 去異教或異端的地域傳教；(四) 供職君侯顯貴的宮廷，以期在國家與國際事務中產生影響力。因此耶穌會不同於早期的修道團體，並非專為修道人士的靈魂得救而建立，而係達成一個確定的共同目的。也唯其因此，耶穌會會章的主要精神為效率與服從。自然，羅耀拉之為一西班牙人與軍人，也有影響於耶穌會的精神。他堅決忠於正宗信仰，忠於以教宗為元首的傳統教會的權威與習慣。他從不對上級的命令或政策發生疑問，他也要求在他權力之下的人對他有同樣的無保留的服從。在耶穌會會章中，羅耀拉所最強調的即絕對服從，首先對教宗服從，其次對總長與會中其他高級首長服從。

羅耀拉之重效率，見於耶穌會組織的軍事性質及其錄取新會士的規則。見習會士先須經過審慎的挑選，特別注意儀容端正、性情和悅、心智聰慧與家世良好等條件。見習會士於成為一正規會士前，更須經歷長期的精神訓練與教育，這期間他隨時可能被開除出會。然後他被按照其能力或經驗，納入會中的一個階級。耶穌會會士必須循修會習慣，宣誓絕財、絕色、絕意，亦即甘貧、守貞與服從；有部分會士構成組織的核心，他們在以上的三願外，另加服從教宗一願。耶穌會的各級行政首長便從“立四願者”中選任。耶穌會的最高首長為總長，由選舉產生，任期終身，對全體會士有絕對支配之權。在他之下有各省會長與各級高下的官吏，宛若近代軍隊的組織。耶穌會是一個紀律井然而又善於變通的團體。會士隨時可能被派往最需要他工作的地方，不論路程遠近或險夷。但會士也不必受一般修會修士所受的約束，如有關服裝、修煉、日課等項，不使妨礙傳教與教育工作的進行。

耶穌會的工作

耶穌會成立後迅速擴張，並隨即傳入歐洲各國與海外的非基督教區域。當羅耀拉逝世時，耶穌會已有會士約 1500 人，佈道與聽人告解為耶穌會會士最通常的工作，但他們所從事的教育工作可能更為重要。在每一天主教國家很快有了耶穌會設立的各級學校，它們成了當時歐洲最有教學效能的學校。耶穌會會士的教育工作所給予少年學子的陶鎔，加上他們充當傳教士與告解神父的工作，使耶穌會對於當時歐洲發生了極大的影響，其成就可以從對抗改革的收穫見之。耶穌會會士在後世曾頗受抨擊，譬如說他們只顧要求世人形式上服從教會，而不管世人精神生活的改善；或他們一意求成功與效能，而不管所用方法的當否。迨公元第十八世紀，他們甚至先後在天主教國家如葡萄牙和法國被逐，啟蒙思想家如伏爾泰（Voltaire）至於發狠到想"吃個把耶穌會會士"。最後羅馬教宗終於不得不明令解散耶穌會的團體（公元 1773 年）。但在耶穌會歷史初期，至少在人們眼中，耶穌會會士乃羅馬天主教會最富犧牲精神、最熱誠、也最有效能的忠僕。

第三節　脱利騰大公會議

在耶穌會成立後數年，天主教會又有一次大公會舉行，加強對新教異端的防衛。這次會議最後決定了天主教會對抗改革的性質。會議舉行的地點在意大利北境外的特倫托城（Trento），神聖羅馬帝國的一個自治城市。會議從公元 1545 年開始，至 1563 年才最後結束。其間分三期進行，即第一會期公元 1545—1547 年，時教宗保祿三世在位；第二會期公元 1551—1552 年，時教宗儒略三世（Julius III）在位；第三會期公元 1562—1563 年，時教宗庇護四世（Pius IV）在位。

脱利騰大公會議的由來

自路德的反羅馬運動發軔，歐洲便時有呼聲，主張舉行教會大公會議，作為解決教會當前重大問題的途徑，但主張者的目的互異。首先，路德及其同志就曾要求舉行大公會議，表章大公會議的權威，以抵制教宗的權威。其後天主教改革派人士意圖和解，皇帝查理五世意圖恢復帝國宗教的統一，也曾主張舉行大公會議。西班牙教會主教與意大利的保守改革派人士主張召集大公會議，他們相信為改革教會計，需要有一次會議舉行，但他們堅決反對任何在教義上和解或妥協的政策。反之，凡不滿教宗在教會中的權威地位的人士，也都力圖促成大公會議，以分奪教宗的權力。最不願舉行大公會議的為教宗，因為他們對於公元第十五世紀大公會議運動的痛苦經驗，記憶猶新。當保祿三世最後同意召集一次大公會議時，他的決定係本於一項新的政策。在雷根斯堡的宗教談判失敗後，教宗與新在羅馬得勢的保守改革派人士承認，在天主教會方面，因新教而造成的損失已無可挽回，他們相信他們應集中力量保衛所未曾損失的，同時則希望盡力之所能以爭取個別的新教徒重返教會。為達此目的，他們主張對於基督教義中所有曾發生爭執之點應加以權威的界說，以證清舊正宗教會與新異端教會的區別；他們主張天主教國家應積極消滅各自國內的異端思想，革除使教會蒙受詬訾的陋習。此項政策投合西班牙教會人士的心意，但不為法國與日耳曼的多數教會人士所喜，他們繼續希望能與新思想達成某種和解。便是西班牙主張教會改革的人士，也在一個極其重要的方面與教廷的政策不合。他們對於教廷的自作改革不存希望，他們相信改革應由大公會議主持進行。反之，教宗派人士則主張教會改革的工作完全屬教宗的權力。

脫利騰會議的工作

對於會議應從事的工作既意見分歧，則會議進行的困難與會期的數經間斷，自屬意想中事。不同國家政治利益的歧異與相互的敵視，也使情況更為複雜。但大體言之，則教宗黨最後仍能貫徹他們的政策。幾乎一開始教宗便已實際控制會議；而耶穌會士也在會議中運用他們所有的影響力量，使會議的決定有利於教宗黨方面。結果教宗黨方面雖仍不得不在教會改革一事上讓步，但會議的大部分工作則集中於有關教義的問題。在會議的最後階段，因教宗庇護四世的外交的成功，取得重要天主教國家的君主的支持，使會議終得克服意見與利益的分歧，而達於圓滿的結果。會議在閉會前將所作的決議呈教宗批准，這樣更明白保證了教宗權威的勝利。

教義方面的工作

結果，脫利騰會議最重要的工作為最後肯定了天主教教義的解釋。在一個宗教見解分歧的時代，新教繼續分化，產生更多信仰各異的教派，而羅馬天主教會卻為其正宗信仰重作統一的、權威的界說。此於日後天主教會的保持統一自然關係重大，同時新教與天主教間的鴻溝也從此嚴格劃定，壁壘分明。幾乎所有脫利騰會議所制定的有關教義的信條，皆針對新教的理論而發。例如其中有解釋權威的信條。路德、喀爾文、重洗派教徒與其他新教徒，皆藉《聖經》的權威以反對傳統教會與教宗的權威。路德因信稱義之說據此，同時這也是新教方面攻擊天主教會的聖禮制度，攻擊教宗與教會的俗界權力，攻擊清修制度、聖徒崇拜以及其他教會行為的主要根據。因為凡此皆形成於基督教《聖經》的時代之後，在《聖經》中未曾提及。針對新教的此種主張，脫利騰會議決定教會傳統與《聖經》同屬權威，而兩者的解釋之權屬於教會，易言之，亦即屬於為教會元首的教宗。《聖經》傳統的拉丁文譯本，即《通用本聖經》，也經重新宣告為唯一的權威經文。以遵守傳統為對抗改革的武器，成為脫利騰會議有關教義部分的重要決議的基礎。

教會改革方面的工作

脫利騰會議在教會改革方面所做的工作，結果只居於次要的地位。會議也曾為教會積弊的革除與教士紀律及教育水準的提高，擬具了廣泛的改革計劃。但所有有關教會改革工作的執行，其權不在大會，因為一旦會議結束，會議即不復存在。結果改革工作的執行仍須賴教宗及其繼承者。所幸者，繼位的教宗大都尚能循保祿三世的遺規，用心於教會的改革，而自脫利騰會議後，天主教會也從未如文藝復興時期因紀律廢弛或專注於俗界利益而再受酷烈的批評和抨擊。

第四節　對抗改革的進行

脫利騰會議後，對抗改革在先後在位的改革教宗的領導下，全力進行。在脫利騰會議結束前，教廷在教宗保祿三世與保祿四世（Paul IV，公元 1555—1559 年）的治下，先已從事於若干改革。保祿四世於膺選登位前，即樞機主教卡拉法，為天主教會保守改革派的領袖。迨脫利騰會議後，對抗改革的精神遂支配羅馬。歷任教宗熱心於提高教士的道德和發揚嚴格的正宗信仰。天主教會也不再以守勢為已足，而積極進行匡復的工作。得耶穌會會士的效命，羅馬天主教在中歐和南歐一些區域挽回了逆勢，而使它們的天主教信仰重歸於穩定。

異端裁判制度與禁書目錄

對抗改革在意大利和西班牙收得最完全的勝利。所不幸的是這兩地的改革工作，與剪除異端的殘酷恐怖措施同時進行。剪除異端的重要武器為宗教裁判所。天主教會的異端裁判，在歐洲歷史中並不新穎。公元第十三世紀中，教會便曾用以消滅法國南部的亞爾比異端，當時誅戮之烈，慘絕人寰。公元第十五世紀末葉，異端裁判制度在西班牙重建，權力與效能比前皆變本加厲。公元 1542 年，當時對抗改革運動方在羅馬得勢，教宗因樞機主教卡拉法之勸，效西班牙的模式，在意大利恢復異端裁判。在其後的對抗改革期間，宗教裁判所以秘密審訊，與將定罪者交付俗界政府以火刑處死的權力，在意大利和西班牙維持一種恐怖統治。但至少表面上，也確實對異端收得一時的摧陷廓清之效。至於在阿爾卑斯山和比利牛斯山以北諸國，則異端裁判制度迄未曾穩固樹立。消滅非正宗思想的另一措施，為禁書目錄的編製與公佈。這是一種嚴格的出版制度，目的在防止任何足以誘使讀者藐視教會或違背正宗信仰的書刊流行。當教宗庇護五世（Puis V，公元 1566—1572 年）在位時，教廷並設立永久性的機構禁書審定會（The Congregation of the Index），以維持工作的進行不輟。出版事業的管制雖仍需俗界政府的合作，但至少在意大利和西班牙，這項工作得以有效執行，對於以後兩地人民的思想模造影響至巨。

宗教迫害的普遍

排斥異己的措施同樣也見於新教邦國。宗教寬容，在公元第十六世紀尚非其時，不能喚起廣泛的同情。無論在新教或天主教的神學家視之，異端危害世人靈魂，所以是人類的死敵。再者，無論在天主教或新教國家，教會與國家的關係密切，也容易使一個非國教的教派，在國家與人民眼中被視為叛逆的政治團體。國家的迫害異端經常就出以懲治叛逆或公敵的形式，不過比之天主教邦國，則新教國家的迫害異端從未如在西班牙或意大利的徹底而殘酷。因為至少在新教國家都還沒有一種如宗教裁判所的獨立機構，具有該法庭的獨斷權力，以全力從事於異端的迫害。

耶穌會會士的貢獻

在天主教會的對抗改革中，撲滅異端為這運動的消極的一面，在積極的一面尚需重振天主教的虔心與匡復為新教所割裂的失地。為這兩樁事業努力的，除脫利騰會議與歷任改革教宗外，主要為耶穌會會士。耶穌會會士以佈道、聽人告解與教育，重燃無所用心者的宗教熱誠，開導悔過者的良知，而以正宗信仰與教會的虔心灌輸給正在長大成人的年少一代。他們出發至有新教傾向的地區傳教。例如在日耳曼，有的邦國君主仍奉天主教，而人民的信仰動搖，有投身異端的傾向。耶穌會會士在這些邦國廣興教育，使民間對天主教的虔心重振。

迨公元第十六世紀末年，新教改革與對抗改革皆已喪失早先的新銳之氣，消耗了進取的勢力。這時歐洲的宗教版圖大體已經劃定。法國在這世紀後半雖曾困於綿延的宗教戰爭，新教並在戰後獲得合法的承認，但天主教仍屬法國的國家宗教。天主教會並從新教的擴張勢力下爭回波蘭，而日耳曼則新舊雙方幾乎平分域內，誰也難以再圖一逞。

第三十八章
王朝戰爭與宗教戰爭（一）

公元第十六世紀的宗教改革時代，在歐洲歷史中也是一個王朝抗爭劇烈的時代。在這期間，歐洲國家相互關係中最強著的事實為哈布斯堡王朝帝國的盛大，使歐洲其餘部分一時都受到哈布斯堡家統治的威脅。但當哈布斯堡、勃艮第和西班牙等三系領土逐漸集合於查理五世一人的治下時，歐洲到處也有統一而權力集中的國家崛起。它們各自的君主因新專制國家的絕對權力，而滿懷新的民族和王朝的雄圖。法國瓦盧瓦王朝的法蘭西斯一世便成了查理五世的頑強敵手。因為他們間任何一方的徹底失敗都將使歐洲受一強的宰制，所以其他國家也時時加入鬥爭，為圖在歐洲多少維持勢力平衡。同時在每一領土國家內部，王權繼續擴張，政府權力益見集中。

但在神聖羅馬帝國內部，查理五世的意圖集中權力和擴張王朝的利益，則遭受日耳曼君侯的強烈反抗。日耳曼君侯也如其他歐洲國家君主，畏憚哈布斯堡家的統治；而在日耳曼，因宗教改革運動的發生與土耳其人的向中歐進迫，使情形更加複雜。其結果在日耳曼邦國間也形成了一種勢力平衡，可與歐洲的形勢比擬。

第一節　哈布斯堡家與瓦盧瓦家的抗衡

查理五世

公元 1519 年查理五世當選為神聖羅馬皇帝，當時西歐除斯干的納維亞諸國、瑞士與意大利的部分地區外，分屬於三位年輕而雄心勃勃的君主。查理五世為三人中最年少的一人，他年方十九。他享有神聖羅馬皇帝的尊榮，並領有哈布斯堡家在奧地利及其鄰近的南日耳曼土地、舊勃艮第領土法蘭斯康特(Franche-Comté)、盧森堡和尼德蘭、西班牙一系的王國卡斯蒂利亞和亞拉貢、西西里、那不勒斯和薩丁尼亞，以及西班牙在美洲所掠取的新地，而為所有這眾多領土的世襲統治者。這使查理五世擁有一個在查理曼後歐洲從未曾有的大帝國，成為當時歐洲最有勢力的君主。但查理五世的帝國只是一個王朝帝國，由一連串家族的結合形成。它缺乏民族的乃至地理的統一，查理個人為結合這眾多領土的唯一的鏈索。因此要使這些領土為一項共同的政策效命，或以一項共同的政策滿足這些領土的利益，為勢所難能。何況查理還不是一位才智過人的君主。他因為遺傳了哈布斯堡家容貌上最難看的部分，甚至外表也不悅人。但就查理一生的事跡言，則他也自有其才具和品性上的優點，包括健全的常識、勤勉、耐性和一種近乎固執的決心，使他比諸他的英俊聰慧的敵手法蘭西斯一世，在歷史上還取得較多成功。

法蘭西斯一世

法國的法蘭西斯一世年長於查理五世。在查理當選為神聖羅馬皇帝時，他已因再度用兵於意大利，征服米蘭，而贏得軍事上的聲譽。法蘭西斯儀表非凡，才華四溢，但缺乏性格或才具上真正偉大之處。他淺薄，慕虛榮，言行矛盾，自私而好佚樂。

亨利八世

置身於這兩人之間的為英國都鐸王朝的亨利八世。亨利八世的政策為盡可能維持查理五世與法蘭西斯一世間的勢力平衡，這使英國雖實力不如兩者，也得以因它的影響，而左右歐洲的局勢。在執行這項政策上，亨利八世得他的輔弼樞機主教吳爾西的支持，君臣以權謀術數，縱橫於歐洲國際之間。但英國投身於歐洲大陸的政治角逐，在另一方面，也使國家財政負累不堪。亨利七世所積貯的庫藏，為之一空，而人民賦稅負擔加重。

哈布斯堡家與瓦盧瓦家利益的衝突

有眾多原因使查理五世與法蘭西斯一世之間，難免一戰。首先，法國的四境幾乎為哈布斯堡家的領土所包圍，這使法國國王相信為求自衛，他必須擊破哈布斯堡家的勢力。其次，查理五世與法蘭西斯一世在歐洲不少地域有王朝領土權利的爭執。例如，法國王家在東境兼併勃艮第公國，而查理五世以勃艮第公爵大膽者查理的繼承者的權利，要求領有這片土地。在另一方面，法蘭西斯一世也以舊封建繼承的關係，要求哈布斯堡家尼德蘭領土中的弗蘭德斯和阿多亞（Artois）兩地；他並支持其族人納瓦拉國王，要求恢復為查理的外祖亞拉貢王斐迪南所兼併的領土。再者，他們二人也都一心圖稱霸意大利。在意大利，法蘭西斯佔領米蘭，而查理要求米蘭，因為它曾是神聖羅馬帝國的藩屬；查理領有那不勒斯王國，而法蘭西斯要求那不勒斯，因為他繼承法國安茹家的權利。最後，他們二人又曾是公元 1519 年神聖羅馬皇帝選舉的競爭者，從而也造成相互間個人的敵意。

查理五世與法蘭西斯一世的戰爭

戰爭於公元 1521 年爆發。當時查理五世已在瓦姆斯舉行過帝國會議，處理帝國的宗教和政治問題，將哈布斯堡家在日耳曼的領土託付其弟斐迪南，使負責哈布斯堡家在日耳曼的利益，並與英王亨利八世及教宗利奧十世結盟，在國際間獲得助力。戰爭在尼德蘭、納瓦拉和意大利等三地進行，主要戰場在意大利。戰爭從公元 1521 年繼續至 1525 年，前後四年，雙方互有勝負。在意大利，米蘭曾一再易手，教宗和其他意大利邦國也曾數易聯盟。公元 1525 年，在帕維亞的一場血戰，查理的軍隊大敗法軍，法蘭西斯被俘。因為久戰力竭，同時也顧慮國際形勢的變化，查理未再以武力進迫法國。他將法蘭西斯囚禁於西班牙，勒贖迫和。於次年（公元 1526 年）所訂的《馬德里條約》（The Treaty of Madrid）中，法蘭西斯聲明放棄勃艮第公國的主權，放棄對於尼德蘭、納瓦拉和意大利所有發生爭執的領土的任何權利要求。

法蘭西斯莊嚴的誓言和保證，結果證明完全無裨實用。一旦他返抵法國，他立即與意大利邦國包括威尼斯、佛羅倫斯、教廷與查理五世新近歸還給斯福爾扎家人的米蘭，組織科涅克聯盟（the League of Cognac），反對查理五世。意大利邦國君侯因為亟願維持意大利內部的勢力平衡，他們自然成為得勝的皇帝的敵人。亨利八世也宣稱贊同聯盟，但未曾參加。對於查理五世，這是十分可慮的形勢，而他又財庫空竭，難以從他的分散的領土籌措足夠的費用，以進行一次新的對外戰爭。波旁元帥（Constable of Bourbon），一位法國親王，背主為查理效命，在意大利北境統率皇帝軍隊。公元 1527 年，軍隊因缺餉譁變，裹脅他南行，欲以劫掠羅馬補償他們應得的薪餉。由此造成的羅馬大掠（the Sack of Rome），其野蠻橫暴，比之過去羅馬所受自哥德人或汪達爾人的蹂躪，尤且過之。經此浩劫，羅馬從此繁華消歇，文藝復興的光輝也從此成了明日黃花。不僅如此，教宗克勉七世現在完全成了皇帝掌握中的俘虜，羅馬和教廷從此也都喪失了過去所享的自由。公元 1527 年法軍也曾一度在意大利南侵那不勒斯，結果兵敗無功。這次戰爭繼續至公元 1529 年結束，所訂的《康布雷條約》（the Treaty of Cambrai）大體重述《馬德里條約》的條款，只是現在同意法蘭西斯保有勃艮第公國。《康布雷條約》所恢復的和平結果也不過短暫的休戰，但在歐洲史中，這次條約仍有其重要的意義。它結束了查理五世與法蘭西斯一世的前一階段的戰爭，同時也奠定了哈布斯堡家在近代意大利三個多世紀的支配的地位。

公元 1547 年法蘭西斯一世逝世，又九年，查理五世禪位。終他們的後半生，他們仍不時進行戰爭。查理五世同時必須治理他繁殊的領土，堵截土耳其人入侵的狂瀾，並壓制使日耳曼分裂的路德派異端。但戰爭的不時發生，使他不能有充分時間，集中力量，以求得任何一方的成功。法蘭西斯一世的敵意使他動受牽制。這位天主教的法國國王曾不止一次與日耳曼新教君侯乃至回教土耳其人聯盟，以對抗天主教皇帝查理五世。便是法蘭西斯的逝世也未使鬥爭結束，因為繼他之位的亨利二世（Henry II，公元 1547—1559 年）繼續與查理為敵。當公元 1556 年查理禪位，交卸他繁重的權力和責任時，戰爭仍在進行。查理以哈布斯堡家在日耳曼的領地與帝位傳予其弟斐迪南一世（Ferdinand I，公元 1556—1564 年），而以馬克西米連一世以來在日耳曼以外所得的邦國傳予其子西班牙的腓力二世（Philip II）。

卡托–康布雷齊和約

哈布斯堡家與瓦盧瓦家的長期的抗爭，至公元1559年再告一段落。腓力二世與亨利二世於這年簽訂《卡托–康布雷齊和約》(Peace of Cateau-Cambrésis)，法國在國境的東北沿邊獲得少許土地，但須放棄了在意大利、尼德蘭，以及西班牙的一切土地權利的要求。法國之放棄在意大利的領土的要求，使法國得以免於再因意大利戰爭而蒙受大量生命和金錢的損失，同時也在歐洲消除了一個重要的戰爭因素。至於查理五世的帝國之分剖為西班牙和奧地利兩系，自然也多少和緩了歐洲對於哈布斯堡家的擴張的恐懼。在歐洲國際間，一種大略的勢力平衡的形勢終於建立起來，當同世紀後半許多國家內部發生宗教戰爭的期間，繼續維持歐洲的國際均勢。

第二節　查理五世及其帝國

查理五世的帝國

如上所述，查理五世於進行對法國瓦盧瓦朝的君主的抗衡的同時，必須處理集合於其治下的眾多邦國的叢脞的內政。這些邦國的種族、語言、地理位置、經濟利益、文化好尚，乃至宗教信仰各異，沒有任何一貫的政策能普遍符合全體的利益。查理五世在尼德蘭出生長大，受尼德蘭人的受戴，但以他的帝國所奄有的土地之廣，他不能使帝國的重大政策以尼德蘭的利益為依歸。在意大利和日耳曼，查理始終有如一外國君主。在日耳曼，他只顧哈布斯堡家族的利益及其專心致志於對法國的戰爭，使他不能集中力量，以從事加強帝國統一的工作。在意大利，他所致力的更全在造成哈布斯堡家的統治勢力，罔顧意大利的統一。其結果，查理五世對於在他治下的眾多邦國，以西班牙為最受重視。

西班牙

西班牙現在也是查理五世治下最強大的一國。當公元1517年，查理因外祖父斐迪南二世逝世(公元1516年)，初蒞西班牙時，他也被視若異邦君主，與隨他同來的尼德蘭廷臣同受猜嫌與嫉恨。西班牙人對於他以西班牙金錢競選神聖羅馬皇帝，也表不滿。他們擔心查理的當選將使西班牙淪為日耳曼帝國的附庸。當公元1520年春，查理於當選皇帝後首次離開西班牙，去日耳曼時，西班牙便曾因怨恨王家賦稅與外籍大臣，加以社會的不滿，發生了蔓延廣大的叛亂。但在這次亂後，當對法國的戰爭激烈進行的數年，查理常駐西班牙。久之，他自己也成了西班牙人，並贏得了西班牙人的愛戴。對法國的戰爭主要係以西班牙的金錢與人力進行，但查理也以戰爭所得的勝利與光榮歸諸西班牙人民。此外，查理所持的嚴格的天主教正宗主義，雖使他在北地喪失了部分臣民的忠順，卻完全與西班牙人的心性相投。西班牙是歐洲最虔誠的天主教國家。在西班牙，教會與國家間只有互為聲援，沒有衝突。

當查理五世在位時，西班牙也以富裕雄視歐洲。但西班牙當時雖備極繁榮，其經濟實力並不如外觀之足稱。才數十年，西班牙的經濟已迅速衰替，從此盛況不再。事實是公元第十六世紀西班牙的繁榮完全來自不勞而獲，他們從墨西哥與秘魯巧取豪奪得來大量的金銀。這幾乎是從天而降的財寶，平添了多少富豪，也使西班牙的工商業一時大盛。然其結果則在西班牙留下了十分不幸的影響。金銀流通數量的突增，造成西班牙物價高漲。這使西班牙輸入易，輸出難，結果買多賣少，真正的利益最後仍歸其他歐洲邦國所有。再者，查理五世對外戰爭的龐大費用，也加速西班牙金銀的枯竭，而一無經濟的報償。至於從新大陸財富的得來之易，則使本來愛好戰爭冒險過於工商業經營的西班牙人，益發不願勤於生產之事。迨數十年的豪華逝去，暴得的財富花費淨盡，繁榮也如曇花一現，化為烏有。

尼德蘭

在查理五世的帝國中，尼德蘭是僅次於西班牙的重要財政來源和最受關注的區域。查理最後統一了尼德蘭的十七省疆域。在他治下，尼德蘭雖賦稅累重，但繁榮富裕。除了公元1539年根特（Ghent）地方曾有叛亂發生外，尼德蘭人民一直忠於這位出生於尼德蘭的君主。但在平穩安定的表面下，查理的統治也仍多困難，迨其子腓力二世（Philip II，公元1556—1598年）繼位，遂同時發作。尼德蘭的繁榮係尼德蘭人的勤勉和善於貿遷造成，並非由於政府的力量。尼德蘭由西班牙的關係所得的貿遷之利，不足補償因支持查理的外交政策所受的繁重賦稅。因此尼德蘭人自不免猜疑查理在消耗他們的資源，以圖一己之利。此外，查理之力圖在他治下各地裁抑新教異端，也引起尼德蘭人的不滿。查理雖嚴旨屢下，但迫害只使異端一時轉入地下，新教如路德派、再重洗派、最後喀爾文派在尼德蘭仍信徒日增。尤其在北部諸省為然。

意大利

在意大利，查理五世的政策完全着眼於王朝的利益，對於意大利民族國家的統一無所用心。他的目的只圖在意大利為哈布斯堡家獲得更多的領土，從而操縱其餘的邦國，使半島全境入於他一家的支配之下。他承繼了西西里王國，並從法國人之手取得米蘭。佛羅倫斯、熱那亞、教皇國與其餘的意大利小邦雖在名義上保持獨立，也都對他恭順聽命。但論查理五世的帝國的構成，則意大利實是他的一大漏卮，他所取自西班牙和尼德蘭的人力與財力，被大量浪擲於意大利土地之上。

日耳曼

查理五世遭遇問題最多而成功最微的區域，為日耳曼。哈布斯堡家雖發祥於日耳曼，長時期來為日耳曼的主要統治家族之一，但在日耳曼，查理五世卻始終有如一異邦君主。他甚少蒞臨日耳曼，更難得留居；他也只在別處萬機有暇時，才處理日耳曼的問題。可能查理在日耳曼的失敗，也由於事實的不可為。在陳腐不堪的神聖羅馬帝國的體制內，不僅中世帝國的復興已非其時，就是近世統一國家的建立也不可能。誠然，當中世晚期，日耳曼同樣有強著的民族意識的表現，但階級的嫉恨、自治城市和帝國騎士的獨立自為、邦國君侯的領土主權，最後又加以新的宗教的分裂，在日耳曼構成強過任何民族統一意識的離心勢力。而查理五世又不是一足以創造時勢的英雄。

查理五世於當選後的第一屆帝國議會（公元 1521 年）中，採取步驟，處理帝國當前最迫切的問題：改革帝國政府與制止路德異端運動。在這兩項問題的處理上他都未獲成功。關於前一問題，這次議會曾成立一攝政會（Council of Regency），為皇帝離國時治理帝國的機構，使帝國有一常設的政府。但既無帝國財政與武力為之支持，攝政會對於帝國的重要事務不能有所作為，即名列該會的君侯對於會的決議也置若罔顧。迨公元 1522 年萊茵蘭的騎士起事，1524 年又有農民叛亂發生，攝政會無力平亂，它在日耳曼受信任的地位從此完全喪失，形同廢棄。兩次叛亂結果都由有關的個別邦國舉兵平定。在日耳曼歷史中，這兩次叛亂也表現了當時社會各階級對於現狀的不滿。不滿的根源主要是新時代經濟的變動所造成的生活困難，但因路德新教宣傳的影響，而益發激烈張大。

查理五世制止路德異端運動的失敗，與其改革帝國政府的無效，原因相若。皇帝的權力不足以強使邦國君侯或自治城市政府服從其意旨；而查理之時時為他處叢脞的事務縈身，則更使他無從在帝國貫徹其政策。瓦姆斯議會懲罰路德，禁止一切非正宗的異說，然其後有八年，查理不在日耳曼，瓦姆斯詔書（the Edict of Worms）遂亦未認真執行。在這期間，路德派教徒得以在地方政府的支持下，在某些城市邦國組織教會。公元 1526 年帝國議會在施派爾集會，本於邦國主權獨立的原則，宣告每一邦國對於路德教派，有自由取捨之權。但三年後的又一次施派爾議會（公元 1529 年），卻因查理的指使，撤銷了這項決議。已奉新的君侯和城市因此聯名提出抗議，反對這次議會的行動，於是一個新教黨產生。次年，公元 1530 年，查理在日耳曼，主持在奧古斯堡舉行的帝國議會。當時查理對法國的戰爭方告一段落，他決心以全力解決日耳曼的宗教問題。在一次調解的努力失敗後，查理限令帝國的新教徒於六個月內重返天主教會，逾期者他將以武力強制執行。但在他尚未將他的恐嚇付諸實行前，他就因必須應付土耳其人進迫中歐的威脅，而不得不和緩在日耳曼的政策，從而使他再度喪失了一個對路德教派實行有效壓迫的機會。

土耳其戰爭

公元 1453 年，回教鄂圖曼土耳其人攻陷君士坦丁堡，盡有了殘餘的拜占庭帝國的領土。其後土耳其人繼續擴張。迨查理五世在日耳曼當選神聖羅馬皇帝時，土耳其人在地中海上幾乎恢復了拜占庭帝國盛時的舊貌。基督教世界喪失了巴爾幹全土；而曾幾何時，土耳其人在新王偉烈者蘇里曼（Suleiman II，the Magnificent，公元 1520—1566 年）的統率下，又溯多瑙河而上，向匈牙利掠土。公元 1526 年，在摩哈赤（Mohács）一役，匈牙利騎士軍大敗，國王路易二世（Louis II）戰死。公元 1529 年，土耳其人入奧地利，進圍維也納城，被逐退。又三年（公元 1532 年），他們再度向奧地利進軍。

摩哈赤戰役使匈牙利一時國土無主。一部分匈牙利貴族為圖求助於日耳曼，以抵抗土耳其人，選舉了皇帝查理五世之弟，哈布斯堡家的斐迪南為王。因為已故匈牙利王路易二世兼領波希米亞王位，所以斐迪南在當選匈牙利王同時，也當選為波希米亞王。現在斐迪南必須為防護他新繼承的王國，以及早數年他受查理五世委任攝理的奧地利世襲領土，抵抗土耳其人的侵略。斐迪南為鞏固其新王國的統治與抵抗土耳其人的侵略殫精竭慮，與查理五世之為意大利戰爭牽制，都使他們遲遲未能對路德教派運動採取有效的行動。公元 1532 年更不得不與新教勢力和解，以應付當年土耳其人入侵的危機。這次蘇里曼的入侵，當年退兵，未經大戰。查理不久也經意大利返西班牙。其後斐迪南繼續與土耳其人在匈牙利抗爭，迄無大成功。最後，他與查理五世只得承認匈牙利的大部分土地為土耳其人所有，而於公元 1547 年與土耳其人休戰。

日耳曼的宗教戰爭

公元 1546 年，查理五世終於對日耳曼的新教聯盟 —— 施馬爾卡爾聯盟（the Schmalkaldic League）—— 發動戰爭。戰爭初期，查理在軍事上頗佔優勢。他的軍隊數量雖不如聯盟之眾，但一大部分是西班牙步兵，為當時歐洲最有效的作戰力量；而統軍的將領是強悍善戰的阿爾瓦公爵（Duke of Alba）。同時他還贏得若干新教君侯的變節歸附。反之，聯盟領袖則缺乏統一，缺乏軍事的才具。因為大新教君侯只圖自保，更使查理得以迫令弱小的邦國一一屈服。公元 1547 年連堅持不屈的撒克遜選帝侯約翰・腓特烈（John Frederick）和黑森伯爵腓力（Philip，Landgrave of Hesse）也都兵敗被俘。查理繼之在戰敗諸邦積極進行排除新教的工作。但查理戰敗新教君侯易，而要新教人民再奉舊教難。他們身為路德派教徒已二、三十年之久，不能輕易因一紙命令，便放棄信仰。公元 1552 年，新教君侯再叛。這次他們並與法國國王亨利二世聯盟，以共抗查理。又經過三年混戰，查理終於相信他必須放棄在日耳曼消滅路德教派之望，決心恢復和平。

奧古斯堡和約

這次日耳曼宗教之爭，於公元1555年在奧古斯堡地方舉行的帝國議會達成協議，史稱《奧古斯堡和約》。這次和約包括四項主要協議：第一，日耳曼邦國君侯與自治城市政府，得自由決定各該邦國與城市的宗教信仰。第二，上一協議只適用於天主教與路德教派，不適用於任何其他新教。第三，凡教會領領主（大主教、主教或修道院院長），一旦改宗新教，其因職守上所持有的領土必須放棄，該領土仍歸屬天主教會；反之，如教會領人民有信奉新教，該領主（主教、大主教或修道院院長），不得強迫其放棄信仰。第四，新教君侯與政府得繼續持有公元1552年前所籍沒的教會產業。《奧古斯堡和約》使日耳曼於其後半個多世紀中，得免於宗教戰爭的再起。但這次和約雖解決了施馬爾卡爾戰爭，卻並未解決日耳曼的宗教問題。因為第一，根據上述，日耳曼人自由選擇宗教信仰之權，完全歸諸邦國君侯和自治城市政府，人民仍無權決定自己的信仰所屬。第二，神聖羅馬帝國境內喀爾文派教徒的人數雖也在增加，但和約未曾給予任何合法權利和地位的承認。喀爾文派教徒之未能享有與路德派教徒相等的權利，使日耳曼新舊教派的勢力之間繼續存在緊張的狀態，至下世紀初終於爆發三十年戰爭（the Thirty years' War），為歐洲近世初期最慘烈的宗教戰爭。再者《奧古斯堡和約》也表示了神聖羅馬帝國繼續解體的事實。其重要性尚不在它最後承認了日耳曼在宗教上繼續分裂的事實，而在它承認了如宗教等重要事務，最後的決定之權屬於邦國君侯和政府。這是日耳曼君侯爭取新教信仰的勝利，也是他們對皇帝爭取更獨立的地位的勝利。

《奧古斯堡和約》於公元1555年達成，次年，查理五世禪位。查理五世之於日耳曼帝國，失敗遠多於成功，到最後尚須承受另一次難堪的失敗。日耳曼選帝侯們拒絕接受其子腓力為帝位的承繼人。這使他不得不剖分他龐大的產業，而以哈布斯堡家在日耳曼的世襲領土分給其弟斐迪南；同時，斐迪南也繼承了帝位。其餘的領土，包括勃艮第和西班牙兩系的產業，查理以之授予其子腓力。其後查理退穩於西班牙的一所修道院中，又三年逝世。查理死時年不過五十八，還未滿花甲，但他幾乎從童年起，一生擔負了繁重不堪的責任。他是歐洲近世初期最大的君主，但他甚少歡樂，更少成功。

第三節　查理五世時代的法國與英國

法國的王權專制

同時期的法國國王，論對外事功都還不如查理五世成功，但他們在國家的內政上也未曾遭遇如查理所有的困難。在中世晚期，法國王權對於貴族及三級議會所發致的勝利，亦即王權對於可能阻礙其前途的封建勢力的勝利。當法蘭西斯一世於公元第十六世紀初年繼位為法王時，他所承受的已經是一個王權專制的政府；而三十年後，當他再把政府遺留其子亨利二世之時，王權又多經過了一番強化。波旁元帥的叛國雖可見與王室有血緣關係的貴族仍可有不利於王權的行動，但大體言之，則法國貴族現在成了受國王俸祿的恭順的廷臣和軍人。

法蘭西斯一世和亨利二世，亦如查理五世不時需要金錢以進行對外戰爭。法國國王的第一項龐大支出便是一支常備軍的維持。法國軍隊以炮兵和騎兵為優越，而土著的步兵力弱，因此國王常需僱用瑞士和日耳曼傭兵以組成步兵隊伍。軍隊之外，另一項龐大支出，為賞賚貴族的年金和維持一個豪華的宮廷的費用。法國國王對於國家財政收入有絕對的支配之權。王家財政收入中最大的一項為徵自民間一種土地所得稅（taille），尤稅額國王可視所需的多寡而定。此外，賣官鬻爵亦常恃以為財政收入的來源。

法國的王家財政與權利，皆因法蘭西斯一世控制教會的成功，而更加強化。公元 1516 年的《波羅格納宗教協定》，使法國國王對於法國教職的任命獲得完全的權力。這使他日後得以運用此項權力，以酬賞貴族的忠誠與臣下的效命，而不需增加王家財政的負擔。公元 1539 年，法蘭西斯一世並以大部分原先屬教會法庭管轄的案件，移歸王家法庭。在法國，國王贏得對於教會權力和財富的控制權，為法國宗教改革運動前途的一個決定因素，因為至少這使法王不再有必須脫離羅馬教會的理由。法蘭西斯一世和亨利二世雖因外交和軍事的考慮，不憚與日耳曼的新教君侯聯盟，但他們繼續持守天主教的正宗信仰，並支持教會，在法國國內取締反天主教的異端。

英國的王權專制

在英國，亨利八世繼承了一個與法國瓦盧瓦王朝的政府相似的專制政府；他亦如法蘭西斯一世，王家政府在他之手再經一番強化，然後遺留給繼位的君主。英國現在已經是一個統一的民族國家。中世制度雖多數在形式上繼續存在，然或其功用與權力已移歸王家政府，或其本身併入王家政府，成為王家政府的部分。中央政府代替城市與行會，管制國家的工商業；經王家法庭或地方保安官的工作，它也攬有了全國司法的權力。當亨利八世在位時，國王還收奪了英國教會的最高權力，完成國王對國家全體人民與制度機構的絕治。亨利八世繼續削弱舊封建貴族的勢力。他在王家樞密院中奪去舊封建貴族的席位，而登進中等階級人士或新封授的貴族。他們大都曾受行政和法律的訓練，而又全心效忠王家。在地方，舊封建貴族的司法權力也為保安官所接掌。保安官從地方紳士選授，他們成為義務供職的王家忠僕。

英國都鐸王朝政府的一個難以企及的成功的方面，是它雖甚專制，然卻於憲法成規，守之唯謹，是一個普得民心的政府。在英國，國會的歷史從未中斷。當亨利八世在位時，國會可能不過是國王掌握下的恭順的工具，但它繼續發揮作用，而且保養良好。所有亨利八世的重要政策，包括改變英國教會地位和封閉修道院，皆以國會立法的形式執行。在亨利八世的操縱指使下，國會非特未阻礙王權，反而使國王的一切行動皆出以合法的形式，從而成為王權的輔翼力量。自然，亨利八世的政策如不得民心，他雖盡操縱國會的能事，也或將徒然無功。都鐸王朝的名君如亨利七世、亨利八世和伊利沙伯女王一世，他們的成功一大部分就由於他們了解自己的臣民；他們的政策總是本於英國的利益。他們從不忘記英國中等階級 —— 市民和紳鄉 —— 的經濟利益，這一中等階級現在成了英國最有勢力的階級。

在英國維持一個專制政府，比之歐洲大陸國家省錢，這使英國王家政府多少可以減少對民間的苛稅重徵。首先英國不像法國，有為數眾多的貪婪的貴族需要以年金或恩俸豢養；而修院產業的籍沒，更使亨利八世有一時期得以利用教會的土地，以酬庸其臣下。再者，在英國，地方司法業務的進行可以不費國用，因為這是地方保安官的職責。但所有節省的費用中最大的一項，是英國國王毋需維持一支常備陸軍。這在歐洲大陸國家因與鄰邦國境相接，不能減免。亨利八世雖亦時時被捲入歐陸的糾紛中，但英國使用於歐陸的軍隊，數量從來有限。代替一支強大的常備陸軍的建立，亨利集中力量於王家海軍的創立，這對於英國前途有無比的重要性，但在當時不如陸軍靡費。亨利在歷史中有近代英國的建立者之稱，一部分便由於他認識了英國島國的地位和海防的重要。

第三十九章
王朝戰爭與宗教戰爭（二）

第一節　腓力二世治下的西班牙

歐洲形勢的變化

腓力二世於公元1556年在西班牙繼位，數年間，歐洲國家的歷史人物與內外情勢都有了巨大變化，在歐洲歷史中劃出一新的時代。就歷史人物的變化言，首先便是腓力二世承繼了其父查理五世在歐洲國際關係中的中心地位。在法國，亨利二世的逝世，使法國政府的責任落入其寡后凱瑟琳・德・美第奇（Catherine de Medici，公元1589年卒）及其庸弱而少不更事的諸子之手。在英國，都鐸王朝的最後一位君主伊利沙伯伊利沙伯一世開始她的長久而興盛的統治；在蘇格蘭，命運多乖的斯圖亞特王朝的女王瑪麗（Mary Stuart）也在一次宗教革命後出主政府。至於歐洲諸國內外情勢的變化，則首先便是日耳曼宗教戰爭的中止。公元第十六世紀後半的日耳曼大體平靜無事，但也不如同世紀前半在歐洲的地位的顯著。在英國和蘇格蘭，新教教會在這時期初穩固建立。在尼德蘭，也隨即有反西班牙的宗教和政治革命發生。法國之放棄在意大利的領土權利的要求，結束了哈布斯堡家和瓦盧瓦家的長期戰爭。但在法國內部，新教的傳播又隨即引發一連串連年不決而破壞慘烈的戰爭——胡格諾戰爭（the Huguenot Wars）。同樣也在這時期初年，天主教會的脫利騰大公會議舉行了最後一屆會議。

腓力二世時代（公元1556—1598年）便在這樣多方面巨大的變化中開

始。這是一個與查理五世時代頗見不同的時代。文藝復興和宗教改革這時已先後過了各自的高潮期，新時代的歐洲歷史的主要經絡是（一）羅馬天主教會對抗改革的進行（已如上述）；（二）腓力二世以西班牙和天主教教會為中心的政策的執行及其反響；（三）英國和尼德蘭商業勢力的興起。

腓力二世

腓力二世為查理五世之子，他繼承了西班牙王位和西班牙在尼德蘭、意大利及美洲的屬地。終他的一生，腓力二世堅持一項政策，此即以西班牙和天主教教會的利益是務的政策，而視之為神意如此。此項政策的執行，首先為在其所有的領土之上厲行專制政治和天主教信仰的統一；其次為藉由此造成的意志和力量的統一，使西班牙成為歐洲的支配勢力；最後則以西班牙的優勢為神的工具，使西方基督教世界在羅馬天主教會的治下恢復統一。此在基本上仍屬查理五世晚年的政策，但由於若干原因之故，而比之查理五世時代尤為偏激。首先便是腓力二世治下的哈布斯堡帝國被分去了它的日耳曼的部分；第二是腓力二世自少乃在西班牙養育長大；第三，天主教會的對抗改革對新時代的影響。凡此都使腓力成為一個更加嚴格固執的天主教徒。查理五世為一皇帝，而腓力二世為西班牙王，生而為西班牙人，具有一般西班牙人的褊狹的愛國心、嚴格的宗教正宗思想和對於異端的極度憎恨。因為他的領土比之查理五世的帝國減少了日耳曼的部分，所以他所需要承擔的工作自然比之查理的簡單，但他仍有煩雜棘手的問題時時使他分心。有如查理一樣，他愈需要應付多方面的問題，在人力和財力方面他愈是左支右絀，不能成功。

腓力二世也多少受他自己的性格和才具的限制。腓力有強烈的責任感，勤於治事。但身為專制君主，對於人性與事務缺乏了解，一意孤行，則其勤於治事不足以為善，反足以害事。他的對於政務之事必躬親，常使行政滯緩，貽誤事機；他的用心良好的設施常行之不得其道；他的深信自己為神的意志的工具，為神與西班牙效命，則使他更加剛愎自用，而冷酷無情。

腓力二世治下的西班牙：宗教

腓力二世政策的首要部分，即在其所有的領土之上厲行專制政治和天主教信仰的統一，在西班牙取得完全的成功。西班牙人的絕大多數與腓力同屬堅決的天主教徒，同樣對於異端不能容忍，這已使腓力的宗教政策在西班牙容易收效。而且，至腓力二世繼位時，異端裁判制度在西班牙已推行了半個多世紀，因此腓力只需再加緊宗教裁判所的活動使異端的清除更加徹底乾淨。一時間西班牙到處可見執行恐怖的焚殺異端的火刑，而其效果也真是達於使異端絕跡的程度。但在西班牙南部則尚有另一不同尋常的異端問題存在，此即格林納達（Granada）地方的摩里斯科人（the Moriscos）問題。他們不是基督教會一般所謂的異端。他們是被征服的回教摩爾人（the Moors）的後裔，於查理五世時代被迫令改宗基督教。但他們不過基督徒其名，而實際繼續保持一大部分回教思想與生活的傳統。腓力決心在摩里斯科人中清除任何回教信仰的遺跡。他制定一套嚴格的壓迫取締政策，強制執行。其結果，摩里斯科人被迫起而叛變。這次叛變最後經殘酷的用兵平定，摩里斯科人或遭殺戮，或被發遣為奴。格林納達本屬西班牙最富饒的農產區域和繁榮的工業中心，經這次破壞而一片荒蕪。

專制政治

至於專制政治的實行，腓力二世也只需繼續查理五世的政策，一方面更加削弱已經衰替的議會的權力，同時則更加排斥舊封建貴族，不使積極參加政府。在這方面，腓力本人的建樹是他為西班牙建立了一個高度集權的官僚行政組織。其中大部分官吏出身低微，他們的地位完全因得國王的信任而來，他們自然絕對效忠國王。腓力本人為這組織之首，他監督所有行政部門的工作，常至事無鉅細、日理萬機的程度。

財政的困難

腓力二世在西班牙統治政策的成功，並未如他所預想把西班牙造成一個比前代更強大的國家。相反的，西班牙國家和政府在腓力二世時代日見貧窮，迨腓力逝世時，西班牙的無比的財富業已煙消雲散，成了明日黃花。事實上幾乎自繼位時始，腓力就一直受着財政的困窘。查理五世時代的戰爭與外交，已使西班牙政府瀕於財政破產的邊緣，而現在腓力更需以日益減縮的財源，來應付幾乎同樣龐大的開支。意大利對於西班牙王家財政一向無甚補益；尼德蘭當查理五世在位時為一大財源，而現在卻因發生叛變，成了財用的漏卮。結果全部財政負擔落在西班牙的肩上。但便是西班牙，因為不智的經濟立法和賦稅制度破壞了經濟繁榮，可以汲取的財源已趨於萎縮，這使腓力二世在西班牙的財政政策成了竭澤而漁。一種對於任何商品買賣徵百分之十的新物價稅（alcobola）已足以使工商業停滯，而其他的苛捐雜稅尚多；此外還有難以悉數的阻礙經濟活動的管制和禁令。經腓力二世一代，西班牙的大部分商業移向英國和荷蘭，它從新大陸得來的黃金和白銀也流散殆盡。

當查理五世時代，西班牙因從新大陸掠得的財富及其與哈布斯堡家的帝國的結合，成為歐洲最強大的一國。其後在腓力二世治下，西班牙雖仍表面維持聲威的顯赫，但實際已經勢力耗竭，成了色厲內荏。有兩項業績使西班牙在國際間一時掩蓋了它中衰的事實。第一項業績為公元 1571 年西班牙艦隊在勒班陀（Lepanto）附近海面痛創土耳其海軍，第二項業績為公元 1580 年腓力二世繼承了葡萄牙王位，使西班牙半島全境統一於他的治下，從而也使葡萄牙的商業帝國與西班牙的殖民帝國結合為一。但要之，腓力在西班牙的統治失敗多於成功。當他在位時，西班牙表面仍一如過去，驕矜自大，但其內部的衰耗，不久終將摧毀其表面的虛榮。

第二節　尼德蘭的叛亂與荷蘭的獨立

腓力二世在歐洲其餘部分所推行的政策，甚至尚不如在西班牙的成功。尼德蘭人民因反抗他專制的宗教政策和行政，而發生叛亂，結果北部諸省獨立，建立新教的荷蘭國家。在法國，亨利四世（Henry Ⅳ）挫折了他摧毀法國新勢力的政策，而以一個原屬新教的首領與舊教黨合作，在法國入承大統。最後，他的企圖使英國重返羅馬天主教會，並進而控制這一危險的商業競爭對手的政策，結果卻造成了公元 1588 年西班牙無敵艦隊在英國海面的慘敗。

尼德蘭叛亂的由來

尼德蘭的政治與社會傳統在在皆與西班牙的懸異，因此尼德蘭在勢不能與西班牙接受相同的政策與統治。腓力二世一生的悲劇之一，便是他從未充分認識或承認這一事實。他之領有尼德蘭十七省的主權，係由於承繼的權利，此外別無其他連繫使這十七省結合於他的治下。自中世以來，尼德蘭諸省便各有自己所愛重的制度和古老的特權。他們自身間甚至尚缺乏民族或語言的統一，其中北部諸省人民與日耳曼人為近，用荷蘭語，或稱低地日耳曼語（Low German）；而南部諸省與法蘭西人為近，用法語。尼德蘭當西北歐商業交通的孔道，自由而繁榮，居民長於工商業。尼德蘭的地理位置也使其地容易受時代勢力的影響。歐洲的宗教革命既起，尼德蘭居民中便有人開始接受傳來的新教。其中最先傳入的為路德教派和重洗派，至腓力二世繼位時，喀爾文教派亦已在北部諸省迅速傳播。尼德蘭叛亂的烽火終由宗教問題燃起。

但分析這次尼德蘭叛亂的由來，宗教問題不過是其中的一因。腓力二世個人與尼德蘭人之間關係的隔閡，以及他一貫的政策與尼德蘭人的經濟、政治暨宗教利益的衝突，同樣構成叛亂的根源。尼德蘭人幾乎自始不信任腓力二世。他不用他們的語言，不居住他們的土地，不同情他們的觀點，易言之，他是一個異邦人。事實也確是如此，因為腓力自始只視尼德蘭為西班牙的附庸，統治的目的乃為西班牙的利益。最先引起尼德蘭人對腓力的統治不滿的是經濟。當查理五世在位時，尼德蘭已經賦稅繁重，現在腓力因財政困難，更加重了尼德蘭的賦稅負擔。尼德蘭人眼見從他們強索取去的金錢，大部分消耗於西班牙；而更不幸的，腓力還企圖處處限制他們的商業，使有利於西班牙商人。政治的壓迫更加甚尼德蘭人的不滿，因為腓力不顧尼德蘭古老的憲法權利，而圖效法西班牙，在尼德蘭強制建立一個專制集權的政府。至於就宗教言，腓力決心在他的領土之上清除異端，自然使人數日增的新教徒對他攜貳。他嚴格的天主教政策雖非這次叛亂的唯一原因，但一旦叛亂既起，終使已經接受新教的諸省無法再與腓力和解。

尼德蘭叛亂的發生

反抗西班牙統治的運動首起於尼德蘭的大貴族階級。尼德蘭的大貴族階級為各省省長（Stadtholder）所自出，他們對於尼德蘭所處的西班牙附庸的地位，十分不滿。王家官吏的權力與省長和省議會的權力、王家政府的權利與市約所保障的地方傳統的權利，時起衝突。於是在宗教信仰的糾紛之外，又加上政治權利的糾紛。在奧倫治家的沉默者威廉（William the Silent，Family of Orange）等人的領導下，尼德蘭貴族要求腓力召開尼德蘭全體議會，由尼德蘭貴族組織參事會，自理尼德蘭政務。但至公元 1565 年，一種新勢力的加入，終使反西班牙的運動由大貴族的抗議，擴大而為各階級聯合的行動。當年夏天，有三百多尼德蘭貴族和紳士簽署了一項議定書，誓保尼德蘭傳統的自由和權利，抵制西班牙的專制統治、外籍官吏和宗教迫害。次年，他們向腓力在尼德蘭的攝政政府呈遞請願書，反對宗教迫害的法令和異端裁判制度。因為當時攝政宮廷有人稱他們為"叫化"（Geuzen），他們自己以後也就以"丐軍"為號。丐軍之不同於過去的反西班牙運動者，是在他們不僅反對西班牙的宗教迫害政策，而且他們自己同樣懷有強烈的宗教——各派新教——信心，和為他們的信心奮鬥的決心。他們也受到富有的市民階級的支持。極端的喀爾文派教徒和其他新教派的狂熱信徒，交相煽動。到當年八月，亂事已成燎原之勢。安特衛普和其他許多城市都有暴動發生。到處羣眾擁入教堂，搗毀神像、祭壇、宗教畫和彩繪玻璃。喀爾文派市民和紳士並且開始組織軍隊，準備保衛他們休戚與共的城市。運動的趨於激烈，使一部分尼德蘭人，尤其一部分大貴族，轉而依附政府。奧倫治家的威廉力圖調和不得，於公元 1567 年避居境外。當年年終，阿爾發公爵（Duke of Alva）奉腓力二世之命，率西班牙軍入尼德蘭平亂。

阿爾發的恐怖統治

阿爾發在尼德蘭，從公元 1568—1573 年，實行極端的軍事專制統治。一種非常法庭設立起來，審理過去曾經參與騷亂或與騷亂有關的人。尼德蘭人被集體處決、籍沒家產和逐出法外者，比比皆是。奧倫治家的威廉因先已避居境外，他的嗣子被收禁，家產被籍沒，自己被逐出法外。無數的避難者從海陸兩道向外逃亡。公元 1568 年，威廉曾以反阿爾發的暴政為名，兩度在境外舉兵，進入尼德蘭，但結果都遭挫敗。阿爾發一時控制了尼德蘭全境，反西班牙的運動只能轉入地下。

奧倫治家的威廉的領導

公元 1572 年，尼德蘭局勢有了新的發展。在這年以前，尼德蘭人已經在海上從事私掠，破壞西班牙的海運和商業。他們自稱海上丐軍（Watergeuzen）。因為尼德蘭為阿爾發所控制，他們只能借外國 —— 如英國 —— 海口為出沒之地。公元 1572 年 4 月，海上丐軍在荷蘭省攻佔了布雷達（Breda），使他們在尼德蘭本土開始有了自己的根據地。從布雷達，他們並且逐步佔有荷蘭。到當年年終前，荷蘭省除阿姆斯特丹一地外，大體都已經為他們所有。荷蘭省議會現在集會，為行政權的行政和財政建立法理的基礎；威廉這時已移駐荷蘭。阿爾發移師北上平亂。公元 1572—1573 年間，雙方數有血戰，屠戮甚慘。阿爾發雖仍累勝，但在這次戰役中，他受到了城市的堅決抵抗。尼德蘭市民開始積極參加反西班牙的戰爭。1573 年 7 月，哈倫城（Haarlem）被阿爾發攻陷，守軍除日耳曼傭兵外悉數被戮。當阿爾發的軍隊進抵阿爾克馬爾（Alkmaar）時，當地軍民決堤，放海水倒灌。阿爾發被迫退軍。當年十月，他的艦隊在須德海（Zuiderzee）潰敗，陸軍也因缺餉抗命。他的壓迫政策的結果是公開的革命和戰爭，他喪失了腓力二世的信任。他在兵敗心灰之餘求去，在當年年終離開了尼德蘭。

同時戰爭則日益擴大。公元 1574 年 2 月，西班牙統治在澤蘭省（Zeeland）被推翻。荷蘭與澤蘭成立聯盟，共奉奧倫治家的威廉為掌國（Stadtholder）。公元 1576 年，西班牙駐軍又因缺餉譁變，掠奪布拉邦和弗蘭德斯等省的繁庶城市，安特衛普受創尤巨（11 月）。當時根特正在舉行會議，由威廉的一方 —— 包括荷蘭和澤蘭 —— 與其他十五省的一方，籌商尼德蘭統一的事宜。"西班牙人暴行"（the Spanish Fury）的消息傳來，使與會代表放棄了一切意見的參商。他們於當年 11 月簽訂《根特和議》（the Pacification of Ghent），決定十七省團結一致，協力逐西班牙人和其他外國勢力出尼德蘭。

烏特利支聯盟

就尼德蘭全境言，《根特和議》是自主運動的最高潮。在其後的兩年間，尼德蘭方面曾有多種計劃進行，或在名義上仍奉腓力二世為君主，或另立君主，以求保持統一。但南北宗教利益的歧異，最後卻使統一功敗垂成。喀爾文教派勢力的張大，使南方仍奉天主教的省份，為之戒懼。在西班牙方面，繼阿爾發後也曾數易統帥，作挽回亂勢的努力。從公元 1578 年終起，為腓力二世負責尼德蘭時局的是帕爾馬世子亞歷山大・法爾內塞（Alexandre Farnese，Prince of Parma），一位能幹的將領和外交家。在他的外交和軍事雙重壓力之下，南方一部分天主教省份開始單獨行動。它們在公元 1579 年初締結阿拉斯聯盟（The League of Arras），共同維護羅馬天主教會，並在保障地方傳統權利的原則下，繼續效忠腓力二世。因為有阿拉斯聯盟，所以北方七個新教省份隨即也締結了一個烏特利支聯盟（the Union of Utrecht）宣佈繼續團結一致，共抗外敵。兩個聯盟名義上都以《根特和議》為辭，但事實上則締結者畛域分明，從此在尼德蘭的南北兩部間，劃下了一道不可弭平的鴻溝。當北方七省最後脫離西班牙主權而為獨立的荷蘭之時，南方的省份卻尚須待二百多年後，才獨立建國 —— 即比利時。

荷蘭獨立

烏特利支聯盟締結於公元 1579 年 1 月，聯盟的七省是荷蘭、澤蘭、烏特利支、吉德蘭（Gelderland）、格羅寧根（Groningen）、菲士蘭（Friesland）和上愛塞（Overijssel）。聯盟締結之初不過是一種以防務和財政協同為主的鬆弛的聯邦組織。奧倫治家的威廉初時對聯盟並不熱心，因為他仍希望合十七省為一體，以共抗西班牙。但南北統一即不可能，聯盟遂於公元 1581 年 7 月宣佈獨立，否認腓力二世的主權，解除對他的臣服關係。當時聯盟對帕爾馬的西班牙軍隊戰事，頗見不利。聯盟曾求援於法國，但當時法國亦在內戰期中，它所能加的攘手自然有限。公元 1584 年 7 月，威廉遇刺殞命。法國的援助既經失敗，而戰況又益趨惡化，弗蘭德斯和布拉邦城市如布魯格斯、根特、布魯塞爾、安特衛普，逐一被帕爾馬收復。聯盟因而迫切向英國女王伊利沙伯一世求援。在這以前，英國臣民得伊利沙伯的許可，援助尼德蘭的反西班牙運動，已歷有年數。公元 1585 年安特衛普城陷，同年年終，英國正式派兵赴尼德蘭。但英國的援助仍不能阻止帕爾馬 —— 公元 1586 年後為帕爾馬公 —— 的勝利攻勢的進展。至公元 1587 年終，英國的援助也歸於失敗。

結果公元1587年成了尼德蘭獨立前途最黯淡的一年。反之，下一年——1588年——則是扭轉大局的一年。這一年西班牙"無敵艦隊"遠征英國潰敗。西班牙軍事力量的移用於英國及其失敗，不僅使西班牙一時緩和了在尼德蘭的壓力，同時亦因為海上運輸安全的喪失，而使它支援尼德蘭的軍事感受困難。次年——1589年——亨利四世（Henry Ⅳ）在法國內戰進行中即位，開法國波旁（Bourbon）王朝。從公元1590年起，帕爾馬屢奉腓力二世的命令，移師法國對亨利四世作戰，因而也使帕爾馬在尼德蘭不能繼續保持優勢。同時在另一方面，奧倫治家的威廉之子莫里斯（Maurice）於公元1584年以一十七齡少年繼承父職，現已長成，表現了高度的軍事才能。他改組荷蘭軍隊，革新軍隊的紀律、設備、戰術和運輸供應，使它成為強勁的作戰力量。帕爾馬就在公元1591年終，在聯盟軍隊的勝利反攻中，憤恚病卒。帕爾馬死後兩年，聯盟諸省境內大抵已不復有西班牙軍隊盤據。戰事雖未繼續，但已失去內戰的性質，而成為國與國間沿邊的戰爭。聯盟諸省至是已經是一個獨立國家，歷史上通常以尼德蘭或荷蘭共和國稱之。公元1596年，荷蘭與英法兩國締結聯盟，使它在國際間也受到正式國家的待遇。

公元1600年前後的數年，也是荷蘭海上勢力擴張的最重要的數年。荷蘭的初次出征東印度羣島，是在公元1595—1598年。公元1602年，荷蘭東印度公司（Dutch East India Co.）成立。荷蘭船舶現在行駛於東西洋各地，從事貿遷運輸，並隨在破壞西班牙的殖民帝國。公元1607年，荷蘭海軍摧毀了一支集結在直布羅陀海峽的強大的西班牙艦隊。但在陸上，則局勢漸形固着。腓力二世已於公元1598年逝世，當年法國和西班牙成和。在英國方面，詹姆士一世（James Ⅰ）也在入繼王位的次年（1604年）與西班牙成和。英法既終止對西班牙的戰爭，荷蘭在陸上自難以獨力求更多軍事的進展。到這時，西班牙在海陸兩面都已精疲力竭，荷蘭也不復有統一尼德蘭之望。公元1609年，雙方在承認獨立諸省為自由邦的原則下，締結十二年休戰協定，相約共同遵守現狀，以謀各項問題的解決。公元1648年，荷蘭的獨立獲得西班牙的正式承認。

第三節　法國的宗教戰爭

公元 1559 年法國與西班牙締結《卡托—康布雷齊和約》，當年亨利二世逝世。這樣，在法國歷史中結束了一個為對抗哈布斯堡家的包圍與爭取在意大利優勢而進行長期對外戰爭的時代，進入國內宗教戰爭的時代。

法國的新教運動

關於宗教改革，法國雖先有基督教人文主義的啟蒙工作，但新教係從日耳曼和瑞士傳入，先是路德教派，其後為喀爾文教派，法國的新教運動自始即必須抵抗王權的壓迫。因為法國國王既已達到控制教會的目的，他們自然視異端為對於國家統一的威脅。當法蘭西斯一世在位晚年和亨利二世在位時，路德派新教徒在法國遭受嚴厲的迫害。但喀爾文教派的傳入，使法國的新教運動獲得新的力量。喀爾文本人為法國人，一個法語散文大家。他的邏輯精神也比之路德的神秘思想投合法國人的心理。他的組織才能，加以他在日內瓦所給予法國新教運動的直接指導，也是喀爾文教派在法國獲得成功的重要因素。就在公元 1559 年，亨利二世逝世的一年，法國新教徒在巴黎舉行一次秘密會議，為改正派教會在法國成立全國性的組織。

新教運動與政爭

法國新教運動的發展也使新教成為一種政治勢力。在法蘭西斯一世和亨利二世的專制統治下，多數貴族雖不過是國王的廷臣和將吏，但也有部分貴族分隸於兩大家族集團，相互嫉視。他們與王室都有密切的親屬關係，在朝廷有巨大的影響力量。迨亨利二世的諸子在位，國王闇弱，王權式微，這兩大家族集團便成了爭奪控制政府權力的敵手。因為他們的領袖一方面為喀爾文派新教徒，另一方面為極端派天主教徒，所以家族鬥爭也就成了宗教的鬥爭，領導新教方面的大貴族有王室支系波旁家和科里尼（Coligny）家。波旁家為首的是納瓦拉王安多尼（Anthony of Navarre），科里尼家為首的為海軍元帥加斯帕爾・德・科里尼（Gaspard de Coligny）。領導極端派天主教方面的大貴族有居伊茲（Guise）家，為首的為居伊茲公爵法蘭西斯（Francis ， Duke of Guise）。法蘭西斯與法國及蘇格蘭王室都有婚姻關係，其姊瑪麗（Mary of Guise）為蘇格蘭王詹姆士五世（James V）的寡后，蘇格蘭的攝政、蘇格蘭女王瑪麗・斯圖亞特（Mary Stuart）之母；後者為法王法蘭西斯二世（Francis II，公元 1559—1560 年）之后。此外，在法蘭西斯的諸弟中，尚有二人為樞機主教和法國王家大臣。

法蘭西斯二世繼位時年少，國政為王后的舅家居伊茲弟兄所攬有。他們隨即假迷信異端的罪名，將政敵波旁家和科里尼家的集團排出宮廷。這使後者自然以法國的新教領袖之身，成為王家政府的反對勢力，於是宗教的原因和政治的原因合流。因居伊茲家迫害新教的加厲，也使新教徒為求自衛，迅速組織自己為一個宗教兼政治團體。同時也就在這幾年間，新教徒開始在法國被稱為胡格諾派教徒（the Huguenots）。

法蘭西斯二世即位逾年即去世，當時法國的新教徒已經洶洶欲動，臨叛亂的邊緣。法蘭西斯的逝世，因居伊茲家一時失勢，使法國的局勢暫時得以緩和。王位由亨利二世的次子，法蘭西斯之弟查理九世（Charles IX；公元 1560—1574 年）繼承。母后凱瑟琳・德・美第奇（Catherine de' Medici）以攝政之尊，控制了政府。在其後的二十餘年中，凱瑟琳先後為其二子，查理九世與亨利三世（Henry III，公元 1574—1589 年），主持國政。面對大貴族再度跋扈恣睢，凱瑟琳的政策唯在竭力為自己母子保持對政府的控制，並力求法國能徼倖免於戰亂。她的努力獲得法國一部分人士的支持。他們企圖團結溫和的天主教徒，以期在新教勢力和極端派天主教勢力之間，建立一個忠於王家而求國家和平的中間勢力。在接着發生的法國宗教戰爭時期，他們被稱為國家派（the Politiques）。

宗教戰爭的發生

凱瑟琳的首一行動為中止對新教徒的迫害，頒佈敕令予新教徒有限度的信仰自由。她的目的顯然為撫綏新教勢力，使安於現狀。但結果不然，當迫害繼續時，喀爾文教派在法國仍不斷擴張，已經成了一個堅強而好鬥的團體。一旦壓迫解除，它更是加速傳播。自然，以法國的全人口言，新教徒始終只是少數，可能不過十分之一。但這是屬於有力的少數，他們的實力遠在他們的人數的比例之上。法國新教徒主要由最力量充沛也最有影響力的階級產生，包括工商業市民和好戰的鄉紳貴族，並得少數大貴族的領導。因為他們屬於喀爾文教派，他們也表現了喀爾文派教徒所特著的矜高節操和堅強意志。這使他們成為一個多方面受人敬畏的團體。他們現在所要求的不再是有限度的容忍，而是完全的自由。凱瑟琳的溫和的敕令不能使他們滿足。反之，在極端派天主教勢力方面，凱瑟琳的政策更引起了強烈的反對。新教和舊教雙方都各走極端。他們開始暴動，到處搗毀對方的教堂。公元 1562 年，居伊茲公爵領導部分天主教貴族，奪取了控制政府的權力，強迫凱瑟琳撤廢寬容新教的敕令。同年，胡格諾派教徒舉兵，法國的宗教戰爭爆發。

在其後的十年中，法國內戰時停時作。胡格諾派勢力方面雖人數遠遜，而且屢遭敗衄，但仍堅持不屈。在這十年的戰爭中，雙方原來的領袖先後凋謝，新教方面的科里尼元帥成了碩果僅存。雙方原有領袖的凋謝使凱瑟琳的政策一時又見有成功之望。公元 1570—1572 年間，凱瑟琳撮成了一次和約，在新教徒佔多數的地域予新教徒以信仰的自由。她召科里尼至宮廷，並以其女瑪格麗特（Margaret of Valois）許配波旁家的少主亨利（Henry of Bourbon），圖由此獲得胡格諾派領導人物的歸心。亨利因其父安多尼在戰爭爆發當年（公元 1562 年）受傷致死，繼位為納瓦拉王。他不久將成為胡格諾派方面最重要的首領。

聖巴托羅繆屠殺

但凱瑟琳仍未曾計及當時雙方狂熱的情緒。胡格諾派方面仍不滿足。而極端派天主教方面，在法蘭西斯之子居伊茲公爵亨利（Henry of Guise）的領導下，激烈反對凱瑟琳的政策。同時科里尼元帥在宮廷對於查理九世所生的影響，也引起了凱瑟琳的疑懼。查理現在已經成年，科里尼企圖說動他出兵援助尼德蘭反抗西班牙統治的叛亂。凱瑟琳最後決定再與居伊茲家聯合。公元 1572 年 8 月，胡格諾派的重要人士因參加波旁家的亨利與瑪格麗特公主的婚禮，雲集巴黎。23 日夜，聖巴托羅繆節日（St. Bartholomew's Day）的前夜，凱瑟琳與居伊茲家在巴黎策劃一次大屠殺。這次大屠殺於次日凌晨發動，史稱"聖巴托羅繆屠殺"。在巴黎，胡格諾派教徒被殺者約二千人，其中有科里尼元帥。其他城市起而效尤，又有數千人死亡。

神聖同盟

胡格諾派勢力雖喪了他們的領袖，然繼續他們的武力抵抗，直至公元1567年再在有利的條件下休戰。但這時，在法國，新教運動顯然已過了它的高潮期，勢力盛極而衰。胡格諾派人數因戰爭和殺戮而顯著減少，唯有在西部和南部地方他們的力量還足以堅守不屈。當新教勢力正從積極的進取退為消極的保守之時，天主教方面卻在對抗改革和耶穌會的激動下，發動了強烈的反攻行動。當時法國全國因戰爭而水深火熱，受苦的人民怨恨新教勢力頑梗。王家政府則已完全瀕於破產，而亨利三世於聖巴托羅繆屠殺後兩年繼任，又庸弱不能掌握時勢。公元1576年，極端派天主教黨以居茲家的亨利為首，組成一神聖同盟（the Holy League），對外與西班牙的腓力二世交通，目的在撲滅法國的新教，並促居伊茲家的人入繼法國王位。

三亨利之戰

公元1584年，凱瑟琳・德・美第奇的第四子安茹公爵法蘭西斯（Francis of Anjou）逝世，這是瓦盧瓦王朝最後一位可能的王位繼承者，他的逝世使法國立即面對嚴重的政治危機。亨利三世健康不佳，而無子息。胡格諾派領袖納瓦拉王亨利現在成了最有機會繼承王位的人。但神聖同盟不惜代價，決心阻止他的入繼。公元1585年，神聖同盟與西班牙的腓力二世締結條約，公然反抗王家權力。接着發生的一段戰爭稱"三亨利之戰"（the War of the Three Henrys），意指瓦盧瓦王朝的亨利三世、天主教黨的居伊茲公爵亨利和新教黨的納瓦拉王亨利。亨利三世起始聽從神聖同盟的指使，但因不堪同盟的壓迫而又無力抗衡，他於公元1588年終，派人刺殺了居伊茲公爵亨利。其後不到一年，天主教黨的極端分子又刺殺了亨利三世。公元1589年，納瓦拉王亨利遂稱號為法國國王，是為亨利四世（Henry Ⅳ，公元1589—1610年）。

亨利四世與南特敕令

亨利三世的逝世並未立即使戰爭結束，因為繼位的亨利四世尚須克服神聖同盟和西班牙的反對。亨利四世的宗教信仰是他不能得法國全國擁戴的主要障礙。再經四年無結果的戰爭，亨利最後覺悟這障礙不能藉武力克服。公元1593年，他背棄改正派教會，皈依天主教信仰。其後他雖仍須繼續進行對西班牙的戰爭，然國內迅速歸於平定。公元1598年，對西班牙的戰爭也終在有利於法國的條件下結束。當年，亨利頒佈《南特敕令》(the Edict of Nantes)，以解決法國當前的宗教問題。根據《南特敕令》的規定，他保障法國全體新教徒的信仰自由和政治權利平等。法國的宗教戰爭至這時乃最後結束，新教在法國獲得了合法的地位。國內外的和平既經恢復，亨利四世乃得以集中其力量，以重建他的殘破不堪的國家。

第四節　伊利沙伯治下的英國與英西戰爭

瑪麗女王恢復天主教

當亨利八世和愛德華六世父子先後逝世時，英國教會的前途尚在未定之數。在愛德華六世治下（公元1547—1553年），新教教義雖已在英格蘭教會中迅速增長，然當其姊瑪麗於公元1553年繼位為王時，英國上下極大多數人或仍屬天主教徒，或於新舊教會的取捨無所用心。瑪麗自己是一個虔誠的天主教徒。英國國內的宗教情形，使她得以於繼位後仍能藉國會之助，重立天主教為英國的國家教會，並使英國教會重隸於羅馬教會，而未曾引起嚴重的反抗和叛亂。最後使瑪麗恢復天主教的努力歸於失敗者，是她的親西班牙政策和她的早逝。瑪麗於公元1554年與西班牙王儲、其後的腓力二世成婚。她使英國與西班牙結為密切的聯盟，從而使英國淪於西班牙的附庸的地位，並在一次與西班牙聯合對法國的戰爭（公元1558年）中喪失了百年戰爭後英國在歐洲大陸所保有的最後的一個據點加萊（Calais）。在國內，她的虐殺新教徒使她在歷史中留下了“血腥的”瑪麗（“Bloody”Mary）的惡名。兼以她又早逝，在位不過五年，而無所出。瑪麗這數年的統治結果，只是使英國人普遍加強對西班牙的民族憎恨，並使羅馬教會在英國益發不得人心。

伊利沙伯與英格蘭教會

英國宗教前途的最後決定，乃在女王伊利沙伯一世治下（公元1558—

1603 年）。伊利沙伯為安妮・寶琳所出，繼其姊瑪麗登英國王位，為都鐸王朝的最後一位君主。伊利沙伯從小受新教徒教育，但有如其父亨利八世，不是一個全心在宗教的人。她所要求的是一個受王權管轄、不隸屬於羅馬的國家教會，是一個溫和寬大的新教教會，除了最頑強的極端分子外，都易於接受。伊利沙伯於公元 1559 年，經國會立法，使英國重歸於新教。一項新的《最高權力法》(Act of Supremacy) 重建英格蘭教會，並置教會於國王的最高權力之下。一項新的《崇拜禮儀統一法》(Act of Uniformity) 則恢復愛德華六世的《通用禱告書》的使用，加以若干修正，從而重新規定了全國教會的統一的禮拜儀式。但形式的統一既經規定，伊利沙伯對於教義則聽任其臣民保有充分的自作解釋的餘地。見於《通用禱告書》和稍後制定的《三十九條教律》(the Thirty-nine Articles，公元 1563 年) 的主要精神為新教的，但有關信條的界說則寬泛博大。這使不一定堅持服從教宗的天主教徒得以加入國家教會，在良心上毋須經多大困難；而使新教徒，無論其思想係傳自威登堡或日內瓦，可以自由解釋國定的信條，使適合各自的信仰。伊利沙伯對於英國教會所作的決定為一種典型的英國式妥協，其結果證明十分有效。伊利沙伯在位幾半世紀，記以親見她的教會穩固樹立。其後英格蘭教會除了在清教徒革命時期曾受挫折外，一直傳衍光大至今。在英國，唯有極端的新教徒和極端的天主教徒，才繼續拒絕加入。

蘇格蘭的宗教改革

當伊利沙伯女王在位初期新教教會方在英國穩固建立之時，蘇格蘭也從一個天主教國家，改宗了新教。公元第十六世紀的蘇格蘭落後而貧窮，但它的教會卻十分富有，受強大的貴族把持，為當時歐洲教會的腐敗之尤。這使蘇格蘭教會自然容易成為新教運動者攻擊的目標。再者，在新教運動者方面還受到民族愛國心的策勵。詹姆士五世於公元 1542 年逝世，無子，其寡后法國居伊茲家的瑪麗攝政，倚法國為重。他們的女兒瑪麗・斯圖亞特（公元 1542—1587 年）更自幼在法國宮廷撫養長大，於公元 1558 年與法國王儲成婚。蘇格蘭的王家政府如此，人民的不滿情緒與時俱增。他們不滿蘇格蘭所自居的近乎法國附庸的地位，因為居伊茲家代表法國極端派天主教的勢力，所以在一般蘇格蘭人的心目中，天主教會也與法國的統治相牽連，而受憎恨。因此當諾克斯（John Knox，公元1572年卒）於公元1555年從日內瓦返蘇格蘭領導反羅馬運動時，一個全國性的大叛亂在蘇格蘭已經醞釀成熟。公元1557年，受諾克斯的鼓勵，蘇格蘭新教貴族聚會，簽訂"神約"（Covenant），保證維護新教的信仰。公元1559年，蘇格蘭內戰爆發。次年，英國伊利沙伯女王派軍北上，援助蘇格蘭叛軍反抗天主教的親法的攝政政府和驅逐駐防的法軍。這次伊利沙伯的行動，意義重大。它助成了新教在蘇格蘭的勝利，也終止了英蘇兩個不列顛王國間年深代遠的仇恨。

瑪麗與長老會教會

公元1561年，瑪麗・斯圖亞特因其夫法蘭西斯二世逝世，返蘇格蘭。她發現喀爾文派的長老會教會（the Presbyterian Church）已在蘇格蘭穩固建立。在蘇格蘭，長老會教會的勝利係在一次武力革命後造成。這次革命摧毀了蘇格蘭天主教會的主教制度，也摧毀了蘇格蘭王權對於教會的控制。這使蘇格蘭宗教改革後的教會地位與英國的十分不同。這樣造成的教會自然不受政府的控制，反之，它可以施壓力於政府以影響政治。瑪麗・斯圖亞特在蘇格蘭親政的失敗，這是一個根本的原因。經過連年與教會的衝突，加以施政的不善和私德的不檢，瑪麗終於在又一次蘇格蘭內戰（公元1567年）失敗後，逃亡出境，託庇於英國，而聽任其稚子詹姆士六世（James Ⅵ，公元1567—1625年）留在蘇格蘭，受長老會牧師的教養。

英國海上勢力的發軔

在英國，伊利沙伯女王時代也是海權發展的一個決定性的時代。經伊利沙伯時代，英國終於興起為一大商業國家，海權樹立，從而奠定其偉大的海上事業的基礎。公元第十五世紀末葉新大陸和新航道發現，從歐洲繞經非洲南端至印度與香料羣島，暨從歐洲西航越大西洋至美洲的新商道，曾一時為葡萄牙和西班牙所控有，從而也使葡萄牙人和西班牙人一時獨佔了遠東、非洲沿岸和美洲的利市百倍的商業。但葡萄牙人和西班牙人的獨佔地位未曾保持長久。英國和尼德蘭的航海者與商人隨即覓取機會，以分奪新商業航運的利益。

比之葡萄牙人與西班牙人，他們並因國內長時期來興盛的手工製造，而更佔有利的地位。如毛織工業，就使英國和尼德蘭商人有銷路廣闊的商品，可以運售海外，以換取歐洲所需要的物品。無論西班牙如何防禁森嚴，英國商人也仍能潛入西班牙在美洲的領土，與西班牙移民進行走私買賣。同時，勇敢的英國航海者也在北冰洋從事探險，企圖另覓一條在北方繞過美洲或歐洲以通過東方的海道。他們在這方面的努力自然注定歸於失敗，但他們也由此發現了白海（the White Sea），而開通一條與俄國交通的新商業路線。此外英國商人也不顧西班牙在地中海上的霸權，而逕自進行與近東邦國的貿易。

英西戰爭

在腓力二世治下，西、葡殖民地嚴禁英國商人從事公開的貿易，這使英國商人益發鋌而走險，成為武裝的走私者和海上剽掠者，間接也促使英國成為一好戰的海權國家。在英國和西班牙正式開戰前，英國的海上冒險者德雷克（Francis Drake，公元 1596 年卒）和霍金斯（John Hawkins，公元 1595 年卒），早已從剽掠美洲西班牙殖民地的沿海城市和劫奪西班牙寶船，積累了豐富的海上作戰知識和經驗。在英、西之間，商業和海權競爭而外，尚有宗教的仇恨。英國商人多數為新教徒，因此使天主教的西班牙在商業壟斷上蒙受打擊，在他們足以獲得雙重的滿足。而他們在當時又恰是我道不孤，因為尼德蘭和法國的海權也同為新教勢力所控有；在尼德蘭為叛亂中的荷蘭人，而在法國為胡格諾教徒。他們控有歐洲大西洋岸的最優良的港口，由這些港口出發以破壞西班牙的海運。在大西洋上，自北海至加勒比海，新教勢力到處縱橫，使西班牙在陸上尚所向無敵之時，而海上先已受困。亦即由於英國的海上剽掠者、法國的胡格諾派勢力和荷蘭的“海上丐軍”阻塞了西班牙的商業，並截斷了西班牙與尼德蘭的交通，加以英國的直接援助，才使荷蘭獨立有成功的可能。因此腓力二世至於最後決定欲以全力一舉擊潰英國，自然不足為奇。

從後世回顧當時，腓力二世對英國已經用兵過遲，失去了早先容易獲勝的機會。然在當時，則腓力亦自有其理由，使他遲遲未即用兵。首先他希望能與伊利沙伯女王結婚，或利用伊利沙伯對於法國支持瑪麗・斯圖亞特要求繼承英國王位的憂慮，與英國結成密切的外交關係，以恢復瑪麗女王死後他在英國喪失的權勢；而伊利沙伯也以她狡黠的外交，使腓力繼續懷此希想。繼之是尼德蘭叛亂發生，使腓力於恢復對尼德蘭的有效控制前，不得不擱置任何對英國的戰爭之想。只要英國能在海上獲得荷蘭人和法國胡格諾派勢力的援助，他決無法從海上運輸大軍，登陸英國。因此腓力轉而求助於政治陰謀，與英國的天主教極端分子交通，企圖以天主教的瑪麗・斯圖亞特取代新教的伊利沙伯之位，使他自己得以拔去眼中之釘，而使天主教在英國恢復。伊利沙伯在英國的地位也自有其弱點可乘。她是都鐸王朝的最後一位直系君主，她的正統地位從未為正宗的天主教徒所承認，因為他們從未承認亨利八世與凱瑟琳的離婚效力，所以也從未承認亨利與安妮・寶琳的結婚效力；加以瑪麗・斯圖亞特為英王亨利七世的外曾孫女，現在是英國王位最近的承繼人。有許多年，伊利沙伯因西班牙與英國天主教的陰謀，時時有殺身之虞。但接連的陰謀的揭發，也使愛國的英國人益發增進對於他們的女王的愛敬，和對於天主教的西班牙的憎恨。瑪麗・斯圖亞特於失國後託庇於英國宮廷，但這位艷麗而命運坎坷的蘇格蘭女王不幸成了國際政治陰謀的中心人物，威脅伊利沙伯女王的生命和英國國家獨立與新教教會的安全。公元 1587 年，伊利沙伯順從英國輿情的要求，以危害國家罪下詔處死瑪麗。至此，腓力二世對英國已別無他策，唯有公開宣戰之一途了。

西班牙無敵艦隊的潰敗

這次西班牙對英國的戰爭雖綿延多年，然戰爭的命運因公元 1588 年腓力二世的無敵艦隊（the Spanish Armada）出征英國潰敗，而在戰爭開始之初便已決定。腓力竭西班牙的人力和財力，建立一支大艦隊，意圖一舉擊潰英國的海軍，並運送西班牙軍隊登陸英國。但比之同時期的英國，西班牙所有的海事知識已經落伍。這支無敵艦隊自始至終是一連串失敗的歷史。這是一支主要為運輸和佔領而設計的軍隊；他所假想的戰爭是船與船相接，人與人相搏的戰爭；他的人員的主要部分是陸軍，統率者是封建貴族，而又於出發前臨時易帥。艦隊在英格蘭海峽遭遇風暴，加以英國海軍的機動艦隻和遠程火炮的射擊，結果幾乎全軍覆沒。這次西班牙在海上的大敗，在西方海權史中劃出一個新的時代；它表示了西班牙海軍的衰替和英國在海上的偉大時代的肇始。

第四十章
三十年戰爭

公元第十七世紀前半，歐洲發生了最後一次也是最大的一次宗教戰爭，歷時三十年，日耳曼既飽受蹂躪，其他歐洲國家也或多或少曾遭波及。三十年戰爭（the Thirty Years' War）開始前，有半個世紀，日耳曼因公元 1555 年的《奧古斯堡和約》，而在新教與天主教勢力間維持和平。但至公元第十七世紀初年，半個多世紀來時勢的變遷，終使和約所作的協議難以繼續維持。對抗改革天主教與天主教勢力的復興、喀爾文教派勢力的擴張、日耳曼邦國間領土的爭奪、西班牙和奧地利哈布斯堡家的王朝政策，以至法國、瑞典和其他歐洲國家的利害關係，都加甚歐洲國際間的緊張，而形成威脅和平的形勢。在這期間，日耳曼成了歐洲的火藥庫，燎原之火便從日耳曼燃起。

第一節　三十年戰爭的由來

日耳曼宗教形勢的變化

《奧古斯堡和約》後的二、三十年，在日耳曼為新教的極盛期，新教到處有新的擴張，尤以在北日耳曼為甚。但至同世紀——公元第十六世紀——末葉，而形勢逆轉。天主教會因對抗改革運動獲得了新的進取的力量，開始在日耳曼恢復部分早先喪失的地位。在日耳曼南部的廣大地域，包括巴伐利亞、奧地利哈布斯堡家的領土，以及萊茵蘭的諸教會領，本來也在傳播擴大的新教信仰悉被清除，使這些邦國成了幾乎清一色的天主教邦國。迨公元第十七世紀初年，日耳曼的天主教會更一反過去的被動而為主動，變得十分好戰，以年輕的巴伐利亞公爵馬克西米連（Maximilian，Duke of Bavaria）和史泰利亞公爵斐迪南（Ferdinand of Styria）為首要的領袖。史泰利亞公爵斐迪南為哈布斯堡家人神聖羅馬帝國帝位的繼承人。與天主教勢力重振並見，路德教派的勢力則日漸消沉。在日耳曼，喀爾文教派現在成了新教方面的積極進取的成分。喀爾文教派在萊茵河上游的日耳曼邦國和波希米亞獲得勝利。在大邦君侯中它也爭取了萊茵蘭和勃蘭登堡兩選帝侯的歸附。

奧古斯堡和約的破壞

喀爾文教派在日耳曼的發展，也使公元 1555 年《奧古斯堡和約》所作的協議，日益難以維持。因為喀爾文教派未曾列入和約的條款，在日耳曼未有合法的地位，所以這教派的勢力的擴張自然成為對於《奧古斯堡和約》的破壞。而且，便是對於路德教派，《奧古斯堡和約》的保障也日感不足。《奧古斯堡和約》承認路德派君侯有繼續持有公元 1552 年前所籍沒的教會土地之權，但有不少教會土地乃在公元 1552 年後所籍沒，因此不受《奧古斯堡和約》的保障。另一類似的情形也成為可能的糾紛之源。在《奧古斯堡和約》中有所謂“教會權利保留”條款，規定凡教會領主一旦改宗新教，其因職務而持有的領地應即放棄，此種領地應歸還天主教會。和約的這部分條款也屢遭破壞。尤其在北日耳曼，大部分教會領地都化教為俗，成了奉新教的俗界邦國。

新舊教同盟的對立

凡此宗教的形勢變化與《奧古斯堡和約》的破壞，在新教君侯間日益增加不安之感，其結果是公元 1608 年一個新教聯盟（Protestant Union）的成立，領導者為萊茵蘭選帝侯腓特烈四世（Frederick Ⅳ）。這是一個主要屬喀爾文教派的聯盟，但也包括少數路德派君侯。又一年（公元 1609 年），一個對立的同盟 —— 天主教聯盟（Catholic League）—— 也在巴伐利亞公爵馬克西米連的領導下組成。日耳曼的新教和天主教勢力這樣結成了相互敵對的軍事同盟。和平現在全賴搖搖欲墜的勢力平衡維持。一旦任何情況的變化破壞了平衡，戰爭將立即接踵而至。

政治的背景

哈布斯堡家在日耳曼所處的特殊地位，構成三十年戰爭所以發生的政治背景。哈布斯堡家朝皇帝雖忝居日耳曼的元首地位，但他們所主要關心的全在他們世襲家族的領土權益。除了奧地利及其鄰近的若干南日耳曼領地外，他們現在又領有了波希米亞王國和匈牙利王國。日耳曼邦國君侯久已獲得廣泛的自主地位，他們繼續要求享有更多的獨立。這甚至使皇帝與天主教君侯間也難以全心全意合作。天主教聯盟即曾露骨的摒皇帝於聯盟之外。聯盟在打擊新教勢力時可以與皇帝合作，共同致力，但聯盟的君侯也謹慎提防，不使與新教的對抗造成皇權的擴張。事實是哈布斯堡朝皇帝除了自己世襲的領土人民外，他們唯一真能依賴的只是西班牙的哈布斯堡王朝。哈布斯堡家於查理五世後分為奧地利與西班牙兩支，但他們繼續保持密切的聯繫，包括堂表通婚。這使在日耳曼發生任何牽連與奧地利哈布斯堡家的事件，在勢也必將牽連西班牙。

三十年戰爭結果因波希米亞的喀爾文教派勢力反對哈布斯堡家的統治而爆發。這次波希米亞的叛亂，為波希米亞人的民族的與宗教的雙重意識所促成。波希米亞以一斯拉夫人的國家而受日耳曼君主的統治，這使它成為歐洲民族意識特別強烈的一邦。再者，波希米亞也有一個淵源久遠的反羅馬傳統。它的一位宗教運動的前驅胡斯便曾因改革波希米亞教會，而於公元 1415 年為天主教會的康斯坦茨大公會所焚死。數年後，波希米亞接着有胡斯派戰爭發生，反抗羅馬天主教會。公元 1600 年前後，因先後在位的哈布斯堡朝皇帝懦弱無能，波希米亞的喀爾文派教徒曾獲享相當的宗教信仰自由。因此當公元 1617 年日耳曼極端派天主教領袖史泰利亞公爵斐迪南，因在位的哈布斯堡朝皇帝無子而被立為波希米亞王位的繼承人時，波希米亞人為之震驚。再者，自公元 1562 年以來，波希米亞王位雖由哈布斯堡家世襲，然形式上王位繼承人皆曾經波希米亞國會的承認。這次斐迪南的冊立，未曾遵守這一歷史的傳統。波希米亞貴族見他們的雙重自由 —— 宗教的和民族的自由 —— 都面臨危殆之境，他們決定先發制人，在斐迪南鞏固他的權力前發動革命。

第二節 三十年戰爭的經過

三十年戰爭以新教的波希米亞民族主義反對天主教的哈布斯堡家的統治而爆發。其進行可分為四期：第一期為波希米亞叛亂時期，自公元 1618 年戰爭發生始；第二期為丹麥干涉時期，自公元 1625 年始；第三期為瑞典干涉時期，自公元 1630 始；第四期為法國干涉時期，自公元 1635 年始，繼續至公元 1648 年戰爭結束。

波希米亞叛亂時期

公元 1618 年，在波希米亞的國都布拉格，一羣新教貴族進入王宮，將哈布斯堡朝皇帝的攝政大臣擲出窗外（the "defenestration" of Prague），這樣開始波希米亞的叛亂。波希米亞人隨即組織了自己的武力，同時史泰利亞公爵斐迪南也立即開始動員軍隊，戰爭開始。公元 1619 年初，斐迪南膺選繼位為神聖羅馬皇帝，稱斐迪南二世（公元 1637 年卒）。當年夏，波希米亞國會廢黜斐迪南，選舉萊茵蘭選帝侯喀爾文派的腓特烈五世為王。波希米亞之所以選舉腓特烈，主要希望他能獲得其妻父英王詹姆士一世（James I）和日耳曼新教君侯的援助。但詹姆士一世於公元 1603 年以蘇格王入嗣英國王位，圖與西班牙的哈布斯堡王朝修好，不能予腓特烈的反哈布斯堡王朝戰爭以實力的援助，而日耳曼路德派的君侯，也不願為喀爾文教派和腓特烈的領土利益，冒險投身於戰爭。在另一方面，因為喀爾文派的萊茵蘭選帝侯邦和波希米亞的聯合影響了日耳曼新舊教的勢力平衡，促使巴伐利亞公爵馬克西米連和他所領導的天主教聯盟，起而援助哈布斯堡朝皇帝。波希米亞戰爭歷時未久，便勝敗分明。皇帝和天主教聯盟的聯軍於公元 1620 年，在布拉格城外的白山（the White Hill）擊潰了缺乏訓練的波希米亞軍隊，腓特烈出亡。

戰爭的第一階段結果是極端派天主教勢力取得完全勝利。斐迪南以雷厲風行的嚴威，進行在波希米亞撲滅新教的工作。叛逆者的土地被籍沒，人民在嚴酷的迫害下被迫背教或出亡。腓特烈的本土萊茵蘭選帝侯邦的遭遇相若。巴伐利亞公爵馬克西米連從皇帝索得了腓特烈的選帝侯的名號及其領土的權利，但對萊茵蘭的用兵卻使戰爭繼續進行至公元 1623 年。因為皇帝與馬克西米連對於萊茵蘭選帝侯邦的專斷的處置，加以因戰爭的結果天主教教徒勢力陡增，使日耳曼新教邦國普遍感受威脅和恐懼。結果波希米亞的叛亂雖經平定，而戰爭並未終止，並且因外力的介入而進入一更加擴大的新階段。

丹麥干涉時期

公元 1624 年，英國為儲君查理與西班牙的婚姻談判決裂，查理及其黨人因急欲向西班牙尋仇雪恨，同時荷蘭則因與西班牙休戰（公元 1609—1621 年）期滿，戰爭再起，亟願與任何足以有助於對西班牙作戰的新教勢力聯合。丹麥國王克里斯欽四世（Christian Ⅳ，公元 1588—1648 年）於得英國和荷蘭援助的保證後，決心入侵日耳曼，與該地的路德派君侯合作，以進行對神聖羅馬皇帝和天主教聯盟的戰爭。克里斯欽參戰的動機一部分無疑是宗教，因為他是路德派教徒；一部分也由於政治的原因，因為他希望為自己獲得新領土和保護在北日耳曼因籍沒教會領土而有所獲的族人的利益。公元 1625 年，克里斯欽率軍入北日耳曼。

同時，在天主教勢力方面，皇帝斐迪南既不願完全依賴天主教聯盟的武力，又缺乏財力以自行召募一支堪當大敵的軍隊，他結果召到了華倫斯坦（Albrecht von Wallenstein，公元 1634 年卒），使當軍事的責任。華倫斯坦是西方歷史中最大的軍事冒險家和傭兵統領之一。他出身波希米亞一般的貴族家庭，全憑他個人的才具和無厭的野心，而取得權力、財富和顯貴的地位。他生而為新教徒，其後形式上雖改宗天主教，實際上對於任何宗教信仰皆無所用心。在波希米亞的叛亂平定後，他因處理籍沒的土地獲利，積累了龐大的財富。現在他願意召募一支軍隊，不需皇帝的薪餉給養，只要求允許他就地因糧，於征服地收取他應得的報酬。華倫斯坦在軍事上的盛名，加以他所允諾的優厚的報酬和擄掠的機會，使歐洲各地的行險徼幸之徒麇集至他的麾下，為他效命。公元 1626 年，丹麥人迭被皇帝和天主教聯盟的軍隊所擊敗，他們次第退出日耳曼。這使皇帝和天主教聯盟的軍隊控制了北日耳曼。華倫斯坦並在波羅的海沿岸的征服地進行建立一個新自主邦的計劃。

天主教勢力勝利的結果，其首一措施便是重建被收奪的教會領。公元 1629 年，皇帝斐迪南二世頒佈《歸還詔書》（the Edict of Restitution），命令歸還所有於《奧古斯堡和約》後被收奪的教會領地予天主教會。《歸還詔書》結果成了使戰火復熾的禍原。《歸還詔書》的執行，將使新教君侯損失領土，新教人民喪失宗教信仰自由。斐迪南的這一措施迫使新教君侯從消極的退守，轉向積極的抵抗，而使戰爭於丹麥的勢力退出後再起。再者，《歸還詔書》的執行必須依賴華倫斯坦及其軍隊的力量，因為他在勢需以武力強制執行。但華倫斯坦反對《歸還詔書》，因為妨礙他在北日耳曼進行的計劃，他隨即公開與天主教聯盟衝突，斐迪南接受聯盟的要求，於公元 1630 年罷免華倫斯坦。

瑞典干涉時期

當斐迪南二世方遺棄他的唯一足以執行其政策的武力之時，在新教方面，一支新的外力又已投入日耳曼的戰場。瑞典國王格斯道弗（Gustavus Adolphus，公元 1611—1632 年）決定援助日耳曼的路德教派勢力，使三十年戰爭進入第三個階段 —— 瑞典干涉的階段。格斯道弗自繼位以來的一項政策，便是加強瑞典的安全保障，把瑞典造成一個北歐的強國。他先後與丹麥、俄羅斯及波蘭作戰，擴張瑞典在波羅的海沿岸的領土，並加強其對於波羅的海商業的控制。他亟求在波羅的海南岸，亦即北日耳曼，獲得一立足點，使波羅的海成為"瑞典的內湖"。公元 1629 年，他與波蘭的戰爭結束。當時日耳曼新教邦國的處境危殆，需援孔急。次年，格斯道弗在獲得法國允諾予以財政的援助後，隨即投入日耳曼的戰爭。

當格斯道弗統軍入日耳曼之初，北方的大路德派諸侯如勃蘭登堡和撒克遜的選帝侯，方為皇帝和天主教聯盟的氣勢所震攝，一時不敢有所舉動。馬德堡城（Magdeburg）宣佈擁護格斯道弗，便因勃蘭登堡選帝侯不許格斯道弗假道其領土赴援，結果為天主教聯盟的軍隊所攻下，慘遭焚掠。迨格斯道弗大軍入勃蘭登堡，兵臨柏林城下，才迫使其選帝侯與他聯盟。於是皇帝和天主教聯盟方面也圖同樣以武力示威的方式，壓迫撒克遜選帝侯歸附。但結果適得其反，這位小心謹慎的選帝侯因此被激怒，而以一支約八千人的軍力加入了格斯道弗方面。勃蘭登堡和撒克遜的參加，在實力上雖裨益無多，但也壯大了瑞典的軍容。公元 1631 年 9 月，格斯道弗進攻在萊比錫（Leipzig）近處布賴滕費爾德（Breitenfeld）地方的天主教聯盟軍隊。這次戰役，瑞典人在謀略和戰鬥實力上，都有優越表現。格斯道弗然後長驅過萊茵蘭，入巴伐利亞。在巴伐利亞，格斯道弗再大敗聯盟軍隊，其統帥陣亡。日耳曼一時幾乎懾服於格斯道弗的軍威之下，新教的勢力從而大振。皇帝斐迪南二世迫不得已，再求助於華倫斯坦。自公元 1632 年 7 月起，歷時數月，格斯道弗與華倫斯坦兩軍相持，都不敢以全力出搏。但至同年 11 月，在撒克遜的呂岑（Lützen）地方，兩軍終於發生決戰。交戰的結果瑞典人獲勝，但格斯道弗陣亡。

瑞典人的軍事勝利雖尚繼續一時，但他們因傷亡重大，加以撒克遜脱離合作，而力量削弱。同時在斐迪南二世方面，華倫斯坦也在波希米亞從容整頓部隊，拒絕立即採取決定性的行動。可能華倫斯坦是在策劃陰謀以圖投間取利，斐迪南對他的猜疑日深。公元 1634 年，華倫斯坦為他自己的部下所殺。同年，瑞典人在訥德林根（Nördlingen）一役敗北，他們在日耳曼的形勢也開始逆轉，喪失了一大部分原先征服的土地。斐迪南因利用這有利的時機，與撒克遜和其他的日耳曼新教君侯成和。這時雙方都已厭倦戰爭，在皇帝方面更是財窮力盡。據公元 1635 年《布拉格和約》（the Peace of Prague）的條款，所有發生爭執的教會領地，一律恢復公元 1627 年時的狀況。這在事實上等於撤消了公元 1629 年的《歸還詔書》。在《布拉格和約》後，三十年戰爭的宗教方面的抗爭已告結束。唯因有法國的進一步干涉，才使戰爭再起。

法國干涉時期

當時法國正是樞機主教黎胥留（Cardinal Richelieu）當國，繼承亨利四世的外交政策，黎胥留的目的簡單而堅定。因為法國的四境仍為哈布斯堡家的領土所包圍，為求國家安全強盛，他必須削弱哈布斯堡家的邦國的地位，使不能有所作為。他必須為法國在萊茵河和在比利牛斯山的一線，獲得有利於軍事上設防的邊界。當三十年戰爭期間，歐洲有日耳曼新教邦國荷蘭、英國、丹麥和瑞典，相率與奧地利和西班牙相搏，消耗哈布斯堡家的實力。黎胥留按兵未動，只在外交和財政上援助所有哈布斯堡家的敵人。及至《布拉格和約》訂立，戰爭結束在望，而哈布斯堡家的勢力未潰。瑞典人雖未納入和約，但他們在勢不能長此在日耳曼獨立作戰。黎胥留相信現在應該是法國以全力參戰的時候了。

因為公元1635年法國的參戰，使三十年戰爭終於擴大為一次真正全西方世界的戰爭。黎胥留在對西班牙和奧地利宣戰前，先與瑞典、荷蘭及薩伏衣爾締結聯盟，以荷蘭進取西屬尼德蘭，而經薩伏衣爾威脅意大利。日耳曼諸侯又先後被捲入戰爭，或此或彼，戰爭又繼續進行十三年，甚少重大的決戰，戰事擴展至比利牛斯山沿線、北意大利和尼德蘭，日耳曼仍因土著和客軍的連年蹂躪，受禍最烈。法國在參戰初期一度軍事不利，但它終於以飽蓄的財力和人力，逐漸樹立了優勢。這時，法國軍隊正在兩位嶄露頭角的年輕能幹的將領領導下作戰。他們是康狄親王（Prince of Condé）和蒂雷納（Vicomte de Turenne）。公元1643年在羅克魯瓦（Rocroi）地方大敗西班牙軍隊的，便是康狄。黎胥留在羅克魯瓦之勝前已經逝世，但他的繼承者樞機主教馬薩林（Cardinal Mazarin）繼續以全力進行戰爭。最後法國和瑞典的聯軍入侵巴伐利亞，進迫哈布斯堡家根據地奧地利。同時，和平談判也已開始。在數經遷延後，卒於公元1648年以《威斯特伐利亞和約》（Peace of Westphalia）的訂立，結束了戰爭。

第三節　威斯特伐利亞和約

公元1648年的《威斯特伐利亞和約》是歐洲歷史中第一次大國際和平會議的成果。這次和約在歐洲歷史中也表示一個宗教鬥爭的時代的結束，和一個新的以經濟或領土利益為主的王朝或民族戰爭時代的開始。它所作的領土的調整，及對於神聖羅馬帝國屬下邦國的主權的承認，為歐洲近代的國家制度奠立基礎。其後以迄於拿破崙時代前，歐洲所有領土的變化，大部分不過是《威斯特伐利亞和約》的修正。

領土的調整

《威斯特伐利亞和約》所作的重要的領土調整如下：（一）法國收穫最大，除併入有重要戰略價值的麥次（Metz）、圖爾（Tours）和凡爾登（Verdun）三主教領外，並獲得阿爾薩斯的統治權，這使它的轄境向萊茵河的方向大為推進；（二）瑞典在波羅的海沿岸獲得西波美拉尼亞（Hither Pomerania）等地，在北海沿岸獲得不來梅（Bremen）主教領，控制自中歐北流的主要河流的河口；(三)勃蘭登堡領有東波美拉尼亞（Farther Pomerania）和馬德堡大主教領等數教會領地；(四) 萊茵蘭選帝侯邦分割為二，以一部分歸巴伐利亞公爵，一部分由已故選帝侯腓特烈五世的後人繼承，兩者皆用選帝侯名號。

邦國地位的調整

在政治方面，《威斯特伐利亞和約》承認了有關國家若干重要關係的變化。(一) 此次和約的談判，神聖羅馬帝國與其他國家大抵以平等相對待，從而在事實上否認了帝國高出一般國家的中世觀念的傳統，奠立近代歐洲獨立主權國家地位平等的先例，開歐洲近代國家制度的先聲。(二) 神聖羅馬帝國雖繼續維持形式的存在，然因日耳曼每一諸侯或此後政府皆有獨立的主權，以自由決定對外的和戰與統治各自的邦國，所以更見解體。(三) 法國和瑞典在帝國境內領有土地，所以此後兩國有權出席帝國議會，參預表決，增加干涉日耳曼事務的機會；反之，荷蘭和瑞士的獨立則在這次和約中獲得正式的承認，它們脱離帝國，而以獨立的主權國的地位，加入歐洲的國際社會。

至於和約對於戰爭所由起的帝國的宗教問題，大抵只簡單承認現狀：(一) 凡於公元 1624 年前遭籍沒還俗的教會領地，仍歸原持有者所有；(二)《奧古斯堡和約》予路德教和天主教君侯暨政府以自行決定各邦的宗教信仰之權，此後喀爾文教的君侯與政府亦得享受此同一權利。《威斯特伐利亞和約》未曾建立宗教寬容的原則，但日耳曼元氣損耗之甚，也使各邦君侯與政府不欲再因強迫實行宗教統一之故，而遭更多的人口流散的損失。

日耳曼所受戰爭的破壞

這次戰爭的另一重要後果，尚非和約的條文所能表現。有三十年，日耳曼所有的富饒之區，慘遭戰爭的荼毒。這次戰爭少有對陣的大戰，戰場的傷亡遠不如因饑荒、疫癘與軍隊暴行所造成的生命的損失巨大。當戰爭進行期中，雙方軍隊對於無助的人民，幾乎無分敵我，濫行燒殺擄掠。戰時日耳曼和波希米亞的人口的損失，相傳的數字駭人聽聞。一種可信的估計約為全人口的三分之一至二分之一，而財產的損失當更浩大。但無論生命和財產的損失如何浩大，都還不及長時期的戰亂所造成的道德與文化的淪喪之嚴重。在上一世（公元第十六世紀），日耳曼曾在文化和宗教運動中領導北歐。經這次戰爭，日耳曼在歐洲文明演進的途程中，一時遠落人後。

比利牛斯和約

西班牙也因這次戰爭受禍慘烈。西班牙為支持哈布斯堡朝皇帝和極端派天主教勢力之故，加以對荷蘭戰爭的再起，所以從戰爭初起便派兵參加。迨公元 1648 年時，它已經財窮力盡；葡萄牙又在戰爭進行期中乘機獨立，脱離它的統治。當其他交戰國家已因《威斯特伐利亞和約》而止息干戈時，西班牙仍繼續與法國作戰。西班牙腓力四世（Philip IV）猶圖作困獸之鬥，而法國當政的樞機主教馬薩林，對於西班牙的敗辱也猶感不足。1657 年，馬薩林復與英國護國公克倫威爾（Oliver Cromwell）締結聯盟，以共圖西班牙。這是一項十分奇特的聯盟，一個天主教會的樞機主教，神聖王權的擁護者，與一個極端的清教徒和弒君者聯合，以共圖一個天主教國家。法國既得英國合力，加強了對西班牙軍事的優勢。公元 1659 年，腓力四世終於被迫成和。

《比利牛斯和約》（the Peace of Pyrenees）最後結束了法國和西班牙間長期的王朝戰爭。它也最後結束了西班牙在歐洲的優勢地位，而以這地位轉移給法國。根據《比利牛斯和約》，法國獲得的新領土在南方有魯西隆（Roussillon），加強了它的比利牛斯山一線的國防；在北方有取自西屬尼德蘭的阿多亞省地方。作為這次和議的一部分，尚有法王路易十四世（Louis XIV）和西班牙公主——腓力四世之女瑪利亞・特麗莎（Maria Theresa）——的婚姻。瑪利亞・特麗莎雖在這次婚約中宣佈放棄以後對於西班牙王位的任何權利的要求，但我們將見，路易十四世仍能及身目擊西班牙的統治王朝從哈布斯堡家易代而為波旁家。

《威斯特伐利亞和約》和《比利牛斯和約》恢復了歐洲大部分地域的和平。但在北歐，由於瓦薩家族（the Vasa Family）的內爭，加以瑞典圖謀擴張它在波羅的海南岸的勢力，自公元 1655 年起發生了瑞典和波蘭的戰爭。勃蘭登堡選帝侯腓特烈・威廉（Frederick William）則挑撥其間，以收漁人之利，取得在東普魯士的主權。這次瑞典與波蘭之戰，因英、荷及其他大國的干涉，於公元

1660 年罷休。勃蘭登堡、瑞典和波蘭締結《歐里亞條約》(the Treaty of Oliva)結束戰爭，並承認腓特烈・威廉在東普魯士的完全獨立的主權。歐洲經數十年戰爭，到這時才全土止息干戈。

第四十一章

歐洲的商業革命

歐洲自中世至近代的過渡，所有政治、文化和宗教等方面的變化，都曾受一種新經濟活動方式的力量推動。這一新經濟活動方式稱為“近代資本主義”。近代資本主義之代中世經濟而興，在商業經營上的變化之大，其本身不讓一次經濟革命。

第一節　資本與資本主義

資本的積累

資本主義經濟的基本性質，為資本之被用為產業界生產的要素，而其前提為有相當的私人財產存在，亦即相當的資本積蓄，其數量足以產生剩餘的利潤，以再投資於生利事業。關於原始資本如何積蓄的問題，學者所見不一。但要之必待公元第十一世紀中葉前後商業復興，貨幣經濟積漸擴張，資本的積蓄始有可能。與商業復興相偕，城市生活與手工製造也日見興盛，而中世以實物和勞務相交換的原始性經濟狀況，遂逐漸替謝。商人和手工業者發現以貨幣買賣原料或貨物，便利滋多；乃至繼續耕作土地的農民，也因市鎮有貨幣市場銷納他們的農產品，而積漸養成買賣的習慣。迨公元第十三世紀末葉，歐洲已有數量頗巨的貨幣經常在流通之中，也已有少數幸運者積蓄了相當數量的資本，投資於生利事業，以生產更多的利潤。

自中世盛時始，意大利城市在近東的遠道貿易繼續有非常的利潤可圖。

此外，早期積蓄資本的途徑，重要者有三：其中的一條途徑為利用政治勢力。貨幣經濟的發達，是歐洲國家形成強有力的中央政府的一個重要因素。王家政府的財政收入中貨幣數量的增多，才使中世後期的君主得以招募常備軍和建立集權的政府，從而於軍事和行政兩方面不必再倚重封建貴族。王家因徵收賦稅所集積的錢財，其數量之巨非任何私家財富可及。但於財政一無制度的中世，王家收入的一大部分實際乃流入私家，成為私家的財富。大封君的臣下也有相似的致富機會。

另一條早期積蓄資本的途徑為放高利貸，教會詆之曰“重利盤剝”（Usury）。歐洲中世時期隨時皆有放債取息之人，他們多數為猶太人，所收利息雖重，然不安全。迨中世後期，銀行與放債取息乃成為基督教社會的一大營利事業。首先經營銀行業務的為倫巴底城市的商人，都斯加尼和南日耳曼的商人繼之。意大利佛羅倫斯的美第奇家和南日耳曼奧古斯堡的富格爾家（the Fuggers），為公元第十五世紀中歐洲銀行家族的巨擘，他們的分支機構與金融業務遍佈於歐洲各地。初期銀行業者的主要顧客為國君，其次為封建貴族、教廷與教會貴人。國君不時需要巨額金錢以給養和裝備軍隊，及支付政府和宮廷的繁殊費用。英王愛德華三世如無佛羅倫斯銀行家的貸款，以支付其新式的非封建的軍隊的餉項，他可能無法發動英法百年戰爭。新興的集權君主充分發覺了金錢的潛力。他們經常先期挪用稅項，因此也幾乎經常債台高築。但便是基督教銀行業者經營也不安全。他們所得的利潤優厚，然有錢有勢的債戶常藉故賴債。愛德華三世的拒不清償債務，使佛羅倫斯有兩大早於美第奇家的銀行家族因而破產。

第三條早期積蓄資本的重要途徑為採礦。迨中世後期，大規模採礦事業在歐洲已經發達。經營者多數是銀行家或邦國君侯。他們的資本足以採用進步的技術和方法，並從事大規模的經營；而他們的政治勢力或影響力，又足以使他們獲得在選定區域採礦的專利權。富格爾家的財富，一大部分來自經營日耳曼的銀礦。

採礦除了本身是一項生利事業外，它的另一項重要作用為供給鑄幣的原料。當商業復興之初，硬幣，亦即金銀鑄幣，為完成商業交易行為的主要工具。自中世盛時以下，歐洲流通的貨幣的數量繼續增加。貿易總量的擴大和有利可圖的投資機會的增多，也吸引窖藏的金銀投入流通的過程。但歐洲仍不時發生通貨不足的困難。一則因公元第十五世紀中葉前，歐洲的採礦業曾一度衰弛，貴金屬的供應不足；再則因歐洲每年對東方的奢侈品貿易，使大量金銀流出歐洲。公元第十五世紀中葉後歐洲礦業的復興。自然也由於歐洲需要硬幣殷切所促致。但採礦業的復興增加了歐洲鑄幣的供給量，同時亦即增加了可能運用的資本的數量，而有助於新經濟事業的發達。迨公元第十六世紀，從美洲墨西哥和秘魯的豐富礦藏所得的金銀源源流入歐洲，更使歐洲鑄幣數量大增。

銀行業

銀行業除以調度資本牟利外，對於新經濟事業尚有其他重要的貢獻。首先銀行發展出一種便利而精確的會計制度，成為資本運用所必需的工具。複式簿記發明於意大利，迨公元第十六世紀初葉而流傳於歐洲各地。它的好處為以明白正確的形式，表達營業損益的狀況，從而有助於大經濟事業的經營，和促進資本主義企業心的發達。所謂資本主義的企業心，亦即忿忿不忘損益，而以生產最大可能的利潤為經濟經營的目的。同時新簿記方法的應用，也使銀行業者發展出一種匯劃和票據交換的制度，使貿易——尤其國際貿易——不必完全以金銀等貨幣的支付來進行。

要之，歐洲近代初期，一種新的財富形式已經存在，而一種新的處理財富的技術和運用財富的態度，方在形成。新的財富為貨幣財富。人們發現了資本的潛在能力，發現了錢能通神的真理。同時，經濟事業的經營開始成為以積累利潤為目的的投資，而不再單純為了謀生。

第二節　工商業的變化

新商業機會

當歐洲中世盛時，商業投資的機會很少。中世商業大部分由小商人經營，受行會或城市規章的約束。他們自然也有少量可資運用的資本，但他們尚不能當資本家之稱，因為他們的經營目的和他們的實際所得，無非圖賺取勉可過渡的生活。唯有遠道貿易，如意大利城市對近東的貿易，才有大量投資，也才有巨大的利益可言。迨公元第十四、五世紀，商業投資的機會日多。大領土國家的興起和城市生活的興盛，使商業大為發展。新統一國家的君主需要大量貨品裝備軍隊或供給宮廷的消費。有足夠資本可資運用的大商人乘時而起，取得供應王家政府各項所需的專利權。城市生活的興盛則因城市本身為一個集中的大供需市場，從而也促進商業的發展。

海外貿易

公元第十五世紀末葉，通達非洲、印度和美洲的遠洋航線的發現，使歐洲開發了向所未有的遠道貿易，獲得優越的商業機會。葡萄牙商人從印度滿載香料、染料和絲絹返回歐洲，他們的投資贏得幾乎難以置信的優厚利潤。同時，西班牙人在新世界的經濟事業，也不比葡萄牙人的利薄。西班牙商人從殖民地輸入貴重的金銀、藥材和染料，而向殖民地輸出各種生活必需品。新的海外商業的厚利也為別地的歐洲人所分霑。載入葡萄牙里斯本（Lisbon）港或西班牙塞維爾（Seville）港的貨船，轉運至尼德蘭以為集散地，更使尼德蘭商人自始便在新商業中佔有一份。荷蘭、英國和法國的商人不久也將起而爭取在新大陸和東方的直接貿易的利益。

新經濟人物

如此遠道而需要巨額資本的經濟經營，自非中世地方行會的能力所勝任。歐洲商業之從行會制度逐漸蛻變為資本家獨立經營，其間的變化不易明瞭。但要之，商業之以國家或乃至世界的規模繼續擴張，超過了原來只為有限的地方性的經濟需要而形成的行會制度所能容納的限度。由此而生的新的狀況需要新的方法，行會受傳統的約束，不能大事更張以適應新的狀況。反之，個別的資本家則凡有機可乘，可以無所不用其極，以求成功。歐洲的舊商業中心，凡中世制度根深柢固不可動搖之區，開始衰替，而資本運用更為自由的新商業中心興起。

以大規模遠道貿易為主的商業經營，在歐洲產生一種新經濟人物——企業家（entrepreneurs）。初期的企業家主要屬躉批商人，他們投資在產地購買貨物，運載至消費地批發給零售商人，他們因處於生產者與零售商間的中介地位，而又每每從政府或由企業聯合獲得專利，所以常能操縱產地和消費地的物價，以贏得巨利。

新商業組織

公元第十五、六世紀中，在歐洲也見有一種新商業組織產生，取合夥或公司經營的形式。最初這類商業組織多少仍循中世行會的遺規，除為合夥者獲得商業特權或專利外，每一合夥者仍各以一己的資本獨立經營。著名的倫敦綢緞商公司（the Mercers' Company）、呢布商公司（the Drapers' Company）和乾貨商公司（the Grocers' Company），皆屬此類。

進一步的合夥是合資經營，躉批貿易，尤其遠道貿易，常非獨資所能經營。他們也都不願罄其所有，在一次商業冒險中作孤注的一擲。集資經營便是由若干商人臨時合夥，各出一部分資金以集成所需的資本，最後按各人出資的多寡，於買賣結束時分享應得的利潤。這樣的合夥如重複多次，它可能喪失臨時的性質，而結成永久性的商業行號。如合資經營乃同一家族內部的合夥，常更易形成永久性的組織。

最進步的合夥方式為股份公司。初期的股份公司乃為開發需要巨額資本和冒險的新遠道貿易而組織。公元 1553 年英國為開發經白海至俄國的貿易路線而組織的莫斯科維公司（the Muscovy Company），便是北地同類組織中最早見的一家。股份公司由投資者購買股份，從而投資於公司的資本，以股息的方式享受公司的利潤。公司本身則自成組織，由公司的職員經理。

工業的變化

資本的應用於工業，為商業的變化所促成。商業的急劇的發展和遠地貿易的開拓，使工業開始面對一種新的形勢，與中世供給地方性市場或趕集商人的需要者十分不同。消納貨品的機會迅速增加，使工業生產有了擴大的機會和需要。工業生產的需要的增加，首先便使限制僱用工人、購買原料和出品數量的中世手工業行會制度，不再適用。其次，生產規模的擴大需要資本。於是資本侵入工業，而歐洲的工業也就開始從中世行會制度下的生產，變化為近世資本主義的生產。

工業之從中世行會制度下的生產變化為近代資本主義的生產，有從行會的內部蛻變，使行會喪失其原來的性質，而成為資本主義的組織；有從行會之外發展，形成根本不屬於行會的新經濟組織。

行會的資本化

行會性質的蛻變主要取兩種方式。一種方式為由一個商業行會控制多數手工業行會，使在它的支配下生產。這種情形最常見於行銷境外而多少需要分工的商品製造。接受製成品者為商人，也唯有商人有資本運送製成品往遠地的市場。因為他們成了銷納製成品的唯一的或主要的大戶，所以他們容易操縱製成品的市價及其製造的方法。佛羅倫斯、英國和弗蘭德斯等地的呢絨商人為這類情形的典型例子。羊毛依次經紡毛工人、織絲工人、染色工人、漂練工人和剪絨工人的處理，最後乃以製成的呢絨受呢絨業行會的商人收買。在同一方式下，更進一步的作法為由已經資本主義化的商人組織商業公司，取得專利權，大宗購買原料，分發給手工業行會的老闆，使從事生產製造。商人由是成了十足的資本主義"企業家"，他們現在是大僱主，在工業中投下了巨額的資本，而附屬的手工業行會的老闆淪於工資勞動者的地位。有的老闆不肯聽命，堅持傳統的獨立地位，則在競爭中被擠出行業。最後，如於公元第十六世紀的英國呢絨業所見，商人開始以羊毛直接分發給不隸屬行會的工人，這使行會在僱傭的關係上也喪失了獨佔的地位。

行會性質蛻變的第二種方式為在手工業行會內部，產生了資本主義的老闆。公元第十五、六世紀中，特別在法、英和日耳曼等地工業製造興盛的城市，有的行會成了十分排外的團體。老闆團結成為寡頭集團，排斥不合作的老闆，拒絕新人，不使加入他們的行列。他們對於行會既已完全控制，便可放寬原有的有關生產的限制，使各人能生產更多的貨物。其結果，行會老闆一方面繼續保持行會傳統的專利，同時在事實上已成了資本主義的僱主，而使本行業的大部分工人成為固定的工資勞動者。他們將終身為受人僱用的伙計，永無上躋於老闆之列的一日。

新工業組織

同時，在行會組織之外，以資本主義方式經營的工業生產也積漸發展。這類工業經營的原始資本十之有九來自商業。呢絨商人以羊毛直接配發給不隸屬行會的工人，便是一例。為求規避行會的限制，這類工業經營常須從行會傳統深固的舊工業中心，遷移至無行會組織的新城市或村鎮。在新工業中心，資本家可以無限制僱用工人，降低工資，以贏得最大可能的利潤。資本既唯利是圖，所以利之所在，資本便隨而俱往。於是對於生產不加限制的新工業中心興盛，而有行會傳統的城市衰替。凡此變化自然都非一蹴而至，而是歷時長久的徐緩變化的結果。當公元第十六世紀末葉時，這一變化的過程猶在進行，尚需經兩個世紀方可稱完成。歐洲有的地域還比較落後，到處總有若干小行會存在，未有多大變化。

農業的變化

農業一向是經濟活動中最保守的部分，也最多受傳統的束縛。公元第十六世紀後半，在歐洲大部分地方，土地的持有仍未如商業或工業經營之被視為投資。土地產業乃承繼權的一部分，由貴族或騎士家庭世代傳授，分劃成小塊，由同樣世代相承的農民耕作。農民對地主有習慣相承的物質和勞動義務。在這樣的土地制度下，佃農既難以積蓄資本，以改變耕種方法或改善自身的經濟地位；地主也極少機會投資，以從事生產技術的改良或大規模的生產。易言之，政治的封建制度在歐洲雖已解體，經濟的封建制度卻仍頑存。雖然，便是在農業中，若干變化也已發生。貨幣經濟已自城市傳入鄉間；在有的地區，農民也已開始向地主繳納貨幣地租，以抵償封建勞務。在荷蘭和英國，資本主義的經營最先深入這一中世傳統的最後壁壘——農業。在英國，因為封建制度比之在歐洲大陸國家更早解體，所以這一變化也更明顯。公元第十六世紀中，英國“圈地”(Enclosure) 運動盛行，地主以田莊農民的耕地、公用地或荒地用柵欄圈禁，闢為牧場牧羊；或經營大規模的耕作。圈地需要金錢的投資，但也使地主獲得更好的出息。但對於農民，則地主的圈地無異大禍臨頭，使他們的生活頓受威脅。大量農民因圈地而被迫離去世代使用的土地，他們失去了餬口之資，只得流入城市。早在公元第十六世紀末葉前，從中世田莊制度蛻生的世代承領耕地的制度，在英國許多地方已改變為終身承領或乃至定期承領的制度。

第三節　新經濟政策——重商主義

資本與國家

資本與國家的關係益形密切。新統一國家的君主權力的盈縮，一大部分視其徵集金錢，以給養和裝備軍隊與維持有效率的行政組織的能力而定。因為金錢主要流通於城市，而城市一般不屬於封建秩序，所以國王得以直接在城市徵稅，視城市為重要的稅源。中央政府既日益強大，封建制度衰替，國王隨即也擴張徵稅的範圍及於鄉間農村。但工商業中等階級依然為王家財政收入的一大來源。此就一方面言之，中等階級的資本力量的擴大，亦即王家徵稅機會的增加。所以一旦歐洲國家君主發覺他們的地位與權力所藉重於資本主義工商業者的經濟繁榮之巨，他們也隨即着意促進資本的利益。

如前節所述，領土國家的興起亦曾於若干方面助長資本的原始積累。但更重要的是強有力的集權政府的形成，使工商業獲得安全的保障和社會秩序的維持。在封建的混亂狀態中，為資本主義商業所必需的商品的自由和安全流通，殆不可能。因此，歐洲國家君主固然發覺他們需要一個富庶的商人階級，資本主義商人和製造業者也同樣發覺他們需要一個強有力的王家政府。

重商主義政策

新國家與新商業的密切關係，使領土國家終於代替城市，成為首要的經濟生活單位。城市曾為中世盛時首要的經濟生活單位。中世商人與手工匠人依賴城市政府獲得保護，城市政府則本於城市全體的利益，管理工商業的行為。凡越出城市範圍的貿易，在性質上便是對外貿易。現在經濟活動和經濟利益的範圍既經擴大，資本主義商人與製造業者轉而依賴國家的保護。於是國家政府也開始本於它所認為的國家全體的利益，以管理工商業活動。經營管制之自城市移轉於國家，有兩項利益明白可見。一項利益為國內貿易因城市閉關主義而造成的經濟流通的障礙得以清除；另一項利益為在對外貿易上，商民得以從國家獲得比前更有效的保護。

工商業管制之從城市移轉於國家，除表示經濟活動範圍的擴大外，管制的精神與方式則差別無多。個人的活動仍需為社會全體利益而受約束。此於國家經濟政策名之曰“重商主義”(Mercantilism)。重商主義極盛於公元第十七、八世紀，然於十六世紀已普遍實行，其濫觴自更早於此時。重商主義的要義為由國家政府管制工商業，以增進國家的繁榮，從而增高國家在國際關係中的地位。其主要政策之一為國家應盡力積蓄最多的錢幣，亦即最多的金銀。對於錢可通神的貨幣的能力的發現，使這時代幾乎成為一拜金的時代。因為政府以賦稅形式徵集的錢幣的數量，多少需視國內流通的錢幣的總量而定，所以政府嚴格管制商業，獎勵輸出，而減少輸入。此之謂維持有利的商業平衡，使賣多買少，則金銀的流入自將超過流出。重商主義的另一重要政策為藉建立與開發殖民地，以增加國家的財富。如西班牙和葡萄牙之於第十六世紀，英國、法國和荷蘭之於十七世紀，皆在海外廣建殖民地；獨佔殖民地的通商權利，唯母邦的利益是務。因為重商主義時期戰爭頻繁，所以備戰成為各國政府經濟政策的一個重要部分。有的國家如法國，因此就經常禁止穀物輸出，使一旦遭遇戰爭時不必依賴國外的輸入；而有的國家如英國，則獎勵造船業和漁業，並頒佈航海法，以保護航運，使國家擁有龐大數量的商船，作海軍的儲備。

專利

重商主義政策在另一重要的方面也與中世城市經濟的傳統組合，此即視通商權利為政府所授予人民的特權。專利制度(Monopolies)便由此濫觴，由政府以某種貿易的獨佔權利，授予一公司或其他商人團體。近世初期英、法與荷蘭政府所授予各自的東印度公司的專利，便是一例。在重商主義政策下，類此的專利同時可滿足雙重目的：第一為排斥外國商人，不使分霑某項貿易的利益；第二為由杜絕國內外的競爭，以獎勵本國大貿易團體的發展。政府有時亦直接分享公司由專利所得的利潤。有時國家亦以某種專利權授予外國商人，這是為求維持某種特殊貨物的供應，或為使本國商人在外國獲享互惠的利益。

工業生產的管制

在重商主義政策之下，工業也受嚴格的管制。鑒於一國的財富部分係視國家的生產力而定，所以重商主義時期的賢君能主，獎勵工藝製造不遺餘力。他們尤其獎勵可以外銷、在維持有利的貿易平衡上有用的商品的製造，或戰時國家特別需要的商品的製造。為此目的，他們對於有關的公司、行會或地域授予專利權乃至補助金；他們也設法從國外傳入新工業，扶植新工業，以減少在經濟上對於外國的依賴。公元第十六世紀末葉，法國便曾在王家政府的協助下，傳入了製絲工業；而在法國和英國，於同世紀中葉，玻璃工業也在專利權的保障下建立。

國家既代替城市和行會，管制人民的經濟生活，國家的權力勢必將干涉社會問題。當公元的十六世紀中，由國家立法以規定工資和工作條件的風氣，在歐洲已經普遍。當時此類立法，以有利於資本家僱用者為多。唯對於勞工利益與失業者的生活，也未完全漠視。英國於伊利沙伯女王時代所制定的《濟貧法案》(Poor Law）和《工徒法》(the Statute of Apprentices）便是一例。可見此類立法也確有部分保護勞工和照顧貧苦的用意。

資本與社會

資本的興起在歐洲近世初期造成了一項經濟革命，它並有助於近代領土國家的形成，而促進一次政治革命。同時在社會方面，它所引起的變化也無殊一次社會革命。當公元第十五、六世紀中，這一社會革命尚方興未艾，一旦完成，它幾乎從上至下改變了西方社會。資本的興起改變了財富的性質和政治權力的根源。當中世時期，權力通常來自個人所承繼的社會地位，而財富為權力的產物；在個人的財富中，金錢也不居重要，重要的乃他由承繼得來使用他人勞務的權力。但近代則相反。財富為權力的根源。而財富的主要形式為金錢。易言之，現在金錢造成權力，以控有他人的勞務。這是公元第十五、六世紀中發軔的這一社會革命的最主要的本質。

由於這一社會革命的發生，造成了兩種勢力的結合，協力統治社會的其餘部分。這兩種勢力，其一為王權，代表領土國家的權力，另一為富有的中等階級或布爾喬亞（bourgeoisie）。最後，中等階級並將制勝王權，使王權受其約束，或乃至為其所傾覆。但當公元第十五、六世紀時，則中等階級的利益顯然與王權一致，他們全心擁護王權。同時國家的權力既日益張大，富有的中等階級也日益強盛，在另一方面封建貴族的勢力則日就陵替。他們繼續保持他們的社會名聲、階級身份和多種特權，但他們不再是歐洲社會的統治階級。

在社會的另一極端，人數日增的工業勞動者也完全受制於資本的勢力。“布爾喬亞”一語的原意不過是自由市民，現在工業勞動者是自由市民，但他們不再屬於布爾喬亞階級。他們是工資生活者，資本把他們從富有的僱主分開，他們極少機會能上躋於僱主的地位。當歐洲中世盛時，在行會制度下，僱主與工人間並無不可踰越的鴻溝。每個工徒或伙計都有希望有日身為老闆和僱主，而每個老闆自己都曾有一時期充當工徒和伙計。迨公元第十六世紀末葉，在有的區域，有的小行業可能猶存舊貫，但在所有的較大行業中，情形已迥然不同。這樣開始了近代西方的資本主義社會。要言之，近代初期歐洲的商業革命，最強著的兩個結果，一為社會財富總量的巨大增加，一為資本主義社會的開始形成。所有的變化早肇端於歐洲中世晚期，但至近代初葉，因地理大發現，海外貴金屬的輸入，和遠道貿易的發達，而大為之促進。

第四十二章

十七世紀中葉的歐洲

《威斯特伐利亞》與《比利牛斯》和約後，歐洲國家於久戰力竭之餘，對於城市及其惡果，深懷戒懼。在英、荷與其他大國的干涉下，瑞典、波蘭、和勃蘭登堡也結束了它們的爭執；於公元1660年訂《歐里亞條約》成和。這樣結束了從公元1560年至1660年一個世紀的宗教戰爭的動亂時期。但隨着這一世紀的推移，商業競爭和王朝霸心又超越宗教，成為政治和軍事行為的決定勢力。

領土主權國家與歐洲政治

當公元1660年時，歐洲已清楚分出大體與今日歐洲相當的領土單位。過去視基督教世界為一個統一的共同體的觀念，被獨立自主的領土主權國家的制度所替代。有的歷史學家因此主張歐洲近代史應自公元第十七世紀中葉肇始。

經一世紀的動亂而於公元1660年前後形成的歐洲局勢，下至法國大革命發生前約一百三十年間，未再有根本的重大改變。但新秩序也自有其糾紛的因素，如領土慾望，商業競爭和海外殖民地的壟斷與爭奪，使國際關係繼續兀臬不安。一個有野心的君主為欲滿足其王朝權利的要求，便可使歐洲捲入一場戰爭。近代西方國家制度下民族敵視對立之尖銳劇烈，至於使這制度本身蒙"以實瑪利民族主義"(Ishmaelitish nationalism) 之稱。

在新國家制度下戰爭威脅的嚴重，使有的具遠見卓識的政治和思想家悚懼警惕。法國亨利四世的大臣索利公爵（Duke of Sully）便曾為亨利擬具一項聯合全體歐洲國家以結成一永久性聯盟的"大計劃"（Grand Design），主張一切國際糾紛應由聯盟會議仲裁解決。公元 1623 年，一位法國學者克呂塞（Émeric Crucé）在他的一部著作中主張國家應廢止軍備，設立世界法庭以解決國際糾紛。兩年後，荷蘭的大法學家格老秀斯（Hugo Grotius）發表了他的著名論文〈論戰時與平時法〉（On the Law of War and Peace）。他企圖為正當的與不正當的戰爭加以區別，並主張如戰爭無可避免，參戰的國家至少應保證勿作不必要的暴行，如殺戮傷患。不幸的是現實的政治人物多不作此想，他們把索利公爵的"大計劃"以及克呂塞和格老秀斯的建議，看作不能實行的空想。

結果歐洲國家為圖保障一己的安全，相率組織攻守同盟，以期造成於己有利的勢力平衡。自然，主張以勢力平衡自保的政治家們也有其自圓的理論。他們認為，一種勢均力敵的均勢的維持，使交戰者勝負的機會參半，故任何國家都不敢輕率冒險，挑起戰爭。再者，凡有志於維持國際勢力平衡的國家，它們也必然會保護弱小，使不受強大鄰邦的併吞。當公元第十七世紀中，以勢力平衡自保的理想成為歐洲國際外交的指導原則；而在這一理想的背後，實際是永遠存在的戰爭的威脅。

第一節　十七世紀中葉的歐洲諸國

荷蘭

在法國東北疆外，為波旁王朝的法國所耽耽虎視的西屬尼德蘭諸省。荷蘭共和國位於西屬尼德蘭之北。當公元第十七世紀中葉前後，荷蘭海權極盛，城市繁庶，商民殷富，阿姆斯特丹尤其成了歐洲最興盛的海港和商業金融的首府。商業運輸而外，荷蘭的漁業也盛。荷蘭因它的富庶而受其他歐洲國家嫉視。法國的路易十四世更是憎惡荷蘭，除了經濟的原因外，還因為荷蘭不僅是一個新教國家，而且還是一個共和國家。

日耳曼

從荷蘭溯萊茵河而上，入日耳曼。三十年戰爭雖已於公元 1648 年告終，但日耳曼瘡痍未復，尤其在萊茵蘭為甚。三十年戰爭所加於日耳曼邦國的慘重破壞，為公元第十七世紀中法國得以在歐洲建樹優勢的主要原因之一。和平既經恢復，日耳曼諸侯各自收拾整頓他們破碎的邦國。其中最成功的一人為勃蘭登堡選帝侯腓特烈・威廉，史稱大選帝侯（the Great Elector，公元 1640—1688 年）。經他的慘澹經營，為一個在北日耳曼的未來強大的普魯士王國奠立基礎。他藉政治修明和宗教寬容的號召，從歐洲各處招攬移民，以充實本邦人口散失的市鎮和村落。雖然，以戰後北方凋零之甚，柏林，這一未來普魯士王國和德意志帝國的首都，當時人口尚不過一萬有奇，仍只是位於廣漠的原野中的一座淒涼單調的小城。

斯干的納維亞國家

從日耳曼往北為斯干的納維亞區域。公元 1660 年《歐里亞條約》的訂立結束了這區域的一場戰爭。這場戰爭的主要參加者為瑞典、波蘭和勃蘭登堡；丹麥和俄國也曾加入。歷史上所稱斯干的納維亞國家係指丹麥、挪威和瑞典。當時挪威仍由丹麥國王兼領，哥本哈根（Copenhagen）為這一聯合王國的首都；瑞典的首都為斯德哥爾摩（Stockholm）。斯干的納維亞國家各圖稱霸北歐，躋身於大國之林，但它們的人口各不過百萬有奇。

奧地利

在日耳曼東南部為奧地利，哈布斯堡家在日耳曼的根本之地。神聖羅馬皇帝里奧波特一世（Leopold Ⅰ）於公元 1658 年方即位，在位將近半世紀（公元 1658—1705 年），與路易十四世時代約略同時。在奧地利，這半世紀真是艱辛萬狀。《威斯特伐利亞和約》等於解除了皇帝對於日耳曼邦國的權力；在西方，法國的氣焰方盛，屢次以武力向萊茵河方向拓土；而在東方，土耳其人一度經匈牙利，溯多瑙河，進迫維也納。公元 1683 年，土耳其人包圍維也納，里奧波特出亡。幸賴波蘭國王約翰三世（John Ⅲ，公元 1674—1696 年）及時趨援，才使土耳其人解圍退去。

波蘭

波蘭雖有明君如約翰三世，但它只是一個漫無組織的王國。論疆土，當公元第十七世紀後半，波蘭約與法國等大，然曾幾何時，迨約翰三世死後不過一世紀，波蘭的國土已為俄、普、奧三國瓜分盡淨，完全從歐洲的地圖上消失。

回教土耳其帝國

自公元第七世紀以降，足足一千年，回教帝國氣焰逼人，威脅基督教歐洲。它西方的一角於公元 732 年的圖爾戰役遭受挫折，迨公元 1492 年西班牙併滅格林納達而被推出歐洲。但在東方，於西方西班牙人勝利的同一世紀，君士坦丁堡城為土耳其人攻陷，從而使回教帝國東邊的一角深入歐洲的中心。公元 1683 年圍攻維也納，為土耳其人侵略歐洲的最後高潮。此後，土耳其人在歐洲的氣焰漸歇，開始退縮。

意大利

意大利不過依舊是一地理名詞。威尼斯長時期來曾是歐洲最大的商業港埠，現在因大西洋海運的發達而喪失優勢，繁華漸歇。羅馬仍是教皇國和天主教會的首善之區。在教皇國以南有那不勒斯王國，以北有米蘭公國，仍都在西班牙哈布斯堡家的治下。佛羅倫斯於公元第十六世紀中很快喪失了文藝復興時期的重要地位；它自公元 1503 年始受美第奇的世襲統治，並於公元 1555 年併有西恩納，於 1569 年建為都斯加尼大公國（the Grand Duchy of Tuscany）。大抵自皇帝查理五世時代以來，意大利迄在哈布斯堡家的西班牙的勢力控制之下。

西班牙

在公元第十七世紀中，西班牙本身的勢力日就衰替。它的農業衰敗，工商業廢弛；宗教迫害驅走了勤於治生的摩爾人和猶太人；苛稅重徵也困死了基督教商人。政府仍在財政的困境之中。此外，它在歐洲的地位也迭遭打擊。當三十年戰爭末期，葡萄牙人乘機獨立，布拉干薩家的約翰（John of

Braganza）為王，稱約翰四世，脫離了西班牙的統治。西班牙悉索敝賦，參加三十年戰爭，而一無所獲。迨三十年戰爭結束，它與法國仍繼續作戰。英國先於公元 1655 年在西印度羣島奪佔了西班牙的牙買加島（Jamaica），其後又與法國聯盟，於 1658 年在西屬尼德蘭攻取了敦刻爾克（Dunkirk）港口。次年，公元 1659 年，西班牙與法國訂《比利牛斯和約》，結束兩國間的戰爭，西班牙讓與法國更多領土的權益。公元 1665 年，最後一位哈布斯堡朝的王查理二世（Charles II），以四歲的稚齡即位。這是一個體弱多病的君主，但卻遷延至公元 1700 年始去世，結束了哈布斯堡朝在西班牙的統治。

第二節　英國專制王權的盛衰

都鐸王朝的專制王權

英國王權專制，在都鐸王朝成功，而於繼之的斯圖亞特王朝失敗，其間必有原因可尋。原因之一為兩個王朝的君主統治臣民的方式不同。都鐸王朝遺留給斯圖亞特王朝的君主一個王權專制的政府，這是一個適應英國的特殊傳統和特殊環境的不同尋常的專制政府。大抵都鐸君主但求實際行使王權，他們從不標榜權力，更從不標榜他們的權力絕對無限。相反，他們經常小心翼翼，務使他們的專制權力的行使具有合法的、合乎傳統制度的外表。亨利八世和伊利沙伯一世父女便總是設法使他們的專制行為獲得國會的形式的同意。

都鐸王朝的專制統治因此有“守法的專制統治”（legal absolutism）之稱。在都鐸王朝時期，國會固然一時喪失了獨立和主動，成為君主的御用工具，但同時卻在政府形式上也更加鞏固了地位。因為國王權力之反覆以國會的行動——亦即國會的立法——的形式表示，終於在英國培植了一個傳統，使一旦國會與國王發生衝突時，國會可以藉拒絕認可國王的意志的方式，以抵制國王的專制。這樣，都鐸君主假國會為御用的工具，遺留給斯圖亞特王朝一個形式的立法機構。這一形式的立法機構的存在，有一天會嚴重地窒礙一個不受它擁戴的君主的權力。

英國國會

英國國會的潛在勢力，一大部分也由於英國社會的特殊結構造成。玫瑰戰爭毀掉了英國許多舊封建貴族，使亨利七世得以於戰後為英國消滅最後的地方封建自為的餘勢。當都鐸王朝時期，英國產生了一個新貴族階級，凡受封爵出席上院的少數貴人，法律承認其為貴族。但所有其餘的地主階級人士，包括貴族的少子，卻只是紳士，他們的代表出席下院。在社會關係中，鄉間紳士常與貴族出自同一世系，他們大體也尚為貴族引為同類，但他們與城市的專門職業者或商業人士也未絕緣。紳士的少子常移居城市，或入商業公司肄習商務，或加入專門職業，以開拓他們的前途；他們也與城市商家通婚，有不少鄉間紳士因娶城市富商之女致富。英國國會下院的議員，多數便從這一紳士階級中產生，他們或代表鄉間地方（州），或代表城市。這使英國國會成為一真正代表國家所有有勢力階級——貴族、紳士地主和市民——的團體，不因貴族或市民、鄉間或城市的利益的歧異，而分崩離析。

民族意識

都鐸王朝時期，因國勢興起，英國上下旺盛的愛國心和民族意識，日益與忠臣之心匯合為一。伊利沙伯一世在位的半個世紀中，英國在她領導下，抵抗西班牙和天主教會的聯合壓逼，獲得勝利。這使愛國心與忠臣之心的結合達於空前堅強的程度。西班牙腓力二世的迭起陰謀，圖立天主教的瑪麗・斯圖亞特為英女王，以取代伊利沙伯一世之位，及其派遣無敵艦隊進攻英國，公然意圖在英國恢復天主教會，都使英國人民心目中視羅馬天主教與西班牙侵略的威脅為同惡相濟，而新教信仰與國家的獨立不可或分。在擊敗西班牙的無敵艦隊後，英國人民對他們的國家有一種新的自豪感，這種自豪感益發加強他們對於他們的女王的崇敬，她被視為新教信仰和國家的獨立象徵和護持。

但英國對抗天主教的西班牙所取得的勝利，一方面固使英國人更加忠愛他們的國家和女王，同時卻也使他們果獲得了安全，而不再如前感覺需要對於強有力的專制王權的依賴。此外，在鄉間和城市的有產階級中，長時期社會安定和經濟繁榮的結果，也加強了個人的安全感和獨立意識。這樣，伊利沙伯，這位末代的都鐸君主所傳予其繼承者的國家，其中有勢力的階級莫不忠君愛國，但也比以前更加安全，從而也更加傾向於獨立和自信。

伊利沙伯時代文學

伊利沙伯時代的英國人，有充分理由為他們自己、他們的國家和女王感覺驕傲。昂揚的民族意識發而為伊利沙伯時代的輝煌的不朽的民族文學。自中世晚期以來，英國已有一脈以民間語言表達的文學產生，現在經文藝復興時期古典文學的滋濡，復得熱切的民族意識的激揚，而大盛起來。詩人斯賓塞（Edmund Spenser，公元 1599 年卒）假意大利新傳奇詩的形式，寫長詩《仙后傳》（*The Faerie Queene*），而處處穿插以古典的神話和故實。《仙后傳》的主題在歌頌英國及其女王伊利沙伯。曠代的大詩人莎士比亞（William Shakespeare，公元 1616 年卒）為文學的全才，他所表達的思想的深廣也不限於一隅，但在他的不朽的戲劇中固有不少是表揚英國歷史之作。同時，莎士比亞的著作也提高了英國文學語言的地位。經莎士比亞，英語足以與古今任何文學語言相比侔而無愧色。

詹姆士一世與斯圖亞特王朝

迨詹姆士一世（公元 1603—1625 年）開斯圖亞特王朝，而英國國王與臣民的關係為之一變。詹姆士六世（James VI，公元 1567 年—1625 年）有心為善，博學，當他入嗣英國王位時已屆中年，有當國的經驗。但他的天性、教育、思想和經驗，處處都使他成為一個不適宜於繼承都鐸傳統的君主。他炫學、好辯，而不切實際。他堅信神聖王權。他所曾治理的蘇格蘭是一個與英國十分不同的封建國家；而更重要的是他完全毋視或乃至不知英國的特殊傳統、法律和思想感情。他亦不知人善任，當他在位時，猥瑣的小人和浮華輕薄的寵幸用事。

詹姆士一世的神聖王權思想

詹姆士一世所最念念在茲的便是神聖王權思想。神聖王權思想在西方並不新穎，但詹姆士可能因為自幼在蘇格蘭與跋扈囂張的貴族以及倔強固執的長老會牧師相處的不幸經驗，使他益發念念在茲，主張他的權力乃來自神，而唯對神負責。如上所述，都鐸君主行專制之實，但小心保持法律和制度的形式，使臣民感覺他們的國家的傳統和一己的權利受到尊重。而詹姆士標榜極端的王權專制的理論，必欲臣民相信他的權力高於法律，高於國會所代表的人民的意志。他即令為事實所迫，不得不讓步時，他的大言自伐也使其讓步不為人感激。

詹姆士一世與清教徒

詹姆士繼位不過三年，所有他的後人行將遭遇的困難他已一一經歷，並已大致決定了政策的方針。他的首一行動為表明一項堅決敵視清教徒（puritans）的政策。"清教"（Puritanism）一語在英國宗教史中甚難嚴格解釋，因為其使用十分寬泛。但當詹姆士從蘇格蘭初至英格蘭時，他所遇到的尚非其後離國去美洲新英格蘭（New England）建立殖民地，或在清教徒革命（the Puritan Revolution）中組成克倫威爾的"鐵騎軍"（the Iron Sides）的清教徒。他們只是新教徒中比較傾向極端的一部分，多少信奉喀爾文派教義，主張從英國教會中清除剩留的天主教禮拜儀式和其他制度習慣。伊利沙伯時代的英格蘭教會本出自妥協性的安排，不斤斤計較，注重儀式的英格蘭教徒和力求儀式簡單的清教徒，可以兼容並包。詹姆士出生信奉喀爾文教的蘇格蘭，為蘇格蘭王，他入繼英國王位，使英國清教徒懷抱希望，圖改革英格蘭教會。他們向新王呈遞請願書，要求准許他們有自行採取禮拜儀式之權。詹姆士在漢普頓宮（Hampton Court）召集英格蘭教會主教和清教人士集會。他與後者辯論，最後大發雷霆。他懷疑英國清教徒意圖採取曾使他深受其苦的蘇格蘭長老會的教會組織形式。他相信唯有通過主教，從上統治國家教會，王權及其對於教會的控制才能維持不墮。因此破壞神聖的主教制度，也將損害神聖的專制王權。他大呼"無主教，即無國王。"他誓言要強迫清教徒服從國教，不然就把他們逐出國境。詹姆士其後並未積極迫害清教徒，但他已使自己與人數日增的清教徒為敵，他們多數屬於有勢力的市民和鄉紳階級。他們當詹姆士在位時還不是一個有組織的政治團體，但他們從此形成反對國王一切不得人心的措施的中心力量。

詹姆士使新教的極端勢力與他不睦，但也未使英國的天主教徒滿意。詹姆士繼位初時對天主教徒採取寬容的政策，解除伊利沙伯時代對於不上國教教堂者罰款的處分。禁令解除的結果，一時不上教堂者人數大增，使他驚訝。他立即又恢復了舊法。他的朝令夕改使本來信任他的天主教徒為之憤懣。一部分極端分子計劃於公元 1605 年 11 月，當他和他的國務大臣及全體國會議員集會時，炸毀國會建築。這次英國歷史上著名的“火藥陰謀”（the Gunpowder Plot）幸虧及時發現，未曾肇禍，參與其事者經逮捕處死。破獲“火藥陰謀”的主要結果之一，是在新教的英國人民心中再度喚起對於羅馬天主教的恐懼和憎恨。而就在英國輿情重燃對於羅馬天主教的仇恨之際，詹姆士卻圖與西班牙在外交上結盟。

詹姆士一世的親西班牙政策

詹姆士於即位次年（公元 1604 年）結束了伊利沙伯對西班牙的戰爭。可能這是一項正當的決定，但對於當時英國則十分不得人心，尤其對於新教的航海者和商人階級為然，他們曾因海上剽掠和經營與西班牙殖民地的非法貿易而獲致厚利。但更使英國人對他的西班牙政策不滿的，是從公元 1611 年起為他的儲君查理與西班牙進行的婚姻談判。其後三十年戰爭發生，西班牙積極支助日耳曼的哈布斯堡朝皇帝和天主教勢力，以摧抑新教，而新教的英國人民卻見他們的國王不僅於日耳曼新教勢力最需要援助之際置之不顧，而且見他處心積慮欲為英國未來的國王娶一位信奉天主教的西班牙公主為后。這次婚姻談判未曾成功，但延緩多年，使英國一般人也在感情上傾向了清教，反對國王的專制及其宗教和外交政策。

詹姆士一世與國會

國會終於成為不滿國王政策的意見表達之所。在眾院議員中，清教徒或積極的新教徒的人數急增，他們雖多數來自紳士階級，也有不少從市鎮產生，因而代表一向視西班牙為英國宗教、國家和商業之敵的城市商人。他們尚自立、務實，而宗教心虔誠。他們公開不滿王家政府的浪費，不滿國王寵幸的無能和宮廷生活的奢靡。更不幸的是詹姆士幾乎自始便忽視他們的傳統特權，而引起他們對他不信任之心。國會議員過去從未為自己的權力尋根究底，現在則細心研究英國歷史，搜集乃至歪曲各種先例，以支持並加強他們的地位。國王的浪費使他們獲得最有效的抵制王權專制的武器。詹姆士好揮霍，而他的大臣多浮華腐敗，這使他不能量入為出，只能恃己有的王家財政收入維持開支。增加賦稅需得國會同意，國會或至少下院現在堅持此項權利，並以拒絕新的財政給予迫使詹姆士改革秕政。詹姆士數度解散國會，每次都是解散一個頑強抗命的國會，又召集一個新的頑強抗命的國會。迨詹姆士於公元 1625 年去世時，王權與國會的對抗仍在進行。他以一個已經不受信任的王家政府，傳予其子查理一世（Charles Ⅰ，公元 1625—1649 年）。

查理一世

詹姆士一世在位二十餘年中，在英國所造成的君民的隔閡，查理一世未曾設法補救。查理一世一如其父，他一心相信神聖王權，並繼續任用左右的佞幸為大臣，使治理國家；他甚至更加敵視清教徒。查理有良好教育，待人寬厚，重友情，但他缺乏識鑒。他雖在英國長大，然既不比來自蘇格蘭的詹姆士一世更多了解英國人，自更不如詹姆士的了解同樣在他們治下的蘇格蘭人。

查理一世與國會

查理一世與詹姆士一世同樣寵信白金漢公爵喬治・維利爾斯（George Villiers，Duke of Buckingham）。白金漢於公元 1628 年遇刺殞命，當他在生時，他曾是英國朝廷的真正主宰。他薄有才華，而浮動多變。在他引導下，英國發生了一次出兵西班牙的戰爭，結成了查理一世與法國公主亨利埃塔・瑪利亞（Henrietta Maria）的婚姻，以及一次以援助法國新教徒為名的侵法戰爭。對西班牙和對法國的戰爭結果都勞師無功，自取其辱；查理一世與信天主教的亨利埃塔・瑪利亞的婚姻，則影響查理一世及其後嗣的宗教政策，使斯圖亞特王朝從此在英國人民的心目中陷入天主教嫌疑的漩渦，成為造成這王朝的不幸遭遇的主要原因之一。查理一世與法國的婚姻既在英國重新燃起對於天主教的恐懼，而白金漢在軍事上的無能，喪師辱國，更使國內羣情憤激。國會拒絕新的財政給予，並進行彈劾白金漢，查理兩度解散國會，但不能改變國會的強硬態度。公元 1628 年，查理為進行對法國的戰爭，籌措戰費，不得不召集第三次國會時，他接受了國會的《權利請願書》(the Petition of Right)。這次的《權利請願書》明白列舉國王行使專制權力，於平時行戰時法，於平民住屋駐屯軍隊，任意徵稅，或任意拘禁人民，為非法。其中前二項的目的在不許國王於缺乏經費的情形下以便宜之計維持軍隊，並以軍隊壓迫人民；後二項的目的在保障國會的課稅權力，並保護人民，不使因政治的原因橫遭逮捕或監禁。查理如能忠實履行他的諾言，遵守《權利請願書》的要求，專制政治的英國當壽終正寢，但查理接受了《權利請願書》，隨即又破壞了它。當國會再以拒絕財政給予表示抗議時，查理又一次解散國會（公元1629年），並決心行一人統治，不再召集國會。

自公元1629年至1640年的十一年間，查理未再召集國會，就查理本人言，他也實逼處此。因為他既不能與國會共治國家，自然只有不要國會，行一人統治。他明知王家政府因此在行動上所受限制的嚴重性。首先他就必須因缺乏經費而放棄任何在外交上採取強有力的行動之想。其次，他必須在王權所及的範圍內，徵取最大可能的稅收。因為他不能以武力強逼英國人民交納新稅，他只得曲解法律，恢復已廢的舊稅和王家的封建特權，並出賣專利，以斂取錢財。凡此非常的徵斂，最受其害者為有產的紳士和市民階級。查理因此在這些有勢力的階級中造成了普遍的怨憤，但卻未曾徵斂足夠的錢財，俾能應付一次真正的叛變。公元1639年，這樣的一次叛變終於因宗教問題，先在蘇格蘭爆發。

查理一世的宗教政策

查理以處理國家政教事務的大權，託付坎特伯雷大主教勞德（William Laud，公元1645年卒）。勞德為英國國教高教會（Highchurch）派的領袖，他畢生的抱負為使英國全國服從嚴格的國教制度與儀禮。他從英國教會中清除有清教傾向之嫌的教士；他檢查書刊出版；他利用政府權力以禁止一切非國教的宗教集會。他的高壓使清教派和高教會派的分裂日深，並日益形成敵對的形勢。因為國會曾是一個清教徒佔優勢的團體，現在國會為國王停開，所以清教徒在政治上自然也都成了國會黨人，而凡反對查理的專制政治的人，也都或多或少成了清教徒。

蘇格蘭的叛亂

首先反叛查理一世的專制統治的是蘇格蘭。公元 1637 年，查理和勞德決心以英格蘭教會的禮拜儀式施行於蘇格蘭教會，以代替當地行之以久的長老會的儀式，這甚至是詹姆士一世在生時所不為。蘇格蘭人比守法的英國人歷來好亂，現在受長老會牧師的領導，蘇格蘭從低地至高地，到處發生了騷動。次年，蘇格蘭人又簽署"神約"，誓保他們的教會，各地人民不分階級上下，相率簽名加入。查理於是統兵北上，圖用武力迫令蘇格蘭人就範，而蘇格蘭幾乎舉國嚴陣以待，準備作殊死之爭。查理在英國的處境使他不能組織一支有適當力量的軍隊，因為他實際無錢無人。公元 1639 年和 1640 年的所謂"主教戰爭"（Bishops' Wars），不過是雙方的幾次耀兵示威的行動，結果查理仍不得不忍辱與其叛亂的臣民言和，允許給他們巨額的賠款，作為換取他們從英國撤兵的代價。

長期國會

這樣，查理一世缺乏適當的財政來源而圖行專制統治的試驗失敗。公元 1640 年 4 月，他第四次召集國會，但立即因國會的態度強硬而解散，這是英國歷史中所謂的"短期國會"（the Short Parliament）。同年 10 月，查理因需償付許給蘇格蘭的賠款，又召集第五次國會。這次國會首尾歷時二十年（公元 1640—1660 年），經過和國王的衝突、內戰、共和的試驗，乃至最後斯圖亞特王朝復辟，在英國歷史中稱"長期國會"（the Long Parliament）。

新國會的議員幾乎一致決心裁抑國王的專制權力。下院首先發動對查理的兩位首要大臣坎特伯雷大主教勞德和斯特拉福德伯爵托馬斯·溫特沃斯（Thomas Wentworth Earl of Strafford，公元 1641 年卒）的攻擊。勞德遭監禁，而斯特拉福德被剝奪公權處死。國會隨即陸續制定法律，一一剝奪使專制統治成為可能的國王的權力。規定國會定期集會，規定本屆國會未得國會自身同意不得解散或休會；裁撤都鐸君主所設置的特種法庭如"星室法庭"和"欽命法庭"（the Court of High Commission）；廢止過去國王未經國會同意而徵收的各項賦稅。在幾個月中，這個有決心的國會在英國永久破壞了王權專制政治。當公元1660年，斯圖亞特王朝於清教徒革命後復辟時，所復辟的也只是經這次國會於公元1640—1641年間以立法所造成的立憲的王政，而不再是專制的王政。

內戰的發生

迄此時止，國會為抵制王權專制，大抵意志統一，同德同心。但清教徒不願以此為已足。他們在宗教上攻擊教會的主教制度，而在政治上主張國會有權直接指揮行政和軍隊。於是在下院議員中開始分裂，一邊是清教徒和國會黨人，另一邊是溫和的英格蘭國教徒和政治上所謂保王黨人。因為後者既反對國會黨人，他們自然成了保王分子。英國內戰於公元1642年爆發。這年一月，查理親身率兵入國會，欲逮捕五個被認為反對派領袖的議員，未曾成功。下院為求自衛，開始號召民兵應援。查理出奔，往北部集積力量，少數下院議員和多數上院議員隨往。其後又經過數月談判，迨當年八月，查理在諾丁漢（Nottingham）地方舉兵，於是國王與國會黨間的戰爭開始。

騎士軍與圓顱軍

這次戰爭，王黨和國會黨的分野不能嚴格依階級區劃。大抵交戰雙方咸有農民和紳士參加；倫敦和沿海城市雖為國會黨的主要根據地所在，但各地城市也有保王黨人。就地域言，大抵王黨在北部和西部勢力較強，而國會黨在東部和中部勢力較強，但地域的劃分也並非完全正確。要言之，這是一次敵對的兩派間政治和宗教的感情或原則之爭。忠君的感情使人們聽從王的號召，集合於王的旗幟下作戰。因此在王軍中也有清教徒，但主要則是英國國教徒、天主教徒，或於宗教無所用心之人。再者在王軍中因多嗜酒善騎的紳士，所以王軍也被通稱為"騎士黨"（the Cavaliers）。在反對的方面為對王權壓迫的恐懼過於忠君感情的人。他們中一大部分是清教徒，因為在查理的專制統治下最身受其害的為清教徒，而爭取宗教信仰自由的決心是促成這次英國人舉兵革命的主要原因之一。自然並非所有的國會黨人都是清教徒，也並非所有的清教徒都嚴肅刻板，但他們中也確實多嚴格的清教徒，因為他們拒絕披戴假髮，所以國會黨軍隊也被通稱為"圓顱黨"（the Roundheads）。

內戰的經過

這次英國的內戰持續了四年（公元 1642—1646 年）。這是一次混亂散漫的戰爭，只在王軍方面尚多少有確定的戰略可言，此即向倫敦集中，圖攻取倫敦，但始終未能成功。國會黨方面的優勢是他們控制了港口和最富庶的城市，這使他們能從國外獲得物資的補充，而且也有財力維持優勢的武裝配備。此外，海軍也加入他們的一面，蘇格蘭是他們的聯盟。但最後使國會黨在戰場上獲得決定性勝利的是他們的新模範軍（the New Model Army）。新模範軍係從極端的清教徒中募來，而由這次戰爭所產生的軍事領袖克倫威爾編組訓練而成。他們受良好的訓練，有良好的配備，維持嚴格的軍事和道德紀律，使他們成為國會黨軍隊的堅鋒。克倫威爾所親身統率的鐵騎兵於公元 1644 年在馬斯頓荒原（the Marston Moor）擊敗騎士軍，是這次戰爭中最有決定性的一仗。在戰爭臨結束時，新模範軍約佔國會黨軍隊全軍的四分之一，為國會黨軍隊中最有實力的部分。

極端派清教勢力的勝利

查理一世於公元 1646 年投降。繼之發生的問題為如何處置查理。當時人民還很少想到廢除王政，但關鍵是如何使查理就範，從此在英國維持一個受國會節制的立憲政府。國會黨與查理的談判，因查理的口是心非，反覆無常，而遷延不成。同時，國會黨內部也發生了劇變，使革命的形勢為之大變。內戰初起，國會黨曾與蘇格蘭聯合，並同意立長老會為英國的國教。這是一項投合大多數清教徒心理的措施，因為他們與長老會教派所信奉的教義相若，同出自喀爾文派教義。但這一措施不能使新模範軍滿意。如上所述，新模範軍係由極端派清教徒組織。他們崇尚個人宗教自由，反對任何由國家管制的教會，易言之，他們是獨立派教徒（Independents）。他們相互間可以思想觀念不同，但在主張任何基督團體應自由決定其宗教信仰上，他們的思想一致。國會既立長老會為國教，現在又不僅要取締舊國教派教會，而且也開始制定法律，迫害獨立派教徒，並提議解散新模範軍，卻不清發欠餉。其結果是又一次短時期的內戰（公元 1648 年），保王黨人、國會黨的長老會派教徒，和蘇格蘭人聯合，對獨立教派勢力作戰。在克倫威爾的領導下，獨立教派軍隊再度得勝。公元1648年12月，他們用武力從國會肅清了長老會派議員。次年一月，這個"殘餘國會"(the Rump Parliament)廢除了上院，使國會成為一個一院制的議院。這時克倫威爾已是軍隊和國會的無可爭議的領袖。"殘餘國會"得克倫威爾的同意，組織法庭，審判查理一世，於廢除上院的同一月，以叛國罪名處死了查理。一時英國成了共和行政(the Commonwealth)，但受少數掌握武力的軍人統治。

共和行政與克倫威爾的獨裁

在其後的十年中(公元1649—1660年)，英國的政府形式數經改變。首先"殘餘國會"仍行使立法權，它任命了一個國務會議(Council of State)，使當共和行政之責。公元1653年"殘餘國會"因攬權為克倫威爾強迫解散。當年國務會議通過"政府組織法"(the Organization of Government)，為英國建立護國政府(the Protectorate)，以克倫威爾為護國公(Lord Protector)，有國會以行使立法權。但即使一個經最謹慎挑選的國會，也不能與專政的軍隊將領長久合作。衝突再起，政府再經改革，最後克倫威爾終於成了英國的實際君王，獨裁的統治者。自然這決非大多數的英國人所願，甚至可能非克倫威爾自己衷心所欲，但卻是當時唯一可能的政府形式，俾國家免於混亂和內戰再起。英國當時尚不能使斯圖亞特王朝復辟，而內部勢力和意見的分歧，也使它不能立時造成一個名副其實的共和國。克倫威爾及其軍隊的統治至少使英國有一個實際可行的政府。這樣一個政府雖不敢面對國會自由選舉的考驗，可能注定不能持久，但在克倫威爾的領導下，英國獲得一段時期的安定，在內戰後恢復元氣，恢復其經濟繁榮和在國際間的聲威。

於克倫威爾當國期間，英格蘭本土大體和平而秩序良好，但當共和初期，他仍需用兵於愛爾蘭和蘇格蘭，以平定兩地的反抗。在愛爾蘭，天主教的愛爾蘭人起而叛亂，擁戴斯圖亞特王朝的繼承人，未來的查理二世。克倫威爾率軍入愛爾蘭，以極端的酷烈暴戾，壓平了天主教徒的叛亂。在蘇格蘭，反對勢力為長老會派教徒。他們遭克倫威爾擊敗後，雖被迫接受他的處置，並同意在蘇格蘭容忍非長老會的新教教派，但比之愛爾蘭人，他們所受的待遇遠較溫和寬大。

共和政府既在英國本土恢復和平，又轉而與當時英國在國際間的主要商業競爭者荷蘭發生戰爭。在英國，從無一個政府比之清教徒政府更多代表商業階級。克倫威爾熱心維護商業利益。他重振與殖民地的貿易，贊助公元1651年新航海法。後者的目的在限制荷蘭在英國本土與殖民地港口間的航運利益，以保護英國的海運業。由此而引起的與荷蘭的戰爭的結果，使英國重掌英格蘭海峽及其附近海面的霸權，並於東方貿易中獲得有利於英國的條件。其後克倫威爾於護國時期，又曾因商業的理由與西班牙發生戰爭，也同樣獲勝，佔領了西屬尼德蘭的海口敦刻爾克。迨公元1658年克倫威爾逝世前，他業已在歐洲國際間重振英國的聲威。

斯圖亞特王朝的復辟

克倫威爾勳業彪炳，其經國之道且多垂久的功績，有不少政策——尤其經濟政策——繼續為復辟的斯圖亞特君主所承受。但國中對他的政府不滿的仍日增。英國人曾為反抗國王的專制而鬥爭，他們不甘以暴易暴，以軍事專制代替古老的君主專制。新政府未曾予人民以政治的自由；在宗教方面，克倫威爾雖尚能寬大為懷，受迫害的限於天主教徒和英格蘭教徒，但清教徒政府執行一種道德壓迫的政策，其干涉個人自由之令人厭憎，與查理一世的宗教壓迫無殊。因為不甘受清教徒政府和軍隊的專制壓迫，不少原來的清教徒成了騎士黨人，不少原來的國會黨人成了保王黨人。克倫威爾既死，傳護國公之位於其子理查・克倫威爾（Richard Cromwell），這時英國幾乎舉國一致要求恢復斯圖亞特王朝，奉查理二世為王，而由查理保證尊重公元1640—1641年間的立法所授予國會的權力。斯圖亞特王朝的復辟未曾引起新的戰爭。當時軍權在握的孟克將軍（George Monck）先恢復長期國會，繼之又召集一個經自由選舉產生的國會，而由國會決定迎查理二世歸國。

查理二世於公元1660年5月返抵倫敦，英國現在又有了一位正統的國王。當時英國舉國騰歡，似乎從清教徒的苛嚴統治下又回到了舊時歡愉的日子。但復辟的斯圖亞特王朝已不再是詹姆士一世和查理一世的王朝之舊。新王自私而狡黠，但他不再是一位專制的統治者，不再如他的父祖要求神聖王權。英國當時僅英格蘭一地已有人口約四百五十萬，外加蘇格蘭和愛爾蘭。君臨這樣一個廣土眾民的王國，回顧流亡時的慘淡歲月，查理二世自不免再蹈先人的覆轍，至重遭失國之痛。

第三節　法國專制王權的勝利

公元第十六世紀的法國有一個輝煌的開端，但中葉後的三十年內戰，使國家滿目瘡痍，對外不振，內部分裂，人民貧不聊生，政府財政破產，中世封建勢力的專制自為又有再演之勢。同世紀告終前，納瓦拉王波旁家的亨利入嗣為法王，稱亨利四世（Henry Ⅳ，公元 1589—1610 年），才使法國又恢復了希望。

亨利四世與國家統一的恢復

亨利四世於公元 1589 年，因瓦盧瓦王朝的亨利三世身故，乏嗣，而繼有法國王位。當時法國尚在宗教戰爭期中。亨利遲至公元 1593 年誓絕新教，改宗天主教，始於次年正式加冕；再兩年，公元 1596 年，天主教勢力方面才最後放棄對他的抵抗，但內戰仍未結束。西班牙的腓力二世曾與神聖同盟結托，干涉法國的內戰，其後又與亨利爭繼承法國王位之權，所以亨利又需對西班牙作戰。經亨利的努力斡旋，法國終於在公元 1598 年結束了內外戰爭。當年亨利與腓力二世訂《韋爾萬條約》（the Treaty of Vervins），結束對西班牙的戰爭。對內，他頒佈劃時代的《南特敕令》，解決法國的宗教問題，以最後結束內戰。亨利因政治的原因而改宗了天主教，他現在是一個極大多數人民屬天主教選的國家的君主；但他也未忘懷他舊時的袍澤胡格諾派教徒的權利與利益。《南特敕令》使胡格諾派教徒得享完全的宗教信仰自由；得享在指定的城堡和市鎮公開禮拜的權利；以及得享充任國家各項公職的權利。為保證這些權利的實行，《南特敕令》並許胡格諾派教徒繼續駐守和治理約兩百處城鎮，其中多數在法國西部和南部。這最後的保證對於國家統一自屬危險的讓步，在日後的法國尚將引起困難與不幸。但《南特敕令》確認宗教寬容的政策，在公元第十六世紀則為劃時代的賢明之舉。它最後結束了法國的內戰，恢復了國家的統一，而使法國在歐洲成為最早的一個有兩種不同教派的人民以平等的公民權和平共處的國家。

亨利四世與索利

國家內外和平的恢復，使亨利得以全力從事重建國家的工作。在這項艱巨的重建工作中，亨利幸而得他的一位大臣索利公爵（Duke of Sully，公元1641年卒）的赤心輔佐。索利早歲便參加亨利在納瓦拉的宮廷，與亨利共同參加法國的宗教戰爭，是他的親信的友人和臣僚。長時期的共同生活與友誼，使亨利充分認識索利的才幹，而委以重任。亨利和藹友善，富有同情心，令人心服，而又善於識人，這是天生宜於作領袖的性格，但他也容易流於放蕩不羈，嗜慾無度。他見事明敏，常識豐富，多建設性的構想，善於決策，但也缺乏對於細節的耐心。所以亨利是一位得人心的君主，一位明智的政治家，但缺乏作為一個負實際行政責任者所應具的品質。索利恰可補亨利的不足。索利為一嚴謹的新教徒，他為人冷峻，細心、節儉、廉潔，他永久不能得人喜悅，但他完全可以受人信任。同時他也幾乎天生是一位堪當大任的行政首長，有孜孜不倦的精力和對於細節的用心。這使亨利得以集中心力於政策的構想，而以國家實際政務的處理託付索利。君臣如輔車之相依，以共負重建國家的重任。

王家財政的整頓

亨利君臣所面對的最迫切的問題，為解救王家財政的困境。連年的內外戰爭、末世的瓦盧瓦君主的庸弱、財政各部門的混亂、浪費與腐敗，使國家陷於破產的危境。人民不堪繁重的賦稅的負擔，而王家財政的收入不能應經常的支出之需。其原因，一部分也由於傳統的財政制度和積習的不良。索利不能改變所有從中世相沿而下根深柢固的不良的財政制度和積習，但他就制度和習慣本身加以整頓，以淘汰流弊。他為財務行政建立秩序；他規定財政收支應詳具賬目；他裁汰冗官，懲治貪污，減少包稅人的中飽。由此索利得以多少減削農民所負擔的稅額，而同時使王家的歲入增加。再加以限制消耗，減除靡費，他終於使王家能積貯充足的經費，以支付政府一切正當的開支，包括維持一支強有力的軍隊、公共工程的興建和其他促進社會繁榮的政策所需的費用。得索利的經營，迨亨利在位末年時，法國王家政府不僅償付了過去所積欠的大部分債務，而且還儲積了巨額的庫存，以備不時之需。

社會經濟的復蘇

索利在為亨利四世整頓王家財政同時，也致力於復蘇民間經濟。他雖力事撙節王家政府的開支，但於改良道路、橋樑、河渠和海港等工程卻不惜巨資，欲以增進國內交通的便利安全，促進國家的經濟繁榮。他也熱心獎勵農業，相信農業為國家經濟繁榮的基礎。他積極舉辦平治沼澤、開墾曠地和移民戰時荒廢地區等事業。他也以撤銷穀物出口的禁令，俾農產物得以行銷境外，以增進農民的經濟利益。所有索利的政策都獲得亨利四世的支持，但亨利自己於國家經濟也另有其所見。索利忽視工商業，而亨利熱心獎勵工商業。他在法國傳入製絲業，並以授予獎助金與專利權獎勵其他工業。他與西班牙和英國訂立通商條約。他並且最先輸送殖民至新法蘭西（New France），為法國在北美的殖民事業發軔。更重要的是亨利使法國獲得了十多年和平。這時法國人民於久亂之後，為安養生息和復蘇經濟所最需要的。迨亨利逝世時，國內雖仍貧乏，但一般經濟狀況已大為改善，開始邁向復興之途。

內政與外交

長期的內戰幾乎使王權在法國一敗塗地。大貴族的氣焰復張，封建的無秩序狀態有再見之勢。因此亨利四世為重建王國的首一要圖，自然是重振王權。當亨利在位時，封建貴族仍常有叛亂發生，但都遭平復。極大多數人民 —— 尤其中等階級 —— 現在堅決效忠王權。得人民的擁戴，亨利重建起一個強有力的中央政府。這是一個賢能愛民的專制政府，可能也是當時法國所能有的最有效的政府。三級議會式微的結果，法國不再有任何制度足以使它發展為一個立憲國家；反之，長時期的內戰，證明若非王權專制，便會陷入混亂的無政府狀態。法國王權專制之所以於亨利四世後繼續發達，至路易十四世時代而登峰造極，這可能是基本的原因。

在對外方面，亨利恢復法蘭西斯一世與哈布斯堡家為敵的政策，多方削弱西班牙和奧地利，以抵制哈布斯堡家勢力包圍的威脅。更重要的是他得索利之助，建立了一支強有力的國家軍隊，以待有機可乘時在戰場上擊敗敵人。公元 1610 年，亨利因日耳曼發生內爭，聯合他在日耳曼和荷蘭的新教盟好，準備發動一場對哈布斯堡家的勢力的戰爭。他的軍隊已經動員，但當他正待出發去前方軍中時，他在巴黎為一個宗教狂徒所刺殺。

黎胥留與路易十三世

亨利四世的去世，一時使國家喪失領導，徬徨失措。繼亨利為法國國王的為其子路易十三世（Louis XIII，公元 1610—1643 年），年方九齡，母后瑪麗・德・美第奇（Marie de Medici，公元 1642 年卒）臨朝攝政。有七年，法國的命運操於這位無能然頗剛愎自用的女性及其意大利的近幸之手。她罷免索利和其他前代的重臣，浪擲亨利所積貯的錢財，而聽任政府再度淪於腐敗無能。她無力約束強大的貴族，但知以重賂苟安一時。她甚至改變亨利的反哈布斯堡家的政策，而圖與西班牙聯盟。她使路易十三和西班牙公主安娜（Anna of Spanish）締為婚姻。

公元 1617 年，路易十三世十六歲，他不滿瑪麗・德・美第奇的統治，奪其政權。但尚需待七年後，公元 1624 年，路易以政府託付於樞機主教黎胥留，法國才又發現一位強毅有為的統治者，一位卓越的政治家。

公元 1614 年瑪麗・德・美第奇因財政困難，召開三級會議。黎胥留是出席這次會議的教士階級的代表之一，得瑪麗的賞識，以後入王家政府供職。從公元 1624 年他受路易十三世的信任當國起，以迄於 1642 年他逝世，黎胥留是法國的實際專制統治者。他支配政府的每一部門，決定政府的重要政策。黎胥留為人冷峻專斷，為宮廷和貴族所深惡。路易自己也從未真正喜悅這位威名震主、令人生畏的大臣，但他能始終信任如一，同意他的各項政策和措施。這是路易的難能和過人之處，而為黎胥留當國用事，能行其所是的主要憑藉。結果法國國家和波旁王朝咸蒙其利。因為黎胥留於當國期間所專心致志的，便是統一全國於專制王權的統治之下，和造成法國在歐洲國際間的優勢地位。

黎胥留與法國貴族

黎胥留當國的首一要務，便是以嚴厲的手段迫使跋扈難制的大貴族就範。黎胥留本於王權專制的信仰，堅信非徹底扼制貴族的勢力，不能保持王權的完整無缺。他成了法國貴族階級的死敵。凡陰謀反對他的，亦即反對王權，不論陰謀者的階級名位，也剪滅芟除，不稍顧忌。他偵騎密佈，使接連的陰謀都在未釀成巨變前破獲，遭受無情的誅戮與懲處。

黎胥留與胡格諾教派

本於同樣的理由，黎胥留決心削除胡格諾教派的政治勢力。黎胥留並非宗教狂熱者，他並不重視宗教迫害。但胡格諾教派之同時以一政治性的團體存在，則在法國有如國家中之國家，對於王權完整的王國統一有害。黎胥留當政前後，胡格諾教派並曾數度起事，要求更多獨立自主的權利。公元 1627 年，英國以援助法國胡格諾教派的勢力為名，發兵侵擾法國，這使黎胥留獲得了對胡格諾教派用兵的理由。戰爭持續兩年，大部分戰事為王家軍隊圍攻胡格諾教派方面一個防衛嚴固的要塞拉羅契爾（La Rochelle）。自公元 1627 年 11 月至次年 10 月，足足一年，王家軍隊在黎胥留的親自督率下，進行這場攻城之戰。迨拉羅契爾既下，胡格諾教派的抵抗迅即解體。次年，他們投降，交出了所有的武裝城堡和軍事、政治特權。黎胥留對胡格諾教派的政治目的既達，他未再進一步作宗教的迫害。這樣《南特敕令》的主要部分，亦即保障胡格諾派教徒信仰自由和公權的平等部分，繼續維持。胡格諾派教徒於被解除其特有的政治與軍事組織，而保留其宗教自由後，也隨即成了國家安分守己的良民。

巡撫制度的建立

黎胥留也如索利，對於法國傳統的累贅的行政組織，未多改變。反之，他在國家已有的行政組織之上另增設一種制度 —— 巡撫制度，以集中國家的治權。巡撫（intendants）為王家官吏，由朝廷派出，受有專擅的權力，在地方接掌大部分原先屬於貴族、行省總督和其他舊地方官吏的權責。這使黎胥留更進一步收奪了舊封建組織所剩留的權責，從而益發加強國家的統一。巡撫通常遴選受有良好教育的中等階級人士充任，他們對於王家政府的忠誠，比之大貴族遠為可恃。巡撫的制度，在黎胥留後雖尚待改進，但它從此成了法國王家行政的樞軸，為王權專制的最有效的工具。

外交政策

大貴族與胡格諾教派的後患既經弭平，黎胥留因得轉移注意力，以從事於國際上擴張法國勢力的事業。黎胥留恢復部亨利四世的政策，在外交上削弱哈布斯堡家的勢力，以擴張法國的領土，保障法國的安全。他的執政期間恰當歐洲三十年戰爭時期。關於他的干預三十年戰爭，以達到打擊哈布斯堡家的勢力的目的，其經過已見本書第三十九章所述。

黎胥留的在法國當政，凡他志之所存，幾乎都達到了目的。他在國際間提高了法國的聲威；他在國內為王權夷平了所有危險的反對勢力；他也為國家建立了一個強有力的集權政府。所不足的是他不如亨利四世的寬仁受民。他不顧犧牲人民的利益，以達到他所認為有利於國家的目的。當他當政時，法國工商業甚少得政府的維護和獎掖。人民因他的對外戰爭繼續受重稅之苦，政府則奢侈靡費和貪婪腐敗之風再熾，而財政又日形困難。

馬薩林與路易十四世

黎胥留於公元 1642 年逝世，逾年而路易十三世也死。繼位的是一個四歲幼童路易十四世，由母親西班牙公主安娜攝政。幸而得黎胥留的栽培，有一位能幹的大臣繼之當國家的大任。樞機主教馬薩林（公元 1602—1661 年）運用黎胥留所建立的集權的行政機構，維持王家政府，使他得以渡過對外戰爭和內亂的困難時期，而最後達到勝利。馬薩林為意大利人，於他當國期間，他在多方面完成黎胥留的未竟之業。黎胥留嚴峻冷酷，而馬薩林和睦融通。馬薩林缺乏黎胥留所有的令人生畏的威嚴，但他同樣果敢有為，精明而有識見。他也十分忠實執行黎胥留所釐定的國家政策。

三十年戰爭與弗隆得之亂

首先，馬薩林完成了黎胥留干預三十年戰爭的政策，而使法國從這次戰爭獲得勝利的結局。但馬薩林在財政方面的才具和操守，卻比之黎胥留不如。當三十年戰爭的最後階段，戰費支出浩繁，人民於賦稅益發不勝負擔，民怨日甚。而且，凡憎恨黎胥留的法國貴族，也必憎恨馬薩林，但他們畏懼黎胥留，卻不畏懼馬薩林。就在三十年戰爭結束之年（公元 1648 年），一部分大貴族乘國內經濟困難、民怨日甚的機會，與巴黎市民交相煽動，起而公開叛亂，是為投石黨之亂（the Fronde）。第一次投石黨之亂不久即告和解。但其後不過二年，公元 1650 年，亂事再起。第二次叛亂的規模比前更甚。有兩年，馬薩林及其主持下的王家專制政府陷於危險之境。但投石黨之亂並非一次有明確目標的政治鬥爭。大貴族的領導這次叛亂，無非圖推翻馬薩林和削弱王家政府，以滿足一己的私慾。他們對於運動本身的成敗無所用心。他們甚至交通外敵，引西班牙軍隊入侵。依附他們的中等階級分子終於因失望而退出叛亂，聽任貴族和莠民胡作非為，以迄於亂事弭平。投石黨之亂結果成了法國封建勢力在臨終前的最後掙扎，在法國歷史中從此未再有貴族以武力反抗王命之事。它也使王權在法國更加鞏固，因為它使法國人民益發相信和平與安全的希望唯在國王的專制權力。由亨利四世發軔而由黎胥留以全力推進的一個目標，到這時卒底於成功。

法國專制王權的勝利

三十年戰爭雖於公元 1648 年告終，但法國與哈布斯堡王朝的西班牙的戰爭仍在進行。馬薩林在投石黨之亂底定後，集中全力進行對西班牙的戰爭。在結束戰爭的《比利牛斯和約》（公元 1659 年）中，法國最後折辱了它高傲的敵人，明白表示了歐洲國際形勢之從哈布斯堡王朝的西班牙的優勢，變化為波旁王朝的法國的優勢。馬薩林於《比利牛斯和約》後兩年（公元 1661 年）便逝世，但他當可因完成了黎胥留的未竟之業，而躊躇滿志。法國現在是歐洲無可爭論的首要強國，王權的專制統治已無可撼動；哈布斯堡家的奧地利和西班牙都新遭挫折。

當公元十七世紀中葉，如有旅客從英國至法國，首先他會發覺法國的道路遠比英國為優。在英國，他在驛馬車中經沿途的顛簸，勞頓不堪，迨渡海峽進入法境，幾如出崎嶇而達康莊，不多幾天，便從加萊抵達巴黎。當時法國方入極盛之世，而巴黎正在迅速成為歐洲的第一都會。公元 1660 年 6 月，法國舉國慶祝國王路易十四世與西班牙公主瑪利亞・特麗莎的大婚。當時路易尚是年方二十許的青年，但已是歐洲最有勢力的君主。在馬薩林逝世後，有半個多世紀他將繼續統治法國，而以法國的大帝（the Grand Monarch），受全歐的景仰和畏懼。

近代法蘭西語言

法國國家的統一與專制王權的確立，經過了歷時長久的政治演進過程。在同一時期，近代法蘭西語言也經過了歷時長久的演進過程。大抵在伊拉斯默斯的基督教人文主義時代後，古典拉丁語又漸淪為死的語言，專供學者之用。文藝復興的勢力轉而傾注於近代語文的發展。長時期來古典文學的研究，不僅為文學創作提供了繁殊的美好的形式，而且也幫助充實了近代歐洲語言的內容，使更適宜於作多方面的表現之用。印刷術的應用與書籍流通便利的增加曾有裨於古學復興運動，自然也有裨於新文學的傳播。新文學的傳播，加以國家各部分統一的增進與民族意識的發揚，最後又漸次消滅國家內部各地方言的歧異，促進統一的民族語言的發達。

法蘭西文學

公元第十六世紀的法國有兩位晚出的文藝復興人物，為這一代法蘭西新文學的宗匠。拉伯雷（Francois Rabelais，公元 1553 年卒）為一個還俗修士，他在修道院期間勤讀藏書，因此熟識古典學藝；中年他學醫，以行醫自給；而他對於凡百學藝，無不愛好。他畢生不甘寧處，經常往返於法蘭西、日耳曼和意大利各地。他的滑稽小說《巨人傳 —— 加杜岡亞與邦大呂厄》（*Gargantua et Pantagruel*）使他成為公元第十六世紀歐洲最大的散文作家之一，與意大利詩人阿里奧斯托、西班牙小說家萬提斯（Miguel de Cervantes，公元 1616 年卒）、英國劇作家莎士比亞為同世紀歐洲的四大文學宗匠。《巨人傳》融會優美的詩意與銳利的諷刺、最粗野的笑劇與嚴肅的思想於一爐，而字彙豐富，句法變化繁多，敍述明晰有力，為法蘭西文學向所未有。他予後世法蘭西語言以無比深廣的影響。大抵拉伯雷尚生當文藝復興高潮期，而蒙田（Michel de Montaigne，公元 1592 年卒）的時代已入法國宗教戰爭時期。蒙田生於富有的市民家庭，自少受良好的古典教育，曾習法律，兩度膺選為波爾多市長。他也廣遊歷，多見聞，但他最喜愛的生活為家庭讀書，而以靜觀澄思，寫他的《隨想錄》(*Essays*)。在思想上，蒙田上承文藝復興的批評精神，下啟公元第十七、八世紀歐洲唯理思潮的蹊徑。在文學上，近代歐洲文學至蒙田而始有論説文（Essay）一體。

公元第十六世紀法國文學的巨匠，前期為拉伯雷，而後期為蒙田。他們同是散文大家。於年代上介乎他們二者之間的有詩人龍沙（Pierre de Ronsard，公元 1585 年卒）及其七星詩社（La Pléiade）。七星詩社有詩人七人，以龍沙為其首。他們鄙棄拉丁詞章，反對以古典文字寫作，而主張建立法蘭西語的詩壇。但他們強調，欲求發展法蘭西語言為完美的文學語言，必須出諸取法古典文學的一途，模擬其風格與語法，涵泳其思想與情緒，並擷取其語言的繁富的內容。因此他們代表一種有準備的取法古典文學，以發展法蘭西語言與文學的努力。大抵當亨利四世為法國恢復和平、開始重建其國家時，法蘭西語言經著作家以得自古典文學的經驗，加以整齊、洗練、充實，已接近其近代的形式。在其後的半個世紀，公元第十七世紀前半，法國文學的主要的工作即在繼續洗練其語言，使更加整齊完美。公元 1635 年，黎胥留創立法蘭西學院。法蘭西學院以後雖是法國國家最高的文學、美術和學術機構，但當創立之初卻只旨在文學的討論，批評和指導。

法國社會的文雅風流

在法國，法蘭西語言的臻於文雅洗練，同時也見一個文雅風流的社會產生。法國內亂的時代既成過去，法國貴族遂轉移注意力於社交生活與禮節。貴族婦女的沙龍（Salons）成了上流人士社交的中心。對於語言和一般儀態禮節的講究，在社會相習成風。文學界的雕琢家和社交界的女主人，為法國的交際禮儀奠立基礎。這使法國社會，尤其路易十四世的宮廷，在以後的長時期中受全歐洲的歆羨和效法。同時，在良好的儀態和形式的表面之下，蒙田的懷疑的唯理思想迅速傳播，迨公元第十八世紀而蔚起為一大運動 —— 啟蒙思潮運動。文藝復興的晚出的產兒新科學精神，現在已開始進行其改變近代思想的工作。